서부 아프리카 **통**으로 읽기

세움북스는 기독교 가치관으로 교회와 성도를 건강하게 세우는 바른 책을 만들어 갑니다.

책으로 떠나는 서부 아프리카 7개국 선교 여행

서부 아프리카 통으로 읽기

초판 1쇄 인쇄 2018년 10월 15일
초판 1쇄 발행 2018년 10월 20일

지은이 | 장훈태
펴낸이 | 강인구

펴낸곳 | 세움북스
등 록 | 제2014-000144호
주 소 | 서울시 마포구 양화로 78, 502호(서교동, 서교빌딩)
전 화 | 02-3144-3500
팩 스 | 02-6008-5712
이메일 | cdgn@daum.net

교 정 | 이윤경
디자인 | 참디자인

ISBN 979-11-87025-34-4 (03230)

코트디부아르 · 모리타니아 · 가나 · 토고 · 베냉 · 부르키나파소 · 니제르

Mauritania

Niger

Burkina Faso

Benin

Cote d'Ivoire

Ghana   Togo

서부 아프리카

통

Western Africa

으로 읽기

장훈태 지음

세움북스

PREFACE
저자 서문

　1999년 1월, 말레이시아 항공으로 아프리카 땅을 처음 밟았다. 한국김포공항을 출발해 말레이시아, 중동을 거쳐 이집트 카이로에 도착하기까지 이틀이나 걸렸다. 이집트에서 한 달을 머물고 다시 동부 아프리카에 위치한 수단의 하르툼(Khartoum)으로 가는 길은 멀었다. 이집트 공항에서 항공기 지연으로 24시간을 보냈기 때문이다. 그러나 이집트와 수단을 다녀온 것은 인생의 전환점이었다. 이집트에서 어느 지인은 "나일 강의 물을 마시게 되면 또 다시 이 물을 마시기 위해 아프리카 땅을 밟게 됩니다"라고 말했다. 이 말이 지금도 귓전에 쟁쟁하다. 이집트 땅을 밟고 난 후 2001년 1월에는 북아프리카에 위치한 모로코 땅을 밟았다. 모로코에서는 베르베르족을 연구한다면서 아틀라스 산맥 주변에 거주하는 자들을 찾아다니며 인터뷰하기도 했다. 북아프리카 마그레브 지역에 위치한 베르베르족 연구를 통해 새로운 시각으로 아프리카를 바라보게 되었다.

　2000년대 들어 아프리카를 방문할 때는 국경이 희미해진 세계화 시대를 외치던 때였다. 한국은 세계화 시대의 주인공은 인재양성과 도시화라고 외칠 때였다. 하지만 지구 반대편에서는 전쟁과 기근, 전염병으로 고통을 받는 국가와 민족들이 많았다. 지금은 세계화 시대라는 단어가 어울리지 않을 정도로 중세 유럽처럼 도시들이 자본과 인재를 차지하려고 치고받는 현실을 빗대 '신(新) 중세시대'라는 말까지 나왔다. 아무리 생각해도 지금은 살얼음판 위에 서서 살아남기 위해 안간

힘을 쓰는 인간 사회의 모습만 보일 뿐이다. 서로가 서로를 경쟁상대로 여기고 비판하며 정보를 얻기 위해 벤치마킹도 치열하다. 그래서 통(通)으로 세상을 보려고 하지만 어딘가 모르게 어설퍼 보이는 것 또한 무리는 아닌 것 같다.

나는 처음부터 아프리카를 통(通)으로 보려고 하지 않았다. 북아프리카 지역을 조금씩 살펴보려고 하다가 동부 아프리카로 발길을 돌려 5년 동안 방문하기도 했다. 케냐를 거점으로 한 에티오피아, 우간다, 탄자니아, 르완다를 차례로 방문하기도 했다. 동부 아프리카에서 느껴보지 못한 부분을 북아프리카에서 찾으려고 다시 모로코를 방문한 후 그다음 해 모리타니아 이슬람 공화국을 방문했다. 모리타니아는 학생들과 함께 방문하고 선교인류학적 접근을 통해 무엇인가 알고 싶어가 보기도 했다. 모로코를 방문했을 때는 서부 아프리카에 위치한 세네갈 방문을 통해 아프리카인들의 속살을 들여다보려고 노력했지만 견문(見聞)이 적어 힘들기도 했다. 그로부터 현재까지 아프리카를 눈여겨보고 있는 동안 아프리카연구자들의 연구물이 쏟아져 나오고 있었다. 아프리카 연구의 특징은 부족과 문화, 언어와 정치, 경제 부분이 대부분이었다. 반대로 기독교적인 연구 논문은 극소수에 불과했다.

2003년 12월 새벽기도 중 아프리카에 대한 비전을 발견하게 되면서 다시 아프리카 땅을 밟기 위한 준비에 들어갔다. 아프리카 땅을 밟기 위해 치밀하게 장기 투자계획을 세우고 이해 관계자들과 비전을 공유하며, 꾸준히 장기간 밀어붙여야 한다는 것을 보여 주기 위해 기도하기 시작했다. 내가 아프리카 선교현장을 방문하기 위해 기도하는 동안 한국 교회는 단기 선교팀을 동남아 지역에 파송하는 때였다. 선교사 역시 아시아 지역에 가장 많이 파송되어 한국 교회의 선교가 급성장하는 듯이 보였다. 그런데 지금은 급성장하던 한국 교회의 선교는 성장과 쇠퇴의 갈림길에 서 있다. 인구는 줄고 20, 30대의 선교사 지원은 감소하고, 결혼마저 줄었다. 반대로 실버선교사 명칭을 가진 사람들이 더 많아졌다. 10여 년 전만 해도 선교한국, 선교사 지원율이 높았었는데 선교허브 마저 물 건너간 상황에서 무엇으로 세계 속의 선교한국으로 만들 것인가. 한국 교회는 기도를 통해 하나님의 음성을 들으며 젊은 청년들과 교인들에게 답해야 한다. 한국 교회가 선교이론과 논리만을 앞세웠다면 선교운동을 정당화하기 위한 외침만을 일으켰다는 비판을 피하기는 어려울 것이다.

지금까지 한국 교회가 세계에서 선교사 파송 2위가 된 것은 오로지 하나님의 은혜였고, 성령의 이끌림이었다. 성령의 이끌림을 받아 능력을 행하고 복음 안으로 들어오는 미전도종족들을 품을 수 있을까 하는 기대감이 컸기 때문에 선교가 가능했었다. 그렇다면 지금부터 한국 교회와 선교 관계자들은 선교포럼과 콘퍼런스에 목숨을 걸지 말고 미래가 막막한 한국 교회와 성도들에게 성령의 이끌림을 받는 사역과 복음 선포, 믿음으로 의롭게 됨과 하나님의 나라를 확장하는 일이 가장 가치 있는 일임과 동시에 희망과 목표를 갖도록 동기를 일으켜야 한다. 이론과 선교 세미나 대신 젊은이들과 성도들에게 펄떡펄떡 뛰는 새 심장과 엔진을 달아 주는 꿈과 선교비전 때문에 밤잠을 설친다는 말이 들리도록 선교사역에 힘썼으면 좋겠다.

그동안 필자가 서부 아프리카를 연구하게 된 동기는 '지구상의 한 영혼을 하나님께로'라는 간절한 소망 때문이었다. 또 하나는 "선교학자로서 가장 유능한 자가 되어봐"라는 장종현 총장님의 격려가 원동력이었다. 장종현 총장님은 필자가 1992년부터 현재까지 선교현장을 방문하거나 사역하는 것에 대하여 항상 격려하고 기도로 후원해 주고, 그의 무언(無言)의 격려는 오늘의 서부 아프리카를 연구하는 데 큰 힘이 되었다. 그리고 서부 아프리카 종족사회와 연구를 위해 동기부여를 한 동역자들이 있다. 파리제일교회의 김요한 목사와 토고 선교사로 오랫동안 섬겼던 신인호 목사와 토고한인교회의 이대형 권사, 코트디부아르 아비장 한인교회의 백성철 목사, 전 모로코 선교사였던 허영희 선교사와 모로코한인교회 성남희 권사, 세네갈 선교사였던 김효수, 부르키나파소공화국의 류종찬 선교사, 니제르의 황해규 권사와 그 외의 서부 아프리카 선교사들에게 고마움을 전하고 싶다. 이들은 연구자의 자료 수집을 비롯한 통역과 안내를 도와주었다. 아프리카에 대하여 텅 비어 있던 나를 새롭게 채워 가도록 인도하여 주신 하나님께 더 없이 감사드린다.

　나의 서부 아프리카 연구가 한국 교회와 아프리카 지역연구와 선교에 대하여 이해하거나 도움을 얻고자 하는 자들에게 작은 돌파구가 되기를 희망한다. 또한 텅 비어 있는 것처럼 보이는 세계에서 무엇인가 새롭게 되고 선교를 생각하거나 시작하려는 개인과 교회, 선교단체의 미래를 바꿀 만한 새로운 아이디어도 비움의 과정을 거쳐 채움의 재료가 되었으면 한다. 『서부 아프리카 통으로 읽기』는 2015년부터 2017년까지 서부 아프리카를 방문하여 리서치한 것을 「성경과 신학」, 「복음과 선교」, 「ACT 신학저널」, 「한국아프리카학회지」, 「아프리카미래협회」 주제 발제에 게재된 것을 엮어 출판하게 되었음을 밝힌다. 멋진 디자인으로 수고해 준 참디자인 디자인팀에게 감사드리고, 출판계의 어려움에도 불구하고 기꺼이 출판을 허락해 준 세움북스 강인구 대표께 한없이 감사를 드린다.

2018년 10월 1일
안서동 연구실에서 장훈태

Contents
목차

Part 01

불어권
아프리카 세계
탐색

01
불어권 아프리카 세계 탐색

　'지리(地理)는 세계 각국에 어떤 운명을 부여하는가?'라는 의문은 오래전부터 가지고 있던 생각이다. 로버트 D. 카플란(Robert D. Kaplan)은 그의 책『지리의 복수』서문에서 "현재를 이해하고 미래를 가늠하려면 될 수 있는 대로 천천히 현장을 다녀 볼 일이다"라고 말한다.[1] 나는 그의 말에 전적으로 동감한다. 저주받은 반구형 구릉(丘陵)지대 아래의 땅이든 비옥한 평야지대든, 주변이 호수와 강으로 둘러싸인 옛 왕국들 모두가 강압지배 혹은 자국 보호정책을 위한 방편으로 지리를 이용한 것을 볼 수 있다. 지금도 전 세계 전략가들은 변함없이 지정학이나 지리를 이용한 국가 전략과 전술을 펴고 있다. 1980년대 말 사담 후세인은 산맥이 부여해 준 자유를 쿠르드족이 수십, 수백 년 넘게 누리는 것에 분개하여 이라크령 쿠르디스탄에 전면적 공격(알 안팔[al-Anfal, 전리품] 작전)을 단행하여 10만 명을 학살했다. 산맥이 이 사건에 궁극적으로 새로운 세계를 가져다주거나 변형된 것은 아니지만, 비극적 사건의 배경—본질적 사실—이 되었던 것이 사실이다.[2] 실제적으로 이런 현상이 그대로 유지되거나 전술전략의 한 기능으로 이용되는 것은 산맥이라는 지리 때문이다.

　또 하나의 지리적 비극은 유럽과 아프리카[3] 대륙에서 일어나고 있는데, 이 두

1　Kaplan, Robert D, *The Revenge of Geography*, 이순호 역『지리의 복수』(서울: 미지북스, 2017), 13.

2　Kaplan, Robert D, *The Revenge of Geography*, 14.

3　Miyazaki Maskatsu, *Chizu to Chimei de Youmu Sekaishi*, 노은주 역『지리와 지명의 세계사 도감(2)』(서울: 이다미디어, 2018), 99-103. ; 아프리카는 500년 동안 유럽의 식민지 침탈과 민족분쟁으로 고통을 겪은 곳이다.

지역은 지배자와 피지배자라는 관계로 얽혀 있는 곳이다. 지금은 사막화를 비롯한 크고 작은 환경문제가 있지만, 아프리카는 국토 전체가 국립공원처럼 아름다운 곳이다. 비록 사회적 양극화와 외부로부터의 공격과 편견 등 사회문제도 많았지만 문화와 언어는 융성했고 부족들의 관습 계승을 비롯하여 전통을 소중히 여기며, 모든 사람들의 마음이 우리네 시골 사람들처럼 순박하고 좋은 곳이 아프리카이다. 그러나 서구의 침략은 평화로운 아프리카의 모습을 완전히 바꾸어 놓았다. 유럽 열강의 침략으로 아프리카 사람들의 가치와 세계관은 서구적 삶의 형태로 변했고, 미지의 세계가 온 세상에 알려지는 결과를 가져왔다. 아프리카는 유럽, 곧 포르투갈,[4] 영국,[5] 독일, 프랑스[6]의 식민 지배를 받으면서 지정학적으로 나누어졌다.[7] 포르투갈은 1483년에 아프리카 남서부 가봉(Gabon)에 진출하여 광대한 앙골라를 식민지로 확보한 후 모잠비크도 식민지화했다. 그리고 300만 명의 흑인 노예를 남·북아메리카로 수출한 나라라는 오명을 얻었다. 영국은 기니(Guinea; 베르베르어로 '흑인의 땅')의 골드코스트(황금 해안)를 식민지 삼았다. 프랑스는 지중해 맞은편 오스만령이었던 알제리[8]를 비롯한 모로코와 튀니지, 리비아, 모리타니아 등 가장 넓은 지역을 식민 지배하면서 17세기 후반에는 세네갈 다카르('대추야자'라는 뜻)정복을 추진하기도 했다.

불어권 세계(아프리카)를 이해하기 위해서는 아프리카 대륙을 이해하는 것이 필요하다. 아프리카 대륙은 세계 면적 전체의 20.4%인 61개 영토[9]에 54개국이며, 세계 인구의 14.8%에 달하는 11억 명이 거주하고 있다. 이 가운데 전체 인구 44%에 달하는 24개국에서 8억 여 명이라는 어마어마한 인구가 불어를 사용하고 있다. 아프리카 대륙의 나머지 21개국에서는 영어를 사용하고, 그 외 일부 국가에서 아랍

---

4 Miyazaki Maskatsu, *Chizu to Chimei de Youmu Sekaishi*, 102.

5 Miyazaki Maskatsu, *Chizu to Chimei de Youmu Sekaishi*, 103.

6 Miyazaki Maskatsu, *Chizu to Chimei de Youmu Sekaishi*, 103.

7 André Maurois, *Histoire De La France*, 신용석 역 『프랑스사』 (서울: 김영사, 2016), 727–734.

8 노서경, 『알제리 전쟁 1954–1962』 (서울: 문학동네, 2017), 15–37. 알제리 전쟁은 생각하는 사람들의 식민지 항쟁이 무엇인가를 인식하도록 도와준다.

9 영토와 관련한 소설 Michael Houellebecq, *LA Carte et Le Territoire*, 장소미 옮김 『지도와 영토』 (서울: 문학동네, 2015)를 읽어 보라고 추천하고 싶다.

어와 스페인어, 포르투갈어 등을 사용한다.[10] 일반 사람들에게는 프랑스어권이라는 용어가 더 익숙하겠지만, 불어권이라는 용어는 한국 사회에 전달될 때 정보 공간적 · 시간적 편협성을 줄이고 사람들의 관심을 조금이라도 불러일으킬 수 있을 것이다.

불어권 아프리카 세계 탐색과 인식

거시적 불어권 아프리카의 지역

불어권[11]이란 단어는 일반인들에게 쉽게 접근하기 어려운 용어처럼 보인다. 불어권보다는 프랑스어라는 용어가 더 가깝게 느껴지기 때문이다. 불어권은 구체적으로 프랑스어를 사용하는 국가 혹은 프랑스 식민 지배를 받았던 곳을 일컫는데, 과거 프랑스의 식민지였던 지역은 대부분 아프리카 지역[12]이다. 그러나 대부분의 사람들은 불어권을 아주 먼 곳으로 인식할 뿐 가까이하려 하지 않는다.

아프리카는 전체적으로 수천 개의 민족과 100개의 언어가 공존하는 복잡한 곳이며 동시에 다 종족, 다문화 사회이다. 일반인들은 대부분 아프리카를 하나의 대륙으로 보는 경향이 있지만, 아프리카는 크게 사하라(Sahara) 사막을 기점으로 남북으로 나눌 수 있다. 북쪽의 아프리카는 화이트아프리카로, 이슬람 지역과 중동에 묶여 있는 지역으로 분류되며, 사하라 사막 남쪽의 아프리카는 블랙아프리카(흑인 지역) 거시지역으로 분류된다.[13] 이 두 지역은 사하라 사막이라는 거대한 자연적

---

10 http://www.kmctimes.com/news/articleView.html?idxno=43210, 2018년 5월 1일 오후 6시 35분 접속.

11 http://dj.breaknews.com/sub_read.html?uid=15684, 2018년 5월 1일 오후 6시 44분 접속. 북아프리카의 모로코 외 4개국과 서부아프리카 코트디부아르를 비롯한 국가들과 중앙 아프리카 카메룬, 가봉 등 16개 국가를 말한다. 불어권 아프리카로 이루어진 지식재산 협력기구로 카메룬의 야운데(Yaounde)에 본부를 두고 있다.

12 아프리카를 제외한 아시아 지역은 베트남과 라오스이지만 장기적인 식민 지배를 하지 못했고, 캐나다의 퀘벡 주는 프랑스어를 사용한다. 인도양 불어권은 마다가스카르와 모리셔스가 있다.

13 사하라 사막 남쪽 흑인 사회에서는 800개 이상의 언어가 사용되고, 1천 개의 부족이 함께 살고 있다.

장벽을 사이에 두고 지리 · 역사 · 종교와 문화가 다르고, 인종의 피부색도 다르다. 이들 지역은 현재도 정치적인 분쟁이 끊이지 않는 가운데, 국가 경제는 풍부한 지하자원과 1차 산업의 수출에 의존하고 있을 뿐이다.[14]

사하라 북쪽 아프리카를 마그레브 지역이라고 일컫는다. 마그레브(Maghreb)는 '해가 지는 곳'이라는 뜻으로 모리타니아(모르인의 나라), 모로코, 튀니지, 알제리, 리비아가 이 지역에 해당되며, 이집트는 북아프리카에 포함된다. 사하라 사막 이남의 블랙아프리카는 세네갈을 비롯하여 대서양을 끼고 있는 코트디부아르, 가나, 베냉, 토고 공화국, 말리, 니제르,[15] 부르키나파소 공화국과 불어를 사용하는 차드 등이 있다. 이들 지역은 오랜 기간 프랑스의 식민 지배를 받아왔기 때문에 지금도 프랑스어를 공용어로 사용한다.

사하라 사막 이남 아프리카는 서부아프리카, 동부 아프리카, 중앙 아프리카, 남부아프리카로 세분되나, 그중에 우리가 관심을 갖고 있는 지역은 서부아프리카와 중앙 아프리카에 있는 불어권의 영향을 받는 아프리카이다.

마그레브 사람들은 자신들을 알제리, 모로코, 튀니지 사람이라고 생각하면서 자긍심이 매우 강하다. 그러나 국제 문제와 관련해서는 자신들의 정체성을 아랍인, 이슬람이라고 생각하는 것이 일반적이다. 그들은 항상 민족국가, 아랍세계, 이슬람 세계라고 하는 공간과 인구가 확대 · 증가하는 세 단계의 지정학적 표상을 갖고 있다.[16]

이 지역의 민족들은 아랍인이라는 정체성과 민족적 가치를 매우 중요하게 여길 뿐 아니라 아랍세계의 서방이라는 의식을 갖고 있다. 마그레브 지역에 속한 국가들의 특징은 식민 지배의 영향을 받았다는 점이다. 스페인은 15세기 이전 아메리카로 진출하기 전 모로코 지역 일부를 점령했으며, 이탈리아는 뒤늦게 리비아를 정복했다(1912년). 프랑스는 1830년부터 20세기 초반까지 현재의 마그레브 다섯 나

---

14 Miyazaki Maskatsu, *Chizu to Chimei de Youmu Sekaishi*, 99–100.
15 Miyazaki Maskatsu, *Chizu to Chimei de Youmu Sekaishi*, 104.; 니제르 수도 니아메를 끼고 흐르는 강 니제르(Niger) 강(강 속의 강이라는 뜻)유역을 서 수단이라고 부른다.
16 Yves Lacoste, *Maghreb, peuples et civilisations*, 임기대 외 5명 『마그레브, 북아프리카의 민족과 문명』(서울: 한울, 2011), 52.

라 가운데 네 개의 국가를 통치하면서 주민과 영토를 지배했다. 모리타니아는 타협을 통해 후에 마그레브에 가입한 것으로 알려져 있다.[17] 이들은 한결같이 미래사회의 희망을 안고 전 세계로 흩어져 나가 생활하고 있다.

북 · 서부아프리카의 다양한 종족

북부 아프리카 종족

북부 아프리카는 사하라 사막 이북의 지역을 말한다. 이 지역의 종족들은 함어족 · 셈어족 계통의 언어를 사용하는 종족들이며, 튀니지, 알제리, 모로코에 주로 거주하는 베르베르족이 대표적인 종족이다. 베르베르족은 모로코에 가장 많이 거주하고 있으며 튀니지에는 소수의 인원만이 거주한다. 이들 가운데 일부는 문화적인 접촉이 가까운 중동 지방의 사람들(아랍인)과 접촉하고 결혼하면서 그들의 문화에 동화되어 오늘에 이르고 있다. 셈어 계통의 사람들이 북아프리카에 이주한 시기는 7세기경으로 보고 있으며, 아랍인들의 북아프리카 유입으로 인한 문화융합과 인종 간 혼합으로 마그레브 문화가 형성되었다.[18] 북부 아프리카에 거주하는 종족을 보면 다음과 같다.

모로코의 베르베르족[19]

베르베르족은 모로코를 중심으로 가장 많이 거주하는 종족이다. 베르베르족의 별명은 바루바루스(Barubarus)라고 하며, 베르베르족이 스스로를 지칭할 때는 이마지겐(Imagigen)이라고 부른다. 북아프리카의 베르베르족은 코커소이드(Caucasoid) 베르베르계로 이들 대부분은 리비아, 튀니지, 알제리, 모로코에 흩어져 거주하고 있으며, 소수의 인원이 모리타니아 공화국에 거주하고 있다. 언어는 아프로 아시아계로서 베르베르어를 사용하고 있는데, 특히 모로코 베르베르족의 언어는 초등

---

17 Yves Lacoste, *Maghreb, peuples et civilisations*, 54-56.
18 유종현, 『아프리카의 부족과 문화』 (서울: 도서출판 금광, 2000), 21.
19 유종현, 『아프리카의 부족과 문화』, 25.

학교에서 교육할 정도로 종족공동체 사회의 결집력과 자부심이 강함을 보여 주고 있다.[20] 이들은 목축업과 농업에 의존하고 있으며, 종교[21]적으로 이슬람교와 토속 신앙[22]을 믿고 있다.

모리타니아의 모르(무어)족

북아프리카의 최남단에 위치한 모리타니아(Mauritania)는 남한의 10배에 달하는 국토를 가지고 있으나, 대부분이 사막지대이다. 지구상에서 가장 넓은 사하라 사막이 자리하고 있는 곳이 바로 모리타니아이다. 모리타니아의 정식 명칭은 모리타니아 이슬람 공화국(the Islamic Republic of Mauritania)이며, 수도는 누악쇼트(Nouakchott)이다.

모리타니아는 지구상에서 가장 척박한 땅에 조상과 언어가 다른 민족들이 혼합되어 거주하는 곳으로, 모리타니아 국민들은 모르(Maure, 무어[Moor])족과 중앙에 사는 투아레그(Tuareg)족, 동부 지역에 거주하는 테다(Teda)족이라고 부르는 투부(Toubou)족으로 구분된다. 이들은 대부분 유목생활을 하고 있으며 낙타와 양, 염소, 소 등의 가축을 키우면서 생활한다. 최근에는 서부아프리카에서 이주해 온 난민들과 일자리를 찾아 온 사람들로 인해 더욱 많은 민족이 이 나라에 유입되고 있다. 모리타니아의 민족들은 오랜 기간 프랑스의 식민 지배를 받아 온 민족들로서 국가의 정체성이 빈약하지만 최근에는 교육과 지역사회개발로 많은 변화를 맞이하고 있다.

모르타니아에 가장 많이 거주하고 있는 민족은 모르(Maure, 별명:무어[Moor]족이다.[23] 모르족의 인구는 약 100만여 명이며, 인종은 베르베르 계통으로 모리타니아, 모로코, 알제리, 남부 세네갈과 말리 북부 지역에 흩어져 살고 있으며, 언어는 셈계의 핫사니아(hassania) 아랍

---

20 장훈태, "마그레브 지역의 무슬림 선교를 위한 기독교 교회의 상황화에 관한 연구," 아세아연합신학대학교대학원 박사학위논문,(2001), 8–63.

21 Stephen C. Finley, *Esotericism in African American Religious Experience*(Leiden/ Boston: Brill, 2015), 277–291.; 연구자는 아프리카 종교를 신비주의로 정의하고 있다.

22 John Mbiti, *African Religions and Philosophy*, 장용규 역『아프리카 종교와 철학』(서울: 지식을 만드는 지식, 2012), 21.; 아프리카의 종교는 하나의 존재론적 현상이라는 점을 기억해야 한다.

23 유종현, 『아프리카의 부족과 문화』, 33–34.

어를 사용한다. 이들이 사용하는 아랍어는 표준어가 아니기 때문에 경청하여 듣지 않으면 소통이 어렵다. 종교는 이슬람교가 대부분이고, 기독교 선교가 매우 어려운 지역이다. 또한 모르족은 백인계로서 전통적 사회에서 귀족계층이라는 강한 자존심을 갖고 있으며, 흑인을 노예로 생각하는 사회적 풍습이 있다. 흑인 사회를 폄하하거나 낮게 보는 경향 때문에 가끔 인종분쟁이 발생하기도 한다.[24]

북부아프리카에는 대표적으로 베르베르계 종족과 모르족이 거주하고 있지만 최근에는 사하라 이남의 흑인들도 북아프리카에 많이 이주하여 생활하고 있다. 북아프리카는 대부분 이슬람교를 믿는 사람들이 많고 유럽과 가깝기 때문에 생활은 유럽 방식이고, 종교적 삶은 아랍 방식이라는 점을 기억해야 한다.

사하라 이남의 서부아프리카

사하라 사막 이남[25]은 아프리카 문화의 발생지인 동시에 아프리카 역사의 태동지이다. 사하라 사막 이남의 아프리카인들은 아프리카 대륙이 사막화 되어 가는 과정에서 변화되는 자연과 기후에 순응하는 동시에 그들의 전통 문화를 지키며 지내왔다. 이들의 전통문화는 B.C. 7천 년경부터 시작되었던 것으로 추정되는데, 사하라에 거주하는 주민들은 현재에도 석기시대 문화를 보존하고 이으며, B.C. 7천 년경부터 A.D. 1천 년에 걸친 오랜 기간 동안 종족사회의 전통과 문화를 벽화로 남겼을 만큼 강한 자존심을 갖고 있다. 사하라 이남 지역에 거주하는 대표적인 종족은 다음과 같다.

투아레그(Tuareg)족

인류학자들은 투아레그족의 조상이 북아프리카의 함계인 베르베르족에 속한 백인이라고 주장한다. 사막에서 카라반(caravane), 즉, 낙타 대상(隊商)과 유목으로

---

24 유종현, 『아프리카의 부족과 문화』, 38-39.
25 최준수, "지속 가능한 발전과 언어정책-사하라 이남의 불어권 국가-," 『불어권 아프리카의 사회발전』 (서울: 높이깊이, 2009), 61-82.; 저자는 아프리카의 언어권을 3단계 곧 지방어, 교통어, 공용어로 구분 짓는다. 언어군의 다양성으로 인한 소통과 관련된 구분을 하면서 불어권 국가의 빈곤을 지적한다. 사하라 이남 35개국이 가난한데, 이 가운데 불어권 국가는 24개국 중 18개국이 상황이 열악하다고 지적한다.

생활하는 투아레그족은 강인한 성격을 갖고 있는 종족으로 알려져 있다. 또한 투아레그족은 '푸른 옷을 입은 부족,' '복면을 쓴 전사들'이라는 별명이 붙을 정도로 '투사(鬪士)적인 종족'으로 알려져 있다. 이들은 니제르 북서부, 말리 동부, 리비아 서남부, 알제리 남부, 부르키나파소 북부 지역 등에 흩어져 생활한다. 언어는 베르베르계 타마세크어를 사용하면서 고유문자로는 티피날(Tifinar)어를 쓴다.[26] 종교는 이슬람교가 대부분이지만 민속신앙(부적)도 겸하여 믿는다. 이들은 전통문화를 전승하는 것과 종족정체성이 매우 강한 민족이다.

차드의 투부(Toubou, 테다)족

차드(Chad)에는 150개가 넘는 종족이 섞여 산다. 차드에서 가장 많은 종족은 사라-바기르미족으로 23.8%에 이른다. 그 외에 차드족과 카누라-사하라라인, 오우아다이-푸르족도 있다.[27] 차드의 투부/다자(Daza)족은 사하라의 심장이라 할 수 있는 테네레(Tenere) 사막으로부터 차드 호수 북쪽, 그리고 나일 강 계곡의 수단에 이르기까지 넓은 지역에 흩어져 산다. 투부족은 일명 테다족이라고 일컫기도 하는데, 정확한 조상은 알 수 없다는 것이 인류학자들의 견해이다. 그들의 피부색은 검은 흑인이며, 생활은 대부분 사막에 거주한다. 투부족은 다자(Daza)라는 별명으로 불리며 인종은 니그로이드(Negroid)로 백인계와 흑인계로 분류된다. 이들은 티베스티(Tibesti) 산악지대에 거주하면서, 나일로 사하라어족의 사하라어군 카넴부 방언을 구사한다. 투부족은 이슬람교와 민속신앙을 갖고 있으며[28] 부족공동체 결집이 매우 강한 것으로 알려져 있다.

사하라의 풀라니(Fulani)족

풀라니족은 사하라 남쪽 세네갈의 대서양 연안부터 말리, 기니아, 니제르, 나

---

26 유종현, 『아프리카의 부족과 문화』, 46-49.
27 Jason Mandryk, *Operation World*, 205-209.
28 유종현, 『아프리카의 부족과 문화』, 65-72.

이지리아, 카메룬[29], 차드와 동부의 수단에 이르기까지 광범위한 지역에 흩어져 산다. 풀라니족은 풀베(Fulbe)와 보로로(bororo)계라는 별명으로 불리기도 한다. 풀라니족은 스스로를 워오다베(Wodabe)라고 칭한다. 인종은 코커소이드 흑인혼혈에 속하며, 언어는 니제르 콩고어족의 애틀란틱어계 플라니어를 사용한다. 종교는 이슬람교와 토속신앙을 함께 믿고 있다.

풀라니족들은 게레을 축제 때 마음에 드는 여성을 만나기 위해 얼굴에 진한 화장을 하고 여성들 앞에서 이빨을 드러내고 눈알을 굴리며, 애교를 부리면서 춤을 추기도 한다. 풀라니족의 삶은 전통관례법도 소중히 여기지만 이슬람교법에서 도입된 부분이 많다는 설(說)도 있다.[30]

우오로프(Wolof)족

서부아프리카 세네갈의 대표적인 종족은 우오로프족이다. 우오로프족은 키가 크고 피부색은 짙은 검정색을 띠며, 인종은 니그로이드(Negroid) 플라니족과 북방 백인계의 혼혈 민족이다. 거주 지역은 세네갈과 잠비아에 많이 분포하고 있다. 언어는 니제르 콩고어군의 서부 아틀랜틱계 우오로프어를 사용한다. 종교는 이슬람교 신자가 대부분이며 민속신앙을 겸하여 섬기기도 한다.

우오로프족은 풀라니족보다 인구는 많지 않지만 사회에 미치는 영향이 매우 큰 것으로 알려져 있다. 세네갈의 제2대 대통령을 지낸 아브두 디우프(Abdou Diouf)가 우오로프족이며, 그 외에도 세네갈의 정관계에 많은 우오로프족이 진출해 있고 경제적인 힘도 가진 것으로 알려져 있다.

우오로프족은 부족 공동체가 함께 모여 사는 것을 즐겨할 뿐 아니라 여성들이 일하는 공간을 만들어 놓을 정도로 여성에 대한 배려가 있다. 우오로프족의 사회는 전통적으로 계급제도가 존속되어 있어 상하 구분이 분명하다. 이들은 상위 계

---

29 최준수, "지속 가능한 발전과 언어정책—사하라 이남의 불어권 국가—," 69.; 1961년 카메룬은 불어권 카메룬과 서부의 영어권 카메룬이 통합되면서 헌법에 영어와 불어를 공식 언어로 지정하고 있다. 카메룬은 286개의 언어가 있다.

30 유종현, 『아프리카의 부족과 문화』, 72-80.

층으로 왕족과 귀족, 전사가 있으며, 하위 계급층으로 평민과 노예를 구분 짓기도 한다. 1960년 세네갈이 프랑스로부터 독립한 이후 사회계급이 폐지되었지만, 중요한 일 곧 결혼과 경제적 상거래 등에서는 여전히 철저하게 가문과 혈통을 중시한다. 또한 우오로프족은 원래 부계사회와 모계사회가 공존하였으나 이슬람교를 수용한 이후 부계씨족사회로 바뀌었다.[31] 종족사회의 구조와 변화에 종교의 힘이 크게 미쳤다는 것은, 얼마든지 기독교 사회로의 변화 가능성이 있다고 볼 수 있다.

도곤(Dogon)족

사하라 사막 이남에 위치한 말리의 수도 팀북투(Timbuktu)는 이슬람교의 관문도시로 유명하다. 광할한 사막과 불모의 평원이 연속되는 서부아프리카의 말리는 보기 드문 암벽단층의 고원구릉지대이다. 이곳에는 도곤족이 조상 대대로 살고 있으며, 그 외에 밤바라족, 풀라니족, 카송케족, 세누포족이 소수민족으로 남아 있다.[32]

도곤족은 말리 북부 지방과 니제르 강 상류 지역에 주로 거주하며 인종은 니그로이드, 만데 계통의 종족이다. 도곤족은 토속신앙을 숭배하며, 집 벽에 마을의 수호신을 조각한 장식들을 걸어놓거나 그림을 붙이고 생활한다. 이들이 토속신앙에 깊이 심취해 있는 것은 외세의 침략으로부터 보호를 받기 위함이다. 11-15세기에 걸쳐 사하라 이남까지 침략한 이슬람교 세력이 침입했으며, 오스만 제국[33]은 술탄을 파견하여 점령지역에 이슬람 사원과 관청을 세워 다와(선교)하며 도곤족을 다스렸다. 이러한 외세의 침입에도 도곤족들은 동굴과 산악지역에 숨어 살면서 전통문화를 지켜왔다.

도곤족에게는 창세신화가 있어 선악을 구분하여 인격화하여 영적원칙을 규정하는 형이상학적인 체계를 갖추고 있을 뿐 아니라 종교에 대한 높은 신뢰를 갖고 있다. 특히 도곤족의 전통문화에서 가장 큰 축제이자 부족 결합을 이어주는 '탈상

---

31 유종현, 『아프리카의 부족과 문화』, 82-85.
32 유종현, 『아프리카의 부족과 문화』, 93.
33 Takahashi Yoichi, 김정환 옮김, 『전쟁의 역사를 통해 배우는 지정학』(서울: 시그마북스, 2018), 144-161.

제례'에서는 '죽은 자의 영혼을 위로하기 위한 춤'을 추는 것으로 유명하다. 도곤족들은 사람이 세상을 떠났을 때 창세 신을 형상화한 가면을 쓰고 춤을 추는데, 이들의 춤은 기하학적이며 창세 신에 대한 깊은 신앙심을 나타내고 있다. 이 춤은 말리 도곤족 민속예술의 백미로 알려져 있고, 국가적인 예술적 가치가 있다. 유중현은 그리울 교수의 글을 인용하여 "도곤족의 차원 높은 우주관과 형이상학적인 신앙 등 복잡한 사고의 체계는 이처럼 다양한 가면의례를 통해 구현된다"고 말한다.[34] 그러나 이들은 높은 문맹률[35]로 인해 현대사회와 소통이 어려워 그들의 독특한 문화를 이해하는 데 어려움이 있다.

코트디부아르 세누포(Senufo)족과 그 외의 부족들

서부아프리카의 경제 국가로 알려진 코트디부아르의 세누포족은 북부와 말리, 부르키나파소가 만나는 국경 지역에 거주한다. 이들의 인종은 니그로이드(Negroid)계이며, 전형적인 흑인계로 알려져 있다. 언어는 니제르 콩고어군의 구르계 방언을 사용하며 농업과 목축업을 하면서 산다. 종교는 토속신앙이 매우 강하고, 정치적으로 중앙집권적 체제는 없으며 각 촌락별로 자급자족하면서 생활한다.[36] 세누포족은 타 종족에 대한 배려가 깊고, 그들이 생활하도록 농지를 분배해 줄 정도로 포용성이 높은 민족이다. 그들은 신화에서 구전되어 내려오는 우주를 재현하는 종교의식을 전담하는 '포로'라는 비밀결사대도 있다.[37]

나이지리아의 북부지역과 니제르 남부지역에 거주하는 하우사족은 함, 셈계의 차드 그룹으로 하우사어를 구사한다. 이들은 대부분 이슬람교와 민속신앙을 같이 믿고 있다. 나이지리아 서남부의 요루바족은 이슬람교와 토속신앙을 믿는 종족으로, 이들은 베냉과 토고에도 거주하고 있으며 가면축제를 통한 조령(祖靈:조상의 영혼)숭배로 유명하다.

---

34 유종현, 『아프리카의 부족과 문화』, 95–99.
35 최준수, "지속 가능한 발전과 언어정책-사하라 이남의 불어권 국가-," 75.
36 유종현, 『아프리카의 부족과 문화』, 100–107.
37 유종현, 『아프리카의 부족과 문화』, 107.

서부아프리카에서 가나는 유일한 영어권으로 40개 부족 가운데 가장 많은 인구를 가진 부족은 아칸(Akan)족이며, 전체인구의 50%를 차지한다.[38] 아칸족은 다시 아샨티(Ashanti)족, 티위(Twi), 판티(Fanti), 은지마(Njima) 등 10여개 소수부족으로 구분되며, 그중에서도 아샨티족이 가장 많은 비중을 차지하고 있다.[39] 아샨티족은 조상으로부터 물려받은 전통문화를 계승하고 있으며, 조상의 영혼을 숭배하는 풍습이 있다.[40]

베냉[41]의 폰(Fon, 19.0%)족은 니그로이드계 인종으로 니제르 콩고어족의 쿠와어계 에웨 방언을 하며 토속신앙이 매우 강한 편이다. 폰족의 일반적인 사회조직 단위는 일부다처제의 가족으로, 부인들은 공동주거지역 안에 각자의 집을 갖고 자녀들과 함께 산다. 그 외에 카메룬[42]의 베티(Beti)족과 부루(Bulu, Boulou)족이 있고, 가봉의 팡(Fang)족도 있다.[43] 사하라 사막 이남의 종족 대부분은 철저하게 부족장 중심의 정치제도를 갖고 있으면서 국가보다는 종족사회의 체계를 더 신뢰한다.

현재 서부아프리카의 역사를 보면 분쟁과 정치민주화운동이 끊이지 않고 있다. 불어권 8개국 가운데 최빈국의 대명사로 불리는 부르키나파소는 1987년 혁명동지인 상카라(Thomas Sankara) 대통령을 살해하고 집권한 콩파오레(Blaise Compaor)가 19년째 장기집권하면서 민주화의 속도가 늦어지는 경향이 있지만, 다당제 유지와 아프리카 영화제, 도서전 등을 통해 빈곤 국가를 탈피하려는 노력을 기울이고 있다.[44] 그러나 정당 정치의 불안정성과 국가 경제의 어려움으로 인한 여러 번의 쿠데타를 겪고 있기 때문에, 지금도 빈곤을 벗어나지 못하고 있는 실정이다.

서부아프리카의 발전을 위해서는 사회통합이 먼저 이루어져야 한다. 사회통합은 매우 광범위하고 포괄적인 개념이지만, 사회구성인자들 간의 통합성향(사회적

---

38 Jason Mandryk, *Operation World*(Biblica, 2010), 284–288.

39 유종현, 『아프리카의 부족과 문화』, 107.

40 장훈태, "가나 공화국 아딘크라 상징주의(Adinkra Symbolism)에 나타난 신념체계 문화 이해와 선교 모색," 『복음과 선교』 제38권(2017), 229–269.

41 Jason Mandryk, *Operation World*. 147. 베냉은 60개가 넘는 종족집단이 함께 거주하는 다종족 국가이다.

42 Jason Mandryk, *Operation World*, 189–193.

43 유종현, 『아프리카의 부족과 문화』, 123–143.

44 한양환, "불어권 서부아프리카의 발칸화─주변부화─세계화 과정 분석," 『불어권 아프리카의 사회발전』

구심력)과 해체성향 또는 다원화 성향(원심력) 간의 부단한 긴장과 균형 속에 이루어지는 것으로서 민족 국가의 형성과정이 중요한 과제가 된다.[45] 불어권 국가는 종족 공동체주의와 전통적인 민중 구전들을 잘 지키고 있는 것도 특징이지만, 무엇보다 사회발전 현실과 당면과제에 더 많은 관심을 기울이고 있다는 것이 큰 특징이다. 불어권 아프리카 지역 국가들은 정치적 현실, 경제적 현실, 사회적 현실 전반에 걸쳐 저(低)발전 상황이라는 어려움을 겪고 있기 때문에, 이들의 미래에 대한 견해는 대부분 부정적이다.[46] 그러나 다가오는 미래에 아프리카 사회가 발전할 수 있다는 긍정적인 요소들은, 정치 민주화와 경제발전 성과가 높은 관계성을 갖고 있음을 고려하여 탐색할 필요가 있다.

불어권 아프리카에 대한 문제인식

흔히 사용하는 말 중에 '지구는 둥글다'는 말과 '지구는 하나이고 세상도 하나다'라는 말이 있다. 이 말은 서로 피부색이 달라도 우리는 모두 인류 공동체이며, 거기에는 세계경제, 국제관계, 자원외교, 환경문제 등 거의 모든 분야에서 전 세계가 얽혀 있다는 의미이다. 지구는 인류 공동체가 다 함께 살아가는 행성일 뿐이다. 그럼에도 인류는 차원이 다른 세계에 대해서는 무관심으로 일관해 왔다. 무관심은 세계 곳곳의 수많은 문제를 해결하는 데 있어 큰 장애물이다.

사하라를 끼고 있는 북아프리카와 사하라 이남의 아프리카는 오랜 기간 서구의 식민지 지배를 받아오면서 내면적으로 보이지 않는 갈등과 아픔이 자리 잡았다. 서구와 아프리카 국가들은 상호 간의 대화를 통한 정확한 문제인식 과정이 문제해결을 위한 중요한 단계라는 것을 알고 있으면서도, 그들 내면에 지배자와 피지배자라는 의식이 철저하게 자리 잡고 있어 쉽게 해결책이 보이지 않는다.

(서울: 높이깊이, 2009), 102-103.

45 한양환, "아프리카 사회통합 모형 구축을 위한 마다가스카르와 모리셔스의 다종족사회 비교분석," 『불어권 아프리카의 사회발전』(서울: 높이깊이, 2009), 364-366.

46 연구자가 2014년-2017년 여름까지 서부아프리카를 탐사한 바 있다. 현지인들은 정치적 안정이 곧 경제개혁의 성과로 보고 있어 정치와 경제의 상관관계를 알 수 있었다.

또 하나 주목해야 할 문제는 한국인들의 아프리카에 대한 인식에 관한 것이다. 대부분 한국인들은 아프리카에 대해 잘 모르면서도 가까이하려 하지 않는다. 아프리카는 한반도로부터 매우 먼 곳에 위치하고 있다는 사실과 가난, 전쟁, 질병(에이즈와 에볼라), 위험과 같은 단편적인 지식들을 떠올릴 뿐 아프리카에 대해 관심을 기울이지 않는다. 아프리카에 대한 무지와 이해 부족은 언론과 미디어, 교과서 그리고 사람들의 무관심으로부터 비롯되었다. 지금도 유엔난민기구 난민여성캠페인의 인터넷 홈페이지 첫 화면에는 아프리카 소녀의 사진과 '할례'라는 문구가 등장한다. 뉴스와 국제기구와 개발협력 관련 단체에서는 전쟁과 기근, 배고프고 어려운 사람들과 같이 관심을 끌 수 있는 자극적인 내용을 보여 주고 있을 뿐 아니라, 객관적이어야 할 다큐멘터리에서도 원시부족과 동물들을 보여 주는 과정에서 자극적인 화면을 활용하여 어려운 삶을 사는 사람들을 보여 주고 있다.[47] 이런 장면들은 아프리카에 대한 긍정적인 면보다는 부정적인 이미지를 심어 줌으로써 접근성과 포용성을 억제하므로 아프리카에 대한 전반적인 이미지 상실을 가져다준다.

실제로 아프리카는 식민 지배와 인종차별, 노예 등으로 인한 상처가 깊은 곳이다. 어쩌면 이들은 아직도 지배자와 무중구(Mzungu:외국인을 가리키는 스와힐리어)에 대한 분노를 간직한 채 살아가고 있음을 알아야 한다. 그리고 사하라 사막 이남을 향한 테러[48]와 인질로 인한 두려움에도 불구하고, 서부아프리카는 전 세계적으로 안정적인 지역인 동시에 삶의 질이 높은 곳이라는 것도 알아야 한다. 아프리카는 문제가 많은 곳이 아니다. 아프리카는 배고프고 질병과 가난으로 고통 받는 곳이 아니라 미래 사회의 희망을 주는 땅임을 깨달을 때, 비로소 아프리카에 대한 관심을 가질 수 있다. 아프리카에 대한 잘못된 인식의 핵심은 '무관심'[49]과 '편견'이다. 우리는 아프리카에 대한 지리·공간적[50] 편협성을 줄이고 불어권 아프리카에 대한 올바른 관심을 가져야 할 것이다.

---

47 손휘주, 『동남부 아프리카』 (서울: (주)푸른길, 2018), 22.

48 테러는 '폭력을 통한 협박'을 의미한다.

49 손휘주, 『동남부 아프리카』, 22.

50 Harm de Blij, *Why Geography Matters: More Than ever, Second Edition*, 유나영 옮김 『왜 지금 지리학인가』 (서울: 사회평론, 2015), 23. 52. ; 하름 데 블레이도 '세상을 공간적으로 바라'보는 대표적인 학자이다. 지리

북·서아프리카에는 다양한 국가와 종족이 거주하면서 인류의 요람에 새겨진 상처와 오욕의 아프리카 현대사를 그대로 보여 주고 있다.[51] 특히 서부아프리카는 지구에서 가장 가난하고 개발이 되지 않은 지역이다. 기후는 혹독하고 변덕스러울 때가 많고, 가뭄은 늘 사람들을 위협하고 때로는 3,4년씩 계속되었다. 현재 이 지역은 인류 역사상 가장 가뭄이 심할 뿐 아니라, 지역의 토양이 척박하고 영양분이 부족해 농작물 수확량이 많지 않은 곳이다. 그러나 이들 지역의 각 종족들은 예로부터 토지의 공동소유, 평등주의 공동체 생활, 집단적인 의사결정, 사회적 책임의 광범위한 분담 체계 등 고유한 사회주의의 면모를 지니고 있다.[52] 아프리카의 사회주의는 종족사회가 만들어 낸 전통 사회 속에 뿌리를 두고 있다.

주인 없는 땅 아프리카

세계 역사는 언제나 불행과 행복의 교차점이 무엇인가를 말해 준다. 아프리카의 고통의 역사는 1960년대가 되어 표면적으로 종지부를 찍었지만, 실제로는 여전히 진행 중이다. 그 이유는 과거로부터 현재까지 서구 열강들이 아프리카를 주인 없는 땅으로 선언해 왔기 때문이다. 특히 1880년부터 1900년까지의 20년 동안은 아프리카에 거주하는 사람들에게는 수난의 시간이었다.[53]

1870년대 들어 유럽 국가들은 아프리카 대륙 가운데 대서양 해안선을 따라 이어지는 일부 지역을 지배하면서 이 지역에 대해 '암흑대륙'이라는 명칭을 붙였지만, 내륙에서는 이미 아프리카만의 문화가 발달하고 그들만의 국가가 건설된 상태였다. 서부아프리카에는 20만 명의 군대가 상주한 가나(Ghana) 왕국이 탄생하였으며, 13세기 무렵에는 한때 인구가 5천만 명이었다는 말리(Mali) 왕국이 번영했다. 그런 가운데 아프리카 식민지 획득에 대한 욕심이 많았던 독일 총리 비스마르

학은 고립주의와 지역주의의 훌륭한 해독제라고 주장한다.

51 Martin Meredith, *The Fate Africa*, 이순희옮김 『아프리카의 운명』 (서울: Humanist, 2014), 21–37.
52 Martin Meredith, *The Fate Africa*, 217. 225.
53 Miyazaki Maskatsu, *Chizu to Chimei de Youmu Sekaishi*, 105.

크(Bismarck)가 유럽 열강들의 중재에 나섰다. 1884년 말 14개국이 참가하여 100일 이상 토론한 결과 베를린 회의(1884-1885)가 개최되었다. 이 회의에서 아프리카는 주인 없는 땅이라고 선언되었고, 일정 지역을 점령하여 실제적으로 지배하는 국가가 그 지역에 대한 선점권을 가진다는 분할원칙이 적용되었다. 바로 이것이 아프리카의 수난의 역사가 시작되는 신호탄이었다.[54]

유럽국가의 아프리카 선점권의 다툼으로 인해 영국과 프랑스가 충돌하기에 이르렀다. 영국의 종단정책은 이집트의 카이로에서 시작되어 수단, 우간다, 케냐, 탄자니아, 잠비아, 짐바브웨, 보츠와나, 남아공화국과 서부아프리카의 가나,[55] 나이지리아와 카메룬 등이다. 프랑스의 횡단정책은 아프리카의 알제리, 모로코, 모리타니아, 감비아, 기니, 말리, 부르키나파소, 니제르, 모로코, 코트디부아르, 차드, 토고, 베넹 등이었다. 프랑스는 횡단정책을 통해 홍해로 진출하고 아프리카도 지배하려 했다. 이로 인해 영국과 프랑스의 종·횡단 정책의 충돌인 파쇼다(Fashoda) 사건이 발생했다. 이 사건은 아프리카 식민지 분할점령 과정 중 영국의 종단정책과 프랑스의 횡단정책이 1898년 수단의 파쇼다(현재의 코도크[Kodok])에서 충돌한 사건이다. 영국의 종단정책과 프랑스의 횡단정책이 충돌함으로 아프리카는 일대 혼란에 빠지게 되었다. 양국은 상호 긴장관계에 놓였지만 독일의 진출에 공동으로 대항하기로 합의하고 영국은 이집트를, 프랑스는 모로코를 지배하기로 타협함으로써 종결되었다.[56] 결론적으로 영국과 프랑스의 종·횡단 정책은 결과적으로 아프리카의 민족 분쟁의 시발점이 되었다.

아프리카에서 '민족 분쟁'이 아직까지도 끊임없이 발생하는 이유는 19세기 말에 유럽 국가들이 제멋대로 그어 놓은 국경선[57] 때문이다. 그들은 이 선들 사이에 중앙콩고라든지 오트볼타 같은 지명을 적어 넣고 이곳을 '나라들'이라고 불렀다. 오늘날에도 아프리카인들은 유럽인들이 만들어 놓은 지정학적 국경과 자연이 남

54 Miyazaki Maskatsu, *Chizu to Chimei de Youmu Sekaishi*, 109.
55 4세기부터 13세기에 번영한 나라를 의미한다.
56 Miyazaki Maskatsu, *Chizu to Chimei de Youmu Sekaishi*, 108.
57 Tim Marshall, *Prisoners of Geography*, 김미선 옮김 「지리의 힘」 (서울: 사이, 2016), 228-229, 255-259.

겨 준 천연장벽에 얼마간의 발목이 잡혀 있는 형편이다.[58] 아프리카는 유럽인들이 제멋대로 그어 놓은 국경선과 기존에 함께 거주하던 많은 부족들이 분리된 상태에서 살아왔는데, 유럽의 종주국이 부족 간의 대립을 부추기면서 지배체제를 확립했기 때문이다. 이러한 분할은 유럽의 식민주의가 아프리카 대륙에 남긴 다수의 식민유산 잔재 중 하나이다. 아프리카에 거주하는 부족들은 국경이 나뉜 후에도 국민의식과 국가 정체성이 제대로 형성되지 않아 국가에 대한 충성심보다는 부족의 추장과 공동체에 대한 충성심이 더 강하다.[59]

오늘날 아프리카는 일당독재, 국경 분쟁과 부족 간의 대립, 경제적인 측면의 이해관계 등을 이유로 분쟁과 쿠데타가 끊임없이 발생하면서 '아프리카 난민'이 수백만 명에 이르고 있다. 아프리카 난민 루트는 니제르를 거쳐 리비아에 이르고 있지만, 세계난민기구가 이에 대한 대처를 하기 어려울 정도로 국경분쟁이 심각한 상황이다.

또한 아프리카는 경제적인 측면에서 매우 힘든 상황에 처해 있는데, 1차 산업이라 할 수 있는 농산품의 터무니없이 낮은 가격과 외화부족, 채무 등 다양한 문제가 이에 해당한다. 여기에 사헬(Sahel)지대 이남 지역은 아프리카의 기후변화로 인한 건조함으로 가뭄과 기근이 자주 발생하고 있으며, 서부아프리카에서는 2014년에 에볼라 바이러스(Ebola virus)에 의해 수많은 사람이 목숨을 잃었으며, 그 외에 에이즈와 콜레라 등 백신이 개발되지 않은 질병이 창궐하고 있다. 이런 다양한 문제들이 있음에도 국경분쟁과 부족 간의 대립으로 인해 전혀 해결될 기미가 보이지 않는다.

---

58 2016년 필자가 토고 공화국 로메 남부 지역을 여행할 때 현지인은 "유럽인이 그어 놓은 국경선 때문에 가나에 있는 친척을 방문하는데 어려움이 많습니다"라고 푸념하기도 했다.

59 2017년 1–2월 연구자가 부르키나파소 공화국을 방문했을 때의 경험이다. 국민의 대다수인 모시족의 부족공동체는 국가의식보다 모시족이라는 부족에 대한 충성심이 더 강했던 것을 기억한다. 모시족 추장의 비서실장과의 대화에서 드러난 모시족에 대한 정체성과 자존감은 부족공동체의 권위를 그대로 보여주었다.

아프리카에 대한 새로운 인식

북아프리카와 서부아프리카를 비롯한 아프리카 전 지역을 이해하는 방법으로 하름 데 블레이(Harm de Blij)의 『분노의 지리학』의 지리학[60]적 이해가 필요하다.[61]

"우리의 복잡한 세계를 이해하는 한 방법으로서 지리학의 생명력과 유용성을 확인할 수 있기를 희망한다. 지리학은 기후변화와 역사적 사건, 자연현상과 정치발전, 환경과 행동 등 서로 다른 분야에 속해 있어 어울리지 못했던 분야에서 상호관련성을 이끌어 내곤 한다."

블레이의 주장은 한 지역에 대한 명확한 통찰력, 낮은 문화적 집착을 벗어나는 방법을 알려 준다. 그의 주장대로 아프리카의 역사, 고고학, 지질학, 기타 연대기적인 부분들을 이해한다면, 미디어에 나오는 모습이 전부라고 믿거나 기억 속의 부정적인 이미지를 갖지 않을 것이다. 본질을 이해하지 않은 상황에서 전체를 이야기하는 것은 모순이다.

아프리카는 우리가 생각하는 것만큼 미개한 곳이 아니라는 사실을 인식하고 조금만 더 아프리카의 현상의 지리학을 알았으면 한다. 아프리카의 역사와 문화, 정치적 구조와 종족사회의 특성, 종교적 삶과 가치, 인간과 자원 등을 섬세하게 이해한다면 아프리카에 대해 비극적인 이야기만 하지 않게 될 것이다.

우선 아프리카에 대한 새로운 인식을 갖기 위해 첫째, 아프리카라는 지리적 현상을 이해해야 한다. 아프리카라는 특수한 지리환경과 그 안에서 일어나는 모든 현상을 공간적인 시각에서 연구하는 일이다. 이때 연구 분야는 자연환경과 인간사회 안의 종교적 성향까지 모두 연구범위로 하여 기후학, 지형학, 수문학, 생물

---

60 Jared Diamond의 기념비적인 저서 『총·균·쇠(Guns, Germs, and Steel)』는 지리학에서 나온 가장 훌륭한 책으로 평가받고 있다. Jared Diamond, *Collapse: How Societies choose to Fail or Succeed*(New York: Viking, 2005)을 참조하라.

61 Harm de Blij, *Why Geography Matters*, 유나영 역 『분노의 지리학』 (서울; 천지인, 2012), 9.

지리학, 종족사회학, 문화지리학, 도시지리학 등 모든 사람이 살아가는 모습과 관련된 모든 학문이어야 한다. 둘째, 아프리카라는 특수한 지리적 현상을 연구함으로써 정보의 공간적, 시간적 편협성을 줄여주면서 사람들의 관심을 조금이라도 일으켜야만 한다. 셋째, 아프리카 인간사회와 자연환경 사이의 복잡한 관계를 평가하는데 선교인류학이 최적의 위치에 있다는 사실을 기억하고, 이 분야에 대한 연구를 위한 통찰과 분석을 하는 일이다. 넷째, 아프리카 문화권을 직접 방문하여 연구하고 또 이들을 이해하고자 노력하는 일이다. 다섯째, 아프리카인의 입지(location)를 연구할 때 전통적인 자연지리학보다는 인문지리학을 연구하는 일이다. 그들의 삶의 현장이 어떻게 발전하고 쇠퇴하는지, 어떤 거주지는 발전하고 어떤 거주지는 그렇지 않은가에 대해 다양하게 연구하는 일이다.[62] 여섯째, 아프리카라는 세상을 공간적으로 바라보는 것이다. 아프리카라는 공간적 관계를 갖고 부족과 종교, 사회적 관계를 바라보아야 한다. 일곱째, 아프리카인들이 사용하는 '기호'를 읽고 해석할 수 있는 노력이 필요하다. 서부아프리카 가나에는 '아딘크라 상징'이 있는데 이는 한 종족사회의 '기호'를 표시한 것으로서 사회적 공동체와 종교적 상징도 함께 드러내고 있다.[63] 이러한 기호는 아프리카에 있는 거의 모든 종족사회에 존재하는 것으로, 이에 대한 해석이 이뤄질 때 그들을 온전히 이해할 수 있다. 마지막으로 아프리카는 변화하는 지구 환경[64]에 의해 지리적, 인민의 역사가 그려져 있음을 기억해야 한다.[65] 인구라는 변수와 지구 온난화, 환경문제 등은 미래에 나타날 발전과 쇠락의 패턴들을 드러내고 있음을 주의 깊게 보아야 한다. 그러나 불어권 아프리카를 이해하는 데는 '한계'가 있다. 그것은 공간적 범위에서 직접 경험하고 이해할 수 있는 범위가 한정되어 있다는 것과 이 지역이 아직도 분쟁

62 Harm de Blij, *Why Geography Matters*, 17–19.
63 장훈태, "가나 공화국 아딘크라 상징주의(Adinkra Symbolism)에 나타난 신념체계 문화 이해와 선교 모색," 「복음과 선교」 제38권(2017), 229–269를 참조하라.
64 Harm de Blij, *Why Geography Matters*, 87–102.
65 Vijay Prashad, *The Darker Nations A People's History of the Third World*, 박소현 옮김 『갈색의 세계사-새로 쓴 제3세계 인민의 역사』 (서울: 도서출판 뿌리와 이파리, 2015), 267–286.

66이 끊이지 않고 있다는 한계를 늘 염두에 두어야 한다.

역사 · 문화 · 종교의 전망

불어권 마그레브, 서부아프리카 역사와 문화

21세기 불어권 아프리카 세계 탐색을 위한 조건은 사회와 언어, 문화 그리고 역사에 대한 이해이다. 아프리카 원주민의 역사와 식민지 이후의 역사를 비롯한 각 종족사회의 토양, 사회, 문화에 관한 이해가 선행되어야 한다. 이들 세계에 대한 본질적인 이해는 역사와 문화의 영향과 도시사회, 각 종족사회의 사회학적 연구로 수공업, 농업과 수렵, 유목민을 비롯한 일상생활이 만들어내는 순환곡선의 형태를 이해하는 것이기 때문이다.

아프리카의 중요성을 인식하고 어떠한 일을 계획한다면, 첫째로 인류학적 · 사회학적 · 종교적 연구 방법을 통해 유럽인의 아프리카 통치, 유목 부족사회와 이슬람사회–기독교사회를 비롯한 정주촌락 사회의 구조를 이해해야 한다. 둘째로, 식민화의 결과로 북 · 서부아프리카 사회에 발생한 현상과 변화, 프랑스의 식민지 경영이 이들 지역 주민들에게 어떤 혜택과 피해를 끼쳤는가 하는 문제에 대한 관심이 필요하다. 이들 지역의 역사와 문화를 연구하는 것은 민감한 정치적 현안이지만 비판적이면서도 수용적 자세로 깊이 있는 통찰을 가져야 한다. 셋째로, 부족장들의 지위와 부족사회의 조직이 식민지 시대 이전과 이후에 어떤 변화를 맞이하였는가를 고찰하는 일이다. 이는 부족이 갖고 있는 역사성과 정체성이 오늘날 개인이나 사회적 활동에 어떤 영향력을 끼치고 있는지, 그리고 촌락의 생활변화로 건축물의 상징구조, 근대의 사회경제적 변화에 쉽게 적응하는 젊은이들의 현상, 근대식 교육과 침투로 의례와 관습을 어떻게 바꾸어 놓았는가를 보는 일이

---

66 아프리카는 늘 분쟁이 있어 왔는데 줄루족과 호사족은 유럽인들을 맞이하기 전부터 서로 어울리지 않으면서 분쟁을 일삼았다. 이집트를 비롯한 나일 강을 끼고 사는 나라들 역시 나일 강이 분쟁의 씨앗이다.

다.[67] 넷째로, 아프리카의 과거와 현재의 문화에 있는 문제들은 무엇인가를 함의하는 일이다. 그리고 불어권 아프리카인의 존재 양식과 심성 구조를 통한 종족적 정체성과 문화적 상징과 역사적 변화 사이의 상호작용이 어떻게 반응하는가를 살피는 일이다.

다섯째, 불어권 아프리카의 역사문화는 고급문화와 하위문화권의 차이가 있다. 그리고 고급문화에 대한 철학적 · 문학적 관심사보다 일반 민중의 일상생활에 대한 태도를 살펴보는 것이 더욱 필요하다. 일반 민중사회에서 전승되는 설화와 전통문화, 이들만이 갖고 있는 독특한 언어(방언), 자녀교육을 통한 공적생활과 사적생활의 구별이 어떻게 나타나는가와 같은 주제들을 탐색하는 일을 통해 그들을 깊이 이해할 수 있다.

여섯째, 아프리카인의 임종과 죽음에 대한 문화사에 대한 성찰이다. 종족사회의 지도자와 부모의 임종과 죽음의 영역을 탐구함으로써 사회가 어떻게 '성스러움'(le sacn)[68]을 인지하고 전파하며 확대되었는가를 알아보고, 이를 통해 교회, 문화 사회의 개혁에 어느 정도 영향을 주는가를 보는 것이다.

일곱째, 종교와 정치라는 주제에 대한 식견이다. 아프리카를 이해할 때는 이슬람교와 공산주의라는 주제에 대한 연구도 요구된다. 알제리의 이슬람교와 공산주의 연관성은 마르크 페로(Marc Ferro)에 의해 제기된 것이지만 여전히 논의의 주제이다.[69] 그만큼 아프리카에서는 이슬람과 공산주의가 밀접한 연관을 갖고 있다.

결국, 아프리카의 역사와 문화는 정치적 · 문화적 논쟁의 맨 앞자리이든 뒷자리이든, 종교와 문화, 그리고 멀찍이 있는 기독교, 아프리카인들의 역사성에 대한 새로운 시각을 갖고 접근하지 않으면 안 된다. 그러면서 이방인을 보는 아프리카인들의 역사와 문화의 차이 속에서 우리와 결합할 수 있는 부분을 찾아야 한다. 이

67 Philip Daileader & Philip Whalen, *French Historians 1900-2000: New Historical Writing in Twentieth-Century France*, 481−501.

68 Philip Daileader & Philip Whalen, *French Historians 1900-2000: New Historical Writing in Twentieth-Century France*, 669.

69 Philip Daileader & Philip Whalen, *French Historians 1900-2000: New Historical Writing in Twentieth-Century France*, 753−769.

런 시각은 새로운 역사를 보는 시각이며, 이를 통해 다른 사람들이 볼 수 없는 부분을 발견하게 된다. 또한 외부자적인 관점에서 불어권 아프리카 속을 들여다보는 것은 한계가 있지만, 역사와 문화를 인식하지 않고는 올바른 탐색과 아프리카를 향한 미래전략은 전혀 불가능할 것이다.

아프리카 종교와 철학

일반적으로 사람들은 아프리카는 빈곤하고 미개한 나라가 많은 곳으로 인식한다. 아프리카는 노예와 흑인, 식민지 지배를 받은 곳이라는 선입관과 편견이 만연해 있다. 그러나 실제적으로 아프리카를 들여다보면 이 지역은 인류문명의 발상지이자, 그들의 세계관이 철학적이고 초월적이면서 내재적인 자연을 인류와 영혼 그리고 자연계 사이의 우주적 종합의 물리적 형상으로 표현하고, 이 세계관이 철학적·문학적 전통에 기반을 두고 있음을 보게 된다. 종교와 철학적 측면에서 아프리카인의 일상에 녹아있는 신화를 가지고 있으며, 이들의 민간신앙의 구조와 행위, 그 내부에 담긴 사고관은 깊이가 있다.

케냐의 신학자 존 음비티(John Mbiti)가 쓴 『아프리카 종교와 철학』(*African Religions and Philosophy*)을 보면, 아프리카인의 시간에 대한 개념, 영적 존재, 스피릿(살아 있는 죽은 존재), 신비한 힘, 마술, 주술과 사술, 악마와 윤리, 정의의 개념 등이 보다 분명하고 객관적이면서 깊은 철학이 담겨 있는 것을 보게 된다.

아프리카인이 인식하고 있는 사사(Sasa)와 자마니(zamani)에 대한 이해가 선행되지 않으면 이들의 민간신앙의 본질을 볼 수 없다. 아프리카는 전 세계적으로 민간신앙의 원류라 할 정도로 영적 존재인 스피릿, 즉, '살아 있는 죽은 존재'를 이해해야만 한다. 아프리카의 신앙형태는 다양하지만 이들을 함께 묶을 수 있는 공통분모는 '살아 있는 죽은 존재'이다. 이는 아프리카 사회에 현존하는 다양한 형태의 신적 존재와 스피릿이다. 이를 이해하기 위해서는 아프리카인의 '시간개념'에 대한 이해가 선행되어야 한다. 그리고 아프리카인은 종족과 종교가 생활 속에 유기적으로 연관되어 있다. 그래서 마술과 주술, 사술(邪術) 등 신비한 힘은 아프리카인의 일상을 지배하는 초자연적인 힘으로 이들을 지배하고 있다. 이들의 신비한 힘은 긍정적인 목적으로 사용하는가 아니면 부정적인 목적으로 사용하는가에 따라 선한 행동과 악한 행동으로 구분된다. 그러므로 우리는 아프리카인의 신비한 힘이 개인과 종족사회에 이로운 방향으로 이용되는가 아니면 해로운 방향으로 사용되는가에 촉각을 세워야 한다. 여기서 아프리카인의 사회 · 윤리적 가치가 드러나며, 실제로 아프리카인에게 선과 악의 기준은 절대적이 아니라 상대적임을 알게된다.[70]

불어권 아프리카의 세계 탐색은 아프리카의 종교 또는 민간신앙, 보편성과 특수성 논쟁이 발생하는 원인에 대한 이해가 선행되어야 한다. 아프리카의 종교, 곧 그들의 신앙과 사고체계를 종합적으로 이해하지 않으면 그들 사회의 본질을 훼손하거나 그들에 대한 편견을 갖게 된다. 진정한 아프리카를 이해하기를 원한다면 아프리카인의 입장에서 전체를 보고 왜곡하려는 태도를 버려야 한다. 왜냐하면 아프리카인의 고유한 생활양식에 바탕을 두고 있는 문화양식을 보지 않는 서양식 사고와 관점은, 아프리카인이 가지고 있는 역동성을 간과한 것이다. 그동안 아프리카인의 종교적 행위와 삶의 가치를 보면, 기독교와 이슬람교를 민간신앙(토속)의 영역으로 끌어들여 자신들의 것으로 만드는 놀라운 생명력을 보여 주고 있다. 아프리카 전역에 존재하고 있는 아프리카화(化)된 이슬람교와 기독교의 모습은 이를 잘 보여 주고 있다.[71]

아프리카인의 힘은 민간신앙이 삶과 직접 연관되어 있음에서 비롯된 것을 보게된다. 서부아프리카 불어권 지역을 탐사하다 보면 보이지 않는 신보다는 현상적인 신에 대한 의존도가 높은 것도 이와 관련이 있다. 음비티는 아프리카 민간신앙의 영향력을 매우 높게 평가한다.[72]

"아프리카에서 민간신앙은 단순히 믿는 차원을 넘어 종족 공동체와 사회, 국가의 정치

---

70 Mbiti John, *African Religions and Philosophy*, 9-10.

71 Mbiti John, *African Religions and Philosophy*, 10.

72 Mbiti John, *African Religions and Philosophy*, 12.

적 영향에까지 미치고 있어 기독교 등 보편종교는 민간신앙과 대립하기 보다는 상호 보완관계에 있다."

위의 글은 아프리카의 철학과 종교를 잘 설명해 주고 있다. 음비티의 논의가 절대적인 것은 아니지만 아프리카의 종교와 민간신앙을 바라보는 시각을 깨우쳐 준다. 또 하나는 아프리카는 서구식 시간개념, 곧 미래 개념이 보편화되는 현상이 부정적이라고 볼 수 없다. 오히려 '전통은 보호되고 지켜져야 한다'는 기능주의적 관점은 현대사회에서 수정되어야 한다. 전통의 한 부분으로서 민간신앙은 박물관에 박제된 유물이 아니라 항상 현재적 맥락에서 문화접변을 통해 새로운 모습으로 발전하는 현재진행형이기 때문이다.[73]

아프리카의 종교와 철학을 다양한 관점에서 보는 것도 중요하다. 아프리카 문화권의 시간개념과 민간신앙 외에 아프리카 종교의 지도자, 아프리카 기독교의 성경과 신학, 아프리카에서의 신의 개념 등을 더욱 깊이 연구하고 관심을 가질 때 그들의 세계에 가까이 갈 수 있다.

불어권 아프리카의 변화

인구 폭발과 생산성

아프리카는 21세기 들어 전 세계인들이 가장 관심 깊이 바라보는 지역이다. 세계인이 누리는 삶의 형태와 질에는 지역에 따라 엄청난 차이가 존재하지만, 아프리카는 국지적 관점에서 볼 때 삶의 형태와 질에 다양성이 있다.[74] 미래사회에서 볼 때 아프리카는 '인구가 폭발'할 것이라는 예측과 함께 제4차 산업혁명의 핵심지

---

73 Mbiti John, *African Religions and Philosophy*, 13.

74 Philip Daileader & Philip Whalen, *French Historians 1900-2000: New Historical Writing in Twentieth-Century France*, 이용재 외 8명 『20세기 프랑스 역사가들-새로운 역사학의 탄생』 (서울:삼천리, 2016), 506.; 프랑스의 역사가 루이 슈발리에는 1947년 '북아프리카의 인구 지리학적 연구'라는 논문을 발표했다. 북아프리카 식민지 세 곳을 탐사하면서 인구비율이 낮은 프랑스는 전후 복구를 위해 인구조사를 했다. 인구조사는 전후 복구를 위한 노동력 수입, 인구 증가의 특징과 변화, 가능한 결과를 분석했다.

역으로 관심을 받고 있기 때문이다. 지금도 아프리카는 폭발적인 인구 증가와 함께 산업화 등 급속한 변화가 일어나고 있지만 위생과 의료기술은 획기적으로 진보하지 못하고 있는 단점을 갖고 있다.

하름 데 블레이는 아프리카의 인구 폭발은 종교와 큰 관련이 있다는 사실을 논리적으로 결론을 내린다.

"미래의 인구 지리학은 종교와 깊은 관련이 있다면서 중남미에서는 로마 가톨릭교회가 우세하고, 바티칸은 국제회의에서 인구문제에 관한 무슬림 성직자들과 같은 명분을 쫓고 있다……여성의 사회적 지위와 관련이 있다."[75]

그는 미래의 인구 폭발을 국지적 관점에서 논의하면서 미래에 나타날 패턴들을 설명한다. 세계를 통상적인 방식인 빈부격차에 따라 부유한 지역과 빈곤한 지역으로 나눌 때, 오늘날 부유한 나라의 인구보다는 빈곤한 나라의 인구가 더 많이 증가하는 것을 볼 수 있다. 학자들은 앞으로 부유한 나라와 빈곤한 나라의 인구 격차가 더 벌어질 것이라고 예측하고 있다.[76] 그러나 세계인구의 분포와 핵심을 이해하게 되면, 이 문제가 경제 환경을 형성하는 근본적인 요소이며 우리 생활의 모든 측면에서 영향을 끼친다는 것을 알게 된다. 삶과 죽음, 노화, 교육,[77] 가구, 소비, 발전, 환경, 진보, 부(富), 기회 등 여러 가지 중대하고 흥미로운 이슈를 망라하는 현상이 인구 문제를 통해 발생한다.[78] 인구 증가는 미래 사회를 통계적으로 바라보는 기회가 된다. 즉, 비교적 높은 수준의 정확도로 미래 사회의 예측이 가능하고 인구의 연령에 따른 새로운 가구 구성과 노동력 분포, 수입과 지출 패턴까지

75 Harm de Blij, *Why Geography Matters*, 149.
76 Harm de Blij, *Why Geography Matters*, 151.
77 최준수, "지속 가능한 발전과 언어정책−사하라 이남의 불어권 국가", 76.; 서부아프리카 불어권 지역의 급선무는 교육언어의 보급이다. 교육은 공동체의 미래를 개척하고 경제적, 사회적 발전의 토대를 가꾸는 중요한 도구이다. 그러나 사하라 이남의 국가들은 교육이 제대로 되지 않아 문맹률이 높은 것도 사회적 이슈가 된다.
78 Clint Laurent, *Tomorrow's World: A Look at the Demographic and Socio-Economic Structure of the world in 2032*, 강유리 역 『인구를 알면 경제가 보인다』 (서울:원앤원북스, 2016), 37.

폭넓은 영역에서 발생하는 변화를 알게 된다. 이러한 측면에서 보았을 때 서부아프리카 역시 인구 증가는 지속될 것으로 보이며 거기에 따른 가계소득의 추정치와 가족의 구성, 가구규모, 현재의 소비 패턴을 알게 되고, 연령에 따라 젊은이들은 도시로 이동하게 될 것이라 예상할 수 있다. 현재 토고 공화국과 부르키나파소의 젊은이들은 가나와 코트디부아르 지역으로 이주하면서 활발한 경제활동을 지속하고 있으며, 이를 통해 삶의 질을 높여 가고 있다. 결국 연령과 소득 다음으로 중요한 도시화가 아프리카 지역에서 급속하게 이루어질 전망이다.

인구의 증가와 소득의 증가를 함께 결정짓는 요소는 바로 교육이다. 교육은 정의하기가 쉽지 않다. 교육제도 안에 진입하고 빠져나오는 연령이 국가마다 차이가 있기 때문이다. 다시 말하면, 각 국가에서 정한 학령기와 교육 연수가 서로 달라서 수치상으로 비교하기가 어렵다는 말이다. 그럼에도 인구 증가와 경제적 활동은 교육과 깊은 상관관계가 있다는 것을 부정하기 어렵다.[79] 그리고 인구 증가와 함께 고용이라는 이슈도 중요하게 다뤄야 한다. 고용은 두 가지의 요인과 함수관계를 갖고 있는데, 하나는 노동연령 인구의 고용율과 또 하나는 노동연령 인구의 규모이다. 이 둘은 국가 경제에 이바지하고 있지만, 종교적 삶에는 영향력이 약하다. 그러나 인구 증가와 노동력 고용에 따라 지역 간의 경제적 격차가 심화될 우려가 있다.

앞으로 인구 증가로 인한 변화 또한 고려하지 않을 수 없다. 서부아프리카는 인구 유입과 가임 여성 수 증가, 출산율 증가와 유아 사망률 감소로 인해 인구가 크게 증가할 전망이다. 출산율 증가와 함께 교육 확대와 도시화로 인해 전통적인 사고방식이 감소할 것 같지만, 서부아프리카의 경우는 반대로 부족의 연대의식이 더 강화될 수 있다. 그 이유는 각 부족사회의 축제와 통과의례를 지키기 위해 도시로 간 젊은이들이 다시 고향으로 돌아오기 때문인데, 이때 젊은이들을 통해 부족사회의 전통과 연대의식이 더 강하게 나타날 수 있다.

결과적으로 불어권 서부아프리카 국가의 미래에 영향을 미치는 가장 큰 이슈

---

79 Clint Laurent, *Tomorrow's World: A Look at the Demographic and Socio-Economic Structure of the world in 2002*, 50–52.

중 하나는 교육의 제공이다.[80] 앞으로 각국의 현재 교육 상태와 동향을 정확히 측정하고 이해하는 일이 중요하다. 북아프리카와 서부아프리카에서 교육 수준이 높아질 경우, 기독교와 전 세계에 큰 도전과 과제를 안겨 줄 가능성이 매우 높다. 이들 지역에서 교육받은 사람들의 수가 증가하면 근로자 1인당 GDP가 급속하게 증가할 가능성이 높아지며, 새로운 경제성장 시대가 도래하면서 가구의 소비도 증가하게 될 것이다. 또한 교육으로 인해 의료 서비스의 수요가 크게 증가할 것으로 보이며, 의료 서비스의 종류와 질적 수준의 변화를 고려하여 불어권 아프리카를 탐색하는 일이 더 중요해졌다.

불어권 아프리카에서 직면할 리스크

북아프리카와 서부아프리카의 인구는 급속하게 증가하고 있으며, 이와 동시에 사하라 사막 이남으로 내려오는 이슬람교의 영향력은 대단하다. 특히 서부아프리카는 종교적 영향으로 인한 인구 증가로 인해 지역에 따라 인구 격차가 크게 발생할 가능성이 높을 뿐 아니라, 전형적인 젊은 가족 구성원들로 이루어진 세대가 중심세대로 전환될 전망이다. 이 지역의 젊은 부모들의 전반적인 교육 수준은 상당히 높으며, 이들의 경쟁력은 중국과 비슷해질 것이다. 그러나 문제는 서부아프리카 지역의 교육 수준은 높아지는 데 비해, 충분한 일자리가 마련되어 있지 않다는 점이다. 도시지역은 비교적 교육 수준이 높은 편인데 이 사람들에게 필요한 일자리가 만들어질 만큼 충분한 투자가 이루어지고 있지 않다. 예를 들어, 2017년 겨울 부르키나파소 공화국 와가두구대학교에서 학생들은 대학교 졸업 후 일자리가 없어 고민이라고 털어놓은 적이 있다. 어느 학생은 법학을 공부하고 있는데, 한국의 삼성과 LG에서 근무한 후 고국에 돌아와 IT분야를 발전시키고 싶다고 하였다. 와가두구대학교 학생들은 졸업 후의 일자리 걱정을 하고 있었다.[81] 이 지역 역시

80 Emefa J. Takyi-Amoako, *Education in West Africa*(London: Bloomsbury, 2015), 21-51.; 저자는 서부아프리카 베넹, 부르키나파소, 카메룬, 차드, 감비아, 가나, 아이보리 코스트, 라이베리아, 말리, 니제르, 모리타니아, 나이지리아, 세네갈, 시에라리온, 토고 등의 교육문제를 현실적으로 다루고 있다.
81 2017년 2월 초 연구자와 부르키나파소 공화국 와가두구대학교 학생과의 인터뷰 내용.

핵심 소비시장인 서유럽과 가까운 곳에 있지만, 국가 정치와 해외기업이 투자할 수 있는 여건이 조성되어 있지 않다. 실제로 이곳의 불안한 정세(가끔 발생하는 테러)와 기후환경의 변화가 해외기업의 투자를 주저하게 만든다. 북서아프리카의 실업률이 높은 것은 사회학적 관점뿐 아니라 정치적 안정이라는 관점에서 보았을 때도 바람직하지 않은 현상이다.[82] 오히려 아프리카를 사이에 둔 강대국들은 지정학의 포로[83]가 되어 패권싸움을 계속 이어갈 전망이다.

결과적으로 북·서아프리카의 미래가 희망적이기 위해서는 국민들의 교육 수준을 높이고 사회·정치적 안정을 이루어 해외기업이 투자를 주저하지 않도록 각 국의 정부가 노력해야 한다. 북·서부아프리카의 미래와 이들이 세계 속에서 가지고 있는 잠재적 위치는 불안한 정세[84]를 극복하고 교육 문제를 얼마나 빨리 풀어낼 수 있느냐에 따라 달라질 것이다.

불어권 북·서아프리카의 이슬람의 확장

오늘날 세계는 급속히 변화하고 있다. 중동의 신 냉전 체제와 함께 강대국들의 경쟁은 시간이 흐를수록 '보호주의'로 회귀하고 있다. 중국의 태평양 연안지역은 급속한 도시화가 이루어지고 있으며 그 내부는 빠르게 성장하고 있는 반면, 농촌 지역은 아직도 빈곤지역이 지배하고 있어 빈부 격차는 날로 커지고 있다. 농촌 사람들은 매년 변화하는 도시로 일자리를 찾아 모여드는데, 정부가 이를 막을 수 없을 정도가 되었다. 이와 더불어, 아프리카를 비롯한 세계에서 발생하는 인종차별과 테러는 유엔인권기구나 유엔난민기구 조차 대처하기 어려울 정도가 되었다. 아프리카 역시 기후온난화와 가뭄, 테러와 폭력, 난민의 수적 증가로 국제정치의 이슈가 된지 오래되었다.

---

82 Clint Laurent, *Tomorrow's World: A Look at the Demographic and Socio-Economic Structure of the world in 2032*, 293-378.

83 정의길, 『지정학의 포로들』(서울: 한겨레출판, 2018), 17-57.

84 세계 패권 국가들의 지정학적 위상과 전략은 아프리카로 향하고 있다. 미국·중국·영국·독일·프랑스의 더 넓고 더 좋은 영토를 둘러싼 열강의 전략게임은 '자원경제'라는 이름으로 계속될 것이다(필자 주).

아프리카의 이슬람 전선 형성은 기독교 선교의 위협이 된지 오래되었다. 이슬람은 대상(隊商)들을 매개로 아프리카 북부해안을 따라 전파되었고, 선박을 매개로 동부해안을 따라 전파되었다. 7세기 말 이전까지는 오늘날의 이집트 지역에 자리를 잡았고, 8세기 말 이전까지는 모로코에 둥지를 틀었다. 이슬람 신앙이 급속히 확산되면서 중동이라 부르는 지역은 물론 북아프리카와 동부 아프리카까지 변화를 겪었다. 11세기에 이슬람은 탄자니아의 다르에스살람(Dar es Salaam)까지 이르렀는데, 이는 이슬람이 중앙아시아를 휩쓴 다음 중국으로 침투한 시기와도 일치한다. 모로코인(무어인)들이 북아프리카를 교두보로 삼고 이베리아 반도로 침입한 이후 이슬람교는 이 지역의 문화경관에 지워지지 않는 흔적을 남겼다.[85]

무슬림들은 사하라 사막을 건너 서부아프리카로 향했고 서쪽으로는 세네갈, 동쪽으로는 나이지리아로 이동하면서 무역과 교통을 장악하여 번성하였다. 니제르 강은 무슬림들의 무역과 시장경제를 활성화시켜 주는 원동력이 되었고, 모로코의 무슬림들은 이들의 시장을 통해 대량의 금과 보석을 유통시켰다. 니제르 강을 끼고 있는 말리와 가나, 송가이(Songhai Empire) 등은 북아프리카의 강대한 무슬림에게 매력적인 목표물이 되었고, 이 지역의 왕과 추장들이 이슬람교로 개종하면서 문화적 재순응이 이루어졌다.

기독교는 이슬람교보다 6세기나 앞서 시작되었지만, 식민지 시기가 도래할 때까지 서아프리카에 영향을 끼치지 못했다. 다만 동부 아프리카의 에티오피아 악숨과 랄리벨라 등지에서 기독교의 뿌리가 내렸을 뿐이다. 그러나 이슬람이 침략했을 때도 이곳의 기독교 왕국을 무너뜨리지 못했고, 지금도 에티오피아의 북부와 동부 지역 일부는 이슬람교에 둘러싸인 채 기독교 국가의 명맥을 이어오고 있다.

아프리카는 역사적으로 이슬람교와 끝나지 않는 전쟁을 치루면서 값비싼 대가를 치렀다. 동부 아프리카의 수단의 기독교와 애니미즘이 절대 다수인 지역에서 이슬람인과 비이슬람인이 수십 년 간 모진 전쟁을 벌였다. 서아프리카에서는

85　Harm de. Blij, *Why Geography Matters*, 282.

2004년 코트디부아르의 이슬람 전선 접경 지역이 값비싼 대가를 치렀다.[86] 지금은 코트디부아르 정부는 안정되어 있지만, 현재에도 북부지역에는 소수의 무슬림들이 거주하고 있다. 부르키나파소에 거주하던 무슬림 목축인과 농경민들이 국경을 건너 코트디부아르 북부지역에 거주하고 있으며, 오늘날에는 코트디부아르 아비장(Abidfan)에서 많은 사람들이 이주노동자로 거주하고 있다. 라이베리아(Republic of Liveria)는 오랫동안 인종갈등에 시달려 왔으며, 소수의 무슬림인들이 주요 도시에 흩어져 거주하고 있다. 이슬람의 동서아프리카로 이주하는 것을 보고 하름 데 블레이는 '이슬람교는 움직이는 전선'이라고 말한다.[87] 이슬람 전선은 이동하면서 팽창할 수 있는 기회가 생겨나면 정착한다.

르완다, 콩고 등 기독교가 제 기능을 상실한 국가는 대부분 기독교 성직자들과 관련이 있다. 대표적인 곳이 르완다이다. 1994년 르완다의 제노사이드(Genocide)는 국제적인 충격을 가져다 준 사건으로, 이때 르완다의 목사들의 묵인 하에 교회 안에서 사람들이 집단 살해된 사건이 발생하였다.[88] 이때 기독교의 흐린 정체성과 성직자들의 잘못된 판단력으로 행했던 행동들은 기독교 영역을 타 종교에 내어 주는 꼴이 되었다. 당시 북·서아프리카의 이슬람 인구는 2%에 불과했지만 오늘날 무슬림인구는 20%가 넘는다고 보고 있으며, 지금도 이슬람은 지역을 선점하면서 세력을 확장해 가고 있다.

불어권 아프리카의 기독교, 지금 무엇을 위해 존재하는가?

1907년 평양 대부흥 이후 1970년대에 한국 교회는 교회성장기를 거쳐 1980년대 중반부터는 해외로 선교사를 파송하기 시작했다. 2000년대 들어서는 각 교회마다 단기 선교팀이 선교현장을 방문하면서 새로운 패러다임이 형성되는 것처럼 보였다. 그러나 한국 교회들의 선교적 교회를 이루기 위한 노력에도 불구하고

86 Harm de. Blij, *Why Geography Matters*, 284–285.
87 Harm de. Blij, *Why Geography Matters*, 289.
88 Harm de. Blij, *Why Geography Matters*, 290.

2010년 이후로는 교회의 존재 의미를 상실한 것 같을 정도로 어렵다. 그 이유는 한국 교회가 '사회적 교회'가 되지 않은 채 빛과 소금이 되라고 외치기만 할 뿐, 그에 대한 결실이 없기 때문이다. 얼마 전 시골교회에서 예배를 드린 후 담임목사와 식사를 나눌 기회가 있었다.[89] 그는 시골교회와 한국 교회에 대한 안타까움을 이렇게 말했다.

> "교수님, 오늘날 교회에 성도가 없는 것은 인구절벽 때문이 아니라 전도하지 않아서 그렇습니다. 제가 목회하는 마정 마을도 167가구나 됩니다. 교회 역사가 70년이나 되어 많은 분들이 세상을 떠난 것도 있지만 저희가 전도하지 않은 결과로 교회가 비어 가고 있습니다. 복음전도만이 교회를 활성화시킬 수 있습니다. 주변 사람들로부터 칭송받는 교회와 성도가 되고, 구원의 복음을 선포하는 것만이 교회가 성장하는 길입니다. 어찌되었든 저는 한국 교회에 성도가 없는 것은 인구절벽의 문제가 아니라 교회 내부자들의 문제라고 생각합니다."

시골교회 목사의 일침은 나를 긴장시켰다. "사람이 없어서가 아니라 우리가 전도하지 않아서 교회가 빈 공간이 되고 있다"는 말은 세상의 문제가 아닌 교회의 문제이며 목사의 책임이라는 것이다. 나는 그의 말에 동의한다. 그리고 "한국 교회는 왜 복음을 전도하지 않을까"라는 질문에 대한 답을 얻고자 한다. 세상은 급속하게 변화하고 있는데 교회는 과거의 패러다임에 멈춰 있다. 교회가 본질이 아닌 다른 것에 관심을 기울일 때 영적 생명은 상실되어 간다는 것을 모두가 알아야 한다. 나는 '교회는 지금, 우리에게 무엇을 하려 하는가'에 대한 질문을 던지고 이에 대한 답을 하려 한다.

첫째, '세계는 지금 어떤 전환점을 맞이했는가'라는 질문에 답을 해야 한다. 기독교는 '포스트모던 이후의 진리가 존재할 것인가', '미디어 · 기술론적 전환에서 실재론적 전환이란 무엇인가', '21세기의 시대정신을 읽고 있는가', '자연주의로 돌

---

89   2018년 4월 29일 충청남도 천안시 직산읍 소재 마정교회(기감)에서 주일 오전 예배를 드렸다.

아가려는 사람들의 사고를 읽고 있는가' 등의 많은 질문에 답해야 한다.

둘째, IT혁명이 교회에게 어떤 영향을 주는가를 살펴야 한다. 인류역사를 바꿀 두 개의 혁명은 SNS와 스마트폰 혁명으로, 이로 인해 감시 사회로 변해가는 오늘날의 세계에서 교회는 어떻게 활동해야 하는지에 대한 과제를 풀어야 한다. 또한 인공지능, 빅 데이터, 인공지능 르네상스, 그리고 AI가 인간과 동등하게 대화하면서 설교를 하게 되는 시대에 우리가 목회 프레임을 어떻게 세워 가야 하는가 하는 문제를 고민할 때가 되었다.

셋째, 바이오 테크놀리지가 교회를 어느 방향으로 데려갈 것인가를 살펴야 한다. 포스트휴먼 탄생과 복제인간, 휴머니즘의 강세로 인해 '신을 죽인 인간은 어디로 향할까'를 걱정해야 할 판이다. 하비콕스의『신이 된 시장』을 읽어 보고, 시장은 어떻게 신적인 존재가 되었는가를 체크해 봄으로써 우리가 가야 할 길을 찾아야 한다.

넷째, 교회 안으로 들어온 자본주의에 어떻게 대응할 것인지를 고민해야 한다. 교회와 목회자, 선교사와 현지 지도자들이 자본주의가 낳은 격차를 어떻게 좁힐 수 있는지, 자본주의 사회에서 '진리'의 외침이 어느 정도 인정되고 전략적으로 수용될 것인지, 교회가 사람들을 세계화라는 올가미에서 구출할 수 있는지, 교회가 자본주의를 극복할 수 있는지, 가상화폐와 복권 같은 흥행성 금융자본주의 속에서 교회는 살아남을 수 있을지 많은 부분이 고민스럽다.

다섯째, 인류가 종교를 버릴 것인지, 아니면 탈종교화 과정을 거치는 중인지를 살펴보아야 한다. 아프리카는 아직도 민간신앙과 새로운 종교인 기독교의 진리와 이슬람교에 많은 호감을 갖고 있는 곳이다. 우리는 그들에게 이성적으로 종교를 생각하지 않고, 올바른 가치를 지닌 종교를 소개할 수 있는가를 되돌아보아야 한다. 시대의 변화에 따라 아프리카 역시 다문화사회로, 탈 세속화론으로 이어져 갈지를 살펴보고, 종교가 변화하는 세상과 공존할 수 있을지, 그것이 교회의 가치를 말해 줄 수 있을 것인가를 생각해 보아야 한다.

여섯째, 위험사회의 도래 상황에서 교회는 무엇을 하는지에 질문하고 답해야 한다. 교회는 과연 위험사회의 도래, 포스트모던이 된 환경 철학과 종말론을 넘어서는 방향을 제안할 수 있는가?[90] 생존을 위협하는 지구온난화와 가뭄에 대처하는 방법의 우선순위는 무엇인가를 교회를 향해 질문을 던져야 한다.

미래를 결정하는 질문에 대하여 '교회는 어떻게 대응해야 할 것인가'라는 과제가 있다. 이 과제에 대한 해답이 실현되기 위해서는, '실물 사회를 배우려는 교회와 선교사의 선택'만이 남아 있다.

첫째, 불어권 아프리카 선교를 위해 교회와 성직자들은 균형감과 소통 능력을 키워야 한다. 과거 신학교와 목사임직 · 선교사 파송상황에 머물러 있지 말고 시대변화에 따른 강한 성경적 지식재산을 창출해야 한다. 선교헌금에만 의존하지 않는 선교행정시스템을 구축하고, 그 시스템으로 취약한 국가를 지원(복음 전도)하는 열정과 협력모델을 세워야 한다. 그리고 선교사역의 긍정적인 결과에 취하지 않고, 변화를 통해 브랜드를 지속적으로 개발하면서 현지인의 사랑을 받아야 한다.

둘째, 2000년대 초반 온라인이라는 신대륙이 생겨났고, 지금은 온라인과 오프라인의 융합이라는 또 다른 변화의 물결을 타고 있다. 우리는 이런 때가 선교의 기회라는 점을 인지하고 시대의 흐름에 맞춰가야 한다. 교회는 젊은 인재를 개발하여 선교현장에 투입하는 전략적 목회수립을 통하여 '실물 목회적 선교'[91]를 시도해야 한다.

셋째, 미전도 지역에 전략적인 교회 설립과 교회건물을 건축해야 한다. 연구자가 아프리카를 탐사하는 동안 경험한 것은 이슬람교는 무슬림이 없어도 도로변에 사원을 건축하고 다와(선교)를 실행하고 있다는 사실이다. 이슬람교는 중앙아시아의 키르키즈스탄과 카자흐스탄, 동부 아프리카의 우간다 북부지역과 케냐 적도지역, 서부아프리카의 토고, 베냉, 가나, 부르키나파소, 코트디부아르, 니제르 등 수많은 국가의 도로변에 이슬람사원을 건축하고 있다. 교회도 마을 중앙과 숲속

---

90 Okamoto Yuichiro, 전경아 옮김 『지금 세계는 무엇을 생각하는가』(서울: 한빛비즈, 2018), 29–107.

91 목사와 선교사가 직접 현지인을 만나 소통하여 복음전도를 효율적으로 성취하기 위한 지식기반을 창출하는 것을 말한다(필자 주).

에 건축할 것이 아니라 큰 도로변에 건축할 필요가 있다. 교회가 눈에 보이는 것도 일종의 선교라는 생각으로 도로변의 대지구입과 교회 건축을 통한 전략적 사역이 요구된다.

넷째, 불어권 아프리카의 '단일 통화가 누구를 위한 것인가'를 살펴보고 여기에 대한 선교사들의 통찰력이 요구된다.

최근 불어권 아프리카의 단일통화인 세파프랑(CFA프랑)에 반대하는 집회가 코트디부 아르 수도인 아비쟝, 세네갈의 수도 다카르, 말리의 수도 바마코, 부르키나파소 수도 와가두구와 유럽의 브뤼셀, 파리, 런던 등지에서 열렸다. 그들은 세파프랑의 종식을 주장했다. 세파프랑은 아프리카 대륙 내 과거 프랑스령(領)이었던 대부분의 불어권 국가에서 통용되는 단일통화이다. 세파프랑 폐지론자들은 이 통화를 신식민주의의 상징인 동시에 프랑스 식민지배의 자취로 여기고 있다. 이들은 이 세파프랑 통화를 사용하는 국가들이 프랑존(Zone Franc, 프랑화 자유교환국가)에서 탈퇴하는 것이 종속관계로부터 벗어나 진정한 독립을 획득하는 것이라고 주장한다.[92]

서부아프리카 불어권 국가의 세파프랑에 대한 반론은 신식민주의와 신제국주의의 상징이라는 근거를 들며 반대하고 있으며, 이는 미래사회에 서구와의 경제적 종속관계를 벗어나려는 것이지 경제 발전에 영향을 미치고 있는 것은 아니다. 자국통화는 주권과도 관련이 있다. 자국통화는 국가, 국기와 주권국가의 상징으로 여겨지는데, 외세의 간섭 없이 자유롭게 통화정책이 결정된다면 선교사들의 활동은 어떻게 해야 할 것인가도 미리 준비해야 한다. 우리는 정치적 독립은 이루었지만 경제적 독립을 이루지 못한 서부아프리카의 '미완성의 독립'을 상징적으로 보여 주고 있는 세파프랑 시대가 언제까지 지속될지 두고 보아야 한다.

다섯째, 인종에 대한 편견과 업신여김을 버리고 관심과 축복을 주어야 한다. 흑인이라는 편견과 인종차별은 하나님의 창조섭리와 맞지 않다. 하나님은 모든 인

---

92 이형은, "불어권 아프리카 단일통화, 누구를 위한 화폐인가." 「시사저널」 (2017. 3.2), 1–2.

류를 공평하게 사랑하고 축복하신다.

여섯째, 한 영혼을 구원하기 위한 비즈니스 정신을 구현할 필요가 있다. 인류역사를 바꾸고 변혁시키는 일은 한 영혼에 대한 관심에서 시작한다. 구원은 교리와 성경적 지식으로 이루어지는 것이 아니라 사역자의 삶을 통하여 형성된다. 우리는 한 영혼을 위한 지속적인 관찰과 참여, 격려와 기다림으로써 신앙과 행위가 일치되는 모습을 보여 주어야 한다. 이런 모습을 보여 주기 위해 사역자는 현지인과 긴밀한 네트워크로 일정을 공유하는 것도 고려해 볼 만하다.

일곱째, 불어권 아프리카에 대한 한국 교회의 전략적 기도, 방문, 인재개발을 통한 선포가 요구된다(행 16:30-32 참고). 이를 위해 사역자들에게 필요한 것은 '현장으로 나가 현지인을 만나는 일'이다. 선교사 사무실에 앉아 인터넷과 선교편지를 쓰기 위해 골머리를 앓는 것이 아니라 '현지인과 원활한 관계구축'이 이뤄져야 한다. 그리고 '현지인이 원하는 것을 파악한 뒤 해결 방법을 성경에서 지혜를 얻어 제시하는 일'을 해야 한다. 교회와 선교사가 불어권 아프리카의 복음화를 원한다면 현지인과 자주 만나야 한다. 이를 통해 궁극적으로 갑과 을이 아닌 파트너로 함께하는 사역으로 하나님 나라를 꿈꿀 수 있다.

마지막으로 작은 아이디어로 불모지 같은 불어권 아프리카를 복음화하려면 불편, 불만, 불안부터 찾아 제거하는 일이 필요하다. 불어권 아프리카는 정치적 불안정과 경제적 빈곤, 이슬람교의 남하와 민속신앙의 충돌, 세파랑 거부 운동 등 다양한 이슈들이 많은 곳이다. 이런 환경에서 선교사역을 위하여 1단계로 부정적인 것들을 제거하고 2단계로 사역 가능한 모델을 찾아 실물 사역을 진행하면서 현지인을 재생산하는 시스템 구축을 통해 혁신을 이루어야 한다. 현지 선교사들이 현지인의 기억에 남기는 것은 미소를 통해 환대하는 일이다. 현지인들도 사역자를 환대하지만, 밝은 미소를 짓는 것이 잘 훈련되어 있는 사역자들의 태도는 그들의 마음을 사로잡게 된다. 이것은 예수 그리스도께서 사역 일정 동안 활용하셨던 방법이다.

선교사역의 아이디어는 성경에서 찾고 성경적 매뉴얼을 인용한다면 좋은 결과를 얻을 것이다. 성경은 선교사역에서 동맹과 협력이 필요함을 가르치고 4차 산업 시대보다 앞선 선교 방법을 가르치고 있다. 디지털 시대의 선교 열쇠는 디지털 리더십을 키우는 일에서 시작된다. 교회와 선교사가 복잡한 국제정치 역학 속에서 선교환경의 어려움을 극복하기 위해서는 선교리더십도 똑같이 비범해져야 한다. 선교사가 성경에서 아이디어를 얻어 가슴이 뛰는 비전을 수립하고, 변혁을 이끌어갈 혁신 전략팀을 만드는 것이 필요하다. 다음은 비전에 온 가족과 현지 지도자들이 일사불란하게 참여할 수 있도록 거버넌스를 새로 구축해야 한다. 먼저 현지인과 함께하는 전략팀을 구성하고 선교 전반에 걸쳐 시너지를 주도해야 한다. 그리고 성경에서 얻은 지식을 가지고 의사결정이 이루어지도록 전시적 관점에서 통합된 디지털 플랫폼을 만들어 실행해야 한다.

불어권 아프리카를 향한 복음화는 현지인을 움직이는 기도군단이 있어야 하고, 정규적인 기도와 전략적인 방문이 있어야 한다. 내가 서 있는 곳을 축복하고 예배하는 마음으로 내가 서 있는 그 땅을 밟는다면 하나님께서 동행하실 것이다.

결과적으로 1세기 전, 독일의 저명한 사회학자 막스베버(Max Weber)는 서양 근대를 합리화의 과정이라 이해하고, '세계의 탈마술화'라는 표현으로 정의한바 있다.[93] 20세기 미국의 사회학자 피터 버거(Peter I. Berger)는 '세속화'라는 개념을 새롭게 정의한 바 있다. 그런데 21세기 들어 세속화된 상황이 세계적으로 변화하기 시작했다. 남미와 아프리카에서 종교를 갖는 사람들이 많아졌다. 유럽은 기독교 신자의 수는 줄어들었지만 오히려 이슬람교 신자는 늘었다. 미국에서는 개신교인은 감소했지만, 원리주의 복음주의는 오히려 증가 추세에 있다. 2017년 1월 부르키나파소에서 만난 브라질 선교사는 '브라질 상파울루를 비롯한 지역은 오순절 계통의 교회가 지속적으로 부흥하고 있고 서부아프리카에 200명의 선교사가 활동하고 있다'며 자랑스럽게 말한 바 있다. 이러한 상황을 '탈종교화 과정'으로 변화하는 시대라고 말할 수 있는가 고민하게 된다.

---

93   Okamoto, Yuichiro, 『지금 세계는 무엇을 생각하는가』, 207.

탈종교화 시대를 커뮤니케이션의 합리성과 포스트 세속화사회로 보는 가운데 '이성과 종교와의 화해'를 주장하는 학자들도 나오기 시작했다. 그러나 지금은 다문화주의[94]에서 종교적 전환으로 이동하거나 세속화론에서 탈세속화론으로 이동하는 시기라는 것을 부정하기 어렵다. 그런데 시대적 이론과 다문화주의가 팽배한 국제사회에서 종교가 공존할 수 있을까라는 의구심이 들 정도로 문명 간의 충돌이 진행되고 있다. 사무엘 헌팅턴(Samuel huntington)이 1996년에 쓴 『문명의 충돌』은 이를 말해 준다. 2001년 9월 11일 동시다발 테러가 일어난 후 전 세계는 충격에 빠졌고 사무엘 헌팅턴의 예측은 적중했으며, 테러와 순교라는 새로운 단어가 나오는 세상이 되었다.

문명의 충돌이 끊임없이 발생하는 지금, 불어권 아프리카 세계의 탐색을 통해 하나님 나라 확장은 가능할 것인가와 종교적 활성화가 가능한지에 대해 가능성을 찾아내야 할 것이다. 전 세계가 디지털화되거나 급속한 변화가 발생한다 하더라도 종교는 없어지지 않는다. 아프리카가 서구의 식민 지배로 오랜 기간 버틸 수 있었던 것도 종족사회가 믿는 민속신앙의 힘이 있었기에 가능했다. 아프리카는 민속신앙의 바탕 위에 기독교와 이슬람교, 가톨릭이 앉아 있을 뿐이다. 아프리카는 500년 동안 유럽의 식민지 지배와 정체성 혼돈으로 지내왔다. 지금은 북아프리카와 서부아프리카, 중부아프리카, 동부 아프리카, 남부아프리카로 구분되어 있지만, 아프리카 대륙 전체가 유럽의 눈길을 사로잡은 곳이었다. 아프리카는 다양한 종족과 문화를 갖고 있는 곳이며, 특히 불어권에 대한 문제인식을 갖게 된 것과 주인 없는 땅이라 불리는 문제에 대해 가장 큰 관심이 있다. 이러한 아프리카 지역은 21세기 들어 국제정치와 경제적 측면을 통틀어 기독교계에서 가장 관심받는 땅이 되었다.

그러나 아프리카에 대한 새로운 인식을 갖거나 관심을 가진 후에는 불어권과 아프리카 역사와 문화를 올바로 알아야 한다. 아프리카의 종교와 철학의 중요성과 더불어 아프리카에서 인구 폭발과 생산성, 불어권 아프리카에서 직면할 리스

---

94 다문화주의는 다양한 집단이 존재하는 사회에서 각각의 집단이 대등하게 대우받아야 하고 자기 만족이 있어야 한다는 개념이다.

크, 북서아프리카의 이슬람 침략과 정착, 기독교는 지금 무엇을 위해 존재하는가에 대해 보다 분명히 재인식할 필요가 있다. 더 중요한 것은 미셸 우엘 벡(Michel Houellebecq)이 2015년 1월 7일에 내 놓은 『복종』이라는 소설이다. 나는 이 소설책을 읽고 한동안 충격에서 벗어나지 못했다. 2022년에 이슬람 신자인 프랑스 대통령이 탄생한다는 내용의 근미래 소설이었기 때문이다. 소설의 내용과 이슬람 과격파의 테러가 맞물려 이 책은 베스트셀러가 되었다. 이 소설은 테러리즘 뿐 아니라 이슬람교와 유럽 사이의 또 다른 가능성과 연결해 보면서 불어권 아프리카 지역에 대해서도 생각해 보게 된다. 종교는 법으로 금지한다고 사라지지 않는다. 『복종』이란 소설이 묻는 것은 유럽의 미래이다. 그렇다면 아프리카의 미래는 무엇인가를 생각하면서 불어권 아프리카에 대한 보다 '깊은 통찰과 바라봄이 요구'된다.

Part 02

코트디부아르

(Republic of Cote d'Ivoire)

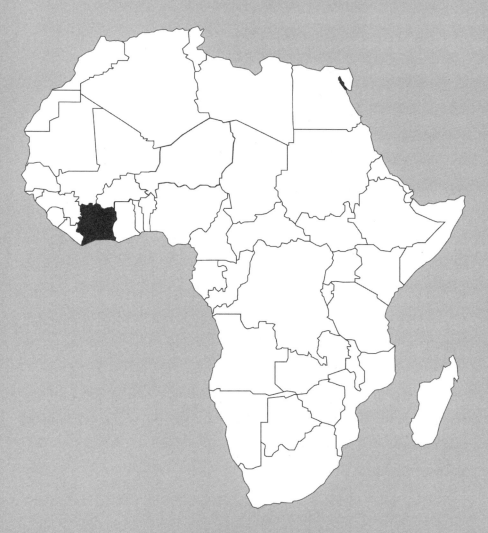

02
두에꾸에 지역 궤에레족과 이주민의
문화적 집단갈등과 분쟁상황

　　과거 아프리카는 서구의 식민 지배를 받은 곳이다. 식민 지배를 받는 동안 수많은 사람들이 노예로 팔려가거나 죽기도 했다. 그들은 땅을 잃었고, 가족을 잃기도 했다. 아프리카는 과거뿐만 아니라 현재에도 아픔이 있는 곳이다. 과거의 아픔을 치료할 틈도 없이 민족과 종교 간의 갈등으로 인해 끊이지 않는 분쟁과 쿠데타가 발생하는 곳이다. 오늘날에는 서구 열강들의 자원전쟁으로 인해 야기된 종족 간의 전쟁이 치열한 지역이 바로 아프리카다. 이런 상황에서 국내적으로 분쟁과 종족 간의 갈등으로 치열한 전쟁을 치른 대표적인 지역이 바로 서부 아프리카 코트디부아르 공화국이다. 코트디부아르(Cote d'Ivoire)는 1999년부터 10년 동안 내전과 쿠데타로 고통을 겪었고 종족 간의 갈등도 심심치 않게 일어난 곳이다. 지금도 정권을 잡은 종족과 정권을 잃어버린 종족 간의 보이지 않는 내전은 국민 통합에 상당한 어려움을 주고 있다. 그런 가운데 코트디부아르에 들어선 새 정부는 국민 통합과 민생 안정을 위한다는 명목을 들어 장기적인 집권체제로 가기 위해 헌법 개정에 착수한 것으로 알려졌다. 이에 대한 국민들의 내면적 불만과 종족 간의 갈등을 어떻게 해결해 갈지는 미지수이다.

　　코트디부아르가 10년 동안 겪었던 내전으로 수많은 인명피해와 난민 발생은 국제사회의 관심을 끌었고, 이를 해결하기 위한 유엔과 국제사회의 간섭도 심심치 않게 일어나기도 했다. 특히 내전 기간 동안 종족 간의 접전이 치열했던 곳은 다나네(Danane), 망(Man), 두에꾸에(Duékoué) 등 서북부 지역이었다. 이들 지역은 코트디부아르에서 반군들의 활동이 가장 활발했던 곳일 뿐 아니라 종족 간의 갈등이 심화된 곳이었으며, 그 가운데 두에꾸에는 원주민과 이주민 사이의 문화차이로 인한 갈등이 가장 심했던 곳이다. 두에꾸에의 정주민(定住民)인 궤에레(Guéré)족과 이주민인 부르키나파소 사람들과 그 외의 종족들 간의 사소한 갈등은 내전 상황에서 심한 분쟁의 원인이 되었다. 그 이유는 아프리카 사회가 다 종족 사회로 구성되어 있기 때문이다. 특히 코트디부아르에는 60여 개의 종족집단이 거주한다. 코트디부아르 정부 자료에 의하면, 인구 2,300만 명 가운데 다양한 종족으로 구성되어 있는데 그 종족(60여 족, Tribus) 중 아칸(Akan)그룹의 바울레(Baoule (11.9%)족과 아그니(Agni(10.7%)족이 제일 많은 편이다. 그 밖에 Gur그룹: Senoufo(14.7%), Lobi(5.4%)와 Kru 그룹: Bete(19.7%), Mande그룹: Malinke(6.5%), Dan(5.6%), 기타: Ebrie, Gouro, Yacoubas, Dioules 등이다.[1]

　　본고의 목적은 정주민(Guéré족)과 이주민의 정착, 내전상황 후 종족 갈등상황을 벗어난 사례를 중심으로 살펴보면서 두에꾸에 시에서 복음 선교의 가능성을 찾아보는데 있다.[2] 이 글은 크게 현지 상황 인식·조사 및 제보자들의 사회·종교 인구학적 배경을 살펴본다. 또한 종족 관계 및 종족의 정체성 유지와 관련한 갈등 요인을 검토하면서 종족집단 간 사회·문화·종교적 양상의 혼종성(混種性) 가운데서 복음전도 가능성을 찾는 데 있다. 특히 내전 상황에서의 개신교회 지도자가 되려는 한 젊은 청년의 헌신과 지역변화 발전의 과정을 살펴보려 한다.

1　코트디부아르에 대해서 다음에서 자료를 찾아보았다. http://tip.daum.net/openknow/38993877?q= %EC%BD%94%ED%8A%B8%EB%94%94%EB%B6%80%EC%95%84%EB%A5%B4%20 %EC%A2%85%EC%A1%B1. 2016년 12월 17일 접속.
2　본 연구를 위하여 2016년 7월 4일–8일까지 다나네, 망, 두에꾸에 등 주요도시를 탐사하는 과정에서 두에꾸에 지역의 역사와 문화, 종교적 현상을 조사한 것이다.

두에꾸에 지역의 사회 현상

사회 현상의 이해

정주민 궤에레(Guéré)족

코트디부아르는 서부 아프리카 지역에서 이주민과 외국인이 가장 많은 국가 중 하나이다.[3] 이주민과 외국인이 매년 증가하는 상황에서 아비잔(Abidjan)에서 479km에 위치해 있는 두에꾸에(Duékoué)시 역시 이주민의 정착과 사회적 관계를 형성하면서 새로운 로컬리티(locality)를 구성해 가고 있다. 주류 사회에 있는 궤에레족 역시 이주민들의 정착으로 인해 다양한 변화가 발생하는 것에 대한 두려움을 갖고 있다. 특히 코트디부아르 두에꾸에 지역은 이주민의 정착이 활발해지면서 다문화·다종족 사회를 형성하여 왔다. 두에꾸에는 다문화 사회 현상에 가장 민감한 지역인 동시에 문화적 집단갈등[4]으로 인한 정주민의 희생(犧牲)이 큰 곳이다.[5]

궤에레(Guéré)족의 어원

두에꾸에 지역의 지리적인 상황을 고려할 때, 궤에레(Guéré) 종족을 알아보기 위해서는 웨(Wè) 종족을 먼저 살펴보아야 한다. 왜냐하면 웨(Wè) 또는 웨농(Wègnon) 종족에 오베(Wobè) 그리고 궤에레(Guéré) 종족이 포함되기 때문이다.

여기서 웨 종족의 특징을 탐색하려는 것은 주류 사회의 정체성 그리고 이주민의 문화접변과 삶의 '확고부동한 준거'가 된다. 그리고 궤에레족에 대한 지식과 행위를 학습하고 세계관을 인식하는 데 다음과 같은 것은 중요한 선행 요건이 된다.

---

3 이한규, "코트디부아르 근교 마을 아그방(Agban) 거주 이주민의 지역사회에 대한 인식조사." 「한국아프리카학회 하반기 학술회의」(2015년 12월 12일), 27.

4 Sherwood Lingenfelter, *Transforming Culture A Challenge for Christian Mission*, 장훈태역 『변화하는 기독교 문화』(서울: 기독교문서선교회, 2009), 113-122.; 집단적 갈등은 각 공동체의 요구에 대한 불편함도 포함된다. 갈등의 핵심은 굴욕적, 협상, 그룹에게 위험부담을 주기도 하며, 자신에게 유리하도록 이끌기 위한 것들이 있다.

5 백성철, "궤에레족에 대한 인식도에 대한 이메일 인터뷰." 2016년 12월 29일 질문을 한 후 2017년 1월 3일 오전 6시 11분에 답변한 것을 정리한 것임을 밝힌다.

첫째, Wè 종족은 꾸루(Krou)라는 큰 그룹에 속하여 베떼(Bété), 디다(Dida), 바꾸에(Bakoué), 니아부아(Niaboua), 꾸루(Krou) 종족으로 구성된다.

둘째, 코트디부아르 서부 쪽에 위치하여 파꼴비(Facolby), 꾸이블리(Kouibly), 방골로(Bangolo), 두에꾸에(Duékoué), 귀이글로(Guiglo), 따이(Taï), 브로레깽(Bloléquin), 뚤레쁠뢰(Toulépleu) 군청에 속한다.

셋째, 사실 오베 및 궤에레는 하나의 민족으로 웨 종족이다. 라이베리아 Cavally 강 부근에도 동일한 종족이 살고 있다.

넷째, Wè, Wèon 또는 Wènion 이라는 단어는 웨헤(Wèhé, 불쌍히 여기다, 쉽게 용서하다) + on 또는 니옹(nion, 사람)의 합성어로 '쉽게 용서하는 민족'이라는 뜻이다.

다섯째, 레에레는 전사(warrior) 족속으로 유명하여, '불쌍히 여긴다'라는 표현을 사용하지만 모순이라는 의견도 있다.

이상과 같은 특징들은 정주민 궤에레족이 한 사회에 통합되는 과정을 이해하는 데 도움이 되며, 이주민들과의 정체성과 문화적 차이로 인한 새로운 사회적 패턴과 행태를 동반한다.

궤에레족의 정치적 지도자

궤에레족의 정치 · 사회적 영향은 중앙집권적이다. 궤에레족의 정치사회적 영향력은 한마디로 마을 족장에게 있다. 마을 족장은 정치 · 사회 · 종교적인 영향이 큰 자로서 덕망이 있어야 하는데, 궤에레족 마을의 정치적 최고 지도자가 되기 위해서는 다음의 세 가지 요소를 갖추어야 한다.

첫째, 궤에레족 가운데 최고 연장자(年長者)라야 한다. 일반적으로 글을 모르는 사회에서는 나이가 많은 사람이 리더 역할을 한다.

둘째, 궤에레족 사회에서 부(富, wealth)가 풍성히 자라야 한다. 재물이 많을수록 아내가 많고 인척관계를 맺은 사람도 증가하며, 자식(특히 남자)이 많을수록 사냥꾼, 상인, 예술가 등의 수(數)가 많아지므로 그 가문의 힘이 강해진다.

셋째, 힘이 있어야 한다. 힘이 강할수록 자산(資産)을 지키고 다른 종족의 사회를 정복할 수 있다. 궤에레족의 리더로서 힘이 있다는 것은 자신과 재산을 지킬 수 있는 힘을 의미한다.

궤에레족 사회의 최고 지도자는 종족사회의 문화 혹은 사회적인 혼종을 크게 염두에 두고 있다고 보아야 한다. 또한 종족사회의 위기와 이주민이 펼치는 행동의 동화(behavioral assimilation)를 막는 것도 리더의 책임으로 여긴다.

궤에레족의 정치 구조

궤에레족 사회의 정치적 구조는 원초집단(原初集團)의 형태[6]를 띤 것이 특징이다. 이들의 사회조직은 곧 정치적 성격을 띠면서 집단이 유지된다. 이 집단의 유지는 특정목표를 달성하기 위한 목적보다는 그 집단 자체를 위해서이다. 그래서 궤에레족 사회는 상호 간에 친밀하고 인간적인 상호작용을 함께 나누는 즐거움이 있다. 그러므로 상호작용이 아닌 것은 원초적이라고 말하기가 어려울 정도이다.

궤에레족의 집단의 목표가 성취되기 위해서는 상호작용과 소통의 길이 열려야 한다. 그 가운데 정치적 구조는 원초적인 집단을 형성하고 자기노출(self-disclosure)의 수준이 높은 편이다. 집단의 구성원들은 마음의 방패를 걷어치우고 스스로의 느낌과 상태를 터놓고 자유롭게 이야기하면서 리더의 결정을 기다린다. 그러면서도 집단의 규범을 통제하기 위한 수단으로 최고 지도자가 정치적 역할을 수행하게 된다. 이들이 지니고 있는 정치적 구조는 세 가지가 있다.

첫째, 글라에(glaè, 마스크를 착용하여 신비적인 힘을 지닌 사람 또는 존재)이다. 글라에는 입법권, 사법권, 행정권 모두를 지녔다.

둘째, 가문 수장(chef de lignage)이다. 가문 수장은 사회 운영 및 법 적용을 관리한다.

셋째, 전문가 연합회(assemblée des initiés, 심오한 교리를 전수받은 사람들의 모임이며 17-18세 남자 청년들이 할례를 받은 후 입단한다)이다. 글라에 및 가문 수장이 권력을 남용하지 않도록 그들의 권력을 제한한다.

---

6 김경동, 『현대의 사회학-사회학적 관심』, 303-308.

이상과 같은 세 가지 구조는 동시적으로 역할을 수행하면서 상호 간에 감시를 한다. 이러한 조직은 원초집단의 사회조직을 유지해 주는 정치적 통제이다. 궤에레족 사회는 정치적 통제구조를 스스로 자생하면서 종족사회로부터의 일탈(逸脫) 행위를 방지하기도 한다.

두에꾸에 지역에 오랜 기간 거주한 궤에레족 사회에 이주민들이 정착하면서 원초적 집단의 성원이 되지 않아 갈등을 겪는 것은 당연한 현상이다. 특히 두에꾸에 이주민들은 전적으로 경제적인 요인으로 이주를 한다. 동시에 이주민들 가운데 일부는 정주민의 토지에 대한 이유로 정착하기도 한다. 한편, 라이베리아(Liberia)에서 이주해 오는 사람들은 주로 혈연관계로 두에꾸에 정착한다.

따라서 라이베리아와 코트디부아르는 인접국가로, 코트디부아르에는 라이베리아 출신 크르한(Krhan) 종족이 많이 산다. 또한 이주민들이 자자손손 거주해 오면서, 두 문화가 서로 혼합되어 토착민들과 같은 언어와 전통(또는 습관)을 따르게 되는 경향이 있다. 그러나 궤에레족과 이주민 사회의 문화접변은 비슷할지 모르지만 종족사회의 정치적 구조와 전통에서는 동일화[7]가 이루어지지 않는 경우도 종종 발생하는 것으로 보인다.

사회조직의 이해

코트디부아르는 다양한 종족으로 구성되어 있을 뿐 아니라 이민정책을 일찍부터 법적으로 허용한 국가이다. 정부의 이민법 입법으로 인해 이웃나라인 부르키나파소와 기니, 라이베리아 주민들이 이주하여 거주하고 있다.[8] 코트디부아르는 서부 아프리카에서 이주민과 외국인이 가장 많이 거주하는 국가이다. 현재는 외국인 거주 비율이 30%까지 상승한 것으로 전해지고 있을 정도로 세네갈과 함께 이주민의 교차로 역할을 하고 있을 정도이다. 연구자가 방문한 두에꾸에 지역은 부르키나파소, 니제르, 말리에서 이주해 온 주민들이 많아 원주민과 보이지 않

---

7 Paul G. Hiebert, *Anthropological Reflections on Missioligical Issues*(Grand Rapids Michigan: Baker Books, 1994), 152–153.

8 연구자가 2016년 7월 4일부터 8일까지 코트디부아르 서부지역을 여행하는 동안 조사한 내용이다.

는 갈등을 겪고 있었다. 두에꾸에는 코트디부아르와 비(非)코트디부아르 주민 간의 사회적 · 종교적 갈등관계가 모든 주민 생활에 영향을 주고 있다.[9] 현대 사회에서 이주민이 주류사회에 정치적 · 사회적 · 경제적으로 미치는 영향은 사회통합의 주요한 요인이 되지만 또 한편으로 공동체의 갈등과 문화적 변혁, 문화접변(acculturation), 정체성(identity)이 변화될 수 있다. 실제로 두에꾸에 지역에서는 정주민과 이주민 사이의 갈등으로 인해 정체성의 변화가 일어나고 있다. 이주민이 정주민보다 인구와 경제적 우위에 있으면서 문화접변행위의 주체자가 되어 가고 있다.[10] 이런 현상은 프로이드(Freud)가 지적한 '집단 문제'가 '외집단에 대한 지각은 개인의 심리적 과정이 투사된 것'이라는 생각이 든다. 비이성적 투사(投射)의 결과인 외집단 고정관념(stereotype)을 편견이라고 한다. 소수집단에 대한 인종차별도 비이성적으로 투사된 예가 된다.[11] 이 같은 현상으로 인해 정주민과 이주민 사이의 집단 간 희생양 만들기(scapegoating)에 있어서 권위의 성격이 중요한 원인이 되기도 한다.

일반적으로 사회조직(social organization)[12]의 기초에는 여러 형태가 있다. 인간과 자연의 주제에서는 인구문제, 지역공동체와 도시화 문제, 문화의 의미, 사회화의 자아 발달 등이다. 이 가운데 인구문제는 사회조직에서 가장 우선되는 것으로서 구체적으로 인구변동에 대한 문제이다. 인구변동은 양(量)과 질(質)의 쟁점에 있다. 이 두 가지 쟁점에 따라서 인구 구성과 분포, 인구의 이동과 분포에 따라 전망이 달라질 수 있다.[13] 프란시스 베이컨(Franis Bacon)의 "인간은 사회 속에서 위안과 효용과 보호를 추구한다"는 사회조직과 같은 이론에 동의한다. 윌리암(Williams)도 추

---

9   이한규, "코트디부아르 근교 마을 아그방(Agban) 거주 이주민의 지역사회에 대한 인식조사," 27–45. 코트디부아르에 이주민의 급속한 성장한 1966년에 콘세이 드 앙탕트(Conseil de I'Entente) 출신 아프리카인들(베냉, 부르키나파소, 니제르, 토고)에게 이중 국적을 허용했기 때문이다. 1980년에는 대통령령에 의해 코트디부아르 국민과 동일하게 선거에 참여할 수 있는 권한 부여했다.
10 이한규, "코트디부아르 근교 마을 아그방(Agban) 거주 이주민의 지역사회에 대한 인식조사," 2참조. 연구자가 두에꾸에 지역에서 경험한 것과 일치하고 있음.
11 이훈구 외 공저, 『집단 간 갈등과 해소』 (서울: 법문사, 1992), 12–13.
12 김경동, 『현대의 사회학–사회학적 관심』 (서울: 박영사, 1982), 261.; 사회조직이라는 개념은 통상적으로 추상적인 사회과정과 그 결과이며, 또 하나는 개별개념으로 구체적인 조직체를 일컫기도 한다.
13 김경동, 『현대의 사회학–사회학적 관심』, 117–260.

상적인 사회 구조(social structure)는 개인과 개인, 개인과 집단, 집단과 집단들이 서로 상호작용하고 상호관계를 맺는데 있어서 질서 있고 짜임새 있는 모습을 띠게 되는데, 바로 이런 과정이 곧 사회가 조직화되어 가는 과정"이라고 했다.[14]

이와 같은 사회조직 과정의 결과로 사람들은 다양한 지위와 경제적 부요로 인한 삶의 질 향상에 따라 대규모 집합체들로 나뉘어 자리를 잡게 된다. 이런 단위들 속에 있는 사람들의 활동이나 관계 및 공통분모를 통하여 그들 단위가 살아 있는 하나의 전체로 뭉쳐지게 된다.[15] 사회조직은 결국 구성원들이 갖는 기대와 규범을 통해 자아정체감의 형성과 유지가 좌우되며, 구성원들의 삶의 질과도 연관된다. 사회조직 내에서는 개인의 지각(知覺)은 물론, 성격, 태도까지도 집단의 기대에 따라서 달라질 수 있다. 사람들은 자신

코트디부아르 모이교 교회 교인들

이 머무는 사회 구조와 규범에 동조(conform)하지 않으면 안 된다는 심리적 압력도 받게 된다. 자기의 지각 자체조차 집단구성원의 규범과 기대에 의하여 영향을 받는다.[16] 이러한 현상들은 사회조직 혹은 인간이 사는 집단의 기능 가운데서 일어나는 현상에 바탕을 두기도 한다. 사회조직 현상에서 공통된 현상은 한 개인이 사회집단의 어떤 영향을 받는가에 따라 다르게 나타나게 되어 있다.

이와 마찬가지로 오늘날 서부 아프리카의 대부분 국가의 국민들은 빈곤을 벗어나고자 공동 집단을 벗어나 새로운 사회조직으로 이주(移住)하는 경향이 두드러

---

14 R. M. Williams, *American Society*, 3rd ed(New York: Knopf, 1970), 21.

15 R. Perrucci, *Sociology*(Dubque, Iowa: Wm C. Brown, 1977), 517.

16 김경동, 『현대의 사회학-사회학적 관심』, 264.

지게 나타나고 있다. 그 가운데 코트디부아르 두에꾸에 지역의 사회조직 역시 갑작스럽게 다종족 · 다문화적이면서 다양한 종교 집단으로 형성되면서 문화적 집단갈등을 겪고 있다. 여기서 다종족 · 다문화 · 다종교적이라고 하는 이유는, 사하라 이남 지역에 속한 니제르, 부르키나파소, 라이베리아, 기니, 가나에 거주하는 사람들이 대거 이주했기 때문이다. 이들 지역 사람들이 코트디부아르의 두에꾸에로 이주한 것은 인간생활에 대한 이끌림(attraction) 아니면 기존 공동체에 대한 반발(repulsion), 삶의 목표를 향한 경쟁(competition)심리가 작용하기 때문이다. 인간의 이주는 좀 더 나은 삶의 질과 자녀 교육, 종족 간의 분쟁을 피하기 위한 것도 포함되지만 근본적으로는 내면적 · 외면적 사회적 갈등(social conflict)[17]을 벗어나려는 욕구 때문이다. 그러나 두에꾸에 지역에서 오랫동안 생활해 온 궤에레족은, 이주민의 정착으로 인해 생겨난 보이지 않는 갈등과 공동체에서 권리의 주장이 상충되는 현상을 통해 점차 이주민과의 갈등이 심화되고 있다.

코트디부아르 두에꾸에 지역에서 발생하는 다종족 · 다문화 사회의 집단 간 갈등은 로헴(Roheim)의 이론이 적용될 수 있다. 즉, 내집단과 외집단의 이분법적(二分法的) 구분을 취하는 것과 두 혈족 간의 피의 복수에 의존하고 있다는 사실이다.[18] 로헴이 혈족 간의 복수에서 발견한 사실들을 가지고 복잡하고 발전된 집단의 갈등을 설명하는 것은 적절하지 않을 수 있다. 그러나 로헴 이론을 따라가면 죽음의 본능(Tanatos) 역시 집단 간 갈등이 계속 커지는 원인이 된다.[19] 이는 코트디부아르의 10년 간의 내전(內戰)과도 맥을 같이 한다. 이런 사회적 조직은 현대의 정부조직이나 지역 간의 차이와 갈등, 경제적 차이 등 현대의 대규모 전쟁이 피의 복수와 심리학적으로 동일하기 때문에 발생한다.[20] 결과적으로 정주민과 이주민의 사회조직 구조에서는 독단적 귀납주의 혹은 집단주의가 집단 간 갈등을 일으키게 된

---

17 여기서 사회적 갈등 요인은 종족집단, 종교집단(기독교 혹은 이슬람), 학생집단, 노동자 집단, 혁명집단 또는 반정부 집단, 혹은 사회 규범의 통제 대행자인 경찰 · 군대와 충돌이나 상호 간에 이해와 관심으로 대립되어 상호작용하는 것을 말한다.

18 이훈구 외 공저, 『집단 간 갈등과 해소』, 18-19.

19 이훈구 외 공저, 『집단 간 갈등과 해소』, 19.

20 이훈구 외 공저, 『집단 간 갈등과 해소』 20.

다. 이에 글로버(Glover)는 집단 간 갈등을 유아의 잔학함(sadism)과 연결시킨다. 그는 본능적 공격성의 억제가 결코 안전하지 않다고 주장한다.[21] 그러니까 정주민의 권위, 외집단(이주민)에 대한 편견과 거부(rejection)에 대한 유아의 감정으로부터 발생한 것으로 보아야 한다. 이주민들은 정주민의 편견에 대하여 파괴적 본능이 발생함으로 공격적으로 변하는 현상이 일어나게 된다.

두에꾸에 지역은 정주민과 이주민 간의 집단적 · 독단적 귀납주의 그리고 편견과 거부에 의한 집단적 공동체라 할 수 있다. 두에꾸에 지역은 오랜 기간 동안 내전과 종족 간의 갈등, 경제적으로 불안정한 가운데 사회조직을 구성하고 있다. 여기다가 각 종족들이 갖고 있는 문명의 본능에 대한 기초적 결핍에 대해 저항하는 것으로 인해 사회조직이 불안정하다. 두에꾸에 지역은 프로이드와 마르쿠세(Marcuse)의 이론 속에 숨겨져 있는 사회학적 차원인 과잉억압(surplus-repression)과 수행원칙이라는 개념이 도입되어야 할 곳이다.[22] 심리학자들의 이론이 두에꾸에 지역에 적절하게 적용될 수 있는가에 대한 문제는 집단 간의 인구조사와 경제적 빈도를 측정해야만 해결할 수 있을 것이다.

좌절과 공격 그리고 집단갈등의 사회적 요인

2002년-2007년까지 발생한 1차 코트디부아르 내전은 PDCI와 부아니(Boigny)가 군림한 오랜 독재정치를 갈아치운 뒤 또 다른 독재정치가 들어서면서부터 시작되었다.[23] 2차 내전은 2010년에서 2011년까지 발생했다. 2차 내전은 내전의 근본적인 원인인 남부와 북부 간의 분열이 해결되지 않은 채 그바그보(Gbagbo)의 임기가 2010년 10월까지 계속되면서 사회적 불만과 정치적 불안정에 따른 좌절이 공격으로 바뀌어 발생한 것이다.

코트디부아르 내전과 관련하여 흥미로운 이슈는 첫째, 축구 선수 드럽바(Didler

---

21 이훈구 외 공저, 『집단 간 갈등과 해소』, 21.
22 이훈구 외 공저, 『집단 간 갈등과 해소』, 26.
23 Antoine Glaaser, *AfricaFrance*(France: Fayard, 2015), 44-47.

Drogba)가 조국의 내전 종식에 실질적으로 기여한 사연이다. 둘째는, 그바그보 대통령이 2002년 ICC가 창설된 이래 재판에 회부된 첫 국가 원수급 인사가 됐다는 것이다. 그는 대선에 승복하지 않아 내전을 부추긴 장본인으로, 2010년 12월 16일부터 2011년 4월 12일까지 살인, 강간, 살인미수, 기타 비인도적 행위와 박해를 비롯한 반인도적 범죄를 저지른 혐의로 재판에 회부되었다.[24] 코트디부아르 내전이 그바그보가 아닌 아타라 대통령의 승리로 끝난 지금은 전환기의 정의(transitional justice)를 위한 노력들이 이루어지고 있다. 그러나 지금은 과거 10여 년 간의 내전으로 인한 좌절과 공격−내면적 갈등이 포장된 상황에서 공동체가 움직이고 있는 실정이다.

좌절−공격 이론의 기초는 프로이드(Freud)로 거슬러 올라간다. 이는 공격충동을 인간의 본능으로 간주할 뿐 아니라 성적 욕구와 생리적 욕구가 좌절될 때 밖으로 표출된다. 정주민으로부터 꾸중을 받거나 차별대우, 편견과 거부를 받는 이주민들은 욕구좌절을 경험하면서 정주민을 공격하게 된다. 이때 정주민들은 이주민들의 불결한 행동과 언어에 자극을 받아 화를 내거나 임금체불을 하게 된다. 정주민들의 이러한 행위에 대한 반발과 힘의 열세, 도덕적 수치심과 자존감의 상실로 공격을 하게 된다. 이주민들의 '공격성의 전위(displacement)'[25]는 '정주민에 대한 속죄양 만들기(scapegoating)'도 해당된다.

지금도 두에꾸에의 정주민들은 이주민들의 권리와 통합된 사회 구축 요구, 언어와 문화와 관련된 촉진 요소, 정주민 사회조직에서의 활동과 연관된 사회적 관계의 형평성 요구로 갈등을 겪고 있다. 그리고 이한규의 저서에서처럼 "이주민에 대한 고용, 주거, 교육, 보건 서비스와 관련된 통합지표와 수단"[26]을 요구했을 때 불만족스러운 결과가 발생할 경우 공격적으로 변하기도 한다. 주민들 사이에 보이지 않는 사회갈등과 이데올로기는 무엇인가? 좌절과 공격적 집단갈등은 무엇

---

24 http://blog.naver.com/Postprint?blogld-k8rmot&logNO=220478009683. 2016년12월27일 접속.

25 이훈구 외 공저, 『집단 간 갈등과 해소』, 29.

26 이한규, "코트디부아르 근교 마을 아그방(Agban) 거주 이주민의 지역사회에 대한 인식조사," 31.;이성순, "이주민 사회통합정책에 관한 연구: 에이거와 스트랭의 사회통합분석," 『사회과학연구』 제24권,3호(2013), 168 재인용.

인가라는 질문에 대한 대답에는 몇 가지 흥미로운 이유가 있다.[27]

첫째, 정주민은 자신들의 정착지에서 이주민의 수가 증가하는 데 대한 두려움이 있다. 이주민들이 이주지에 뿌리를 내리고, 이주한 지역에서 권리(재산에 대한 소유권, 주민권익)를 형성하면서 행위주체자로 등극한 것에 대한 불만이다.

둘째, 내전 이후 이주민들은 이주민 자신에 의한 주류사회 지배 계급으로의 신분변화와 함께, 동화(assimilation), 통합(integration), 분리(dissociation), 주변화(peripheralization)의 과정을 통하여 정주민 사회의 일원으로 관계를 형성한다.[28] 이러한 측면에서 아비에 기움(ABbie Guillaume)은 이주민이 정주민 사회에 적응하는 것이 쉽지만은 않다고 지적한다. 그는 정주민과 이주민 사이의 내면적으로 불리한 환경 곧 거주지역, 일자리, 문화적 차이, 언어 등에서 어쩔 수 없이 사회적 갈등이 유발되고 있다고 말한다.

셋째, 대인적 공격에 관한 것으로 사람들은 통합, 상호작용, 이해가 되지 않을 때 공격을 하게 된다. 이는 경제적 지표와 사회적 불안과의 상관관계에 의한 원인이 더 많다.

넷째, 이주민들의 경제적 빈곤(가난)이 집단 간 공격으로 변했다.[29] 이주민들은 코트디부아르 내전 중에 카카오가 생산되는 땅을 빼앗기거나 자신의 재산이 약탈된 것에 대한 분노가 있으며, 현재도 이주민 사회에서는 빼앗긴 토지와 재산을 되돌려 주기만을 기다리고 있다. 정주민 개인의 재산권 박탈은 좌절-공격관계로 이어져 내전의 원인이 되었다.[30]

다섯째, 정주민들 또한 현재까지도 땅과 재산을 약탈당한 것에 대한 분노로 좌절감을 겪고 있으며, 이는 사회적 문제를 일으킬 가능성을 지니고 있다. 이는 약탈로 인한 좌절은 공격 가능성에 대한 주요한 요인임을 암시한다. 이러한 요인은

---

27 2016년 7월 5-6일 동안 코트디부아르 두에꾸에 지역에서 현지인과 인터뷰.

28 이한규, "코트디부아르 근교 마을 아그방(Agban)거주 이주민의 지역사회에 대한 인식조사," 29.

29 P. A. Lupsha, "Explanation of political violence: some psychological theories versus indignation," *Politics and Society* 2, (1971), 89-104 참조.

30 L. Berkowitz, The study of urban violence: some implice: some implications of laboratory studies of frustration and aggression. *In When Men Revolt and Why*(Ed. J. C. Davies), (The Free Press: New York, 1971)을 참조.

외집단(外集團)에 대한 분노일 수 있다.[31]

여섯째, 정주민들은 지금도 이주민으로 인하여 쾌락추구 또는 에로틱(erotic) 충동이 차단되어 좌절을 초래하게 되었음을 말하고 있는 반면 이주민은 정주민에 의해 자신들의 행복추구권이 상실되었다고 말한다. 정주민과 이주민의 좌절은 프로이드가 암시한 원시적(primordia) 반응이다. 그러나 공격이 프로이드가 암시한 좌절에 대한 유일한 반응이 아니라는 것도 알아야 한다.[32]

이상과 같은 현상은 내전이 끝난 지금에도 두에꾸에 정주민 궤에레족과 이주민들 간의 집단 간 갈등의 요인이다. 내면적 불안과 갈등이 강화될 경우 사전의 좌절이 없어도 공격은 언제든지 발생될 가능성이 높아 보인다.[33] 이러한 때 종교(개신교)는 정주민과 이주민 사회의 융합을 위하여 공격적 반응을 감당하도록 내적 통제를 가르치거나 조정할 필요가 있다.

한편, 코트디부아르 두에꾸에 지역의 주민들 모두는 표면적으로 평화롭게 지낸다. 그러나 내면적으로는 서로에 대한 불편한 감정과 좌절이 있는 긴장 상태로 지낸다. 10년 동안 내전 기간에 경험한 상처는 오랜 기간 동안 고정관념과 태도, 내집단의 심리적 견지로 설명할 수 없을 정도이다. 이들의 외집단에 대한 거부감과 불편함, 자신들을 속죄양 만들기로 사용한 환경에 대한 것들은 잠재적 목표 집단이 갖는 가시성, 기이성(奇異性), 그리고 평가(estimation)를 통해 치료가 필요하다.

---

31 J. Dollard, *Caste and Class in a Souther Town*(New Haven: Yale University Press, 1937)을 참조하라.
32 이훈구 외 공저, 『집단 간 갈등과 해소』, 32.
33 W., McCord, J. McCord, and A. Howard, "Familial correlates of aggression in nondelinquent male children", *Journal of abnormal and Social Psychology*, 62, (1961), 79−93.

두에꾸에 궤에레족 사회에 대한 인식과 이주민

조사 설계 및 두에꾸에 지역

두에꾸에 지역의 인구는 2016년 7월 현재 3,500만 명 정도로 추산된다. 이 지역에 대한 기초적인 역사, 정치, 종족 간의 분석은 현지인 면접에 의존했다. 심층 면접은 정주민으로서의 사회적 경험보다는 삶의 현장에서 겪었던 자를 40대 지식인과 주민을 상대로 실시하였다. 면접대상자는 아비장 한인교회와 깊은 연관성을 갖고 있는 원주민인 현지인 3명과 통역 1명을 선정하였다. 그 이유는 이들은 어린 시절부터 청년 시절을 거쳐 현재까지 두에꾸에 시에서 발생한 사회적 현상과 정치적 갈등으로 인한 내전(內戰)을 경험했기 때문이다. 두에꾸에 시에 경제적 자립을 위해 이주해 온 다양한 종족과도 접한 경험도 있고, 현상학적 상황에 대한 통찰력이 있었기 때문이다.

두에꾸에 지역을 연구 대상으로 삼은 것은 코트디부아르 서북부 지역보다는 지정학적으로 안정적이면서 농업사회의 구조, 담수(湛水)시설이 잘 갖추어져 있어 풍요로운 지역이기 때문이다. 두에꾸에 지역을 조사 대상과 선교학적 특징으로 삼은 이유는 다음과 같다. 첫째, 이주민들의 정착으로 소수민족이 되어 가는 궤에레족은 전통적 문화를 전승하려는 의욕이 강한 민족으로 보였기 때문이다. 둘째, 지정학적으로 두에꾸에 시는 서북부 다나네(Danane)와 망(Man)으로 가는 길목에 위치해 있다. 또한 코트디부아르 서북부를 관통하여 라이베리아와 기니까지 연결되는 국도(國道)라는 점에서 이주민들이 응집(凝集)할 수 있는 좋은 환경을 가지고 있다. 셋째, 두에꾸에 시는 과거보다는 경제적 발전이 현재 더딜 뿐 아니라 국책 사업으로 진행되는 요인들이 축소되어 뒤쳐진 느낌이 있는 지역이다. 현 정부 들어 이주민 문제와 지역 개발의 약화, 도시민들의 빈곤, 타 지역과의 도시화 발전이 상대적으로 빈약한 편이다.

두에꾸에 시의 정주민과 이주민 사회의 공동체 현상

코트디부아르 서북부 지역을 며칠 동안 방문한 뒤 두에꾸에 지역 입구에 들어서면서 인간사회적 조직과 동일 종족 간의 공동체 의식이 강함을 느꼈다. 두에꾸에 지역의 사회학적 구조와 이주민 중에서 여러 집단을 선택하여 연구하는 것은 불가능했다. 그래서 연구자가 만난 종족과 이주민의 현상을 연구대상으로 삼았다. 연구자가 두에꾸에 시를 방문하면서 첫 번째 경험한 것은 "인구, 사회조직, 자연환경, 기술"이라는 POET[34]였다.

두에꾸에 시 원주민들은 풍요로운 토지와 식량생산의 증대와 자연환경의 적합성으로 인한 인간생존에 필요한 조건은 무한정으로 큰 영향을 주었다. 두에꾸에 시 주변 환경으로 큰 호수와 강, 넓은 평원과 자연환경의 아름다움이 인구성장률에 영향을 주었다. 이 지역은 말투스(Malthus)가 지적한 것과 같이 "출생률 자체가 소득의 증감(增減)에 따라 변동"이 있을 수 있다는 이론과 일치한다.[35] 과거 두에꾸에 사회는 농업과 어업(호수에서 얻는 수익)이 주된 경제소득이었으나 지금은 공업화라고 하는 기술혁신과 도시화로 인해 인근 국가의 이주민이 계속적으로 증가하고 있다. 이 같은 논의는 말투스의 순환이론과도 맥을 같이한다. 말투스 식의 순환은 소득상승→사망률 저하→인구증가→소득저하→사망률 상승→인구감소이라는 방식이 깨지게 된다. 이런 이론을 중요하게 여긴 것이 인구변천이론이다. 인구변동은 대부분 출생과 사망의 두 변수가 상대적으로 단계마다 다르게 나타나면서 인구성장의 유형이 변천하는 과정을 보여 주려 한다. 그러나 인구변동의 핵심은 출생률 저하에 있다[36]는 주장과 다르게 주변 국가에서 이주한 자들이 더 많은 편이다. 코트디부아르 주변 국가인 라이베리아, 기니, 부르키나파소, 말리, 니제르,

---

34 R. A. Hardert, *Sociology and Social Issues*(San Francisco: Rinehart Press, 1974), 160.; POET란 다음의 네 가지를 의미한다. Population(인구), Organization(사회조직), Environment(자연환경), Technology(기술)의 약자이다. 이 네 가지를 생태체계(ecosystem)라 한다.

35 CRM Books, *Society Today*. 2nd ed.(Delmar Cal: CRM Books, 1973) 참조.

36 H. M. Hodges, *Conflict and Consensus: As Introduction to Sociology*. 2nd ed.(New York: Harper & Row, 1974), 175.

베냉, 가나, 시에라리온 등에서 이주한 주민들이다.

두에꾸에 시의 인구증가 문제가 지역의 관심사가 된 이유는 자원의 분배, 인간 생활의 질적 향상에 관련된 것과 동시에 코트디부아르의 정치적 안정과 경제성장이 주요한 원인이 되고 있다. 이 지역의 특성상 공업화가 도시화를 촉진시키거나 생산 활동을 할 수 있는 기반시설이 빈약함에도 이주민들이 증가하는 요인은 자연환경이 좋고, 먼저 이주한 주민들이 경제적 안정화가 이루어졌기 때문이다. 이러한 요인으로 인해 두에꾸에 시의 정주민 궤에레족과 이주민 사회의 문화접변과 삶의 질 형성에 내면적 충돌이 발생하고 있다. 반면, 내전 이후 도시화 현상과 인구의 집중으로 노점상의 증가와 우체국, 버스 정거장, 파출소, 보건진료소, 교회가 마을의 주요 활동 기관이었는데 그 기능이 복잡해지면서 각종 기관과 업체가 서서히 모여들기 시작하고 있다. 그리고 아비장과의 거리가 가깝기 때문에 도시의 근교화도 가능하게 되고, 이주민들이 끼리끼리 모여 사는 곳이 되고 있다. 두에꾸에 시 주민 사회의 공통된 현상은 의식적이거나 그렇지 않은 상태에서 도시에는 종교집단, 인종집단, 사회적 지위나 경제 계층 등에 따른 차별현상이 발생하고 있다.

특히 궤에레족의 공동체 사회에 점차적으로 침입(invasion)하는 종족들은 한 집단을 형성하거나 다른 활동을 통해 커뮤니티를 형성하면서 정주민과 공간이용·토지이용 문제 등의 합리화를 주장하기도 한다. 이들은 자신들의 정착에 대한 정당화(legitimation)를 강조함으로 정주민들이 가지고 있는 민습(民習 Folkways), 원칙(Mores), 법규범(Laws)[37]을 무시하면서 공동사회적 관계에 충돌이 발생하게 하고 있다. 김경동은 이런 현상을 여섯 가지 사회적 규범의 충돌을 원인으로 보고 있는데, 민습(民習), 원규(原規, Mores), 법(laws), 유행(fashions), 도락(道樂, fads), 기습(技習, techniways)이 그것이다. 이 중에서 원규는 간통, 근친상간금기, 애국심, 종교의례가 해당되지만 사회의 복지, 종교적 믿음을 정당화함으로써 지역 공동체에 충돌을 일으키는 요인이 된다. 정주민의 전통과 관습적 수행을 대수롭지 않게 여기는

---

37 김경동, 『현대의 사회학-사회학적 관심』, 202.

이주민들의 행위 때문이다. 이런 종류의 행위들은 두에꾸에 시 주민들의 일상생활과 인간의 행동을 규제하고 방향을 결정하는 역할을 하면서 공동체의 분열 현상을 가져와 상호 간에 불편을 느끼게 만든다.

결국 서로 다른 문화가 접변을 하게 될 경우 심미적 감상과 사회적 행위의 의식까지 다양하게 규정하고 결정해 주는 기능을 한다.[38] 정주민의 문화의 보편성[39]과 다양성이 파괴되면서 집단갈등이 표면화되고 사소한 일에도 분쟁을 일으키게 된다. 인간의 적응력과 창조력, 에너지와 지능, 자신이 선택한 것에 대해 정례화한 것을 문화의 보편성이라고 한다면, 다양성은 전통적인 사회가 아닌 민족의 출신에 따라 문화가 다양하면서도 특수한 반응을 보이는 것이라 할 수 있다.

두에꾸에 시는 궤에레족 공동체만의 특수한 문화 곧 기독교적인 삶과 방향이 있었지만 외부에서 이주한 자들이 반문화(counterculture)를 형성하며 전통적인 기존 문화에 도전하면서 과격한 해방운동, 종교적인 급진적 종파운동, 전통적 문화 규범으로부터의 이탈에 의한 질서의 교란이라는 현상이 발생하였다. 또한 정주민과 이주민 사이의 문화의 절대성과 상대성으로 인해 민족중심주의와 문화적 제국주의와, 식민주의가 은연중에 발생하게 되면서 종족 간의 생존수단을 형성하게 되었다. 이를 가리켜 스펜서(Spence)는 "문화에 대한 반응 또는 문화의 함수(function)적 결과"라고 말한다. 문화는 독립변수이지만 인간의 행동은 종속변수(從屬變數)라고 할 수 있다.

궤에레족과 이주민의 주요변인들

궤에레족의 문화 형태

두에꾸에시의 인구 3천5백만 명 가운데 궤에레족은 20%에 불과하다. 100명 중

---

38 김경동, 『현대의 사회학–사회학적 관심』, 205.
39 김경동, 『현대의 사회학–사회학적 관심』, 206–208.; 문화의 보편성은 자연환경과의 관계, 이성관계와 재생산 간의 문제(Relations between Sexes and Reproduction), 구실분화와 자원의 분배, 의사소통, 공통된 목표, 목표달성의 수단과 폭력의 통제, 사회화, 감정의 표출과 긴장해소 등이다.

80%는 말리, 기니, 부르키나파소, 베냉 등에서 이주해 온 사람들이다. 궤에레족과 이주민 사이는 문화적 차이가 매우 큰 편이다. 문화적 차이가 큰 이유는 첫째로, 유전과 환경때문이다. 인간 연구에서 논쟁의 대상이 된 것은 생물학적인 유전과 사회문화적인 환경의 구조이다. 곧 인간의 기질(氣質 temperament)은 타고난다고 보아야 하지만 환경을 무시할 수 없다. 둘째, 종교와 정치구조에 의해서이다. 궤에레족은 민속신앙을 의존하는 경향이 매우 높아 기독교에 대한 수용성이 높은 민족이다. 이주민의 경우는 민속신앙을 배경으로 한 이슬람교 신자이기 때문에 문화적 차이가 있다. 거기다가 이슬람교의 라마단 기도 기간에는 이주민들이 도로를 점령하거나 통행을 금지시키므로 정주민과 보이지 않는 문화적 차이를 보인다. 셋째, 사회적 고립이다. 궤에레족은 소수로 전락하면서 사회적으로 고립되었고, 이 때문에 사회적 상호작용을 경험하는 일과 활동범위가 축소되는 현상이 발견된다.[40] 볼드리지(Baldridge)가 지적한 "인간은 사회적 동물로서 가족적인 환경 속에서 계속적이고 풍부한 사회적 상호작용을 경험할 때만 비로소 사람다운 사람이 된다"[41]는 이론에 배치되기도 한다. 넷째, 이주민들은 자신들이 전통적 신앙으로 믿는 민속신앙(토착)을 강조한다. 이런 신앙은 궤에레족과는 차이가 나는 주술행위를 실행함으로 문화적 차이를 겪게 만든다. 특히 말리(Mali) 지역에서 이주한 주민들의 주술적 행위를 보면 알 수 있다. 예를 들면, 주술사가 사람을 찔러도 몸에 칼이 들어가지 않는다든가, 아이의 몸을 칼로 찔러도 상처가 나지 않거나 피가 나오지 않는 것 등이다. 이러한 행위는 이주민들이 영적 차원의 힘을 과시하거나 신적인 경지에 도달한 자임을 보여 주기 위한 행위인 경우가 많다. 이주민들의 주술적 행위는 결국 사회질서를 파괴하고, 정주민들이 이주민들을 '자신들의 전통적 문화를 통제하지 못하는 자'로 인식하게 하면서 대인관계에 영향을 주어 서로의 마음을 떠나게 만든다.

정주민인 궤에레족과 이주민 사이의 문화적 차이는 인지적 성숙이나 상징적 상호작용에 있어 부작용이 일어났을 때 갈등과 분쟁으로 치닫게 된다. 인간사회는

---

40 2016년 7월 7일 두에꾸에시에서 현지인과의 심층면접을 통한 조사 내용이다.
41 J. V. Baldridge, *Sociology*(New York: Wiley, 1975), 119.

마음과 자아가 없이 존재할 수 없는데 이러한 것이 무너져 내림으로 발생하는 자존감의 상실이 건전한 사회를 형성하기 어렵게 한다.

정주민 사회에서 이주민에 대한 인식

정주민인 궤에레족은 상처가 많은 민족이다. 궤에레족이 거주하던 기글론과 두에꾸에 지역에 말리, 부르키나파소, 라이베리아 사람들이 이주하면서 문화적 집단갈등이 서서히 발생하기 시작했다. 정주민인 궤에레족은 이주민들에 대해 매우 불편하게 여긴다. 즉, 내외집단(內外集團) 간의 자극정보의 특출성(distinctveness)을 들 수 있다. 자극이 특출나게 되면 지각자(知覺者)의 관심을 더 많이 받게 된다.[42] 자극정보의 특출성은 지각자의 가치체계에 의해 일어나면서 집단 간의 갈등으로 확산되게 된다. 기글론과 두에꾸에 지역의 정주민과 이주민 사회 역시 자극정보로 인하여 인지적 과정에 기초한 부정적 지각이 갈등을 일으키게 된다. 이는 정주민을 향한 자아관련성과 특출성, 그리고 사회적 범주화(social categorization)가 우호적인 행동과 내집단이 행한 불미스러운 행동을 절멸(節滅, discounting)시키는 정보를 만들면서 분쟁을 일으키게 된다. 즉, 집단 멤버십에 따른 빈번한 행동(바람직한 행동)과 희소한 행동(불미스런 행동) 사이의 충돌로 내집단에서 분쟁이 발생하게 되는 경향이 높다. 기글론과 두에꾸에 지역 집단 간의 희소한 행동이 정주민에 대한 희생을 가져오면서 이주민에 대한 불편한 관계가 형성되었다. 이 지역에서 발생한 문화적 집단갈등과 분쟁의 요인을 보면 다음과 같다.[43]

첫째, 이주민들은 기글론과 두에꾸에에서 궤에레족의 농사일을 도왔다. 이주민들은 정주민들의 농토에서 오랜 기간 동안 일을 하면서 권리주장을 하게 되었다. 그 원인은 먼저 이주한 자들이 농사를 지으면서 정착하는 동안 고향에 있는 부모와 형제들, 친척들도 함께 정착하기 시작했다. 코트디부아르 정부가 오랜 기간

---

42 이훈구, 『집단 간 갈등과 해소』, 151.
43 이 부분은 코트디부아르 기글론과 두에꾸에 지역에서 내집단을 리서치한 것이다(2016년 7월 7일 기글론과 두에꾸에 시 지역 조사).; 두에꾸에 지역은 내전 기간 동안 농작물(카카오 등등)과 토지의 약탈로 인한 가난과 몇 천 명의 지역주민들이 희생되기도 했다.

동안 거주한 이주민들에게 '코트디부아르 시민권'을 발급하면서 이주민과 정주민 간의 갈등이 촉진되었다.

둘째, 내전 기간 동안 반군(줄라족)들이 일으킨 종교와 종족 차별 정책이다. 반군들은 두에꾸에 도시로 진입하는 사람들이 무슬림인가, 기독교인가, 궤에레족인가를 확인한 후 죽이기도 했다. 반군의 종교와 종족차별 정책은 정주민에게 깊은 상처가 되고 있다.

셋째, 줄라족은 궤에레족이 땅을 소유했을 경우 빼앗거나 죽이기도 했다. 반군과 이주민들의 반격으로 인해 궤에레족은 고향을 떠나야만 했다.

이 같은 현상들은 궤에레족의 이주민과 반군에 대한 인식에 영향을 주었다. 궤에레족들은 이주민들에 대해 호의적인 면보다는 배타적으로 보면서 사회통합은 불가능하다고 보고 있다. 그러나 이주민들이 정주사회의 전통문화와 소유권을 인정하고 행동변화가 발생하게 되면 동화와 통합이 이루어져 정주사회와의 좋은 관계를 형성하게 될 것이다.

문화적응과 부족 공동체 집착성

코트디부아르 두에꾸에에서 현지인들의 표정은 어두운 편이었다. 현지인들에 의하면, 피플마그넷(인재·돈 모으는 신흥 도시)이 형성되지 않기 때문이라고 한다. 다른 도시와의 경쟁에서 뒤처지고 있기도 하지만 생존을 위한 어떤 프로그램도 진행하기 어렵다는 생각이 지배적이었다. 두에꾸에 시의 주민들이 원하는 것은 성공보다 생존을 위한 조건을 우선순위에 두고 있었다. 왜냐하면 전 세계가 이미 4차 산업혁명이 광범위하게 진행되고 있는 상황에서 다섯 가지 조건, 즉, 협력생태계, 융합교육, 유연한 사회, 포용리더십, 도시경쟁력[44]에서 우위를 꼽고 있었다. 주민들은 과거보다는 현재의 삶이 더욱 발전하기를 기대한다. 정주민과 이주민 모두가 물리적 공간의 형태가 생활의 공간이기도 하지만, 경제적 형태의 변화는 거주민 모두의 생활양식도 변하게 할 수 있다는 희망을 갖고 있었다.[45]

---

44 매일경제특별취재팀, "4차 산업혁명 성공조건 1부" 「매일경제」 2016년 12월 30일(금), A3.
45 현지인과 함께 한 주민들의 반응은 국가와 지역 공동체에 큰 희망을 기대하고 있었다.

반면, 정주민인 궤에레족과 이주민들은 두에꾸에 지역이 자신들의 역사성의 장소인 동시에 정체성과도 관계가 있다는 의식을 갖고 있다. 이주민들은 코트디부아르가 아닌 이웃 나라에서 이주(移住)했지만 거주(居住)지역에 대한 애착심과 주류사회로 편입하려는 의식이 매우 강한 것으로 보였다. 이는 사회구성원 간의 갈등과 분쟁보다는 상호의존성을 갖고 지내는 것이 현실적이라는 사고가 지배적이었기 때문이다. 과거 10년 간의 내전으로 분쟁과 인권의 사각 지대에 머물렀던 정주민들에게 상처가 깊이 남아 있지만 새로운 시대에 맞는 유연한 사회를 기대하는 것은 아프리카인의 특유한 성품으로 보였다. 그러나 정주민인 궤에레족은 타종족들이 두에꾸에 시에 거주하는 것에 대해 부정적인 태도를 갖고 있었다. 그것은 이주민으로서 도덕과 윤리를 벗어나 자신들의 자아(自我)를 내세우거나 정주민과 같은 행세 때문이었다. 과거 정주민을 위한 노동과 일터에서 오랜 시간이 함께한 것만으로 법적, 사회적, 경제적 주장을 하면서 재산권 권리(權利)를 강력하게 주장하는 것 때문에 대인관계가 어려운 것으로 나타났다. 이런 요인으로 인해 자기 부족 공동체의 생존과 경쟁에서 강한 자로 남기 위한 욕구가 지역의 화해를 방해하여 화합된 공동체가 되지 못하고 있다.

두에꾸에의 장기적인 발전을 위해서는 정부 개입이 없는 정주민과 이주민 모두가 협력과 경쟁촉진을 위한 모델을 개발하고, 협력의 층과 경쟁의 층(layer)을 구분하면서 둘을 함께 도모하는 의식이 필요하다. 아울러 정주민은 이주 공동체의 문화집착성에 대하여 사회규범과 헌법 정신에 맞는 모델과 포용리더십의 환경을 만들어가는 것이 중요하다.

결과적으로 두에꾸에에 거주하고 있는 정주민 궤에레족과 이주민은 상호이해관계[46]가 있거나 부족하여 문화적 집단갈등이 매우 심한 상태이다. 두에꾸에의 이주민의 증가로 궤에레족만의 전통적 규범과 사회적 질서 파괴에 대한 두려움, 경제적 빈곤과 지역개발의 후진성은 상호의존을 더 부정적 상황으로 이끈다. 이런 현상을 토마스 쉘링(Thomas C. Schelling)은 "순수상호의존 결정론 곧 제로섬(zero-

---

46 장훈태, "서부 아프리카 토고공화국 낭가부지역 선교를 위한 까비예족 문화의 가치체계연구," 「성경과 신학」 제79권(2016.10), 286-287.

sum)"이라고 보았다. 제로섬 게임에는 전쟁 및 전쟁의 위협, 파업, 협상, 범죄억지, 계급투쟁, 인종전쟁, 가격전쟁 그리고 갈취(blackmail) 등이 있다. 또 번잡한 관료절차와 교통 혼잡에서 책략을 쓰는 것, 자기의 지식을 위압하는 것도 있다. 이러한 것들은 묵시적 혹은 명시적으로 상호파멸을 피하기 위해 일조의 협력과 상호타협을 필요로 한다.[47] 상호타협을 위해서는 상호이해를 할 수 있다면 하려고 하는 것에 마음을 두어야 하고, 주도권, 지식 또는 선택의 자유 등을 가지려고 하는 것은 이로운 것이 아님을 공공 교육에서 가르칠 필요가 있다. 두에꾸에 주민 간의 문화적 집단갈등과 분쟁이 상황에서 상대방을 이해하거나 조정을 위한 계획과 전달 및 식별이 노출될 필요가 있다. 그리고 상대방의 선호에 대한 선견(foreknowledge) 역시 주관적 정보로서 갈등의 요인이 되고 있는데, 이러한 생각들은 초(超)합리적인 행위가 지배하기 때문이다. 자신들의 전통적 문화 곧 법률적 결정들에 의해 지지된 원칙사회이기 때문이다. 이 같은 사회는 법률적인 권위자(평의회, 시장, 추장, 판사)에 의해서 내려진 결정을 존중할 때 분쟁해결방법이 인정을 받게 된다.[48] 두에꾸에에 거주하는 주민들 사회가 좀 더 평화롭기 위해서는 '살아 있는 법'이 결여되지 않도록 노력하면서 상호존중과 함께 겸손이 선행될 필요가 있다.

두에꾸에 이주민의 문화적 집단갈등과 분쟁상황에서 선교

종족별 특수성의 중심경향 벗어나기

두에꾸에 시 거주민 간의 문화적 갈등과 분쟁은 아주 오래되었다. 이웃 나라에서 두에꾸에로 이주해 온 이주민들은 정주민에 대한 불신이 분쟁의 원인이었다. 최근 들어 서부 아프리카에서 경제의 꽃이라 부르는 코트디부아르는 급격한 이주

---

47 Thomas C. Schelling, *The Strategy of Conflict*, 최동철 역 『갈등의 전략』 (서울: 나남, 1992), 123-124.

48 Leopold Pospisil, *Anthropology of Law A Comparative Theory*, 이문웅 역 『법인류학』 (서울: 민음사, 1992), 73.

민의 증가와 이주민의 정착 속도가 빠르게 확산되고 있다. 특히 경제성장률이 압도적으로 빠른 코트디부아르에는 더 많은 이주민들이 몰려올 것으로 보인다. 코트디부아르적 특수성이 중심경향이라면 그 고도성장의 물결을 타고 마치 불어난 강물처럼 급속히 지역이동이 진행되어 나갈 것이 분명하다.

그렇다면 이같이 급격한 이주민의 대거 유입과 지역이동은 코트디부아르 사회에서는 도저히 피할 수 없는 사회적 과정이 될 것이다. 그것이 또한 피할 수 없는 사회적 과정이라고 본다면 종족 간의 감정과 지역갈등 역시 감퇴시키기 어렵게 된다. 오히려 현재의 두에꾸에 시의 상황보다 더 어렵게 만들 수 있는 가능성이 높다. 이러한 이유에서 코트디부아르 두에꾸에의 지역 간 감정 혹은 종족 간의 감정을 순화 및 갈등의 감퇴를 위해 몇 가지 정책적 측면을 고려하거나 변형할 필요가 있다.

첫째, 이주민들은 두에꾸에 지역의 문화와 종교적 현상을 존중해야 한다. 두에꾸에 지역은 과거 프랑스의 지배로 인해 로마 가톨릭교회의 문화가 자연스럽게 정착한 곳이다. 이주민들은 가톨릭교회의 문화와 비슷한 개신교 문화를 수용하거나 포용할 필요가 있다.

둘째, 산업화의 평준화가 필요하다. 두에꾸에와 아비장과의 거리가 좀 있기 때문에 중간 지역을 산업화의 중점지역으로 개발할 필요가 있다. 이는 지역민의 호·오태도 조사를 통한 방법도 있을 것이고, 이주민을 위한 특성화 지역으로 선정·운영할 수도 있을 것이다.

셋째, 정당(政黨)의 사회·경제·문화적인 면에서 어느 한 종족만을 위한 알파(α)가 일어나지 않도록 하는 정책이 요구된다. 코트디부아르 내전(內戰) 당시의 정부와 현재의 정부는 차이가 있는 것으로 알고 있다. 정부와 정당은 각 종족의 대표 혹은 계급, 계층의 차별화를 금지하고 재편성 작업을 시도할 필요가 있다.

넷째, 이주민의 급격한 증가는 지역과 종족 갈등[49]도 자연스럽게 발생하게 마련이다. 이러한 때는 보편적 현상을 오히려 강조하거나 강화하여 사회화 현상을

---

49 Jacob Olupona and Regina Gemignani, *African Immigrant Religions in America*(New York: New York University Press, 2007), 115.

축소시킬 수 있다. 두에꾸에 시에서 흔히 발생하는 종족 집단화, 집단범주화에서 발생하는 문제들을 개인정체로 바꾸어 가는 방법은 교육이다. 학교교육과 사회교육, 주일학교교육(기독교교육)을 통해서 화합과 협력에 역점을 두면서 한 단계씩 매듭을 풀어갈 수 있다.

다섯째, 두에꾸에 시의 종족 갈등과 집단화의 주요 알파(α)가 되어 온 것 가운데 하나가 인력채용의 불균형도 한몫 하고 있다. 인력 채용의 불균형이 지속될 경우 또 다른 갈등과 내전으로 치달을 수 있는 가능성이 높다. 특종집단(ethnic group)[50]의 성취동기에 비례해서 나오는 결과물이 부각되면 갈등은 피하기 어려울 것이다. 정주민과 이주민의 비율이 비슷하게 활용되거나 차별화가 이루어지지 않을 때 더욱 균형 있는 지역이 될 수 있다. 지역의 균형은 정부 지도자 혹은 지역의 최고 책임자가 포용적으로 인력을 고용을 할 때 분쟁이 최소화 될 수 있다.

이상과 같은 요소들은 종족별 특수성의 중심화를 약화시키는 일반적인 견해들이지만 선교사역에서 효율적으로 적용할만한 것들이다. 두에꾸에 거주민 모두가 다섯 가지의 요소를 거부하게 된다면 불안과 두려움, 선견으로 인한 갈등을 벗어나기 어렵게 된다. 불안한 나를 자각하고 나면 내 불안에 휘둘리지 않고, 마음이 친구처럼 소통[51]하는 길을 찾게 된다(슥 7:10-12 참고). 소통은 하나님과 먼저 해야 하는 일이지만 사람과의 좋은 관계를 위해 하나님께 기도하는 것[52]도 필요하다. 우리가 문화적 집단갈등과 분쟁을 겪는 것은 남과 소통하지 못하는 것이고, 이는 결국 자기 마음과 소통하지 못하기 때문이다. 나 자신과 소통하지 못하는 마음을 다스리는 분은 하나님이시다.

50 송복, 『한국사회의 갈등구조』 (서울: 현대문학, 1990), 288-291.
51 장훈태, "서부 아프리카 토고공화국 꼬따마꾸 지역 땀베르마족의 문화적 다양성과 선교," 「복음과 선교」 제34권(2016, No.2), 228-231.
52 donald G. Bloesch, *The Struggle of Prayer*, 오성춘 · 권승일 역 『기도의 신학』 (서울:한국장로교출판사, 2002), 73-93.

사람을 먼저 생각하기

두에꾸에 지역에서 복음화 전략의 필수 요인은 한 사람 한 사람을 교회로 끌어올리는 작업이다. 선교현장에서 적절한 사람들로 주변을 채우는 것은 매우 중요한 일이다. 선교사역의 사활을 결정짓는 요소는 사람이다. 선교의 성패는 결국 사람에게 달려 있다. 선교의 효율성을 높이기 위해서는 사람 만나는 시간에 많이 투자하는 것밖에 없다. 다른 누구보다 더 열심히 만나고 더 많은 시간을 들여 준비하면 언제나 좋은 결과를 얻을 수 있다. 선교는 사람을 만나는 데서 출발한다. 사람이 없으면 선교는 필요가 없다. 선교는 사람이 먼저다.

그리고 선교사역을 할 때 적절한 정보를 바탕으로 결정을 내리려면 누구에게 연락을 해야 좋은가도 아는 것이 중요하다. 마을 혹은 지역에서 정보 연락대상자가 누구인가를 파악한다면 더 좋은 결과를 얻을 수 있다. 정주민과 이주민의 혼성 문화와 가치, 서로 다른 문화적 충돌 사이에서 복음의 길을 찾기 위해서는 팀을 이용하고, 자신이 찾아낼 수 있는 가장 똑똑한 사람들을 활용해서 필요한 정보를 얻고, 결정을 내리고, 발전해 나가야 한다. 두에꾸에 지역에서 복음전도자가 되길 원한다면 열심히 복음전도자가 되는 것만큼이나 현명하게 일하는 것이 중요한데 그것은 사람을 먼저 생각하는 일이다. 스가랴 선지자가 하나님의 음성을 듣고 사람을 먼저 생각한 것과 같아야 한다(슥 8:6-8 참고)고 한 것처럼, 선교는 이방인에게 화평을 전하는 일과 평화로운 우주적 왕국을 세우는 일에 진력하는 것이다(슥 9:10, 14:16; 창 12:2-3 참고). 선교는 결국 미래에 소망을 두며 불신과 갈등에서 해방시키는 왕을 소개하는 일이다(슥 9:12 참고).

그러므로 선교는 일한 양(量)이 성공을 결정짓지 않는다. 선교의 성공 여부는 성경적 세계관[53]을 갖고 시간을 얼마나 효율적으로 쓰느냐에 달려 있다. 선교는 어느 누구에게 연락을 해서 도움과 조언, 피드백, 의견을 구해야 하는지 안다면 실질적으로 전도활동에 쏟는 시간에 비해 훨씬 더 큰 효과를 얻을 수 있다. 그리고

---

53 Paul G. Hiebert, Anthropological Reflections on Missioligical Issues (Grand Rapids Michigan: Baker Books, 1994), 38.

사람의 장점을 살려 '협업(協業)하는 시스템'을 갖출 필요가 있다. 내가 아는 사람들을 밀접하게 연결해 주도록 교육과 훈련이 필요하고 이를 실천하도록 권면할 필요가 있다.

마을 사람들과 좋은 인맥(人脈) 쌓기

선교현장에서 다양한 사람들과 좋은 인맥을 쌓는 것은 매우 중요한 일이다. 사실 인맥을 쌓는 과정은 많은 시간을 투자해야 한다. 인맥을 쌓는 방법은 누군가 가르쳐 주지 않는다. 동네 놀이터에서 시작하여 마을 공동회관에서 주최하는 행사에 이르기까지 인생을 살면서 각자 천천히 배워나갈 뿐이다. 마을 사람들과 좋은 인맥을 쌓기 위한 방법은 다음과 같다.

1단계, 가족과 친지다. 이들은 어느 누구보다 당신을 가장 아끼는 사람들이다. 선교사역자 혹은 전도자는 그들을 믿고, 그들도 언제나 사역자를 돕기 원한다.

2단계, 주소록과 전화번호를 익히고, 소셜미디어 플랫폼을 검색하는 일이다.

3단계는 자기소개를 통해 협력적 차원으로 가는 방법이다. 이렇게 3단계를 이용하여 선교사역에 도움이 될 사람이 누구인가를 알아두어야 한다. 혹 현장에 있는 사람을 안다면 상호 간에 얻을 수 있는 것이 있기 때문에 그렇게 어려운 것은 아니다. 그들은 사역자의 일을 위해 적극적인 반응을 보일 뿐이다.

4단계, 타인을 먼저 생각하며 대접하고 관대하며 거짓말하지 않는 모습을 보여주는 일이다. 두에꾸에 지역의 이주민 대부분은 사헬 지역의 무슬림들이 대부분이다. 삶 속에서 순종하는 그리스도인으로서의 모습을 보여 줌으로 관심[54]을 끌도록 하는 일과 내 영혼 깊숙한 곳에 예수 그리스도를 모시고 있음과 '내 영혼이 사모하는 예수님'(Jesus, Lover of My Soul)을 부르도록 하는 행동이다(롬 14:8 참고).

마을 사람들과 좋은 인맥 쌓기는 하나님 나라 선포를 위한 협력생태계가 되고, 유연한 사회, 포용 리더십을 발휘하여 복음신앙을 세우는 일에 좋은 기초가 된

---

[54] 장훈태, "서부 아프리카 코트디부아르 공화국 야오부 마을의 전통샤머니즘 문화상황에서의 선교 전략," 「복음과 선교」 제35권(2016. No.3), 255.

다. 협력 생태계는 몇 사람의 복음전도자가 아니라 모두가 협력해야 비로소 하나
님 나라 혁명이 가능하게 된다. 협력은 서로가 서로를 '배우는 방법을 배우는'(Learn
how to learn) 기회가 된다. 유연한 사회는 경직된 편견의 사회를 벗어나는 일이다.
포용 리더십은 주민들이 교회와 지도자를 더 신뢰하고 따를 수 있도록 좋은 인맥
을 만들면서 타 종교와의 경쟁 곧 생명이 넘치는 것으로 인식하도록 해야 한다(빌
2:10-11).

맞춤형 사랑

로제타 홀(Rosetta S. Hall)은 그의 선교사역과 관련된 일기에서 다음과 같은 표현
을 했다.[55]

"사랑은 만국 공용어이다. 사랑이란 용어는 어느 누구도 거부반응이 없다. 하나님
의 사랑은 그 어떤 인간의 마음속 생각보다 넓고 영존자의 마음은 친절하심이 끝이
없다."

로제타 홀의 선교사역은 '사랑'이란 단어에서 출발하는 것 같다. 그는 선교 현장
에서 친구들을 사귀게 될 것이고, 정든 고향 친구들을 잃지 않아도 될 정도로 하나
님의 사랑에 빠져 있다고 말한다. 사랑하는 사람과 편지를 주고받다 보면 언젠가
만날 수 있을 것이며, 만약 지상에서 만나지 못하면 천국에서 하나님의 자녀로서
분명히 만날 것이라고 주장한다. 이는 선교가 현지인들에게 맞는 사랑을 주는 친
구가 되는 것임을 강조한다. 하나님을 믿는 사람의 관점이 광범위하고, 기독교가
세상에서 가장 폭넓은 종교(broadest religion)임을 삶으로 가르쳐 줌으로써 사랑을 느
끼도록 해 준다. 선교현장에서 맞춤형 사랑에는 몇 가지 중요한 요소가 있다.

첫째, 나는 당신과 함께하는 동반자임을 가르쳐 준다. 선교현장의 거주민들과

---

55 Rosetta S. Hall, *Diary of Rosetta S. Hall 1890.8.21.-9.24*, 김현수 · 강현희 역, 『로제타 홀 일기 1』 (서울: 양
    화진 문화원 편, 2015), 31.

동반자 곧 함께하고 있음을 이해하도록 자신의 삶을 살아야 한다.

둘째, 거주민 곧 계층별로 맞춰서 사랑하는 일이다. 거주민 가운데 어린아이들의 경우는 선하고 합리적인 사람으로 보여 주고 사랑하며(롬 12:10), 그들에게 믿음을 심어 주어야 한다(히 11:6). "형제를 사랑함으로 사망에서 옮겨 생명으로 들어간 줄을 알거니와"(요일 3:14)라는 말씀과 사랑하는 일이다.

셋째, 사랑은 한마음, 한뜻을 이루게 함을 알게 한다(빌 1:27). 맞춤형 사랑으로 정주민과 이주민을 함께 동여매야 한다. 사랑의 완전한 사슬로, 한 소망, 한마음, 한뜻을 나누기까지 인내하는 시간을 보내야 한다. 하나님께서 함께하시기 때문이다(수 1:9). 사역자로서 거주민들을 사랑하는 것은 '하나님의 사랑 안에서 자신을 지키는 것'이다(유 1:21). 그리고 사랑은 모든 것을 수용하는 정신이다(고전 13:7).

넷째, 자신의 성경적 지식을 나누면서 복음을 전하는 일이다. 사랑은 나눔과 섬김 그리고 격려하는 일이다.[56] 사랑과 나눔은 하나님 나라를 건설하는 기초가 되며,[57] 믿음이 회복되면 육신을 입은 하나님으로서 구원자가 되시는 예수 그리스도의 비전으로 회복하게 된다.[58]

다섯째, 가슴의 언어(heart language)로 접근하는 것도 한 방법이다. 필리핀에서 사역하는 원인규 선교사는 "가슴의 언어가 현지인을 변화시킬 수 있고, 사랑할 수 있다"고 주장한다.[59] 선교지에서 돈보다는 사랑을 주는 것이 구원을 얻게 하는 회개가 일어나고, 온 민족에게 복음을 전파하는 촉진제가 되게 하는 것이 선교이다. 선교현장에서 사랑만 강조하고 한 영혼구원[60]을 위한 선교를 하지 않는다면 그것은 비극일 수밖에 없다.

---

56 2016년 7월 7일, 두에꾸에 시에서 사역하는 에비야 목사와의 인터뷰 내용이다.

57 장훈태, "서부 아프리카 코트디부아르 한인 디아스포라의 역할과 선교," 「성경과 신학」 제76권(2015.10), 362.

58 Wilbert R. Shenk, *Changing Frontiers of Mission*, 장훈태 역, 『선교의 새로운 영역』 (서울:기독교문서선교회, 2001), 294.

59 이지희, "성공적 선교 위해 현지인에게 돈 주는 것 절제해야," 「크리스챤투데이」 2017년 1월 2일 접속. http://www.christiantoday.co.kr/articles/292336/20170102/필리핀-교회-필리피노에-의해-세워져야죠.htm

60 장훈태,"제3세계 전(全) 성도의 선교사화를 통한 교회개척 사역과 선교," 「복음과 선교」 제36권(2016. No.4), 236-239.

여섯째, 맞춤형 사랑은 선포가 아닌 대화를 강조한다. 대화를 잘하기 위해서는 상대 입장에서 상대가 알아듣기 쉬운 말을 사용해야 한다. 상대방을 위해 목소리 · 표정 · 자세까지 맞추어 주거나 마음이 통하는 관계를 만들어야 한다. 만약 상대방이 고집불통이라면 내가 직접 이끌려 하지 말고 다른 사람의 힘을 빌리는 것이 바람직하다.[61] 따라서 대화는 같은 수준에서 하고 타 종교 · 타 종족에게 복음을 분명히 알게 하기 위하여 그들의 종교를 이해하는 것이 중요하다. 폴 히버트(Paul Hiebert)는 "반식민주의 사회에서 그들은 대화를 통하여 다른 종교를 배우거나 서로의 차이점을 제거하는 종교적 통합을 찾는 수단이 되었다"[62]고 말한다. 사역자가 하는 일은 다른 종족과 인내를 갖고 대화를 하면서 예수 그리스도의 유일성[63]과 부활(행 1:21-22), 그의 구원의 중요성을 깨우치는 일이다.[64] 민속신앙과 무슬림들에게는 예수 그리스도의 유일성과 구원이라는 용어가 귀에 거슬리는 것이다.

두에꾸에의 복음화를 위한 조건은 '사랑'이다. 사랑은 관심을 갖는 것, 책임을 느끼는 것, 존중히 여기고 이해하는 것, 용서하는 것,[65] 주는 것이다. 사랑하는 것은 예수 그리스도의 모습이다(눅 10:30-37). 사랑은 덕을 세우고(고전 8:1), 사랑에는 화목과 능력(요일 3:16)이 있다. 두에꾸에 시가 변화 · 발전하기 위해서는 여호와 하나님을 사랑하고 악을 미워해야 하며(시 97:10), 이주민의 모순된 삶을 용서하고 신뢰[66]해야 한다. 이것이 정의로운 공동체를 만들어 가는 길이다. 두에꾸에 시 거주민 간의 문화접변과 집단적 충돌 상황에서 사역자는 '소망을 품고 주를 더욱 찬송'하면서 하나님의 계획을 펼쳐 나가려 할 때 하나님의 나라가 이루어지게 된다.

아프리카는 인류학적 이론의 형성에 중요한 역할을 하는 곳이다. 아프리카는

---

61 김용우, "말이 안 통해서 일 못하겠다? 맞춰! 또 맞춰주고 이끌어라." 「한국경제」 2017년 1월 6일(금) B2.

62 Paul G. Hiebert, Anthropological Reflections on Missioligical Issues, 59.

63 Ross Langmead, *The Word Made Flesh*(Lanham, MD: University Press of America, 2004), 219. ; 예수의 유일성을 강조할 때는 성육신적이다. 여기서 의미는 성육신의 본을 따르고, 성육신으로 지속적인 힘으로 능력을 받는 것, 하나님의 선교에 참여하는 것 등이다.

64 David J. Bosch, *Transforming Mission* 「변화하고 있는 선교」 김병길 · 장훈태 역(서울: 기독교문서선교회, 2000), 34.

65 김태수, "용서의 성경적 교훈(창 33:1-12)과 목회 상담적 적용에 대한 고찰," 「성경과 신학」 제79권 (2016.10), 175-177.

66 Paul G. Hiebert, Anthropological Reflections on Missioligical Issues, 145-146.

서남아시아의 인도 문화와는 다르게 다층적이고 서로 의존하며, 구속이 없는 문화를 가지고 있다. 서부 아프리카 역시 추장 혹은 마을 중심의 공동체를 통하여 자치적인 사회집단 또는 부족 공동체를 중심으로 살아간다. 그러나 최근 사람들의 이주를 통해 서로 다른 부족들이 같이 살게 되면서, 서로의 문화적 차이를 비롯한 다양한 이유로 인해 많은 충돌이 일어나고 있다.

결론적으로 오늘의 선교는 하나님 중심적이어야 한다. 선교는 하나님의 구원의 계획을 목적으로 출발하여 그것이 실행될 때 완전해질 수 있다. 이와 같이 선교적 교회에 대해 하나님이 주신 정체성은 "땅 끝까지 이르러 하나님의 증인"으로 사는 데서 비롯된다. 그러나 중세교회 이후부터 현재까지 교회는, 교회를 우선적인 범주로 생각해 왔고 선교는 교회에서의 일부 기능으로만 여겨 왔다. 교회의 중직자(重職者)들 역시 선교보다는 교회 성장과 교인들의 커뮤니티를 위한 공간 마련에 힘써 온 것은 부정하기 어렵다.

이러한 관점을 가진 교회를 향하여 웰버트 쉥크(Wilbert R. Shenk)는 "교회의 본질과 목적을 잘못 이해한 것을 토대로 한다. 교회중심주의는 역사적으로 제도적으로 설명될 수 있지만, 그것을 성경적 근거나 신학적인 근거에서는 설명할 수 없다"[67]고 지적했다. 쉥크의 지적과 같이 교회는 역동성과 정체성의 침체 원인을 제대로 알고 전 성도 선교사화와 하나님 나라 건설을 위한 일꾼 양성에 깊은 관심을 기울여야만 한다.

최근 들어 전 세계 정세는 중동과 아프리카에 관심을 갖고 있다. 그 가운데 서부 아프리카에서 코트디부아르는 경제성장의 꽃과 같이 좋은 터전을 지니고 있을 뿐 아니라 선교적 정체성 구현과 역동성을 발휘하기에 가장 적합한 토양을 갖고 있다. 이곳에서는 교회의 존재 이유를 세상에 마음껏 펼칠 수 있고, 선교적 측면에서 교회의 존재 이유를 다른 모든 기능들을 적용하면서 단적으로 활용할 수 있다. 첫째, 코트디부아르 정부의 정치적·경제적 안정과 함께 선교의 기초를 놓을

---

67 Wilbert R. Shenk, *Changing Frontiers of Mission*, 19.

수 있는 환경이 조성되어 가고 있다. 둘째, 코트디부아르는 서부 아프리카에서 가장 많은 이주민들이 정착하려고 접근하는 곳이다. 셋째, 정주민과 이주민 간의 집단적 갈등이 내재되어 있지만 예수 그리스도의 복음으로 치유하고 회복할 수 있는 자유가 있다. 넷째, 종족 상호 간의 다양성과 계층 간의 차이를 충분히 이해할 수 있는 토양이 마련되어 있다. 다섯째, 종족 즉, 문화접변과 각 공동체의 정체성 **68** 구현에도 무리가 없는 동일화와 협력, 상호 간의 네트워크가 가능한 지역이다. 여섯째, 부족공동체의 집착성(執着性)을 인식한다면 선교의 기회가 빠르게 진행될 수 있다. 이러한 관점들은 교회를 통하여 예수 그리스도를 증거하고 제자 삼는 일(마 28:19)을 통해 하나님의 백성으로서 살아가는데 어려움이 없음을 깨닫게 한다.

코트디부아르 두에꾸에 지역은 하나님의 통치, 즉, 하나님의 구속사적 선교로 충만해 있는 것과 평행을 이룰 수 있는 장점이 있으며, 예수 그리스도를 메시아로 영접하도록 선포(행 11:19-24)할 수 있는 절호의 기회가 되는 곳이다(눅 4:16-22). 따라서 이들 지역에서 기독교적 선교는 종족별 특수성을 벗어나 공동체 일원으로 협력하며 살아가는 방법을 모색하거나, 사람을 먼저 생각하는 방법, 마을 사람들과 좋은 인맥을 쌓으면서 지내기, 맞춤형 사랑 등을 통하여 지역을 변화시키면서 하나님의 나라를 구현할 수 있다. 셔우드 링겐펠터(Sherwood Lingenfelter)의 "예수 그리스도의 십자가만이 문화를 무색하게 하며, 교회의 삶을 형성한다. 십자가의 메시지는 희생이며, 고통이며 그리고 세상 것들에 대하여 죽는 것이다"라는 지적과 같이 두에꾸에를 성육신 선교(요 1:14; 빌 2:7)를 통하여 십자가의 길로 만드는 날을 기대한다.

---

68 Harvey C. Kwiyani, *Sent Forth-African Missionary Work in the West*(New York: Orbis Books, 2014), 184-185.

03

코트디부아르 공화국 야오부 마을의
전통적 샤머니즘 문화

　인간은 종교와 연계된 삶을 산다. 종교가 없는 인간은 삶의 존재 의미를 느끼지 못한다.[1] 종교는 곧 인간의 가치인 동시에 세계관 인식에 영향을 끼친다. 인간의 삶의 영역에 종교가 차지하는 비중이 크다는 이야기이다. 종교는 인식체계 사이의 상호관계를 증명해 줄 뿐 아니라 하나의 세계 안에 있는 신념체계와 세계관들이 어떻게 상호 연관되는가에 영향을 주기도 한다. 그만큼 종교는 인간 사회와 문화를 포함하는 모든 인간적 현실을 신앙과 연결시킨다. 그리고 인간의 변화를 공식을 통해 접근하도록 함으로써 신앙이라는 큰 틀로 정리하기도 한다.

　고대로부터 현대까지 인간은 종교적 삶과 관계[2]되어 있다. 특히 민간종교[3]는 여러 형태의 문화에 영향을 주어 다양한 관습, 신념, 제의(祭衣)가 형성되었다. 그러나 인식론적 입장에 있는 사람들은 자신들의 인식론에 근거하여 다른 종교를 총체적으로 잘못된 것으로 보고 거부한다. 둘 다 분별할 수 있는 부분을 하나하나

1　연구자는 2016년 6월 23일–7월 8일까지 코트디부아르 야오부 마을을 비롯하여 서북부 지역 연구 조사를 실시하였다.

2　Paul G. Hiebert & Eloise Hibert Meneses, *Incarnational Ministry-Planting Churches in Band, Tribal, Peasant, and Urban Societies*(Grand Rapids: Baker Book, 1995), 15–38을 보면 관계형성과 관련된 부분을 잘 설명하고 있다. 관계는 사람 또는 그룹과의 관계로서 사회적, 경제적, 정치적, 법적, 업무적 영역을 설명하고 있다. 다만 아프리카 빌라지에서는 종교적 영역에서의 관계가 매우 중요한 영역을 차지한다.

3　장훈태, "코트디부아르 기독교와 이슬람 정착 요인," 「복음과 선교」 제31권(2015.9), 55–90.

분석함으로서 거대한 개념적 도식을 세우기도 한다.[4] 반면 기독교는 다른 종교에 대하여 전투적인 접근 자세를 취하거나 그것들을 신뢰하지 않는다. 전투는 이상의 사실과 이상의 이유로 인해 승리해야 한다. 이러한 인식론적 형태에서 샤머니즘 혹은 전통 종교에 있는 자들에게 개종은 모든 세부적인 것에 이르기까지 신념과 행동의 근본적 변화를 요구한다.[5] 한편, 도구주의 이론을 가진 자들은 모든 종교를 사회에 유용한 것으로 본다. 그러면서도 종교를 문화에 얽매인 포장된 하인으로 보고 있다. 이러한 현상은 코트디부아르[6] 야오부(Yaobou) 마을에서도 존재한다. 야오부 마을에서는 오래전부터 전통적 주술 문화 곧 샤머니즘(shamanism)[7]의 전통적 가치와 문화에 얽매여 다른 종교의 수용을 거부해 왔다. 이곳에서 기독교 선교를 실천하기에 전에 먼저 샤먼마을이라는 인식과 샤먼(saman)의 제사장적이며 정신적 특성을 일컫는 권위를 아는 것은 매우 중요한 일이다.[8] 우리가 이 마을에 대한 기초적이며 전통적인 문화를 알아야 하는 이유는 여러 가지가 있지만, 가장 큰 이유는 전통문화의 기본적인 것을 안다면 복음선교 사역에 도움이 되기 때문이다. 특히 야오부 마을의 샤먼은 열정적이며, 정열이 넘치는 사람들로 알려져 있을 뿐 아니라 '신이 내린 듯한' 행위로 마을 주민들을 통치하고 있다. 샤먼의 통치 이념은 신적인 능력과 권위, 제사장적인 행위로 샤머니즘 문화전통을 계승한다. 전통적인 샤머니즘 문화와 가치체계, 세계관으로 틀에 짜인 듯한 생활규칙에 맞춰 사는 마을 주민들은 절대주의와 상대주의라는 극단 사이에 머물러 산다. 샤먼의 절대적 권위와 상대적 자존감의 약화 사이에 거주하는 야오부 마을 주민들에게 기독교의 유일성을 전하는 것은 불가능해 보인다. 그러나 많은 시간이 걸릴

---

4 Peter I. Berger, and Hansfried Keller, *The Homeless Mind: Modernization and Consciousness* (New York:Random House, 1973)은 종교적 개념도식을 설명하고 있음으로 참조 바란다.

5 Paul G. Hiebert, *Anthropological Reflections on Missiological Issues*(Grand Rapids: Baker Books, 1994), 49.

6 Antoine Glaser, *AfricanFrance*(Dépôt légal: février, 2014), 43–62을 참조하라.

7 채필근, 『비교종교론』 (서울: 대한기독교서회, 1997), 385. 샤머니즘의 어원은 퉁구스(Tungus) 민족이 주술사나 샤먼; 의약사를 샤먼이라고 부르는데서 출발했다.

8 양민종, 『샤먼이야기』 (서울: 정신세계사, 2003), 186. 샤먼의 세계로 진입하기 위해서는 다양한 단계와 명칭, 허용되는 소품들이 있다. 샤먼의 단계로서 입문 단계, 차상 단계, 차차상 단계, 최상 단계가 있으며, 명칭은 뵈 혹은 부로 부르기도 하고, 최상 단계에 있는 자에게는 자아린 뵈라고 한다. 이는 부리야트인 샤먼의 위계질서이지만 대부분의 샤먼들은 이러한 단계를 거쳐 샤먼이 된다.

뿐 이들에 대해 지속적인 관심과 신뢰, 대화로 접근한다면 얼마든지 가능한 일이다. 그래서 야오부 마을의 복음화를 위한 샤머니즘 이해와 문화 그리고 선교방안을 찾는 것은 코트디부아르 복음화의 좋은 안내자가 될 수 있기 때문에 그 가능성을 찾아보는 데 중점을 두고자 한다.

야오부 마을의 샤머니즘

야오부 마을의 샤머니즘 이해

샤머니즘의 이해

코트디부아르 야오부 마을은 경제수도인 아비장에서 한 시간 반 거리에 위치한 산골 마을이다. 야오부 마을은 전통적 샤머니즘 문화를 가진 종족집단[9]으로 형성된 마을로 이 마을에서 샤먼은 정치적 · 종교적 · 사회적 권위를 가진 자이다. 그는 영적 세계를 '알고 있는 사람'(the man who knows)으로 지칭하는 '제사장,' '시라마나,' '사마나'로 불리며, 마을 공동체의 정치 · 사회적 힘을 가지고 있다.

야오부 마을의 샤먼 혹은 무격(巫覡)[10]은 '신이 들려 열정적인 상태'가 되어 마을 공동체 구성원의 '영적 상태를 통제하는 자'이다. 야오부 마을의 샤먼(주술사)은 '세상의 이치를 꿰뚫어 볼 뿐 아니라 주민들의 인지(認知)능력과 미래를 보는 사람'을 일컫기도 한다. 야오부 마을에서 민간신앙은 단순한 문화적인 양상으로 설명하기가 어려울 정도로 샤먼에 대한 종교적 측면의 신뢰도가 매우 높을 뿐 아니라 마을의 정치체제와 구도(構圖)가 통일성을 유지한다는 점에서 독특한 구조를 갖고 있는

---

9 주 종족인 바울레족과 아비치족이 살고 있지만 현재는 20여 개의 소수 부족과 함께 산다. 바울레족을 제외한 다른 부족은 야오부 마을에서 노동력을 제공하면서 생활하기 위해 이주해 온 민족들이다(현지 목회자 알베의 설명 2016년 6월 29일).

10 한국에서는 샤먼을 무당(巫堂) 혹은 무격(巫覡)이라고 지칭한다. 한국에서 샤먼은 신령을 섬겨 점치는 사람이지만 코트디부아르 야오부 마을에서는 영적 권위자로서 마을 공동체의 정치 · 종교 · 사회적으로 영향력을 끼치는 자로 인식되어 있다.

데, 마을에서 샤먼(무격)은 마을 공동체의 문화적·종교적 의식 그리고 그에 관련된 제의(祭衣)양식과 사회적 현상들을 종합하여 통제한다.[11] 그 이유는 종교적 형태는 아니지만 제사장적 권위로 종족집단을 통제하기 때문이다.

야오부 마을에서 샤먼의 영적 권위는 대단한 것이다. 샤먼이 보편성과 개별 종족 단위의 정치적 지배력을 갖는 특수성을 가질 뿐 아니라 종교적 시스템을 통하여 마을의 정치적·사회적 구조를 단일화시킴으로써 민간신앙으로 자리 잡게 된 것은, 그 연대가 수백 년 이상으로 거슬러 올라간다. 지금의 야오부 마을에 바올레(Baule)족이 정착하면서 '샤먼마을'로서 현재까지 그 전통을 이어오고 있다. 지금은 여러 종족 그룹이 함께 살고 있지만 자신들만의 전통문화인 샤머니즘 신앙은 그대로 지키고 있다.

코트디부아르 종족

코트디부아르[12]의 인구수는 2,400만 명이고, 약 60여 개의 종족은 크게 아칸(Akan), 크루(Krou), 망데(Mandé), 구르(Gour) 4개의 그룹으로 나눈다. 이 중에서 아칸은 바울레, 아니 등 18개 종족으로 나뉜다. 아칸은 전체 인구의 41.1%를 차지하고 있으며 주로 가나에서 이주한 자들이다. 이 외에 인구의 약 30~35%는 부르키나파소, 말리, 기니, 라이베리아, 베냉 등 주변 국가에서 온 이민자들로 구성되어 있다. 또한 인구의 4%는 프랑스, 레바논, 베트남, 스페인, 미국 및 캐나다 등의 혈통을 갖고 있다. 이렇게 다양한 종족 구성을 가진 곳이지만 야오부 마을의 종족은 아비치(Avicii)족과 바울레족이 주로 거주한다.[13] 바울레족은 서아프리카 코트디부

---

11 Ayurzana Gun-Aajav, *The Shamanic legend*, 이안나 옮김 『샤먼의 전설』 (서울: 자음과 모음), 2012), 9-58을 보라.

12 Martin Meredith, *The Fate of Africa-A History of the Continent Since Independence* 『아프리카의 운명—인류의 요람에 새겨진 상처와 오욕의 아프리카 현대사』 이순희 역(서울: Humanist, 2014), 107. 제2차 대전 후 코트디부아르는 커피와 코코아 수출을 기반으로 급속한 경제성장을 이루었다. 1950-56년 사이의 코코아 농장 생산 농가는 50%에 이르렀고, 커피 생산량은 두 배로 증가했다. 1956년 커피와 코코아 수출 물량은 서아프리카의 45%를 차지할 정도였다.

13 2016년 6월 29일 야오부 마을 방문과 현지인과의 인터뷰. 야오부 마을에는 20여 개의 종족이 한 마을에 어울려 산다. 그 가운데 바울레족은 원주민이고 그 외는 이주민이다. 원주민을 제외한 이주민들은 마을 분위기가 주술적이어서 두려워하면서 의사소통을 하지 않거나 상대하지 않는다. 주술사들 가운데는 자

아르의 삼림지대 깊숙한 내부에 거주하거나 사바나 지대에 사는 자들로서 아샨티 지방에서 이주해 온 농경민으로 아칸족(Akan)계에 속한다. 이들은 자연주의적인 우아한 조각을 만들기로 유명할 뿐 아니라 여러 종류의 가면(假面)과 조령상(祖靈像)을 만들어 신령한 세계에 접하는 문화를 갖고 있다. 그 외에 문짝의 부조(浮彫), 베틀의 활차, 숟가락, 의자 등을 만들어 파는데, 조각의 주제 대부분은 샤머니즘 문화와 연관되어 있다.[14] 바울레족은 샤머니즘 문화적 상황 속에 살고 있어 타문화의 유입을 허용하지 않고 있다. 그들은 자신들만을 위한, 드러나지 않은 초자연적 세계와 드러난 경험적 세계를 지니고 있다.[15] 야오부 마을 사람들은 샤먼[16]에 의해 직접적인 감각에 의해 관찰할 수 있는 실험과 관찰에 기초한 마술과 마법의 지식을 갖고 있어 타종족의 유입을 허용하지 않는다. 그러나 최근 들어 노동력과 생계 문제를 해결하기 위해 다른 종족들이 야오부 마을에 들어와 정착하고 있다.

결국 야오부 마을 사람들은 샤먼을 중심으로 하여 유기적—기계적 연속선상에서 삶을 유지하고 있어 일상생활의 경험들로부터 유비(類比, analogy)를 사용한다.[17] 이들은 유기적 유비와 기계적 유비를 기본적으로 경험함으로써 종교사회적 공동체를 형성하면서 샤머니즘 문화전통을 지키는 것과 샤먼의 영적 존재와 영적 힘을 존중한다. 샤먼은 공동체의 질서를 파괴하는 인간들에게 등을 돌리고 질병을 불러일으킨다. 인간에게 해가 되는 영은 집 주위에 머물거나 바람이 불 때 한 집에서 다른 집으로 떠돈다고 믿는다.[18] 그만큼 샤먼의 신적인 권위와 스피릿에 대한 신뢰가 매우 높은 것이 특징이다.

기를 보호하기 위해 주술을 외우기도 하며, 주술사들은 대부분 마을 안에서 주술을 행하기도 한다.

14 2016년 6월 30일 오후 3시. 야오부 마을의 야오부 교회의 담임목사 알베(Albee)와의 인터뷰에서 발췌한 것이다.

15 Mircea Eliade, *Shamanism-Archaic Techniques of Ecstasy*(U. S. A: Princeton University Press, 1974), 433–434.

16 장훈태, "서부 아프리카의 민간신앙과 이슬람," 「복음과 선교」 제30권(2015.6), 192–196.

17 Paul G. Hiebert, *Anthropological Reflections on Missiological Issues*, 194–195. 폴 히버트는 유기적 유비는 사물들을 서로의 관계 속에서 살아가는 것을 말하고, 기계적 유비는 기계들이 서로 맞물려서 기계적으로 반응하는 무생물들로 보고 있다.

18 John Mbiti, *Africa Religions and Philosophy* 「아프리카 종교와 철학」 장용규 역(서울: 지식을 만드는 지식, 2012), 94.

야오부 마을의 샤머니즘 문화와 인간의 삶

우주역(宇宙域)과 기둥

야오부 마을은 깊은 산 속에 위치해 있다. 보름달처럼 둥근 달 모형 같은 동네 한 귀퉁이에는 초등학교가 있다. 언덕 위에서 내려다 보면 넓은 평야지대 같은 곳이다. 샤먼이 지니는 최고의 기술인, 하나의 우주 역에서 다른 우주 역으로 넘어가는 것을 의미하는 것과 같은 마을 구조를 가지고 있다. 이 마을에서 샤먼이 천상의 세계에서 지하의 세계로 넘어가는 기술을 가졌다고 믿는 것을 샤머니즘 세계의 우주론이라고 한다.[19] 대부분의 샤먼(주술사)들은 우주의 기둥이 천상, 지상, 지하로 이루어져 있다고 믿는다. 이 우주의 기둥과 기둥 간에 서로 소통이 가능하다고 믿는 관념이 있으며, 상호 간을 연결하는 상징체계는 복잡하다고 생각한다. 샤먼들은 우주 공간을 거룩한 공간으로 여기는 경우가 많은데, 우주는 성(聖)이 현현하는 곳으로 인식할 뿐 아니라 현세적인 곳이 아닌 초인간적인 공간, 신성한 공간으로 보는 경우가 많다. 이러한 우주에 대해 신성시하는 샤먼들의 고향은 수소자리라고 주장하기도 한다. 샤먼들은 "하늘에는 수(天數)가 먼저 있었다"고 말하기도 하며, 손가락은 한 손에 다섯 개씩 모두 열 개로 십진법으로 계산하기에는 더 없이 편리한 계산기가 된다. 숫자를 뜻하는 영어 단어 digit는 라틴어 digitaus에서 비롯된다. 이 말이 손가락을 함께 의미한다는 것은 우연이 아니다.[20]

야오부 마을의 샤먼들은 컴퍼스와 삼각자를 주로 사용한다. 샤먼들은 거창한 관과 옷을 입고 굿을 한다. 샤먼들이 굿을 할 때 손을 들거나 움직일 때는 북두칠성을 가리키기도 하며, 북두칠성으로 향한 두 팔을 하나의 삼각형을 만드는 것은 사상과 우주의 창조의 원형을 표현하기도 한다. 박용숙은 삼각형의 세 자리를 말한다.[21]

---

19 Mircea Eliade, *Shamanism-Archaic Techniques of Ecstasy*, 242–245.
20 박용숙,『샤먼문명−별과 우주를 사랑한 지동설의 시대』(서울: 소동, 2015), 36–37.
21 박용숙,『샤먼문명−별과 우주를 사랑한 지동설의 시대』, 39.

"금성이 북두칠성과 만나는 자리를 태일(太一), 달과 만나는 때를 태백(太白), 태양을 만나는 때를 태을(太乙)이라고 한다. 이들이 모여 하나의 삼각형을 이루는 것이다."

샤먼들은 하늘의 별과 수소자리 안에 숨어 있는 상징과 의미를 통하여 우주를 지배하는 것이라 믿는다. 이러한 현상은 동양과 서양, 한국의 샤먼에게도 나타난다. 한국의 샤먼은 무가 〈경성 열 두 거리〉[22]라는 노래에도 있다.

"쳐다보면 삼십삼천, 내려다보면 이십팔수, 동두칠성, 서두칠성, 남두칠성, 북두칠성, 중앙에는 삼대육성"

이러한 노래에는 수비학으로서 다양한 묘성이 숨어 있는 천구의 북극이 있고, 동서남북으로 나누면 사계절을 의미하기도 한다는 것이다. 이런 해석 방법은 샤먼들의 우주관과 수비학이 우주의 중심축이라는 것을 뜻하기도 한다. 이와 비슷한 견해를 가진 샤먼들은 우주와 기둥, 수소자리는 지중해, 시베리아 샤먼과 아프리카 샤먼 모두가 연관성을 지니고 있다. 샤먼들이 주로 사용하는 사슴의 뿔이나 형상을 가진 것들이 비슷하게 나오는 것도 이와 맥을 같이 하고 있다. 특히 메소포타미아 신화에서는 '북극의 일곱 별이 세상의 운명을 결정하며 인간에게 금속을 이용하는 방법과 기상학, 점성술, 해와 달의 측량술, 지리학 등 온갖 지식을 가르치기 위해서 바다에서 나왔다고 한다.[23] 이처럼 동서양의 샤머니즘 세계의 핵심은 우주역의 세계에 있는 수소자리가 인간의 생사화복을 주관한다고 믿는 데서 출발한다.[24] 야오부 마을의 샤먼들 역시 우주와 수소자리, 각종 동물들의 형상이 인간의 생사를 주관한다고 믿는다. 샤먼들은 고대로부터 현재까지 우주적-신앙적 관념을 체계화함으로 구체적 신비 체험으로 변용시키거나 개인적 및 접신적 체험을

---

22 박용숙, 『샤먼문명-별과 우주를 사랑한 지동설의 시대』의 책 39을 보라. 경성 열 두 거리는 한국의 샤먼 등이 노래로 전해 온 경전이라 한다.

23 Andrew Collins, *From the Ashes of Angels* 『금지된 신의 문명 제1권』 오정학 역(서울: 사람과 사람, 2000), 43-44.

24 박용숙, 『샤먼문명-별과 우주를 사랑한 지동설의 시대』, 43.

통해 신과의 용이한 교통체계를 형성하기도 한다.

야오부 마을의 샤머니즘 문화

야오부 마을 사람들은 대부분 추장의 정치적 통제와 샤먼(무당)의 영적세계[25]의 통치를 받으면서 생활한다. 이 마을의 보편적 문화는 각종 신화와 물리적 수단인 무지개, 사다리, 계단, 덩굴, 밧줄, 화살의 사슬, 산, 나무 등을 통해서도 하늘과 땅의 교통이 가능하다는 믿음을 갖는다. 샤먼과 주민들은 하늘과 땅을 연결하는 상징적 이미지는 우주의 기둥에 있는 세계의 수(數), 신화와 상징체계가 '세계의 중심'이라는 관념을 갖고 있다. 그리고 샤먼을 중심으로 한 정치 · 사회적 규율과 행위, 종교적 통과의례가 실행되는 행사에는 마을 사람들이 의무적으로 참여해야만 한다.

한편, 고대 게르만인의 종교와 신화 중에도 북아시아 샤머니즘 개념과 기술에 견주어지는 요소가 발견된 것과 같이 야오부 마을의 샤먼은 무서운 군주(君主)이자 위대한 주술사이다. 주술사는 야오부 마을의 정신적 지주일 뿐 아니라 삶의 패턴을 움직이는 자이며, 동시에 인간의 길흉화복을 주관하기도 한다.

결국 야오부 마을 주민들의 정신세계는 샤먼의 힘에 의해 지배를 받고 산다. 마을 주민들은 샤먼의 주술에 의해 인간의 운명이 좌우된다고 믿으며, 샤먼의 말과 행위에 따라 한 개인의 운명이 신비적인 천계비행을 할 수도 있고, 그렇지 않을 수도 있다고 한다. 가끔 야오부 마을에서 펼쳐지는 샤먼의 무의(舞衣)는 영적세계의 권위를 나타내며, 주민들은 전통 북(탐탐 북: 손으로 두드리는 북)을 치면서 노래를 부를 때 접신(接神)을 경험하기도 한다. 특히 야오부 마을은 매년 4월이 되면 주술적 행사가 거대하게 개최되는데, 그중에는 섬뜩한 의례 행위도 있다. 그 가운데 몇 가지 사건들을 소개하면 다음과 같다.[26]

첫째, 주술사가 마을 사람을 선택하여 그 사람의 배를 개복(開腹)하고 창자를 꺼

---

25 장훈태, "서부 아프리카 토고 공화국 꼬따마꾸 지역 땀베르마족의 문화적 다양성과 선교," 「복음과 선교」 제34권(2016.6), 195; 209-220.

26 이 마을에서 의료선교와 봉사활동을 지원했던 한인들과 그 외의 현지인이 증언한 내용이다(2016. 06. 29. 야오부 마을 탐사 중 현지인으로부터 들은 이야기임).

90 | 서부 아프리카 통으로 읽기

내어 든다. 창자에서 김이 모락모락 나는 광경을 참석자들이 보고 놀라기도 한다. 그런 다음 주술사는 다시 창자를 뱃 속에 밀어 넣고 손으로 배를 만지면 아무런 상처도 남지 않고 원래대로 된다.

둘째, 주술사가 한 사람을 선택해서 배를 만지게 되면 항문에서 달걀이 나오기도 한다. 이런 행위를 보고 사람들은 주술사의 영적 권위에 눌려 아무런 반항도 하지 못한다.

셋째, 연례(年禮)행사 가운데 인신제사도 한다. 동네 사람 가운데 누군가 죽으면 시신의 고기를 먹는 의식도 있다. 그런데 한번은 자신의 딸아이가 죽었는데 그 아버지가 아이의 고기를 먹지 않자, 주민들에게 "너는 지난 번 다른 집의 자녀가 죽었을 때 시신의 고기를 먹었는데 왜 네 아이의 살을 먹지 않느냐"며 항의를 받았다 한다.[27]

넷째, 야오부 마을에 거주하기 위해서는 모든 사람과의 관계가 좋아야 한다. 만약 상대방과 관계가 나쁠 때 주술사를 찾아가 주술을 걸면 그 상대방이 죽게 된다. 주술사가 "죽은 사람의 관이 주술을 걸도록 한 사람의 집을 칠 것이다"라고 말하면 그대로 되기도 한다. 이러한 일은 야오부 마을에서 실제로 일어났다.[28]

다섯째, 샤먼을 통해 마을 카페 혹은 모임방에서 반대편 사람에게 주술을 걸면 그 사람은 죽게 된다고 한다. 이런 현상은 서부 아프리카 니제르, 말리, 토고 등에서 빈번하게 일어나는 사건이라고 한다.

여섯째, 샤먼의 행위는 대체적으로 인간의 피를 많이 흘린 곳에서 악령의 역사가 더욱 강하게 일어난다. 야오부 마을 역시 인신제사를 비롯한 상대방에 대한 주술로 인해 피 흘림이 많기 때문에 악령의 역사가 자주 일어난다고 한다.

야오부 마을에서 펼쳐지는 주술 행사는 매우 혐오스럽고 두려움과 공포감을 준

---

27 2016년 6월29일 야오부 마을 복음화를 위한 아비장선교위원회 회원과 인터뷰.

28 2016년 6월29일 야오부 마을에서 인터뷰 중 마을 주민이 이러한 사실을 설명하기도 했다. 몇 년 전 야오부 마을에서는 한 사람이 상대방에게 해를 끼치기 위해 주술사(무당)를 찾아가 주문을 외웠는데 사망하는 사건이 발생했다. 억울하게 목숨을 잃은 자의 장례가 있을 때 관(棺)이 움직이지 않다가 갑자기 관이 날아가 원망과 저주를 했던 집의 벽을 쳐 담장이 무너지는 사건이 발생하여 동네 사람들이 놀라기도 했다. 이러한 사건은 코트디부아르에 뉴스가 되었고, 그 사건 이후 상대방에게 저주를 하는 일은 줄어들었다고 한다.

다. 그리고 주민들이 샤먼 세계의 수직적 구조와 권위주의적인 통과의례에는 의무적으로 참여해야 하는 부담감도 있어 어려움이 많다고 한다.

그러나 연구자가 볼 때, 야오부 마을에서 펼쳐지는 주술적 행사는 종교적인 행사로 보기 어렵다. 다만 마을 공동체의 결속력과 추장을 중심으로 하는 공동체의 통일성을 일으키는 역할을 할 뿐이다. 샤먼은 주술행사를 통해 신의 권위를 드러내지만 인간을 신의 세계로 연결하는 부분은 없어 보인다. 또한 마을에서 펼쳐지는 샤먼의 행사는 샤먼의 신적인 권위를 확인하고 우주의 구성원으로서의 그의 위치를 확인하는 것에 불과할 뿐이다. 따라서 야오부 마을에서 자주 발생하는 샤머니즘 문화행사는 타문화에 대한 경계집합[29]을 형성하는 원인이 된다. 경계집합이란,[30] '우리는 야오부 마을의 샤먼의 세계에 머무는 자', '우리가 하는 행위만이 가장 정통적인 행동(orthopraxy)' 또는 '올바른 행동'이라고 자처한다. 그리고 주민들은 다른 문화의 사람들 앞에서 전통적인 신앙의 증거를 샤먼의 영적세계를 통해 보여 줌으로써 그 실체를 확인시켜 주는 역할을 한다. 이러한 행위 자체가 경계집합으로 마을 사람 모두를 동일하게 바라보거나, 모든 사람이 동일한 사고와 집념을 가질 것이라고 구분한다. 아무튼 야오부 마을의 샤머니즘 문화는 신비한 마술(Magic)[31]과 주술(Witchcraft)[32]이 강하게 이루어지는 곳이다.

세습적 샤먼의 세계

야오부 마을의 세계는 철저하게 샤먼을 중심한 공동체와 수직적 구조가 성립되

---

29 Robert R. Stoll, *Sea Theory and Logic*(San Francisco: W. H. Freemen, 1963), 2.
30 Paul G. Hiebert, *Anthropological Reflections on Missiological Issues*, 146-151. 경계집합이란 용어는 폴 히버트에 의해 주장되어 온 이론이다. 그의 이론은 경계집합으로서 그리스도인에 대한 것으로 그리스도인과 선교와 관련되어 있다.
31 Takumi Kusano, *schematic black magic* 『도해 흑마술』 곽형준 역(서울: 에이케이커뮤니케이션즈, 2015)은 흑마술과 관련된 다양한 설명을 하고 있다. 흑마술의 기본, 유럽의 흑마술, 일본의 흑마술, 중국과 그 외 세계의 흑마술을 소개하고 있어 참조할만하다.
32 J. Middleton&E. H. Winter, *Witchcraft and Sorcery in East Africa*(London, 1963)와 G. Bloomhill, Ωιτχηχραφτ ιν Αφριχα(Cape Town, 1962) 등을 참조하면 좋을 것이다.

어 있다. 하늘-지상-지하라는 샤머니즘의 보편적인 구조를 가지면서 수평적으로 주민과 주민이라는 공식을 갖고 있다. 그리고 신적인 행위를 통해 샤먼의 세계를 드러내는 차원과 드러나지 않은 차원을 보여 주기도 한다.

야오부 마을의 샤먼은 내재성과 초월성을 주민들에게 드러냄으로서 주민들이 감각적으로 경험할 수 있는 세계를 보여 주고 있다. 모든 주민들은 샤먼의 세계를 알고 있으며, 이 세계를 지배하고 설명하기 위해서 연례(年禮)행사를 통해 샤먼의 문화를 발전시킨다. 그들은 자신을 둘러싸고 있는 자연세계와 함께 신적인 세계를 결합하여 마을 공동체를 조종하는 방법을 발전시키려 한다. 그들은 또한 마을 공동체 구성원의 관계에 관한 이론들, 즉, 어떻게 샤먼으로서 훈련을 받으며 배워야 하는가를 알고 있다.

야오부 마을에서 함께 사는 아비치족과 바울레족은 샤먼의 세계에서 발생하는 현상들을 경험적 관찰과 현상에 기초한 설명체계를 이용해 설명하기도 한다. 이런 점에서 세속사회·문화적 영향이나 인공지능 같은 서구 과학은 독특한 것으로 여기지 않는다. 서구의 과학은 인간의 삶을 위한 편의성과 경험세계를 탐구하는 데 보다 체계적이고 효율적일 수 있지만, 야오부 마을의 샤먼과 주민들은 나름대로의 민간과학(민간신앙)을 갖고 있다고 생각한다.

이러한 차원 위에 어른 샤먼의 경험세계로부터 세습 샤먼의 세계에도 어떤 존재의 힘이 있다고 믿는다. 샤먼 자신에게 어떤 영들과 유령(幽靈)들, 조상신들, 귀신들 그리고 산과 바위에 살고 있는 각종 신(神)들이 포함된다고 믿는다. 또한 이 마을에서 출생하는 아이들은 "어릴 때부터 샤먼의 끼를 알고 태어난다"고 말한다.[33] 한 남성은 계속해서 야오부 마을의 샤먼의 세계와 세습에 대하여 말한다.

"야오부 마을에서 출생하는 아이들은 샤먼의 끼를 안고 태어납니다. 그들은 어릴 때부터 60%가 주술사 일을 할 수 있습니다. 그러니까 어릴 때부터 샤먼입니다. 그렇게 자라고, 배우고, 성장하면서 자연스럽게 샤먼이 됩니다."

---

33 2016년 6월 29일 야오부 마을 남성 주민과의 인터뷰.

위의 사례를 보면 야오부 마을에서는 어린아이의 출생 이후부터 샤먼으로서 양육을 받고 배우고 경험하면서 성숙한 샤먼으로 생활하게 된다. 샤먼의 세계는 성장 초기부터 생을 마감할 때까지 이어지고 있어 '철학이 있는 샤먼(巫覡)'이 된다. 아이들은 샤먼으로서 자질형성과 신적인 믿음, 실체적 경험, 타 세상적 문제들을 경험하는 가운데 모든 이치(理致)를 유기적 관점에서 다루게 된다. 그러면서 자신들의 행위는 감각적 경험과 실험 그리고 증명된 확실성에 기초하여 체계화하고, 샤먼으로 믿음과 비전을 이루면서 인간의 내적 느낌을 다루는 것으로 남는다.

그러나 야오부 마을의 샤먼의 세계에서 배제된 중간에 대한 어떤 명시(明時)가 없다. 여기서 발견되는 것들은 불확실한 미래나 현재 생활의 위기, 미지의 과거 등에 대해서는 답을 주지 못하는 경우도 있다. 인간의 미래는 전혀 예언 가능한 것이 아니다. 이런 현상에 대하여 폴 히버트는 "사고, 불행 또는 다른 사람들의 개입이나 어떤 미지의 사건들이 사람들의 계획을 좌절시킬 수 있다"고 지적한다.[34] 그래서 샤먼은 많은 사람들이 생각하는 것처럼 중요한 문제들을 그냥 남겨 두지 않으려 하고, 조상이나 귀신 또는 마녀나 지방신, 마술이나 점성술의 관점[35]에서 사물을 보거나 진술하려 한다.

이제 야오부 마을의 샤먼 세계의 문화현상을 성립시키는 핵심적인 요소가 무엇인가를 아는 것이 중요하다. 첫째, 야오부 마을은 샤먼의 존재와 다신론적 세계관을 갖고 있다. 인간과 영적인 세계를 매개하는 샤먼을 통해 삼라만상(森羅萬象)에 깃들어 있는 초자연적 존재들과 교통하고 인간이 거주하는 지상을 포함한 우주의 질서를 회복-유지하는 것이 샤머니즘의 세계이다. 둘째, 야오부 마을의 샤먼의 경우는 샤먼 자신이 신의 지상으로의 강림이 아니라 직접 신들에게 명령을 내리거나 신들을 찾아 영혼의 여행을 하는 경우도 있다. 그리고 신전의 신탁(神託)이 매우 강하게 드러난다. 셋째, 야오부 마을은 어느 지역보다 주술적 열기(熱氣)가 매우 강한 곳이다. 샤먼은 인간의 생과 사(死), 무의 중에 접신하는 능력, 샤먼의 영신(靈神)상태에 이를 때는 모두 침묵으로 일

---

34 Paul G. Hiebert, *Anthropological Reflections on Missiological Issues*, 197.

35 Paul G. Hiebert, *Anthropological Reflections on Missiological Issues*.

관하는 면이 있다.[36] 넷째, 악령과의 관계로 지복, 평화, 평정 같은 개념은 차가움을 의미하는 것이지만 이를 승화시켜 보다 현상학적으로 보여 주고 있다. 이 마을의 샤먼들의 행위에서 드러나는 것은 상징체계 및 신화체계가 샤머니즘 자체의 영역을 넘어서 샤머니즘에 선행(先行)하기도 한다.[37] 다섯째, 야오부 마을의 샤먼들은 사다리를 이용한 천계상승을 하는 것으로 알려져 있다. 그러나 이 계단은 상승과 관련된 다양한 상징적 표현에 불과하다. 엘리아데(Eliade)에 의하면 천계상승은 "불길이나 연기를 타고 오를 수도 있고, 나무를 타고 오를 수도 있고, 산을 이용해서 오를 수도 있고, 밧줄 혹은 덩굴, 무지개, 햇빛을 타고 오를 수 있고, 화살 사슬을 타고 오를 수 있다"[38]고 주장한다. 엘리아데의 천계상승 이론을 이야기한다면 엄청난 논의가 필요한 부분이다. 이러한 부분은 야오부 마을에서 일부 사용되는 것으로 인식하는 것이 중요하다. 왜냐하면 야오부 마을의 샤먼들은 매우 다양한 방식으로 샤먼 의식을 실행하기 때문에 천계상승은 그들에게 의식의 일부이다.

결과적으로 야오부 마을의 샤먼 세계는 신비하고 전투적이고 영웅적이다. 그들의 샤먼 연례행사를 보면 거칠고 사납지만 운명론[39]적인 부분이 많다. 대중은 샤먼의 행위를 존중하고 여전히 삶의 일부분으로 받아들이며 산다. 샤먼들은 코트디부아르의 기독교나 이슬람교의 도전에도 별관심이 없다. 샤먼의 영적권위를 인정할 뿐이다. 샤머니즘의 깃발 아래 한 가족처럼 단결한 종족의 물질적·정신적 강인함만이 있었다. 그러나 야오부 마을의 샤먼의 세계는 두려움과 보이지 않는 눈물의 길도 있었다. 샤먼의 권위로 인한 원시적, 전논리적(prelogical), 문화적 풍습이라는 선상에 배열하여 도구적으로 인식된다는 점이다. 샤먼의 무의에 의한 실증(實證)은 경험적 지식으로 승화되면서 두려움을 주고 있다. 마을 주민들 가운

---

36 Mircea Eliade, *Shamanism-Archaic Techniques of Ecstasy*, 408.
37 Mircea Eliade, *Shamanism-Archaic Techniques of Ecstasy*, 413.
38 Mircea Eliade, *Shamanism-Archaic Techniques of Ecstasy*, 419.
39 Anna Reid, *The Shaman's Coat- A Native history of Sibera-*『샤먼의 코트』윤철희 역(서울: 미디어북스, 2002), 186. 안나 레드는 샤먼은 불교의 운명론과 별 차이가 없다고 지적한다. 대부분의 대중들은 샤먼을 여전히 삶의 일부분으로 받아들이고 있다고 말한다. 야오부 마을의 주민들은 샤먼의 삶을 수용하고 있으며 운명론적 삶으로 두려움과 공포에 젖어 있기도 하다.

데 어린아이들은 샤먼의 행위와 무의(無儀)를 통한 초문화적인 시각과 문화적 시각을 경험하면서 자연스럽게 샤먼의 신적 권위에 대한 초문화적 존재를 믿게 되므로 다른 문화에 대한 대응을 하기가 어렵다. 거기다가 샤먼의 다양한 의식을 통해 자연스럽게 혼합주의 문화(모든 것이 신의 영역)만이 자신의 고유한 문화의 고유한 형태 안에 갇혀 있어 비판적 상황화가[40] 이루어지는 것은 어렵다.

주술문화에 대한 비판

문화는 본질적 불확정 집합

모든 문화는 확정 범주와 불확정 범주를 둘 다 사용한다. 그러나 문화들은 자신들의 세계를 구축하기 위한 기초적 토대로서 둘 중 하나에 초점을 맞추는 경향이 있다. 우리가 살고 있는 세계의 문화는 경계선이 분명하고 잘 구획된 집합에 가치를 둔다. 예를 들면, 자동차로 도로를 주행할 때 급커브 길이라는 표시를 둔 것이라든가, 차선의 중앙에 노란색을 그어 놓는다든가, 도로변에 보호난간을 설치하여 위험 표시를 해 둔 것, 이정표를 보고 방향을 정하도록 하는 것, 창틀과 유리 사이의 분명한 선, 물건 가격 표시와 정찰제 등이 그렇다.[41]

그러나 연구자가 볼 때 야오부 마을의 샤먼 문화는 기본적으로 경계선이 불분명한 불확정적 집합들 위에 공동체가 형성되어 있었다. 샤먼 마을(무당 마을)이라는 획일적인 마을 명칭이 그렇다. 마을 입구에서부터 신들의 고향, 샤먼의 영역, 인간과 동물들, 식물들 그리고 사물들은 샤먼의 틀 안에 존재하는 것으로 믿고 있었

---

40 Larry Laudan, *Progress and Its Problem: Towards a Theory of Scientific Growth*(Berkeley: University of California Press, 1977); Jacob A. Loewen, *Culture and Human Values: Christian Intervention in Anthropological Perspective*(Pasadena, Calif. : Willam Carey Library, 1975)에서는 변형이론과 패러다임을 비교하는 것이 언급되어 있고, 제이콥 로웬은 비판적 상황화를 심층적으로 설명했다. ; 정흥호 · 소윤정, "로잔운동과 이슬람 상황화," 「복음과 선교」 제31집(2015.09), 178-187.

41 Paul G. Hiebert, *Anthropological Reflections on Missiological Issues*, 154.

다. 모든 신들은 샤먼을 통해 다양하게 현현(顯現)할 뿐이라는 통일된 인식체계가 그렇다. 특히 샤먼과 주민들 간의 모순들은 보다 더 높은 단계들로 상향함으로 해결되어 가는 형식을 취하고 있어서 일상생활에서 야오부 사람들은 예리한 경계선이나 혹은 통일된 범주들에 거의 관심을 두지 않고 있다. 본질적 불확정 집합으로서 야오부 마을 사람들은 샤먼에 대한 존중과 행위들의 개념에서 정의되고 있을 뿐이다. 불구하고 샤먼과 다른 종교적 실체에 대한 경계선이 허물어질 경우 동시에 둘 혹은 그 이상의 종교에 소속될 수 있는 가능성이 높아 보여[42] 약간은 두려움을 갖고 있었다.

따라서 연구자가 야오부 마을의 문화접변을 통하여 느낀 것은 본질적 불확정 집합으로서 문화의 틀을 가지고 있지만 언젠가 경계선이 무너질 경우 또 다른 종교가 형성될 가능성이 높아 보였다. 이런 현상을 보면 야오부 마을의 샤머니즘적 문화 전통성은 지속되지 않을 것이다.

샤먼의 행위는 인간의 감정과 휴머니즘

야오부 마을에서 행해지는 샤먼의 문화적 인식과 감정, 통과의례 등을 통하여 주민들의 삶을 생생하게 상상할 수 있는 장면들이 눈에 띄게 많은 편이다. 마을에서 정신적 주체인 샤먼의 행위는 인간의 감정을 북돋는 장면들이 자주 발생하고 있음을 보게 되며, 개인과 가족에 대한 주술행위가 감정적이면서 휴머니즘적임을 알 수 있다. 때로는 주술사가 상담자의 의견을 청취하거나 그의 말을 듣고 주술행위를 하는 것도 휴머니즘적이라 할 수 있다. 샤먼의 주술에 의해 누군가 공격을 당하여 쓰러지거나 죽는 장면들을 목격하면서 신적인 쾌감을 느끼는 것도 포함된다. 그 외에도 상대방에 의해 감정이 상했다고 해서 감정을 건드린 사람을 죽이려는 행위도 감정에 의한 것이고, 한순간에 사랑에 빠지도록 만드는 로맨틱한 행위들도 여기에 포함된다.

---

42 Paul G. Hiebert, *Anthropological Reflections on Missiological Issues*, 155-156.

결과적으로 샤먼의 무의는 마을의 안녕과 인간의 생과 사(死)를 주관하는 것 같으면서도 때로는 잔인하기 짝이 없는 운명의 장난이다. 왜냐하면 샤먼의 주문에 의해 인간관계에서 감정이 상(傷)했다고 해서 어느 한쪽을 죽이는 행위는 민속신앙에서 보기 드문 장면이다. 샤먼의 주문과 저주스런 주술행위에 두려움과 공포감을 갖고 지내는 야오부 마을 사람들은 늘 조직된 공포의 세계에서 신과 인간의 거리가 가까워지는 길은 샤먼에 의한 역할이라고 믿었다. 마을 주민들은 신의 능력과 모습은 샤먼을 통해 드러난다고 믿었고, 샤먼처럼 신에게 가기 위해서 노력을 기울이면 신적 권위를 가질 수 있다고 믿었다. 이런 행위들은 대부분 감정에 이끌림을 받거나 샤먼을 존중하는 휴머니즘에서 발현된다. 또한 샤먼들은 항상 신적인 행위를 드러냄으로서 인간의 감정을 자극하는데 목적을 두기도 한다. 대부분의 샤먼들의 행위는 정상적인 인간의 이성으로는 이해가 되지 않는다. 이런 문화적 상황과 종교 행위가 이성적인 행위인지를 묻는 질문에 대부분의 사람들은 대답하기를 꺼려한다. 그러면서도 샤먼의 경고성 주술이 마을 공동체 구성원들에게 피해가 올 수 있다는 두려움이 그들을 경계집합에 머물게 하고 있다. 샤먼의 행위는 감정적이며 휴머니즘을 부각시키는 행위라 할 수 있다.

샤먼의 마을 야오부

코트디부아르를 비롯한 서부 아프리카 부르키나파소, 기니, 라이베리아, 니제르, 말리, 토고, 베냉 등 아프리카 전역은 민속신앙이 매우 강한 곳이다. 아프리카 대부분의 지역과 마을 공동체는 샤먼에게 지배받는 마을이라 할 수 있다. 정확하게 샤먼의 영을 주관하는 신들의 마을, 산 자들이 사는 마을, 죽은 이의 혼령이 이끄는 마을이라는 호칭 때문이다. 샤먼이 믿는 이런 신들은 호의적이고 협조적이다. 또는 살아 있는-죽은 존재는 후손들의 나쁜 행동에 대해서 벌을 내리며 악마나 마술의 결과가 아닌 많은 불행에 책임이 있다고 알려져 있다. 야오부 마을에서는 샤먼의 보호령을 숭배하기도 한다. 살아 있는-죽은 존재는 가족의 삶에 깊이

관여한다.[43]

이 마을은 샤먼을 위한 신들의 마을이라 할 정도로 추장을 비롯한 전 주민들이 샤먼의 영적세계와 결합되어 생활하고 있다. 마을의 정치적 · 종교적 행위가 샤먼을 중심으로 하는 관계적 확정 집합과 중심 집합의 특성으로 이루어지고 있다. 샤먼을 중심으로 하는 가족, 씨족, 종족과 같은 친족집단들은 관계적 범주들이다. 관계적 범주들은 또 다른 방식의 어떤 요소로 이동해 가는 면이 있는데 그것은 바로 샤먼이다.

야오부 마을에서 샤먼은 정신적 · 영적 실체이며 중심이다. 샤먼을 중심으로 하는 마을의 강조점은 중심과 중심과의 관련성에 주어지면서 공동체를 유지하기 위해 경계선을 주장하지 않는 것이 특징이다. 왜냐하면 주민들 모두가 샤먼이고, 신들의 영향을 받고 살기 때문이다. 이러한 현상을 폴 히버트는 중심 집합의 특성이라고 말한다.[44] 중심 집합을 통한 신비한 현상을 통해 스스로를 나타내 보이기 때문이다. 이런 신비한 현상은 인과관계를 중요하게 여긴다. 그리고 마을 중심에 자리 잡고 있는 샤먼과 관련된 모든 것에 대한 굳건한 믿음이 존재한다. 이러한 현상은 샤먼에 의해 문제가 해결될 수 있다. 이런 현상은 서부 아프리카 지역에서 발견되는 마법의 현상들도 포함된다.

그러나 현대심리학적 측면에서 야오부 마을은 "정신 이상과 같은 일종의 신경병으로 말미암아 시작된 공동체," 그리고 "주문을 많이 외움으로 자기 최면이나 입신삼매(入神三昧)의 상태에 빠진 공동체"가 중심 집합체라 할 수 있다. 이 마을의 샤먼들 대부분은 "어릴 때부터 샤먼이 되는 영매(靈媒)교육을 받아 샤먼이 되는 풍속"을 통해 전승되어 오고 있다. 이러한 현상들에 대해 채필근은 "샤먼의 행위는 대부분 심리학의 변태심리현상의 일종"[45]이라고 지적한다.

결론적으로 코트디부아르 야오부 마을의 샤먼 문화는 정령숭배 또는 마법의 힘에 의해 지배를 받고 있다. 샤먼의 행위와 현상 가운데 아니마(anima)가 있다고 믿

43 John Mbiti, *Africa Religions and Philosophy*, 87.

44 Paul G. Hiebert, *Anthropological Reflections on Missiological Issues*, 124-126.

45 채필근, 『비교종교론』, 386.

거나 작용을 하는 것이 있다고 믿고 있어 인간 이성의 분별력과 통찰력[46]을 상실한 마을 공동체라 할 수 있다. 모든 인간의 사고체계가 샤먼과 정령신앙에 의해 지배받는 영적 존재에 대한 믿음을 갖고 있는 야오부 마을 주민들의 이성이 유치해 보여도 이들은 아니마와 같은 신앙의 대상에 대하여 이론적으로 설명하려 하지도 않는다. 다만 정의(情意)적 해석을 덧붙여 공포심과 숭경할 생각을 갖도록 분위기를 조장하고 있다. 그 대표적인 것이 "사령숭배(死靈崇拜), 조상(祖上)숭배와 영웅숭배, 천연숭배, 사물숭배, 활력론에도 인연"[47]을 맺고 있다. 우리가 야오부 마을 입구에 들어섰을 때 가장 무섭고 두려운 감정이 발생하는 것도 이런 원인에 있다.

샤머니즘 문화 상황에서의 선교

연합전선 구축과 지역 탐방을 통한 봉사

야오부 마을에서 복음사역의 큰 도전은 문화전통과 세계관의 충돌이 일어나는 가운데 현지 목회자와 후원자 간의 신뢰관계를 형성하는 데서 시작된다. 타문화권 선교는 전후방의 연합전선 곧 신뢰관계를 형성하지 않으면 실패하게 된다. 그래서 대부분의 사람들은 안전의 중요성에 대하여 자신의 문화전통에 근거하여 이해하기 때문에, 문화적 차이는 두려움과 불신을 조장[48]하여 신뢰관계 형성에 실패하는 경우가 많다. 셔우드 링겐펠터는 "문화전통에 있는 사람들은 시간과 위기, 성취와 같이 단순한 문제에 대한 문화적 가치는 사람들이 서로 다른 기대를 가질 때 심각한 갈등을 일으킬 수 있다. 하나님과의 관계, 조상과의 관계, 공동체, 개인적 혹은 집단적 관심과 같이 보다 깊은 가치에 대하여 서로 의견이 나뉠 경우 불신

---

46 John Mbiti, *Africa Religions and Philosophy*, 57–58. 아프리카에서 샤먼 들은 통찰력이 뛰어나지만 주민들은 그렇지 않을 수 있다.
47 채필근, 『비교종교론』, 118.
48 Sherwood Lingenfelter, *Leading Cross-Culturally*, 30–31.

의 골이 깊어지고 함께 일할 수 없다"[49]라고 지적한 것에 동의한다. 야오부 마을의 문화상황에서 선교를 하기 위해서는 마을의 현상과 상황을 파악하고 이에 대한 평가를 할 필요가 있다. 야오부 마을은 첫째, 독립된 부족이 아니라 하나의 공동체로 생활하고 있다. 둘째, 각각의 신, 법, 관습, 언어나 방언을 가지고 있다.[50] 셋째, 마을에 타문화가 영입될 경우 샤먼의 문화전통과 세계관의 충돌이 일어나게 된다. 넷째, 외부 문화의 영입을 강력하게 거부하는 샤먼과 주민들과의 접촉이 어려울 경우에 대한 새로운 방안을 마련해야 한다. 이와 같은 현상에 대하여 선교사와 목회자는 어떤 연합전선을 구축할 것인가에 대한 전략을 세워야 하는데, 야오부 마을의 복음화 선교를 위한 전략은 다음과 같이 고려해 볼 수 있다.

첫째, 야오부 마을의 복음화를 위해서는 '조직과 협동력'으로 전설적인 강점을 가진 샤먼을 하나씩 하나씩 공략하면서 그들의 높은 담을 허물고 점차 발전시켜 나가야 한다. 둘째, 야오부 마을을 위해 의료선교팀을[51] 통한 봉사활동이 중요하다. 기독교가 복음과 사회적 책임을 동반하는 사역은 지역민을 변혁시킬 수 있는 방법이다. 기독교 선교는 현지인의 필요를 채워 주는 것이다. 셋째, 아비쟝 한인교회 선교위원회와 현지 목회자가 지역민을 위한 지역개발과 협력을 위해 마을의 추장과 종족 그룹과 지속적인 대화를 통한 채널을 확보하면서 접근하는 일이다. 이러한 선교 방법을 실현하기 위해 야오부 마을 사람들을 야오부 초등학교에서 매년 무료진료를 하기 시작했다. 넷째, 의료선교팀이 주민들과 함께 노래하고, 기도하면서 대화하고, 떡을 떼어 나누면서 지역탐방을 통해 끊임없이 정보를 수집하고, 이를 토대로 아비쟝 한인교회와 현지 목회자가 지속적으로 연합전선을 구축하는 일이다. 다섯째, 아비쟝 한인교회는 현지 사역자로 하여금 주민들과 좋은 관계형성과 신뢰공동체를 이끌어 가도록 하고, 의료선교팀의 봉사 활동을 적극적

---

49 Sherwood Lingenfelter, *Leading Cross-Culturally*, 31.

50 장훈태, "모리타니아 이슬람 공화국 문화의 다양성," 「복음과 선교」 제33권(2016.03), 141−146.

51 Sue Prichard, *Dieu Batit Son Eglise au Senegal*(Gerrards Cross, UK: WEC Press, 1987), 11−28.;김효수, "아프리카 민속무슬림을 위한 교회개척 상황화:서부 아프리카 세네갈을 중심으로"「복음신학대학원대학교」선교학박사학위논문(Ph.D), 2015, 91. 샤먼은 1879년부터 시작되어 테일러가 사역하는 동안에도 있었다. 1933년 이후 카사망스 지방에서 시작한 의료사역은 WEC이 우수이 마을 등 세 곳에서 진료소를 세웠고, 2차 대전 이후 지역병원을 세우기도 했다.

이고 지속적으로 지원해 주는 일이다. 여섯째, 야오부 마을 선교 목표로 '한 영혼의 구원'과 '교회를 세우는 것'과 '지역사회 개발사역을 위한 사회적 책임'사역에 중점을 두어야 한다. 야오부 마을 복음화를 위한 전략적 접근은 5년이란 긴 시간이 필요했다. 이 마을을 위한 아비장 한인교회와 현지인 목사 간의 연합전선 구축 형성과 실천 그리고 지역정보 확보와 봉사가 결실을 맺는데 도움이 되었다. 결국 야오부 마을의 추장은 '좋은 미션팀을 만났다'면서 3천 평의 땅을 기증해 주었고, 이곳에 교회를 세워 7년째(2016년 현재) 사역하고 있다. 야오부 마을에 개척된 야오부 교회는 주민들을 위해 보다 구체적인 프로그램을 다음과 같이 운영하고 있다.

첫째, 아비장 한인교회와 현지 목회자와 지속적인 연합전선 구축과 집중적인 기도운동을 펼치고 있다.

둘째, 야오부 마을 지역주민을 위한 지속적인 관심과 정탐을 통해 정보를 확보한다.

셋째, 주민들의 심리적 상태와 감정 그리고 육체적 질병을 현대의학을 통해 치료해 주는 봉사를 지속적으로 펼쳤다. 2016년 7월에는 야오부 초등학교 내에 샤워실과 화장실을 건축해 줌으로써 지역민들의 환호를 받았다.[52]

넷째, 어린이들을 위한 영어교실과 창의적 학습활동을 펼침으로써 관심을 불러일으켜 부모들로부터 자녀교육의 책임성을 일깨워 주었다.

다섯째, 타문화 환경 속에 들어가 둘 혹은 그 이상의 서로 다른 문화전통을 가진 사람들을 감화하여 목회자와 함께 일하며 신뢰의 공동체를 이루어 가고 있다.[53]

아비장 한인교회와 현지인 목회자와의 연합전선과 지역 탐사는 기대 이상의 효과를 얻고 있으며, 목회자의 강력한 영적 리더십이 주민들을 감동시키고 있다. 현지 목회자 알베 목사는 연약함과 의존성을 직면했을 때 벗어나는 과정을 설명해

---

52 연구자가 야오부 마을을 방문했을 때 '야오부 초등학교' 건물 뒤편에서 샤워실과 화장실 공사가 한창 진행 중이었다. 초등학교 교장 선생님이 우리를 환영해 주었고, 마을 주민들도 깊은 관심을 갖고 우리 일행을 바라보았다(2016년 6월 29일 방문).

53 Sherwood Lingenfelter, *Leading Cross-Culturally*, 31–32: George Hunter Ⅲ, *The Celtic way of Evangelism* 『켈트 전도법』 황병배, 윤서태 역(경기: 한국 교회선교연구소(KOMIS), 2012), 29–31.

주었다.[54]

"우리 마을에서 샤먼 일에 종사하는 자들이 교회에 출석하기도 합니다. 그들이 교회에 출석함으로 주술적 가치가 축소되어 가고 있음을 보게 됩니다. 제가 이 마을에서 목사인데 세상의 것을 버리지 못했을 때 사단의 공격으로 사역이 쉽지 않았습니다. 한번은 교회 건축문제로 벽돌 가격을 알아보기 위해 시내로 나가는 중에 오토바이 사고가 나자 화가 났습니다. 그때 사단의 공격이 시작되었습니다. 사단은 주로 저희 집 자녀들에게 발생하고, 저는 오토바이에서 넘어져 가슴 부분에 상처를 입었습니다. 왜 그럴까요? 주술사들이 목사를 향해 주문을 외웠기 때문입니다. 그들이 하는 언어는 아비어(Avere)입니다. 아주 강력한 언어이고 힘이 있습니다. 그러나 저는 사단이 역사하여 어려움을 겪는다 해도 하나님을 믿기 때문에 괜찮습니다. 교회에서 제가 기도하면 마을 주민들의 질병이 치료되기도 합니다. 주민들이 병원에 가서 치료를 받아도 치료가 되지 않는 질병도 제가 기도하면 치료가 됩니다."

야오부 교회의 목사는 연약함과 의존함이 자신에게 있음을 발견하고 하나님을 향한 믿음을 가졌을 때 역사하는 힘이 있었다고 말한다. 그가 아비쟝 한인교회와 연합전선을 구축하고 실천하게 된 것은 "매일 밤 성전에 엎드려 기도한 결과"라고 한다. 그는 매일 밤 성전에 올라가 다음 날 아침까지 마을의 복음화를 위해 하나님께 기도했는데, 기도할 때마다 하나님의 음성이 들려왔고(눅 16:14-31), 그 음성에 반응하고 순종했다[55]고 말한다. 이것이 야오부 마을 복음화의 기초였다.

여기서 우리가 주목해야 할 선교사역의 핵심은 "하나님의 임재와 인도, 성령의 인도하심을 항상 경험"해야 한다. 또 하나는 "마을 사람들에 대한 선입견과 편견을 버려야 하나님의 나라"를 이루게 된다(고전 3:15). 그리고 교회의 인간적 정체성과 교회의 거룩한 정체성(고후 5:17; 엡 4:23-24)이라는 본질을 지키기 위해 노력해야

---

54 코트디부아르 야오부 마을의 야오부 교회의 목사와 인터뷰(2016년 6월 29일). 필자와의 인터뷰 중 미국과 프랑스에서 사역하는 목회자들이 함께했다.

55 코트디부아르 야오부 마을의 야오부 교회 목사와의 인터뷰(2016년 6월 29일).

만 선교할 수 있다.

이끌어 주는 리더십을 통한 접근과 사역

기독교와 전혀 다른 반대편의 타문화 현상이 두드러지게 점철된 샤먼 마을에서의 선교가 어떻게 가능할 것인가는 매우 고민스러운 문제이다. 특히 야오부 마을의 구조적인 관점과 권위, 샤먼에 대한 절대적 신뢰에 대한 관점을 가지고 있는 상황에서 선교 리더십은 가능할 것인가라는 질문에는 모두가 시원한 답변을 주저한다.

야오부 마을은 오랜 기간 동안 샤먼의 활동 영역으로 토대가 구축된 마을 공동체이다. 이곳 사람들에게 가장 중요한 것은 외부 문화의 유입을 통한 사고의 전환이다. 곧 현대사회의 트렌드와 감지, 방향의 설정, 사람들에게 동기를 부여하고 감화하여 이끌어 주는 것을 말한다.[56] 이끈다는 것은 샤먼 세계와 문화 적응에 익숙한 사람들로 하여금 현실을 직시하는 통찰력을 갖도록 하여 문제를 풀어가도록 하는 것이라 할 수 있다.

야오부 마을의 변화를 위한 전략적 출발은 아비장 한인교회[57]로부터 시작되었다. 야오부 마을 진출을 위한 첫 번째 전략은 마을 주민과의 관계공동체(relational community)를 통한 신뢰를 형성하는 것이다. 아비장 한인교회와 마을 주민들과의 상호신뢰를 형성하는 데 초점을 두고 '샤먼'을 파견했다. 야오부 마을의 진출 목적은 '한 영혼 살리기'와 '육체적 질병 치료'를 위해 기독교 공동체의 모습을 보여 주고 주민들과의 신뢰관계 형성을 중요하게 여겼다. 의료선교팀은 야오부 마을에서 공식적으로 진료하면서 주민들과 신뢰관계를 형성한 이후 2009년에 첫 진료를 시작한 후 다섯 번이나 의료선교 봉사를 했다. 의료선교 봉사팀의 활동에도 불구하고 영적인 충돌현상은 끊이지 않았다. 야오부 마을을 중심으로 활동하는 현지 목

---

56 Sherwood Lingenfelter, *Leading Cross-Culturally* 『타문화사역과 리더십』 김만태 역(서울: CLC, 2011), 23–27. 이끌어 주는 리더십을 흔히 이끈다(leading)로 사용한다.

57 장훈태, "서부 아프리카 코트디부아르 한인 디아스포라의 역할과 선교: 아비장 한인교회를 중심으로" 『성경과 신학』 제76권(2015. 10), 333–369.

사가 샤먼의 주술에 의해 뱀에게 다섯 번이나 공격을 받았다. 목사의 자녀들은 뱀의 공격을 두 번이나 받았지만 복음전도를 포기하지 않고 추장을 만나기도 했다. 추장은 알베(Alber) 목사를 향해 다음과 같은 말을 했다.[58]

> "목사님, 우리 마을에서는 기독교 전도가 불가능합니다. 그리고 어느 누구도 이 마을에서는 5년 이상 머무를 수 없을 것입니다. 왜냐하면 우리는 전통적으로 샤먼을 중심으로 하는 마을이기 때문입니다."

야오부 마을의 추장과 뱀의 공격은[59] 선교현장의 영적전쟁으로 보고 있다.[60] 추장의 선언적인 설명 이후 아비장 한인교회가 파견한 목사와 의료선교 봉사팀은 5년 동안 야오부 마을에 들어가지 못했다. 그럼에도 아비장 한인교회는 5년 동안 야오부 마을 복음화를 위해 계속해서 기도하면서 기회가 오기만을 기다렸다. 아비장 한인교회는 야오부 마을 진출을 위해 노력해 왔고 추장과의 좋은 관계를 갖고 지내다가 의료선교가 성사되기에 이르렀다.

아비장 한인교회와 의료선교 봉사팀의 마을 진출은 온전히 하나님의 은혜였다. 아비장 한인교회는 예수 그리스도께서 "나는 선한 목자라"(요 10:4–5)고 하신 말씀에 기초하여 "잃어버린 영혼 찾기"와 "한 생명 살리기"에 목적을 두고 7년째 사역하고 있다.

아비장 한인교회의 야오부 마을 복음화 목표는 뚜렷하다. 첫째, 주민들과 갈등관계를 벗어나 신뢰관계공동체 형성에 중점을 두었다. 둘째, 인생의 강력한 비전(마 5:3–9)을 제시해 주었다. 교회가 주민들의 변혁적 삶을 위해 적극적으로 협력하고 신뢰함으로 기독교가 비전이 있는 공동체임을 보여 주었다. 셋째, 힘찬 발걸음

---

58 2016년 6월 29일 현지 교회 알베 목사의 증언.
59 Céline Badiane-Labrune, "la Société des Missions Évangéliques de Paris en Casamance(Sénégal 1863–867," 145–147. ; 서부 아프리카 세네갈에서 현지인 동역자와 최초로 사역한 선교사는 자크 안드롤트이다. 그는 1867년에 세네갈에서 12세의 라임보 화이(Raïmbo Faye)와 임마누엘 스테판(Emmanuel Stephan) 등을 파리에 유학을 보낸 후 그들과 함께 동역했다.
60 2016년 6월 29일 현지 교회 알베 목사의 증언.

을 내딛는 강력한 용기를 심어 주었다. 예수님이 베드로, 요한, 야고보가 고기잡이하던 배에서 만나 "모든 것을 버려두고 자신을 따르라"(눅 5:1-11)고 선포하신 것처럼 복음을 선포했다. 셋째, 아비쟝 한인교회는 현지에서 사역하는 목회자에게 힘을 부여해 주면서 이끌어 주었다(empowering). 마치 예수님이 자신을 따른 제자들에게 힘과 권한을 부여해 주시고 보내셔서 하나님의 나라를 선포하게 하신 것과 같은 전략이었다(눅 9:1-6). 아비쟝 한인교회는 야오부 마을 목사를 위한 기도와 영적 사역을 위한 도움을 이렇게 말했다.[61]

"야오부 마을에서 사역하는 목사를 위해 저희 교회는 100% 지원하면서 이끌어 주고 있습니다. 야오부 교회의 목사는 초등학교 6학년을 졸업한 자입니다. 신학교에서 경비원으로 일하던 사람이기도 합니다. 그런 자를 저희는 신학 특별과정 교육을 통해 하나님의 말씀을 전하도록 기회를 만들어 주었습니다. 그는 하나님의 은혜로 신학교에서 공부하고 야오부 마을에서 사역하게 되었습니다. 예수 그리스도께서 그를 위해 뒤에서 간섭하고 계십니다."

야오부 마을에서 복음선교가 가능하게 된 것은 교회와 주민 공동체와의 신뢰관계형성, 기독교에 대한 강력한 비전, 현지 목사를 이끌어 주는 리더십을 통해서였다. 성공적인 복음선교는 사람과 사람 사이를 이끌어 주는 리더십에 의해서만 사역의 열매가 나타난다.

선교적 교회를 위한 요소

서부 아프리카 코트디부아르 시골 마을에서는 어떤 종교의 표지석(石)을 세우는가에 따라 종교 형태가 달라질 정도로 종교확산운동이 활발하게 진행되고 있

---

61 백성철, "아비쟝 한인교회와 장로교단 총회장과 포럼 참석자 18명의 동행." 2016년 6월 24일-7월 1일, 7월 4일-8일. 필자는 이 기간 동안 아비쟝 한인교회 백성철 목사와 함께 코트디부아르 교회개척지역 탐방을 하는 동안 야오부 마을의 알베 목사와 그 사역에 대하여 이야기해 주었다.

다. 기독교 역시 시골 마을에 교회의 표지인 십자가를 세우면 기독교 마을이 되고, 이슬람교가 이슬람 사원을 세우면 모스크가 세워지는 순간 무슬림 마을이 된다. 이러한 현상은 1998년 이후 세계 도처에서 도약하기 시작했던 새로운 교회개척 배가운동과 맥을 같이한다.[62] 현재 코트디부아르 전 지역에서는 '선교적 교회'[63]와 '교회개척 배가운동'이 활발하게 진행 중에 있다. 그중에 하나가 전통적 샤머니즘으로 유명한 야오부 마을을 비롯한 서북부 지역 등[64]에서 선교적 교회가 세워지고 있다. 이를 위하여 아비장 한인교회는 야오부 마을에 "한 영혼을 구원하여 선교적 교회"를 세우기 위해 다각적으로 노력해 왔다. 이와 동일하게 야오부 교회 역시 선교적 교회로서 삼위일체 하나님을 믿으면서 선교 공동체로 활동하는 일과 모든 인간은 하나님의 형상으로 창조되었음을 가르치면서 교회개척 배가운동 요인들을 적절하게 활용했다.[65]

야오부 마을에서 교회개척 활성화 요인은 매우 다양했다. 첫째, 밤을 지새우는 열정적인 기도를 했다(마 27:45-50; 막 1:35, 9:29; 고전 11:23-26). 둘째, 지역 주민들을 끊임없이 만나 대화하면서 풍성한 전도를 통해 개종시키는 일을 했다(막 1:14). 셋째, 야오부 교회의 영적 부흥과 성도들의 재생산을 위한 의도적 사역을 실행했다. 이를 위해 아비장 한인교회는 야오부 마을을 복음화하기 위해 전략적으로 접근하면서 전통문화의 벽을 넘도록 사회적 책임을 다했다(의료봉사와 외국어 교육). 넷째, 마을 주민들로부터 목회자의 지도력에 대한 신뢰를 얻었다. 주민들은 야오부 교회 목사의 영적 리더십과 사역을 신뢰해 주었다. 다섯째, 하나님의 말씀에 대한 권위를 삶의 우선순위에 두었다(마 5:18). 미전도 종족 그룹인 야오부 마을의 문맹 퇴치를 위해 성경을 읽히고 가르치는 일에 전념하기도 했다. 여섯째, 평신도 지도

62 David Garrison, *Church Planting Movements-How God is Redeeming a Lost World*「하나님의 교회개척 배가운동」이명준 역(서울: 요단출판사, 2012), 197-230.
63 정정호, "한국 교회 새로운 패러다임으로써 선교적 교회에 대한 연구," 「복음과 선교」제33권(2016.03), 199-204.
64 코트디부아르 서북부 지역의 다나네, 망, 두에꾸에, 기뉴아 등은 교회개척 배가운동이 가장 활발하게 진행되고 있는 곳이다.
65 Rick Rouse & Craig Van Gelder, *A Field Guide for the Missional Congregation*「선교적 교회 만들기」황병배, 황병준 역(경기: 한국 교회선교연구소, 2013), 50-55.

력 개발과 건강한 교회로 발전하기 위한 상황화를 통한 복음을 제시했다. 효과적인 복음전도를 위한 의사소통과 상황화[66]를 적절하게 활용했다. 이들의 세계관의 변혁을 통해 복음을 자연스럽게 표현할 수 있는 책임을 전수하는 일에 힘을 쏟았다.

그 결과 야오부 마을은 교회가 부흥하기 시작했고, 재적인원 100명이 모이는 교회가 되었다. 교회의 최종목적(end-vision)은 "하나님의 비전이 실현되고, 하나님의 나라가 임하고, 하늘에서 이루어진 것같이 땅에서도 이루어지기를 원하나이다"(마 6:10)였다. 그리고 이 세상의 권세 잡은 자를 회개하게 하여 초대 교회와 같은 교회를 만들어 가는 데 목적을 두고 사역해 왔다(요 12:31; 엡 2:2).

지금까지 야오부 교회를 중심으로 실현된 교회개척 배가운동의 요인을 보았다. 교회가 성장하면서 불안한 사회 분위기와 외부와의 고립, 회심에 따른 희생과 두려움이 없는 담대한 믿음을 가진 자가 점점 증가하고 있다. 또한 가족 단위로 회심하는 가정이 계속적으로 증가하고 있으며, 교회의 목사와 추장과 마을 사람들과의 협력 관계도 점점 좋아지고 있다.[67] 야오부 마을의 복음화는 하나님의 절대주권과 역사, 아비장 한인교회의 열정적인 지도력의 합작품이다.

사역자의 삶을 통한 복음화 운동

야오부 마을의 사람들이 교회를 배척하지 않고 교회개척운동에 적극적으로 참여하는 이유가 있다. 그것은 야오부 교회 목사가 마을에서 생활하면서 모범적 삶을 보여 주고 복음을 전한 것이 좋은 반응을 얻었다. 그가 전도하면서 마을에서 겪었던 경험을 들어보면 사역자의 삶이 복음화 운동에 소중함을 알 수 있다.

첫째, 관계 전도로 복음을 제시한다. 야오부 마을 사람들은 교회의 목사가 접근하는 것 자체를 거부하지만 목사는 사람들에게 돌이켜 예수 그리스도를 따르라면서 복음전도를 강조했다. 폴 히버트가 복음전도는 "자기 자신을 주님이신 그리

---

66 David Garrison, *Church Planting Movements-How God is Redeeming a Lost World 209.*

67 홍기영, "토착화의 관점에서 바라본 존 네비우스 선교방법의 재평가," 「복음과 선교」 제34권(2016.06), 308-318.

스도께 굴복시키고 그분의 인도하심에 순종하는 것을 의미한다"고 말한 것과 동일한 원리이다.[68] 그러나 야오부 교회 목사는 처음 만난 사람에게는 대화를 먼저 시도하고 좋은 관계가 형성될 때까지 기다렸다가 복음전도를 제시한 다음 그들의 개종을 기다린렸다고 한다. 목사가 마을 사람을 만나 전도하는 시간은 보통 3일 정도가 걸린다고 한다. 그만큼 마을 사람과는 시간을 두고 좋은 관계를 가질 때 전도가 가능하다.

둘째, 마을 주민을 위해 쉬지 않고 기도한다. 야오부 마을 주민의 자녀 가운데 한 사람이 여행을 가게 되면 그를 위해 저녁마다 기도한다. 여행자를 위한 기도를 쉬지 않고 할 때 하나님께서는 응답해 주시고, 그 가족과 주변인물들이 교회에 출석하게 된다.

셋째, 야오부 마을 주민들은 교회 목사의 생활 모습과 언어를 보고 예수님을 영접하기로 결정하게 된다. 목사는 교회와 마을에서 생활과 언어의 모범을 보여 주고 영적 지도자로서 권위를 보여 줄 때 주민들은 감동을 받아 교회에 출석하게 된다고 한다.

넷째, 교회로 찾아오는 주민들을 위해 목사는 성경을 소개하고 가르치면서 작은 그룹을 만들어 가르치기도 한다.

다섯째, 사역자로서 낮 시간에는 조용한 묵상으로 시간을 보내고 밤에는 새벽까지 기도하는 모습을 보여 줌으로써 사역자로서 일관성 있는 영적 생활이 무엇인가를 가르치고 보여 준다.

이상과 같은 사역자의 삶은 마을 주민들의 관심사일 뿐 아니라 사역자의 영적 권위와 리더십을 통해 예수님을 영접하게 한다고 한다. 야오부 교회 목사는 "삶은 곧 선교이고, 선교는 삶"이라고 힘주어 말했다. 예수님이 우리를 향해 보여 주신 성육신[69] 선교를 통해 마을 복음화에 진력하고 있다. 결론적으로 야오부 마을의 전통적 샤머니즘 문화 상황에서 선교는 열정적인 기도와 성경의 권위, 성육신적 삶

---

68 Paul G. Hiebert, *Anthropological Reflections on Missiological Issues*, 167−168.

69 David J. Hesselgrave, *Contextualization: Meaning, Methods, and Models*(Grand Rapids: Baker Book House, 1989), 200.

과 자세를 통해 복음 전파가 이루어지고 있음을 보았다. 이 마을에서 강력한 힘은 성령의 역사이며 샤머니즘의 신적 권위가 아니라는 것을 보여 주는 것이 선교이다. 이러한 교회가 탄생하기까지는 아비장 한인교회의 이끌어주는 리더십과 성령의 강력한 역사가 있었다.

결론적으로 서부 아프리카 코트디부아르의 문화적 전통은 오랜 관습과 문화로 형성되어 있으며, 전통적인 민간신앙에 의한 공동체를 형성하여 생활한다. 모든 인간관계와 사회조직은 종교와 법이라는 틀에 의해 움직일 뿐 아니라 한 지도자의 인도에 따라 결정되기도 한다. 그러나 아프리카인의 사회관계의 배후에는 다른 것들도 항상 존재하고 있다는 사실을 잊어서는 안 된다.

아프리카인의 생활 공동체에 나타나는 영역들은 경제적 · 정치적 · 법적 · 종교적이면서도 때로는 업무적이다. 이들에게 대부분의 관계는 평등하지만 종교적 영역에서만큼은 평등하지 않다. 종교적 영역에서 제사장, 사제, 샤먼 등은 아프리카인의 정신적인 부분과 시간 계산과 연대기에도 관련성이 있다. 아프리카인에게는 현상력(phenomenon calender)이라고 부를 수 있는 달력을 기준으로 해서 사건과 현상을 통해 시간을 구성한다. 사건이 발생하면 즉, 각 시간이 구성되며, 사건과 현상이 서로 연관되는 환경에서 시간이 계산된다.[70] 이러한 형태를 따라서 사회적 관계의 영역에서 활동하는데, 사회적 영역의 관계는 곧 종교적 삶과 깊이 연관되어 있다.

특히 서부 아프리카 코트디부아르 야오부 마을의 특성은 전 마을 공동체가 샤머니즘 곧 샤먼과 신내림, 신적 권위와 전통적 가치와 문화에 의존하면서 생활하는 경계집합이다. 야오부 마을의 샤머니즘은 오랜 기간 동안 토대를 구축해 왔고, 이로 인하여 새로운 변화를 거부하는 마을 중 하나이다. 그러나 이러한 곳에 새로운 변화가 일어나기 시작했다. 그것은 기독교의 목사가 연합전선을 구축하여 야오부 마을 복음화를 위해 애쓴 다음과 같은 전략이 적중했기 때문이다. 그것은 첫째, 야오부 마을 복음화를 위한 아비장 한인교회 백성철 담임목사와 현지 목사의

---

70 John Mbiti, *Africa Religions and Philosophy*, 29.

선교를 위한 협력 사역이었다. 둘째, 아비장 한인교회와 현지 목사는 야오부 마을의 샤머니즘 문화와 인간의 삶을 충분히 연구하고 조사했다. 이들은 우주역과 기둥, 샤머니즘 문화의 형태와 종류, 세습적 샤먼의 세계가 무엇인가를 탐방하고 조사해 왔다. 그러나 야오부 마을에서의 교회사역은 샤머니즘 및 주술문화가 우세한 상황에서 진행하기 어려웠지만 상호협력과 이끌어주는 리더십으로 극복할 수 있었다. 셋째, 샤먼문화는 본질적으로 불확정 집합일 뿐 아니라 샤먼의 주술행위는 인간의 감정을 지배하는 것임을 알고 이에 대한 대책을 세우고 접근했다. 왜냐하면 전통문화라는 포장 안에는 샤머니즘적 철학과 믿음이 담겨 있기 때문에 이를 극복하기 위해 전략을 구체화했다. 넷째, 하나님 나라의 건설을 위해 이끌어주는 리더십과 후방 교회, 현장 목회자 간의 연합전선 구축과 지속적인 지역탐방과 봉사가 있었다. 다섯째, 목회자로 하여금 한 영혼을 사랑하고 하나님께 영광을 돌려야 한다는 사명과 책임의식을 갖도록 했다. 여섯째, 선교적 교회로서 사역하고, 사역자(목사)의 삶을 통한 복음선교를 지속적으로 수행함으로 교회개척 배가운동에 박차를 가했다. 사실, 서부 아프리카에서 복음 선교와 교회개척은 누가 먼저 교회를 세우느냐에 따라 마을의 종교적 상황이 결정된다. 이러한 현실을 감안하여 교회와 선교단체들이 서부 아프리카 교회개척과 전통문화 상황에서 복음을 어떻게 전할 것인가를 끊임없이 연구할 때 사역의 열매를 거두게 될 것이다.

04
코트디부아르 기독교와 이슬람 정착요인

서부 아프리카는 15개국으로 형성된 나라이다. 주로 불어권으로 프랑스의 식민 지배를 오랜 기간 동안 받았던 곳이다. 지금도 프랑스 군이 주둔해 있고 공식 언어로 불어를 사용할 정도이다. 서부 아프리카는 대부분 불어권을 사용하는 나라들로 구성되어 있기 때문에 우리의 관심 밖에 있다. 그럼에도 전 세계 인류는 아프리카에 깊은 관심을 갖고 있다. 중국은 1990년대 중반 이후부터 아프리카에 발을 들여 놓고 많은 사람들을 파견한 가운데 있으며 서구 열강들은 자원전쟁에 뛰어든지 꽤 오래되었다. 거기다가 아프리카에 대한 전 세계인의 관심이 점점 높아져 가고 있다. 이런 상황에서 아프리카연합국[1]이 합의된 분모를 도출해 낸다면 무서운 힘을 발휘할 것으로 보인다. 그래서 연구자는 21세기를 아프리카의 세기라고 부르고 싶다.[2]

사실, 아프리카는 지금도 기아와 질병, 빈곤과[3] 내전으로 적잖은 고통을 겪고 있는 곳이다. 아프리카는 아픔이 가득한 곳이며 외세의 침략도 많았고 각기 다른 종교들이 각축전을 벌이는 곳이다. 곧 기독교와 이슬람이 보이지 않는 접전을 벌이고 있다. 최근 케냐와 나이지리아, 에티오피아 등지에서 이슬람 테러가 끊이지 않고 있는 것이 이를 대변해 준다. 아프리카의 종교적 갈등과 분쟁이 치열함에도

1 Vijay Mahajan, *Africa Rising*(Wharton School Pub. 2009)을 보면 2006년도의 아프리카 국가 수는 53개로 되어 있다.
2 장훈태, 「최근 이슬람의 상황과 선교의 이슈」(서울: 도서출판 대서, 2012), 53. 수단의 기독교와 이슬람의 정착요인 연구 부분은 1998년 한국연구재단 학술연구에 의한 논문이다. 본 논문은 수단(분리되기 전 수단)의 기독교와 이슬람교의 정착요인을 통한 기독교선교 방향을 모색한 것이다.
3 손동신, "사하라 이남 아프리카의 에이즈 고아를 위한 선교," 「복음과 선교」 제28호(2014. no.4), 167-169.

때로는 종족 간의 갈등으로 내전이 일어나기도 한다. 그 가운데 코트디부아르[4]는 3년 전에 내전과 쿠테타로 오랜 기간 동안 고통스러운 시기를 보냈다. 기독교 입장에서 보면 코트디부아르가 내전으로 인해 이슬람화되는 것을 가장 우려했던 곳이었다. 사실 코트디부아르 북부지역에는 무슬림들의 인구가 많아 현 정부를 적극 지원했다는 말도 있다. 그만큼 이슬람교 입장에서 보면 남부 지역이 기독교화되는 것을 가장 두려워하고 있다. 결국 이 지역은 내면적으로 양 종교의 전략적인 요충지인 셈이다. 한편 코트디부아르는 지하자원도 풍부한 곳이다. 1970년대에 아비장 남쪽 해저에서 유전 2개소가 발견되었으며, 석유수출국으로 전환할 전망도 있는 나라이다. 거기에다가 자연환경이 좋아 목재생산이 많은 곳이며 과일과 채소, 곡식재배가 풍요로운 곳이어서 서구인들의 왕래가 잦은 곳이다.

코트디부아르는 서부 아프리카에서 가장 아름다운 곳으로 아프리카의 유럽이라 할 정도로 역사의 무대에 모습을 내밀었다. 코트디부아르는 지정학적인 측면에서도 중요한 위치를 차지하고 있을 뿐 아니라 선교문화인류학 측면에서는 세계적인 연구 보고(寶庫)로 알려져 있다. 지정학적 측면에서 코트디부아르는 서부 아프리카의 요충지로서 북아프리카와 유럽의 문화가 공존하는 지역으로 서구 열강들이 점령을 위해 치열한 공방전을 벌인 곳이다. 아프리카 입장에서 보면 유럽으로 진출할 경우 역(逆)으로 그 관문이 되기 때문이다. 그리고 코트디부아르를 선교문화인류학의 보고라고 보는 것은 전통종교(민간신앙)가 가장 깊이 뿌리내린 곳이기 때문이다. 동시에 기독교와 이슬람교의 정착과 더불어 60여 개 종족의 문화와 전통, 언어가 산재하고 있어 복잡하면서도 질서정연하게 공존하는 가운데 다양한 삶의 모습을 보여 주고 있기 때문이다. 따라서 지리적 위치로 인하여 코트디부아르는 북아프리카와 가까운 곳에 위치해 아랍 문화와 아프리카 문화가 공존하고 있으며 종교적으로는 기독교와 이슬람 또는 민간종교가 함께 어우러지는 곳이다.

---

4 코트디부아르 공화국(프랑스어: République de Côte d'Ivoire 레퓌블리크 드 코트디부아르[*], 문화어: 꼬뜨디봐르)의 공식명칭이다. 수도는 야무수크로이며, 최대 도시는 아비장이다. 국명은 프랑스어로 '상아해안'이라는 뜻으로, 영어로는 '아이보리 코스트(Ivory Coast)'라고도 한다. 이 이름은 15세기 후반부터 이 지역의 해안에서 주로 상아를 산출한 데서 유래한다(다음 위키백과 코트디부아르).

언어학적으로 코트디부아르는 아이보리 코스트로서 아름다운 곳이란 뜻도 있다. 코트디부아르는 현재 19개 주[5]로 형성되어 있으며, 다양한 종족들이 모여 하나의 국가를 이루고 있다. 3년 전 내전의 종결[6]로 인해 지금은 평화적 정권이 들어섬으로 내전의 기미는 보이지 않지만 서부 아프리카의 전형적인 전통종교[7]와 기독교, 이슬람교가 정착되어 상호연결성을 지니고 있다. 특히 전통종교의 세계관과 가치체계로 형성된 곳에 기독교와 이슬람교가 어떻게 정착되었는가를 모색하는 데 중점을 두고자 한다. 논지의 이해를 위하여 코트디부아르의 종교와 종족구성을 먼저 고찰한 뒤 종교의 정착요인을 알아보면 좋을 것 같다.

코트디부아르의 종족과 종교

코트디부아르의 종족

코트디부아르는 다양한 종족[8]들로 구성된 국가로서 바울레족, 베테족 등 흑인이 대다수이다. 그 외에 60개 부족이 함께 어울려 거주하는 곳으로 현지인들이 거주하는 곳을 촌락이라고 한다. 코트디부아르에는 새터(New Village), 행동촌(Do's Village), 단단한 땅, 수목, 하이에나 같은 이름의 촌락이 있다.[9] 부족들의 이주에 대

---

5 코트디부아르의 행정구역은 19개 주로 구성되어 있다. 1.아그네비 주 2.바핑 주 3.바사상드라 주 4.뎅겔레 주 5.디쥐트몽타뉴 주 6.프로마제 주 7.오트사상드라 주 8.라크 주 9.라귄 주 10.마라우에 주 11.무아앵카발리 주 12.무아앵코모에 주 13.은지코모에 주 14.사반 주 15.쉬드방다마 주 16.쉬드코모에 주 17.발레뒤방다마 주 18.위로두구 주 19.장잔 주로 되어 있다. https://ko.wikipedia.org/wiki/%EC%BD%94%ED%8A%B8%EB%94%94%EB%B6%80%EC%95%84%EB%A5%B4

6 코트디부아르는 10년 간의 내전으로 인해 빈곤이 악화된 상황이다. 2002년에서 2011년까지 GDP평균성장률이 0.55%로 최하위에 머물렀다. 빈곤인구 비율은 전국민의 17.8%(93)에서 23.8%(2008)로 상승할 정도였다. 이는 아프리카의 내전은 곧바로 빈곤과 연결된다는 점을 말해 준다.

7   April A. Gordon & Donald L. Gordon, *Understanding Contemporary Africa* 『현대 아프리카의 이해』, 김광수 역 (서울: 다해, 2002), 414-415. 서부 아프리카의 전통종교는 최고 존재에 대한 믿음, 영혼과 신에 대한 믿음, 사후세계에 대한 믿음, 종교적인 사원과 신성한 장소, 마법 및 마술이 종교의 기본이며 공통적인 것이다.

8 박형진, "로잔운동과 미전도종족." 『복음과 선교』 제28호(2014, No. 4), 83-96.

9 John Iliffe, *Africans The History of a continent*, 『아프리카의 역사』 이한규 · 강인황 역(서울: 가지 않은 길,

한 전승들은 그 과정이 매우 단순하면서 다른 지역으로의 인구이동이 협의와 조정을 통해 이루어졌음을 보여 준다.

그리고 서부 아프리카를 대표하는 니제르 강, 세네갈 강, 감비아 강은 3대 강이다. 그 밖의 지류로서 유명한 강은 나이지리아의 베뉘 강, 현대 가나의 볼타 강이 있다.[10] 이러한 강줄기를 따라 다양한 종족이 공동체를 형성하면서 살고 있지만 기후는 열대지역에 위치해 있어 매우 무덥다. 서부 아프리카의 다양한 기후의 차이로 인해 지역마다 산림지대, 초원지대 및 사막지대로 나뉘기도 한다. 그러나 사하라 사막은 사람들이 많이 살고 있지 않는 점을 감안하면 이 지역은 산림지대와 초원지대에 거주하는 사람의 역사가 된다.[11] 특히 서부 아프리카 지역의 종족들은 여러 가족과 함께 소집단을 이루면서 분가(分家)해 나가는 형태의 생활을 하였다. 도곤족의 경우는 여러 갈래로 이동하면서 생활하는 관계로 몇 백 미터 거리에 사는 다른 종족과 대화가 되지 않는 다양한 언어[12]를 사용하기도 했다.[13]

코트디부아르에 거주하는 농민들은 1년에 단 한 번의 우기를 이용하여 벼농사를 특화시켰다. 내륙지방에서는 조방적(粗紡的), 해안에서는 인공간척지의 집약적 재배 방식을 이용하여 생활하기도 했다. 반면 코트디부아르의 동부지역에는 우기가 1년에 2번 정도 찾아왔기 때문에 주곡물이 얌(yam)이었다. 얌은 코트디부아르 농민들의 주식이 되었고 그 기술은 카메룬에 전수되어 삼림을 개간하기도 했다. 오늘날 나이지리아의 조상인 요루바족과 이그보족은 아마도 같은 기간에 산림을 개간하여 남쪽 지역까지 개척하여 생활함으로 환경을 이용하는 문화를 완성한 것으로 보인다.[14]

반면, 인간은 다양한 기후와 환경에 따라 생활 습관이 결정되기 때문에 산림지대나 초원지대는 인간이 생활하는데 장애요인이 되기도 한다. 반대로 좋은 환경

2002), 123.

10　박승무, 『신비의 세계 서아프리카의 역사』 (서울: 도서출판 아침, 2002), 27.

11　박승무, 『신비의 세계 서아프리카의 역사』.

12　한양환 · 김승민 외 2인 공저, 『불어권 아프리카의 사회발전』 (서울: 높이깊이, 2009), 63.; 언어는 다른 종족들 간의 사회적 교류와 소통에 사용되는 공통어의 구실을 하는데 이들 사회는 그렇지 않은 관계로 인해 종족 간의 전쟁이 발생하기도 한다.

13　John Iliffe, *Africans The History of a continent*, 123.

14　John Iliffe, *Africans The History of a continent*, 124 재인용.

을 가진 곳도 유럽인이나 동양 사람들이 생활하기에는 부적합한 곳도 많다. 그래서 서부 아프리카는 원주민들이 생활하기에 매우 적합 곳이라는 말이 있다. 그만큼 토착민의 삶을 위해서는 매우 적합한 곳이라는 의미이다.

서부 아프리카는 니그로인의 고향이다.[15] 니그로인은 대서양에서 홍해에 이르는 아프리카 대륙의 전역에 분산되어 거주하고 있지만 실제는 서부 아프리카에 집중되어 있으며, 공통점은 피부색이 검다. 서부 아프리카 계열은 엷은 갈색으로 키는 비교적 작은 편이다. 남부 수단 등 나일로트(Nilote) 계열은 키가 크고 검은색으로 알려져 있다. 역사적으로 인류의 시작이 아프리카에서 출발했다는 설도 있다.[16] 아프리카에 살던 호모사피엔스가 다른 대륙으로 이동하기 시작했다는 것이다. 이때가 약 10만년 전으로 추정된다. 호모사피엔스는 먼저 소아시아로 이동해 갔는데 오늘날의 중동이다. 이 가운데 일부 무리가 소아시아를 거쳐 유럽대륙으로 갔으며 또 다른 무리는 동아시아로 이동한 것으로 보고 있다. 그 가운데 일부는 아프리카에 남아 거주했는데 이들이 원주민이다.[17]

그러나 서부 아프리카를 비롯한 그 외의 지역은 항상 종족과 인종을 고려하지 않은 국경선으로 인해 많은 혼란을 부추겨 왔다. 아프리카는 동쪽과 서쪽에 살던 종족 사이에 국경선이 그어지거나 서로 다른 나라의 국민이 되는 일이 일어나기도 했다.[18] 이런 이유로 인해 아프리카에서는 자연스럽게 종족 간의 전쟁과 투쟁, 쿠데타가 발생하기도 했다.

먼저 북아프리카의 토착부족은 베르베르족이 기원전 9세기 무렵부터 카르타고의 지배를 받으면서 살았고 그다음은 아랍인들과 투르크인들이 살아왔다. 베르베르족 일부는 서부 아프리카에도 살았는데 그들이 바로 투아레그족이다.[19] 사하라 사막 아래 지방으로 가면 서부 아프리카의 내륙지역에는 니그르족을 비롯한

---

15 김재혁, 『아프리카학』(대전: 엘도른, 2008), 17.
16 필자가 케냐 박물관을 방문했을 때 케냐는 에덴동산이었다고 들었다(2013. 2. 4.).
17 김상훈, 『통아프리카사』(서울: ㈜다산북스, 2011), 32. : 아프리카에서 전 세계 인류가 시작되었다는 주장은 지속적으로 흘러나온다. 시기는 대략적으로 차이가 있지만 기원전 8천 년 무렵에 신석기 시대가 시작된 것으로 보고 있다.
18 김상훈, 『통아프리카사』, 19.
19 김상훈, 『통아프리카사』, 20.

요루바족과 아샨티족이 살고 있다. 이 종족들은 주로 사바나 기후인 나이지리아, 토고, 베냉에 많이 살고 있다. 현재 코트디부아르는 60개의 소수부족이 모여 살고 있지만 그 가운데 네 개의 큰 종족 그룹으로 아깡, 크루, 망데, 볼따이크족을 비롯하여 아칸족, 바오율레, 아크니족, 바랄라족이 있다. 구르족과 쿨랑고, 세누포족, 로비족, 만데족, 줄라, 말린케족, 밤바라족, 마오후족, 타구아나족, 코야카족, 크루족, 베테족, 구에레족, 디다족, 웨베족과 남부지역의 만데족, 아쿠바족, 고구로족, 말리족, 기니족, 가나족들이 있다. 그 외에 레바논족과 프랑스족이 있다.[20] 이 부족들은 한곳에 정착해 농사를 지으면서 살았는데 사하라 사막 이남의 다른 부족들도 이와 비슷한 형태의 생활을 한 것으로 보인다.

그리고 코트디부아르 북부 지역의 세누포족 산하 포로(Poro)[21] 결사의 두 가지 중요한 전통 목각은 문명을 의인화한 고대의 부부, 하이에나의 형상을 재현한 화려한 투구가면을 대비시킴으로 존재감을 드러내기도 했다.

북 · 서부 아프리카의 종교

북아프리카에서 기독교와 이슬람

15-16세기[22]경에 유럽은 아프리카 대륙의 문을 두드리기 시작했다. 포루투갈이 첫 번째 문을 두드리기 시작하여 영국, 프랑스, 독일, 벨기에 등 다른 국가들도 아프리카를 침략하면서 서구사회에 알려지기 시작했다. 일반적으로 세계사에 아프리카가 알려진 것도 이때부터라 할 수 있다. 그러나 그 이전에 아프리카는 알려지지 않았지만 유럽은 그 전부터 자기들만의 역사를 기록하기 시작했다.

---

20 Viviane Froger—Fortaillier, *Ivoiriennes aujourd'hui*(UNFPA, 2007)을 보라. 코트디부아르의 전 종족별로 사진과 생활모습을 소개하고 있다.

21 여기서 포로는 비밀결사대를 의미한다. 코트디부아르인들은 성스러운 모든 것은 숲에서 행하는 관습이 있으며 그들의 본부도 이 성스러운 숲에 숨어 있다고 믿는다. 필자는 코트디부아르를 방문하여 현지인들로부터 숲은 가장 신성한 곳이라는 이야기를 들었다. 이들에게 자연은 이분법적인 예술성을 지니고 있다고 보면 된다. 당시 서부 아프리카 가나 북서부의 로다가(LoDagaa)족 사이에서 볼 수 있는 바그레(Bagre)의 결사조직도 있다.

22 김상훈, 『통아프리카사』, 82.

이런 아프리카에 다양한 유럽의 정치제도가 도입되기 시작했다. 봉건제와 비슷한 정치제도가 등장하면서 새로운 문화적 격변기를 겪게 되었다. 그러면서 기독교와 이슬람교가 중세 아프리카에 전파되기 시작했다.

코트디부아르 모이교 교회의 남자 아이들

사실 기독교는 유럽에서는 종교적 박해가 249년-251년까지 산발적으로 일어났었다. 당시의 로마 황제 데키우스(Decius)는 유능한 군인으로서 그리스도교가 국가를 좀먹고 있다면서 로마 전역의 기독교를 박해했다. 이를 피해 기독교인들은 북아프리카로 이주하면서 많은 순교자를 내기도 했다. 순교자가 많은 북아프리카에는 기독교가 아주 빠르게 번성하고 있었다. 북아프리카에는 150개의 주교 관구가 있었다고 전해지는데 이집트에 가장 먼저 전래되었다.[23] 이때 기독교는 시골지방으로 흩어져 복음전도의 속도가 매우 빨랐을 뿐 아니라 오늘날 알제리의 내륙지방과 베르베르족이 사는 마을 등으로 확산되었다. 당시 기독교는 베르베르인[24]의 전통이나 무국적성, 명예를 고취시키는 일종의 저항의 종교였다. 기독교는 베르베르인들 사회에서 많은 지지를 얻었고, 도나투스파 교회들은 제단 밑에 지역 순교자의 몸을 안치하기도 했다. 종교적 갈등과 경작지 재배를 둘러싸고 갈등이 빚어지는 가운데 교회에 대한 열성분자와 그렇지 않은 자들 사이에 싸움이 일어나기도 했다. 이러한 갈등 구조 속에서 도나투스파 내의 갈등적 요인들로 힘들어할 때 아랍의 침략이 시작되는 7세기

23 John Iliffe, *Africans The History of a continent*, 77-78.
24 Kenneth Scott Latourtte, *A History of The Expansion of Christianity Volume II The Thound Years of Uncertainty A.D. 500-A.D. 1500*(Zondervan: Grand Rapids, 1870), 229.

까지 명맥을 이어가기도 했다.[25]

북아프리카에서 기독교의 전파 시기는 A.D. 61년에 성(聖) 마르코가 직접 복음을 들고 알렉산드리아에 들어왔다고 전해진다. 그러나 실제로는 예루살렘의 교회가 알렉산드리아의 대규모 유대인 공동체에 선교단을 파견했던 것으로 보인다. 그 후 A.D. 200년경에는 알렉산드리아의 주교 아래 그리스어를 사용하는 교회가 있었다. 이 교회에는 이집트 내의 모든 계층의 교인들이 있었다. 그들은 예수님을 고대 그리스 방식의 위대한 교사로 보았다. 그래서 첫 번째 신학자인 오리게네스(Oregenes, 185-253/254)는 인간이 스스로 지혜와 금욕주의를 실천하여 하나님께 올라가야 한다고 믿었다.[26] 3세기 초 최초의 주교들이 알렉산드리아에서 복음 전파와 업무를 수행하면서 복음은 그리스인들 뿐 아니라 이집트인 사이에서 누룩처럼 번져 나갔다. 복음전도의 확산으로 A.D. 325년경 이집트에는 51개 교구가 있었다. 성경은 이집트 방언인 콥트어로 된 것이 널리 사용되었다.[27] 초기 북아프리카 이집트에서 활동한 주교들은 민중적이었으며, 금욕주의적이면서 민중을 대상으로 구제와 자선을 많이 했다. 주교들이 기도와 묵상을 하면서 지냈던 수도원제도와 콥트교회가 이집트의 옛 종교와 문화가 붕괴하던 시기에 그리스도교의 토착화가 이루어졌다. 312년 로마 제국의 콘스탄티누스 황제가 기독교를 공인한 후 4세기 후반에는 제국 정부가 전통종교의 사제들을 박해하고 그들의 사원을 폐쇄하고 교회나 수도원으로 바꿔버렸다.

이집트에서 콥트교회의 번영은 313년 로마 황제 콘스탄티누스가 기독교를 공인하면서 출발한 것으로 보는 것이 더 명확할 것이다. 선교에 전력하던 콥트교회가 최초로 팽창해 나간 곳은 에티오피아였다.[28] B.C. 5-3세기 디므트(d'mt) 왕국의 붕괴 이후 몇몇 소국들이 에티오피아 북부 고원을 차지하였으며, 홍해 무역과 상아로 유명한 아들리스의 주요 항구를 통해 이 지역과 지중해의 발전을 연결시켰

---

25 John Iliffe, *Africans The History of a continent*, 78-79.
26 John Iliffe, *Africans The History of a continent*, 75-77.
27 John Iliffe, *Africans The History of a continent*, 76 재인용.
28 John Iliffe, *Africans The History of a continent*, 114. 에티오피아에서 수도원제도는 5세기부터 티그라이에 존재해 왔다. 1248년 이야수스 모아는 수도원제도를 남쪽의 암하라까지 확대하기도 했다.

다. A.D. 1세기경 악숨(Aksum)[29]이 등장했다.[30] 그로부터 지금까지 악숨은 전통적인 콥트교회의 형식과 의례를 유지하고 있다.[31] 그리고 기독교가 이집트에서도 공인이 되면서 중심지가 되었다. 사실 이집트에서는 기독교가 정식 종교로 승인받기 전부터 민중과 귀족의 사랑을 받았다. 사도 바울의 협력자이면서 예루살렘 교회를 일으켰던 마가[32]의 유골이 9세기경 이집트 알렉산드리아에서 발견되었다.[33] 바울의 동역자 마가가 이집트에 들어간 시기는 61년경으로 보고 있다. 기독교가 공인되기 이전에 이집트에 기독교가 정착했다고 볼 수 있다. 사실 이런 역사적 사실을 보면 기독교는 로마에서보다는 예수님이 출생한 예루살렘과 오리엔트 지역으로 분류되는 이집트의 알렉산드리아에서 훨씬 더 사랑을 받은 것으로 전해지고 있다.[34] 이집트의 기독교는 활발하게 성장하여 전 국민의 90%가 그리스도인이었다. 이집트의 기독교 성장은 동부 아프리카의 수단과 에티오피아까지 영향을 미친 것으로 보인다.

그러나 아랍의 북아프리카 침공은 기독교문화를 파괴하고 이슬람문화를 세우는 데 적극적이었다. 그리고 사하라 사막을 넘어 말리, 챠드, 세네갈을 거쳐 서부 아프리카까지 이슬람교가 확산되었다. 이로 인해 이슬람교는 보다 적극적인 전략을 통해 민간인들과 부족사회, 부족의 리더들을 개종시키면서 영향력을 키워나갔다.

---

29 John Iliffe, *Africans The History of a continent*, 110.; 역사교육자협의회, *Middle East & Africa* 『숨겨진 비밀의 역사 중동 아프리카』 채정자 역(서울: 예신, 2002), 211. 역사학자들은 악숨 왕국이 들어선 569–570년에는 천연두가 만연한 것으로 보고 있다. 악숨 왕국은 홍해 무역으로 번영하여 그리스·로마와도 교섭하였고 뒤에는 비잔틴 제국과도 교류한 것으로 알려져 있다. 4세기경 에자나 왕이 코프트파 기독교를 국교로 받아들였다. 그 후 3세기 이상 북아프리카 기독교의 총본산인 알렉산드리아와도 밀접한 관계를 가졌다.

30 John Iliffe, *Africans The History of a continent*, 81.

31 2014년 1월말 필자가 에티오피아 랄리벨라와 악숨을 방문했을 때 교회는 콥트교회의 전통적 예배 형식과 의례를 지켜오고 있었다. 특히 악숨은 솔로몬의 법궤가 보관되어 있다는 이유로 유대인을 비롯한 기독교인의 방문이 잦은 곳이다.

32 마가는 사도 바울과 함께 선교사역에 늘 함께하던 자였다. 바울은 64년경에 로마 대화재가 발생했을 때의 죄를 묻겠다며 3년 후 네로가 자행한 박해로 순교했다.

33 김상훈, 『통아프리카사』, 84.

34 김상훈, 『통아프리카사』, 85. 당시 교회는 사투리 콥트어로 성경을 번역하였으며, 451년 칼케톤회의 후 로마교회와 갈라섰는데 그 이유는 교리에 차이가 있었기 때문이다. 이집트에서 콥트교회 이전에도 교회의 역할을 한 기관은 수도원이다. 지금도 이집트의 대표적인 수도원으로 성 안토니우스 수도원이 있다. 역사가들은 이 수도원으로부터 콥트교회가 출발한 것으로 보고 있다.

코트디부아르의 기독교와 이슬람

서부 아프리카는 한국인들에게 잘 알려져 있는 곳이 아니다. 한국인들에게 아프리카는 그저 아프리카일 뿐이다. 이런 상황에서 아프리카 대륙은 다른 곳과 다르게 현재까지도 국가에 소속되지 않고 살아가는 종족과 부족이 많다. 여러 부족이 함께 공동체를 이루어 살면서도 왕국으로는 발전하지 않은 것을 보면 이들을 야만적이고 원시적이라고 언급하기는 어렵다. 그러나 놀라운 것은 중세의 북아프리카는 이슬람 왕국이 지배한 역사가 더 많다는 것이다.[35] 십자군 전쟁만 보아도 알 수 있듯이 이 지역은 유럽 역사에도 자주 등장한다.[36]

아랍의 북아프리카 정복은 이슬람교를 사하라 사막 너머 서부 아프리카의 사바나 지역으로 전파시켰다. 이곳에는 농경문화와 철기문화가 존재했고, 민간신앙이 지배했었다. 존 아일리프(John Iliffe)는 "서부 아프리카를 민족지적(ethnographic) 증거에 너무 의존하게 되는 위험이 있지만 어느 정도의 통찰이 가능하기 때문이다"라고 하면서 종교와 문화를 소개하고 있다.[37] 서부 아프리카인들은 자연과 문화에 대해 다양한 태도를 가짐으로 생명을 유지하는 데 필요한 인간의 활동은 경작지에 국한되기도 했으며, 성관계도 숲이나 묘지에서는 금지되었고 반드시 집이나 들판에서 이루어져야 했다.[38] 천연두나 나병에 걸린 사람, 익사자, 자살한 자, 사형당한 자만이 숲으로 추방되었다. 반대로 주술사들은 야생동물로 둔갑할 수 있는 사술(邪術)이나 주술(呪術)과 관련되어 있기도 했다.[39]

코트디부아르인의 실용주의적인 삶의 형태는 토착종교들을 절충적인 것으로 만들었다. 어떤 근거에서 종교적 관념과 관행이 만약 효력을 발휘한다면[40] 거기에

---

35 서정민, 『이슬람은 그렇게 말하지 않았다』 (서울: 시공사, 2015), 23-88.

36 김상훈, 『통아프리카사』, 107.

37 John Iliffe, *Africans The History of a continent*, 159.

38 이들의 숲의 모티브는 종교체계인 동시에 자신과 세계를 개념화하는 작업의 일종이었다. 거기다가 체계적이고 조직된 것은 아니지만 종교적 관념과 관행을 재구성하기는 어렵지만 종교제도를 갖고 있다고 보면 된다.

39 종교행위는 성지, 조상, 수호자, 제신(諸神), 출산의 실패, 자살 전갈의 독침, 농사의 실패 등등이 있다. 이런 민속신앙적인 요인들은 코트디부아르인들의 가치와 체계를 정립하는 데 상당한 영향을 주고 있다.

40 John Iliffe, *Africans The History of a continent*, 162.

일관성이 거의 없어도 받아들여야 하는 것이 아프리카의 관습이다. 이들의 종교는 체계적이거나 제도권 안에서 움직이는 것에 별 관심이 없었다. 코트디부아르 내의 종교는 언제든지 변하기 쉽고 실제로 아프리카 종교 중에서 가장 빠르게 변화하는 모습을 보이기도 했다. 존 아일리프는 "기독교와 이슬람교들의 눈에 아프리카 종교들이 다양하면서 단편적이고 이치에 맞지 않는 것으로 비친 이유도 바로 이런 것 때문이다. 특히 기독교인과 무슬림은 이런 문제의 근본적인 원인이 문자로 기록된 경전이 없기 때문이다"라고 지적한다.[41]

존 아일리프의 지적과 같이 대부분의 서구학자들은 아프리카의 종교가 접근하기 쉬운 이유로 '그들이 종교적 동질성'을 지니고 있다[42]고 평가한다. 특히 반투어계에 속한 종족의 경우는 창조주 정령, 조상신과 자연정령,[43] 부적, 의례전문가, 주술사 등의 관념을 공유했다는 것이다. 이들이 믿는 종교적 신념은 철저하게 최고 또는 궁극의 힘에 의존하는 것만이 삶의 힘이라고 믿기 때문이다.

그러나 서부 아프리카에서 토착종교의 본질을 알기 위해서는 이슬람교에 대한 반응을 보면 된다. 14세기경 사막의 무어인과 투아레그족은 새로운 신앙을 받아들였다. 무어인들은 쿤타라는 성직자 집단의 카디리야(Qadiriya)[44]교단에 가입해 있었다. 이들에 의해 이슬람교의 초기 중심지라 할 수 있는 세네감비아에서 15세기에 비 이슬람계로 이루어진 이슬람 궁정을 묘사하기도 했다. 또 다른 이슬람교의 중심지라 할 수 있는 보르노는 훨씬 더 열정적으로 이슬람교를 수용했다. 이처럼 코트디부아르를 비롯한 서부 아프리카에서는 토착종교를 숭배하는 종족들의 문화적 기초 위에 다른 종교들이 덧씌워졌다. 그 가운데 코트디부아르에는 프랑스 선교사가 1637년에 처음 도착한 것으로 확인이 되어 오늘에 이른다.[45] 이슬람교

---

41 John Iliffe, *Africans The History of a continent*.
42 John Iliffe, *Africans The History of a continent*.
43 John Iliffe, *Africans The History of a continent*, 163. 존 아일리프는 자연정령에 대하여 음붐(Mboom 북쪽에서 들어온 몽고족 이주민들의 정령), 응간(Ngaan, 토착 케테족의 정령), 은키엠 아퐁(Ncyeem apoong 아마도 시조왕 샴이 콩고족 지역에서 들여왔을 은잠비 음풍구)을 숭배했다는 것.
44 카디리야 교단은 이슬람교적인 수행을 심화시키는 데 열중했던 중요한 수도회이다.
45 https://ko.wikipedia.org/w/index.php?title=%ED%8A%B9%EC%88%98%3A%EA%B2%80%EC%83%89&profile=default&search=%EC%BD%94%ED%8B%B0%EB%94%94%EB%B6%80%EC%95%84%EB%A5%B4

역시 15세기로 보는 자들도 있지만 그 이전 무슬림 상인들에 의하여 이슬람교가 전래된 것으로 알려져 있다.

코트디부아르의 기독교와 이슬람교 그리고 민간종교의 영향을 받아 상호보완 관계를 형성하면서 정착한 것이라 해도 무리는 아니다. 그러나 많은 학자들은 기독교가 중세 아프리카에서 성공하지 못하는 이유는 기독교 내부에서 찾아야 한다는 지적을 우리는 명심해야 한다. 일반적으로 기독교는 다른 종교를 인정하지 않는다. 반면 이슬람교는 세금만 내면 사람들의 삶에 대하여 관여하지 않는다.[46] 시간이 흐르면서 이슬람교는 아프리카의 토속종교와 합쳐지면서 토속종교의식을 따르는 이슬람교가 탄생하게 되었다.[47] 그래서 아프리카는 정통 이슬람교보다는 민속 이슬람이 더 많은 이유가 바로 여기에 있다. 반대로 기독교가 지금도 아프리카에서 영향을 미치지 못하는 것은 이슬람이 강했기 때문이라기보다는 아프리카인들이 기독교를 배척했기 때문이다. 그리고 아프리카인들의 유목문화와 혈통보존과 연대 의식을 중시하는 점에서 도시적인 기독교가 뿌리를 내리기에는 통치기간이 충분하지 않았다.[48]

코트디부아르의 종교는 대표적으로 기독교, 이슬람교, 종족종교, 무종교, 바하이교, 힌두교가 있다. 기독교는 개신교회가 대부분을 차지하면서 독립교회, 가톨릭, 정교회를 비롯하여 유사 기독교가 있다. 교단을 보면 가톨릭, 하나님의 성회, 코트디부아르 장로교단, 중앙코트디부아르개신교회, 하리스트교회, 복음주의교회 연합, 개신교 감리교회가 있다. 그 가운데 코트디부아르 장로교단은 한국인에 의하여 설립된 것으로 입테시신학교도 운영하고 있다.[49]

+%EC%A2%85%EA%B5%90&fulltext=Search

46 주디스 헤린, 『비잔티움』, 이순호 역(파주: 글항아리, 2010), 207.

47 김상훈, 『통아프리카사』, 106.

48 Ibu Khaldûn, 『역사 서설』 김호동 역(서울: 까치, 2003), 331–332.

49 저자는 2015년 6월 21일 입테시신학교를 방문하여 리서치함. 코트디부아르 장로교단은 백성철 목사가 설립하여 총회장으로 봉사하고 있다. 그는 입테시신학교를 설립하여 운영하면서 교장직도 수행하고 있다.

기독교와 이슬람교의 정착

코트디부아르에서 기독교 정착

아프리카에서의 기독교에 대한 인식

아프리카를 잘 모르는 많은 사람들은 아프리카를 작은 규모의 마을 중심사회로, 유럽인이 식민 지배를 하기 전까지는 전혀 다른 세상으로 인식해 왔다. 그러나 아프리카 사회에는 무수히 많은 영적인 실재가 존재한다.[50] 영적인 분야는 이루 다 말할 수 없을 정도로 많다는 것은 이 지역을 여행하면 느낄 수 있다. 아프리카인에게 있어 영적인 것은 거의 신적 기원에 가깝다. 일부 영적인 존재는 인류를 창조했다고 간주한다. 다른 살아있는 생물체처럼 이들 영적 존재는 스스로를 재생산해 수(數)를 불려나가기도 한다. 이렇게 수많은 영적 실재를 믿는 아프리카인에게 새로운 종교 즉, 기독교는 생소할 수 밖에 없다.[51]

아프리카의 전통 종교가 매우 강한 상황에서 기독교 신앙의 투사들은 이를 거부하였다. 기독교가 아프리카 지역 특히 코트디부아르에서 정착하게 된 것은 근세(近世)기일 것이라는 주장이 이를 뒷받침하는 이유다. 그것은 아프리카의 많은 사람들이 인간과 자연 사이에 강한 연결성을 지닌 전체주의적인 아프리카의 세계관을 지니고 있기 때문이다.

아프리카인들의 시각에서 기독교는 일종의 수입된 종교에 불과하다. 과거 북아프리카 이집트 파라의 지배는 기원전 332년에 알렉산드로 대왕이 이끄는 그리스 사람들에 의해 최종적으로 무너졌다. 이집트는 새로운 항구도시 알렉산드리아를 중심으로 그리스 아테네 방향으로 발전을 시켰다. 초기 북아프리카 기독교가

---

50 John Mbiti, *African Religions and Philosophy* 『아프리카 종교와 철학』 장용규 역(서울: 지식을 만드는 지식, 2012), 66.

51 Lutz van Dijk, *Die Geschichte Afrikas* 『처음 읽는 아프리카의 역사』 안인희 역(서울: 웅진 지식하우스, 2009), 72-75. 아프리카의 신앙은 조상의 정령을 믿는다. 아프리카 전통종교는 각 민족의 일상적인 의식에 뿌리를 두고 있다. 이들의 신앙은 일상의 의식, 최고의 존재, 선조 또는 조상, 공동체의 안녕, 전통적인 치료자, 영혼의 의미 등에 깊은 관련을 두고 있다.

박해와 어려움을 겪는 가운데 뿌리를 내렸다면, 서부 아프리카 코트디부아르[52]와 말리,[53] 가나 등의 기독교가 전래되었다. 그러나 루츠 판 다이크(Lutz van Dijk)는 사하라 남쪽 아프리카에서 기독교가 뿌리를 내리지 못한 것은 아프리카 전통종교에 무지했기 때문이라고 지적한다.[54] 그들은 그것이 우상숭배, 유치한 신앙이고 진지하게 여길 필요가 없다고 생각했다. 극소수의 수도사들과 수녀들만이 약초지식을 알아보고 그것을 자기들이 만난 아프리카 사람들에게서 배웠다. 그런 이유로 인해 오늘날 서부 아프리카에는 약간의 수도원만이 남아 있다. 기독교 선교사들이 문화에 관심을 갖고 열중하거나 복음전도를 위한 접촉점을 만들어 가지 않았다는 데서 기독교가 뿌리내리지 못했다.

또 하나는 기독교가 아프리카에서 정착하지 못하는 것은 아프리카인을 위한 다양한 사고의 이해 부족과 원조(援助)를 하면서 구원자라는 태도와 의존을 장기적으로 만들었기 때문이다. 기독교가 아프리카에서 선한 일을 한 것은 분명하지만 그들과 함께하는 동반자의 역할이 부족했다는 점을 간과하기 어렵다.[55] 그리고 선교사들이 아프리카의 다양성이 가치 있는 것이라는 사실을 인지하지 못한 것도 있다고 말하였다.[56] 이는 아프리카의 종교적 관용(톨레랑스)을 더욱 깊숙이 이해할 때 선교가 가능하다는 이야기이다.

코트디부아르 기독교 정착

서부 아프리카의 기독교 전래가 17세기라고 한다면 코트디부아르의 기독교 정착 시기는 명확하지 않다는 것이 일반적인 견해이다. 왜냐하면 지금의 코트디부

---

52 정해광, 『아프리카 미술: 미완의 미학』(서울: 다빈치기프트, 2006), 39. 코트디부아르의 세누포(Senufo) 족은 인간의 의미를 생명의 잉태와 관련시키는 것이 특징이다.

53 정해광, 『아프리카 미술: 미완의 미학』, 25-26. 말리의 밤바라(Bambara)족과 도곤 족의 최고신 암마 (Amma) 등은 쌍둥이 조각을 최고의 신으로 섬긴다. 이들 신은 경계의 존재를 드러낸다.

54 Lutz van Dijk, *Die Geschichte Afrikas*, 154.

55 알베르트 슈바이처(Albert Schweitzer, 1875-1965)는 밀림의 의사로 아프리카에서 활동했다. 그의 선행은 지금도 아프리카인에게 좋은 이미지로 남아 있다.

56 Lutz van Dijk, *Die Geschichte Afrikas*, 157-158. 20012년 11월 가나의 수도 아크라에서 아프리카 도서 전시회가 개최되었을 때 아마 아타 아이두(Ama Ata Aidoo)가 한 말이다. 그는 다양성이야말로 가치 있는 것, 독립과 자유를 통합하는 것이 여자와 남자에게 아주 의미 있는 일이라고 말했다.

아르 경계가 확정된 것은 1884년 베를린회의에 이르러서였고[57] 그 전까지는 북쪽으로는 부르키나파소를 비롯해서 종족을 중심으로 한 같은 민족으로 살아왔기 때문이다.[58] 서부 아프리카의 존재가 인식된 시기는 1487년 바스코 다 가마의 희망봉 발견 과정으로 관측되고 있다. 영국 또한 이 항로의 개척으로 서부 아프리카에 대한 선교적 관점이 열린 것으로 보고 있을 뿐이다. 따라서 유럽 선교사들이 서부 아프리카로 배를 타고 갈 수 있다고 생각했었다면, 기록상으로는 코트디부아르는 프랑스 선교사가 1637년에 처음 도착한 것으로 확인되지만[59] 개신교가 정착된 정확한 시기를 알기는 어렵다. 그러나 로마 가톨릭이 17세기에 유입되었고,[60] 개신교는 18세기 말 경에 이르러 정착되었을 것이라는 것이 현지 목회자들의 의견이다.[61] 그러나 역사적으로 서부 아프리카의 개신교 선교는 1618년 이후부터 1621년 사이에 세네감비아(Senegambia)에서 황금을 수집하기 위해 발을 들여놓은 것과 당시 스코틀랜드 사람 리빙스턴(David Livingstone 1813–1873년)[62]의 탐험 이후 탐험은 선교행위의 새로운 영역이 되었다.[63] 그 당시 유럽 사람들은 아프리카를 문명화해야 한다는 믿음이 사명감처럼 번지며 선교사들은 문화제국주의의 첨병 역할을 했다.[64] 그러나 서부 아프리카 현지인을 위한 선교 활동은 아이러니하게도 노예 출신 목회자들이 처음 시작했다. 대표적으로 덴마크에 노예로 팔려간 크리스찬 프로튼(Christian Protten)은 모라비안 선교사로 1737년에 귀환하여 성경연구에 필요한 문법연구를 하였다. 1737년에는 네덜란드 레이덴 대학의 자코부스라는 노예 출신 학생이 화란개혁교회의 목사가 되어 가나에서 종족어 번역 선교사로 활동했었다.

---

57 Lutz van Dijk, *Die Geschichte Afrikas*, 153.
58 이보람 선교사가 현지 조사에서 보내준 글임. 2015년 8월 20일 접수.
59 위키피디아 접속. 2015년 8월 20일.
60 Gerti Hesseling, *Histoire politique*(Paris: KARTHALA, 1985), 120. 로마 가톨릭은 16세기에 예수회 신부들이 서부 아프리카에 진출하면서 기독교가 전래되었다. 개신교 선교사들은 서부 아프리카 세네감비아 접경의 무역회사들의 파견 목사로 왕래를 시작하기도 했다.
61 Roland Oliver, *The African Experience*『아프리카』, 배기동 · 유기종 역(서울:여강출판사, 2001), 302–303. 2015년6월18일–26일까지 코트디부아르 아비장에 방문한 바 있다.
62 Lutz van Dijk, *Die Geschichte Afrikas*, 133.
63 http://en.wikipedia.org/wiki/Guinea_Company_(London). 2015년 9월 3일 접촉.
64 리처드 J. 리드, 『현대 아프리카의 역사』, 이석호 역(서울: 삼천리, 2013), 213–15.

서부 아프리카의 복음전도에 코트디부아르 주변국가에서 먼저 기독교가 정착되었다는 것은 놀라운 일이다.[65]

코트디부아르 바랄라족[66]의 경우는 1990년대 초에 남자 한 명이 결신하여 지속적으로 복음화가 이루어지고 있는 것으로 알려져 있다. 1960년에 WEC의 선교사인 베티 노울랜드와 하젤톰프스에 의해 보코에서 첫 복음전도자 회의가 개최되었다. 당시 WEC팀은 그 마을에 가서 전도하기 위해 이 지역에 들어왔다. 바랄라에 자리 잡은 선교사들은 1978년 1월에 들어온 쟌나겔과 린다나겔이었다.[67] 이들의 열정적인 복음전도로 인해 서서히 기독교가 정착되어 가고 있다.

코트디부아르에서의 기독교의 성장

세계 기도 정보에 의하면 코트디부아르에서 복음주의교회가 급속히 성장하게 된 때는 1990년 이후로 보고 있다.[68] 코트디부아르는 완전한 종교의 자유가 있기 때문에 하나님의 성회를 비롯한 개신교회가 대규모로 성장하고 있다. 아비장에는 700개 이상의 개신교/독립교회가 있는 것으로 나타났다. 아비장을 비롯한 여러 지역 교회의 교단 장들이 교회성장과 복음화를 위하여 협력하고 있다. 코트디부아르 기독교회는 국가적인 재난에 대비하기 위해 적극적으로 참여하거나 여러 도시에서 열렸던 초교단 기도합주회를 개최하기도 한다. 코트디부아르의 아비장에는 기독교방송국이 1998년부터 가동되어 운영되고 있다. 이 방송국은 프랑스어와 줄라어로 방송하지만 그 외의 부족어로 방송될 수 있도록 기도와 후원이 요청된다.

코트디부아르의 기독교는 선교사들의 열정적 복음전도와 사역[69] 그리고 1990년대 말부터 사역을 시작한 한국인들의 노력으로 기독교가 정착하게 되었다. 케냐의 초대 대통령 조모 케냐타(Jomo Kenyatta)의 "선교사들이 왔을 때 아프리카인들

---

65 Agbeti J. Kofi, *West African Church History: Christian Missions and Church, Foundation: 1482-1919. Vol. 1.* Leiden, (The Netherlands: E. J. Brill, 1986), 6-7.

66 바랄라족은 말링크족 후손으로 이슬람과 정령신앙을 믿는 종족이다. 인구수는 적고 문자해독률도 낮지만 말리로부터 온 밤바라 성경을 사용하고 있는 민족이다.

67 노봉린, 『미전도 종족 선교정보 제2집』 (서울: 도서출판 횃불, 1995), 458-459

68 Jason Mandryk, *Operation World*(Wec International, 2010), 284-288.

69 Lamin Sanneh, *Christianity in West Africa: The Religious Impact Waryknoll*(New York: Orbis, 1983)을 참조하라.

에겐 땅이 있었고 기독교인들에게는 성경이 있었다. 그들은 우리에게 눈을 감고 기도하라고 가르쳤다. 우리가 눈을 떴을 때, 그들에게 땅이 있었고 우리에게 성경이 있었다"는 말은 유명하다.[70] 기독교가 정착되면서 아프리카인과 선교사의 위치가 반대로 되었다는 가슴 아픈 연설을 새겨 들어야 할 것이다. 그러나 선교사들은 어디를 가든지 학교를 세우고 1세대들은 그들의 교육을 받았고, 자부심과 가치를 심어 주기도 했다. 많은 선교사들은 흑인들의 인권을 위해 싸웠다.

코트디부아르 역시 독립하면서 기독교가 계속적으로 성장하고 있다.[71] 코트디부아르 장로교단의 경우는 20개주에 교회를 개척하거나 학교를 세워가면서 복음화에 진력하고 있다.[72] 이는 21세기 들어 기독교가 서서히 정착해 가고 있다는 것을 증명해 주고 있다. 다만 아프리카적인 기독교 신앙을 표현할 수 있는 교회, 즉, 자신들이 편하게 느낄 수 있는 교회가 지속적으로 건립되기를 희망한다. 이는 좀 더 아프리카인들이 기독교에 대한 이해와 접촉이 원활하도록 하는 성경적 관점의 세계관과 가치를 제공하면서 그들이 하나님의 나라를 위해 헌신하도록 해야 될 것이다. 결과적으로 코트디부아르의 초기 선교사들의 활동은 베네딕트회 수도원의 성격을 조금씩 가지고 사역의 영역을 확대해 나갔다. 평신도의 지원을 받은 가톨릭 신부들은 교회와 기숙사학교, 작업장, 인쇄소, 진료소, 농장 주변에 거주하였다. 선교사들은 자신들의 농장 집단에서 필요한 것을 공급하면서 지역주민들과 가깝게 접근할 수 있는 곳에 머물렀다. 이들은 교리문답과 전도사 양성, 성경읽기와 쓰기, 성경공부를 1-2년 정도 가르쳐 지도자를 양성하기도 했다. 이러한 선교 사역과 교육을 통해 기독교가 점차 정착됨으로 전 인구의 20% 이상이 기독교인이 될 수 있었다.

---

70 Ali A. Mazrui, *The Africans: A Triple Heritage*(London: BBC Publications, 1986), 149–150.
71 1960.8.7 "MALI FEDERATION"으로부터 독립선언(프랑스 통치로부터 독립)을 했다.
72 코트디부아르 아비쟝 한인교회 백성철목사와 성도들이 이루어가는 사역임(2015년 6월 18일–26일까지 리서치). 코트디부아르와 한국과의 외교는 1961년 7월 23일에 수립되었다.

코트디부아르의 이슬람교 정착

이슬람교의 아프리카 진출은 아주 오랜 역사를 가지고 있으면서 세 번째로 주된 종교이다.[73] 오래된 통계이지만 1985년 사하라 이남 아프리카의 무슬림 수는 약 2억1천5백만 명으로 추정되었다.[74] 이슬람교는 2000년대 들어 아프리카 전체에 퍼져 있지만 특히 사하라 이남 지역에 집중되어 있다. 이슬람교가 북아프리카를 점령한 이후 사하라 사막을 넘어 서부 아프리카에 진출한 것은 상인들에 의해서였다. 코트디아부르에서 이슬람교가 정착하게 된 원인을 보면 여러 요인들이 있다.

첫째는 아랍의 침입으로 아프리카가 쉽게 이슬람화 된 것은 그리스정교회의 가르침이나 권위를 받아들이지 않은 콥트 교인들이었다. 이들은 그리스정교회보다 아랍 이슬람이 덜 억압적이어서 통치를 환영했다.[75] 아랍인들은 처음부터 소수의 사람들을 유력한 추종자로 삼으면서 세력을 확대해 나갔다.

둘째, 이슬람교 교리의 매력과 상업적 이익, 지즈야(Jizya: 특별세)와 2급 시민을 피하려는 욕구로 개종하는 일이 많아졌다. 11세기 말경에는 북아프리카 지역의 기독교 인구가 소수로 전락해 버렸다.[76]

셋째, 북아프리카를 이슬람화한 후 사하라 이남으로 이동하여 금과 상아, 고무, 노예 등을 교역하면서 비공식적인 포교활동으로 서부 아프리카는 점점 이슬람화되어 갔다. 이슬람교의 전래는 대상(카라반)의 지도자 혹은 상인들로 이루어졌다. 아마도 카라반으로 부(富)를 이루었던 무함마드(약 570~632)에 의해 출발된 종교로서 그들의 전략도 항상 상인들을 중심으로 이루어지고 있다.[77] 800년부터 1250년 사

---

73 코트디부아르에서 이슬람교는 40%, 기독교는 20%, 전통종교는 30%의 비율이다. 이슬람교의 영향력이 매우 큰 국가라 할 수 있다.

74 David B. Barrett, *World Christian Encyclopedia: A Comparative Survey of Churches and Religions in the Modern World 1900-2000* (Nairobi: Oxford Univ. Press, 1982), 782.

75 April A. Gordon & Donald L. Gordon, *Understanding Contemporary Africa.* 439.

76 Trevor. Mostyn, *The Cambridge Encyclopedia of the Middle East and North Africa*(New York: Cambridge University. Press, 1988), 190.

77 필자가 2004년 남부 스페인을 방문했을 때 오래된 이슬람 사원과 무슬림들이 있었다. 지금도 이들 지역

이에 이슬람교는 북아프리카[78] 모리타니아의 베르베르족과 백인계 무어족들이 무슬림이 되면서 사하라 이남의 말리,[79] 챠드, 기니 등의 투아레그족이 이슬람교의 압력을 받아 무슬림이 되었다.[80] 7세기, 696년 아랍군대에 의해 북아프리카 카르타고가 점령되면서 10세기 후반부터 서부 아프리카도 이슬람화되어 갔다.[81]

넷째, 이슬람교의 가르침은 북쪽으로 갈수록 순수하고 남쪽으로 이동할수록 점점 더 강하게 전통 아프리카 신앙과 혼합되었다.[82] 그리고 서부 아프리카 사람들은 철저하게 실용적인 생각에서 나온 행동으로 보고 이슬람교를 믿었다.[83]

다섯째, 이슬람교는 아프리카인의 종교적·문화적 등 최소한의 관행들을 묵인해 주었다. 조상숭배, 일부다처제, 할례, 마법, 영혼과 기타 하위 신들에 대한 믿음 등과 이슬람교의 실천적 덕목인 여성의 베일도 묵인해 주었다.[84]

여섯째, 이슬람교 의식을 상류층부터 대중에게로 확산되면서 지하드[85]의 종교적 표상 아래 호전적인 대중운동을 하였기 때문이다. 그리고 지하드를 정치적 중앙집권화와 정복전쟁의 정치적 정당화로 인식하고 실천한 데 있다.[86] 그러나 기독교는 아프리카에서 이슬람교의 확산을 저지하지 않은 데 있었고, 유럽인들의 인종주의와 차별 정책은 무슬림들의 평등을 믿는 이슬람교 신앙과 극명한 대조를 이루었기 때문에 많은 사람들이 호응하고 개종했다.

일곱째, 이슬람교는 식민주의가 발전된 통신과 빠른 사회적 변화를 도입하고,

은 많은 무슬림들이 거주하고 있으며 모로코와 가까운 관계 무역을 하는 것으로 알려져 있다.

78 북아프리카 지역은 일명 마그레브(해가 지는 곳)라고 부른다. 모로코, 알제리, 튀니지, 리비아, 모리타니아 등이 속한다.

79 말리의 팀북투는 이슬람 선교의 전략적 요충지이면서 서부 아프리카 이슬람화를 위한 중요한 거점지역이다. 팀북투에는 이슬람교 사원, 학교, 대학들이 400 이상의 도시에 세워져 있다.

80 S. Trimingham, *A History of Islam in West Africa*(London: Oxford University, Press, 1962)를 보면 농촌지역 베르베르족의 개종 상황이 기록되어 있다.

81 김효숙, "아프리카민속 무슬림을 위한 교회개척 상황화," 건선대학원대학교 미간행 선교학박사학위논문(2014), 5.

82 김시혁, 『동아프리카사』 (서울: 다산북스, 2005), 106.

83   Lutz van Dijk, *Die Geschichte Afrikas,* 92 재인용.

84 I. M. Lewis, *Islam in Tropical Africa*(Bloomington: Indiana University Press, 1980), 33–34.

85 장훈태, "중동 이슬람국가(IS)의 선포와 세계평화를 위한 선교적 고찰," 『한국기독교신학논총』 제95호(2015), 188–191.

86 Ali A. Mazrui, *The Africans: A Triple Heritage,* 184–185.

새로운 필요와 상황에 맞도록 조정하고 변화할 수 있는 것으로 인식되었기 때문이다.[87]

이상은 서부 아프리카 코트디아부르를 비롯한 아프리카 전 지역에서의 이슬람의 정착요인이다. 그러나 코트디부아르가 프랑스로부터 독립한 이후의 이슬람교는 서구의 영향에 대처하기 위한 큰 변화를 겪기도 했다. 에이르필(April), 고든(Gordon)과 도널드 고든(Donald Gordon)은 "어떤 경우에는 이슬람교의 새로운 해석과 조정이 필요하기도 했고, 기독교와 서구화가 아프리카의 문제를 해결할 수 없는 실패한 것이어서 이슬람교에는 적으로 나타났다. 이러한 견해가 이슬람 근본주의를 증가시켰다"[88]고 함으로 이슬람의 변화를 말하고 있다.

그러나 이슬람교가 정착하면서 신정국가(theocratic state)를 창출하려는 근본주의[89]는 대부분의 아프리카에서 추종자를 갖지 못했다.[90] 왜냐하면 아프리카인들은 그들이 믿는 전통종교 곧 민간신앙의 세계관과 가치를 소유[91]하고 있기 때문이다.

지금까지 연구하거나 조사한 범위는 걸음마에 불과하다. 아프리카의 종교 곧 서부 아프리카에 있는 코트디부아르라는 지역의 기독교와 이슬람교의 정착요인을 찾는 일은 쉽지 않은 작업이었다. 다만 이 연구가 서부 아프리카와 코트디부아르의 선교적 관점의 폭을 넓혀 주기를 바랄 뿐이다. 코트디부아르의 전통종교, 기독교, 이슬람교, 무종교 상황에서 기독교와 이슬람교의 정착은 현지인들에게 부정적이든 긍정적이든 그중 일부의 의식과 신앙을 수용하는 방법을 찾아서 개종한 것은 새로운 변화를 주었다고 볼 수 있다. 기독교가 코트디부아르에 정착하면서 새로운 종파로서 좋은 인식을 주었다는 것은 다행스러운 일이다. 최근 들어 기독교가 전국적으로 부흥하고 있는 현상과 신학교 지원생들을 통한 교회개척이 이루

87 John Obert. Voll, *Islam: Continuity and Change in the Modern World*(Boulder:WEstview Press, 1982), 245.; 홍기영, "세계복음화를 위하여 헌신한 개신교 선교의 선구자들의 삶과 사역," 「복음과 선교」 제29호(2015. No.1), 343-346.

88 April A. Gordon & Donald L. Gordon, *Understanding Contemporary Africa*, 444.

89 장훈태, "분쟁과 테러 지역에서의 기독교선교방안," 「성경과 신학」 제70권(2014.4), 251-257.

90 April A. Gordon & Donald L. Gordon, *Understanding Contemporary Africa*, 447.

91 장훈태, "서부 아프리카의 민간신앙과 이슬람," 「복음과 선교」 제30호(2015. No 2), 192-196.

어지는 것이 이를 증명해 준다.

아프리카를 연구한 보해넌과 커틴(Bohanan and Curtin)은 "아프리카의 전통 종교가 개발과 산업화와 함께 쇠퇴할 것이라고 예상하고 있지만,"[92] 기독교와 이슬람교는 계속 증가하고 있다. 아프리카인들이 전통적으로 믿어 왔던 전통종교(민간신앙)도 건재하다.[93] 그러나 미래적으로 보면 코트디부아르와 서부 아프리카 지역에서는 기독교와 이슬람교를 수용하고 있지만 그들은 언제나 그래왔던 것과 같이 자신들의 전통에 새로운 신앙요소를 보존할 것으로 보인다.

앞으로 코트디부아르 사람들은 정체성과 의미의 필요성, 삶의 경험에서 다가온다고 생각되는 종교에 관심을 갖고 받아들일 가능성이 크다. 기독교가 코트디부아르에서 의미 있는 종교가 되려면 사회적 관계를 조절하고 갈등을 해소함은 물론 삶의 필요와 욕구 충족, 경제적 안녕, 인간의 변화와 발전에 대한 이해를 촉구하는 쪽을 바라보며 사역할 때 그들은 따라올 것이다. 10여 년간의 내전과 쿠테타로 인해 탈진된 경제, 파괴적인 사회 변화에서 벗어나는 새로운 길은 경제적 발전과 변화, 삶의 질 향상을 기대하기 때문에 기독교가 이러한 욕구에 어느 정도는 해결책을 줄 때 정착이 가능할 것으로 보인다. 코트디부아르의 복음화와 한 영혼을 구원하기 위한 전략은 보다 현실적이고 정신적인 필요를 충분히 충족시켜 주는 일과 편협과 억압된 의식보다는 평안하고 관대한 기독교를 보여 줄 때 그들은 받아들일 것이다.

---

92 Paul Bohanan and Philip Curtin, Africa and Africans(Prospect Heights, IL: Waveland Press, 1995), 124.
93 2015년 6월 18일-26일까지 코트디부아르에 체류하는 동안 민간신앙은 그들의 삶 가운데 내재되어 있었고, 전통신앙에 대한 신뢰도가 매우 높았다.

05

제3세계 전(全) 성도의 선교사화를 통한
교회개척 사역

　동부 아프리카에서 스와힐리어를 쓰는 사람들은 "하쿠나 마타타"라는 말로 축복을 빈다. "하쿠나 마타타"란 "다 잘될 거야"라는 의미로, 이를 비롯한 동부 아프리카의 인사말은 매우 긍정적이다. 이와 마찬가지로 서부 아프리카의 인사말도 각 나라마다 차이는 있지만, 모두 축복을 빌거나 긍정적인 말들이다. 코트디부아르 아비장(Abidjan)은 과거 아이보리 코스트(Ivory Coast)란 이름을 가진 곳이다. 이곳은 대서양을 끼고 있을 뿐 아니라 서부 아프리카의 경제적·정치적 요충지역이다. 코트디부아르는 정치적으로 다섯 번의 쿠데타로 수많은 인명피해와 경제적 퇴보를 가져오기도 했지만 현재는 정치적 안정과 경제적으로 투자가 좋은 국가로 알려져 있다.

　코트디부아르 아비장 한인교회는 1980년 4월 27일 하우스 처치(House Church)로 출발하여 현재는 코트디부아르 복음화를 위하여 헌신된 교회로 활동하고 있다. 아비장 한인교회는 2016년 교회의 표어를 "별과 같이 빛나는 사람"(단 12:3)이라고 정했다. 교회의 목표는 기도의 사람, 말씀의 사람, 능력(성령)의 사람, 선교와 전도의 사람으로 정하고 코트디부아르 전 지역의 교회개척과 지역사회 개발을 통한 변혁을 위해 사역하고 있다. 아비장 한인교회는 디모데전서 4장 5절의 "하나님의 말씀과 기도로 거룩하여짐이라"는 말씀을 기초로 하여 신앙의 3단계를 모색하고 있다. 곧 변화→성숙→헌신이란 3단계를 통해 하나님 나라 건설을 지향하는 교

회로서의 책임을 다하고 있다.[1]

아비쟝 한인교회의 특징은 크게 두 가지가 있다. 첫째는 전교인의 선교사화, 둘째는 전교인의 신학화로 선교사로서의 역할을 수행하자는 것이 교회의 비전이라고 한다.[2] 아비쟝 한인교회가 교회의 비전을 크게 갖는 이유는 여러 가지 있지만, 예수 그리스도를 믿는 가장 중요한 목적인 구원을 이루기 위함이 가장 큰 목적이다. 구원은 하나님께서 인간에게 주신 선물이며(행 4:12), 예수 그리스도께서 제자들에게 하신 중요한 말씀을 실천하기 위함이다(마 28:19-20). 아비쟝 한인교회의 선교목적 가운데 가장 큰 비전은 "현지인 교회개척 사역"이다. 현지인 교회개척의 성경적 근거와 필요성, 현지인 교회개척 현황과 지역사회 변혁을 위한 선교는 유익할 것이다.

현지인 교회개척의 필요성

교회개척의 성경적 기초

성경은 모든 그리스도인들에게 "하나님의 말씀만이 모든 삶의 구조 속에 절대적인 규범을 제공할 수 있다"는 것을 밝혀 주고 있다.[3] 성경은 사람들에게 "원인적이고 규범적인 능력"을 가지고 있음을 믿게 될 때 구원[4]과 교리적 틀을 발견하게 될 것이라고 가르친다. 성경은 시간과 공간의 제약으로부터 변화시키는 '보편적

---

1 백성철, 『2016. 아비쟝 한인교회 핸드북』(코트디부아르 아비쟝: 아비쟝 한인교회 출판부, 2016), 1.

2 2016년 6월 25일 아비쟝 한인교회에서 인터뷰. 아비쟝 한인교회의 백성철 목사는 교회는 목양을 위해 존재하기 때문에 선교적 사명을 감당하는 것이 목적이라고 말한다. 그는 교회는 하나님의 영광과 지역사회의 영혼을 하나님께 인도하는 것이어야 한다면서 선교적 삶으로 하나님께 헌신할 것을 말한다.

3 성경은 여러 곳에서 인간의 삶의 구조 문제를 다루고 있다. 시편 111:7-8, 119:42, 105; 잠언 30:5 등이다.

4 Richard L. Schultz,(eds), H. Kasdorf/F. Walldorf, "Und sie verkünden meine Herrlichkeit unter den Nationen," *Werdet meine Zeugen. Weltmission im Horizont von Theologie und Geschichte. hänssler*(Neuhausen, Stuttgart, 1996), 33-35.

타당성(universal validity)'을 갖고 있다.[5] 그러므로 교회는 시대적 변화와 국제정치 변화, 문화의 도전들이 성경을 해체하거나 선교의 중요성을 배제한다 할지라도, 이를 결코 허용해서는 안 된다. 교회는 성경의 변화하지 않는 진리를 보존하면서 하나님의 지상명령을 수행하기 위한 전략에 힘써야 한다. 교회는 성경이 가르치는 대로 모든 문화의 영역에서 하나님의 나라를 건설하고 세우는 역할을 해야만 한다. 이것은 하나님이 모든 교회와 모든 그리스도인에게 부여하신 사명이다.

하나님은 지상의 교회와 성도들에게 성경이라는 매우 귀한 선물을 주셨다. 성경의 기록 목적은 모든 사람들로 하여금 예수님을 믿게 하는 데 있다. 또한 초대교회에서는 사울이 교회를 박해할 때 흩어진 그리스도인들이 사마리아에 복음을 전한 사건을 기록한 "그 흩어진 사람들이 두루 다니며 복음의 말씀을 전할 새"(행 8:4)라는 말씀은 교회개척의 근거라 할 수 있다.

성경은 여러 곳에서 예수 그리스도의 지상명령을 끊임없이 강조하고 있으며(마 28:18-20; 행 1:8), 교회를 통하여 하나님의 나라를 건설하라고 명령하신다(마 4:23; 눅 4:43). 그것은 하나님의 나라와 관련된 종말론적이면서 기독교적인 규범을 가르친 교회의 최고 가치이면서 목적이다. 이러한 일을 위하여 교회는 희생을 치르면서 실천하여야 할 책임이 있다.

성경이 가르치는 교회개척[6]은 하나님 나라와 예수 그리스도의 가르침과 사명, 그리고 그의 제자들과 깊이 연관되어 있다. 하나님 나라 건설은 초대 교회의 선교적 주제인 동시에 오늘의 교회와 그리스도인들의 삶에 의미를 담고 있는 깊은 내용이 포함되어 있다.

로잔언약의 교회개척과 선교적 근거

서부 아프리카 코트디부아르를 비롯한 가나, 토고, 베냉 공화국에서 선교적 교

---

5 정흥호, 『복음주의 입장에서 본 상황화 신학』 (서울: 한국로고스연구원, 1996), 117.
6 나승필, "선교와 교회개척: 성경적 본질과 역사적 관점에서," 『ACTS 신학저널』 제27권 (2016, no. 1), 228–242.

회를 개척하도록 인도하는 분은 성령이시다. 이 지역에서 교회개척은 매우 활발하게 진행되고 있을 뿐 아니라 우리가 온전히 세상을 향한 하나님의 선교[7] 계획에 참여할 수 있도록 성령께서 역사하고 계신다. 교회개척과 관련된 부분은 2010년 제3차 로잔대회 공식문서인 케이프타운 서약—하나님의 선교를 위한 복음주의 헌장—서문에 명시되어 있다.[8]

이 서문은 전 세계에 흩어져 있는 종족들을 구원하기 위한 하나님의 계획을 이루려는 로잔의 비전이다. 이 비전은 우리가 예수 그리스도의 가르침과 전 세계에 증거하는 과업에 여전히 헌신한다는 것과, 우리의 목적이 성경적 복음의 핵심진리들을 명료하게 표현하고 그 진리들을 적실하고 도전적인 방식으로 선교사역에 적용하는 데 있음을 말하고 있다.[9] 그러면서 로잔언약을 통해 변화하는 세상 속에서 복음의 영원한 진리를 표현하고 적용할 것인가를 분별하기 위해 세 가지를 제안하고 있다. 곧 변화하는 현실, 불변하는 현실, 우리의 사랑과 열정을 통해 온전한 교회가 되는 일, 온전한 복음을 믿고 순종하고 나누는 일, 온 세상으로 나아가 모든 나라를 제자 삼는 일에 우리 자신을 새롭게 해야 된다는 세 가지를 강조한다.[10] 로잔언약과 정신은 온 세상에 하나님의 복음을 전해야 된다는 책임감을 강조한다. 로잔에서 강조하는 선교적 교회는 현지인이 복음 안으로 들어오도록 하기 위해 사역자가 "온전한 복음을 사랑하고 온 교회를 사랑하며, 온 세상을 사랑한다"는 정신에 기초한다.[11] 이러한 선교정신은 선교형 교회를 개척하는 비전이고 목표가 된다.

로잔언약에서 교회개척과 선교적 근거는 하나님이 먼저 우리를 사랑하셨기에, 마땅히 우리가 하나님을 사랑하는 데서 출발한다.[12] 이는 교회를 개척하는 동기인 동시에 목적이 된다. 하나님의 선교는 하나님의 사랑에서 흘러나오기 때문이다.

---

7 Carl F. kell und Franz Delitzsch, *Genesis und Exodus, Biblischer Kommentar über das Alte Testament. Bd. 1.*(Dörffling CD Franke: Leipzig, 1878), 78–79을 보라.

8 한국로잔위원회 감수, 『케이프타운 서약—하나님의 선교를 위한 복음주의 헌장』(서울: IVP, 2014), 13.

9 한국로잔위원회 감수, 『케이프타운 서약—하나님의 선교를 위한 복음주의 헌장』, 14.

10 한국로잔위원회 감수, 『케이프타운 서약—하나님의 선교를 위한 복음주의 헌장』, 14–17.

11 한국로잔위원회 감수, 『케이프타운 서약—하나님의 선교를 위한 복음주의 헌장』, 16–17.

12 한국로잔위원회 감수, 『케이프 타운 서약—하나님의 선교를 위한 복음주의 헌장』, 21.

하나님의 사랑이란, 우리가 죄인 되었을 때에 하나님이 먼저 우리를 사랑하셨고 (요일 4:19), 우리 죄를 위한 대속물로 그의 아들을 보내신 것이다(갈 5:6; 요 14:21; 요 일 4:9).

교회를 개척하는 곳은 하나님 사랑과 이웃 사랑 이 두 가지가 모든 율법과 예언 서를 지탱하고 있는 가장 위대한 계명을 실천하기 위한 장소로서 적합하다. 교회 라는 공동의 장소는 복음을 증언하고 가르치며 전파하는데 유용하기 때문이다. 교회는 교회라는 공동체를 통하여 하나님을 향한 사랑, 서로를 향한 사랑, 세상을 향한 사랑을 나타내고 말할 수 있다. 또한 우리는 교회를 통하여 하나님은 살아 계 신 분이라는 것을 고백할 수 있으며, 하나님의 영광에 대한 열정을 품고 사랑하게 된다. 이것이 교회개척의 궁극적인 목표인 동시에 선교라 할 수 있다. 존 스토트 (John Stott)는 선교가 "하나님을 사랑할 때 분노, 질투를 버리고 하나님의 영광을 위 해 타오르는 거룩한 열심"이라고 했다.[13] 거룩한 열심이 곧 하나님의 영광을 드러 내게 하며 이로 인한 표현은 교회개척을 통한 복음 전파라 할 수 있다.

제3세계 지역 교회개척의 필요성

한 영혼구원을 위한 교회개척

예수 그리스도는 지상에 있는 제자들을 향하여 "너희는 가서 모든 민족을 제자 로 삼아 아버지와 아들과 성령의 이름으로 세례를 베풀고 내가 너희에게 분부한 모든 것을 가르쳐 지키게 하라"(마 28:19-20)는 사명을 주셨다. 이 사명은 교회역사 가운데 계속적으로 수행되어 왔으며 오늘날에도 해안선교, 내륙선교, 감춰진 족 속(hidden People), 미접촉 족속(Unreached People) 선교로 계승되고 있다. 그러나 지구 촌 시대라 할지라도 종족에 따라 언어가 다르기 때문에 복음 전파의 양식에는 차 이가 있다.

특히 서부 아프리카 15개국 가운데 코트디부아르의 인구 2,400백만 명 가운데

---

13 John Stott, *The Message of Romans, The Bible Speaks Today*(Leicester and Downers Grove: IVP, 1994), 53. 한 국로잔위원회 감수, 「케이프타운 서약-하나님의 선교를 위한 복음주의 현장」, 27.

종족 수는 무려 60여개 정도가 된다.[14] 종족별로는 크게는 아칸(Akan), 크루(Krou), 망데(mandé), 구르(Gour)족으로 나누기도 한다. 이 중 아칸 족은 바울레, 아니 등 18개 소(小)종족으로 나누어지기도 한다. 아칸족은 코트디부아르 전체 인구의 41.1%를 차지할 정도로 그 숫자가 많은데, 아칸족들은 대부분 가나에서 이주해 온 것으로 알려져 있다. 이외에 인구의 약 30~35%는 부르키나파소, 기니, 라이베리아, 베냉 등 주변 국가와 프랑스, 레바논, 스페인, 미국 및 캐나다 등에서 이주해 온 자들이다. 코트디부아르에는 다양한 종족과 문화가 혼합되어 있지만 종교만큼은 로마가톨릭교회가 가장 우세한 곳이었다. 그러나 현 알라산 와타라(Alassane Ouattara) 대통령이 집권한 이후에는 이슬람교가 왕성하게 성장하고 있다.

현재 코트디부아르의 정치 · 사회 · 종교적 상황은 매우 혼란스럽지만, 지금이 바로 선교의 기회가 되는 시기이다. 왜냐하면 코트디부아르는 오래전에 복음이 소개된 곳이지만 정치 · 사회 · 종교적 상황으로 인해 복음의 비추임을 받지 못한 종족들이 더 많았기 때문이다. 이들에 대한 특별한 관심과 선교전략적 차원에서 아비장 한인교회는 현지인을 통한 현지교회개척 사역에 목표를 두고 "한 영혼을 구원하는 교회개척" 전략을 수행하고 있다. 아비장 한인교회의 사역이 로잔언약에 근거한 교회개척 사역은 아닐지라도 성경에 기초한 영혼구원, 한 생명 살리기 운동에 적극적으로 사역하게 된 것은 예수 그리스도의 지상명령에 따른 것이라 할 수 있다.

아비장 한인교회의 코트디부아르 서북부 지역과 서남부 해안 지역 교회개척 사역은 "생명 살리는 목회와 선교", "별과 같이 빛나는 사람"(단 12:3)이라는 말씀에 근거한다. 아비장 한인교회의 백성철 담임목사와 당회원, 제직회가 하나님의 아들이신 예수 그리스도의 복음의 진리를 부드럽고도 확고하게 변호하기를, 그리고 죄를 깨닫게 하고 진리를 확신하게 하는 성령의 사역을 기도하고 신뢰하면서 교회개척 사역에 헌신하고 있다. 이들은 하나님을 사랑한다고 말한다면 "하나님의 최우선 순위"에도 함께해야 한다는 각오를 가지고 한 영혼을 구원하기 위한 교회

---

14 장훈태, "코트디부아르 서북부지역 18개 교회개척 현황 조사"(2016년 6월 24일~7월 8일). 코트디부아르 서북부 지역을 탐사하는 가운데 밝혀진 종족수임을 밝힌다.

개척 사역에 힘을 쏟고 있다.

또한 한 영혼을 구원하기 위한 교회개척의 필요성은 첫째 우리가 성부 하나님을 사랑한다는 사실에서 찾을 수 있다(요 14:6; 롬 8:14-15; 마 6:9).[15] 우리는 우리의 아버지이신 하나님을 사랑하기 때문에, 하나님의 명령을 따라 순종하기 위해 복음전도자로, 교회개척자로 헌신하게 된다. 둘째, 우리는 성자 예수 그리스도를 사랑하고, 신뢰하고 믿는다. 성령으로 잉태되어 동정녀 마리아에게서 나셨으며, 하나님에 대하여 완전함과 신실함과 순종함으로 사신 그분을 신뢰하고 믿는다.[16] 우리는 예수 그리스도를 신뢰하기 때문에 그분에게 복종하며, 그분의 메시지를 선포한다(마 16:16; 요 20:28; 벧전 1:8). 셋째, 우리는 성령 하나님을 믿고 사랑한다. 우리는 성령이 삼위일체의 하나 됨 안에서 성부 하나님, 성자 하나님과 함께 계심을 믿는다. 성령은 창조(창 1:1)와 해방과 정의의 사역을 행하시며 여러 가지 섬김을 실행하도록 사람들을 충만하게 하시고 능력을 주시는 것으로 믿는다(시 104:27-30; 욥 33:4). 넷째, 우리는 하나님의 말씀을 믿고 사랑한다는 것이다.[17] 우리는 성경에서 계시하는 모든 말씀을 믿고 순종하고 사랑하기에 한 영혼을 구원하는 일에 적극적으로 사역한다. 다섯째, 우리는 세상을 사랑하고 변화되기를 원한다.[18] 우리는 하나님의 창조세계를 사랑하기에 복음전도에 열심을 다하고 있으며, 바울이 지적한 것처럼 모든 민족과 나라가 복음 앞에 순종하기를 원하기 때문이다(롬 1:5, 16:26).

지역사회 변혁의 기초로서 교회개척

교회개척의 가치는 하나님 나라라는 가치를 실현하고 확장하는 선교활동이다. 과거 식민지 시기의 선교는 서구 열강제국의 팽창과 더불어 서구교회의 지리적 확장과 동일시되었다.[19] 그러나 선교는 교회확장의 수단이나 특정문화나 가치관의 기계적인 이식이 아니다. 선교는 삼위일체 하나님의 본질적 행위이며, 예수 그

---

15 한국로잔위원회 감수, 『케이프타운 서약-하나님의 선교를 위한 복음주의 헌장』, 29.
16 한국로잔위원회 감수, 『케이프타운 서약-하나님의 선교를 위한 복음주의 헌장』, 32-33.
17 한국로잔위원회 감수, 『케이프타운 서약-하나님의 선교를 위한 복음주의 헌장』, 39.
18 한국로잔위원회 감수, 『케이프타운 서약-하나님의 선교를 위한 복음주의 헌장』, 43.
19 Church of England's Mission and Public Affairs Council, *Mission-Shaped Church-Church planting and fresh*

리스도의 성육신 사건의 핵심이다. 교회는 하나님 나라 확장과 선교적 명령을 복종하기 위한 수단이고 공동체이다.

그러나 오늘날 세계는 경제적 · 기술적 변화 뿐 아니라 정치구조와 사회문화적 구조에 이르기까지 끊임없이 변화하고 있다. 인간의 삶의 양식과 기반이 총체적으로 변하고 있는 형국이다. 이러한 변화 속에서 교회는 많은 도전을 받고 있지만, 선교공동체로서 교회는 도전들과 씨름하며 시대와 상황에 맞는 복음의 메시지를 선포하기 위하여 해석하고 실천하며, 하나님 나라의 가치를 외쳐야 한다. 이를 위하여 교회의 선교방식과 교회개척 배가운동 형식은 얼마든지 다양할 수 있다. 교회 안에는 다양한 전통과 표현이 있는데, 그 다양한 표현은 모두 창조주 하나님 한 분을 위한 선교를 수행하는데 근본 목적이 있다. 특히 코트디부아르 아비장 한인교회는 변화하는 사회와 정치구조 상황에서도 다양한 교회개척 형태의 실험을 지속적으로 해 왔고, 지금도 그 실험을 수행하고 있다. 아비장 한인교회가 교회개척 실험에서 놓치지 않는 핵심은 이민 교회의 불황을 극복하기 위한 마케팅 전략이 아닌, 변화하는 세상 속에서 교회의 본질적 사명을 끊임없이 수행하기 위한 선교적 도전이었다. 아비장 한인교회는 지난 20여 년 동안 교회개척 프로젝트의 경험과 신학교 후진양성, 교회와 병원사역의 동시적 사역에 근간을 두고 전 성도의 선교사화로 농어촌 교회 사역에 집중하고 있다. 아비장 한인교회의 백성철 목사는 시골교회 개척의 목적을 선교형 교회로 두면서, "교회는 하나님 선교의 결실이라는 것과 지속적인 하나님의 선교에 참여하기 위해 교회가 존재"한다는 선교철학으로 사역하고 있다.[20]

그의 기도는 철저하게 하나님 중심의 선교를 위해 교회가 존재한다. 또한 정치적 · 경제적으로 힘들어하고 정신적으로 상처가 많은 농촌과 도시 근교의 주민들을 치료(위로)[21]하면서 복음을 구현하고 토착화시켜 가고자 하는 교회 공통의 소명

---

expressions in a changing context(England: The Archbishops'Counil, 2009), 7.

20 백성철, "아비장 한인교회 담임목사와의 개척교회탐방 동행과 대화"(아비장: 아비장 한인교회, 2016). 연구자는 2016년 7월 5일–8일까지 서부 아프리카 코트디부아르 서북부 지역을 탐사한 바 있다.

21 오영철, "태국 카렌 민속불교권을 향한 선교전략,"「ACTS신학저널」제21권 (2014, no.3), 125.

을 반영하기 위해 노력하고 있다.

특히 2010년 케이프타운 로잔 문서에서 강조한 "우리는 복음이 가져다준 확신을 사랑하고, 복음이 낳는 변화를 사랑한다"[22]는 문구에 기초하여, 삶을 변화시키고 지역을 변화시키는 것은 하나님의 능력임을 믿고 사역에 전념해 오고 있다. 이 복음은 모든 믿는 자에게 구원을 주시는 하나님의 능력이 되기 때문이다(롬 1:16). 믿음만이 복음의 복과 확신을 얻는 유일한 방법일 뿐 아니라 믿음은 결코 그 자체로 남아 있는 것이 아니라 순종의 형태로 나타난다는 것임을 알고 지속적으로 교회개척을 통한 지역사회 변화를 추구하고 있다. 아비장 한인교회의 시골교회 개척, 그리고 온 성도들의 개척사역 협력은 "사랑으로써 역사하는 믿음"에 근거하고 있다(갈 5:6). 아비장 한인교회의 선교적 목표는 모든 지역과 마을들 가운데 "믿음의 순종"을 일으키는 것이다(롬 1:5, 16:26). 이 강력한 언약적인 언어는 아브라함과 그의 후손들을 떠올리게 한다. 아브라함은 하나님의 약속을 믿었고, 그 믿음의 증거로 하나님의 명령에 순종했다. 그 후손들 역시 하나님의 말씀을 믿고 고난과 역경을 극복하면서 하나님께서 명령하신 길을 걸었다(창 15:6, 22:15-18; 히 11:8). 이와 동일한 길을 걷기 위해 아비장 한인교회의 전 성도가 복음이 요구하는 순종, 하나님의 명령에 대한 지속적인 순종, 거룩하게 하시는 성령을 통해 교회개척 사역을 하고 있다(롬 8:4).

또한 아비장 한인교회가 지역사회 변혁의 기초로서 교회개척을 끊임없이 수행하는 것은 "우리는 하나님의 백성을 사랑한다"는 사실에 기초한다.[23] 하나님의 백성은 모든 세대와 모든 마을로부터 나온 새 창조의 시민으로서 그리스도의 명령에 참여하도록 선택하여 부르고, 구원하고 거룩하게 하신 하나님의 소유이며 백성이기 때문이다. 하나님이 영원에서 영원까지 그리고 모든 혼란과 반역의 역사 중에도 사랑하신 백성으로서, 우리는 서로 사랑하라는 계명을 받았다.[24] 이를 지키기 위하여 우리도 지역사회 개발과 변혁의 기초로서 교회개척에 적극적으로 동

---

22 한국로잔위원회 감수, 『케이프타운 서약-하나님의 선교를 위한 복음주의 헌장』, 52-53.
23 한국로잔위원회 감수, 『케이프타운 서약-하나님의 선교를 위한 복음주의 헌장』, 55 재인용.
24 한국로잔위원회 감수, 『케이프타운 서약-하나님의 선교를 위한 복음주의 헌장』, 55 재인용.

참한다는 것이 아비쟝 한인교회의 목표이다.[25] 아비쟝 한인교회는 교회개척을 통한 지역사회 변화의 기초로서 "사랑은 하나 됨을 요청한다" "사랑은 정직을 요청한다" "사랑은 연대를 요청한다"[26]는 로잔운동 정신과 맥을 같이 하고 있다.

교회개척을 통한 하나님의 선교 성취

예수 그리스도를 주(主)로 믿는 성도와 교회는 세계 선교에 헌신한다. 세계 선교[27]가 하나님과 성경, 교회와 인류역사 그리고 궁극적인 미래를 이해하는 것이 핵심이기 때문에, 아비쟝 한인교회는 하나님의 선교를 사랑하고 하나님의 선교가 이루어지도록 헌신하고 수행한다. 우리는 성경 전체가 언급하고 있는 하나님의 사랑, 십자가의 보혈을 통해 화목을 이루시는 예수 그리스도, 십자가를 통해 하늘과 땅이 하나 되게 하는 하나님의 선교를 드러냄을 보게 된다. 하나님은 죄와 악으로 깨어진 창조세계를 더 이상 죄와 저주가 없는 새로운 창조세계로 변화시킴으로써 자신의 선교를 성취시킬 것이다.[28]

그리고 아비쟝 한인교회가 코트디부아르에 있는 것은 하나님의 뜻을 따라 "생명 살리는 일에 적극적으로 동참"하기 위한 것으로 보아야 한다.[29] 그리고 아비쟝 한인교회가 지역사회 개발과 하나님의 선교를 적극적으로 수행하고 있는 이유는 "열정, 하나님의 일 동참, 하나님이 좋아하시는 영혼 살리는 일에 쓰임받기 위함,[30] 하나님의 마음을 시원하게 해 드리기 위함(갈 1:10), 복음의 파수꾼이 되기 위함"이라는 선교적 목표 때문이다.[31] 그리고 예수 그리스도의 좋은 소식을 정확히 이해하고 전달하는 것의(롬 1:3) 목표가 바로 예수 그리스도였다(눅 24:27,44). 바울

---

25 백성철, 『2016년 아비쟝 한인교회 핸드북』(아비쟝: 아비쟝 한인교회, 2016).

26 한국로잔위원회 감수, 『케이프타운 서약─하나님의 선교를 위한 복음주의 헌장』, 55-58.

27 Ralph D. Winter, "The Long Look, Eras of Missions History," *Perspectives on the World Christian Movement*, Edited by Ralph D. Winter, Steven C. Hawthrone(Pasadena CA: William Carey Library, 1981), 167-168.

28 한국로잔위원회 감수, 『케이프타운 서약─하나님의 선교를 위한 복음주의 헌장』, 59.

29 백성철, 2015년 6월 22일-29일까지 서부 아프리카 제1회 선교포럼 식사 중의 대화에서 언급한 것임.

30 장훈태, "서부 아프리카 코트디부아르 한인디아스포라의 역할과 선교," 『복음과 선교』 제76권(2015.10), 346-347.

31 백성철, 『2015년 아비쟝 한인교회 핸드북』(코트디부아르 아비쟝: 아비쟝 한인교회, 2015), 2.

은 "그의 아들에 관하여" 성경에 미리 약속하신 것이라"는 것을 믿으면서 예수 그리스도는 성경의 좋은 소식임을 알리기 위함이었다.[32] 복음의 기쁜 소식을 전하는 것을 하나님의 소원을 이루는 것으로 알고 전 성도가 기도, 열정, 헌신으로 교회개척 사역을 통한 선교에 매진했다. 그들은 교회개척 사역으로 전 성도가 서로 사랑으로 연대하고 믿음과 복음증거로 인해 박해[33]를 받는다 해도 교회를 돌보는 일을 우선순위에 두었다. 아비쟝 한인교회 전 성도 또한 하나님의 선교를 사랑하는 믿음을 갖고[34] 교회개척선교사역에 참여하고 있다. 이들은 성경 전체가 십자가의 보혈을 통해 화목을 이루시는 예수 그리스도 아래 하늘과 땅의 모든 것을 하나 되게 하는 하나님의 선교를 드러내고 있다.[35]

우리는 교회개척을 통한 하나님의 선교에 참여하면서 우리의 선교가 지녀야 할 총체성을 재확인하고 있다. 이는 단순히 복음전도와 사회참여가 나란히 이루어져야 한다는 의미가 아니라 총체적 선교 안에서 우리가 사람들을 삶의 모든 영역에서 사랑과 회개를 행하도록 요청하기 때문에, 우리의 선포가 사회적인 모습을 지니게 된다.[36]

결론적으로 제3세계 지역인 서부 아프리카 코트디부아르 지역의 교회개척 사역은 로잔운동 정신과 아비쟝 한인교회의 선교 목표와 일치하고 있다. 이에 교회는 전 성도의 선교사화(化) 교육을 통해 지역별 교회개척 사역과 하나님의 선교를 성취하는 데 헌신하고 있다. 아비쟝 한인교회는 하나님의 무한사랑에 대한 응답으로서, 그리고 그분에 대한 우리의 넘치는 사랑 때문에 한 영혼을 구원하는 일에 전념하면서 창조세계를 돌보고 변화시키는 일에 앞장서고 있다.

---

32 Tom A. Steffen, *Passing The Baton Church Planting That Empowers* 『타문화권 교회개척』 김한성 역(서울: 토기장이, 2010), 244.

33 William Taylor, Antonia van der Meer, Reg Reimer, *SORROW & BLOOD -Christian Mission in Contexts of Suffering Persecution and Martyrdom*(Pasadena, CA: William Carey Library, 2012)에는 현대 선교 현장의 순교와 박해 이야기가 담겨 있다.

34 한국로잔위원회 감수, 『케이프타운 서약—하나님의 선교를 위한 복음주의 헌장』, 59.

35 한국로잔위원회 감수, 『케이프타운 서약—하나님의 선교를 위한 복음주의 헌장』, 59 재인용.

36 한국로잔위원회 감수, 『케이프타운 서약—하나님의 선교를 위한 복음주의 헌장』, 61.

아비쟝 한인교회의 현지인 교회개척 현황

교회의 선교목표 실천

아비쟝 한인교회는 교회 설립 이후 두 가지의 목표를 두고 현재까지 사역해 왔다. 곧 교회설립(Church Planting)과 대도시 중심의 선교이다. 교회의 목표를 실현하기 위한 근거로 다니엘 12장의 "지혜 있는 사람은 많은 사람을 옳은 데로 돌아오게 하는 자"라는 사실을 알고 전도와 선교하는 일을 실천적 사명으로 지키고 있다.[37]

교회의 선교목표는 "기도의 사람, 말씀의 사람, 능력(성령)의 사람, 선교와 전도의 사람"이다. 이는 디모데전서 4장 5절의 "하나님의 말씀과 기도로 거룩하여짐이라"는 말씀에 근거하여 교인들을 선교사로 훈련[38]한다. 전 성도의 훈련은 신앙의 3단계로서 변화→성숙→헌신이라는 단계를 경험하도록 하고 있다. 곧 전 성도는 예수를 믿고 변화를 받아 말씀과 기도로 성숙하여 하나님과 사람을 위해 헌신하는 사람이 되는 목표를 세워 놓고 이를 실천하고 있다. 또한 교회의 선교목표 실천을 위해 "바른 교회생활을 위한 십계명"을 만들어 교육하고 있다. 바른 교회생활의 십계명을 보면 다음과 같다.[39]

"주일을 거룩하게 지키라(주일 성수), 십일조를 온전히 드리라(십일조 생활), 성경을 부지런히 읽으라(성경 통독), 선교와 전도를 열심히 하라(태신자 운동), 맡은 직분에 충성스럽게 봉사하라, 신앙생활을 적극적으로 하라, 말씀대로 살고 실천하라, 찬송을 열심히 잘 부르라, 기도를 생활화하라, 힘들고 어려운 일이 있을 때 아비쟝에서 새벽기도를 시작하라."

바른 교회생활을 위한 십계명의 실천은 "별과 같이 빛나는 사람"이 되고 세계

---

37 백성철, 『2016년 아비쟝 한인교회 핸드북』, 2-3.
38 류종수, "중국선교사 티모시 리차드의 선교원칙," 『ACTS 신학저널』 제26권(2015 no.4), 244-245.
39 백성철, 『2016년 아비쟝 한인교회 핸드북』, 1.

복음화와 지역사회 개발을 위한 원동력이 된다. 또한 우리의 삶을 선교적인 삶으로 하나님께 드리려는 헌신과 하나님의 약속을 믿고 실천하려는 의지가 담겨 있다. 전 성도들은 "만선(滿船)보다 더 귀한 축복이 예수 그리스도를 만나 사명을 깨닫는 것"이라고 믿고 있다(눅 5장). 온 교회의 성도들은 하나님께서 주신 사명을 깨닫고 실천하는 가운데 두 가지 사역을 하고 있다. 그것은 신학교 사역과 교회개척과 건축사역이다. 하나님께서는 코트디부아르 뿐 아니라 ECOWAS15비전을 교회와 성도들에게 주셨다. 이를 위해 2015년 10월 이후부터 본격적으로 교회개척 사역에 전념할 목표를 두고 있다. 그 이유는 2015년 10월에 대통령 선거를 평화롭게 치르고 난 뒤 5년간 비약적인 경제성장과 함께 국민소득도 향상될 것이기 때문이다. 이에 맞춰 교회의 선교목표를 이루기 위하여 전 성도의 선교사화, 전 성도의 신학화를 위해 노력하고 있다.

아비쟝 한인교회가 선교목표를 실천하는 도구로 2010년 6월 뉴욕장신 아비쟝 분교를 설립한 이후 4년 동안 5명의 성도들이 신학사(Th.B) 학위를 받았다. 현재는 교회에서 신학대학원(M.Div.) 과정을 설치 운영하고 있다. 교회가 성도들의 선교사화, 신학화에 열정을 쏟는 것은 올바른 복음의 선포와 오직 예수 그리스도만을 전하기 위해서이다.[40]

아비쟝 한인교회가 교회개척 사역에 힘을 쏟는 또 한 가지는 긴급성이다. 예수 그리스도께서 재림하실 것이라는 종말론적 믿음과 코트디부아르의 60개 종족 모두가 복음을 들어야 한다는 절대적 사명감 때문이다. 아비쟝 한인교회는 예수 그리스도의 지상명령과 재림을 기대하면서 현지인 교회개척과 중국인 이주민을 위한 교회개척으로 한인 디아스포라의 선교적 역할을 충실히 하고 있다.

아비쟝 한인교회의 교회개척 현황

아비쟝 한인교회는 1996년부터 2016년 현재까지 전국에 교회를 개척하고 있

---

40 백성철, 『2016년 아비쟝 한인교회 핸드북』, 2–3.

다. 1999년부터 2011년까지 쿠데타와 내전으로 어려움을 겪으면서도 한인교회를 통한 교회개척과 복음확장을 멈추지 않았다. 하나님의 온전하신 축복과 은혜를 경험한 온 성도들은 하나님의 관점과 믿음의 눈으로 코트디부아르의 종족들을 바라보면서 교회개척과 선교적 역할을 위하여 아비장 한인교회 사역에 최선을 다하며 현지인 교회개척(도시와 Village 교회)사역, 신학교사역(IPTECI)을 위해 지속적으로 헌신하고 있다.

아비장 한인교회의 선교활동으로 인하여 다양한 변화가 일어나고 있다. 교회가 현지인 선교를 시작하는 동안 발생한 변화는 세 가지이다. 첫째, 한인교회 성도들의 선교 동력화(Mobilization), 뚜렷한 목적의식(Missional Church), 네트워킹 시너지(Networking Synergy) 등이다.[41] 교회의 선교활동과 사명의식과 책임감 있는 사역은 성도들과 지역사회의 변화발전 현상을 목격하면서 보다 진취적인 개척사역을 이루고 있다. 아비장 한인교회가 복음화운동과 복음전달 사역을 위해 개척한 교회는 80여 개에 달한다. 이를 위하여 한국과 미국, 코트디부아르의 유력한 교단인 하나님의 성회와 파트너십(partnership)을 맺고 있다. 또한 프랑스 개신교 교단과의 협력관계 구축을 통해 협력의 관계로 선교사역을 보다 구체화하고 있다.

아비장 한인교회가 불어권 아프리카에서 교회개척을 지속적으로 수행하는 것과 한인 디아스포라의 역할을 더욱 구체화한 것은 그만한 이유가 있었다. 그것은 제3세계의 불안정한 국내 정세로 인한 교회의 인적·물적 자원의 어려움을 겪으면서도 오히려 감사하고 하나가 되어 선교의 사명을 우선순위에 두었기 때문이다. 그리고 교회의 재정지출의 우선권을 선교에 두었고, 협력교회와의 동일한 사명의식으로 사역의 영역이 확장되었다.[42] 1996년부터 아비장 한인교회가 도시교회와 농촌(빌리지)교회 개척을 하게 된 것은 하나님 나라 확장에 대한 꿈 때문이다. 백성철 목사는 이렇게 말한다.[43]

---

41 백성철, 『2016년 아비장 한인교회 핸드북』, 6-8을 보라.
42 백성철, "아프리카 선교의 실태와 전망," 「기독일보」 2012.06.06. http://kr.christianitydaily. com/home/news/services/print.php?article_id=63573. 2016년 7월 28일 접속.
43 백성철, "아프리카 선교의 실태와 전망," 2016년 7월 28일 접속.

"우리가 거점 도시 교회와 빌리지 교회 개척에 열을 올리는 것은 이렇습니다. 복음을 모르는 지역에 복음을 전하고 죽어 가는 영혼들을 구하고자 하는 열망만으로 사역을 시작했습니다. 지나고 보니 성경에 나타난 사도 바울의 전략과 또한 21세기에 우리에게 주어진 시대적 선교적 사명에 부합하는 것임을 발견하게 되었습니다."

아비쟝 한인교회 백성철 목사의 선교사역 비전은 "코트디부아르에서 교회개척 사역과 신학교와 농촌개발 사역은 오직 하나님 나라의 확장"이라고 말한다. 디아스포라 선교사역의 역할은 성경적 선교전략과 실천과 시대적 사명을 완수하려는 책임감에서 비롯되었다. 이러한 선교적 역할로 지난 20여 년 동안 많은 도시와 지방에 교회를 개척했다. 아비쟝 한인교회가 세운 거점 도시 교회는 다음과 같다. [44]

1 Dabou 교회(담임목사:Simon) 2 Abobo 교회(담임목사:Samuel) 3 Bingerville 교회(담임목사:Nicolas) 4 Yopougon 교회(담임목사:Tahi Paul) 5 Divo-Ambler 교회(담임목사:Donatien) 6 Anyama 교회(담임목사:Adou) 7 N'Douci-Bonne Nouvelle 교회(담임목사:Norbert) 8 Sassandra 교회(담임목사:Guei) 9 Deux-Plateaux 교회(담임목사:Clement) 10 San-Pedro 교회(담임목사:Bobi) 11 Issia 교회(담임전도사:Samson) 12 Abengourou 교회(담임전도사:Faraday) 13 Ande 교회(담임목사:Kore) 14 Yopougon-Antioche 교회(담임목사:Daniel) 15 Duekoue 교회(담임전도사: Abie) 16 Adiake 교회(담임전도사:Honore) 17 Aboisso 교회(담임전도사:Narcisse)

위의 교회들 외에도 1개 교회가 더 있는데, 이들 교회들은 주로 도시에 있는 교회들이다. 도시를 중심으로 하여 빌리지 교회를 개척하고 후원하는 사역을 한다. 거점 도시 교회들은 인근 빌리지 교회개척을 통하여 하나님 나라 확장을 위해 헌신하고 있다. 거점 도시 교회들이 개척한 80여 개의 빌리지(농촌) 교회의 수는 다음과 같다.

---

44 백성철, "아비쟝 한인교회 교회개척 통계자료"(아비쟝: 아비쟝 한인교회 선교위원회, 2016).; 2016년 7월 3일 이메일로 송부받음.

*다부교회 1개 *벤자빌교회 3개 *디보교회 4개 *아보보교회 1개 *은두시교회 1개 *싸쌍드라교회 1개 *아냐마교회 2개 *다나내교회 48개 *가뉴아교회 9개 *이시야교회 8개 *요뿌공안디옥교회 1개.

지금도 빌리지 교회개척은 계속되고 있다. 거점 도시 목회자들의 성경적 세계관과 가치체계, 장로교 헌법에 맞는 목회윤리 실천, 선교적 사명을 갖고 교회개척에 열정을 쏟고 있다. 제3세계 아비쟝 한인교회가 거점 도시와 빌리지에 교회가 개척되고 성도들이 많이 모이면 재정지원을 통하여 교회를 건축하기도 한다. 지금까지 아비쟝 한인교회가 지원하여 헌당한 현지 교회들을 보면 다음과 같다.[45]

1997. 1. 1 * Bouake 현지인 교회 개척($6,136m^2$)

2000. 7. 15 Bingerville교회 헌당식(1)($673m^2$)

2004. 7. 17 요뿌공−GNC교회 헌당식(5)($2,029m^2$)

2004. 12. 22 N'Douci−Bonne Nouvelle교회 헌당식(6)($103,300m^2$)

2005. 11. 26 Sassandra교회−NY 동북노회 헌당식(7)($25,007m^2$)

2006. 12. 6 Anyama 선교센터 부지구입($6,000m^2$)

2007. 7. 23 Deux−Plateaux교회 헌당식(8)($600m^2$)

2008. 8. 24 Armebe−삼양빌리지교회 헌당식($6,000m^2$)

2009. 8. 1 Anyama교회 헌당식(9)($2,000m^2$)

2009. 8. 11 Yaobou 빌리지교회 헌당식($10,000m^2$)

2010. 8. 19 Danane 교회 헌당식(10)($7,000m^2$)

2009. 8. 29 아냐마 미션센터 헌당식($4,000m^2$) 니제르

2010. 8. 20 Grobiakoko 빌리지교회 헌당식($2,400m^2$)

2010. 8. 21 아비쟝 한인교회헌당식

---

45 백성철, "아비쟝 한인교회 교회개척 통계자료," 재인용.

지금도 교회건축사역을 하면서 교회 앞에는 유치원과 병원을 건립하여 지역사회개발을 통한 문맹퇴치 운동, 의료지원을 통한 치료사역도 겸하고 있다. 교회개척을 통한 지역사회개발은 로잔운동과 선언문과도 일치하는 부분이 많다. 로잔언약 "전도와 사회참여"에서는 그리스도인과 교회의 사회적 책임에 관하여 분명히 언급한다.[46] 아비쟝 한인교회와 로잔언약을 기준한 것은 아니지만 예수 그리스도의 지상명령과 로잔언약과 일치한 부분이 많다. 로잔은 전도의 중요성을 강조하지만 동시에 로잔언약은 "우리는 전도와 사회─정치적 참여가 우리 그리스도인의 양면임을 인정한다"고 적극적인 표현을 하고 있다.[47] 백성철 목사가 복음을 모르는 이들에게 복음을 알리기 위한 것이라고 한 부분은 "구원은 우리로 하여금 개인적 책임과 사회적 책임을 총체적으로 수행하도록 우리를 변화시켜야 한다"라고 한 부분에서 로잔정신과도 일치한다.[48]

제3세계 지역교회 개척사역은 선교사 혹은 한인 디아스포라 지도자의 하나님의 관점에서 세상을 보고, 온 민족을 복음화하려는 철저한 목회선교철학이 내재되어 있어야만 한다. 그리고 온 성도들의 말씀에 변화된 삶과 현지 목회자들의 주도적 전도활동이 있어야 한다. 디아스포라 한인교회와 현지 목회자들은 선교의 현지화 및 토착화를 궁극적으로 추진한데서 거점 도시 교회와 빌리지 교회개척이 가능하게 되었다.[49]

교회개척을 통한 선교의 영향들

제3세계 지역인 코트디부아르 서북부 지역을 비롯한 아비쟝 주변의 교회개척 선교사역은 다양한 반응들이 나타난다. 코트디부아르는 1999년부터 발생한 쿠데

---

46 LOP 3. John Stott, The Lausanne Covenant—An Exposition and Commentary(Lausanne Occasional Papers No.3), p.15.
47 LOP 3. 15.
48 조종남, 『세계복음화를 위한 로잔운동의 역사와 신학』 (서울: 선교햇불, 2013), 101.
49 백성철, "아비쟝 한인교회 교단 현황판,"(코트디부아르 아비쟝: 아비쟝 한인교회, 2016), 2016년 6월 24일─7월 8일까지 체류하는 동안 정리한 것임을 밝힌다. 아비쟝 한인교회는 거점 도시 및 빌리지 교회

타로 인한 정치·사회적으로 불안한 분위기가 팽배했었는데, 이런 불안한 사회분위기는 서민들의 경제적 가난으로 이어지고, 가난은 곧 국가 빈곤으로 이어져 불평등사회가 되기도 한다. 반면, 불안한 사회 분위기에서 영원하고 진실한 것을 탐구하는 것에 관심을 갖거나 도시와 마을로 몰려오는 현대화가 실행되는 동안, 전통적인 가치체계를 전복시키면서 더 의미가 있는 해결방법으로 향한 열린 문을 조성하게 된다.[50]

한편, 아비쟝 한인교회가 거점 도시와 빌리지에서 교회개척 선교사역을 통해 미치는 선교의 영향들은 다양하게 나타나고 있다. 아비쟝 한인교회가 현지인 선교를 시작하면서 세 가지 커다란 변화가 일어나고 있다.[51] 그것은 첫째, 한인교회 성도들의 선교 동력화(Mobilization)이다. 둘째, 교회의 목적이 뚜렷해지고 있다. 셋째, 디아스포라 교회와 선교단체, 사역자들과 협력하여 섬기므로 네트워킹 시너지(Networking synergy)가 나타나고 있다. 백성철 목사는 이 세 가지 반응은 제3세계 선교를 위한 역량강화와 선교 지향적 교회,[52] 선교적 기도의 조력자들이 많아지고 있다고 말한다.[53]

아비쟝 한인교회가 정치사회적 불안이 심화된 상황에서 교회개척 사역은 도리어 좋은 조짐으로 나타났는데, 그것은 바로 교회개척 사역과 선교를 실행할 수 있도록 절호의 기회가 되었다. 지금 아프리카에서 교회개척 사역은 "땅 따먹기"라

를 관리하기 위하여 총회를 조직하기도 했다. 총회의 명칭은 코트디부아르 복음장로교회 총회(EEPCI: EGLISE EVANGELIQUE PRESBYTERIENNE DE COTE D'IVOIRE)이다. 총회 조직(EEPCI)은 총회장 백성철 목사, 부총회장 아두 목사 사무총장 게이 목사, 회계 아비에 목사, 부사무총장 사무엘 목사, 부회계 니콜라 목사, 감사 은듀 목사, 행사기획담당 다니엘 목사로 되어 있다. 총회 산하에 5개의 노회 곧 EEPCI 5개의 노회들(5노회, 80여 교회, 7,000여명의 교인)은 1.동노회 2.서노회 3.서남노회 4.서중노회 5.남노회가 있다. 2000년도에는 입태시 신학교도 설립했다(IPTECI:Institu Presbyterrienne Theology Evangelique Cote D'Ivoire).

50 David Garrison, *Church Planting Movements-How god is Redeeming a Lost World*『하나님의 교회개척 배가운동』 이명준역(서울: 요단출판사, 2012), 257.

51 백성철, "아프리카 선교의 실태와 전망," 재인용.

52 Rick Rouse, Craig Van Gelder, *A Field Guide for the Missional Congregation*『선교적 교회만들기』황병배·황병준 역(경기: 한국 교회선교연구소(KOMIS), 2013), 43-116을 보라.

53 백성철, "백성철 목사의 개척교회 탐방," 2016년7월4일-8일(4박5일 동안 18개의 거점도시와 빌리지 교회를 방문).; 아비쟝 한인교회는 선교위원회의 활동이 매우 활발한 편이다. 선교위원회는 당회원들이 주축되어 활동하면서 다양한 사역을 펼친다.

할 수 있을 정도로 선교 환경이 아주 좋은 편이다. 이러한 기회를 놓치지 않고 한 국 교회와 선교단체가 적극적으로 동참할 필요가 있다. 코트디부아르의 교회개 척은 현지인들 나름대로 독립과 토착화 그리고 현지 교회의 자치, 자립, 자전으로 자생하기 때문이다.[54]

또한 전 성도들이 하나님 앞에서 선교를 위하여 솔직히 대화할 수 있을 뿐 아니 라 책임감 있는 선교사역에 동참하고 동역자를 물색하는 일에도 적극적으로 활동 하고 있다. 거점 도시와 빌리지 교회개척을 위한 새벽기도회의 활성화와 영적 훈 련에 전념하는 일, 강력한 기도후원 네트워크가 든든해지고 있다. 그 외에도 교회 개척 사역 선교를 통한 시너지 효과가 더 많이 일어나고 있다. 그것은 외부와의 고 립에서 벗어나게 되고, 회심에 따른 큰 희생이 발생하면서 두려움이 없는 담대한 믿음을 소유한 자들이 많아지고 있으며, 한 사람의 회심으로 인해 가족 회심과 하 나님의 기적을 경험하는 일, 하나님의 영광을 위해 고난당하는 일을 영광스럽게 생각하게 되는 것이다.

교회개척 사역을 통한 선교는 디아스포라 한인교회와 조국교회에 다양한 영향 을 주게 된다. 즉, 공동체를 위한 기도 활성화, 공동체를 복음으로 넘쳐 나는 일, 하나님 말씀을 고수하는 일, 외부의 의존성과 맞서 싸우는 일, 재생산[55]할 수 없 는 요소들을 제거하는 일, 교회와 온 성도들이 원하는 비전을 훈련하는 일, 온 성 도를 위한 재생산의 능력을 키우는 일, 모든 성도가 교회개척을 하도록 독려하는 일, 믿음의 본을 보이고 도와주고 지켜보는 일을 통하여 하나님께서 행하시는 일 을 발견하고 동참하게 된다.

---

54 Roland Allens, Missionary Methods, St. Paul's or Ours?(Moody Press: Chicago, 1956)을 보라. 롤랑 알렝 (R. Allen)은 영국 성공회 선교사로서 중국에 파송되어 사역하였는데 그는 앤더슨(R. Anderson)과 헨리 벤(Henry Venn)의 이론을 온전히 수용하고 있다. 이와 마찬가지로 아프리카 교회는 자립, 자전, 자치라 는 방법을 적용하고 있다.

55 최하영, "우크라이나 한인 선교사의 교회개척상황과 그 선교적 과제," 「ACTS신학저널」 제24권(2015, no. 2), 244.

현지인 교회개척 사역을 통한 사회변혁 전략

교회개척 사역은 예수님의 생명과 가르침

제3세계 온 성도의 선교사화를 통한 교회개척은 실제적 항해술을 배워 운항하는 것과 같다. 교회개척 사역은 예수님의 생명과 가르침에 그 뿌리를 내리고 있으며, 신약성경 전체에 흐르고 있는 교회개척 사역과 선교 운동은 오늘날의 표현이다.

이제 우리는 현지인 교회개척 사역을 통한 사회변혁 전략이 무엇인가를 보다 구체적으로 신중하게 모색할 때가 되었다. 그것은 우리가 거점 도시와 빌리지에 교회를 개척하기 위해 우리의 가치판단을 미루고 모든 증거를 하나님 안에서 확인했던 것처럼 새로운 변혁을 위해 인내의 시간을 가져야 한다. 그러나 이제 제3세계에서 교회개척 운동이 현실화되는 상황에서 우리의 통찰력을 행동으로 옮겨야 하는 때가 되었다. 이를 위해 코트디부아르를 비롯한 서부 아프리카 15개국의 선교 환경을 면밀하게 조사하고 분석하여 평가를 통해 정리할 필요가 있다.

예수의 생명과 가르침을 위해 교회는 열정적인 기도, 풍성한 전도, 재생산 교회의 의도적인 개척과 성경의 권위를 드러내야 한다. 그리고 현지 지도력과 평신도 지도력을 존중해 주고,[56] 교회를 개척하는 교회에 대한 현위치를 알고 비전을 실천하는 것이 소중하다. 또한 예수의 생명을 가르치면서 열매를 맺기 위해 시편 2편의 실천과 마태복음 28장 18절-20절에 나타나는 위대한 위임의 의미를 분명하게 파악하는 일이다. 그리고 지역사회의 변혁을 위하여 이사야 선지자가 외쳤던 예언적 계시를 확인(사 60:1-3)해야 한다.

교회개척운동은 세속적 문화와 전통사회 개혁의 원천이 된다. 교회가 존재하는 사회와 족속이 있는 곳에서는 개인적인 결심의 기회(요 1:12)를 주면서 온 천하에 복음을 전파하고(마 16:15), 모든 진리와 생명의 출처인 완전한 성경으로 돌아가

---

56 정홍호, "성경의 리더십을 통한 선교적 리더십에 관한 고찰," 「ACTS신학저널」 제18권(2013), 119-138.; Sherwood G. Lingenfelter, *Leading Cross-Culturally*(Chicago: Baker Books, 2008)

도록 해야 한다. 그래야 모든 열방은 변모할 수 있고 교회 주변은 생동력을 회복하게 된다. 예수의 생명을 소유하게 되면, 첫째, 참되신 하나님 한 분만을 섬기게 되고(렘 9:23-24; 빌 3:8-11), 모든 권위가 예수님으로부터 나온다는 것을 고백하게 된다(시 103:19; 잠 8:15). 둘째, 성경은 하나님과 그분의 세계에 대한 진리임을 고백한다(딤후 3:16). 셋째, 인간은 하나님의 피조물이지만 타락된 존재임을 믿는다(잠 23:7). 넷째, 마을 혹은 공동체의 삶의 기준이 하나님의 성품과 법이 그 기준이 된다(신 32:4-5; 롬 1:19-20). 다섯째, 하나님의 나라가 건설되는 것에 대한 기쁨을 갖는다(계 5:9; 단 4:34; 마 6:33).[57] 이러한 변혁이 교회를 중심으로 일어나면서 사회변혁이 일어나게 된다.

사회를 바꿀 수 있다는 자신감

로잔운동의 정신은 모든 지역에 복음, 즉, 예수 그리스도의 기쁜 소식을 전하는 데 있음을 명시하고 있다.[58] 이와 동일하게 아비장 한인교회 역시 복음을 모르는 지역에서 생명을 살리는 일을 수행하고 있다. 도시와 빌리지를 바꿀 수 있는 것은 성령의 능력이다.[59] 우리는 성령의 능력을 믿는다. 아버지 하나님은 아들을 증거하라고 그분을 보내셨다. 우리는 이 사실을 믿고 사회를 바꿀 수 있다는 자신감을 갖는다. 사회를 변혁시키는 것은 이성적 판단능력과 지식이 아니라 성령의 능력임을 믿는다. 우리는 사회를 변혁시키기 위하여 성령의 협력을 구할 뿐 아니라(고전 2:4; 요 15:26) 온 성도들의 협력을 요구하게 된다.

도시와 빌리지 교회개척 사역을 통한 변화는 "자신이 하나님 안에서 완전하지 않은 자라 할지라도 사회를 바꿀 수 있다는 자신감"을 갖는 일이다. 좋은 교회와 네트워크 시너지가 있다면 완벽하지 않은 복음전도라 할지라도 열매를 거둘 수

---

57 Ron Boehme, *Leadership for The 21ˢᵗ Century* 『21세기의 지도자』 허광일 역(서울: 예수전도단, 1996), 66-76.

58 스위스 로잔언약(1974) 4-5항. 10항을 보라.

59 한국로잔위원회 감수, 『케이프 타운 서약-하나님의 선교를 위한 복음주의 헌장』, 227.

있다. 빌리지 교회를 개척하려 하는데 아프리카 전통신앙(민속신앙)이 뿌리를 내리고 있다면 협력자들과 함께 도전할 수 있겠다는 믿음과 자신이 맡은 영역에 대한 믿음(복음전도 실력), 공통된 기반에 바탕을 둔 다양성[60]을 인정하는 동시에, 이를 극복할 수 있다는 자신감이 있으면 된다. 우리는 전도자에 대해 마을 주민들이 평가를 내린다 해도 무리가 없을 정도로 영적인 능력과 성경적 지식이 있어야 한다. 그리고 마을 주민 중 핵심인물(추장, 주술사)이 누구인가를 파악하는 일이다. 마을 내에서 신뢰할 만한 자가 누구인지, 신뢰할 만한 팀을 어떻게 구성할 것인가도 고려해야 한다. 이러한 사역을 위해서는 사역자가 철저한 선교훈련과 기회를 보는 통찰력이 요구된다. 또한 한 공동체를 변화시키려는 낙관적인 생각과 하나님에 대한 믿음, 자신에 대한 신뢰가 있다면 기존 질서에 대해 도전하게 되고 실패할 때에도 빨리 일어설 수 있다.

선교하려는 지역사회를 변화시키려는 자신감과 스스로 잘한다고 격려하면서 교회개척에 주저없이 도전할 때 선교의 가능성이 보이게 된다. 사회변혁에 대한 지나친 자신감은 실패를 가져올 수 있는 요인도 되지만, 때로는 유연한 목표를 세우고 충돌도 수용할 줄 아는 자세가 필요하다. 우리가 교회를 개척할 때, 대부분 혼성문화가 우리의 선교가 실패할 때까지 도전할 것이다. 이러한 때는 외부적인 도움을 받지 않고 창의적인 사고를 갖고 개인역량과 영적역량을 마음껏 발휘하면 된다. 가끔은 문화적 차이가 문제 해결의 도구가 되기도 하지만 사회적 책임을 다하기 위해서는 상호 협력이 필수적이다.

최후의 영혼구원 시장은 아프리카

전 세계적으로 복음전도의 기회가 가장 좋은 곳은 아프리카라고 할 수 있다. 아프리카는 지금 복음전도의 황금기를 맞고 있는데 그 원인은 '복음의 수용성'에 대한 원주민들의 반응이 좋기 때문이다. 이를 위해 복음사역 숙련자를 육성하여 함

---

60 여기서 '다양성'이란 무조건 다른 의견을 내는 것이 아닌 '공통된 기반'(common ground)이 있어야 함을 말한다.

께 현장에 투입할 때 교회 역시 같이 성장할 것이다. 또한 아프리카 교회가 급성장할 것이라는 미래 지향적인 노력과 영적으로 빈곤한 상태에 있는 주민들과 한평생을 보내려는 사명의식도 필요하다. 가장 가난한 자들의 아버지가 되고,[61] 현지 주민들로부터 신뢰도가 높아야 한다.

최후의 영혼구원 시장에서 사역하려는 자의 역할은 첫째, 교량자(bridge)이다. 물리적·사회적 거리를 좁혀 천국복음 전도를 활성화하는 일이다. 둘째, 사역자가 현지인을 만났을 때 불안감을 갖지 않도록 접근할 필요가 있다. 셋째, 집행자(enforcer)로서 복음전도자와 마을 주민이 상호 협력하고 서로에게 정직한 분위기를 만들면 된다. 넷째, 위험감수자(risk beaner)라는 인식이 들지 않도록 행동하고 보여줄 필요가 있다. 다섯째, 안내자(concierge)의 역할이다. 이는 종교의 홍수(이슬람교, 힌두교, 민속신앙) 속에서 현지인들이 올바른 결정을 내릴 수 있도록 돕는 역할을 할 필요가 있다. 마지막으로는 보호자(insulator)이다. 사회변혁과 개인구원으로 인하여 현지인이 지나치게 탐욕적인 행동을 하거나 자기 홍보를 지나치게 하는 사람으로 간주되지 않고도 원하는 것을 얻을 수 있도록 신뢰를 구축하는 일이다.

그리고 도시와 빌리지의 변화로 인하여 프리랜서들이 많아질 것을 대비하여 보다 근본적인 방법을 모색하여야 한다. 교회개척의 성패에 영향을 주는 '교회와 사역자 간의 관계망'을 잘 구축하여야 한다. 이 관계망을 구성하는 아비쟝 한인교회의 전 성도들과 현지 목회자들의 높은 다양성은 현지인들에게 부정적인 영향을 미치는 것을 완화시킬 수 있다. 이때 한 영혼을 구원하기 위한 전략으로 최종목표를 분명하게 인식하는 일과, 말하고자 하는 것을 충분하게 전달하는 자세가 중요하다.

한인교회를 통한 현지인 교회개척과 필요공급

코트디부아르에는 20개의 주요 도시들이 있다. 아비쟝 한인교회의 초기 교회개척 방향은 주요 도시를 관문으로 삼아 교회를 개척하는 선교정책을 세웠다.

---

61 한국로잔위원회 감수, 『케이프타운 서약—하나님의 선교를 위한 복음주의 헌장』, 237.; 1989년 마닐라 선언 참조.

1996년도부터 매년 한두 개 지역에 교회를 개척하였다. 현재까지 8개의 교회가 헌당식을 가진 상태이지만 앞으로는 더 증가할 전망이다. 그러나 현지인을 통한 교회개척을 할 때 가장 시급한 것은 교역자 수급과 그들의 교육과 의식구조를 바꾸는 것이 우선시되어야 한다는 것이다.[62] 한인교회가 현지인을 어떻게 선발하고 파송하는가에 따라 교회개척의 성패가 나뉜다는 이야기로 볼 수 있다.

한인교회가 갖추어야 할 현지인 양성을 위한 신학교 설립과 현지 특성에 맞는 신학교육, 신앙교육과 성경 암송을 통한 성경인지능력 함양이 필요하다. 이러한 교육시스템을 통해 매년 배출되는 신학생들을 거점 도시와 빌리지에 파송하게 되었다.[63] 한인교회는 이들을 매월 총회본부에 모이게 하이게 하여 성경테스트를 통해 목회자의 사명의식과 책임을 부여하고 있다.

아비장 한인교회의 현지인을 통한 교회개척 선교정책은 매우 독특한 면이 있다. 그것은 첫째, 종족이 같은 목회자를 파송한다. 둘째, 종족과 동일한 언어를 사용하는 목회자를 우선적으로 파송한다. 셋째, 목회자의 고향에서 자기들의 언어로 사역하도록 배려한다. 이러한 선교정책은 다양한 위험성을 사전에 예방하면서 현지어로 사역하기 때문에 복음의 접촉점이 빠르다는 것이다. 넷째, 주요 도시의 교회들은 각 지역에 빌리지 교회를 개척하는 정책을 통해 하나님 나라를 확장하고 있다. 다섯째, 빌리지 교회의 사역자들은 아비장 한인교회의 특별한 지원 없이 변화된 목회자들의 주도 하에 사역이 이루어지고 있다.[64] 아비장 한인교회는 현지인을 통한 교회개척 사역을 하는데 철저하게 "선교의 현지화 및 토착화"를 추구하고 있다. 이는 예수 그리스도의 지상명령을 온전하게 수행하는 선교형 교회의 전략이다. 변화하는 상황에서 교회개척과 지도자 파송과 자립적 사역은 우리가 처한 상황에 맞추어 우리가 선호하는 방식을 택하는 것이 아니라 현지인들이 머물러 있는 곳에서 복음을 구현하는 일이다. 선교는 기도하는 가운데 성령이 일으키는

62 백성철, "코트디부아르 아비장 한인교회 한인교회를 통한 현지 교회의 개척," 「목회와 신학」 (2007.12), 145.
63 백성철, "코트디부아르 아비장 한인교회 한인교회를 통한 현지 교회의 개척."
64 백성철, "코트디부아르 아비장 한인교회 한인교회를 통한 현지 교회의 개척," 146 재인용.

새로운 움직임이며, 예수 그리스도의 명령에 대한 순종이다. 그리고 사랑과 복음을 교회 밖으로 퍼트리는 것이다.[65]

또한 현지인들의 필요를 공급하는 사역이다. 곧 아비장 한인교회와 총회는 예수 그리스도가 우리의 중심이라는 것을 늘 기억하도록 교육하고, 희생적 사랑과 양적 성장을 지원하면서 정직에 기초한 공동체 삶을 지향하도록 월례모임을 통해 교육을 실행하고 있다. 목회자로 하여금 지역사회에서 교회가 왜 필요한 곳인가를 인지하도록 한다. 교회에 대한 경험이 없는 이들의 인구 비중이 매우 높은 도시와 빌리지 지역에서 선교하도록 부름받은 이들은 사람들에게 예배에 참여하고 교회에 방문하라고 요구해도 별다른 효과가 없다. 이런 곳에서 선교적 대응은 해당 주민들이 공동체를 구축하고 쇄신할 수 있는 방향을 제공해 준다. 청소년 문제가 많은 지역에서는 청소년에 초점을 둔 학교활동, 소외된 십 대와 함께하는 활동, 주말클럽활동, 놀이 및 휴일 활동 등의 프로그램을 제공해 준다. 이런 파트너십을 통해 신뢰가 형성되면 장기적으로 교회에 관심이 높아지고 교회에 참여하게 된다.[66] 아비장 한인교회는 로버트 워렌(Robert Warren)이 지적한 것처럼 "지역교회에서 활동하는 그림"[67]을 제공해 주는 일을 하면 된다.

결론적으로 변화하고 있는 세상에서 교회개척과 선교는 하나님의 절대 명령이다. 선교는 삼위일체 하나님의 사역에서 시작되며 선교의 형태와 모델은 예수 그리스도의 사역에 기초를 둔다. 로잔신학은 하나님의 사랑에서 발현되는 예수 그리스도의 전도(Word)와 봉사(Deed)를 이분화하거나 고립시킬 수 없듯이, 교회의 선교를 사랑의 계명에 순종하는 맥락에서 이해하고 있다. 그리스도인의 사회적 책임은 하나님과 인간의 교리, 이웃에 대한 사랑과 그리스도의 사랑의 필요한 표현이라고 할 수 있다. 이를 실현하고 실천하는 장소가 교회이고, 교회를 통하여 예

---

65 Church of England's Mission and Public Affairs Council, *Mission-Shaped Church-Church planting and fresh expressions in a changing context*, 101.

66 Church of England's Mission and Public Affairs Council, *Mission-Shaped Church-Church planting and fresh expressions in a changing context*. 130 재인용.

67 Robert Warren, *Building Missionary Congregation*(Church House Publishing, 1995), 20.

수 그리스도의 삶을 드러낸다.[68] 우리는 로잔운동에서 그리스도인과 사회적 책임
은 하나님과 하나님의 관심에 동참하는 일이라고 본다.

> "우리는 하나님이 모든 사람의 창조주이시며 동시에 심판자이심을 믿는다. 그러므로
> 우리는 인간 사회 어느 곳에서나 정의와 화해를 구현하고 인간을 모든 종류의 억압으
> 로부터 해방시키려는 하나님의 관심에 동참하여야 한다."[69]

로잔신학은 전도와 사회참여, 정치참여는 모두 우리 그리스도인들의 의무라
고 명시한다. 이는 하나님과 인간, 우리 이웃을 위한 우리의 사랑, 그리고 예수 그
리스도에 대한 순종의 필수적 표현들이다. 결국 선교는 하나님 아버지께서 예수
그리스도를 세상에 보내셨듯이, 그리스도께서 하나님의 백성을 보내실 때 부여
한 "희생적인 봉사"로 이해되어야 한다. 이러한 일을 수행하기 위하여 제3세계 지
역인 코트디부아르 아비장 한인교회는 전 성도의 선교사화, 전 성도의 신학화,
전 성도들의 선교 동력화, 선교의식과 목적의식, 네트워킹 시너지가 나타나도록
사역하고 있다.[70] 이러한 사역을 보다 구체화하는 선교의 비전으로 동반자 단계
로서 ECOWAS 15 Vission, 보나콤 협력사역을 중점 사역으로 두고, 동참자 단계
(participant Stage)로 IPTECI 2020을 세웠다.[71] 신학교 내에 대학원 과정 및 박사 과
정 도입을 통해 아프리카 최고의 신학교로 발전시켜 복음전달기관으로 성장시키
겠다는 비전을 갖고 있다. 이 같은 교회의 비전을 성취하기 위하여 교회개척에 대
한 이해, 지역 탐사와 연구, 계획적이고 일관성 있는 예배형식의 다양화, 리더십
양육, 선교 초점의 교육과 사회문제의 관심 등을 고취하여 사역에 전념하고 있다.
아비장 한인교회는 로잔운동의 정신과 맞물려 전 성도의 선교사화를 통한 교회
개척 사역의 비전을 두고 진정한 선교적 교회로서 기준을 갖고 있다. 곧 삼위일체

---

68 조종남, 『세계복음화를 위한 로잔운동의 역사와 신학』, 100-102.
69 LOP 3. p.15.; LC, 5. "그리스도인의 사회적 책임"을 참조하라.
70 네트워크 중심교회로서 새 땅 개척하기는 지역과 교회에 중점을 두고 선교하는 교회의 정당성과 중요성
    에 두고 있다. 네트워크 시너지는 특정사회, 특정문화에 속하는 이를 선교하기 위해 만들어진 것이다.
71 2015년 6월 25일, 백석대학교와 입태시신학교가 MOU를 체결했다.

하나님에게 초점을 두는 사역, 성육신적 교회, 복음과 성령의 능력으로 공동체를 변화시키기 위해 사역하며, 제자를 양육하며, 관계 중심적이다. 이 다섯 가지의 원칙은 교회가 다양하고 유동적인 변화를 구분할 수 있도록 하는 기준이다.[72] 이러한 가치 기준에 맞는 교회로서 그 역할을 다하고 있다.

---

[72] Church of England's Mission and Public Affairs Council, *Mission-Shaped Church-Church planting and fresh expressions in a changing context,* 167—170.

06
코트디아부르
한인 디아스포라의 역할과 선교

선교학의 가장 중요한 관점은 지역학을 포함한 선교문화인류학이다. 그 가운데 한 지역에서 발생하는 사역과 계획들을 실천하는 것을 정책 혹은 전략이라고 한다. 선교에서 하나님의 복음을 들고 정책과 전략적으로 전파하는 것은 매우 중요하다. 복음 전파를 위한 보다 분명한 사역계획은 사역자로 하여금 본질에 충성하도록 극대화할 필요가 있다. 그리고 복음 전파를 위한 현장 조사와 분석과 평가는 전략의 기초가 된다. 이를 위해 선교사로서의 역할을 하면서 한인교회를 개척 설립하여 목회를 통하여 지역을 복음화하는 것은 필연적이다. 이를 위한 예수 그리스도의 지상명령은 복음을 전하고 가르치고, 제자 삼는 일이다. 한인교회 역시 마태복음 28장 18-19절[1] 말씀의 성취를 위하여 보다 분명한 선교와 목회철학을 갖고 있다.

아비장 한인교회에 출석하는 교인들은 선교적 사명을 갖고 영적인 삶과 한 영혼을 구원하기 위한 운동에 참여하고 있다. 특히 교인들로 하여금 한인 디아스포라[2]로서 살아가도록 하기 위한 목회자의 헌신적인 신앙과 지도력은 하나님을 향한 충성된 일꾼이 되도록 하고 있다. 반면, 선교사이면서 목회자로서 지역선교에

---

1 최윤배, "칼뱅의 선교신학과 선교활동," 「성경과 신학」 62(2012):133-159.
2 배희숙, "구약에 나타난 디아스포라 선교," 「선교와 신학」 제16집(2005):13-35.

대한 열정과 비전을 갖고 있지 않다면 디아스포라 선교사적 역할[3]을 수행하기가 어렵다. 그래서 현장 선교사는 선교에 대한 하나님의 부르심을 경험해야 한다. 하나님과 그분의 영광을 위한 사랑, 그리고 사람들의 구원과 그들을 위한 사랑에 뿌리를 둘 때 디아스포라 선교사역이 가능하게 된다.[4] 선교현장을 복음화하려는 강한 의지는 정치적, 환경적 장애물을 뛰어넘기 때문에 아비장 한인교회 선교사역을 위한 연구는 필연적이었다.

서부 아프리카[5]선교를 위해서는 분명한 지역정보[6]에 대한 지식과 영적인 지도가 있어야 할 뿐 아니라 문화에 대한 관점, 세계관에 대한 관점, 타문화적 관점, 하나님 문화 그리고 사람에 대해서도 인식해야 한다. 그리고 서부 아프리카의 문화의 모델과 형식과 의미, 개인과 문화의 격차[7], 물질문화와 기술, 경제문화와 기술, 종교적 믿음과 기술을 비롯한 삶의 주기를 살펴보는 것도 좋은 선교의 기초가 된다. 거기다가 인간 세계에 관하여 의사소통으로서 언어, 의사소통 이외의 것들로 자문화 중심주의와 예술, 형식과 의미, 문화화에 있어서 예술의 사용, 예술의 다른 의사소통적 사용, 기독교 복음을 증거 하는 데 있어서 예술의 사용, 교육, 가

---

3 Paul G. Hiebert, Anthropological Insights for Missionaries, 김동화 외 4인 역 『선교와 문화인류학』 (서울: 죠이선교회 출판부, 1997), 371-373.

4 Paul G. Hiebert, Anthropological Insights for Missionaries, 12. 디아스포라의 선교 신학적 핵심은 하나님의 주권에 순응, 성육신, 그리스도인으로서의 정체성, 교회의 존재 이유라 할 수 있다.

5 한양환 외 3명, 『불어권 아프리카의 사회발전』 (서울: 높이깊이, 2009), 3-12. 최근 들어 아프리카는 세계 최대의 자원보고, 21세기 마지막 기회의 땅이라 불릴 정도로 전 세계 각국의 관심이 높은 곳이다. 세계적으로 석유 및 광물자원 확보경쟁이 가장 치열하게 벌어지고 있고 또한 아프리카 국가들이 경제성장의 잠재력을 보이고 있다. 이에 미국, 유럽, 일본, 중국 등 세계 강대국들이 국가적 차원에서 자원 확보에 지대한 관심을 기울이고 있다.

6 코트디부아르의 건축 상황, 국가개발환경으로 절대빈곤과 기아퇴치, 보편적 초등교육의 달성, 유아사망률감소, 산모건강의 증진, HIV/AIDS 말라리아 및 질병퇴치, 산림훼손과 식수접근권, 위생시설 접근권, 빈민가에 거주하는 도시인구비율감축을 비롯하여 주요개발과제가 무엇인가를 아는 것이다. 산업수요에 맞는 인력양성체제는 정상적인가, 미흡한가? 아비장 도시화와 낙후된 환경은 무엇인가? 서부 아프리카의 허브로서 아비장의 역할과 선교적 교회는 무엇인가를 고민하고 연구해야 한다. 그 외에도 국가발전을 위한 공공행정 및 도시 인프라와 근대화, 경제활성화를 위한 인적자원육성과 정부정책 인지, 주변국과의 외교관계 및 커뮤니티로서의 역할 등도 고려할 필요가 있다.

7 Paul G. Hiebert, Anthropological Insights for Missionaries, 48-55. 문화의 격차 혹은 표현에는 여러 가지 산물이 포함된다. 사람들은 문화에 따라 어떻게 행동해야 하는가? 문화는 주택, 바구니, 카누, 탈바가지, 수레, 자동차, 컴퓨터 등과 같은 물질적인 대상들을 포함하는 것을 산물이라고 한다. 상징체계와 형식과 의미, 형태와 의미의 연합, 형태와 체.. 문화적 통합이 무엇인가를 보다 분명하게 이해할 필요가 있다.

족, 지위와 역할, 종족 그룹의 형성, 사회 통제시스템을 아는 것도 중요한 변수가 된다.[8] 조금 더 구체적으로 보면, 지역사회 변화의 장애물은 무엇인가, 변화의 주 창자는 누구인가, 세계관 변화의 역동성은 무엇인가를 아는 것이 매우 중요하다 는 의미이다. 그러나 이 지역의 연구와 선교방향을 찾는 것은 매우 방대하기 때문 에 여전히 아쉬움이 남을 수 있다. 그렇지만 서부 아프리카 복음화를 통한 변화발 전을 위해서는 이론적인 것보다는 실제적인 것이 필요하다. 이 글은 아비장 한인 교회의 선교사역의 극대화를 위하여 인류학적 이해와 현상학적 연구를 통해 선교 의 실제적 방향을 찾는 데 목적이 있다.

서부 아프리카 코트디부아르 이해와 디아스포라

서부 아프리카 코트디부아르 이해

선교학 혹은 선교사역에 주력하고자 하는 자라면 현장에 거주하는 사람들과 문 화적 상황에 조건 지어져 있는 현상을 아는 지식을 가져야 한다. 서아프리카[9]는 16개국[10]으로 형성되어 있으며 그 가운데 대서양을 끼고 있는 곳이 코트디부아르 공화국(coded'Ivoire, [불]République de Côte d'Ivoire)이다.[11] 영어로는 아이보리 코스트

---

8 Anne Hugon, *Because find riverhead of Africa exploration - Nile river*, 한양환 역 『아프리카 탐험−나일 강의 수 원을 찾아서』(서울: 시공사, 2000)를 보라. 문화를 이해하기 위해서는 "문학작품에 투영된 아프리카의 이 미지"를 보아야 한다. 곧 역사와 문학사, 서구의 시선, 백인의 이데올로기 등.

9 박승무, 『신비의 세계 서아프리카의 역사』(서울: 도서출판, 2002), 29−32. 서아프리카는 니그로인의 고향 이다. 월로프, 세러 및 툭콜로, 만데 또는 만딩고, 모시, 다곰바, 구르마족, 카누리족, 홀라니족 등도 있다.

10 나이지리아, 가나, 감비아 등 16개 국가로 이뤄진 서아프리카 경제 공동체(ECOWAS) 국가들이다.

11 http://ttalgi21.khan.kr/2803 2015년7월4일 접속. 아프리카 50주년 기념의 글: 코트디부아르는 1960년에 독립 이후 안정을 구가했지만 2000년대 들어 남쪽의 정부군과 북쪽의 반군 간에 유혈충돌이 일어난 뒤 나 라 경제가 황폐해지고 인프라도 후퇴했다. 참고로 1960년에 독립한 아프리카 국가는 아래와 같다. 프랑 스로부터 독립한 베냉, 카메룬(영국), 차드, 코트디부아르, 가봉, 말리, 모리타니, 니제르, 세네갈 등이 다. 영국으로 독립한 국가는 나이지리아와 탄자니아이며, 콩고 민주공화국은 벨기에로부터 독립했다. 이 들 국가들의 주요무역대상은 중국, 인도, 프랑스, 이탈리아, 미국, 스페인, 일본 등이다.

(Ivory Coast)라고도 부른다. 코트디부아르는 열대성 기후이며 인구는 2015년 기준으로 2,260만 명 이상 거주하는 곳이다. 1983년부터 공식적으로 명시된 행정수도는 야무수크로이다. 그러나 실제로 수도역할을 하는 도시는 아비장이다. 남서쪽으로 라이베리아, 북서쪽으로 기니, 북쪽으로 말리 및 부르키나파소, 동쪽으로 가나, 남쪽으로 기니만과 접한 곳에 위치해 있다. 종족으로는 부알레족(Bouale), 아그니족(Agni), 말랑케(Malinke) 등 60여 부족이 존재하고 있으며 인근 지역에서 이주해 오는 자가 증가하고 있는 추세이다. 코트디부아르에는 총 19개 주가 있다.[12] 1960년대 프랑스로부터 독립한 이래 몇 번의 쿠데타로 정치적 불안정을 거쳤지만 지금은 정치적으로는 공화제와 단원제를 채택하여 대통령이 통치하고 있다[13]. 정부형태는 대통령제 공화국이다. 화폐는 코트디부아르, 가나, 베냉, 토고 등은 세파를 사용한다.

반면, 코트디부아르의 역사와 경제, 문화를 아는 것도 매우 중요하지만[14] 선교적 관점에서 바라 볼 필요가 있다. 현지에 거주하는 선교사들은 코트디부아르 아비장은 다인종 국가라고 말한다.[15] 수도인 아비장 인구는 150만 명 이상이 거주하는 곳으로 교통, 교육, 문화, 경제의 중심지로서 서부 아프리카의 관문도시 역할을 하고 있다. 최근에는 중국인들이 대거 입국하여 거주함으로 중국선교에 대한 비전을 갖게 함으로 선교 전략적가치가 있음을 시사해 준다. 현재 코트디부아르에서 사역하는 선교단체 WEC, SIM, CMA, Wycliff(WBT) 등이 진출하여 활동하고 있다.

코트디부아르의 종교는 이슬람교(북부 중심)가 35%로 대세이지만 토착종교는

---

12 https://ko.wikipedia.org/wiki/%EC%BD%94%ED%8A%B8%EB%94%94%EB%B6%80%EC%95%84%EB%A5%B4 2015년6월29일 접속. 코트디부아르의 각 주(州)는 다음과 같다. 1. 아그네비 주, 2. 바핑 주, 3. 바사상드라 주, 4. 뎅겔레 주, 5. 디쥐르몽타뉴 주, 6. 프로마제 주, 7. 오트사상드라 주, 8. 라크 주, 9. 라곤 주, 10. 마라우에 주, 11. 무아·카발리 주, 12. 무아·코모에 주, 13. 은지코모에 주, 14. 사반 주, 15. 쉬드방다마 주, 16. 쉬드코모에 주, 17. 발레뒤방다마 주, 18. 워로두구 주, 19. 장잔 주 등이다.

13 신원용 외 6명, 『아프리카의 지역통합과 세계화』 (서울: 신지서원, 2005), 3.

14 Paul G. Hiebert, Anthropological Insights for Missionaries, 40. 복음은 항상 인간의 문화적 형태 안에서 표현되고 이해되어야 한다(40).

15 아비장 한인교회 홈페이지 접속 2015년 7월 1일.

25%–40%, 기독교 신자(남부 중심)는 20–30%가 된다. 이곳의 전통종교는 애니미즘으로 무당, 마법사, 심령치료사 등의 미신도 깊이 뿌리를 내리고 있으며 대부분의 사람들 모두가 정령숭배자라고 보는 것이 무방하다는 것이 현지 목사의 견해이다.[16] 국민의 2/3이상이 정령신앙에 묶여 있다는 것은 사람들은 현실에 다른 전제를 갖고 대하기 때문에 세계를 다르게 인식한다. 이를 세계관이라 한다.[17]

한편, 마을 공동체의 조직문화는 추장이나 무당에 의해 움직이고 있어 새로운 것을 수용하는데 어려움이 뒤따른다.[18] 원래 전통적인 신앙에는 구전(口傳), 순수하게 개인적인 영감으로 나온 실체가 없는 루머로 해석해 나가는 경향이 있다.[19] 그러나 코트디부아르의 60여 개 이상의 종족들은 구전(口傳)과 전통, 정령숭배에 의한 신 존재 중심으로 형성되어 있어 전승(傳承)만이 실제로 유효하다.[20] 그래서 이들은 정령숭배와 구전전통을 중요하게 여긴다.

서부 아프리카 코트디부아르의 언어와 가치

코트디부아르의 언어는 프랑스어를 공용어로 사용한다.[21] 그러나 60여 개 이상의 소수민족들 사이에서는 자신들의 언어를 사용하기도 한다. 아프리카의 역사를 보면 2천여 개 이상의 언어가 사용되고 있다. 이는 각기 다른 지역과 종족의 언어집단이 자신들을 고유한 문화적 · 역사적 전통을 가진 하나의 민족 집단으로 동

---

16 장훈태, "제1차 서부 아프리카 선교포럼," 2015년 6월 22일–25일까지 인터뷰.; 아비장 한인교회 백성철 담임목사 역시 전 국민이 정령신앙으로 인해 새로운 종교에 대한 수용성이 떨어진다고 말한다.

17 Paul G. Hiebert, Anthropological Insights for Missionaries, 62–65.

18 Antoine Glaser Stephen Smith, *Ces Messieurs Afrique -Le Paris-Village du continent noir* (Paris: Calmann Lévy, 1992), 8.

19 김윤진 · 김광수, 『서아프리카 역사 이해』 (서울: 다해, 2013), 21.

20 장훈태, "제1차 서부 아프리카 선교포럼," 2015년 6월 22일–25일까지 인터뷰.

21 김진식 · 정남모, 『세계 프랑스어권 지역의 이해』 (서울: UUP, 2009), 16–56. 프랑스의 지배를 받은 아프리카 국가는 가봉, 기니, 니제르, 말리, 모리타니아, 베냉, 부르키나파소, 세네갈, 중앙 아프리카, 코트디부아르, 콩고, 콩고민주공화국, 토고, 르완다, 마다가스카르, 부룬디, 적도기니, 지부티, 차드, 카메룬, 코모로 등 21개국이다. 북아프리카 마그레브 지역도 프랑스어권에 속한다. 알제리, 튀니지, 모로코든 1830년, 1881년, 1912년에 각각 식민지가 되기도 했다.

일시하고 있음을 의미한다.[22] 사실 아프리카인들은 서로 하나라는 의식과 가치를 지니고 있다. 그러면서 언어는 다르지만 아프리카라는 커다란 공동체를 생각하고 있다. 이는 '흑인들의 땅'인 동시에 '순혈주의 사고방식과 가치체계'를 갖고 있기 때문이다.

역사학자와 유럽의 백인들은 초기에 인종을 아리안(Aryan), 햄(Hamitic), 셈(Semitic)족으로 분류하였다. 유럽인은 아리안, 베르베르인과 소말리인들은 햄족, 유대인, 아랍인, 아시리아인은 셈족에 속하는 것으로 분류했다. 또한 언어에 따라 흑인을 코이산(Khoisan)족, 수단(Sudanese)족, 그리고 반투(Bantu)족으로 분류하기도 했다. 현대의 역사학자들은 아프리카의 종족 분류법인 함족, 셈족을 사용하지 않는다. 다만 1963년 그린버그(J. Greenberg)가 주장한 규칙을 따른다. 그러나 많은 언어학자들은 그린버그의 주장을 그대로 따르지는 않는다. 다만 서아프리카 언어만은 나이저-콩고어족에 속한다고 보고 있다.[23] 나이저-콩고어는 아프리카에 광범위하게 분포되어 있다. 이는 나이저-콩고어를 사용하는 사람들이 아프리카 내에서 자주 이동을 하기 때문이다. 서부 아프리카와 북아프리카 지역에서의 이동은 사하라 사막에서 소금무역을 하는 투아레그인의 영향도 있을 것으로 추산된다.[24] 서부 아프리카인의 언어군은 다양한 문화와 무역의 발달을 가져왔으며 그들만이 갖고 가치를 높이는 기회가 되기도 했다.

특히 사하라 종횡단(縱橫團) 무역은, 고대 그리스시대만큼이나 오래전부터 무역이 행해지고 있었다는 것은 놀라운 일이다.[25] 사실 이들의 무역활동은 상호 간에 필요로 하는 물품과 그 외에 인간의 생명과 관련된 후추, 무화과, 대추야자를 비롯한 생필품 등이었다. 이때 아프리카 내의 언어도 이동하였고, 대상무역을 통한

---

22 김윤진 · 김광수, 『서아프리카 역사 이해』, 93.
23 김윤진 · 김광수, 『서아프리카 역사 이해』, 93 재인용.: 서아프리카의 세네갈로부터 동부의 케냐, 탄자니아, 남아프리카 공화국에 이르는 가장 방대한 지역에 분포된 언어 군이다. 나이저-콩고어족이라 칭하는 언어는 6개의 하위 어군으로 분류된다. 월로프(Wolof), 풀라니(Fula/Fulani), 서대서양어군(West-Atlantic), 밤바라(Bambara) 등이다.
24 김윤진 · 김광수, 『서아프리카 역사 이해』, 101-108.; 김상훈, 『외우지 않고 통으로 이해하는 통 아프리카사』 (서울: 다산북스, 2011), 92-95.
25 김윤진 · 김광수, 『서아프리카 역사 이해』, 109-111.

종교적 교류와 확산을 가져다주는 기회가 되기도 했다.

서부 아프리카 서민에 확산되는 이슬람

코트디부아르의 전통종교인 정령숭배는 서민 대중에 확산되어 있다.[26] 세계에서 가장 많은 신도를 거느리고 있는 기독교와 이슬람교도 정령신앙의 영향으로 바른 신앙과 가치체계를 이루고 있지 않다. 어쩌면 정령숭배가 믿음을 위한 정당성을 제공하고 정서적 안정감을 부여하며, 행동의 방향을 선택하는데 가장 깊숙한 문화적 규범을 정당화시키고 있어 새로운 종교를 받아들이지 않는다.[27] 폴 히버트의 지적처럼 "세계관은 문화를 통합한다. 그것은 전체 계획에 대한 우리의 생각과 감정과 가치를 하나로 조직할 수 있게 해 준다"고 지적한 것과 동일하다. 찰스 크래프트도 "우리의 세계관은 문화적인 변화를 조정한다"[28]고 하지만 실제적으로 전체가 조정되는 것은 아니다.

코트디부아르인들은 2/3 이상이 정령숭배라는 전통적 신앙에 얽매여 있다. 이러한 상황 가운데 중동에서 시작된 이슬람교가 서부 아프리카에 전파되기 시작했다. 이슬람교는 7세기 초 아라비아에서 무함마드에 의해 창시되었다. 632년 무함마드가 죽은 후 칼리프(Caliph)가 이끄는 그의 추종자들은 다른 지역 사람들에게 그의 종교를 전파했다. 초기 이슬람교는 종교적인 열정에 따라 행동했지만 시간이 지남에 따라 영토, 비옥한 토지를 확보하려는 경제적 욕심과 전리품을 얻기 위한 행동들로 변질되었다.[29]

639년에 무슬림들은 시리아와 팔레스타인을 정복했고, 641년에는 이집트를 정복하면서 동쪽으로 이라크, 페르시아, 인도를 점령했다. 서쪽으로는 북아프리카로 이동해 세력을 넓히기 시작하여 647년에는 리비아, 튀니지의 일부 지역과 현

---

26 장훈태, '토고 로메 시내의 정령숭배 제물,'시장을 방문한 바 있다(2015년6월29일).

27 Paul G. Hiebert, Anthropological Insights for Missionaries, 66-67.

28 Paul G. Hiebert, Anthropological Insights for Missionaries, 67.

29 김윤진 · 김광수, 『서아프리카 역사 이해』, 119.

재의 알제리, 모로코 등 마그레브 지역을 정복했다. 711년에는 북아프리카 지역을 모두 점령한 후 스페인으로 건너갔다. 군사력을 앞세운 이슬람교는 서부 아프리카를 향해 전투를 하지 않았지만 오래전부터 무역을 하던 이들이 더 많은 이익을 얻기 위해 왕래가 많았다.[30] 북아프리카에 거주하는 무역상들의 서부 아프리카 왕래가 잦아지면서 그들이 믿는 종교를 전파하기 위해 상업의 중심지에 정착하였다.[31] 이 부분은 이슬람교가 서부 아프리카에서 어떻게 전파되었고 정착되었는가를 밝히는 것이 중요한 과제이다.

북아프리카 지역은 이슬람 군사에 의해 전파되었지만 서부 아프리카는 무역업자들이 이슬람교를 전파시켰다. 8세기 중반부터 수단 지역에 이슬람이 소개되었지만 서부 아프리카에서는 전통적인 종교인 정령숭배사상이 더 강했다. 10세기 말 무슬림 정착자들은 가나, 말리, 왈라타, 그리고 다른 도시에 상업중심지를 건설했다. 같은 시기에 북아프리카에서 이주해 온 베르베르족과 세네갈 지역에서 테크루르의 통치자들이 이슬람으로 개종했다. 그리고 서민들 사회에 깊숙이 들어가 이슬람이라는 새로운 종교를 채택하도록 설득했다.[32]

서부 아프리카는 호전적인 이슬람 상인들의 정착과 전파에 힘입어 이슬람교가 전파되는 지역이 서서히 확산되기 시작하였다. 이 시기에 말리와 송가이의 통치자(왕)들이 이슬람교를 받아들이면서 메카를 순례하기 시작했다. 1076년까지 이슬람교를 받아들이지 않았던 가나가 알모라비드 왕조에 의해 정복되어 이슬람교를 받아들이면서 급속히 확산되었다. 그리고 서부 아프리카의 풀라니족에 의해 14-16세기 동안 이슬람교가 전파되기도 했다.[33] 이들은 주로 세네갈 강과 나이저 강 북쪽에서 동쪽, 수단 지역으로 이동하면서 이슬람교를 소개하기도 했다.[34]

서부 아프리카에 이슬람 세력이 확산되는데 결정적인 역할은 베르베르인들과

---

30 John Iliffe, *Africans: The History of a Continent*, 이한규 · 강인황 역 『아프리카의 역사』 (서울: 이산, 2003), 94-102를 참조하라.

31 김상훈, 『외우지 않고 통으로 이해하는 통아프리카사』, 93.

32 김윤진 · 김광수, 『서아프리카 역사 이해』, 119-121에서 재인용.

33 Richard J. Reid, *A History of Modern Africa*, 이석호 역 『현대 아프리카의 역사』 (서울: 삼천리, 2013), 177-181.

34 김윤진 · 김광수, 『서아프리카 역사 이해』.

투아레그인들이 했다. 말린 케어를 사용하는 다울라인들이 서부 아프리카의 이슬람 확산에 결정적인 역할을 하였다. 이슬람 역사학자이면서 여행가였던 이븐 바투타(Ibn Battuta)는 1352-1353년에 말리를 방문했는데, 무역업자들이 비즈니스적인 자질과 넓은 상업망으로 경제력을 가지고 있었다고 한다. 14세기에서 19세기에 이르는 동안 기니에서 나이지리아 북부 그리고 사바나 지역에 이르는 서부 아프리카 전역에서 이슬람교를 전파하는 노력이 대단했었다.[35] 서부 아프리카 말리의 팀북투와 젠네는 이슬람교의 발전을 위한 관문도시가 되었고, 무역의 중심지로서 전략적 위치로 이슬람을 전파하는 중요한 곳이 되었다.[36]

이슬람 세력들은 상업과 무역을 중심으로 하여 서민대중에 확산되는 쾌거를 이루면서 서부 아프리카에서 중요한 역할을 했다.[37] 첫째로, 다양한 종족 집단과 상업적 이해관계 속에서 공동체 의식과 하나의 연대감을 제공하는 역할을 했다. 둘째, 서부 아프리카인은 무슬림 이방인들의 문화와 관습에 영향을 받으면서 그들의 전통종교와 융합하기도 했다. 셋째, 서부 아프리카인은 다른 민족과 종교에 대해 관용과 배려하는 강한 전통이 있었다. 전통종교를 믿는 가나에서는 고위관리가 이슬람을 받아들이는 일이 발생하기 시작했다. 이로 인해 두 가지의 현상이 발생하기 시작했는데 현지인들이 이슬람교를 수용하는 현상과 반대로 무역을 위해 정착한 무슬림들이 서부 아프리카의 전통종교로 개종하는 일 등이었다. 특히 전통적인 아프리카 종교관과 가치체계는 유목민인 아랍인들과 베르베르인들에게 행복한 삶의 방식을 가르쳐 주었다. 넷째, 서부 아프리카인들은 전통적 가치에 대한 정체성을 분명히 가진 자들이었다. 이들은 오래된 것과 새로운 것을 조화시키는 방법을 채택할 줄 아는 자였으며, 이슬람교의 장점을 받아들이고 자신들의 전통종교의 장점을 유지하는 방법으로 신앙생활을 했다. 다섯째, 무슬림들은 꾸란 학교와 사원 건립, 메카 순례여행을 하면서도 서부 아프리카인들의 가치체계와 전통, 관습, 국민들이 존경하는 왕들의 전통적인 숭배사상과 통치형태를 제거하

35 Richard J. Reid. *A History of Modern Africa*, 602.
36 김윤진 · 김광수, 『서아프리카 역사 이해』, 123-125.
37 Richard J. Reid. *A History of Modern Africa*, 177, 186.

지 않고 유지함으로 동질성을 지켰다.[38] 예를 들면, 무슬림들은 서부 아프리카의 전통종교에서 활용하는 그리 그리(grir grir)라고 하는 부적을 팔에 매거나 혹은 목에 걸고 다녔는데 이것이 자신을 질병이나 도적 혹은 불의의 사고로부터 지켜준다고 믿었다. 심지어 개신교도도 몸에 부적을 차고 다녔다.[39] 이는 서부 아프리카인들이 전통종교를 중요하게 여긴다는 것을 말해 준다.[40]

서부 아프리카에서 이슬람교는 무역을 통해 종교의 발전을 가져왔으며 현재는 행위의 종교로서 매일 5회 기도, 극단적인 교리, 일부다처제의 허락으로 서민사회에 깊숙이 파고들고 있다. 이런 상황에서 기독교는 100여 년 전에 감리교 선교사가 코트디부아르 복음화를 위해 첫발을 들여놓았지만 복음화 비율은 매우 미미한 상황이다.[41] 지금은 침례교회와 하나님의 성회가 가장 활발하게 선교하면서 성장하고 있지만 교회의 역사에 비해 그 영향력은 저조한 편이다.

그러나 아비장 한인교회는 적극적인 이슬람교의 활동과 침례교의 선교활동에도 불구하고 장로교로서 지역사회 발전과 변화, 목회자 양성, 지역교회 설립 등을 통해 복음화를 이루어가고 있다. 아비장 한인교회는 매일 아침 새벽기도회를 통해 서부 아프리카의 복음화를 위한 열정을 갖고 기도하면서 전교인의 선교사화, 한인 디아스포라를 통한 변화발전을 도모하고 있어 앞으로의 사역이 더 기대가 된다. 특히 서민 대중에 파고드는 무슬림들은 아랍어 강습과 꾸란 낭송과 암송을 통해 이슬람화하려고 안간힘을 쓰고 있지만 반대로 아비장 한인교회는 선교적 교회의 역할을 담당하려고 최선을 다하고 있다.

38   김윤진 · 김광수, 『서아프리카 역사 이해』, 127-128. ;Richard J. Reid. *A History of Modern Africa*, 601.

39   장훈태. 2015년 6월22일-26일에 있었던 "제1회 서부 아프리카 선교포럼"에서 선교사들의 선교보고와 토론에서 있었던 내용이다. 서부 아프리카 코트디부아르와 가나, 말리, 기니, 토고에서 활동하는 선교사들은 '서부 아프리카는 전통종교인 정령숭배 사상이 매우 강하다'고 지적한다. 그들의 선교보고에 의하면 서민대중에 신속하게 접근하는 방법으로 전통종교와 자신들의 종교와의 융합이라고 말한다.

40   Richard J. Reid. *A History of Modern Africa*, 229.

41   박승무, 『신비의 세계 서아프리카의 역사』, 196-200 참조 바람.

아비장 한인교회와 디아스포라 선교

아비장 한인교회는 서부 아프리카 복음화를 위한 다양한 사역을 통해 발전을 도모하고 있다.[42] 한인 디아스포라는 "하나님의 마음을 시원하게 하려고"(잠 25:13) 하는 믿음선교[43]의 열정을 갖고 있다. 그리고 전교인의 선교사화를 위해 계속적인 훈련도 겸하고 있다.

사실, 아프리카의 기독교는 전통종교의 영향을 받고 있어 감정적이면서 자기 만족적인 성향이 매우 깊을 뿐 아니라 극심한 빈곤의 영향도 크다.[44] 그들의 문화에 깊숙이 뿌리내린 흥겨운 음악과 춤은 공동체 생활에 필수적인 요인이다. 그러나 코트디부아르의 무슬림의 삶은 신앙이지만 춤과 음악이 없다. 무슬림들이 메카를 향해 기도할 때는 꾸란 암송과 이맘의 설교에만 집중하는 열의가 있다. 특히 무슬림들이 한공간에서 일렬로 서서 메카를 향하는 획일적인 예배의식과 조용함이 현지인들에게는 매력적일 수 있다. 그러나 기독교의 예배에서의 음악과 춤, 자유스러움과 격의 없는 대화는 이들에게 눈의 가시처럼 보이기도 한다. 이런 상황에서 기독교가 교파와 목회자 간의 분열과 하나의 공동체로서의 협력 부족으로 타종교의 선교전략에 밀리는 것은 안타까운 일이다.[45] 이를 극복하기 위해서는 정치·경제·역사와 종교적 배경을 깊이 연구할 필요가 있다. 왜냐하면 그들은 오랜 기간 식민지배로 인한 자율성 상실, 윤리적 의식의 약화, 문맹률로 인한 성경의 이해도 빈약, 하나님을 향한 마음과 열정이 빈약하기 때문이다. 거기다가 자신들의 전통적 문화의 틀에 얽매여 새로운 종교에 대한 수용성과 기독교의 원칙을 이해하는 부분이 약하기 때문이다.[46]

---

42 이용원, "선교적 관점에서 본 회심과 개종,"「선교와 신학」 제9집(2002):11-35.

43 John Mark Terry, J. D. Patyne, *Developing A Strategy For Missions- ABiblical, Historical, and Cultural Introduction,* 엄주연역「교회와 선교사를 위한 선교전략 총론」 (서울: CLC, 2015), 171-179.

44 손동신, "사하라 이남 아프리카의 에이즈고아를 위한 선교,"「복음과 선교」 28(2014, 4):159-189.

45 서부 아프리카 코트디부아르 내의 기독교 분파는 3천여 개에 이른다고 전해 들었다. 2015년 6월 23일 아비장 한인교회 선교사를 위한 포럼에서 경청한 내용임.

46 charles H. kraft, *Anthropology for Christian Witness* 안영권, 이대헌역「기독교문화인류학」 (서울: CLC, 2006), 24.

그럼에도 아비쟝 한인 디아스포라가 복음을 위해 헌신하는 이유가 있다. 그것은 예수 그리스도만이 우리의 구세주가 되시기 때문이다.[47] 예수님만이 죄의 문제를 해결할 수 있다는 믿음 때문이다(막 16:15). 그리고 "너희는 가라"는 성경적 명령 때문이다. "만일 복음을 전하지 아니하면 내게 화가 있을 것이로다"(고전 9:16)는 명령을 지키기 위함이다. 그리고 세상을 향한 예수 그리스도의 사랑(요 3:16)을 나누기 위해 복음을 전하는 것이다. 복음을 전하는 것이 우리가 멸망당하지 않고 세상을 사랑하시는(벧후 3:9) 삼위일체 하나님의 사랑의 선교사명에 동참하려는 것이다.[48] 그리고 유일하신 예수 그리스도를 증거하고(히 1:1-3), 구원에 이르는 오직 한 길이 예수 그리스도에게 있으며 그가 명령하셨기 때문에 복음을 전하는 것이다.[49]

한편, 한인 디아스포라의 신앙과 신학을 선교에 적용하기 위해 몇 가지 중요한 사항을 폴 히버트의 견해를 곁들여 이해를 돕고자 한다. 첫째, 코트디부아르가 식민지배와 아프리카 타 지역에서 이주해 온 종족, 서구의 기독교, 중동의 이슬람교의 정착, 그들만이 갖고 있는 정령숭배 신앙의 통합된 문화가 많으면 많을수록, 그것은 더욱 더 안정되어 거부하게 된다. 둘째, 우리가 변화를 문화의 한 부분에 도입하게 될 때, 종종 문화의 다른 부분에서 예측하지 못한 부수 효과가 나타나게 된다. 기독교로 인하여 아프리카의 전통적 신앙 안에 내재되어 있는 두려움과 귀신의 존재를 떨쳐 버리게 되어 마을 자체가 정돈되지 않는 일이 발생한다. 선교사는 현지인들의 문화와 전혀 다른 결과를 초래할 경우를 인식할 필요가 있다.[50] 교회는 복음과 문화의 변혁 사이에서 그들이 겪는 갈등과 혼란을 미리 예측하고 조정하는 능력을 가져야 한다.

결과적으로 아비쟝 한인교회 디아스포라 사역은 위의 내용을 숙지하고 보다 현

47 유상현, "신약에 나타난 디아스포라, '하나님 경외자'선교: 사도행전의 다중문화인을 중심으로," 「선교와 신학」 제16집(2005):37-58.

48 David Bosch, *Tansforming Mission,* 김병길, 장훈태역 『변화하고있는 선교』 (서울: CLC, 2010)을 보라.

49 J. Verkuyl, *Contemporary Missiology: An Introduction,* trans. Dale Cooper(Grand Rapids: Eerdmans, 1978), 164.

50 Paul G. Hiebert, Anthropological Insights for Missionaries, 68-69.

상학적인 접촉을 위한 방안이 무엇인가를 성경에 기초하여 찾아야 한다. 만약 하나님의 방식과 거리가 있는 사역이라면 그것은 매우 불행한 사역이 되고 말 것이다.

서부 아프리카 코트디부아르 아비쟝 한인 디아스포라

한인 디아스포라의 역할과 타당성

코트디부아르 아비쟝에는 하나의 한인교회와 두 개의 신학교가 있다. 입체시 신학교는 아비쟝 한인교회의 적극적인 지원으로 건축된 학교로 많은 학생들이 수학하고 있다. 그리고 각 지방에 세운 25개의 교회와 병원 신축을 통해 지역주민 복지향상과 발전, 교회성장운동을 하고 있다. 특히 아비쟝 한인교회의 목회자와 성도들이 한마음이 되어 타문화권 복음 전파를 위해 디아스포라의 역할을 충실히 이행하고 있는 몇 가지 이유가 있다.

첫째, 하나님께서 사람들과 더불어 그들의 문화적 틀 안에서 일하시기를 기뻐하시는 일에 동참하기 위함이다(고전 9:19-22).[51]

둘째, 한인들이 복음을 위하여 모든 사역에 참여하는 것은 복음에 참여하고자하는 열정 때문이다(고전 9:23).

셋째, 담임목사의 목회 비전, 곧 "하나님이 가장 좋아하시는 영혼 살리는 일"에 쓰임 받기 위함이다.

넷째, 하나님을 시원하게 해드리기 위함이다(갈 1:10). 그리고 하나님의 은혜를 헛되이 받지 않았음을 실천하기 위함이다(고후 6:1-3).

다섯째, 아비쟝 한인교회 성도들은 현지인들이 그들의 사회문화적 상황 속에서 예수 그리스도를 따를 수 있는 권리를 획득하는 복음의 파수꾼 역할을 다하도록 교육하고 있다(행 15:2).

여섯째, 한인 디아스포라는 코트디부아르에 대한 통합적 사고를 갖고 복음 전

---

51 백성철, 『2015년 아비쟝 한인교회 핸드북』 (코트디부아르: 아비쟝 한인교회, 2015), 2.

파에 집념하려고 노력하고 있다. 이들은 기본적인 문제를 어떻게 알 수 있는가를 생각하면서 한계를 극복해 가며 우리가 있는 곳이 어디인가를 발견하는 일을 하고 있다.

한인 디아스포라의 역할을 충실하게 수행하도록 하기 위해 목회자의 선교철학이 보다 확고해야 한다. 곧 선교사이며 목회자로서 사명의식, 책임의식이 더욱 분명할 때 복음전파를 증진시킬 수 있다. 왜냐하면 복음은 모든 인간문화로부터 구분되어야 한다. 그것은 인간의 이론이 아니라 신성한 계시이기 때문이다. 복음은 어느 하나의 문화에 속하여 있는 것이 아니라 모든 문화에 적절히 표현되어야 한다. 이런 점에서 한인 디아스포라는 복음과 인간 문화들 사이를 구별하는 능력이 있어야 한다. 폴 히버트는 현대 기독교 선교의 가장 큰 약점 중의 하나가 선교사가 자기문화의 배경과 복음을 동등하게 여겨 왔다는 것이 실패의 원인이라 지적한다.[52] 폴 히버트는 이에 대해 "이것은 원주민 관습을 비난하고 회심자들에게 자기관습을 주입시켰기 때문에 만들어진 것으로 복음을 거부하게 만든다. 그러므로 한인 디아스포라가 한국적 문화와 복음의 적용을 통해 표면적 그리스도인으로 만드는 일은 매우 위험한 사역이기 때문에 보다 신실한 자를 양육해야 한다. 또 하나는 복음과 문화를 동일시하는 데 있어 죄와 관련된 부분을 상대화하려는 생각이 점점 퍼지고 있다는 점이다. 모든 문화는 무엇이 죄인지 나름대로의 정의"를 내린다.[53] 한인 디아스포라의 역할이 커지고 현지인들의 문화가 변화함에 따라 죄에 대한 생각도 바뀌게 됨을 알고 하나님이 주신 의의 기준에 따라 사역에 임해야 한다. 복음에는 죄의 용납과 용서(눅 15:11-32)가 포함되어 있기 때문이다.

결과적으로 하나님께서는 아비쟝 한인교회 디아스포라를 통하여 "현지인들에게 복음의 메시지가 전달되도록 하는 적절한 통로가 될 가교를 세울 수 있는 행동을 촉구하고 있다"는 확신을 갖고 사역해야 한다. 무엇보다 현지문화에 대한 통합적 사고력을 갖추고 복음을 통하여 현지인들이 복을 받도록 하는(갈 3:8-9) 길이 한인 디아스포라의 역할이다.

---

52 Paul G. Hiebert, Anthropological Insights for Missionaries, 75.
53 Paul G. Hiebert, Anthropological Insights for Missionaries, 76-77.

목회자의 목회선교철학

아비장 한인교회는 1980년 4월 27일에 설립되었다. 1996년 10월 31일에 선교사인 백성철목사가 담임목회자로 부임했다. 그의 부임과 함께 교회는 서서히 안정되어 가면서 선교적 교회로 기초를 놓은 지 19년째(2015)가 되었다. 백성철 목사는 목회 초기부터 현재까지 분명한 목회선교철학을 실천하고 있다. 그는 이렇게 말했다.

> "저는 하나님의 나라 건설을 위해 서부 아프리카 코트디부아르 땅을 밟고 하나님의 놀라운 사랑과 역사하심을 경험하기도 했습니다. 그리고 하나님의 놀라운 섭리와 축복은 코트디부아르의 복음화를 앞당기는 역사를 가져왔습니다. 우리가 전하는 복음은 현장에서 상황화되고 예언적이 되기도 했습니다. 그래서 저희는 복음을 약화시키지 않고 무비판적으로 비성경적인 가치와 원칙은 배제했습니다. 또한 인간의 역사에 있어서 가장 커다란 장애물을 뛰어넘기 위해 하나님의 메시지를 왜곡시키지 않았습니다. 이것이 오늘의 아비장 한인교회를 이끌어 낸 것입니다."[54]

이는 한인교회의 담임목사로서 복음의 확신, 코트디부아르에 대한 현실감을 찾기 시작한 것을 말해 준다. 그는 복음의 좋은 소식을 전하기 위해 목회선교철학과 영적 경험과 난해한 언어와 낯선 풍습을 익히고 이들의 한 사람이 되어야함을 알고 있었다. 그는 아비장 한인 디아스포라로서 선교적 역할을 충실히 수행하도록 이끌고 역사하시는 분은 하나님이라고 믿고 있었다. 그가 한인교회에 부임한 지 3년이 되었을 때 정치적으로 불안해지기 시작되었다. 그는 쿠데타[55]가 발생할

---

54 백성철, 『2015년 아비장 한인교회 핸드북』, 3.; 장훈태, 2015년 6월21일 주일 점심시간 식탁에서의 인터뷰.

55 Richard J. Reid, *A History of Modern Africa*, 609-610. 1966년 아프리카 가나에서처음으로 쿠데타가 발생했다. 아프리카 민족주의자 아버지이자 대륙인 상징인 콰메 은크루마를 제거한 쿠데타였다. 그 후 탄자니아, 케냐에서도 발생했고, 최근에는 토고와 코트디부아르이다.

당시의 상황을 이렇게 말했다.[56]

> 1999년 코트디부아르에서 첫 번째 쿠데타로 시작된 정치적 불안은 12년 동안 수차례에 걸쳐 진행되었다. 2011년에는 정부군과 반군 간의 사상 초유의 전면전이 발발하여 수많은 사람이 희생되었다. 교회 앞에는 정부군과 반군의 전투로 인한 희생자들이 즐비했고, 밖에 출입하기가 어려웠다.

코트디부아르에 쿠데타가 발생했을 당시의 상황은 상상을 초월했다고 하면서 그러한 현장에서 하나님께서 교회와 목회자, 성도들을 지켜주셨다는 것에 깊이 감사하고 있었다. 왜냐하면 쿠데타가 발생한 현장에 있었기 때문에 문화충격으로 인해 선교라는 목적을 이루기 어려울 것이라고 보았는데 하나님께서 한인교회를 통하여 국가를 위하여 기도하게 하시고, 복음의 확장과 더불어 성전건축을 이루게 하셨기 때문이다.[57] 하나님의 섭리와 은총은 교회와 성도들의 변화를 가져왔다. 아비장 한인교회 공동체는 일상생활의 변화, 관계의 변화, 이해력의 증가, 감정과 가치관의 정립이 이루어져 한인 디아스포라의 역할이 무엇인가를 고민하게 하였다.

특히 1999년에 발생한 쿠데타는 아비장 한인교회 성도들의 신앙을 증진시키는 원동력이 되었다. 그것은 첫째, 모든 사역에는 하나님의 섭리가 있다. 둘째, 코트디부아르의 정치와 종교적 상황을 고려하여 하나님께서 선교활동을 증진시켜 주셨다. 셋째, 목회는 건물과 사역에 있지 않고, 오직 예수님만이 우리의 자랑이 됨과 동시에 믿음의 증진, 청지기직에 대한 책임감, 코트디부아르와 아프리카 대륙을 품는 믿음에서 출발하도록 했다. 넷째, 영적생명을 살리는 신앙으로의 회복을 가져다주었다.[58] 현지인을 용납하고 인정하는 긍정적 태도를 발전시키면서 그들

---

56 백성철목사와 첫 만남은 2015년 6월20일 오후 7시30분 이후였다. 그는 첫 만남에서 하나님의 격려로 51회 이상의 영적체험을 했으며 오늘의 아비장 한인교회가 존재하는 목적도 하나님의 일과 생명 살리는 일임을 말한다.

57 백성철, 『2015년 아비장 한인교회 핸드북』.

58 장훈태, "한 영혼을 위한 교회학교와 선교," 『복음과 선교』 제25집(2014):166.

의 문화를 습득하고 그들 가운데 한 사람이 되어 가는 기초를 형성하였다. 다섯째, 아비장 한인교회는 코트디부아르인들에게 복음의 모형이 되어 거리감을 축소시키는 기회가 되었다.[59]

　이상과 같은 현상들은 쿠데타를 경험한 교회와 성도들에게 새로운 문화에 적응하고 편하게 느껴지도록 하면서 신앙의 회복을 가져왔다. 한편, 목회자와 성도들은 모든 염려를 하나님께 맡기면서 새로운 문화를 배우는 기회로 삼아 신정부와 현지인의 신뢰를 쌓아가기 시작했다. 그리고 목회자는 현실적인 목표를 세우게 되었고 이를 실천하기 위한 기대치와 성취도, 수행능력을 평가하면서 지역사회 개발에 적극적으로 참여하게 되었다. 한인교회가 지역사회의 변화와 발전을 위하여 내부자적 관점과 외부자적 관점을 적절하게 적용하면서 본격적으로 사역에 임하기 시작하면서 선교철학이 정립되었다.[60] 백성철 목사의 목회선교철학은 "하나님의 사랑으로 영적인 질병을 앓고 있는 사람에 대한 그분의 관심을 전하기 위한 사명에서 출발"하고 있다. 그래서 백성철목사의 목회선교철학과 방향은 "교인들로 하여금 선교의 동력화와 뚜렷한 목적의식을 고취시키는 일"이 최우선이 되었다.[61] 그리고 아비장 한인교회는 디아스포라의 역할을 수행하기 시작했다.

　아프리카 대륙에 있는 한인교회들과의 협력, 코트디부아르의 "하나님의 성회"와의 파트너십(partnership),[62] 프랑스 개신교회와의 협력관계 구축을 통한 선교역량을 강화하는 것이었다.[63] 그리고 한국 교회와 신학대학과의 학제 간 연구를 통한 협력사역을 진행함으로 역동적인 선교를 수행하고 있다.[64]

59　백성철, 『2015년 아비장 한인교회 핸드북』.
60　백성철목사는 모든 사역을 비즈니스선교와도 연계하여 사역한다. 김성욱, "로잔운동에 나타난 비즈니스선교연구," 「성경과신학」 74(2015.4), 156-159.
61　백성철, 『2015년 아비장 한인교회 핸드북』, 6.
62　2013년 1월4일 코트디부아르 하나님의 성회(Assemblees de Dieu)교단과의 협정체결로 사역의 극대화를 갖게 되었다.
63　백성철, 『2015년 아비장 한인교회 핸드북』, 7.
64　아비장 한인교회는 2010년 미주 장신대학교와의 MOU체결로 교인들의 선교와 신학적 수준을 향상시키고 있다. 이어 한국 장로회신학대학교와 MOU체결(2013), 백석대학교 선교학과와 협력관계(2015년6월24일)를 도모키로 했다.

백성철 목사의 이러한 목회선교철학은 한인 디아스포라 선교의 모델과 미래가 되고 있다. 이는 월버트 쉥크(Wilbert Shenk)가 지적한 것과 맥을 같이 한다.

> "기독교 선교는 미래지향적이다. 종말은 예수 그리스도 안에서 모든 것들이 완성된다는 목표 아래, 교회로 하여금 하나님의 증인을 위로하며 지금 세상에서 일하라고 다그친다. 비록 미래는 언제나 불투명할지라도 교회는 지나간 과거에서 하나님의 섭리를 분별하기에 확실한 소망을 품고 앞으로 나아갈 수 있다."[65]

백성철 목사는 웰버트 쉥크의 주장과 같이 역사 속에서 행하시는 하나님의 일들을 묵상하면서 분별력과 통찰력을 갖고 코트디부아르의 시대적 상황과 흐름을 간파하면서 목회선교를 실천하고 있다. 그는 1996년 아비쟝 한인교회에 부임한 이래 경험했던 코트디부아르의 정치적 혼란의 역사를 통해 얻을 수 있었던 가장 중요한 교훈으로 "하나님과 사람 앞에서 신실해야 된다"는 것을 발견했기 때문에 영혼 살리는 일에 전심전력하게 되었다고 말한다.[66] 그리고 기독교인으로서 현지인들에게 신실하고 미래에 대한 희망을 가지면서 외부 환경에 의존하지 않는 믿음을 보여 주고 있었다. 그의 신실한 목회적 삶과 선교철학은 전 교인의 신앙과 삶을 하나로 묶는 토대가 되었고 한인 디아스포라로 살아갈 수 있는 원동력이 되고 있다.

아비쟝 한인교회의 사역

코트디부아르 아비쟝 한인교회의 설립 이래 최고의 전성기는 1997년-2014년까지로 보면 된다.[67] 아비쟝 한인교회는 국가적 혼돈과 내전(內戰)을 겪으면서도 믿음이 더욱 견고해짐으로 성육신하신 예수 그리스도의 비전을 보았다. 그 진

---

65 Wilbert R. Shenk, *Changing Frontiers of Mission*, 장훈태 역 『선교의 새로운 영역』 (서울:CLC, 2001), 291.
66 장훈태. "백성철 목사와의 인터뷰," 2015년 6월22일 코트디부아르 아비쟝 한인교회.
67 백성철, 『2015년 아비쟝 한인교회 핸드북』, 9-19에는 아비쟝 한인교회 연혁이 기록되어 있다.

실함의 비전은 곧 생명력 넘치는 선교의 증인이 되는 것이었다(겔 36:22). 반면, 코트디부아르의 정치적 혼란과 경제적 취약함, 포스트모던 시기에 선교에 대한 복종은 하나님의 백성들이 예수 그리스도의 비전에 새롭게 붙들린 곳에서 보이고 있다.[68] 한인 디아스포라들이 믿음의 회복과 비전을 갖고 신실한 선교사의 정신을 지닌 것은 지도자의 역할이 컸기 때문이다. 백성철 목사의 목회지도력은[69] "사회 · 정치적 영역에 대한 배려와 돌봄과 중요한 관계"를 맺음에서 비롯되었다. 그는 선교사이면서 교회의 담임목사로서의 사명감을 갖고 국가와 지역사회의 변화 발전을 끊임없이 도모하고 있다. 아비장 한인교회의 대표적인 사역을 보면 다음과 같다.

"국립 헌병학교와 경찰학교 내에 농구대 설치,[70] 코코디 국립대학의 비전센터 건립, 1997년부터 현재까지 25개의 교회개척과 건립, 2000년도에 개교한 입테시(IPTECI) 신학교, 에코바스(ECOWAS)를 위한 전략구축,[71] 코트디부아르에 장로교단[72]과 선교본부 설립, 니제르와 부르키나파소 등에 선교사 파송[73]" 등이다.

이 같은 사역들은 "어느 세대이든 교회가 복음에 온전히 열려 있다"는 것을 증명하기 위한 것들이며, 동시에 성경에 기록된 하나님의 말씀만이 생명을 살리는 일[74]에 생산적인 힘이라는 믿음을 갖고 이루어 낸 사역들이다.

아비장 한인교회는 코트디부아르에서 "사랑하며 섬기며"라는 슬로건으로 복음의 접촉점이 되기 위하여 교회개척과 설립, 신학교 교육사업과 초등학교 설립에

68　Wilbert R. Shenk, *Changing Frontiers of Mission*, 294 재인용.

69　백성철, 『2015년 아비장 한인교회 핸드북』, 9-19를 보라.

70　농구대 설치는 1만5천불을 들여 설치함으로 정부와 교회와의 관계를 돈독히 하는 기회가 되었다.

71　한양환 외 3명, 『불어권 아프리카의 사회발전』, 121-122. ECOWAS는 서부 아프라카제국 경제공동체로 불어명칭은 CEDEAO이다. 1975년 창립되어 서부 아프리카 15개국의 통합기구이다.

72　현재 총회산하 7개 노회를 두고 있으며 교세의 확장과 영적 성장을 위해 끊임없는 기도를 통해 노력하고 있다.

73　2009년8월에 니제르에 살리브 선교사 파송, 2011년2월13일 부르키나파소 클레망 선교사를 파송했다.

74　생명을 살리는 일은 예수의 선교정신이다. 담임목사의 목회선교는 철저하게 성경에 기초하고 있다.

힘쓰고 있다. 아비쟝 한인교회는 지속적으로 지방 중심지에 병원 진료를 통하여 "나도 건강할 수 있다는 꿈"을 키워 주고 있다. 그 외에도 "예수의 손과 발이 되어 어린이 사역, 새로운 삶의 현장에서 경험한 기적들을 간증하는 성도들의 이야기, 부르심과 단련하심 그리고 깨달음을 통해 영혼 살리는 일에 뛰어드는 교민들, 지금 가지고 있는 것은 내 것이 아닙니다"[75]라는 신앙고백을 하면서 선교에 동참하고 있다.

이러한 교인들의 협력에 힘입어 백성철 목사는 "아비쟝 한인교회를 통해 우리에게 자신의 생명을 기꺼이 나누어 주신 예수님의 사랑을 깨달을 뿐 아니라 예수님께 받은 그 사랑을 이제는 우리도 코트디부아르인들에게 기꺼이 나누어 주는 교회가 되었다"[76]고 말한다. 아비쟝 한인교회는 다양한 사역을 통해 "하나님을 시원케 해드리는 교회," 온 교회의 성도들이 "형제와 이웃을 시원케 하는 교회," "아프리카를 시원케 하는 교회"[77]와 일꾼이 되기 위하여 십자가 신앙으로 선교의 꿈을 이루어가고 있다.

한인 디아스포라의 지도력

한인 디아스포라의 선교적 사명과 역할은 선교사이면서 목회자인 백성철 목사의 지도력에서 기인한다. 그의 목회선교철학은 "가장 위대한 생명력은 교회로부터 출발하며, 오직 하나님의 은혜와 돌봄에서 비롯된다"[78]는 것이다. 그의 지도력은 현지인과 교회에 신선한 모습으로 드러나기 시작하고 있다. 그것은 곧 복음증거를 복음을 통한 해방으로까지 심화시키는 선교, 기독교 역사에서 복음을 위해 순교했던 순교자들의 증거를 따르는 것, 제자 공동체의 훈련과 복음을 위하여 죽음까지 준비하도록 돕는 열정, 교회로 하여금 예수 그리스도에 대한 증인을 낳을

75
76   장훈태, "아비쟝 한인교회 디아스포라 사역을 위한 백성철목사와의 대담," 2015년 6월2 4일.
77   백성철, 『2015년 아비쟝 한인교회 핸드북』, 8.
78   장훈태, "아비쟝 한인교회 백성철 목사와의 좌담," 2015년 6월 23일 오후 6시 아비쟝 한인교회에서.

수 있도록 준비하게 하는 신학이 신뢰받도록 하는 것 등이다. 월버트 쉥크의 『선교의 새로운 영역』에서 언급한 "선교란 예수 그리스도에 대한 믿음과 불신 사이의 경계를 넘어서려는 노력"과 같다.[79]

백성철 목사의 지도력은 "끊임없는 선교 전략 연구, 코트디부아르 복음화를 위한 계획을 실행하기 위해 수많은 시도에 초점을 맞추면서 문화적 · 사회적 · 역사적 상황에 따른 전략과 성경적 관점과 신학적 골격을 통해 삼위일체 하나님의 구속사역을 성취하려는 것이다."[80] 그리고 현대선교의 핵심인 전략적 탐구를 통해 기독교 선교를 이루려는 의지를 하나님께서 주신 임무로 알고 완수하고 있다. 그는 부분적으로 선교의 일을 하는 것이 아니라 실천과 경험적인 기초를 갖고 사역에 임한다. 이사야 선지자의 "물이 바다를 덮음 같이 여호와를 아는 지식이 세상에 충만할 것임이니라"(사 11:9)는 말씀과 같이 코트디부아르에도 "새 하늘과 새 땅이 있을 것"(사 65:17; 벧후 3:13)이라는 '희망선교'를 진행하고 있다.

한편, 백성철 목사의 목회지도력은 롤랜드 알렌(Rolland Allen)과 헤리 보어(Harry R. Boer)가 말한 것과 비슷하다. 곧 "성령이 선교의 중심적 역할"인 동시에 "선교사의 순종은 성령의 지도"에 따르는 전략적 사고를 지니고 있다. 전략적 사고는 "당신의 뜻이 이루어지이다"라는 기도로 시작해서 끝나는 것이다. 선교는 결국 하나님의 의지를 반영하는 것인 동시에 하나님의 의지를 성취하기 위해서는 인종, 계층, 성, 국적의 선을 넘는 사랑의 삶을 확대하는 열정이다. 이와 마찬가지로 백성철 목사의 선교적 교회를 위한 지도와 헌신은 초기 기독교 역사에서의 전략과 현대선교의 전략을 통합적으로 활용하는 모델이라 평가할 수 있다. 이 같은 사역을 위해 기도와 물질, 정신적으로 힘이 된 동역자들이 있었기 때문에 사역의 극대화를 이룰 수 있었다.[81]

---

79 Wilbert R. Shenk, *Changing Frontiers of Mission*을 참조하라.
80 장훈태, "아비장 한인교회 백성철목사와의 대담." 2015년 6월 24일 오후 6시.
81 장훈태, "아비장 한인교회 백성철목사와의 인터뷰." 2015년 6월 25일 점심식탁에서. 아비장 한인교회에는 두 명의 신실한 동역자요, 기도로 돕는 김평일장로와 김진의 장로의 역할이 크다. 또한 교회의 제직들과 공동체 그룹에 있는 온 교회 성도들의 협력도 선교사역에 큰 힘이 되고 있다. 한인교회 성도들은 하나님 나라 건설과 코트디부아르를 비롯한 아프리카 복음화에 대한 열정이 매우 뜨겁고 이를 삶속에서 실천

결과적으로 한인 디아스포라의 선교적 역할은 코트디부아르라는 지역적 한계를 뛰어넘는 "세계와 복음"(The World and the Gospel)을 위해 온 교회와 성도들이 최선을 다해 힘쓰고 있었다.[82] 그리고 베르크호프(Berkhof)가 말한 "역사를 만들어 나가는 원동력으로서의 선교 노력"[83]이라는 장(場)을 코트디부아르에서 아비쟝 한인교회가 구축함으로 영혼 구원을 위한 하나님의 필요(명령)을 채워 가고 있다.

서부 아프리카 코트디아부르 아비쟝 한인 디아스포라의 선교

역동적 선교를 위한 선교신학 정립 필요

남아공의 데이비드 보쉬(David J. Bosch)는 "선교가 없는 신학에 상당한 관심을 보였다"라고 말한다.[84] 선교가 신학이 없으면 더 이상 좋은 영양을 공급받지 못한다. 교회가 생명력이 넘치는 곳이 되고 역동적 선교를 이루기 위해서는 몇 가지 상호작용하는 요소를 온 교회와 성도들이 인지해야 한다. 이는 누구나 알고 있는 것이지만 선교에서 가장 중요한 핵심가치는 "하나님의 통치(reign of God), 메시아 예수(Jesus the Messiah), 성령(Holy Spirit), 교회(church), 세계(World), 종말(eschaton)" 등이다.[85] 이 여섯 가지 핵심가치를 한인 디아스포라가 인식하고 있다면 선교 역량은 강화될 수 있다.

첫째, 예수 그리스도 중심의 제자훈련이 필요하다. 신약성경에서 선교는 교회의 존재 이유를 세상에 예수 그리스도의 복음을 전하는 것(missionary witness), 하나

하려는 의지가 매우 강하다.

82 Wilbert R. Shenk, *Changing Frontiers of Mission*, 182–183. 현대 선교전략가들 가운데 올드 햄(J. H. Oldham), 존 모트(John R. Mott)등은 "세계와 복음"에 대한 관심이 매우 높았다.

83 Hendrikus Berkhof, *Christ the Meaning of History*(Richmond, Va: John Knox Press, 1966)을 참조하라.

84 David J.Bosch, *Witness to the World* (Altanta: Sohn Knox Press, 1980): David J. Bosch, Theological Education in Missionary Perspective. "missiology" 10:1(January), 1982: 13–14.: David J. Bosch, "An Emerging Paradigm for Mission,: Missiology 11:4(October), 1983: 485–510.

85 Wilbert R. Shenk, *Changing Frontiers of Mission*, 23–39.

님의 은혜의 복음을 나누는 것이라고 정의한다. 선교적 측면에서 교회의 존재 이유는 예수 그리스도를 증거하고 제자를 훈련하여 파송하는 것이다.[86] 선교는 교회의 사명이며 제자훈련을 통하여 모든 사람들에게 하나님 나라와 창조주의 관계를 잘 조정해 주는 대리인이다(고전 5:16-20). 그렇다면 아비쟝 한인교회가 지향하는 디아스포라 선교는 선교신학적 기반이 탄탄해야만 지금까지의 사역에서 다른 관점을 보여 줄 수 있다. 그것은 제자훈련을 끊임없이 실행하여 주님의 지상명령을 수행하도록 독려하는 것이다.

둘째, 삼위일체 하나님의 사역은 모든 창조물을 통하여 하나님 나라를 세우고 확장하는 원동력이 된다. 이것은 하나님의 구속사역을 통하여 실현되어진다. 하나님은 모든 통치자의 머리와 권세자의 머리가 되시기에(골 2:10) 사역이 가능하게 된다. 하나님의 선교의 특징은 교회가 은사를 가지고 하나님으로부터 권한을 위임받아 메시아 공동체로서 사역을 실행하는 것을 말한다. 하나님의 사역에는 반드시 성령의 역사로 인해 종말 때에 완성되어진다.[87] 그러므로 교회는 디아스포라의 역할을 수행하기 위한 예수 그리스도의 제자로서 선교신학의 정립과 성령의 감동하심을 믿는 신앙과 신학이 필요하다. 이러한 요소들은 선교사역에 있어 상호작용으로 세상에서 예수 그리스도의 제자로서 선교의 역동성을 가져다줄 것이다.[88]

셋째, 아비쟝 한인교회는 유랑(流浪, 디아스포라)하는 정신이 필요하다. 곧 아비쟝 한인교회를 떠나 타 지역으로 이동한 성도들이 현장에서 복음전도의 삶을 살면서 코트디부아르를 위해 선교에 동참해야 한다. 자신이 섬기는 교회에서만 정착하고 고정되는 고질병에서 벗어나야 한다. 이는 교회가 쇠퇴하는 공식이기 때문에 이를 벗어나기 위해 교회는 유랑해야 한다. 서정운은 교회가 사도적이라는 말에는 유랑이라는 말도 포함되어 있다고 지적한다. 예수님도 세상에 오셨고 제자들에게 예루살렘과 유대와 사마리아 땅 끝까지 가라고 명령하셨다. 복음은 사도들과 선

---

86 Wilbert R. Shenk, *Changing Frontiers of Mission*, 21-22 재인용.
87 Wilbert R. Shenk, *Changing Frontiers of Mission*, 39.
88 Paul G. Hiebert, Anthropological Reflections on Missiological Issues, 김영동 · 안영권 역 『인류학적 접근을 통한 선교현장의 문화이해』(서울: 죠이선교회출판부, 1999), 150-151.

교사들과 포로들, 개척자, 피난민, 이민자 등 유랑하는 자들에 의해서 세계 도처로 퍼졌다.[89] 아비장 한인교회는 유랑하는 자가 되어야 한다. 그리고 전방개척선교, 상황화 전략, 종족집단 프로파일 작성과 수용성과 필요 분석을 위한 팀구성, 자원의 평가와 목표 설정을 잘하면 더 좋은 선교사역의 효과를 극대화할 수 있을 것이다.

한인 디아스포라는 선교문화인류학 지식이 필요

한인 디아스포라 사역을 하는데 선교문화인류학의 지식이 필요한가? 이는 선교사역자들 모두가 고민 끝에 답해야 할 중요한 질문이다. 역사적으로 선교사의 준비과정에는 성경신학, 신학, 역사 그리고 타종교 과목이 포함되어 있다. 한국에 복음이 들어온 지 130년이 지나는 동안 인류학은 선교사역에 가장 중요한 과목이 되었다. 이제는 선교문화인류학에 대한 지식이 이해되지 않으면 타문화선교훈련을 받았다고 인정하지 않을 정도로 중요한 과목이 되었다.[90]

따라서 바울은 선교의 방향성을 잃지 않기 위한 방안으로 복음의 본질, 즉, 예수 그리스도의 십자가와 부활을 중심으로 한 교회의 정체성을 강화하는 데 주력했다. 20세기 말까지 대부분의 선교사역들은 하나님의 부르심, 잃어버린 영혼, 말씀과 기도와 관련된 것들이 많았다. 그러나 2천 년대 들어 교회와 선교사역은 선교계획, 리더십, 현장과 문화이해,[91] 그 사회문화에 적합한 선교전략 방안 모색, 개종자의 문화충격 최소화하기, 신학의 상황화와 그 의미를 다루어 왔다.[92] 이런 상황에서 선교문화인류학의 이해와 학습을 하는 것에 대하여 두려워하거나 외면하는 현상이 발생하기도 했다. 그 결과 선교사역을 강화하기보다는 본질적으로 약화시킬 수 있다는 우려가 있었던 것도 사실이다.

---

89 서정운, "아시아선교신학의 모색과 나눔." 1–9.

90 Paul G. Hiebert, Anthropological Reflections on Missiological Issues, 9.

91 John Mark Terry, J. D. Patyne, *Developing A Strategy For Missions- ABiblical, Historical, and Cultural Introduction*, 261–275.

92 Paul G. Hiebert, Anthropological Reflections on Missiological Issues, 10.

그럼에도 불구하고 오늘날 선교문화인류학이 선교에 기여한다는 것을 무시하게 되면 한인 디아스포라의 선교적 역할은 정상적이라 할 수 없다. 과거의 선교사들은 성경을 잘 이해했지만 현장에 있는 주민들과의 의사소통 능력은 부족했다. 그 결과 현지인들은 선교사들의 설교를 이해하지 못하거나 이미 건축된 교회는 남의 것이라는 인식으로 인해 헌신과 희생이 약화되는 경향이 많았다. 그래서 폴 히버트는 인류학과 복음의 관계를 심층적으로 분석하고 평가한다. 선교사들은 복음과 문화를 선교현장에 함께 가지고 오면서 이 둘을 구별하지 못한다고 지적한다. 이로 인해 현지인들은 복음이 귀에 거슬려서가 아니라 선교사들의 메시지에 이질감을 느껴 예수 그리스도를 영접하지 않는다.[93] 히버트의 지적은 현대 선교사역을 정확하게 간파한 것으로 보인다. 결국 한인 디아스포라의 선교의 활성화는 성경과 선교신학, 선교현장의 사회문화도 연구함으로 보다 효과적인 복음을 전할 수 있다. 선교의 참된 방향성은 신학, 선교인류학, 선교학에 통전적이 될 필요가 있다.

신 · 구 멤버십 간의 연결성 강화와 공동체의 활성화

아비장 한인교회는 1980년 개척 당시부터 오늘에 이르기까지 수많은 성도들의 수고가 있었다. 초창기 한인교회 개척 멤버가 현재까지 교회생활을 하는 경우는 소수일 수 있지만 지금의 성도들과 함께 교회의 정체성과 선교사역을 하고 있다. 이처럼 교회가 살아 계신 하나님의 교회요 진리의 기둥과 터라는 확고한 목회선교철학에 힘입어 기쁨으로 일하면서 한인 디아스포라 교회로서의 복음전도와 사회 운동, 총체적 복음을 위한 선행신학(사회적 책임)과 발전적 모델을 위해 더 노력하고 있는 중이다. 그러나 연구자의 입장에서 보면 아비장 한인교회가 급성장한 것은 1996년 이후부터라 할 수 있다. 아비장 한인교회 제3대 담임목사로 취임한 백성철 목사는 코트디부아르 복음화를 위한 선교전략을 세우고 이를 년차(年次)적으로 진행했다. 그 결과 "교회개척과 선교본부 설립, 장로회 총회 창립, 장로와 권

---

93 Paul G. Hiebert, Anthropological Reflections on Missiological Issues, 11.

사, 안수집사 임직, 교회설립 20주년 감사 음악회, 신학교 졸업식과 목사임직"을 한 것이 이를 말해 준다.[94]

그런데도 교회가 코트디부아르 아비쟝을 거점 도시로 하여 사역함에도 불구하고 초기 성도들과 함께 선교사역에 헌신했던 자들이 본국과 타국으로 이주하거나 떠나는 사례가 많아 사역을 지속적으로 진행하는 데 많은 어려움이 있다. 거기다가 세계적인 경제적 어려움, 여러 차례에 걸친 쿠데타는 안정된 사업과 영적생활을 할 수 없도록 만들었다. 이런 상황에서 아비쟝 한인교회는 구(舊)성도들과 신(新)성도들의 교체와 정착,[95] 세대 간의 잦은 이동, 한국과 서부 아프리카라는 지리적 관계로 선교사역의 연결성이 이루어지지 않았다. 지금도 교회가 안고 있는 가장 큰 고민은 선교적 교회의 지향, 도시와 농촌지역의 교회개척과 돌봄, 봉사를 위한 인력수급, 한인들의 네트워크 미흡 등이다.

아비쟝 한인교회가 한인 디아스포라의 역할을 위한 고국과 타 지역으로 이동한 자들과의 연결(連結, docking)을 어떻게 하느냐의 문제이다. 이에 대한 해결점으로 첫째, 코트디부아르의 평화를 위한 교회가 되어야 한다.[96] 평화는 곧 샬롬이다. 평화는 예배, 거룩 그리고 순종을 포함하는 하나님과의 바른 관계로부터 시작한다. 평화의 교회로서 선교사역을 위해 기도해야 한다. 기도는 하나님께 대한 복종을 의미하며 인간들 간의 올바른 관계를 포함한다. 올바른 인간관계는 서로를 존귀하게 여기며 하나님의 형상으로 창조된 대상들로 보는 것이다. 둘째, 성도들과의 올바른 연결을 위해 선교공동체를 세우는데 우선순위를 두어야 한다. 교회가 공동체적인 의사결정과 공동체에 대한 책임을 받아들이는 것을 의미한다. 셋째, 아비쟝 한인교회의 초점은 영적 공동체로서 사랑, 화해, 평화 그리고 정의에 맞추어 삶을 살도록 하되 십자가 신앙으로 하나가 되어야 한다. 넷째, 모든 행실에 거룩한 자가 되어야 한다. 그리스도인으로서 책임을 갖고 거룩하게 살아야 한다. 우리의 소망이 하늘에 계신 하나님께 있음을 믿고 진리에 대해 순종하고 형제를 사랑

---

94 백성철, 『2015년 아비쟝 한인교회 핸드북』, 9–19.

95 최근 젊은이 가운데 얼마가 코트디부아르에 정착하기 위해 입국하고 있지만 선교열정은 약하다.

96 Paul G. Hiebert, Anthropological Reflections on Missiological Issues, 277.

하며, 현지인을 뜨겁게 사랑하는 마음을 가져야 한다(벧전 1:13-25). 다섯째, 현재 남아 있는 교인과 떠난 교인과의 끊임없는 관계로 선교역량에 동참하도록 독려하는 일이다. 디아스포라 선교사역 인력구조는 매우 힘든 상황이다. 그 원인은 경제적·정치적 환경과 자녀들의 교육문제이지만 지속적인 네트워크로 상호협력체계를 구축하는 일이다. 마지막으로 선교사역들의 성실성(integrity)이다. 선교는 선포, 설교, 삶, 죽음이 일치하는 것을 말한다. 그리고 동지적 우애 형성과 동역이 필요하다.[97] 아비장 한인교회 성도들은 지금보다 훨씬 더 열심히 기회가 있을 때마다 인종과 계층과 지역을 초월한 그리스도인들과의 인격적 접촉을 통한 동지적 우애 형성에 힘써야 한다. 연결되거나 만나는 사람들을 소중히 여기고 지속적인 관계 유지와 동지적 협력을 도모해야 한다.

아비장 한인교회가 개척한 현지 교회 내의 평생교육 시스템

선교 현장에서 자주 경험하는 것 가운데 하나가 다음 지도자를 어떻게 배출할 것인가? 지도자를 어떻게 훈련할 것인가로 고민하는 경우가 많다. 이런 문제에 대해 폴 히버트는 이렇게 말한다.[98]

"우리는 가끔 선교헌신자보다는 추종자를 양성하는 지도자를 훈련할 때가 더 많다. 우리는 그들에게 아이디어를 창출하는 것을 가르치지만 인간을 세우는 것을 가르치지 않는다."

사실 복음을 위해서는 선포자와 사도와 교사를 세워야 하는데도 선교계획의 실행과 목적을 위한 추종자로 세운다는 이야기다. 바울은 디모데에게 "자신을 추종하는 것보다는 보고 들은 것, 믿음과 사랑, 바른 삶을 본받아 지키도록 하는데 주

97   서정운, "아시아선교신학의 모색과 나눔," 『21세기 아시아 태평양 신학과 실천』(제16회 장로회신학대학교 국제학술대회, 2015. 5.12-13), 1-9 재인용.
98   Paul G. Hiebert, Anthropological Reflections on Missiological Issues, 234 재인용.

력했다"(딤후 1:11-14)고 전한다. 그러면서 하나님의 말씀은 매이지 않는다(딤후 2:9)고 말한다. 그렇다면 선교현장에서 지도자를 양육하고 훈련할 때는 추종자가 아닌 복음의 선포자, 지역교회의 영적 지도자로 인정받는 일꾼으로 만들어야 한다. 이를 위해 몇 가지 프로그램을 제안한다면 이렇다. 첫째, 복음에 부끄러움이 없는 일꾼을 만들어야 한다. 복음의 일군은 경건하고 정직하게 만들어야 한다. 부활의 예수님을 믿도록 이끄는 일꾼으로 만들고, 모든 선한 일에 준비된 자로 훈련하고 가르치는 일이다(딤후 2:14-21). 둘째, 현지 지도자들이 선교사의 훈련을 수용하고 그 비전을 능가하도록 돕는 일이다.[99] 이는 선교사역에서 매우 어려운 일이지만 이를 실천한다면 복음화를 위해 성공적인 것이 된다. 바울은 "네가 많은 증인 앞에서 배우고 들은 바를 충성된 사람들에게 잘 부탁하면 그들이 또 다른 사람들을 가르칠 수 있다"고 했다. 이는 현지인의 지도력을 인정하고 세워줌으로 사역하도록 돕는 일이다. 개인적 사회와 긴밀하게 연결되어 있어 효율성을 드러낼 수도 있고 전통과 개인적 신뢰에 기초하기 때문이다. 셋째, 교회의 현장화를 위한 평생교육 시스템을 도입하는 일이다. 교회를 종교적 지역으로 인식하고 있는 것을 불식(不識)시키는 것은 어려운 일이다. 현지인이 교회에 발을 들여 놓는다고 해서 기독교인이 되고자 하는 것은 아니다. 복음을 받아들이기 전에 단지 구경만을 하기 원한다. 그래서 이들을 위한 평생교육시스템 개발이 중요한다. 사역 시스템은 그룹별 모임, 단계별 교육, 멘토링 시스템을 도입하는 방식도 가능할 것이다.

주 예수의 성육신적 선교의 핵심 수행

예수님의 지상명령과 선교의 목표는 '하나님 나라'였다.[100] 그의 메시지의 핵심은 "회개하라 천국이 가까이 왔다," "나는 하나님 나라를 전파해야 하리니 내가 그 일로 왔다"로 정리할 수 있다.[101] 여기서 하나님의 나라는 하나님의 통치 질서로서

99   Paul G. Hiebert, Anthropological Reflections on Missiological Issues, 234.
100 이준호, "역사적 예수의 삶과 말에 대한 바울의 반영과 암시," 「성경과 신학」 62(2012): 213-246.
101 서정운, "아시아선교신학의 모색과 나눔," 5.

온전과 완전을 담고 있는 평화라는 언어로 압축된다. 하나님의 나라는 인류 구원을 통한 평화와 종말론적 완성이라는 의미가 담겨 있다.[102]

성육신적 선교는 현장화(Contextualization)로 나타나야 한다.[103] 복음은 불변의 진리로서 특정지역의 언어와 사고방식과 관습 속에 있는 사람들과 소통하고 수용되기 위해서 현장화가 발생한다(히 1:1-2). 현장은 그 지역의 역사적 현재이며, 과거를 짊어지고 미래를 품고 있는 현실(reality)이기에 복음을 가진 자들이 현장에서 복음적으로 조화시켜 나가야 한다. 반면, 선교는 성령의 능력과 은혜가 있어야 한다. 선교는 성령의 지도와 은사와 능력 없이는 작동하지 않는다(눅 24:48 ; 행 1:8 ; 요 20:22). 선교는 성령의 인도와 능력과 도움으로 가능하다. 이를 위해 성령의 감화와 능력을 견지하도록 노력해야 한다.

결과적으로 하나님의 선교에 동참한다는 것은 대가를 지불하고 복음적인 삶을 선택하는 것이다. 이는 매우 값비싼 은총의 세계로의 진입을 뜻한다. 예수 그리스도 앞에서 자기를 부인하고 십자가를 지면서 그리스도를 따라 나눔을 통한 자기비움(kenosis)의 실행으로만 가능하다. 그러므로 선교는 자기가 살면 죽고 자기가 죽으면 사는 오묘한 역설의 길을 가는 거룩한 순례이다.[104] 그리고 코트디부아르의 변화발전을 위한 복음전도 외에 보건의료로서 지역 개발형 모자보건 및 식수위생사업 확대, 모자보건 인력양성을 위한 간호학원(간호사) 설치 운영, 국가발전을 위한 공공행정요원 양성(국가공무원 양성)과 소외지역에 대한 초등학교 확충사업을 비롯하여 교육정보화 사업에 관심을 갖는 일이다.[105] 선교는 복음 전파와 교회설립도 중요하지만 인재양성에 집중할 때 지속적인 기독교문화 정착이 가능하다. 이를 위해 한인 디아스포라로서의 역할을 충분히 하도록 역량강화 사업과 믿음을 통한 연합운동에도 진력해야 한다.

---

102 서정운, "아시아선교신학의 모색과 나눔,"1-7 재인용.

103 서정운, "아시아선교신학의 모색과 나눔,"7. 현장이란 "함께 짠다"라는 뜻으로 시간과 공간을 합친 개념이다. 복음을 위해 그 시간, 그 자리가 합친 것이 현장이다.

104 서정운, "아시아선교신학의 모색과 나눔," 10에서 재인용.

105 장남혁, "다문화가족의 초국가적 네트워크를 활용한 해외구호 및 개발연구,"「선교신학」 제37집 (2014):293-297.

결론적으로 우리는 아직도 서부 아프리카 15개국을 알지 못한 상황에서 땅 끝까지 복음을 전해야 된다고 떠든다. 우리들의 불성실함과 불완전에도 불구하고 하나님은 그 백성을 사용하길 원하고 계신다. 우리의 연약함과 말할 수 없이 여러 가지로 부족함에도 불구하고 도구로 쓰기 위해 세운 교회가 있다. 교회는 성령의 사역을 통해 역사의 위대한 기적으로, 모든 땅에 그의 몸된 제자를 세워야 할 사명이 있다. 그것은 복음에 바로 선 통전적 선교에 힘써야 한다.

아비장 한인교회가 추진하는 한인 디아스포라 선교는 쉽지 않은 것이지만 그러나 포기하지 말라(Never give up)는 말에 귀를 기울여야 한다. 선교는 포기하지 않는 정신에서 목표가 이루어진다. 선교는 하나님의 일이고 하나님이 자신의 뜻을 따라 이루어 가실 것이기 때문이다.[106] 우리는 겸손하고 단순하게 길이요 진리요 생명이신 예수님, 어제나 오늘이나 내일도 동일하신 하나님을 믿고 나가면 된다. 하나님의 인도함을 따라 그와 함께, 성령의 인도와 위로와 격려와 능력을 의지하여 순종하면 된다. 결국은 하나님의 선한 뜻이 이루어지고 말 것이다.

한인 디아스포라 선교는 자기 십자가를 지고 그리스도의 길을 따라 나눔을 통한 자기 비움(kenosis)의 실행으로만 가능하다.[107] 그러므로 선교는 자기가 살면 죽고 자기가 죽으면 사는 오묘한 역설의 길을 가는 거룩한 순례이다. 거룩한 하나님의 일을 위해 아비장 한인교회와 세계 교회는 상황화된 방법으로 하나님의 사랑을 표현하고, 지혜롭게 복음을 전하며, 신실하게 기도하는 일이다.[108] 현지인들이 갖고 있는 관점을 바라보면서 그리스도를 향하여 진리에 목마른 영혼들에게 그리스도인으로서 진정성을 보여 준다면 선교현장의 변화는 지속적으로 일어날 것이다. 한인 디아스포라 선교는 끊임없는 선교역량 개발을 위한 제자양육과 헌신자 발굴, 성경적 관점에서의 선교전략 구체화를 실현할 때 하나님 나라의 목적을 이룰 수 있다.

---

106   서정운. "아시아선교신학의 모색과 나눔".
107   이은선. "한국의 다종교, 다문화 상황속에서 기독교 복음의 의미." 「성경과 신학」 59(2011):229-264.
108   안드레시우스 님시. "인도네시아 OMF가 하는 무슬림 사역." 「동 아시아기도」 166. (2015여름호), 6-11 재인용.

Part 03

모리타니아 공화국
(Republic of Mauritania)

07
모리타니아 이슬람 공화국 문화의 다양성

아프리카에 대한 관심과 계속적인 방문은 나의 정신과 삶에 풍요를 가져왔다.[1] 아프리카를 방문하게 된 동기는 이렇다. 1998년 한국연구재단[2]에 "수단 공화국의 기독교와 이슬람교 정착요인" 연구 계획서를 제출하면서부터라 할 수 있다. 그로부터 현재까지 이집트, 수단, 모로코, 케냐, 에티오피아, 르완다, 우간다, 탄자니아, 토고, 세네갈, 코트디부아르, 모리타니아를 방문하기 시작했다. 모로코는 3회, 케냐는 4회를 방문했다.

필자가 처음으로 아프리카를 방문했을 때 들은 이야기가 생각난다. "나일 강의 물을 먹는 사람은 아프리카 땅을 계속 밟게 될 것이다." 이 말은 이집트 카이로의 한 주택가에서 들은 이야기지만 무슨 말인지 이해가 되지 않았다. 그러나 장용규 교수의 『춤추는 상고마』라는 책을 읽으면서 답을 얻었다. 그 책머리에 이런 글이 적혀 있었다.[3]

"아프리카의 지성 프란츠 파농은 이렇게 말했다. 우리에겐 어떤 기회도 주어지지 않았

---

1 저자는 1999년 1월, 처음으로 북아프리카 이집트에 첫발을 내딘 후 곧 바로 수단(당시는 분단되지 않음)을 방문했다. 그 후 2001년 북아프리카 모로코(2004년, 2014년 방문), 세네갈(2004년), 2010년부터 케냐를 4회 방문하면서 탄자니아(2011), 르완다(2012), 우간다(2013), 에티오피아(2014), 2015년에는 코트디부아르와 토고(2회)를 차례로 방문한 바 있다.
2 구, 한국학술진흥재단.
3 장용규, 『춤추는 상고마』(서울: 한길사, 2003)을 보면 아프리카를 어떻게 이해할 수 있는가를 기록하고 있다. 장용규는 『세계민담전집』, 『아프리카종교와 철학』을 출판하기도 했다.

다. 우리는 외부세계에 의해 화석화된 인종이기 때문이다. 나는 아프리카에 대해 이렇게 말하고 싶다. 우리는 어떤 기회도 주지 않았다. 아프리카를 보는 우리의 시각이 이미 화석화되었기 때문이다."

지금도 아프리카에 대한 시각은 별로 좋지 않다. 그러나 나에게 아프리카 땅을 밟도록 한 것은 여러 가지 이유가 있지만 '나일 강의 물을 마시는 자는 다시 아프리카 땅을 밟는다'는 것과 '화석화된 아프리카라는 편견과 선입견에 대한 해소'를 위해 방문해야 한다는 마음 때문이었다. 지금도 아프리카 지도나 종족이나 그 외의 다른 이야기들이 뉴스 등에 언급되면 가슴이 뛴다. 아프리카의 다양한 종족과 씨족도 보기가 좋지만 이보다는 문화의 다양성과 종교적 의식, 그리고 철저한 부족사회의 질서가 더 흥미롭고 재미가 있었기 때문이다.

그동안 아프리카를 방문하면서 가장 오랫동안 머물렀던 곳은 모로코(Morocco. Kingdom of Morocco)이다. 모로코 라바트에서 2년에 걸쳐 방문하는 동안 한번에 2개월을 머물렀다. 그리고 모로코의 남과 북, 동과 서, 내륙지역을 여행하면서 베르베르종족을 알게 되었고, 그들이 믿는 종교와 전통문화[4]를 접하기도 했다. 사실 아프리카에 첫발을 내딛도록 한 곳은 이집트와 수단 공화국이고, 모로코는 나에게 북아프리카를 깊이 알 수 있는 빗장을 열어 준 곳이다.

지금은 아프리카학(學)을 전공한 학자들의 뒤를 쫓아가느라 정신이 없지만 좋은 기억과 함께 그리운 고향과도 같은 곳이다. 나에게 '아프리카 종교와 철학,' '부족사회와 문화,' '통과의례,' '민간신앙과 인간들의 삶,' '아프리카와 관련된 다양한 서적'들은 아프리카인의 일상에 녹아 있는 인간의 삶과 구조, 인간 행위와 사고, 세계관을 이해하는 데 기초가 되고 있다. 아프리카에 대한 다양성을 배우기 위해 2010년 이후 방학 때마다 방문하면서 사고의 전환이 있었다. 과거에는 아프리카 대륙과 그 미래를 회의적으로 전망하기 십상이었던 태도가 낙관적인 전망으로 빠르게 확산되고 있음을 알게 되었다. 중대하고 역사적인 전환기를 맞이한 아프리

---

4 각 종족별 결혼식과 장례의식, 부모님 기일을 치루는 공동묘지 등을 탐방하기도 했다.

카가 세계경제에서 오랫동안 천덕꾸러기 취급을 받던 때에서 이제는 가장 각광받는 지역의 하나로 탈바꿈하고 있다는 데 힘을 얻게 되었다. 특히 이러한 반전은 중국의 투자와 미국의 관심, 서구 강대국들의 끊임없는 내정간섭과 세계 각국의 투자와 수요가 점점 더 강하게 견인하고 있기 때문이다.

이러한 차원에서 연구자는 2015년 겨울방학 동안 학생들과 함께 북아프리카 모리타니아 이슬람 공화국(Islamic Republic of Mauritanie)[5]을 방문했다. 프랑스 파리를 거쳐 모리타니아에 도착하여 머무는 동안 많은 곳을 돌아보지 못한 아쉬움이 많다.[6]

이 글의 목적은 모리타니아 이슬람 공화국 문화의 다양성을 소개하는 데 있다. 모리타니아의 종족과 문화, 종교인류학적 접근 등은 배제하고 전 지역을 탐방하면서 관찰하고 기록하고, 현지인들에게 질문했던 내용을 정리한 것에 불과하다. 모리타니아의 종족과 문화적, 종교적 삶과 혼종성을 검토하는 것보다는 사막문화와 유목문화가 혼합된 지역을 개괄적으로 살펴보는 데 있다. 그리고 모리타니아인의 문화와 전통문화와 연결된 부족 관계를 검토할 것이다. 마지막으로는 문화적 다양성 가운데 드러난 상태들을 현상학적으로 접근하면서 마무리할 것이다.

모리타니아 이슬람 공화국

모리타니아 이슬람 공화국

아프리카의 지정학적 위치

모리타니아는 북아프리카에 속하면서 서부 아프리카 가까운 곳에 위치해 있다. 모리타니아는 중동지역에 속하지만 대서양과 지중해가 만나는 지점에 있고,

---

5 앞으로는 모리타니아로 표기함.
6 장훈태, 모리타니아 방문기간은 2015년 1월6일부터 27일까지 수도인 누악쇼트와 남부 세네갈 강 주변과 동북부 신게티 지역을 탐방했다.

서부 아프리카의 세네갈 강을 끼고 있다. 모리타니아는 세네갈 강 주변만 농사를 지을 수 있는 곳이고 삶의 근원이 되기도 한다. 따라서 모리타니아에 표출된 지정학적인 위치는 매우 중요하고 복잡하다. 모리타니아는 역사적으로 서부 아프리카와 북아프리카를 잇는 교역의 역할을 하면서 정치적으로도 긴장감을 유발하는 곳이다.

모리타니아는 20세기 프랑스 식민 지배를 받았고, 어느 정도 타협적인 방식을 통해 탈 식민지화 과정을 거쳐 오늘에 이르고 있다. 지금도 모리타니아는 프랑스의 정치적, 경제적, 군사적 영향을 많이 받고 있는 곳이다. 모리타니아를 비롯한 마그레브 지역의 역사를 거슬러 올라가면 이슬람의 확산과 맞물려 있음을 발견하게 된다.[7]

마그레브를 정복한 최초의 아랍인 시디 오크바로가 670년 새로운 도시 카이라완

모리타니아 무어족 호텔 주인

(Kairaouine)을 창건하고 대서양까지 진출했다. 이 지역에 이슬람이 정착하면서 노예상태에서 해방된 많은 노예들과 자신의 신앙 때문에 박해를 받았던 이슬람교를 비잔틴의 기독교보다 단순하고 관용적인 종교로 생각하였다. 이슬람 종교를 진정한 구원의 종교로 받아들였다.[8] 아마도 이슬람 여행가이며 사상가였던 이븐 할둔(Ibn Khaldun)의 지적과 같이 부족 간의 연대정신이나 부족 내부의 응집력이 강한 것은 하나의 종교가 묶어 준 것인지도 모른다.

모리타니아는 지리적으로 중동이라고 부르기보다는 서부 아프리카에 가깝기 때문에 보통 서아프리카라 부르는 사람도 있지만 지정학적으로 북아프리카에 속한다. 모리타니아는 사하라 사막을 끼고 있는 모로코, 알제리, 튀니지, 리비아의

7 장훈태, "코트디부아르 기독교와 이슬람 정착요인," 「복음과 선교」 제31호(2015), 64-68.
8 Yves Lacoste, *Maghreb Peuples et civilisations*, 「마그레브, 북아프리카의 민족과 문명」 임기대외5명 역(서울: 한울, 2011), 15-16.

주민 대부분이 거주하고 있는 지중해 연안 지역과 상황이 좀 다르다.[9] 물론 사하라 사막의 광활한 지역은 19세기 말과 20세기 초 식민당국에 의해 그어진 국경을 따르고 있다.

마그레브 지역과 동아프리카 등의 식민지배는 프랑스, 영국 등 유럽에 의해서였다. 반대로 비공식적이지만 설득력 있는 조사에 따르면, 세계의 지리 영역 가운데 미국인의 관심이 가장 덜 미친 곳은 아프리카라고 한다.[10] 그러나 최근의 미국은 상황이 바뀌어 아프리카 각 국가에 미국 대사관을 건축하여 외교관계를 강화하고 있다.[11] 미국의 패권주의가 아프리카에서 다시 부활하는 것이 아닌가 걱정하는 사람도 있다. 이런 상황에서 아프리카는 어디를 말하는 것인가 생각하게 된다.

아프리카는 광활한 사하라 사막 이남에 놓인 곳을 말한다. 세네갈 다카르의 복잡한 도시, 코트디부아르의 아이보리 코스트, 토고와 베냉, 강력한 줄루제국과 잔지바르의 석조 도시, 니제르 삼각주의 석유시추시설, 탄자니아의 킬리만자로, 케냐의 투루카나 준 사막지역과 우간다 빅토리아 폭포와 테이블 산, 나일 강이 흘러 내리는 수단과 에티오피아, 사막을 가로질러 흐르는 실개천 등이 아프리카라고 할 수 있다. 아프리카는 다양한 전통과 종족과 변화무쌍한 문화, 인류의 거울인 멸종위기의 영장류들과 아시아에서 볼 수 없는 야생동물들을 볼 수 있는 곳이다.[12]

모리타니아의 위치와 외교

정식 국가 명칭은 모리타니아 이슬람 공화국이다. 대서양 연안을 따라 해안선 길이가 754km이다.[13] 수도인 누악쇼트(Nouakchott)의 인구는 80만 명 정도이며 전체인구는 350만 명을 넘어서고 있다. 사막기후이면서 해수면이 낮아 비가 오면 배

9   정흥호, "로잔운동과 상황화에 관한 논의에 대한 연구," 「복음과 선교」 제26권(2014), 121-130.

10 harm J. de Blij, *Why Geography Matters:More Than ever* 『왜 지금 지리학인가』 유나영역(서울:사회평론, 2015), 439.

11 2015년1월 모리타니아의 수도 누악쇼트에 미국대사관 공사가 진행중이었다. 이는 아프리카지역에 대한 관심과 전략적 측면이 강하다고 볼 수 있다.

12 harm J. de Blij, *Why Geography Matters:More Than ever*, 438.

13 Emefa J. Takyi-Amoako, *Educaton in West Africa* (London: Bloomsbury Academic an imprint of Bloomsbury Publishing Plc, 2015), 311-313.

수가 되지 않아 비위생적인 생활이 지속되기도 한다.[14]

모리타니아는 한국과 1963년 7월 30일에 외교관계를 수립하였다. 그러나 1964년 12월 10일 모리타니아 정부가 북한과 수교를 맺은 것에 대한 항의로 국교가 단절되기도 했으나 1978년 12월 19일에 외교관계를 재개하였다. 지금의 모리타니아에는 소수의 한국인이 거주하는 관계로 모로코 대사가 그 직임을 대행하고 현지인이 명예영사로 일하고 있다.

모리타니아는 인접 마그레브 국가들과(모로코, 리비아, 알제리, 튀니지)는 UMA를 통한 결속을 강화하면서 아랍 산유국들과는 원조 공여국으로 관계를 유지, 강화하는 데 중점을 두면서 아랍연맹(25개국)에 가입하여[15] 유대를 강화하고 있다. 모리타니아의 대외정책은 비동맹중립외교를 펴고 있으며, 1961년 유엔에 가입하고, 1964년에 비동맹회의에 가입하여 북아프리카와 중동지역 국가와 선린평화정책을 추구하고 있다. 최근 들어 중국의 막대한 무상원조 제공으로 중국과 특별한 유대관계를 구축하고 있으며[16] 러시아와 동구권과도 원만한 관계를 맺고 있다. 또한 미국[17]과 프랑스와의 원만한 관계를 유지하면서 경제적 곤핍을 벗어나려고 노력하고 있다.

따라서 모리타니아는 인접국과의 관계개선에도 노력하고 있다. 1989년 4월 세네갈과는 국경지역에서의 분쟁으로 관계가 단절되었으나 1992년 4월 외교관계 재개로 호전되어 세네갈 강 주변 개발에 적극적인 관계로 발전하고 있다. 인접국 말리(Mali)와는 1990년 말리 내 부족 간 충돌 사태로 모리타니아에 이주해 온 난민문제로 골치를 앓고 있다. 지금도 모리타니아는 말리에서 건너온 난민문제로 양

---

14 2015년 1월 8일 누악쇼트에서 현지인과 만남에서 인구밀도를 설명해 주었다.

15 모리타니아를 비롯하여 튀니지, 쿠웨이트, 코모로, 카타르, 주부티, 웨스트뱅크, 이라크, 이집트, 인도, 요르단, 인도, 오만, 예멘, 에리트레아, 수단, 시리아, 아랍에미레이트, 알제리, 바레인, 소말리아, 베네수엘라, 사우디아라비아, 레바논, 리비아 등이다.

16 모리타니아에 거주하는 중국인은 2015년 1월 기준으로 약 3천명이 넘는 것으로 알려져 있다. 이들은 수도인 누악쇼트를 비롯하여 북쪽의 신게티 시와 남쪽 세네갈 강변의 작은 도시에 거주하고 있다.

17 미국은 모리타니아 수도 누악쇼트에 대사관을 새롭게 건축하면서 정부와 원만한 관계를 구축하면서 서부 아프리카 지역에 교두보를 형성하고 있다. 필자가 2015년 1월 9일 모리타니아를 방문했을 때 미국 대사관이 건축되고 있었다.

국 간의 분쟁 소지는 항상 상존하고 있다. 리비아는 모리타니아와의 관계가 매우 좋았던 것으로 알려져 있고, 아랍의 봄 이후 전 카다피 대통령의 실각을 안타까워 하고 있다.[18] 모리타니아인들의 카다피 대통령에 대한 온정적 태도는 경제적 도움과 국가 발전을 위해 상당한 도움을 준 것으로 알려져 있다.

모리타니아의 정치

모리타니아는 1960년 11월 28일 프랑스로부터 독립했다. 모리타니아가 독립할 당시 모로코가 영유권을 주장하여 대립관계에 있었으나, 그 후 관계가 개선되어 1973년에는 아랍연맹에 가입하였다. 1976년 4월에는 에스파냐령 사하라(서사하라) 를 모로코와 분할 · 영유하는 협정을 체결하면서 모로코의 동맹국이 되었다. 그러 나 알제리의 지지를 받고 있는 서사하라 독립운동 '폴리사리오 전선'과 전쟁상태 에 들어갔다. 이 전쟁이 원인이 되어 1978년 7월에 군사 쿠데타가 일어났고 대통 령이 체포되고 정당과 의회도 해산되었다. 대통령 무스타파 울드 살레크가 국가 부흥 군사위원회 의장에 취임하고 국가원수로서 새정권을 발족시키고 '폴리사리 오' 휴전 합의로 서사하라의 영유권을 포기하였다. 이후 몇 번의 쿠데타를 거치면 서 오늘에 이르고 있다.

1960년에 제정된 헌법은 시행이 중지되었고, 군사 쿠데타를 일으킨 모하메드 쿠나 올드 하이딜라가 이끄는 국가부흥 군사위원회가 작성한 임시헌법이 시행되 고 있다. 그렇지만 모리타니아 내에 있는 무어(The Moors) 부족끼리 서로 경쟁이 끊 이지 않아 오랫동안 군사 쿠데타가 계속적으로 일어나기도 했다. 모리타니아는 1978년 군사 쿠데타 이후 몇 년 전까지 군사정권이 통치 하다가 현재는 문민정부 가 통치하고 있다.

모리타니아 임시헌법은 1980년에 작성되기도 했다. 1992년 군사정권이 다당

---

18 장훈태, "2013년 1월 15-2월 2일 우간다 탐방"기간 동안 현지인과의 인터뷰& "2015년 1월 9일 모리타니 아 누악쇼트 현지인 인터뷰" 리비아 전 대통령 카다피는 아프리카연합기구에서 활발한 활동을 하였고, 모리타니아와 우간다 등에 많은 관심을 기울인 것으로 알려져 있다. 도로건설과 이슬람사원 신 축등을 통하여 현지인들로부터 존경을 받았다.

제 민주주의로 개혁을 단행하기도 했지만, 대통령 마우야 울드 시디아메드 타야 (Maaouya Ould Sid' Ahmed Taya, 1992년4월 취임, 1997년 12월 12일 재선, 2003년 12월 선거)는 장기독재를 하지 못했다. 국민들의 경제적 욕구와 장기 독재에 피곤을 느낀 상황에서 2005년 무혈 쿠데타로 대통령이 축출되기도 했다. 2007년에는 전 국민의 선거로 문민정부를 재건했지만 2008년에 또 다시 쿠테타가 발생해 국가가 매우 혼란스럽기도 했다. 2009년에는 대통령 선거를 여러 번 치르면서 다시 문민정부를 회복하고 있다. 다만 문민정부가 언제까지 국가발전과 번영을 이룩할 것인가도 관심사이다.

한편, 모리타니아는 1980년 2월에 이슬람 율법(샤리아)을 법체제의 기본원리로 채택하여 오늘에 이르고 있다. 동년 7월에는 오랜 기간 동안 사회문제가 되었던 노예제도를 철폐했지만 현재도 15만 명 이상이 노예로 지내는 것으로 알려져 있다.[19] 국가의 권력구조는 대통령 중심제의 이슬람 공화국이다(1991년 7월 20일). 대통령의 임기는 6년이지만 재선할 수 있으며, 국가원수는 이슬람교를 믿는 신자여야 한다. 행정부는 대통령이 임명한 총리와 총리의 제청에 따라 대통령이 각료를 임명하고, 입법부는 상원과 하원의 양원제를 채택하고 있다. 사법부는 최고재판소와 하급 재판소로 구성되어 있다.[20]

정치적으로 대통령의 지위와 권위는 국가원수, 헌법의 수호자, 국가독립 및 영토보전의 보호자이다. 행정부의 수반으로 각료회의를 주재하면서 총리지명 및 총리의 지명에 따라 각료임명권과 의회 해산권을 보유하고 있다. 또한 군 통수권자로서 대외적으로 국가를 대표하여 외교활동과 조약 등을 할 수 있다.

모리타니아의 사회 · 경제

모리타니아는 경제적으로 세계에서 빈곤국가에 해당된다. 전 세계 195개국 중

---

19 연구자가 2015년 1월 9일부터 체류하는 동안 노예제도에 대한 이야기를 들었다. 노예제도를 철폐했지만 노예가 있는 국가라는 것이다. 현지 운전기사는 '노예들은 우리가 있음으로 부자들이 살고 부자는 노예가 있어 살고 있다'는 이야기를 하고 있었다.

20 2015년 1월 8일 누악쇼트 현지인과의 모리타니아 역사와 관련된 인터뷰.

146위(2015년 IMF기준)이고 GDP는 50억 달러로 최하위이다.[21] 모리타니아의 산업 구조는 어업, 농업, 광업 등 1차 산업을 중심으로 이루어져 있다. GDP의 10%, 전체 세입의 30%를 수산업에 의존하고 있다. 전 국토가 사막인 관계로 지속가능한 어족 자원보호를 위해 프랑스와 영국의 도움을 받고 있는 실정이다.

광업의 경우 국영 광업공사가 EU로부터 광물개발 기금을 지원받아 광물탐사를 시행하고 있으며, 캐나다 기업이 다이아몬드 광산을 탐광 중에 있다. 세계 각국의 참여로 자원보호와 탐사작업으로 모리타니아의 사회경제 성장이 매년 상승하고 있다.[22] 정부는 서구 국가의 모리타니아 지원에 힘입어 세계은행이 추진하고 있는 세계최빈국(HIPC)부채 탕감 프로그램을 통해 외채 부담을 줄여가고자 노력하고 있다. 그러나 세계은행측은 항공, 전력공급, 체신 등과 같은 분야에서 민영화를 통한 경제 구조 개혁을 선행할 것을 요구하고 있으나 현 정부가 이를 긍정적으로 수용하고 있지 않고 있다. 모리타니아 현 정권의 정치적 입장은 국민들의 복지와 경제지표 상승보다는 자신들의 이익과 관련되어 있기 때문이란 말도 있다.

따라서 모리타니아는 1970년대와 1980년대에 계속 가뭄이 들면서 국토가 황폐해졌고, 급속한 도시화로 농촌인구가 급감하고 있다. 수년간 지속되는 가뭄은 사하라 사막에서 목축업을 하는 젊은이들과 농촌지역 사람들을 수도인 누악쇼트로 몰려가게 해 도시가 몸살을 앓고 있다.

시골 사람들은 주로 자급형 농업과 목축업에 종사하기도 하며, 항구가 있는 누악쇼트와 누아디부의 사람들은 수산업에 종사하면서 생계를 이어가고 있다. 모리타니아는 특히 어류와 철광석이 많아 전량 프랑스를 비롯한 유럽국가에 수출하고 있으며, 2006년부터 체유한 석유를 판매하면서 국가 경제에 많은 탄력을 받고 있다. 그러나 모든 경제발전 부분에서 발목을 잡고 있는 것은 가뭄보다는 관료들의 부정부패가 큰 문제라고 보고 있다.

---

21 2015년 IMF 기준 1인당 GDP는 1347$로 전 세계 149위에 머물러 있다. 국민 1인당 수익이 작아 사회문제와 어린아이들이 거리에서 구걸하기도 한다. 2015년 1월 현지에 머무는 동안 많은 사람들이 빈곤으로 어려움을 겪는다는 소식을 듣기도 했다.

22 EU는 모리타니아의 경제구조 조정 및 경상수지 적자보전을 위해 22만 불 이상을 지원하고 있으며, 독일은 농업, 보건위생, 댐 건설등을 위해 재정을 지원하고 있다.

    따라서 모리타니아는 국가 경제지표가 낮은 관계로 사회복지 시설도 열악할 뿐
아니라 사회복지제도 역시 빈약한 상황이다. 국가 빈곤율이 높아 가난한 노인들
에게 노령수당과 젊은 신혼부부에게 출산장려금이 지급되고 있지만 실업이나 질
병에 대한 수당은 불충분하고 아예 없는 상황이다. 그리고 국민 대부분이 겪고 있
는 빈곤으로 유아 사망률이 어느 국가보다 높을 뿐 아니라 평균 수명도 낮은 편이
다.[23] 따라서 모리타니아는 세계에서 가장 가난한 국가인 관계로 어린이의 1/3이
만성적인 영양실조 상태에 있다. 대부분의 가정에는 기본적인 생필품이 부족할
뿐 아니라 경제적 빈곤으로 인한 이혼율 증가와 고아들이 많은 편이어서 사회적
인 문제가 발생하고 있다. 최빈국의 상황에서 국토의 1%밖에 안 되는 경작지도 점
차 사막화될 가능성이 높아가고 있다.

    또한 모리타니아의 경제가 저성장의 늪에서 헤어나지 못하고 있는 상황에서 빈
곤은 계속되고 있으며, 사하라 이남 아프리카인과 무어인의 인종적 긴장관계를
비롯하여 갈등의 불씨가 되고 있다. 정부가 이를 어떻게 해결하는가가 정치적 쟁
점이다. 따라서 종족 간의 갈등해결은 곧 경제 협력과 활성화에도 영향을 주기 때
문에 현 정권의 정치적 역량이 기대되기도 한다.

    특히 모리타니아의 기후변화는 국민들의 경제생활을 상당히 위축시키고 있으
며 지리적인 변화를 가져오는 것도 골칫거리이다. 기후 온난화 현상과 장기적인
가뭄은 새로운 문화적 시대라는 것에 의심의 여지가 없다. 극심한 가뭄 현상으로
사람들은 생존전략을 위해 도시로 이주하고, 도시는 주택문제와 실업자로 인해
골치를 앓고 있기 때문이다. 그리고 바닷물의 기온 상승으로 어류의 감소와 더불
어 어민들의 생업이 어려워지고 있어 정부로서는 골치 아픈 현실이 점점 다가오
고 있다. 모리타니아는 지구촌의 7대 난제를 모두 갖고 있는 나라로서 7대 해법을
갖고 현실을 극복해야 하는 시점에 와 있다.[24] 곧 인구과잉, 쓰레기, 빈곤, 전염병,
대학교육, 식량안보, 에너지 문제 등이다. 이런 거대한 난제를 극복할 특단의 해

---

23 모리타니아 사람들의 평균수명은 46세 정도가 된다. 이들 대부분은 의료혜택과 정부의 사회복지 보장제
    도에 따른 혜택을 받지 못하고 있는 상태이다.
24 "Special Report ISSUES 2015", *Newsweek* 2015.1.5./1.12. 22-59.

법을 찾지 않으면 점점 더 어려워질 것이다.

모리타니아의 기후와 보건

모리타니아는 사막지역으로 고온 건조한 기후 때문에 중부 이북의 연평균 강수량은 125mm 이하이며, 기온차가 매우 크다. 북동에서부터 건조한 열풍(熱風)인 하르마탄(harmattan)이 규칙적으로 불어와 농사하기에는 어려운 환경이다. 남서쪽 해안지방으로 갈수록 강수량이 많아져, 세네갈 강 유역에서는 7∼9월(우기)에 650mm에 달하는 지역도 있지만 농사하기에는 매우 적은 강우량이다.[25] 특히 해안지방의 기후는 대서양에서 불어오는 무역풍의 영향을 받아 비교적 온화한 편이다. 전체 국토 면적 중에서 경작 가능한 토지는 0.2%이며, 농경지는 0.01%, 사막 및 황무지가 99.79%(2015년)이다. 관개면적은 전체 면적 1,030,400㎢ 중에서 490㎢(2002년)에 불과해 식량을 자급자족하기에는 부족한 상태이다.[26] 그래서 모로코, 세네갈, 스페인에서 쌀을 비롯한 곡식과 과일을 전량 수입하기도 한다. 수도인 누악쇼트 농수산물 시장에는 인근의 모로코와 세네갈, 스페인 등지에서 올라온 농산물이 매일 아침 판매되고 있다.

모리타니아는 연 강수량이 적어 가뭄이 지속될 경우 빈곤으로 인한 영양실조에 걸리는 사람과 질병으로 고통받는 사람이 계속 증가하고 있다. 질병에는 말라리아, 홍역, 결핵 및 유행성 감기와 같은 치명적인 질병이 널리 퍼지기도 한다. 연구자가 모리타니아 동북부 신게티 지역을 방문하였을 때 외국인 선교사에 의해 운영되는 병원이 있었다. 이곳은 스페인 여행자가 잠시 머무는 동안 모리타니아인들의 질병을 치유하기 위해서 병원을 신축해 놓았지만 의료진이 없어 문을 닫았다. 그는 계속해서 병원을 운영할 수 없어 본국으로 귀국함으로 병원은 빈 공간으로 방치되어 있었다. 마침 이곳을 여행하던 미국인이 소식을 듣고 병원을 방문해 보았을 때 진료하지 않는 빈 건물로 남아 있었다. 그는 곧바로 미국으로 건너가 의학을 공부하기 시작했고, 몇 년 후 의사 면허증을 받아 이곳에 와서 진료를 하고

25 harm J. de Blij, *Why Geography Matters:More Than ever*, 444−445.
26 [네이버 지식백과] 모리타니아의 자연 (두산백과) 2015년 12월 3일 접속.

있었다.[27] 무엇보다도 병원의 시설이 열악한 것도 있지만 의료진의 부족으로 어려움을 겪고 있었다. 모리타니아의 대부분의 의료진들은 누악쇼트에 몰려 있다.[28] 모리타니아에서 기후변화와 보건의 취약은 근본적인 재앙이다.

모리타니아의 수산업

모리타니아는 1차 산업인 수산업이 발달되어 있다. 대서양을 끼고 있는 누악쇼트의 항구에는 각종 어류를 판매하는 수산시장이 있다. 이곳에서 가장 많이 생산되는 문어는 전량 일본에 수출하고 있으며, 갈치와 고등어 등은 한국과 중국에 수출하고 있다. 이곳에서 생산되는 수산물은 전량 유럽과 아시아로 수출되어 국민소득을 높여 주기도 하지만 그로 인해 내륙지방에 거주하는 사람들은 바다 생선을 구경하기조차 어렵다. 특히 한국은 모리타니아에서 문어를, 고등어는 스코틀랜드에서, 갈치는 모로코에서 수입하고 있다. 한국은 모리타니아의 수산물 의존도가 높지만 지구의 기후변화와 중국 어선의 남획 등으로 인해 생선값은 계속적으로 오르고 있다.[29]

모리타니아는 1차 산업이 발달한 만큼 사회문제도 심각한 것으로 알려져 있다. 누악쇼트와 누아디브(Nouadhibou) 시에 거주하는 사람들 대부분이 어업에 종사한 결과 청소년들의 교육이 제대로 이루어지고 있지 않아 사회문제가 되고 있다. 이들 대부분은 반(反)사회적이 되거나 최근 국제적으로 말썽을 일으키고 있는 IS에 가담하는 청년들이 증가하고 있으며, 일부 청소년들은 고기 잡는 배를 따라 다니거나 항구에서 심부름을 하면서 생계를 유지하고 있다. 뿐만 아니라 청소년들의 마약과 성매매, 인신매매로 인해 사회문제가 급속히 가시화되고 있다.

지금까지 모리타니아의 지정학적 위치와 정치, 경제와 빈곤 문제등을 간략하게 서술해 보았다. 모리타니아의 경제지표가 되는 1차 산업은 기후변화와 가뭄으

---

27 2015년 1월 15일 경 모리타니아 북부지역 신게티를 방문하였을 때 미국인이 현지인들을 진료하고 있었다. 진료과목은 내과, 외과, 산부인과를 비롯하여 약제과와 의료인을 위한 강의실 등이 구비되어 있었다.

28 모리타니아 누악쇼트에만 종합병원이 있다.

29 구희령, "수산물 절반 수입," 「중앙일보」 2015년 4월 24일.

로 인해 점점 어려워지고 있을 뿐 아니라 시골 사람들의 도시 이주로 인해 정부는
고민하고 있다.

모리타니아 부족과 언어

모리타니아의 인종은 매우 다양하다. 인종은 정치 · 경제적 위치와 계급을 나
타내기도 한다. 모리타니아의 부족별 통계를 보면, 백인계 무어인은 100−110만
명, 흑인계 무어인은 150만 명 정도로 전체 인구의 60%가 넘는다. 그 외에는 사하
라 이남 아프리카인으로 구분하는 것을 선호한다. 이들 대부분은 북위 18° 이남의
비교적 덜 건조한 지역에 살고 있다.

무어인(The Moors)은 목축민으로 이슬람교를 신봉하면서 아랍어를 사용한다. 세
네갈 강 유역에는 투쿨로드족,[30] 사라콜레족 등의 흑인들이 살고 있다. 흑인은 정
착 농경민으로 부족 종교를 가지고 있다.[31] 아랍어로 무어인을 비단(하얀 사람), 흑
인을 수단(검은 사람)이라고 부르기도 한다.

세계기도정보 2013년판에 의하면, 아랍인(하사니야어 사용자)이 70%나 된다고 보
고 있다. 백인계 무어인의 노예에서 갈라져 나온 사람들의 후손인 흑인계 무어인
(하라틴족)이 40%, 아랍인과 베르베르족 출신 백인 무어인(바당족)이 30%나 된다.
모리타니아 독립 전부터 백인 아랍계 무어인이 세력을 장악하여 오늘에 이르고
있다.[32] 특히 사하라 사막 이남 서부 아프리카에는 크고 작은 1,391종족이 거주한
다. 북아프리카는 160개 종족 가운데 전체 85개에서 90개 종족이 있다. 그 가운데
모리타니아에서 가장 많은 종족은 무어인이고, 사하라 이남 아프리카인이 28.8%
나 되고 풀베족/투쿨로프(풀라)족, 월로프족, 소닌케족, 밤바라족을 비롯하여 대부
분 남부 누악쇼트와 몇몇 도시에 정착하여 농업과 목축업에 종사하고 있다. 최근
들어 모리타니아에 거주하는 기타 종족으로는 서아프리카인, 프랑스인, 한국인,

---

30   사하라와 기니 사이에 지배하고 있던 부족.
31   여기서 부족 종교라 함은 민간신앙을 의미한다.
32   Jason Mandryk, *Operation World* (WEC International, 2011), 387.

중국인 등이 있다. 특히 중국인과 한국인들은 수산업과 건축업에 주로 종사하고 있으며, 그 외의 사람들은 비즈니스와 외교관이라고 보면 된다.

　　모리타니아의 문자해독률은 51.2%이며, 공용어는 프랑스어[33]와 아랍어를 사용하지만 중동에서 사용하는 아랍어보다는 사투리가 더 많은 편이다.[34] 모리타니아에 거주하는 부족들 대부분은 토착 언어인 하사니아어(Hassaniya Arabic) 방언을 사용하고 있다. 그러나 정부와 기관에서는 프랑스어를 사용한다. 모리타니아 부족들이 사용하는 전체 언어는 8개 군이 된다. 모리타니아에서 사용되는 아랍어는 예멘계의 언어 군으로 표준아랍어보다는 어렵다는 이야기가 있다. 아랍어의 어려움으로 중동지역에서 온 여행객들도 이해하기 힘들 정도라고 말한다. 그만큼 아랍어 사투리가 많아 의사소통이 어렵다. 이곳에서 의사소통의 어려움은 사회 전반에 걸쳐 불편함을 줄뿐만 아니라 상호 간의 관계성을 비롯한 의식을 이해하는데에도 한계가 있다.

　　특히 모리타니아에 거하는 하라틴족 또는 흑인 무어인은 동일한 언어와 문화를 지니고 있다. 과거 무어인 사회에서는 노예계층에 속한 것으로 알려져 있다. 그리고 풀라족(투쿨로르족과 풀라쿤다족), 소난케족, 밤바라족, 월로프족 등은 세네갈 강 골짜기에 거주하는 아프리카 종족이다. 이 종족들 가운데 일부는 이곳에서 종교적 갈등으로 추방을 당해 모리타니아에 거주하기도 한다. 종족 간의 갈등은 대부분 종교적인 문제이다. 각 부족 간의 갈등을 해결하기 위해서는 하나의 국가종교(이슬람교)를 선택하든지 아니면 그 공동체에서 떠나 다른 곳으로 이주하는 길 외에는 방법이 없다.

　　지금까지 모리타니아의 문화와 키워드인 지리학적 통찰과 정치, 경제와 부족 사회문화를 아우른 것은 문화의 다양성을 이해하기 위해서였다. 급변하는 세계정

33　Emefa J. Takyi-Amoako, *Educaton in West Africa*. 323-324. 프랑스는 모리타니아를 1901년부터 1960년까지 식민 지배를 하는 동안 공용어로 프랑스어를 사용하도록 했다.

34　Jason Mandryk, *Operation World*. 10세 이상 문맹률은 55%이며, 학령아동 취학률 44.22%정도이다. 전근대적인 이슬람 교육은 상당히 보급되어 있다. 4년제 의무교육제(6-13세)에 주력하고 있다. 한 때는 문맹률이 95%에 이른 것으로 보고되었으나 정부의 문맹퇴치를 위해 전국적으로 대중교육운동(SEM)을 전개하는 한편, 여성의 교육 및 사회 참여를 적극적으로 장려하는 정책을 추진하여 큰 효과를 보고 있는 것으로 알려져 있다(2015년 1월 15일 남부 지역 현지인 인터뷰).

세와 급속한 기후변화가 국제사회에 어떤 변화를 가져올 것인가를 생각하고, 국제사회의 변화에도 불구하고 정치적 호도 속에 감추어진 그들의 문화를 들추어냄으로써 세계정치와 인류의 미래에 대한 치밀한 예측을 만날 수 있을 것이다.

문화의 다양성

종교

모리타니아는 북아프리카 서쪽에 위치하고 있어 문화적 다양성이 빈약한 곳이라는 말이 있다. 그러나 모리타니아는 북아프리카의 어느 국가보다 종교적으로는 샤리아 법에 따른 문화와 전통적인 규율과 사회적 법률에 따라 다양한 문화가 상존(常存)해 있다. 그리고 헌법상으로는 이슬람교가 공식국교이면서 국민의 종교로 자리 잡고 있지만 국민 대부분은 민속마술이 스며든 온건한 수니파 이슬람교를 신봉하고 있다. 이곳 사람들은 이슬람교에서 다른 종교로 개종할 경우 사형 혹은 엄청난 사회적 압박을 받기 때문에 명목상 이슬람교를 신봉하는 자들도 많다고 한다.

모리타니아의 종교는 인구비율로 볼 때 이슬람교는 99.75%나 된다.[35] 기독교 인구는 0.25%에 불과해 상대적으로 숫자가 적은 편이다. 기독교는 개신교, 독립교회, 성공회, 가톨릭, 유사 기독교가 있지만 대부분 기독교인은 외국인이다. 이 가운데 가톨릭은 가장 많은 신자를 보유하고 있으며, 그다음으로 기타 아프리카 단체의 독립교단과 성공회 순이다.[36] 이슬람교가 지배적인 종교로 자리 잡고 있는 모리타니아에서 종교적 삶을 산다는 것은 매우 어렵다. 왜냐하면 이슬람교는 모리타니아인의 삶의 목적이고 가치일 뿐 아니라 세계관의 중심이기 때문이다.

---

35 장훈태, "서부 아프리카 코트디부아르 한인 디아스포라의 역할과 선교." 「성경과 신학」 제76권(2015.10), 340-344.

36 EIU *Country Report* 2013, 모리타니아 중앙은행 및 IMF(2014).

사막에 사는 베르베르족과 아랍 베두인족의 후손인 유목민들도 유목생활을 하면서 이슬람교를 신봉한다. 사하라 이남 서부 아프리카에서 생존을 위해 이주해 오는 난민들도 이슬람교인이다. 이들 가운데 일부 서부 아프리카 사람들은 유럽 또는 카나리아제도로 가기 위해 모리타니아를 불법적으로 경유하기도 한다. 수만 명이 허술한 배를 타고 바다를 건너다가 매년 1천 명 이상 사고로 죽기도 한다. 서구 세계의 부를 쫓아 떠난 그들이 어떻게 유럽 사회에서 정착할지는 미지수이다. 그들의 미래를 누가 보장할 수 있는가? 아무도 없다.

문화

모리타니아의 문화는 이슬람교와 프랑스의 로마 가톨릭교회, 흑인 농경민들은 전통적인 민간신앙의 영향을 받아 생활하고 있다. 이들에게는 문학과 극장이 없다. 그러나 최근 들어 중국 정부가 누악쇼트에 박물관과 국립중앙도서관을 건축하여 기증함으로 새로운 변화를 맞이하고 있다. 중국인들에 의하여 도시문화가 새롭게 형성되면서 낮에는 번잡하고 소란스러우며 거칠고 악취가 진동하지만 그래도 안전하고 심지어 포근하기까지 한 곳이 되었다. 거리는 화려한 색상의 옷과 구운 양고기와 낙타고기 냄새가 나고, 시장은 사람들로 북적대고 있다. 그러다가 어두운 하늘에 첫 별들이 나타나기가 무섭게 도시는 조용하다. 개와 고양이, 쥐, 도둑들이 설친다. 이런 도시에 중국은 누악쇼트와 공항 주변에 가로등과 교차로에 신호 등을 설치해 주었다. 중국 정부의 거침없는 지원정책은 모리타니아인들의 문화생활과 고질적인 문제였던 전기와 수도 시설, 주택건설에 새로운 변화를 주면서 외교적으로 밀접한 관계를 이어가고 있다.

중국은 오래전부터 아프리카에 깊은 관심을 가졌다. 지난 10년 동안 중국정부는 막대한 규모의 투자금액을 아프리카에 쏟아 부었다. 아프리카를 여행하는 사람들이 아는 것처럼 중국은 수백 년 동안 이 땅을 손아귀에 쥐고 있던 서방세계가 눈치 채지 못하는 사이에 아프리카를 낚아채갔다. 중국이 아프리카를 향해 손을 뻗기 시작한 것은 장쩌민 국가주석이 1996년 아프리카 6개국 국빈 방문을 하는 동안 에티오피아의 아디스아바바에 위치한 아프리카 연합 본부에서 연설하면서 중국-아프리카협력포럼(Forum on China - Africa Cooperation)의 설립을 제안했다. 6년 후 중국-아프리카협력 포럼의 첫 번째 회의가 아프리카 53개국 지도자들을 초청하여 베이징에서 개최되었다. 이 포럼에서 장쩌민 주석은 50억 달러의 아프리카 개발기금의 설립, 미상환 부채의 탕감, 에티오피아에 위치한 아프리카 연합 본부의 신축, 무역 및 협력지대의 설치, 병원 30곳 개원, 농촌지역에 100개의 학교 설립, 아프리카 전문인력 1만 5천 명 양성 등이 포함되었다.[37] 아프리카는 이제 중국의 손에서 벗어나기 어려운 현실이 되었다. 어쩌면 중국의 경제적 지원으로 인한 아프리카의 문화는 '아차이나 반도'[38]가 될 우려도 배제하기 어렵다. 그 이유는 아프리카에는 100만 명 이상의 중국인들이 거주하고 있기 때문이다. 이제 변화하고 있는 모리타니아에서 경험했던 문화의 다양성을 나누고자 한다. 여기서 말하는 '문화의 다양성'은 '편견과 혼종성'이 여전히 남아 있는 곳임을 전제로 한다.

모리타니아의 화폐

모리타니아 문화의 다양성 가운데 가장 두드러지는 것은 '화폐'이다. 화폐는 소리 없는 전쟁의 무기라는 말이 있어 누구나 많이 소유하려고 한다. 이곳 사람들 역시 화폐를 많이 소유하기 위해 일을 하고 지낸다.

모리타니아의 화폐는 '우기야'(Ougiya:UM)이다. 화폐 단위는 5000, 2000, 500, 20UM가 있다. 현재 1달러 당 270-300UM 정도이지만 세계 환율 변동에 따라 차이가 난다. 모리타니아 사람들은 현지 화폐인 우기야보다는 유로, 유로보다는 달러를 더 선호한다. 미국 달러는 현지인들에게 인기가 좋아 환율계산에서 우대해 주기도 한다. 그러나 모리타니아 국민들은 해외로 나갈 때 1,500유로 이상을 갖고

---

37 Howard W. French, 『아프리카 중국의 두 번째 대륙』 박홍경역(서울: 지식의 날개, 2015), 20-21 재인용.
38 연구자가 아프리카-중국을 줄인 말로 '아차이나 반도'라고 명명했다. 아차이나 반도란 다음과 같은 이유가 있다. 첫째, 중국은 중국굴기로 아프리카를 점령하면서 제2이 중국으로 보기 때문이다. 둘째, 아프리카의 개발현장에 중국인이 모두 개입되어 있다. 셋째, 아프리카에서 판매되고 있는 생필품과 관광 상품은 중국에서 제조 판매하고 있다. 넷째, 건설 현장에는 중국인 노동자들이 일을 하고 있다.

나갈 수 없다. 모리타니아를 여행하던 관광객들이 우기야 화폐를 갖고 출국하는 것도 금지되어 있다. 공항 출국장에서는 모리타니아 화폐를 소유했을 경우 검색원이 우기야를 압수하기도 한다. 그만큼 모리타니아 중앙은행은 화폐관리에 많은 신경을 쓰고 있다.

외국인이 모리타니아에 거주하면서 은행을 이용하는 것은 매우 복잡하고 까다롭다고 한다. 모리타니아 중앙은행 계좌를 개설하여 이용할 경우 잔고의 40%는 수수료로 지불해야 할 정도이다. 그래서 대다수의 외국인들이 ATM에서 현금을 직접 인출하거나 체크카드를 이용한다. 이보다 더 편리한 것은 백화점과 슈퍼에서는 현금을 사용하는 것이 가장 좋다고 한다.

모리타니아 무어족 남성

식수로 수돗물은 금지

모리타니아의 수도 누악쇼트는 바다가 육지보다 높아 밀물이 밀려오게 되면 시내는 물이 차고 각종 오물로 가득차게 된다. 혹시 가뭄 끝에 비가 내리면 배수가 되지 않아 물이 바다로 빠지는데 6개월이 걸리기도 한다. 그래서 누악쇼트는 식량도 부족하지만 물도 부족한 곳이다. 이 수돗물을 마시게 되면 즉,시 배탈이 난다. 수돗물이 제대로 소독되지 않았거나 각종 오염물질이 들어 있기 때문이다.

기후변화의 영향으로 해안지역이 침수지대로, 더 많은 농토가 사막으로 변하면서 그 피해는 인구 증가와 밀접하게 연결되고 있다. 인구가 많을수록 생존에 물과 식량, 에너지가 더 많이 필요하기 때문이다. 지난 1년간 누악쇼트는 극심한 가뭄에 시달리면서 물과 식량이 부족해 큰 타격을 입었다.

누악쇼트는 80만 명의 인구가 있지만 물 부족에 시달리는 주민이 점점 늘어가고 있다. 수돗물 공급이 되지 않아 우물에서 퍼 올린 물을 당나귀에 싣고 가는 모습은 누악쇼트에서만 볼 수 있는 풍경이다. 아마도 물 부족에 시달리는 도시주민이 2050년까지 10억 명 이상 추가로 늘어날 것이며, 주민에게 필요한 물을 확보하는데 큰 어려움을 겪을 것이라고 보고 있다.[39] 전 세계적으로 물 부족으로 인하여어려움을 겪고 있는 상황에서 모리타니아 수자원공사도 국민들에게 양질의 물을공급하기 위하여 세네갈 정부로부터 약 60%의 물을 공급받아 이를 수돗물로 활용하고 있다. 나머지 40%만 모리타니아에서 생산되는 물을 공급할 뿐이다. 그 외의모리타니아에 흐르는 물과 땅은 70%가 염분이어서 마시거나 농사를 지을 수 없기때문이다.

악명 높은 노예제도

노예의 역사는 아주 오래되었다. 크리스티앙 들라캉파뉴(Christian Delacampagne)는 『노예의 역사』(Histoire Del'esclavage)라는 책 서문에서 다음과 같이 말했다.[40]

첫 전환점은 1453년 투르크인의 발칸 침략과 콘스탄티노플 점령 때부터이다. 이로 인해 유럽인이 노예를 얻기 위해 흑해의 북쪽과 동쪽으로 가던 길들이 막히자 서양의 상인들은 지중해 연안 남쪽과 곧이어 '검은 아프리카'[41]로 눈을 돌린 때부터라 할 수 있다. ……두 번째 전환점은 포루투갈인, 에스파냐인들이 몇 년 뒤 아프리카에 이어 아메리카를 탐험한 것이다. 이들은 그보다 400년 전부터 레콘키스타[42]라는 미명 아래 남쪽

---

39 "Special Report ISSUES 2015", *Newsweek* 2015. 1. 5. /1. 12. 27.

40 Christian Delacampagne, *Histoire Del'esclavage*『노예의 역사』하정희역(서울: 예지, 2015), 3-6 재인용.

41 Christian Delacampagne, *Histoire Del'esclavage*, 4. '검은 아프리카'는 사하라 사막 이남 지역을 일컫는다. 아랍인, 베르베르인들이 주로 거주하는 아프리카 북부와는 대조적으로 이 지역에는 흑인들이 주로 살기 때문이다.

42 Christian Delacampagne, *Histoire Del'esclavage*, 5. 718년부터 이베리아 반도 북부의 로마 가톨릭 왕국들이 이베리아 반도 남부의 이슬람 국가를 축출하기 위해 일으킨 일련의 전쟁과정을 말한다. 1492년 그라나다 왕국 함락으로 끝이 났다. 레콘키스타는 에스파냐어와 포루투갈어로 '재정복'을 뜻한다. 이는 십자군 전쟁과 함께 서유럽 세력 확대의 토대가 되었다.

으로의 영토 확장 운동을 추진해 오면서 이 과정에서 아메리칸 인디언은 질병으로 죽는 것을 알고 아프리카에서 포획한 노예 노동자를 강제로 아메리카로 데려온다는 구상을 한 것이다. 이 구상은 신세계의 사회문화풍경을 영원히 바꾸어 놓았다. 세 번째는 산업자본주의와 세계화의 요람이 된 흑인 노예무역과 대농장체제이다.

크리스티앙 들라캉파뉴가 말한 것처럼 노예의 역사는 매우 오래되었다. 노예는 유럽과 서구사회의 전쟁과 경제발전에 유익을 주었지만 아프리카에는 해로운 것이었다. 노예에 대한 수요가 증가하면 할수록 아프리카의 인구는 감소했고, 노예로서의 고통은 후대에 이르기까지 이어져갔다. 노예의 수요 증가로 아랍인과 아프리카인 '노예상인'은 유괴와 약탈을 수월하게 하기 위해 아프리카 부족들이 서로 끊임없이 싸우게 만들었다.[43] 이런 상황은 19세기 초부터 시작된 유럽의 식민지 개발로 종식된 것이 아니라 오늘날까지 검은 아프리카 중·서부 지역에 막심한 피해를 주고 있다. 연구자가 2004년 세네갈 다카르를 방문했을 때의 일이다. 다카르 시내에서 조금 떨어진 노예 섬은 노예사냥이 얼마나 극심했는가를 말해 주었다. 아프리카의 흑인노예무역의 결과는 가족과 부족사회의 혈투와 비극이었다. 특히 동부 아프리카 탄자니아 다르에르살람에서 북쪽으로 가면 인도양 해안가의 노예시장은 우리의 마음을 슬프게 한다. 이런 노예제도에 대하여 크리스티앙 들라캉파뉴는 이렇게 말한다.

"노예제도는 항상 존재했던 것도 아니고 어디에나 존재했던 것도 아니지만 노예제도는 필요악이며 숙명이 아니라 대략 5천 년 전에 특정한 상황에서 나타난 제도일 뿐이다. 문자와 최초 국가들이 출현하던 시기, 중동의 비옥한 초승달 지대가 바로 그 무대"라고 말이다.[44]

---

43 Curtine, P. *The Atlantic Salve Trade* (Madisin: University of Wisconsin Press, 1969)을 참조하라.
44 Christian Delacampagne, *Histoire Del'esclavage*, 6-7 재인용.

그러면서 노예제도[45]가 인간의 도덕의식을 건드리기 시작한 것도 오래되지 않았다는 것이다. 그러나 유럽인들이 아프리카에 간 것은 "몸뚱이를 구하기 위해서"(looking for bodies)라고 말했다. 처음에는 노예무역이었지만 그다음은 식민지 시대였다. 유럽인들은 아프리카에 정착해 현지에 노동력이 필요한 거대한 농장을 세웠다. 아프리카를 침입한 자들은 "신체가 튼튼한 아프리카인"을 원했다는 것이다. 그래서 그들은 인구 증가가 보장되는 법을 만들기도 했다. 유럽인들의 아프리카인 사냥은 오랜 기간 동안 성행하다가 19세기 말 이후에도 여전히 노예제도가 살아 남아 있게 된 대표적인 곳이 모리타니아이다. 전 세계적으로 노예제도가 수익성이 떨어진다는 이유로 노예제도가 사라짐에도 이곳에는 남아 있다. 보다 분명한 것은 서구국가 대부분이 같은 시기에 노예제도를 법적으로 폐지하면서 노예제도가 자연스럽게 소멸해 가는 중[46]이라고 하지만 그렇지 않다는데 어리둥절한 곳이 모리타니아 국가이다.

서구사회가 법을 규정하는 것만으로 노예제도가 새로운 형태로 은밀하게 존속되는 것을 막지 못하고 있다. 마찬가지로 모리타니아 역시 노예제도를 폐지했지만 노예가 존재하고 있다. 노예제도가 엄밀한 의미에서 '인류에 대한 범죄'가 됨에도 여전히 존속하고 있을 뿐이다. 노예제도는 살인의 상징적 동의어가 되는데도 여전히 이런 행위가 지구상에서 존재한다는 것은 큰 범죄라 할 수 있다.

반면, 모리타니아에서 노예로 사는 사람들은 이렇게 말한다.[47] "노예가 없으면 돈 많은 사람들이 살 수 없고, 노예는 이들이 없으면 살 수 없다. 그러므로 우리는 상호의존적 관계로 살기 때문에 노예라고 생각하지 않는다"라고 말한다. 모리타니아에서 노예로 사는 이들은 전 세계에서 가장 폐쇄되고 최빈국의 나라에서 사는 것조차도 모른다. 노예로 사는 그 자체를 당연하다고 여긴다. 그들은 하루에 1,500원 이하의 임금으로 살아가면서도 그 고충을 모르고 있다.

사하라 사막에서 노예로 사는 사람들의 삶은 매우 비극적이다. 이들 대부분은

---

45   harm J. de Blij, *Why Geography Matters:More Than ever.* 448-450.
46   Christian Delacampagne, *Histoire Del'esclavage,* 7.
47   2015년 1월 20일 신게티 지역을 방문한 후 현지인과의 인터뷰.

낙타와 염소 등 가축을 치면서 지내지만, 그들에게 주어진 일을 잘못하게 되면 주인으로부터 매를 맞거나 살해되기도 한다. 때로는 주인이 버린 음식을 먹으면서 지내기도 한다. 이들에게는 인권이나 어떤 교육을 받을 권리가 없다. 노예로 사는 사람들의 삶은 고달프고 비극적이다. 노예 반대 운동가 부바카 메소우드는 "노예는 양이나 염소와 같아서 여성이 노예이면 그녀의 자손도 노예가 된다"고 말했다. 노예가 세습된다는 것이다.

모리타니아 정부는 1981년 노예제도를 금지토록 한 명령을 채택하기도 했지만 지켜지고 있지 않다. 오히려 무임금 노동과 사적 처벌, 강요된 성관계 등 무수한 학대가 존재하고 있을 뿐 정부가 제안한 노예제도 철폐의 효력은 없는 것 같다. 그래서 군부정권에서는 노예제도에 대한 이슈를 정면으로 다루기를 회피해 왔고 이에 유럽연합은 모리타니아 정부에 노예제도를 조사하기 위한 기금을 조성할 것을 제안했으나 거절당하기도 했다. 모리타니아에서 노예로 사는 자들의 수는 매년 증가하여 15만 명 정도 되는 것으로 알려져 있다.[48] 현재 아랍계 모리타니아인은 지배 계급인 반면, 흑인계 모리타니아인은 아직도 현존하는 노예로 살아가고 있다. 전 세계노예지수(Global Slavery Index 2013)에 의하면, 전 세계 노예인구가 2천9백8십만 명인 것으로 나타나고 있다. 그 가운데 모리타니아의 노예인구가 14–16만(전 인구의 4%) 명으로 가장 높으며, 다음이 아이티로 전 인구의 2%(20–22만), 그 뒤로 파키스탄, 인도, 네팔, 몰도바, 베냉, 코트디부아르, 잠비아, 가봉 순이다.

한편, 근대사회에서 노예제도는 아프리카뿐 아니라 상당수의 이슬람교 지역 국가에서 아직도 존재하는 악습으로 남아 있다.[49] 예멘에서는 지배 계급인 화이트 무어(거무튀튀하지만 아랍계와 가까움)와 노예 계급의 후손인 흑인 무어 간의 갈등이 끊이지 않고 있다. 그 외에 사우디아라비아[50]나 아랍연합 같은 곳의 낙타 경마 기

---

48 http://blog.naver.com/PostView.nhn?blogId=acoloje&logNo=220094603656 2015.12.3. 접속.

49 Christian Delacampagne, *Histoire Del'esclavage*, 342.; Ronald Segal, *Islam's Black Slaves: The Other Black Diaspora* (New York: Farrar, Straus and Giroux, 2001), 199.

50 1930년대까지 노예경매가 열렸다. 1926년 9월25일 제네바에서 조인된 노예제도와 관련된 조약에 조인하지 않았다. 당시 사우디아리비아의 왕자였던 파이살 국왕(1906–1975)이 예멘의 사례에 충격을 받고 노예제도를 폐지했다. 그러나 이 왕국에는 수많은 노예가 있었던 것으로 알려져 있다.

07 · 모리타니아 이슬람 공화국 문화의 다양성 | **213**

수들도 파키스탄 등에서 팔려온 어린 아이들이라는 말도 공공연하게 들려오고 있다. 오만의 경우는 술탄 카부스가 1970년에 아버지의 왕위를 계승한 뒤에야 국가 전반에 걸친 현대화로 노예제도가 폐지되었다.[51]

이슬람 국가에서 노예제도가 존속된 것은 꾸란을 축자적으로 해석하는 전통이 이슬람교와 밀접한 관련이 있는 것으로 전해지고 있다.[52] 오늘날까지 모리타니아와 수단에서 끈질기게 노예제도가 지속되고 있는 것도. 국제관례를 무시하는 테러지원국들과의 결탁과 흑인에 대한 인종차별에 의해서 이 동일한 요인이 악화된 때문이다.[53]

크리스티앙 들라캉파뉴는 "모리타니아의 인구는 무어인과 흑인노예 그리고 해방노예의 후손으로 하층신분인 하라틴족으로 이루어져 있다"면서 이곳의 노예제도는 프랑스 식민지배[54] 때에도 없어지지 않았다가 1960년 독립 때 다시 한 번 폐지되기도 했었지만 여전히 그 제도는 남아 있다고 지적하고 있다. 들라캉파뉴의 지적에 반발이라도 하듯이 이슬람교 율법(샤리아)의 공식적인 해석에 따르면 "소유자가 정식으로 보상받지 못하는 동안은 노예를 소유하고 있어도 되기 때문에 노예제도는 자연스럽게 계속해서 번창했다"고 주장하고 있다.[55] 이를 뒷받침하는 이야기는 연구자가 모리타니아의 보게 지역을 방문했을 때 보다 확실하게 귀에 들려 왔다. 그것은 일반적으로 "노예의 자식들은 무어인들이 결혼할 때 선물로 제공된다"는 말에 할 말을 잊었다.[56]

---

51   Christian Delacampagne, *Histoire De l'esclavage*, 345.
52   노예제도는 서부 아프리카에서 이슬람교도들의 메카 성지순례를 이용한 거래가 은밀한 형태로 알려져 있다. 몰염치한 상인들에 의해 어린아이들에게 긴 여행을 해야 된다며 싼 교통편을 제공한 후 빠져 나오지 못하는 함정 속으로 유인한 인신매매가 1950년대까지 계속되었다(신게티 이슬람 박물관에서 만난 현지인의 설명).
53   Christian Delacampagne, *Histoire De l'esclavage*, 재인용.
54   식민지 지배로 인하여 노예제도의 정책이 불행한 결과는 기니, 코트디부아르, 토고, 차드, 중앙 아프리카 공화국, 콩고, 시에라리온, 나이지리아, 우간다, 소말리아, 수단, 자이레가 되었다가 다시 콩고민주공화국이 된 과거의 벨리에령 콩고, 르완다, 부룬디 등의 국가 등이다.
55   Christian Delacampagne, *Histoire De l'esclavage*, 재인용.
56   2002년 3월8일 자 뉴욕타임즈는 탈레반과 그의 계승자들의 독재로 나라가 황폐해지자 부모가 아이를 팔아서 양식을 살 정도로 빈곤한 지역들이 발생하고 있다고 지적했다. 국가의 빈곤은 곧 가사노예제도로 발전하게 된다.; 손동신, "사하라 이남 아프리카(Sub-Saharan Africa)의 에이즈 고아를 위한 선교," 「복음

이혼율 100%

이슬람교를 국교로 삼고 있는 57개국(O.I.C)가운데 이슬람법(샤리아)을 국가의 헌법으로 채택하고 있는 곳이 모리타니아이다. 이슬람교를 국교로 믿고 있는데도 불구하고 결혼 이후의 이혼율은 100%라고 하는데 이해가 되지 않는다. 그만큼 사회적 통념과 전통에 의해 이혼은 당연시되는 문화 때문이다. 한때 모리타니아는 12세기경 북아프리카의 중심세력으로 모라비뚠(무어족으로 불리는 종족)으로 불리면서 스페인의 남부 지역인 안달루스까지 점령하며 유럽에까지 영향력을 미친 세력으로 군림하기도 하였다.

그러나 지금은 이러한 역사적인 사실도 잊혀져가고 사하라 사막에 잠들어 있는 나라가 되었는데도 서구 열강들의 패권주의가 다시 일어나 관심을 갖게 되면서 사회적 문제점들이 밖으로 노출되기 시작했다. 그 가운데 모리타니아의 현실적인 문제들 가운데 하나가 "100% 이혼의 문제"이다.

우리가 흔히 알고 있는 아랍과 이슬람의 문화는 수치문화(Shame Culture)이다. 이른바 명예를 중시하는 문화이다. 그래서 가문의 명예나 부족의 명예를 손상시켰을 경우에는 그에 따른 책임을 져야 한다. 가족의 명예를 더럽힌 자는 누군가에 의하여 살인이 되더라도 명예살인이 허용되는 사회가 아랍 이슬람 문화이다. 이러한 수치문화의 영향과 전혀 정반대의 문화가 계속적으로 진행되는 곳이 모리타니아의 이혼 문화이다.

모리타니아에서 이혼은 어떻게 보면 개인적인 문제이지만 가정과 가문의 문제일 수 있다. 종교 · 문화적 전통에서 여자가 부득이한 경우를 제외하고[57] 이혼을 하게 되면 수치가 되고 명예가 손상된다. 그럼에도 모리타니아에서는 특별한 문화가 자리 잡고 있다. 그것은 "이혼은 수치가 아니고 오히려 한 여인의 매력"이라는 사회적 통념 때문이다. 통상적으로 중동 및 북아프리카의 문화는 남편들이 아내에게 이혼을 통보(딸라끄)하는 형식을 통해 이혼이 성립되는 것이 보편적인데 모리타니아에서는 여성들이 남편에게 이혼을 요구하는 것이 일반화되어 있다. 모리

과 선교」 제28권(2014), 164–169.

[57] 예를 들면, 남편이 사망할 경우는 예외로 두기도 한다.

타니아에서 여성이 남편에게 이혼을 요구하는 경우는 몇 가지 사례들이 있다.

첫째, 남편이 아내에게 생활비를 주지 않을 때이다. 이때 아내는 집안의 모든 가재도구를 남편의 동의 없이 내다 팔아 생활비를 마련하고 이혼을 청구할 수 있다. 둘째, 모리타니아에서 결혼한 여성들의 자녀는 부와 권력을 소유할 수 있기 때문에 이혼을 통하여 다른 남자의 아이를 얻으려는 경향 때문이다. 셋째, 한 여성이 결혼을 한 후 얼마나 많은 이혼을 했느냐에 따라서 "능력 있는 여인"으로 평가를 받는 사회적 분위기 때문이다. 이혼에 대한 사회적 분위기는 모리타니아 문화가 베르베르의 문화적인 영향을 받고 있기 때문이라는 것이 일반적이다.[58]

특히 모리타니아의 문화는 이슬람교와 아랍(중동)의 영향을 많이 받았지만 그 근본 뿌리는 '베르베르문화'라 할 수 있다. 아랍의 문화가 가부장적인 특성이 강한 데 반해 베르베르문화는 유목민적인 문화로서 여성들의 파워가 비교적 강한 편이다. 물론 여성들의 파워가 비교적 강한 이유는 일명 '부족의 전통을 계승하기 위한 헌신 및 희생'(Tribe Royalty)의 전통이 따르기 때문이다. 이런 전통적 문화는 자연스럽게 북아프리카의 베르베르족과 그들 부족(가문 및 집안)들 나름대로의 종족과 전통을 이어 가려는데서 시작되었다. 즉, 다른 가문과 자신들의 경제적인 이탈(손실)을 막기 위한 목적으로 '근친결혼(近親結婚)'을 의무화하기도 했다. 근친결혼의 유익은 가문의 경제적 손실을 막을 뿐 아니라 이혼을 방지하는 역할도 한다. 역사적으로 북아프리카 지역에서 패권을 장악했던 무라비뚠 왕조시대에 서부 아프리카에 살았던 흑인들(Wolof, Pular 및 가나제국)을 노예화하는 과정에서 그리고 그들과의 상업을 통한 교류를 통하여 유입된 여성의 문화로 인해 모리타니아는 독특한 문화[59]가 형성되었다.

한편, 모리타니아에서 이혼율 100%가 자연스럽게 이루어지는 근본적인 이유는 무엇인가? 첫째, 베르베르 전통에 입각한 근친결혼(사촌 간의 결혼)이 1차적인 원인이다. 결혼을 앞에 둔 남자는 부모가 점지해 주는 여자를 아내로 맞이해야 한다. 남녀 간의 사랑과는 관계가 없이 거의 의무화된 상황에서 결혼해야 한다. 부

---

58 2015년 2월 2일 모리타니아에 거주하는 현지인과 이멜 인터뷰 내용임.

59 베르베르족 문화와 이슬람교, 서부 아프리카 문화가 혼합된 것을 말한다.

모의 강압적인 의견에 의한 강제결혼은 자식(남자)의 생각과는 아무런 관계가 없다. 남자는 근친결혼을 한 후 의무적으로 함께 생활하다가 본인이 정말 사랑하는 사람과 결혼을 위해 이혼을 하게 된다. 이혼 절차 또한 지나칠 정도로 간단하고 쉬운 편이다. 이런 문화는 모리타니아에서 관례화되고 통속화되어 있다.

둘째, 남녀 간의 성교육의 부재라 할 수 있다. 베르베르족의 사막문화에 따른 기본질서 및 교양교육(성교육 포함)의 부재와 서부 아프리카에서 유입된 성문화(性文化, 성적인 문란함) 때문이다. 가정과 학교에서의 성(性)에 대한 기본적인 질서 교육이 이루어지지 않고 통속화된 문화에 의해 전승되고 있다는 것도 문제이다. 지금부터 10년 전만 해도 베르베르족에게 가장 중요한 교육은 '오직 꾸란을 통한 종교교육' 뿐이었다. 꾸란에 모든 삶의 규칙이 다 들어있다면서도 가정과 학교에서 교육되어야 할 가치와 기본교육이 이루어지지 않았다는 데 문제가 있다.

이처럼 모리타니아의 사회·문화에서 이혼율이 100%가 된다는 것에 대한 의구심이 들지만 이는 사실이다. 실제로 누악쇼트 대학교의 학생들을 대상으로 "배우자에 대한 생각"을 질문했을 때 대부분의 학생들의 공통적인 답변은 이렇다. 학생들 모두가 "두 번째 배우자를 염두에 두고 대답을 했다"는 것이다.[60] 결혼하지 않은 대학생들은 첫 번째 결혼(사촌 간 결혼)에 대해서는 거의 기대를 하지 않고 있었다는 점을 고려해 볼 때 100%의 이혼율은 확실하다.

소녀 사육과 여성할례

2014년 '김혜수의 W'라는 프로그램에서 '모리타니아 소녀 사육'이라는 다큐멘터리가 사회적으로 큰 반향을 불러일으킨 적이 있다. 모리타니아는 국교인 이슬람교의 수니파가 주종을 이루고 있음에도 놀라운 것은 조기 결혼을 위하여 '소녀를 사육한다'는 내용이었다.[61] 연구자가 누악쇼트에 머무는 동안에도 '소녀 사육'과 관련된 내용을 들었다.

모리타니아에서 여성의 아름다움은 '뚱뚱하고 살이 쪄야만 섹시하다'는 것이

---

60 2015년 2월 3일. 현지에 거하는 한인과 누악쇼트대학교 학생과의 질문내용이다.
61 http://blog.naver.com/PostPrint.nhn?blogId=hyojin5286&logNo=30093154141 2015년 12월 6일 접속.

다. 그 덕분에 어린 여자아이들은 살을 찌우기 위해 강제로 음식을 먹는다. 여자아이가 태어나면 부잣집으로 시집보내기 위해 강제로 사육하는 셈이다. 현지에서 실제로 들은 이야기이지만, "한 여성이 가난하고 먹을 것이 없어 범죄를 저지른 후 교도소에 들어가 3개월을 지냈다고 한다. 그는 3개월 동안 교도소에서 생활하면서 살이 찐 상태로 출소하여 고향마을에 도착한 후 곧바로 결혼했다"는 것이다.

모리타니아에서 '소녀 사육' 방법은 매우 다양하다. 그것은 우유를 많이 마시고 난 후 우유를 먹은 만큼 물을 마셔야만 살이 찌고 살결이 부드럽기 때문이라고 한다. 이렇게 말도 안 되는 일 때문에 강제사육을 당하는 여성들 가운데는 관절염은 물론이고 무게를 견디지 못해 뼈가 부러지거나 당뇨와 심장질환을 앓기도 한다는 것이다. 이는 엄연한 인권침해이지만 옛 관습과 문화라는 것 때문에 묵인되고 있다.

한편, 모리타니아에서 여성들이 사육되고 몸매가 커야 하는 또 다른 이유는 '남성을 받아들일 때 침대와 같이 포근해야 된다'는 것이다. 아무리 남자의 관점에 맞추기 위해 여성이 당하는 고통이 타당한 것인지 모르지만 이해가 되지 않는다. 분명히 여성은 남자의 관점에 맞추기 위해 태어난 것이 아니다. 여성도 남성과 똑같은 인격체이며 생명이고 인권이 있으며 행동할 수 있는 주체인데도 불구하고 이러한 고통을 겪는 것은 매우 불행한 일이다. 이러한 현실 속에 있는 모리타니아의 소녀 사육은 언제 끝이 날 수 있을까를 다시 생각해 본다.

반대로 모리타니아에서 은밀하게 실행되는 '여성할례'에 대해 생각해 보아야 한다. 세계보건기구에 의하면 여성할례는 아프리카와 중동의 28개국에서 행해지고 있다고 한다. 수단(Sudan)에서는 전체 여성의 90%, 이집트는 80%, 소말리아는 89%, 에티오피아는 90%, 지부티는 98%, 나이지리아는 50%, 탄자니아 아루샤에서는 80% 이상, 도도마에서는 68%가 여성할례를 받는다.[62] 모리타니아의 정부 보고서가 발표한 자료에 따르면, 모리타니아의 소닝케(Soninke) 종족 여성의 92%가 할례시술을 경험한 것으로 나타나고 있다. 연구자가 모리타니아 남부지역과 동북

---

62 http://blog.naver.com/PostPrint.nhn?blogId=hyojin5286&logNo=220415371436 2015년12월05일 접속.;
    여성할례에 대해서는 조부연, "아프리카 여성할례와 인권문제," 「아프리카학회지」 (2005)를 참조하라.

부 지역을 탐방할 때에도 현지인들은 조심스럽게 여성할례가 있음을 내비쳤다.

모리타니아에서 소녀 사육과 여성할례는 심각한 사회적 문제임에도 아무런 의식이 없이 전통문화라는 미명 하에 실행되고 있다는 것은 대단한 충격이다. 지금도 여성들의 인권회복을 위하여 소녀 사육과 여성할례문제를 세계 인권단체에서 반대하고 있지만 사막문화인 이곳에서는 그 해결책이 보이지 않고 있다.

모리타니아의 민속신앙

모리타니아인의 종교는 이슬람교를 믿는 무슬림이다. 전체 인구의 99% 이상이 이슬람교를 신봉하는 국가로서 타종교로 개종하게 되면 사형이다. 그만큼 이슬람교 신봉에 철저한 국가로 알려져 있다. 그러나 이슬람교 유입 이전의 존재하던 민속적인 종교행위와 결합된 이슬람의 형태로 존재를 하다가 무라비뚠(이슬람 부흥운동)이후 전통적인 이슬람종교의 형태로 모리타니아에서 자리를 잡게 되었다.[63]

아랍인들의 이동(예멘의 하삿 종족이 모리타니아굴 이주)이 이미 거주하고 있던 베르베르족과의 갈등을 낳게 되고 급기야 이 두 종족 간의 전쟁이 일어나기도 했다. 전쟁의 결과로 아랍인들이 정치적인 세력이 되었고, 베르베르인들은 전쟁의 패배로 인해 이슬람교 경전인 꾸란을 읽고 암송하는 일에 주력했다.[64] 베르베르인의 꾸란 암송과 종교행위를 통해 영적인 권위를 가지려는 노력은 지속되었다. 그러나 이미 사막 문화와 서부 사하라 문화 속에 존재하던 민속적인 종교행위가 베르베르인들을 통해 이슬람교와 결합하면서 "마라부 사상"[65]이 생겨나게 되었다.

당시 정치적인 권력을 갖지 못했던 베르베르인들은 종교적이고 영적인 능력을 이용해 정치인, 군인들을 공격할 수 있을 것이라고 믿으면서 마술적이고 주술적

---

63 모리타니아의 민간신앙 고찰은 2015년 1월 26일 현지에서 인터뷰한 내용을 기록한 것이다. 종교적 · 인류학적인 접근을 위해서는 좀 더 심층적인 현장조사가 이루어져야 할 것이다.

64 지금도 모리타니아 이슬람 사원에서 막대기로 된 꾸란을 읽고 있다. 어린아이들은 이맘의 선창에 따라 꾸란을 소리 내어 따라 읽는다. 만약 발음이 틀리거나 잘못읽게 되면 야단을 맞기도 한다.

65 Jean-Pierre Mulang, Les mouridies d'Ahmadou Bamba: un cas de réception de l'islam en terre négro-africanine," *Laval théologique et philosophique* 61.2 (Juin, 2005), 293.; 신적인 사람, 성인으로서 신비로운 영적인 능력을 가지고 있는 사람을 지칭한다.

인 행위의 신앙이 발달하게 되었다.[66] 이는 서부 아프리카에서 만연한 편이다. 세네갈의 플라니족은 주술신앙이 뛰어나기로 유명하다. 이들이 모리타니아에 정착하면서 민간신앙과 이슬람교와의 융합은 가시화되어 가고 있다. 그러나 모리타니아 무어족 사이에는 주술적인 모습보다는 꾸란을 배우고 공부하는 모습으로 드러나기도 했다. 하지만 백인 무어족이라 해도 레스토랑, 가정 집 등에는 항상 "꾸란의 구절"을 써서 걸어놓기도 한다. 한번은 연구자가 무슬림이 운영하는 레스토랑을 방문한 적이 있다. 레스토랑 출입구에서 정면 벽을 바라보았을 때 노란색 글씨로 쓰여 있는 아랍어 액자를 보았다. 액자 속의 아랍어 꾸란 내용은 네 가지로 구성되어 있었다. 첫째, '알라는 하나이고 그는 영원하다! 그는 태어나지도 않았고 창조되지 않은 존재이다.' 둘째, 알라가 말하기를 무신론자들이여(비무슬림)⋯너희가 믿는 것을 나는 믿지 않고 너희가 예배하는 것을 나는 예배하지 않고, 너희의 종교와 나의 종교는 다르다. 셋째, '⋯세상으로부터 숨겨주소서(지켜주소서)⋯악(악한 영 혹은 악의 눈)으로부터 지켜주시고, 시기(시샘)으로부터 지켜주소서'라고 기록되어 있다. 넷째, 사람들로부터 지켜달라는 내용이다. 이는 집과 상점 밖에 있는 나쁜 영들이 집 안으로 들어오지 말라는 경고성 꾸란 구절이다. 가게 벽면에 서예체 꾸란 구절을 걸어 놓았을 때 심리적으로 안정감을 가질 수 있다고 한다. 이러한 무슬림들의 삶의 형태에서 민간신앙적인 요소들을 발견하게 된다. 이들의 민간신앙적인 요소들은 사막으로 들어갈수록 더 심각하다. 사막 문화는 척박하기 때문에 기댈 곳이 없는 이들에게 꾸란의 구절이나 자연의 신은 큰 위로가 된다고 말한다.

모리타니아에 사는 다양한 민족들의 국가종교인 이슬람교는 혼합주의적이면서 타협적인 종교이다.[67] 그래서 이슬람교 신봉자들은 70%가 민속무슬림이다.[68]

---

66 장훈태, "서부 아프리카 민간신앙과 이슬람," 「복음과 선교」 제30권(2015), 187–196.

67 Samuel M. Zwemer, *The Influence of Animism on Islam: An Account of Popular Superstitions* (New York: The Macmillan Company, 1920), 1–3.; 이슬람이 정령신앙과 혼합된 것들 중에는 "신은 알라밖에 없다"라는 기도문도 포함된다.

68 Phil Parshall, *Bridges to Islam: A Christian Perspective on the Folk Islam* (Grand Rapids, Michigan: Baker Book House, 1983), 16.

혹은 무슬림의 85%가 정령 숭배적[69]이라고 말할 수 있다. 모리타니아의 이슬람교들은 민간신앙의 핵심으로 자리잡은 진(Jinn),[70] 흉안(evil eye),[71] 바라카(barakah; 축복)[72]등을 통해 육체적, 심리적 위안을 받는다. 모리타니아인들은 사막문화, 유목민족으로 민간신앙 의존도가 높다고 볼 수 있다.

결론적으로 지중해를 사이에 두고 유럽과 마주보고 있는 북아프리카의 다섯 나라 모리타니아, 모로코, 튀니지, 리비아, 알제리는 마그립이라고 한다. 그 가운데 모리타니아는 서부 아프리카와 가까운 곳에 위치하고 있어 사회문화적으로 교차와 혼성의 지역이면서 넓은 사하라 사막을 끼고 있다. 이곳 주민들은 흑인계의 사람들이 살고 있었지만 아랍인들의 침략으로 혼혈된 사람들이 거주하면서 끊임없는 종족을 펼친 곳이다. 종족 간의 끊임없는 전쟁은 서구의 식민 지배를 받을 때까지 계속되었고, 식민 지배로부터 독립한 후에도 잦은 쿠테타로 정부의 기능이 제대로 이루어지지 않은 곳이다.

오랜 기간 동안의 식민지배와 쿠테타로 인한 정치적 불안정 속에 인접국가인 말리와 니제르, 세네갈 등에서 난민으로 밀려오는 사람들과 토착인간의 문화적 충돌과 갈등이 계속되고 있는 가운데 문화의 다양성을 보게 되었다.

모리타니아의 문화의 다양성에 대한 이해를 돕기 위해 모리타니아 이슬람 공화국의 지정학적 위치, 외교, 정치, 사회경제, 기후와 보건, 수산업 등을 간략하게 고찰했다. 그리고 모리타니아의 부족과 언어를 고찰한 후 문화의 다양성으로 종교, 문화를 다루면서 소제목으로 '모리타니아의 화폐, 식수로 수돗물 금지, 악명 높은 노예제도, 이혼율 100%, 소녀 사육과 여성할례, 모리타니아의 민속신앙'을 통해 국가의 정체성과 사회적 규율과 가치체계를 살펴보았다. 사실 모리타니아의 문화의 다양성은 특정한 것을 제외하고 더 많은 것들이 상존할 수 있지만 탐사의

---

69 김효수, "아프리카 민속무슬림을 위한 교회개척 상황화: 서부 아프리카 세네갈을 중심으로," 「복음신학대학원대학교」 미간행 박사학위논문(2015), 42–44.

70 Samuel M. Zwemer, *The Influence of Animism on Islam*, 127. 수라 27:39 등에 나타난다.

71 Amy Bennett, "THE EVIL EYE, JINN, AND AMULETS IN FOLK ISLAM," *The Spiritual World of Muslims* (Caleb Project 2004), 5.

72 꾸란 7:52.; 이현경, "이슬람의 사랑개념: 수피즘을 중심으로" 「이화여자대학교」 미간행석사학위논문(2002), 40 재인용.

한계와 프랑스어와 예멘계의 하사니아어의 부족으로 그 이상을 고찰하기는 어려웠다. 다만 모리타니아 문화의 다양성이란 주제를 통해 좀 더 깊은 관심과 학문적 접근을 위한 접점을 마련하려는 노력을 하게 된 것이 큰 수확이라 생각된다.

아프리카는 식민지 시대와 20세기 양차 대전 기에 그랫듯이 세계는 다시금 극적으로 변화하고 있다는 것을 체감하고 있는 것 같다. 하롬 데 블레이가 지적한 바와 같이 "오늘날 이 변화는 세계화라고 하는 상호 연관된 잇따른 과정을 통해 진행 중이다. 세계화는 국제 무역의 장벽을 부수고 상거래를 활성화하며 오랫동안 잠들었던 경제를 부흥시키고 사회 · 정치 · 문화적 교류를 촉진하는 과정이다"[73]라는 말이 실감나는 곳이 모리타니아이다. 그러나 모리타니아의 사회문화적인 내부 조건과 대외적 위상에 깊고도 장기적인 충격을 끼치고 있는 것은 '실권자들의 리더십 실패'라고 볼 수밖에 없다. 1960년대 유럽의 식민지들이 가나를 선두로 하여 독립을 향해 전진했을 때, 아프리카의 지도자들은 전 세계의 존경을 받았다. 이들 가운데 일부는 독립운동의 선봉에 서기도 했지만, 군사 쿠데타로 얼룩진 상처는 빈곤과 교육의 부재, 낡아빠진 전통적 문화만 남게 되었다. 모리타니아에서 모리타니아의 리더십이 실패했고, 국제 공동체의 리더들 역시 모리타니아를 저버린 것은 마찬가지라 할 수 있다.

또 다른 하나는 아프리카에서 중국의 약진을 들 수 있다.[74] 아프리카는 국가발전과 뒤처진 영역을 따라잡기 위해 새로운 무역 상대국을 받아들였는데 바로 중국이다. 아프리카 어디를 가도 중국은 그 구석구석까지 스며들어 있다. 우리가 잘 아는 중국음식점과 노점상, 길거리를 거니는 동양인은 중국인이다. 그들의 목표는 원자재 구입에서부터 문화적 아이콘의 주입에까지 이르며, 그들의 투자는 광산에서 농지[75]까지 아우르고 있다. 그들의 목적은 다양하지만 현지의 정치에 개입

---

73 harm J. de Blij, *Why Geography Matters:More Than ever*, 459–461.

74 손진석, "에티오피아중국지하철." 「조선일보 기자의 視角」 2015년 12월 8일(화) A34. 최근 중국은 에티오피아에 지하철을 건설해 주었고, 북아프리카 지역에는 커다란 이슬람사원을 지어주면서 내정 불간섭원칙을 지키고 있다. 라이베리아와 남아공에 제철소 건설하면서 아프리카 자원을 선점하고 있다.

75 1999년 1월 말 경 수단 움드르만에 거주할 때 중국인들은 배추 농사를 지었다. 케냐는 중국음식점이 계속 증가하고 있으며, 2015년 모리타니아에도 중국인들은 구석구석까지 파고들어 음식을 팔고 있었다. 토고

하지 않고 정부의 사업 요구에 긍정적으로 대응하고 있다.[76] 중국은 모리타니아를 비롯한 아프리카에서 자원뿐만 아니라 금속과 광물, 건물신축, 정부의 기반시설 및 관련 프로젝트에 투자할 돈이 있다. 항구와 철도, 다리, 부동산에 이르기까지 중국은 아프리카의 경제를 바꾸고 있어 '아차이나 반도'가 형성될 조짐을 보이고 있다.

앞으로 연구자는 북아프리카 국가와 서부 아프리카의 문화의 다양성을 고찰하면서 우리가 가지고 있는 아프리카의 잘못된 인식을 재고하고 전 세계가 주목하는 아프리카 연구에 매진하고자 한다. 본고에서 다루지 못한 아프리카의 난제인 식량문제, 물, 무분별한 성차별과 낙태문제, 플라스틱 쓰레기 범벅이 된 환경과 인간, 빈곤문제와 새로운 삶을 개척해 가려는 난민, 복음화 문제 등에 대한 것들이 큰 주제가 될 수 있다. 지금도 아프리카에 만연되고 있는 바이러스 질병인 에볼라와 에이즈, 기후변화와 인구증가율로 인한 사하라 지역과 사하라 이남 지역의 3억5,500만 명의 영양부족에 대한 대책 등을 더 깊이 연구해야 할 과제로 남겨 두고자 한다.

의 해변가는 중국인과 음식점이 운영되고 있다.

76 2009년도에 중국과 아프리카 지도자들의 회담을 위해 아프리카 41개국 정상들을 베이징에 초청하기도 했다. 중국-아프리카 베이징 회담을 통해 다져진 유대관계는 정상들의 상호방문과 교류가 더 활발해지고 있어 앞으로의 귀추가 주목된다.

Part 04

가나 공화국
(Republic of Ghana)

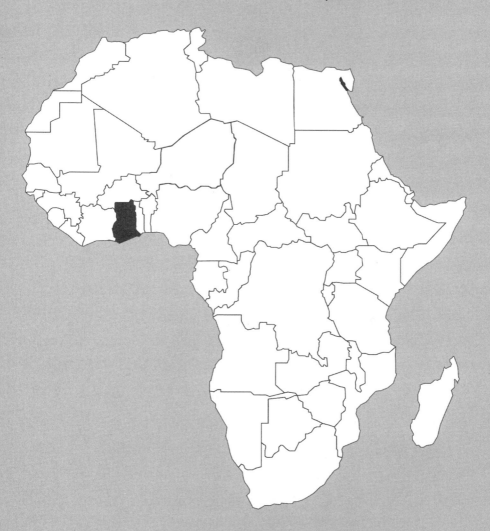

08
아딘크라 상징주의(Adinkra Symbolism)에
나타난 신념체계 문화

　인간은 지구에 존재한 이래 대부분의 기간 동안, 한 사회의 종교 행위자로 불리거나 그 틀에 매여 생활하였다. 인간은 종교적 삶과 틀 그리고 문화에 대한 새로운 지식을 경험하거나 관행을 지키는 일에 노력하지만, 살면서 혁신을 만들어 내는 일은 드물었다. 물론 고대 그리스 시대로부터 현대까지 인간은 수많은 혁신을 만들어 내려고 끊임없이 노력해 왔다. 그러나 전반적으로 볼 때 인간의 삶은 혁신보다는 자신들의 존재감을 드러내기 위한 상징과 의미를 만드는 데 더 많은 시간을 가졌다. 이러한 현상을 인간의 예술성이라고 표현하기도 하고, 과학적 발견이라고 칭송하기도 한다. 그러나 인간이 지니고 있는 경제적 지식은 확정되지 않았으므로 생활사가 생산성이나 평범한 사람들의 생활수준을 향상시키지는 못했다. 인간이 살아가는데 필수적인 경제는 익숙함과 틀에 박힌 진부함이 지배했다.

　이러한 인간의 틀에 박힌 삶의 형식들이 어떤 관행으로부터 벗어나려는 욕구는 항상 있었을 것이다. 인간이 하나님께서 창조하신 이래로 갖고 있는 본능은 상상력과 창조성을 발휘해 왔다. 이들은 자신의 흔적을 남기기 위해 상징적인 것들을 암각화하거나 나무 조각 등에 그림으로 남겨 놓았다. 암각과 나무 조각에 그림과 관련한 신앙, 민속이 큰 변화 없이 전승되고 있었다면 그것은 가치체계와 세계관[1]

1　Charles H. Kraft, *Anthropology for Christian Witness*(New York: orbis Books, 1998), 51-68 참조.

일 수 있다.

수렵과 채취가 생계의 주요 수단이었던 아프리카 문화의 특성상 상징적 그림은 주요한 의미를 지녔을 수 있다. 그러나 바위나 나무 등에 투사된 종교적 의미와 기능에 커다란 무게 추가 드리워진 것은 종족의 존재와 질서 그리고 의미를 보다 신앙으로 전이된 듯이 보이도록 하기 때문이다.

가나의 아딘크라 상징으로서 하늘과 땅, 왕의 상징, 질투와 용서, 죽음, 안전과 무사함 등은 하늘과 땅을 오고 가는 생명력을 표현한 것과 관련이 있다. 실제 아딘크라 상징은 현지 마을 사람들에게 영험한 능력을 드러내는 존재로 남아 신앙의 대상이 되고 있다.

가나 아딘크라 상징은 서부 아프리카 15개국 내에 거주하는 소수민족을 연구하고 그들의 세계와 문화를 탐색함으로 복음의 효율성을 높이는데 도움이 될 것으로 보인다. 이를 위해 가나공화국의 아딘크라 상징을 논의하기 전에 상징 곧 이미지를 통해 인종주의와 민간신앙[2]을 살펴보고자 한다. 마지막으로 아딘크라 상징체계가 가진 부족사회의 영향력과 복음 선교의 가능성을 찾아볼 것이다.

상징과 신념체계

아딘크라 상징의 이해

상징(象徵, Symbol)은 무엇인가? 상징은 "다른 것을 뜻하는 물체 또는 행위, 상징을 통하여 의사소통할 수 있는 능력으로 인간이 다른 동물과 구별된 요소"를 일컫는다.[3] 상징은 임의적 또는 비본질적 표지로부터 제스처나 낱말 그리고 언어와 이

---

2 장훈태, "서부 아프리카 토고 공화국 꼬따마구 지역 땀뻬르마족의 문화적 다양성과 선교," 「복음과 선교」 제34권(2016, No.2), 212-220.; 서부 아프리카인의 민간신앙과 전통, 상징을 이해할 수 있는 땀뻬르마 족의 정신세계를 고찰할 수 있다.

3 John R. Hinnells, *The Penguin Dictionary of Religions* 『세계종교사전』 (서울: 까치글방, 1999), 151 재인용.

미지에 이르기까지 다양한 차원의 것들을 말한다. 종교는 다양한 상징체계를 이용하며 신앙을 유지한다. 존 히넬스(John R. Hinnells)는 "종교가 접촉 가능성과 인간성 그리고 일상을 넘어서 있다는 점에서 그 표현과 소통은 상징적인 성격을 바탕으로 한다"고 지적한다.[4] 그는 계속해서 "상징에는 임의적 또는 비본질적 표지로부터 제스처나 낱말 그리고 언어와 이미지에 이르기까지 다양한 차원의 것"들이 있다고 강조한다.[5] 그리고 "종교적 상징주의는 종교적 언어, 가시적인 물건, 의례적 행위, 음악 그리고 연극과 춤 또는 이러한 것들의 복합으로서 상호 구성원 간에 일정한 작용이 이루어진다"고 말한다.[6] 헉슬리(Aldous Huxley)는 "인간은 다양한 상징체계를 이용하여 생각한다. 언어, 수학, 그림, 음악, 제식적인 체계들이 모두 그러한 상징체계들이라면서 상징이 없는 인간은 동물과 마찬가지"이며, "과학에서 사용하는 설명을 위한 상징들과 종교 혹은 정치집단이 외부인을 배제하기 위한 목적으로 사용하는 상징을 구분"하기도 했다.[7]

상징은 인간이 존재하고 있다는 기호(sign)[8] 혹은 기표들(signifers)로 의미를 찾는 것은 복잡하지만,[9] 이러한 것들이 인간의 의사소통과 이해의 도구로 사용되었다는 것이 가치가 있다. 폴 히버트는 상징의 본질을 두 가지로 정의한다. 그는 "도구주의 안에서 상징은 형식과 의미로 규정되고 지식을 완전히 주관적으로 만들어가는 것"이라고 정의한다.[10] 히버트는 피어스(Peirce)의 기호론에서 상징은 실재를 대표하며 실체(객체), 형식(대표) 그리고 의미(해석)라는 말로 정의하고 있다.[11] 피케(Kenneth L. Pike)는 "기호론은 상징을 실재 세계와 실재 세계에 대한 우리의 정신적 지도의 연결체"[12]로 보았다. 그렇다면 아딘크라 상징의 경우는 동굴 벽화나 이집

4 John R. Hinnells, *The Penguin Dictionary of Religions*, 151.
5 John R. Hinnells, *The Penguin Dictionary of Religions*, 재인용.
6 John R. Hinnells, *The Penguin Dictionary of Religions*, 재인용.
7 Joseph Percy, *Symbol*『상징』임상훈 역(고양: 도서출판 새터, 2014), 8.
8 최유석, "선교적 접근을 위한 이미지 상징의 활용방안 모색,"「복음과 선교」제37권(2017, No. 1), 179-182.
9 Joseph Percy, *Symbol*, 10.
10 Paul G. Hiebert, *Anthropological Reflections on Missiological Issues*『인류학적 접근을 통한 선교현장의 문화이해』김영동 · 안영권 역(서울: 죠이선교회 출판부, 2009), 86.
11 Paul G. Hiebert, *Anthropological Reflections on Missiological Issues*, 86 재인용.
12 Kenneth L. Pike, "Here We Creative Observers of Language," in *Approches du Langage*, Colloque

트의 상형문자와 같은 고대 문명과 같은 맥락에서 출발한 것이라고 할 수 없지만 현대적이면서도 추상적인 기호와 상징으로서 자신의 문화적 정체성과 종족의 혈통과 신앙을 드러낸다는 점에서 이데올로기적 상징, 가치와 교환의 개념과 관련된 상징이라 할 수 있다.

종교 체계로서의 상징

가나 공화국 아딘크라 상징의 60개의 틀은 정형화된 것이 대부분이면서 종교 체계[13]의 분석을 위한 분석적 틀(framework)이다. 아딘크라 상징이 크게 두 가지 차원을 사용한다면 우리는 여러 가지 유형의 설명체계로서 망틀(grid)을 만들어 낼 수 있다. 그 목적은 아딘크라 상징이 이야기하고 있는 틀이 무엇인지, 그리고 어떤 유비인가를 명료하게 하도록 돕고 있을 것이라는 추상적 분석을 하도록 도움으로써 우리가 토의하고 있는 실체의 본질에 관하여 기초적 가설들을 만들도록 하거나 다른 수준의 설명의 체계를 비교하지 않도록 하기 위함이다.[14]

상징은 종교 체계의 분석적 틀로서 유기적 유비와 기계적 유비를 내포한다. 유기적 유비는 다른 생명 존재와 관련하고 있는 생명 존재에 대한 개념에 기본 바탕을 두고 있는데, 삶, 인격, 관계, 기능들, 건강, 질병, 선택 등을 강조하는 것이 특징이다. 기계적 유비는 "어떤 힘에 의해 조절되는 비인격적인 물체의 개념에 기본 바탕을 두고 있는데, 비인격, 기계적이고, 결정론적인 사건들을 강조하는 것"이 특징이다.[15] 또한 상징은 정령신앙(Animism)과 마술과 점성술(Magic and Astrology)과 관계가 있다. 정령신앙에는 지방신들, 영혼과 유령들, 귀신들과 마귀적인 영들,

---

Interdisciplinaire, Publications de la Sorbonne, Serie Etudes, E. Reuchlin and Francois, eds., vol. 16(1980), 9–45.

13 알렌 티벳(Allen R. Tippett)은 *Introduction to Missiology*(323–336)에서 "종교라고 할 때, 초월적인 우주, 원리, 힘 그리고 존재들에게 호소하여 궁극적인 질문들을 다루는 설명체계를 의미한다. 종교는 유기적 분석을 사용하거나(하나님, 신들, 천사, 마귀 등) 기계적 유비(카르마 같은 우주법칙, 운명과 점 같은 우주적 힘)를 사용한다"고 말했다.

14 An Young Kwon, *Mission Anthropological Approaches to Religion*(Acts 2001 edition), 23.

15 An Young Kwon, *Mission Anthropological Approaches to Religion*.

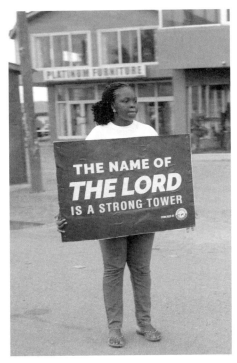
가나 여성 기독교인의 길거리 전도

죽은 성자들과 깊이 관련되어 있다. 마술과 점성술의 경우는 마나, 점성술적 힘들(astrological forces), 마력, 부적과 마술적인 의식, 사악한 눈과 혀 등이다.[16] 이러한 분석적 틀은 민간 사회과학 안에서 인간과 같은 존재들의 상호작용에 영향을 주기도 하며, 민간 자연과학에서는 자연적인 힘에 기초한 자연 물체들의 상호작용에도 종교 체계의 분석을 위한 틀을 제공하기도 한다.

아딘크라 상징은 종교 체계로서 설명하고 있으며 하늘과 땅, 신과 인간, 자연과 인간이라는 설명체계 사이의 관계성들을 드러내고 있다. 아딘크라 상징 가운데 1번에서 60번까지를 보면, 첫 번째가 신의 전지전능하심과 영원함을 상징하는 것으로 시작해 페팜시(Pepamsie, 무너지지 않는 것)로서 '용이함과 확고함을 상징'하는 것으로 매듭을 짓고 있다.

가나 공화국의 아딘크라 상징은 인간의 삶의 다방면에 걸쳐 영향을 주면서 한 개인이 자의적으로 선택하도록 되어 있다. 종교적 체계로서 마땅히 분석해야 할 중요한 상징들도 있겠지만, 상징 그 자체가 인간사회와 문화에 지속적인 영향을 미치고 있다는 점, 그리고 인간의 미래에 중요한 의미를 가지게 될 상징들도 있다. 비록 현대사회가 능률을 강조하는 테크놀로지, 인공지능의 사회이기는 하지만, 가나 아딘크라 상징은 여전히 종교적 체계로서 깊숙이 자리 잡을 것으로 보인다. 알프레드 코지프스키(Alfred korzybski)의 "거칠게 말하자면, 상징은 어떤 것을 나

---

16 An Young Kwon, *Mission Anthropological Approaches to Religion*.

타내는 기호이고, 상징이 상징화하는 어떤 것이 반드시 존재한다"[17]는 말에 동의한다.

상징은 정령신앙을 믿는 부족들에게는 절대적이며, 이 세상의초경험적 실체들(유기적인 것과 기계적인 것 둘 다 포함)을 다루는 설명체계를 의미한다. 기독교인들에게 있어 정령신앙은 부정적 의미를 내포하고 있는데, 그 이유는 종교 진화론자들이 정령신앙을 진화의 초기 단계로 보기 때문이다. 선교학자들과 선교사들 역시 정령신앙을 원시적이고 비논리적인 것으로 보고 있기 때문에 정령신앙은 고등종교에 대치되고, 결국은 과학에 의하여 이러한 세계관은 소멸될 것으로 보았다. 그러나 대부분의 선교학자들은 정령신앙이라는 단어를 진화적 암시 없이 사용하는 경우가 많다. 유기적이고 기계적인 유비들 사이를 구분함으로써 정령신앙에는 심령론, 점성술, 마술이 포함된다.

종교시스템의 제도화(Institional of Religious Systems)로서 상징

정령신앙 혹은 민간신앙[18]은 지역의 고등종교 전통[19]들이 정령신앙적 신앙들과 혼합되어 있는 것을 말한다. 이 두 가지는 대립적인 상태로 공존한다. 지역의 고등종교(local religion) 지도자들은 자주 민간신앙에서 정령신앙적 경향들과 싸울 때가 많다. 그러나 사람들은 지역 고등종교에서 찾지 못하는 대답을 얻기 위하여 또는 실제적 이유 때문에 정령신앙에 눈을 돌리기도 한다. 그들은 자주 기도, 의학, 마술, 무당, 점쟁이 등을 동시에 추구한다.[20]

종교와 정령신앙 사이의 갈등은 능력(power)과 진리(truth) 사이의 우선권과 관계가 있다. 민간신앙[21]은 실용주의에 의해 지배될 때가 많다. 민간신앙이 개인과 공

---

17 Joseph Percy, *Symbol*, 15.
18 한국외국어대학교 외국학종합연구센터, 『세계의 민간신앙』 (서울: 한국외국어대학교 출판부, 2006), 215-218을 참조하라.
19 고등종교의 전통들이라 함은 힌두교, 이슬람교, 기독교 등등을 말한다.
20 An Young Kwon, *Mission Anthropological Approaches to Religion*, 26.
21 Bryant L. Myers, *Walking with the Poor-Principles and Practices of Transformational Development*, 『가난한 자

동체에 유익을 주는가에 대한 논의가 계속적으로 이어질 때도 있다. 결과적으로 가장 중요한 것은 능력이라는 것이 가장 중요한 이슈가 된다. 결국 종교는 궁극적 진리에 관심을 두기 때문에 종교시스템들의 제도화가 이루어진다.

종교시스템들의 제도화는 차원과 초점, 질문으로 구분하게 된다. 종교차원에서 초점은 진리이며, 궁극적인 기원과 운명, 삶의 의미와 목적이 무엇인가를 질문하게 된다. 정령신앙적 차원에서는 힘(power)이 있어야 하고, 안녕으로 질병, 재난, 가뭄, 선과 악, 구원의 길[22]을 해결하면서 신의 인도로 두려움과 미래에 대한 불확실성이 제거되어야 한다. 성공에는 실패가 있다는 것과 평화로운 부분에서는 영적 세계와 신들림에 대한 질문을 던지게 된다. 과학적 차원에서는 종교시스템이 얼마나 조절할 수 있는가 그리고 기술에 의한 자연의 지배(control), 적대적인 세계와 어려움들을, 사회적 조화로서 사회적 갈등, 전쟁, 동료와 국가 간의 라이벌, 불화 등을 어떻게 정리할 것인가에 대한 질문을 던지게 된다.

종교적 시스템에서 상징은 종교, 정령신앙, 과학 등 다방면에 영향을 주고 있다고 보며, 아딘크라 상징들은 평범하면서도 지속적으로 사용되고, 알레고리가 풍부한 것들이 많다. 상징은 아딘크라의 종교적이면서 인간의 가치체계를 감추는 동시에 드러내고 있다. 따라서 침묵과 웅변이 교차하면서 인간 삶의 다방면에서 의미를 드러낸다. 결국 아딘크라 상징들은 인간을 어디론가 인도하며 길을 알려주고, 인간을 행복하게 만들어 주기도 하며 불행에 처하게도 하는 종교적 시스템이라 할 수 있다.

이데올로기이며 정체성으로서의 상징

아딘크라 상징주의는 가나 공화국 내의 종족 공동체에 대한 정체성인 동시에 이데올로기라 할 수 있다. 우리는 좋은 측면이든 나쁜 측면이든 이데올로기와 정체성과 관련된 두 가지를 생각하게 된다. 하나는 나치 문양과 구소련의 망치

와 함께하는 선교』장훈태 역(서울: 기독교문서선교회, 2000), 229-230.
22 William E. Paden, *Religous World*, 『종교의 세계』이진구 역 (서울: 청년사, 2004), 191-192.

와 낫(공산당의 상징으로 사용된 산업 노동자와 농민을 상징하는 도구)을 포함하여 역사적 연관성을 가지고 있지만 그 기원은 명확하지 않다. 현대인들이 즐겨 사용하는 하트 같은 상징들은 대중문화의 상징들이라 할 수 있지만 본래의 것과 많이 차이가 나고, 변형되어 사용하는 것을 보게 된다.[23]

상징은 정체성과 이데올로기로 공동체를 설명하는 체계라고 할 수 있으며, 다차원적 설명 체계들로서 모든 공동체가 실체

가나 제임스타운

에 대한 다양한 경험들을 설명하는 것으로도 볼 수 있다. 이러한 상징들 간의 설명의 영역들 사이의 관계와 각각에 주어진 실체의 우선권들은 문화에 따라 다양하다.

결과적으로 아딘크라 상징은 실체에 대한 이해를 도울 뿐 아니라 초월적 실체와 영적실체, 경험적 실체를 상징화했다는 점에서 의미가 있다. 아딘크라 상징 문화가 배제되는 것은 서구의 물질주의 일원론(Western Materialistic Monism)일 수 있다. 여기서 가나 공화국의 아딘크라 상징을 이해하기 위해서는 학문적, 인류학적으로 접근할 수 있으며 다만 민간 과학의 영역들에 대해서는 직접 다루지 않을 것이다.

23 Joseph Percy, *Symbol*, 59.

아딘크라 60개의 상징에 대한 해석

가나 공화국과 코트디부아르는 국경을 맞대고 있어 전설과 신화가 매우 많은 곳이다. 특히 가나 아샨티족의 신화는 신과 인간, 처음으로 땅 위에 올라온 인간 '아두 오기네' 신화를 비롯하여 창조신화와 창조신 '오도만코모'와 우주의 통치자 '은야메,' 죽음, 사기꾼, 세상의 모든 지혜와 관련된 것들이 많다.[24] 아프리카인들이 신화와 전설을 상징적인 기호와 기표로 남겨 놓은 것은 자신들만을 위한 신조(信條)이기 때문이다. 여기서는 아딘크라 60개의 상징에 대한 해석을 통하여 신념 체계[25]를 이해하고자 한다.

아딘크라 상징의 명칭과 의미

아샨티족의 모족(母族)인 아칸족 대부분은 가나 공화국 남부 지역의 해안을 중심으로 거주한다.[26] 아칸족들은 자신들만의 고유 언어인 아칸어를 사용하면서 공용어인 영어를 사용하기도 한다.

아딘크라 상징은 총 60개가 된다. 아딘크라 60개의 상징들은 명칭과 의미 또는 은유로 사용되었다고 한다. 이들이 사용하고 있는 상징이 언제부터 사용되었는지는 알 수 없다. 고대 아칸족을 비롯한 주변의 종족들이 함께 사용했는가도 아무런 기록이 없고, 상징적 모양만 있을 뿐이다. 이들이 사용하는 문양에서 볼 수 있듯이 각 양의 상징들은 종교적·과학적 믿음을 가지고 있다. 종교적 차원에서 일상적으로 보면 신에 대한 전지전능성과 생명력을 신성(神聖)의 상징으로 보고 있다. 아딘크라 60개의 상징을 보면 다음과 같다.[27]

---

24 경희대학교 아프리카연구센터 총서1, 『아프리카의 신화와 전설—서부 아프리카편』 (서울: 도서출판 다사랑, 2016), 3–34.

25 Paul G. Hiebert & Eloise Hibert Meneses, *Incarnational Ministry* 『성육신적 선교사역』 안영권 & 이대희 역 (서울: 기독교문서선교회, 1998), 41–48.

26 경희대학교 아프리카연구센터 총서1, 『아프리카의 신화와 전설—서부 아프리카편』, 3.

27 Ablade Glover, "Adinkra Symbolism" (Republic of Ghana Accra—Tema, Artists Alliance Gallery: 1992), 1.

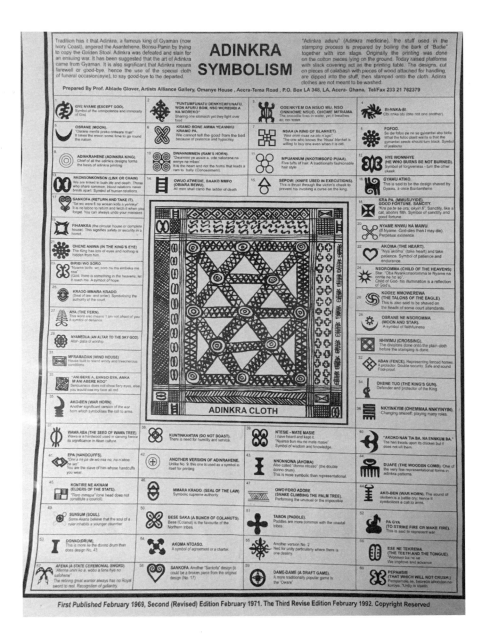

1. 진냐미(GYE NYAME): 신의 전지전능하심과 영원함을 상징한다.

2. 품툼푸나투 덴켐푸아푸 원 아푸루 느쏘 워레디디 아 (FUNTUMFUNATU DENKYEMFUAFU WON AFURU BOM, NSO WOREDIDI A NA WOREOKO): 그들은

한 배를 나누지만 음식을 두고 서로 다툰다.

3. 오덴켐 다 느수오 무, 느쏘 온홈 느수오, 오홈 음프라마(ODENKYEM DA NSUO MU, NSO ONNHOME NSUO, OHOME MFRAMA): 악어는 물에서 서식하지만 공기로 호흡한다.

4. 비 느카 비(BI-NNKA-BI): 서로를 물지 말라.

5. 오스라니(OSRANE, moon): 달이 지구를 공전하기 위해서는 많은 시간이 필요하다.

6. 크라모 본 아마 옌후 크라모 파(KRAMO BONE AMMA YEANNHU KRAMO PA): 악의 거짓과 위선에 의해 우리는 악에서 선을 설명할 수 없다.

7. 느싸(NSAA, 담요의 한 종류a kind of blanket): 느싸를 아는 사람은 이 담요가 아무리 오래되었다 할지라도 구매를 하려 한다.

8. 포푸우(FOFOO): 질투의 상징이다.

9. 아딘크라헤네(ADINKRAHENE, 아딘크라 왕Adinkra king): 아딘크라 왕의 상징이다.

10. 드완님멘(DWANNIMMEN, 숫양의 뿔ram's horn): 양의 뿔이 아닌 양의 마음이 남들을 위협하게 만든다.

11. 음푸안눔(MPUANNUM, 므코팀소포 푸아MKOTIMSOFO PUAA): 다섯 뭉치의 머리카락. 토속적으로 유행하는 머리스타일이다.

12. 히예 원히예(HYE WONNHYE, 태우는 자는 타지 않는다): 용서의 상징 – 다른 쪽 뺨을 돌려주라.

13. 느콘손콘손(NKONSONKONSON, 고리 혹은 사슬link of chain): 잊은 것을 다시 가져오는 것은 문제없다. 언제든지 우리는 실수를 돌이킬 수 있다.

14. 오우오 아퉤디, 바아코 음포(OWUO ATWEDIE BAAKO MMFO, 오비아라 베우 OBIARA BEWU): 모든 이는 죽음의 사다리를 탄다.

15. 세포우(SEPOW, 참수도knife used in executions): 이 칼은 사형수가 사형 할 때에 왕을 저주하는 것을 막기 위해 죄수들 볼에 찔려졌다.

16. 지아우 아티코(GYAWU ATIKO): 한때 지아우(GYAWU)라는 쿠마시의 추장(반탐헤

네Bantamhene)이 만든 문양이다.

17. 산코파(SANKOFA, 돌아와 가져가라return and take it): 잊은 것을 다시 가져오는 것은 문제없다. 언제든지 우리는 실수를 돌이킬 수 있다(느콘손콘손-13번-과 동일한 뜻).

18. 크라 파(KRA PA, 므무수이데MMUSUYIDE, good fortune, sanctify): 행운, 신성. 신성함은 고양이같이 오염을 싫어한다. 행운과 신성의 상징이다.

19. 피한크라(FIHANKRA): 완공된 집, 집의 안전과 무사함을 상징한다.

20. 냐매 느느우 나 마우(NYAME NNWU NA MAWU), 냐매(Nyame) 신이 죽으면 나도 죽는다(if God dies then I may die): 신은 영원하시다.

21. 오헤네 아니와(OHENE ANIWA, 왕의 눈in the king's eye): 왕은 여러 개의 눈이 있고 아무것도 그에게서 숨을 수 없다.

22. 아코마(AKOMA, 마음the heart): 인내의 상징이다.

23. 비리비 워 소로(BIRIBI WO SORO): 희망의 상징이다.

24. 느소롬마(NSOROMMA, 천국의 아이child of the heavens): 신의 자녀 - 그의 광채는 신께로부터 나타나는 것이다.

25. 크라도-음아라 크라도(KRADO-MMARA KRADO): 왕실(법정)의 권력을 상징한다.

26. 코디이 므모우에레와(KODEE MMOWEREWA, 독수리의 발톱들the talons of the eagle): 법원(왕실) 내의 높은 자들이 종종 머리에 새기는 문양이다.

27. 아야(AYA, 고사리류the fern): 이 단어의 또 다른 뜻은 "나는 너를 두려워하지 않는다"이다. 과감한 저항을 상징한다.

28. 오스라네 네 느소롬마(OSRANE NE NSOROMMA, 달과 별moon and star): 성실함의 상징이다.

29. 니야매듀아(NYAMEDUA, 하늘 신의 제단an altar to the sky God): 제단-예배를 드리는 자리이다.

30. 느휘위무(NHIWIMU, 교차crossing): 무늬가 없는 재단에 스탬프를 찍기 전 재단

을 나누는 절차이다.

32. 므프라마단(MFRAMADAN, 바람의 집wind house)：열악한 환경과 거친 바람을 버티기 위하여 만든 집이다.

32. 아반(ABAN, 울타리fence)：사랑과 안전함을 상징한다.

33. 아니 베레 아, 엔소 지아, 안카 므'아니 아베레 쿠우(ANI BERE A, ENNSO GYA, ANKA M'ANI ABERE KOO)：심각함은 이글거리는 눈을 보여 주지 않는다. 다만 당신은 내 얼굴이 발개지는 것을 볼 것이다.

34. 오헤네 투오(OHENE TUO, 왕의 총the king's gun)：호민관

35. 아코-벤(AKO-BEN, 전쟁 나팔war horn)：조심성과 신중함을 상징한다.

36. 느킨킴(NKYINKYIM)：주도력과 다능함을 상징한다.

37. 와와 아바(WAWA ABA, 와와나무의 씨the seed of Wawa tree)：목각에 쓰이는 와와나무를 상징하며 아칸 문화의 중요함을 나타낸다.

38. 쿤틴칸탄(KUNTINKANTAN, 자만하지 마라Do not boast)：겸손함과 섬김의 중요성을 상징한다.

39. 느테시에(NTESIE, Mate MASIE)：현명함과 지식의 상징이다.

40. 아코코난(AKOKONAN)：자비와 양성의 상징이다.

41. 에파(EPA, 수갑handcuffs)：법, 굴종, 정의를 상징한다.

42. 아딘라헤네(another version of ADINRAHENE)：아딘라헤네의 다른 버전이다.

43. 느논노와(NNONNOWA, 아호마AHOMA)：토종악기(더블 도노donno, 드럼)을 상징한다.

44. 두아페(DUAFE, 나무 빗the wooden comb)：아름다움과 청결함, 여성미를 상징한다.

45. 콘트리 네 아크왐(KONTRIE NE AKWAM, 주의 장로elders of the state)：한 머리로는 의회를 설립할 수 없다.

46. 므마라 크라도(MMARA KRADO, 법의 표시seal of the law)：최고 권력을 상징한다.

47. 오워 포로 아도비(OWO FORO ADOBE, 팜 나무를 오르는 뱀snake climbing the Palm

tree): 불가능을 가능케 하다.

48. 아코-벤(AKO-BEN, 전쟁 나팔war horn): 35번과 동일하다.

49. 썬썸(SUNSUM, 혼soul): 영혼을 상징 한다.

50. 베세 사카(BESE SAKA, 콜라넛 뭉치a bunch of Colanuts): 콜라넛은 북쪽 부족들 사이
    에서 인기 있는 별미다.

51. 타본(TABON, 노paddle): 해안 쪽에서 거주하는 부족들 사이에서 사용하는 문양
    이다.

52. 파 지아(PA GYA, 불을 치거나 불을 피워라To strike fire or make fire): 전쟁을 상징한다.

53. 도노(DONNO, 북drum): 43번의 이단 도노 북에 비해 낮은 도노 북이다.

54. 아코마 느토아소(AKOMA NTOASO): 찬성의 상징이다.

55. 2번의 다른 버전(Another version of No.2): 한 운명 안에서는 화합을 이루라.

56. 에세 네 텍레마(ESE NE TEKREMA, 이와 혀the teeth and the tongue): 우리는 발전하
    며 나아간다.

57. 아페나(AFENA, 주(州)의 공식적인 칼A state ceremonial sword): 용맹과 대담함을 상징
    한다.

58. 산코파(SANFOKA): 17번과 같은 뜻을 가지고 있다.

59. 데임 데임(DAME-DAME, 그림 게임A draft game): 풍습적으로 더 유명한 게임은
    '오와레(OWARE)' 이다. 영리함을 상징한다.

60. 페팜시(PEPAMSIE, 무너지지 않는 것That which will not crush): 용이함과 확고함을 상
    징한다.

이상은 가나 아딘크라 60가지 문양에 대한 발음과 해석이다. 이것은 아딘크라
에 대한 이상적인 신념체계이면서 동시에 종교적, 공동체 사회에서 개인적 관계
라는 것이 밀도 있게 유지되고 있음을 말해 준다. 아프리카인의 삶에서 드러나는
상징은 공동체 삶의 현장에서 모든 구성원이 다른 사람과의 관계 속에서 아주 긴
밀하게 협력하면서 정치적 현상, 우정, 믿음, 즐거운 게임과 관용을 중심으로 하

고 있음을 볼 수 있다.

아딘크라 문양에 대한 평가

가나 아딘크라 60개 문양의 전반적인 가치는 인간의 공공성과 단체에 대한 흥미로운 부분이 설명되어져 있다는 것이다. 아딘크라 문양은 살아 있는–죽은 존재도 사람에 대해 위법행위를 하지 않는다는 것과 공동체 내의 윤리와 정치적 질서를 명료하게 상징화하고 있다. 이 문양의 특징을 보면, 공동체나 씨족, 국가, 지도자들에 대한 존경과 경외와 관련된 것들이다. 문양의 전체적인 흐름을 보면, 모든 인간 사회의 형태에 발생하는 고통과 불행, 슬픔과 고난, 모든 질병, 노인과 어린 아이에[28] 이르기까지 사회적 윤리 규범과 법을 명시하고 있다.

가나 아딘크라 상징은 크게는 8개 정도의 특징을 지니고 있는데, 전지전능의 신, 인간, 우주, 선과 악, 권력(왕과 법관), 종교, 전쟁, 부족공동체의 규범이다. 아딘크라 상징의 여덟 가지의 특징을 보면 하늘과 우주의 신, 선과 악의 명료함, 권위에 대한 존중, 신에 대한 예배와 경외, 전쟁, 부족공동체의 삶과 규범, 음식과 비전 등에 대한 철학적이면서 이데올로기적인 의미를 담고 있다.

아딘크라의 상징적 해석은 밀도 높은 협력사회는 신을 중심으로 하는 공동체인 동시에 인간 사회에는 악의 징후가 끝없이 나타나기 때문에 희망과 인내, 잘못된 것에 대한 저항, 안전을 위한 노력과 조심성, 그리고 신중함을 가짐으로 개인이 협동사회[29]에 반하는 위법행위를 해서는 안 된다는 것을 강조한다. 긴밀한 사회관계를 형성하고 있는 사회일수록 질투와 실수, 운명론적인 경향이 높기 때문에 이에 대한 용서와 겸손, 섬김을 보여 주어야 하는 것도 있다. 다른 공포에 대한 믿음과 실천으로 전쟁을 해야 될 때는 불을 붙여 하고, 공동체에서 발생하는 유익을 위

---

28 John Mbiti, *African Religions and Philosophy*, 『아프리카 종교와 철학』 장용규 역 (서울: 지식을 만드는 지식, 2012), 142.

29 장훈태, "베냉 공화국 복음선교 전략: 셀레스트 기독교의 역사와 교리 비판을 중심으로," 『복음과 선교』 제37권(2017. No. 1), 160–161.

해서는 모두 확고한 자세로 찬성할 것을 주문하기도 한다. 아딘크라 상징에서 가장 심도 있게 강조되는 것은 아프리카인의 즐거움과 사랑, 우정과 관용과 같은 감정을 자연스럽게 표현하는 것인데 12, 22, 23, 27, 35, 38, 40, 44, 47, 50, 51, 56, 60번 등이다. 이 부분은 인간 사회에서는 균형과 맞추어 생각해야 한다는 신념체계를 보다 확고히 하고 있다. 이는 아프리카인도 다른 사람들과 마찬가지로 많은 경우에 있어서 증오와 긴장, 공포, 질투와 의심을 거침없이 표현한다. 이것은 아프리카인이 동양이나 서양의 다른 사람들과 마찬가지로 야만적이고 잔인하며 파괴적이고 친절하지 않다는 것도 보여 준다.[30]

아딘크라 상징에서 신(神)과 왕에 대한 의례는 존귀하게 여기는 표현의 문양을 사용한다. 모든 아프리카인의 사회는 의례와 의식에 대한 절차와 규정이 있으며, 이를 어길 경우 정화의식을 행하는 것이 필요[31]함을 강조한다.

그리고 하나의 공동체에서는 화합(55번)을 이루어야 한다. 동일한 부족과 공동체 사회 안에서는 화합을 이루는 것이 공동체 내에서 우호적인 관계를 형성하고 유지하는 것을 나타낸다.

아딘크라 상징은 고도의 질서(High order)이다. 60개의 상징은 하나의 부족공동체를 강화하는 의식과 매우 높은 질서와 예측가능성으로 특징지어진다. 이것들은 상황에 맞는 문양 혹은 프로그램, 용맹과 비전 등의 절대적인 질서를 드러낸다. 이를 종교적 공동체(Religious Community)라고 할 수 있다. 60개의 상징은 최고의 신에 대한 존경과 믿음에서 출발하여 지도자의 권위와 종교적 의식을 상징화시킨 것 등이다. 60개의 상징은 계급과 역할을 의미하기도 하고, 다른 사회적 상징들에 의해 구분되는 매우 잘 정돈된 사회적 질서에 의해 특징지어진다. 이러한 상징은 존재하는 사회적 권력 구조를 강화하고 재충전하는 요인이 된다.

또한 아딘크라 상징은 종교적 · 부족공동체 간의 집중(Focus)과 기대(Expectation), 질서와 의미(Order and meaning)를 투영한다. 부족 내의 의식과 신에 대한 경배, 왕의 권위를 향한 복종 등은 다른 모든 관심사를 뒤로 하고 공동체의 질서에 집중할

---

30 John Mbiti, *African Religions and Philosophy*, 144.

31 John Mbiti, *African Religions and Philosophy*.

것이 요구된다. 이것은 공동체의 협력과 단결의 재충전을 강화한다고 볼 수 있다. 그리고 기대는 상징을 통해 사람이 질서 있고 이해된 세계에 있다는 안정적인 감정이 내포되어 있을 뿐 아니라 부족공동체가 목적하고 있는 안정감에 대한 깊은 인식을 회복시키는 결과를 가져오고 있다.

사회조직의 형태(이상적 형태들)의 체계

아딘크라 상징주의는 독특한 사회 조직의 형태(이상적 형태들)들을 갖고 있다.[32] 그것은 첫째, 부족적, 지배적 사회들에서 흔히 나타나는 형태를 지니고 있음을 발견하게 된다. 아딘크라 상징주의의 특징은 수렵과 채집에 기초한 단순한 생계유지 기술을 갖고 있지만 현대사회에 접어들면서 목가적 또는 원예적 삶, 결론적으로 상대적으로 소규모의 인구라는 점을 알 수 있다. 둘째, 강력한 오리엔테이션을 위한 상징이라는 점이다. 부족공동체의 규범이 지켜지지 않을 경우 그 결과는 수치심이다. 셋째, 주로 혈족에 기초를 둔 사회 조직을 상징화한 것이다. 조직의 기초 단위는 혈통, 씨족, 대가족 제도들로 구성된다. 넷째, 조상들은 사회에서 가족, 가계, 종족들의 보호자들로서 중요한 역할을 한다. 친족 간의 결속은 토템 체계에서 동물과 식물들에게까지 확대된다. 여기서는 공동체를 위한 제한적 상징을 사용하고 있다. 다섯째, 사회적 위기들은 친족 체계를 통해 이루어지는데, 이는 일부다처제를 하는 주요한 이유를 담고 있다. 여섯째, 리더십은 자주 현명한 연장자들이나 종족원로회의 손안에 있다. 일곱째, 부족공동체의 오리엔테이션은 강한 상호 책임의식과 집단에 의한 의사 결정 과정으로 이끌어 주는 힘이 있다. 여덟째, 부족공동체의 의사전달은 양방향적이고, 종종 수직적인 경우가 많다. 가난한 사람들은 부자나 지도자들에 의해 들려진다.[33] 이러한 사회조직은 일반적으로 신화, 수수께끼, 노래, 속담들, 춤, 의식들에 의한 구어(口語)적 사회들이다.

결국, 사회조직의 형태를 상징화시킨 것이라 보면 된다. 상징을 통한 문자 집단

---

32 An Young Kwon, *Mission Anthropological Approaches to Religion*, 61 재인용.

33 An Young Kwon, *Mission Anthropological Approaches to Religion*, 60 재인용.

과 구어적 집단을 구분하면서 강력한 계급사회와 강한 오리엔테이션 공동체라는 것을 알 수 있다. 상호 간의 책임에 다수의 공동체와 각각의 그 자체의 리더십에 대해 존경한다. 그러면서 공동체 내의 경쟁심과 적대감은 일반적인 것이지만, 그룹의 일치성이 지나치게 강조되어질 경우 적대감을 표현하기 어려울 경우에는 마술(witchcraft)과 사냥이 일어난다. 그리고 문자집단과 구어집단이 함께 공존하는데 문자 집단은 구어집단과의 상호관계에서 훨씬 더 강력한 힘을 갖는다. 그러면서 상징들은 각 집단의 역할들과 전문화가 있음을 드러내고 있다. 또 하나는 부족 공동체 사이의 의사전달은 하향식이고, 공동체 내에서는 수평적임을 볼 수 있다.

이러한 현상은 아프리카 문화와 부족사회[34]의 특별한 현상이고, 그들 안에서 발생하는 다양한 모델들은 선교사들에게 보이지 않는 울타리임을 알 필요가 있다.

만약 아딘크라 상징과 신념체계를 활용하는 사람들이 도시에 거주한다면 또 다른 측면의 연구가 필요할 수 있다. 이 사회들은 그룹들이 개인의 목적을 위한 개인들의 기능적 집합체라는 점에서 강한 개인주의를 강조한다. 아딘크라 상징의 상당한 부분이 공동체에 대한 것도 있지만 개인적인 부분 역시 많은 편이다. 예를 들어, 운명, 용서, 실수, 인내, 희망, 안전, 조심성, 신중함, 겸손과 섬김 등이다.

도시에 거주하는 부족들은 고도의 기술과 복잡한 사회조직에 익숙해 있을 뿐 아니라 거대한 인구를 가능하게 하는 힘이 있다. 이들은 공동체보다는 개인적 자아—깨달음(self-realization)을 강조할 뿐 아니라 자유 또한 강조한다. 짧은 기간의 계약관계들 뿐 아니라 사회적, 지리적으로 기동성이 매우 빠르다고 보아야 한다. 또 하나는 사회적이면서 동시에 상대주의(relativism)이며, 문화적 절대성들이 거의 존재하지 않을 수 없다는 특징을 지닌다. 의사전달은 매스 미디어, 공적 심볼 그리고 네트워크[35]에 의하여 이루어지는 경향이 높다고 보아야 한다. 그러면서 동종의

---

34 유종현, 『아프리카의 부족과 문화』(서울: 도서출판 금광, 2000)는 북아프리카 사하라와 서부 아프리카, 중서부 아프리카, 남부 아프리카와 동부 아프리카를 다루고 있다. 그 외에 마다가스카르 섬과 아프리카의 전통문화를 다루고 있어 많은 도움이 될 것이다.

35 Paul G. Hiebert & Eloise Hibert Meneses, *Incarnational Ministry*, 26-27.

문화(Honogeneous Culture)[36] 혹은 다문화[37] 복수주의, 모두를 위한 단순한 유니폼 세계를 보는 사회들에 적응하기도 한다. 또는 집단들 종종 외국, 비문화된 것, 하위 계층 등으로서 그들을 인정하는 것에 의해 다른 문화들의 존재를 부정하게 된다. 그런 이유 때문에 부족공동체 안에서 형성되어 온 상징은 무시될 수 있다. 다문화적 사회들은 문화의 다른 다양한 체계들의 존재를 깨닫는다. 이 두 가지 곧 동종의 문화와 문화적 다문화가 합할 때 2차원적인 틀을 만들어 가는 사회가 된다.

결과적으로 아딘크라 상징은 인간 삶의 거룩(이상적인 상태) 곧 고도의 질서와 가장 깊은 정서들, 근본적인 가치들을 통해 인간의 추한 모습을 정화하고 강화를 통한 신념체계의 변환을 주고 있다. 그리고 세속사회에 대한 무질서, 의미상실, 한시적 전율, 실제적 규범과 더럽혀짐에 대한 부분들을 억제하는 효과를 갖고 있을 뿐 아니라 불경한 것에 대한 경계집합을 주고 있다. 부족공동체에서 발생하는 잘못된 질서, 역전된 의미, 반대의 감정, 악한 가치들에 대한 경계를 갖도록 하면서 부족공동체의 새로움의 의식을 주고 있다.

아딘크라 상징은 부족 공동체의 뿌리 즉, 정체성과 가치에 대한 확고한 철학을 주고 있을 뿐 아니라 무시간적인 느낌, 공간 안에서 공간 밖에 서 있다는 느낌, 그리고 림보(Limbo)의 상태라는 느낌 등 아주 분명한 범주를 정해 주고 있다. 결과적으로 아딘크라 상징들은 고농축적이고 다의적(Symbols are highly condensed and multi-vocal)이라 할 수 있다. 상징에 나타난 다양한 의미들은 정반대의 것도 상징에 포함시키는 경향이 있다. 예를 들면, 용서(12번)와 실수(13, 17번), 음식(50, 51번) 등이 이에 포함된다. 그리고 아딘크라 상징의 전체적인 의미는 매우 강한 종교적 성향과 인간의 아름다움과 개인적 삶의 어리석음 등을 표현하는(45번) 것을 통해 인간이 사회적 공동체임을 의미하고 있다.

36 An Young Kwon, *Mission Anthropological Approaches to Religion*, 63-64.
37 장훈태, 『선교적 관점에서 본 다문화사회』 (서울: 도서출판 대서, 2011), 58-62.

상징과 신념체계 문화상황에서의 선교 탐색

인종주의 이데올로기의 가치상황에 대한 접근

인종에 대한 편견과 고정관념은 15세기 시작된 상업자본의 팽창과 자본주의적 노예제의 시작과 더불어 부상했다. 상업자본의 팽창은 전 지구적 자본주의 재생산의 필연적 동반현상으로서 20세기에도 계속되었다.[38] 그러나 오늘날에도(21세기) 인종주의의 다양한 형태들은 지속되고 있을 뿐 아니라 현대의 섹시즘이나 성차별주의와 더불어 진행되고 있다고 볼 수 있다. 특히 아프리카의 역사를 보면 전 기간에 걸쳐 인종주의적 범주들이 관통해 왔고, 오늘날에도 피부색과 지위, 인종주의적 이데올로기와 헤게모니가 진행되고 있다.

인간의 역사는 인종주의와 반 인종주의에 대한 편견 곧 이데올로기의 가치가 하나의 신념이 지배적인 구조는 이미 순수실재론자 혹은 관념론적이 되어 접근하기가 어렵게 된다. 이런 현상에 대해 기독교인들은 순수 실재론적 신학으로 접근하려 하지만 양자 사이의 실재론적의 다른 형태로 대응을 주장하기 때문에 어려울 수 있다. 상징을 통한 통일성과 부족공동체 곧 인종주의 이데올로기 상황에서 다른 것 곧 기독교신앙의 토대가 되는 성경에 가치를 둔다는 것은 매우 어려워 보인다. 이들은 각자의 상징체계에 대한 신념이 강한 상황에서 순수실재론 내지 관념론적인 기독교인들은 그들의 상징과 삶, 이데올로기의 가치와 성경이 일치한다고 볼 수 없기 때문에 문화적 충격에 휩싸이게 된다. 그들은 양쪽이 다 동등하고도 절대적인 확실성이 있음을 주장한다.[39] 이것은 양쪽이 일치되지 않을 때 문제가 발생된다. 각자는 자신의 신념체계가 충분하고도 확실한 진리라고 주장하므로 자신에게 동의하지 않는 사람은 틀렸다고 확신한다. 그래서 양 쪽 다 즉, 석에서 서로 거부하고 분리된다. 일치라는 것이 오직 완전한 이데올로기에 동의할 때만 가능하다고 믿는다. 일치는 오직 동일한 역사, 문화, 정치, 종교적인 맥락을 공유할

---

38 김광수 외 6명, 『아프리카 이미지-인종주의와 인류학의 종말』(경기: 다해, 2014), 125 재인용.
39 Paul G. Hiebert, *Anthropological Reflections on Missiological Issues*, 31.

때이거나, 아니면 그들이 기꺼이 하나의 정체성, 가치적인 권위를 따르는 추종자가 되려 할 때만 성취될 수 있다.[40]

이러한 정황에서 기독교적인 접근을 고려한다는 것은 매우 어려운 일이지만 몇 가지 방안을 찾아볼 수 있다. 첫째, 아딘크라 상징주의 60개 항목 가운데 기독교적 상징과 일치되는 부분을 찾아 접근하는 방법은 인종주의 이데올로기를 뛰어넘을 수 있을 것으로 보인다. 둘째, 아프리카와 아프리카인 디아스포라에 이르기까지 깊이 침투해 있다는 사실을 통해 기독교적 담론을 내놓는 것이 중요하다. 셋째, 부족 공동체 안에 종속되어 있는 상징주의 인식과 분류에 관한 지역적 차원의 규범을 선교인류학적인 이해와 접근 방식, 인종적 정체성과 중요성의 의미를 평가 분석하여 기독교적 문화로 관심을 돌리면 상황은 좀 더 복잡하지만 쉬운 길을 갈 수 있다.

넷째, 아딘크라 상징주의의 60개에는 현상(現狀)에 대한 상대적 불완전성과 부족 중심주의에 대한 반헤게모니적이고 타종족과의 정치적인 투쟁[41]을 위한 여지를 담고 있어 이에 대한 기독교적인 평화와 인류 사랑에 대한 방안을 모색할 필요가 있다. 다섯째, 상징주의에 대한 설명체계들이 어떻게 연관되어 있는가를 보는 것이다. 곧 종교적 측면에서 내적으로 믿음, 감정과 가치들을 보면서 종교적 상징들, 의식, 표현들을 찾아 기독교적인 해석을 통한 접근을 시도하는 방법이다. 외적인 부분에서는 부족공동체의 행동과 산물들(products)을 심층적으로 분석함으로 그들의 형태(form)로부터 의미(meaning)를 분리하는 것도 중요한 작업이다. 상징들과 의식들이 하는 것은 바로 의미와 형식을 결합시켜 주는 것이기 때문이다.

결과적으로 아딘크라 상징주의는 부족공동체의 세계관이라 할 수 있는 믿음, 감정 그리고 가치를 지니는 종교의 내적 부분이다. 이것에 접근할 때 '인간 생활에서 당면한 최대의 상실은 의미의 상실'임을 알고 접근하는 것과 그에 대한 새로운 문화는 의미체계를 제공하는 것이 되기 때문에 복음전도가 용이할 것으로 보인다. 종교는 항상 궁극적 의미 체계를 제공하며, 그들이 갖고 있는 신념체계는 문

---

40 Paul G. Hiebert, *Anthropological Reflections on Missiological Issues*.
41 김광수 외 6명, 『아프리카 이미지-인종주의와 인류학의 종말』, 130.

화[42]와 종교의 궁극적이고 내적인 가설들을 제공한다.

상징주의 종족사회에 대한 복음전도의 방법

더글라스(Mary Douglas)에 의하면, "복음 전달과 교회개척은 그 사회의 사회 구조에 의해 영향을 받는다고 한다. 우리는 이것을 사역 계획에 고려할 필요가 있다. 그녀는 사회조직(social organization)이 사람들의 세계관에 영향을 준다는 것과 어떠한 형태들의 사회조직들 사이에 상관성이 있다"고 주장한다.[43] 그렇다면 이들에 대한 유신론을 "합리적으로 받아들일 수 있다는 것"을 보여 주고 있는데[44] 이를 어떻게 보다 더 복음의 수용적[45] 태도로 변화시킬 것인가는 선교사의 몫이다. 그러나 여기서 조심해야 될 것은 유신론에 대한 수용이 건전하게 보이지만, 무신론자도 유사한 주장을 전개할 수 있다는 점에 주의해야 할 필요가 있다. 아딘크라 상징에서 신의 존재가 불가능하다고 주장하는 것은 없다. 사실, 이들은 신의 존재와 최고 지도자에 대한 존경과 경애를 매우 높게 본다. 그러면서 공동체의 평화와 비전을 강조한다는 것은 정체성과 신념체계가 매우 강하다는 논증이다. 이러한 공동체를 향한 복음선교의 방법들을 몇 가지 제안해 볼 수 있다.

첫째, 신뢰감을 세워나가기 위하여 부족 공동체에 함께 거주하는 증거를 보여 주는 일이다. 둘째, 복음을 증거할 때 스토리텔링(Storytelling) 혹은 구두적 방법들(oral methods)을 사용하는 것도 좋다. 셋째, 친족의 조직망을 이용하는 방법이다. 이 방법은 아주 오래된 선교 전략이지만 효율성은 매우 높다. 넷째, 다수-개인적 결정들을 사용하는 방식이다(use mult-individual decisions). 상징을 통한 신념체계에 묶여 있는 이들에게는 그들의 결정을 다시 생각할 때까지 한동안 가르치는 방식이다. 그리고 기독교인들로 남아 있기를 원하지 않는 사람은 교회를 떠나게 될 것이

---

42 장훈태, "서부 아프리카 토고 공화국 낭가부 지역 선교를 위한 까비예족 문화의 가치체계 연구,"「성경과 신학」 제79권(2016. 10), 270-271.

43 An Young Kwon, *Mission Anthropological Approaches to Religion*, 60 재인용.

44 Alvin Plantinga, *God, Freedom, and Evil* Grand Rapids: Eerdmans, 1977), 112.

45 홍기영, "포스트모던 문화 속에서의 효과적인 복음전도,"「복음과 선교」 제37권(2017. No.1), 258-260.

다. 다섯째, 총체적 복음 선교, 건강을 위한 교육과 구제와 마을 공동체의 필요에 의한 사역, 영적인 필요뿐만 아니라 그 민족의 다른 필요들에 대한 사역을 모색할 수 있다.

상징주의 신념체계 공동체들은 집단결정에 의해 기독교인이 될 가능성이 매우 높다는 것을 인식하고 이에 대한 전략적 방안과 실행의 시기가 매우 중요하다는 점을 복음전도자가 알아야 한다. 그리고 가족 내의 죽음 곧 남편의 죽음 같은 사회적 위기들을 해결하는 방식으로 일부다처제에 대한 전통적 사회적 체계에 대한 인식도 중요한 선교의 방법임을 알아야 한다. 마지막으로 조상들과 토템이즘을 어떻게 다루면서 복음 선교의 접촉을 할 것인가도 고민한다면 한 영혼을 구원[46]하는 모델을 찾게 될 것이다.

도시 사회와 개인적인 사회들 상황에서 선교

아딘크라 상징주의 사회체계에서 공존하는 사람들 가운데 일부는 생활의 번영을 위하여 도시사회로 이동하는 자들이 있다. 이 사회들은 개인의 목적을 위한 개인들의 기능적 집합체라는 점에서 개인주의를 강조하고 있다. 도시에 거주하는 사람들은 수렵과 채취, 농업사회에 거주하는 자들과 개인적 차이가 있다. 도시사회[47]에 오랫동안 거주하는 자들의 경우는 현재의 지적이고 문화적인 환경 속에 있는 서로가 일관적으로 그렇다고 말하기 어려울 정도로 종교와 종교적 신념에 대한 수많은 상이한 비판들을 발견하게 된다.[48]

도시와 개인적 사회들에 적용된 사람들은 이종(heterogeneity)과 상대주의 문화, 문화적 절대성들이 거의 존재하지 않는다. 이들에 대한 선교적 문제들은 몇 가지로 생각해 볼 수 있다. 첫째, 이러한 사회들은 교제와 공동체감이 부족한 경향이

---

46 장훈태, "제3세계 전(全)성도의 선교사화를 통한 교회개척 사역과 선교," 「복음과 선교」 제36권(2016. No. 4), 236-239.

47 Paul G. Hiebert & Eloise Hibert Meneses, *Incarnational Ministry*, 291-294.

48 C. Stephen Evans R R. Zachary Manis, *Philosophy of Religion: Thinking about Faith*, 「종교 철학-기독교 신앙의 철학적 조명」 정승태역(서울: CLC, 2016), 198 재인용.

있다. 둘째, 도시에 사는 사람들은 개인적 정체성이 부족하고, 종종 제도적, 문화적 연속성의 부족이 결여되어 있다. 셋째, 변화는 문화적 충격의 형태를 만들어 내고 있다. 이러한 사회에 속한 개인을 향한 복음선교 방식은 현대적이고 다양화해야만 효과를 거둘 수 있다. 그것은 먼저, 미디어(영화와 비디오)와 교회 밖의 제3의 장소에서의 캠페인 그리고 문자적 수단들을 사용하는 방법이다. 둘째는 네트워크와 우호적(friendship) 복음선교 방법을 사용하는 일이다. 셋째, 선교방법들의 통합적이고 종합화된 사역들을 집중적으로 활용하는 방식이다. 그것은 에딘버러세계선교사대회[49]에서 발표된 다양한 전략들과 현대적 방법들이다. 넷째, 공동체 교회들과 협력하고, 복음선교 후의 계속적인 방문(follow-visitors)과 도시 이주자들에 대한 적응훈련을 위한 도우미, 환대복음전도 방식이다.

위의 다양한 선교방법들은 도시사회에 적응하려는 소수 부족공동체에 대한 사회를 만들어 가는 하나의 방식이라 할 수 있다. 도시에 거주하는 소수의 부족들은 새로운 사회문화적 틀을 만들어 가려는 욕구가 강하기 때문에 이들에 대한 동종의 문화 혹은 다문화복수주의를 수용하도록 하기 위해 유니폼을 만들어 주는 것도 한 방법이 된다.

결과적으로 도시사회와 개인적 사회 틈에 낀 소수의 부족들을 향한 선교는 최고의 리더를 발견하고 그로 하여금 공동체 사회로의 전환을 유도하며, 도시사회에 적응하기 위한 문화적 틀을 제공하는 방식을 적용한다면 복음선교를 위한 다양한 것들을 적용할 수 있다. 그리고 단일문화주의에 익숙한 부족공동체의 사람들은 다문화주의 사이에서 균형을 잃어버릴 가능성이 있다. 이것은 문화적 폭정과 다른 문화에 속한 동정심 결여의 위험을 피하면서도, 문화적 절대성과 기초에 대한 이해를 주기 때문에 이 점을 숙고(熟考)하면서 복음선교의 방안을 모색해야 한다. 이는 문화상대주의를 피하면서도, 다수의 문화들의 상호작용과 이것의 중

---

49 에딘버러 세계선교사대회는 1권에서 9권 곧, 『비기독교 국가들에 대한 선교』, 『선교현장의 이해』, 『국민생활의 기독교회에 연관된 교육』, 『비기독교 종교들에 관한 선교적 메시지』, 『선교사 훈련』, 『선교사역의 국내 본부』, 『선교와 정부, 선교협력과 교회일치의 증진』, 『에딘버러 대회의 역사와 기록』 등이다.

요성에 대한 감사가 있기 때문이다.[50] 아딘크라 상징문화에 익숙한 자들이라 할지라도 다양성 사이의 교제에 대해 열려 있다는 것을 고려해야 한다.

아딘크라 상징주의로 인한 신념체계가 굳어진 사회라 할지라도 틀망(grid)안에서의 사회적 역동성이 일어난다는 것도 관찰해야 한다. 안영권은 "틀망 안에서 사회들과 공동체에 의한 몇 가지 형태의 움직임들은 크게 세 가지로 나타난다고 말한다.[51]

> "하나는 현대화(Modernization)이다. 현대화는 사회문화적 틀의 분석을 통해 드러난다. 즉, 그 틀은 상좌(上佐)로부터 하(下)쪽으로의 운동을 가리킨다고 말한다. 세계의 사회들은 계속해서 세계적 시스템으로 변화되어 가고 있기 때문에 경제적 · 종교적 · 교육적으로도 그렇다고 보아야 한다. 둘째는 동화(Assimilation)로, 개인주의를 가정하는 서구 사회들에서 종족과 다른 공동체들은 다른 공동체와 정체감이 덜 중요시되거나 상실되는 개인주의로 동화되어 가게 된다. 셋째는 제도화(Institutionalization)는 사회문화적 틀의 우편인 개인들의 집합체가 그룹 구조를 발전시켜 좌편으로 움직여가는 것을 말한다.……제도들은 보다 넓은 국가적 조직틀 안에서 현대 사회들을 위한 하류 문화 단위로써 봉사되어진다."

아딘크라 상징주의 역시 틀망 안에서의 사회적 역동성, 즉 현대화, 동화, 제도화는 사회적 변화에 따라 부족공동체원의 틀망도 움직일 수 있음을 반영해 준다. 또한 상징주의 신념 체계 안에 있는 사람들의 위험성은 극단적인 개인 우상화와 자기 숭배에 빠질 우려가 있음을 고려해 볼 때 변화의 가능성도 있다. 왜냐하면 상징에는 죄의 개념이 없기 때문에, 절대적인 것도 없지 않다.[52] 상징을 모토로 생활하는 자들은 무질서한 세상에 홀로 있는 존재로 이해하면서, 의미를 발견하기 위해 일시적인 그룹에 속할 수 있다는 것을 고려하여 "이 세대 안에 복음을 전하는

---

50 An Young Kwon, Mission Anthropological Approaches to Religion, 67.

51 An Young Kwon, *Mission Anthropological Approaches to Religion*, 68.

52 An Young Kwon, *Mission Anthropological Approaches to Religion*, 67.

일"[53]과 하나님의 뜻에 부합할 수 있는 방법을 적용[54]할 필요가 있다.

결과적으로 아딘크라 상징주의 신념 체계 안에 있는 인종주의 이데올로기의 가치상황과 상징주의 종족 사회에 대한 복음전도, 도시 사회와 개인적인 사회들 상황에서의 선교를 보다 명료하게 실행하기 위해서는 보편적 선교방법을 벗어나 보다 현실적 접근 방법을 모색하는 것이 좋을 것이다. 아딘크라 상징주의를 추구하는 모든 사람들이 진리의 지식에 이르는데 까지 진리는 선포되어져야 한다. 복음은 온 세상 속에 그리고 모든 피조물, 즉, 모든 사람들에게, 그들이 어떤 종류이든지 무슨 종류이든지 선포되어야 한다.[55]

결론적으로 서부 아프리카에 위치한 가나, 토고, 베냉 공화국은 민간신앙이 주류를 이루고 있는 가운데 가톨릭교회, 개신교회, 이슬람교[56]가 함께 있다. 아프리카인의 절대적인 영향력을 행사하는 살아 있는 신과 같은 것이 상징일 수 있다. 그들에게는 살아있는 - 죽은 존재 이외에도 아프리카 사회에 현존하는 다양한 형태의 신적인 존재와 스피릿이 있다.[57] 이들 가운데 신적인 존재와 살아있는-죽은 존재, 스피릿 등을 이해하기 위해서는 상징 곧 신념체계 문화가 선행되어야 한다. 상징주의에 나타난 신념체계 문화는 아프리카인에게 서로 유기적인 관계를 갖고 있을 뿐 아니라 신비한 힘의 종류와 기능을 갖고 있다. 아딘크라 상징은 아산티족의 모족인 아칸족 뿐만 아니라 아프리카인의 독특한 사회 윤리적 규범과 일상을 지배하는 초자연적인 힘, 부족 공동체의 사회적 질서, 행동의 실천방법이 되고 있다.

선교사역자는 아딘크라 상징주의 신념체계 문화를 볼 수 있는 눈이 열려야 한다. 영적인 통찰력만이 줄 수 있는 또 다른 중요한 공헌이 존재함을 인식해야 한

---

53 Johnn R. Mott, *Carrying the Gospel to all the Non-Christian World*,『비기독교 국가들에 선교』이용원 역(서울: 한국연합선교회, 2012), 21. 에든버러세계선교사대회의 전체 주제는 "이 세대 안에 온 세계에 복음을 전하자"(Evangelization of the World in This Generation)이다.

54 Charles H. Kraft, *Anthropology for Christian Witness*, 374-378.

55 Martin Bucer, *Von der Seelsorge und dem rechter Hirtendienst*, 1538『참된 목회학』최윤배 역 (서울: 킹덤북스, 2014), 132-133.

56 김남일, "구약성경의 헤렘(Herem)과 이슬람의 지하드 비교연구,"「복음과 선교」제36권(2016. No.4), 14-16.

57 John Mbiti, *African Religions and Philosophy*, 8.

다. 상징주의에 있는 영적인 가난의 본질, 원인, 회복된 정체성과 회복된 소명의식으로 인도하는 방법은 영적 분별의 은사를 요구함을 알아야 한다.[58] 브라이언트 마이어(Bryant L. Myers)는 상징주의와 영적 가난에 있는 자들을 향해 "하나님의 나라를 위해 기도하기"를 지속해야 한다[59]고 말하였고, 찰스 엘리엇(Charles Elliot)은 "기도와 하나님의 나라"는 하나님 나라의 출현이 임박한 세상에서 기도의 역할을 살펴야 한다고 강조한다.[60]

결과적으로 상징주의 신념체계 문화에 있는 곳에서 복음선교를 위해서는 통전적 돌봄도 필요하다. 영적으로 가난한 자와 가난하지 않은 자가 공존하는 곳에서 변화를 위해 일하는 것은 매우 어려운 사역일 뿐만 아니라 변화된 사람들에게도 어려운 일이다. 예수님은 이러한 자들을 위해 제자들을 파송하셨다. 사람들을 변화발전 사역의 최전방에 파송하는 조직화는 통전적 돌봄과 책임을 가질 필요가 있다. 예수님을 "내 양을 먹이라"고 말씀하셨지 "내 양을 관리하라"거나 "내 양을 훈련시키라" 혹은 "내 양이 최선을 얻게 하라"고 말씀하지 않으셨다[61]. 그들이 주님 앞에 돌아오는 날을 위하여 찬송을 들으며 침묵에 귀를 기울이며 기도하며 하나님의 말씀 앞에 조용히 앉아 기다리는 시간을 가지면서, 견고하고 광범위한 성경적 토대로 신뢰할 만한 정직성을 보여 주면서 복음으로 초대해야 한다.

58 Bryant L. Myers, *Walking with the Poor-Principles and Practices of Transformational Development*, 265.

59 Bryant L. Myers, *Walking with the Poor-Principles and Practices of Transformational Development*, 266.

60 Charles Elliot, *Praying the Kingdom,: Towards a Political Spirituality* (London: Drton, Longman, and Todd, 1985)을 참조하라.

61 Bryant L. Myers, *Walking with the Poor-Principles and Practices of Transformational Development*, 267.

Part 05

토고 공화국
(Republic of Togo)

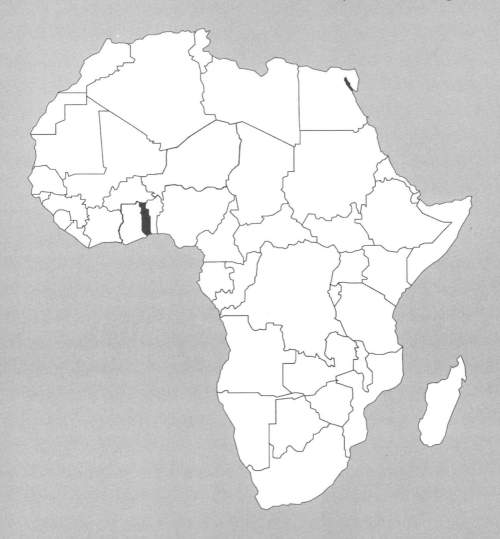

09
꼬따마꾸 지역 땀베르마족의
문화적 다양성

인간의 정신적 주체는 영적세계와 깊이 연관되어 있다. 영적세계는 인간의 몸과 정신을 최적화하는데 절대적인 동시에, 우리가 불확실성의 극단적인 불안감에서 안정적인 삶을 누릴 수 있도록 한다. 인간의 생체기능은 영적인 세계를 통해 일상생활에 자극을 주어 변화를 유도하기도 한다. 이를 전문용어로 신경가소성(neuropalsticity)이라고 한다. 그러나 인간이 뇌의 변화 혹은 영적세계를 조절할 수 있다면 이것은 엄청난 사건이다. 신경가소성은 의식적인 경우도 있지만 대부분 무의식적으로 이루어진다. 우리는 영적인 세계를 전혀 인식하지 못하거나 어렴풋이 인식한다 하더라도 주변의 힘에 의해 그 모습이 끊임없이 변한다. 그러나 지금까지 일반적인 연구에 의하면 영적인 세계를 추구하는 사람들은 의식적으로 그 과정을 조절해 뇌의 기능적·구조적 변화에 영향을 미칠 수 있다. 미국 위스콘신 심리학교수인 리처드 데이빗슨 역시 인간의 뇌가 삶의 변화에 영향을 준다는 결론을 내렸다.[1] 그의 주장과 같이 땀베르마(Tamberma)족의 삶과 가치는 영적인 세계에 대한 의존, 곧 믿음을 통해 과거에 대한 기억과 전통적 신앙과 문화에 대한 학습효과를 누리고 있다. 이들은 매일 혹은 일주일에 여러 번에 걸쳐 전통적인 춤과 노래를 통해 일체감을 형성함과 동시에 문화적 계승을 통해 정체성의 구체화를 학습하고 있다. 땀베르마족은 마을 공동체 그룹에 모여 춤과 노래, 전통적 의식, 촌장

---

1   Zoë Schlanger, "Special Report Meditation" 「NEWSWEEK」 (11~14, Jan. 2016), 29.

의 정치적 리더십으로 하나 되는 의식을 거행함으로 보다 효과적으로 정체성을 지켜오고 있다. 땀베르마족의 정신적·문화적 정체성은 오래전부터 정신적 지주로 전승되어 온 '부따쉬 신'을 믿는 민간신앙에 근거하고 있으며, 이는 마을 공동체 그룹의 통일된 리더십에 의해 이루어지고 있다. 이에 토고 공화국 꼬따마꾸 지역 땀베르마족의 이주, 그리고 전통신앙에 대한 현상학적인 접근을 통해 문화적 다양성을 탐색하고, 이를 통해 복음전도 가능성을 찾아보고자 한다.

꼬따마꾸 지역의 땀베르마족 이해

땀베르마족의 기원과 언어

땀베르마족의 기원

꼬따마꾸 지역은 토고 로메에서 북쪽으로 400km 거리의 위치에 있는 국립보호구역이다. 꼬따마꾸 지역의 면적은 5천 평방미터 정도로 크지 않은 곳이며, 땀베르마족을 중심으로 하여 낭바족을 포함한 36개 마을공동체에 5만 명의 인구가 살고 있다. 이 지역의 사람들은 원래 바타마리아 사람으로 알려져 있었다. 빠타바르마는 '마을 사람'이란 뜻이고, 옥따마르는 '한 사람'을 의미한다. 이 둘을 합하여 '뒷따마리'라고 부른다. 뒷따마리는 후에 땀베르마족의 언어와 세계관, 공동의 가치 체계를 형성하는 중요한 기초가 되었다. 이들은 마을 공동체, 곧 촌장(村長)을 중심으로 한 사회 조직과 민간신앙을 통한 영적세계를 형성하면서 지낸다. 땀베르마족을 연구하기 위해서는 우선 고대로부터 전승되어 온 민족 신앙과 윤리와 철학적 지각 능력을 이해하기 위해 '페띠쉬(fétiche)[2]라는 신(神)의 개념과 함께 그들의 영적 세계에 대한 고찰이 필요하다. 이들의 기원에 대한 역사적 근거는 불명확하지만

---

2 fétiche는 물신, 주물 또는 마스코트, 부적, 맹목적 숭배의 대상을 일컫는다. 불어로는 페따쉬로 발음하지만 토고에서는 페띠쉬(주물)로 발음하기도 한다. 이것을 지칭할 때는 일반 명사이기도 한다. 우리는 '부티쉬'라고 한다. 땀베르마족들은 페티쉬를 숭배의 대상으로 삼고 있다.

영적세계와 사회적 공동체를 묶어 주는 물질세계는 서로 뒤섞이고 교묘하게 연결되어 있어 이에 대한 섬세한 조사 연구가 필요하다.

특히 땀베르마족의 영적세계(a word of spirit)는 스피릿(spirit)과 관련된 부분이고 종족의 삶(life)에 중요한 역할을 한다. 아마도 이 부분에 대한 연구는 인류학·종교학에서 가장 취약한 부분 중 하나이다. 영적세계는 스피릿과 살아 있는 존재–죽은 존재로 세분화되지만, 땀베르마족의 경우 살아 있는 자의 영과 죽은 자의 영 모두에 대한 존재를 인식하고 있는 것이 특징이다. 이들은 스피릿을 중심으로 한 공동체, 행동과 현시(顯示)의 인격화, 자연물과 현상의 인격화, 자연령(自然靈)의 인격화, 죽은 영의 신화적 존재의 신적 존재를 포함하는 개념을 갖고[3] 마을공동체 조직과 함께 이동하여 생활하는 민족이다.

땀베르마족의 언어

꼬따마꾸 지역의 국립보호지역에 사는 땀베르마족은 '뒷다마리어'를 사용한다. 뒷다마리어는 토고 북쪽지역에 위치해 있는 부르키나파소에서 이주해 온 소수민족의 언어이다. 뒷다마리어에는 부르키나파소에 거주하던 민족들이 독자적으로 소유하고 있는 강력한 엑센트와 유화적인 내용이 담겨 있다.

땀베르마족이 사용하는 언어는 현지에서 거주하는 낭바족과 같이 가까운 거리에 있는 자들만이 소통이 가능하다. 이들의 언어소통은 말 뿐만 아니라 손과 발, 노래와 춤을 통해서도 표현된다. 자신이 무슨 말을 하려는지를 알리기 위해, 또는 리더로서 분위기를 이끌기 위해서 뒷다마리어와 행동을 함께 보여 주기도 한다. 또 하나는 이들의 언어가 그들이 전통적으로 믿었던 신인 부티쉬와 깊은 연관을 갖고 있다는 점이다. 뒷다마리어는 땀베르마 족의 종교적 언어라고 할 수 있다. 촌장을 중심으로 사방에 흩어져 있는 땀베르마족의 마을은 집 앞에 각종 종교시설이 위치해 있다. 그들은 집 앞에 있는 부티쉬라는 종교시설 앞에서 뒷다마리어로 신과의 합일을 이루기 위한 방편으로 믿음의 행위를 보여 주고 있다. 이를 통해

---

3 John Mbiti, *African Religions and Philosophy*, 『아프리카 종교와 철학』 장용규 역(서울: 지식을만드는지식, 2012), 58.

이들이 사는 마을은 종교적 통과의례를 위해 계획된 마을이라는 것을 알 수 있다.

특히 뒷다마리어는 땀베르마족의 정신적·영적인 믿음을 보여 주는 언어다. 땀베르마족의 언어는 영적세계를 연결해 주는 도구이다. 이들의 언어는 스피릿과 살아 있는 영적 세계로서 언어적 통찰력을 갖도록 하는 구조이다. 언어는 땀베르마족의 신에 대한 개념과 함께 영적세계를 간접적으로 경험하도록 한다. 결과적으로 땀베르마족의 언어는 영적세계와 현상세계는 서로 뒤섞이고 교묘하게 연결되어 있기 때문에, 이 둘을 분리시키는 것 자체가 어렵다.

땀베르마족이 다른 종족과 다른 면이 있다면 종족의 특징과 집단공동체 생활, 전승과 문화에 대한 차별화된 삶, 마을공동체의 일치된 토의기구(원로회의) 등을 통해 전통문화를 계승한다. 이들이 사용하는 언어는 결국 초자연적인 통제력과 개인적으로 신에게 순종하는 삶, 신의 은총을 통한 마을 공동체에 대한 인식이 매우 강하다. 또한 이들에게는 체계화된 언어에 대한 교본은 없지만 언어적 규범과 철학을 지니고 있었다는 점에서 독특한 민족이 라는 것을 알 수 있었다.

땀베르마족의 이주와 문화

땀베르마족의 이주

땀베르마족의 고향은 부르키나파소이다. 이들이 부르키나파소에 거주할 때는 아무것도 가진 것이 없었고, 한 마을에서는 모시족과 함께 살았다. 땀베르마족은 모시족과 함께 11세기경 거주하던 땅을 버리고 부르키나파소에서 나와 타고라 산맥 주변에서 거주하다가 13세기 초에 베넹으로 이주하였다. 그 가운데 땀베르마족은 베넹에서 모시족과 함께 거주할 수 없는 환경이 되어 타고라 산맥을 넘어 지금의 꼬따마꾸 지역으로 이주해 지금까지 거주하고 있다. 역사적 자료에 의하면 전 세계 인구의 10%와 광활한 토지의 25%를 차지하는 아프리카가 세계에서 가장 이동성이 높은 주민들이 살고 있는 대륙이라 할 수 있다.[4]

---

4 P. D. Curtin, 'Africa and Global Patterns of Migration,' in Gungwu, W.(ed.) *Global History and Migrations* (Boulder, Co: Westview, 1997), 63–94.; 아프리카에서 가장 이동이 심한 민족은 반투족(Bantu)이다. 이들

반면 땀베르마족이 부르키나파소에서 꼬따마꾸로 이주하게 된 동기는 첫째, 이슬람교의 진출에 따른 무슬림들의 강압적인 신앙 강요와 무슬림 개종 요구에서 벗어나기 위해 이주하게 되었다. 이를 가리켜 신앙차별주의에 의한 이탈행위라 할 수 있다.[5] 둘째, 무슬림들과의 피 흘리는 전쟁을 하고 싶지 않아서였다. 셋째, 땀베르마족의 전통종교라 할 수 있는 애니미즘을 지키기 위해서였다. 이들은 종족 중심의 신을 믿는 자들로서 타종교를 수용할 수 없었기 때문이다. 넷째, 땀베르마족의 순혈주의에 의한 이주였다. 순혈주의는 동일 종족 간의 결혼을 통한 혈통을 유지하려는 주의로, 땀베르마족은 이러한 의지가 매우 강했기 때문이다. 다섯째, 이들의 이주는 인종차별주의(raclsm)보다 인종화(raclailzation)에 의한 것이다. 인종차별주의는 '사회집단이나 표현형질적 표식이나 문화적 표식을 기반으로 어떤 집단보다 다르거나 열등한 존재로 범주화하는 과정'이다. 일반적으로 이렇게 정의된 집단을 정당하게 착취하거나 배제하기 위하여 경제적, 사회적 또는 정치적 권력까지도 사용하는 것을 말한다.[6] 이와 다르게 인종화는 특정집단에 대해 문제시하는 사회적 구성에 적용되는 의미로 사용된다. 여섯째, 이들의 이주는 종족성의 재생(ethnic revival), 곧 종족 정체성 역할에 대한 강력한 인식에 기반한다.[7] 스티븐 카슬과 마크 J. 밀러(Stephen Castkes & Mark J. Miller)에 의하면, "종족성은 원초적 혹은 상황적으로 보거나 아니면 도구적인 방법으로 관찰한다 할지라도 핵심은 종족성이 특정한 집단과의 일체화를 가능하게 하며 표현형질, 언어, 문화, 관습, 종교, 행위 등과 같은 종족성의 가시적인 표식이 다른 집단들을 배제하는 기준으로 사용되고 있다"고 지적한다. 그에 의하면, "종족성은 오직 지배적 집단과 소수

은 오늘날 나이지리아와 카메룬 지역을 떠나 자신들의 언어를 전달하고 다른 원주민 집단을 병합하며 이동하여 아프리카 대륙 남부의 절반에 해당하는 지역에 정착지를 형성했다.

5 신앙차별주의라는 용어는 구조화된 집단에 타종교가 진입해 강압적 사회로 변혁시키는 것을 의미한다(연구자 주).

6 Stephen Castkes & Mark J. Miller, *THE AGE OF MIGRATION* 『이주의 시대』 한국이민학회 역(서울: 일조각, 2014), 81 재인용.

7 N. Glazer and Moynihan, D. P. 'Introduction'in N. Glazer, and Moynihan, D. P.(eds) *Ethnicity: Theory and Experience*(Cambridge, MA: Harvard University Press, 1975)을 보면, 종족재생에 대하여 논리적으로 설명하고 있다.

자 집단 사이의 경계를 긋는 과정과 연계될 때에만 사회적 및 정치적 의미를 띤다"는 주장에 동의하고 싶다.[8]

그 외에 이들의 이주는 환경적, 정치적, 종교적, 사회적 변화에 의해 촉발되는 경향이 더 강하다고 보아야 한다.[9] 부르키나파소보다는 좀 더 나은 생활조건과 일자리, 안정된 신앙생활을 위해 타국으로 이동한 것이다. 빈민이란 굴레를 벗기 위해 이동했지만 여전히 경제적 환경은 좋아지지 않고 있다.[10] 땀베르마족은 베냉과 토고에서 이주자, 난민으로서 또는 이들의 가족 구성원으로서 국가 간 경계를 넘어 이주한 자들로서 오늘날에는 점점 더 지구화되고 있다. 아프리카인들의 이주 문화는 경제적 · 사회적 불안정으로 인해 세계의 최저 개발국으로 남아 있을 정도로 빈곤한 상태이다.[11] 따라서 땀베르마족을 비롯한 아프리카 이주자에 관해 신뢰할 만한 자료를 얻기는 매우 어렵다. 토고와 베냉 같은 국가에서는 정확한 인구센서스를 실시한 바조차 없고, 사람들이 신분증을 갖고 있지 않은 경우가 많다.[12]

결과적으로 땀베르마족의 전통적 이주는 유목민으로서 신앙을 지키려는 강한 의지에서 비롯되었다. 아프리카라는 대제국의 오랜 역사와 함께 문화적 획일성과 동질성, 느슨한 국경도 이주를 촉발시킨 원인이 되기도 했다.[13] 최근에는 국가 간의 규제가 강화된 결과 이동성이 감소한 편이다. 국가가 유목집단의 이동을 통제하고 세금을 부과하기 위해 강제 정주(定住)정책을 시행하면서 타국으로 이동하려

8 Stephen Castkes & Mark J. Miller, *THE AGE OF MIGRATION*, 80.

9 J. Mafukidze, "A dicussion of migration and migration patterns and flows in Africa"in Cross, C., Gelderblom, D., Roux, N. and Mafukidze, J. (eds.) *Views on Migration in Sub-Sabaran Africa*(Cape Town: HSRC Press, 2006), 103-129.

10 K. Hart, Informal income opportunities and urban employment in Ghana *Journal of Modern African Studies* 11(1), 1973. 61-62.

11 UNDP, *State of World Population 2006* (New York: United Nations population Fund 2006)을 보라.

12 연구자가 2016년 1월 18일-22일까지 베넹 코트누보 인구센서스와 내무부 조사국, 통계청을 방문했지만 공무원을 만날 수 없을 뿐 아니라 조사내용조차 구할 수 없었다.

13 H. Laurens, "Les migration au Proche-Orient de l'Empire ottoman aux Etats-nations. Une perpective historique", in Jabar, H. and France, M.(eds) *Mondes en mouvements: Migrants et migrations au Moyen-Orient au tournant du XXle siècle*(Beyrouth: Institut Francais du Proche-Orient 2005), 25-27.

는 인구는 강화된 구조의 주요 희생자가 되었고, 현재는 정부의 관리 하에 정착생활을 하고 있다. 땀베르마족들의 이주는 상인, 순례자, 쉬르귄(sürgün)[14]이 아니라 그들이 믿는 전통신앙(애니미즘)을 지키기 위한 것이었다.

땀베르마족의 가옥

꼬따마꾸 지역에 처음 도착했을 때는 숲이 우거졌고, 사자, 호랑이, 하이에나, 늑대 등의 맹수가 살고 있었다고 한다. 당시의 환경과 문화적 배경을 보면 이해가 쉽다. 첫째, 13세기경 현재의 지역으로 이

토고 공화국 땀베르마족의 부티쉬 신

주했을 때는 야생동물들이 많아 땀베르마족은 나무 위에 집을 짓고 지내야만 했다. 둘째, 땀베르마족들의 역사는 아프리카 신화와 깊은 관련이 있는데 대부분이 애니미즘 신앙이다. 그들은 민간신앙의 영향과 야생동물들 때문에 나무위에 집을 짓고 지냈다. 이들은 산 위에 있는 바오밥 나무 위에 자신들의 집을 짓고 살았다. 초기의 주택은 바오밥 나무 위에 집을 짓고 나면 맹수들의 공격에서 벗어날 수 있고, 지형지물을 마음껏 살펴볼 수 있는 곳에 지었다. 현재의 흙집은 바오밥 나무의 형태를 따라 건축한 것이다. 바오밥 나무의 형태로 집을 잘 짓는 사람을 일컬어 빠따바리마 혹은 오따마데라고 부른다.

땀베르마족이 거주하는 주택은 특이한 모양을 갖고 있다. 땀베르마족의 주택

---

14 I. Tekeli, "Involuntary displacement and the problem of resettlement in Turkey from the Ottoman Empire to the present", in Shami, S.(ed.) *Population Displacement and Resettlement Development and Conflict in the Middle East* (New York: Center for Migration Studies, 1994), 204–206. 쉬르귄(sürgün)은 터키어 동사 sürmek에서 나온 말이다. 양 떼들이 무리지어 이동하듯이 사람들을 강제로 한 지역에서 다른 지역으로 이주시킨다는 의미이다.

모양은 바오밥 나무 모양을 따라 짓기 때문에 건축하는데 많은 시간을 투자해야 한다. 한 가정에서 집을 지으려 하면 마을 사람 전체가 동원되는데, 여인들은 개울가에서 물을 양동이에 담아 나르고, 남자들은 황토흙에 물을 붓고 발로 반죽을 한다. 그리고 반죽한 흙을 둥글게 만들어 한 덩어리씩 벽을 쌓는다. 한 층을 쌓고 흙이 마르면 또 다시 한 층을 쌓는 방식으로 집을 짓기 때문에 하루에 한 층씩만 흙을 올리게 된다. 이러한 방식으로 2층집이 될 때까지 동일한 방식으로 쌓아 올리고 마지막으로 2층 옥상에 곡식저장소를 만들면 집짓기가 마무리된다.

주택의 외벽에 소똥을 바르면 벽이 단단하게 될 뿐 아니라 우기(雨氣)에도 무너지지 않는 견고한 집이 된다. 그리고 집의 출입구에는 나무열매를 깨뜨린 후 붉은 색을 내어 바르면 방수역할을 하게 되어 흙벽이 단단하게 된다고 한다.[15] 땀베르마족들은 한 개인의 집을 건축할 때 마을 사람들이 함께하는 것은 '신의 동료'라는 강한 의식이 내재되어 있기 때문이라고 한다. 이들의 생활은 대부분과 신적 존재와 연관되어 있다.

땀베르마족의 춤

땀베르마족의 '춤(dance)'은 전통신앙과 깊은 연관성이 있다. 이들의 춤은 매우 다양한 행위를 통해 종교현상을 드러내기도 한다. 춤은 전통신앙(부티쉬)에 대한 표현으로서 희생제의, 기도, 성스러움, 정화의례, 성스러운 시간과 장소, 행렬과 같은 종교적 실천이라 할 수 있다. 이들이 춤을 추는 동안에는 신을 부르기 위해 춤 리더가 괴성을 지르면 북을 두드리거나 동일한 노래를 부르기도 한다. 마을 사람들이 한 장소에 모여 춤을 출 때 사제는 참여하지 않는다. 다만 춤은 춤 꾼에 의해 신앙공동체의 유형, 신화, 정화의례와 같은 의식이 포함된 행위를 함으로 성스러움을 드러내기도 한다.

땀베르마족이 신앙적 행위로 추는 춤은 30분에서 한 시간 이상 계속된다. 현지 학예사인 따비드 챠모(TCHAMOW K. DAVID)는 전통 춤에 대하여 다음과 같이 설

---

15 땀베르마족이 집의 외벽에 바르는 붉은 색의 열매는 '내리'라고 한다. 이 열매는 토고 민주공화국 북쪽에서 생산되는 것으로 집을 지을 때 많이 사용한다.

명해 주었다.[16]

> 춤을 출 때 머리는 땅을 바라보아야 하고 엉덩이는 하늘을 향하도록 약간은 치켜들고, 두 다리는 번갈아가면서 땅을 치는 식으로 진행된다. 춤을 출 때는 전통악기 음율(音律)에 맞추어 추기도 한다. 춤의 종류는 어깨춤, 엉덩이 춤, 축제의 춤, 성스러움의 춤, 신앙공동체의 일체를 위한 춤, 의례와 관련된 춤 등등.

따비드 챠모가 설명하는 춤은 전통신앙을 이해하는 데 성스러움, 금기(禁忌), 성스러운 장소, 성스러운 돌, 성스러운 나무와 같은 범주를 적용할 수 있는 것이라 한다. 또한 마을 공동체에 외부인이 방문했을 때 추는 춤은 단순하지만 신앙적 행위가 깊숙이 내재되어 있다. 좀 더 구체적으로 설명한다면 땀베르마족의 춤은 우주창생 신화, 상징, 하늘, 땅과 같은 패턴들이나 나름의 체계를 형성한다는 점이다.[17] 춤을 출 때 각 패턴들에 부여된 가치를 보면 전통신앙의 상징들을 이해할 수 있는 맥락이 마련된다. 곧 춤을 추는 사람과 노래, 악기(북)의 선율에는 상징과 의례, 지속성과 하늘과 땅을 연결하고 인간과 신을 연결하는 통로가 되고 있다. 춤을 추는 마을 공동체의 구성원은 모두 성스러운 것과 관련을 맺으면서 성스러운 방식으로 행동해야 한다는 의식도 포함되어 있다.

따라서 땀베르마족의 춤은 전통신앙과 공동체 구성원의 통일된 행위와 신화적이고 의례적인 행위가 공통으로 존재하는 혼성문화(混成文化)라 할 수 있다. 춤은 성스러움이 존재하는 것으로 의미를 부여한다. 윌리엄 페이든(William E. Paden)은 아프리카인의 종교적 세계는 춤을 통하여 드러난다고 말한다.[18] 곧 춤을 통한 성스러움이 사냥을 다스리는 힘, 가축이나 농작물의 풍요를 다스리는 힘, 친족의 통일성이나 씨족의 생존을 다스리는 힘, 건강의 영역, 정치권력의 영역, 지역 조상

---

16 2016년 1월 19일, 따비드 챠모(TCHAMOW K. DAVID)는 토고 공화국 꼬따마꾸 지역에서 만난 자로서 땀베르마족의 역사와 종교적 행위와 관련된 부분을 설명해 주었다.

17 장훈태, "서부 아프리카 코트디부아르 한인 디아스포라의 역할과 선교," 「성경과 신학」 제76권(2015), 338.

18 William E. Paden, *Religious World*『종교의 세계』 이진구 역(서울: 청년사, 2004), 78-87.

의 영역에서도 발견된다. 이들은 마을에서 발생하는 모든 영역을 춤으로 표현하기도 할 뿐 아니라 신에 대한 초월에 초점을 두는 종교적 체계라 할 수 있다.

땀베르마족의 춤에 나타난 상징과 의미는 신인합일, 신앙공동체의 사회적 혹은 집단적 경계(boundaries)의 중요성을 부각시킨다. 그리고 춤은 종족 구성원들로 하여금 전통신앙과 그 세계에 영속적인 설득력을 부여하기도 하며, 이러한 세계에 속했다는 것으로 종교적 역할과 정체성을 제공한다. 춤을 통한 의례는 성스러운 집단의 전통의 힘, 즉 친족, 조상, 형제애, 그리고 자매애와 긴밀한 관련을 가지고 유지된다. 또한 춤은 공동체의 권위구조를 드러내는 성스러움의 중요한 매개체이며 공적인 실재성(reality)을 부여한다. 이와 마찬가지로 집합적 권위의 주술적 일관성이 깨지면 그것의 통합성에 의해 유지되어 왔던 성스러운 우주도 붕괴하고 말 것이다.[19]

땀베르마족의 춤은 종교적 체계가 변화와 도전에 대처하는 방식을 이해하도록 하면서 공동사회의 통합된 통일적 개념의 틀을 제공해 줄 뿐 아니라 일상적 생활에서 발생하는 위기와 고통을 극복하는 체계라고 볼 수 있다. 춤은 땀베르마족에게 도전해 오는 악령, 외부로부터 도전해 오는 위협, 일상적인 사고나 예기치 않은 죽음, 신앙체계를 붕괴시키려는 것, 파충류의 공격에 대한 치유와 위로의 대안적 방편으로 사용되기도 한다. 결과적으로 춤은 위기에 처한 세계에 대한 종족성의 유지, 상호작용, 변화에 대한 방어기제로 활용되고 있음을 볼 수 있다. 그 외에 획일화된 춤과 음악은 세속화와 사회변동에 대해 대응하려는 영적이면서 동시에 삶과 직결되어 있었다.

땀베르마족의 촌장

토고 꼬따마꾸 지역에 거주하는 땀베르마족은 종족이란 특징이나 사회학적 · 철학적 사색보다는 종교적 영감에서 훨씬 더 강렬하고 심각한 자극을 받는 사람

---

19 William E. Paden, *Religious World*, 80.

들로 보였다. 과거 도시 공동체에서는 종교는 가정과 사회에서 생활의 기반이 되었지만 이들의 생활은 촌장을 중심으로 한 높은 정신적 문화를 지니고 있었다. 뿐만 아니라 마을 주민들은 종교적 감정의 발현으로 영적 이상세계에 들어가기 위해 단순히 촌장의 명(命)을 따라 행동하는 것이 아니라 스스로 의지를 가지고 꾸준히 노력하는 모습이었다.

촌장은 꼬따마꾸 지역에서 절대적인 존재일 뿐 아니라 종교적인 관습과 형태를 결정하는 자인 동시에 주민들의 종교적 삶을 통해 풍요를 누리도록 하는 역할을 하는 자이다. 촌장은 마을 주민들과 함께 거주하지만 '성스러운 존재'일 뿐 아니라 종교적 정신을 통해 신을 지향하도록 이끌어주는 영적인 지도자이다. 그리고 지구 위에 수많은 민족과 문화, 생활조건이 어떻게 변화하든지 땀베르마족의 종교적 전통과 종교적 정신을 잃어버리지 않도록 더 강한 에너지로 각성하여 마을 공동체 구성원들의 심리를 붙잡는 일도 한다. 민족사적으로 보면, 촌장을 중심으로 하는 종교경험의 사실은 불멸의 근본 세력이 얼마나 인간에게 작용하고 있는가[20]를 보여 주는 장면이다.

땀베르마족의 촌장은 종교적 힘을 가지고 있으면서 주민들로 하여금 전통적인 종교를 내어 버릴 수 없는 정신생활과 성격, 자신의 인격과 개성도 통합하는 영적인 힘을 발휘하기도 한다. 곧 촌장이 믿고 있는 부티쉬가 마을의 정신적 소유가 되기 때문에 어느 누구도 그 종교심을 소멸할 수 없도록 하는 역할을 한다. 그래서 자신들이 믿고 있는 부티쉬 신과 무당의 영적인 능력을 부정하는 기독교와 이슬람교의 접근을 허용하지 않는다.[21] 특별히 고난과 재화(災禍)는 마을 공동체로 하여금 그 영혼을 신 앞에 서게 하는 기회를 부여하기도 한다. 마을에 침투하는 험한 악신의 활동과 각 개인의 심각한 번민이 영혼을 흔들지 못하도록 하면서 '마을신'(부티쉬)에 대한 의존성과 다른 신의 무력성, 무상한 것을 깨닫도록 한다. 이처럼 촌장은 마을 공동체가 믿고 있는 부티쉬라는 신을 중심으로 종교적 행위와 인격

20 채필근, 『비교종교론』 (서울: 대한기독교서회, 1997), 29.
21 장훈태, "서부 아프리카 코트디부아르 한인 디아스포라의 역할과 선교," 「성경과 신학」 제76권 (2015), 340–341.

의 형성에 방해되지 않는 범위 내에서 정신적 지주 역할을 하면서 신을 통해 윤택한 삶이 형성된다는 것을 강조한다.

결과적으로 촌장은 마을 공동체의 구성원들이 '종교 경험의 여러 가지 양상'에 참여하도록 독려하는 수단으로 공동댄스(민속춤)와 소리가 신에게 들리도록 하여 소원을 빌도록 하고 있다. 아프리카 종교 또는 민간신앙은 보편성과 특수성을 갖고 있다. 비록 땀베르마족 촌장의 지도력은 한 지역 내의 공동체로 제한되어 있지만 이를 통해 아프리카 신앙과 사고체계를 종합적으로 이해할 수 있다. 촌장의 지도력을 통해 엿볼 수 있는 것은 아프리카의 신앙 형태와 행위가 체계적이며, 아프리카 고유의 전통이라고 표현하는 춤은 신앙과 생활양식에 바탕을 두고 있는 문화현상이다.[22] 사실 연구자가 땀베르마족 마을에서 첫 번째로 인사를 한 사람도 촌장이었고, 그다음은 마을 주민이었다. 그들에 대한 첫 인상은 약간은 부정적이었고, 그들을 향한 마음은 열린 상태가 아니었다. 이들의 삶과 신앙에는 체계적인 신앙형태나 사고체계가 없고 미신 혹은 주술, 악마사냥, 주술사 등 비논리적이고 감정적인 신앙행위가 있을 것이라는 생각이 더 지배적이었다. 이들에게는 신앙행위의 핵심이라 할 수 있는 경전과 사원, 체계적인 주술사 양성원도 없지만 오랜 시간 동안 지켜 온 전승과 문화로 그 명맥을 유지하고 있었다. 또한 촌장을 중심으로 한 마을 공동체는 민간신앙(부티쉬 신 경배)으로 인해 역동성을 지니고 있었다.

땀베르마족의 촌장은 주술사이면서 지도자이고 민간신앙을 통해 마을 주민들을 하나로 묶어 주어 공통의 영역으로 끌어들이는 놀라운 생명력을 갖고 있다.

---

22 John Mbiti, *African Religions and Philosophy*, 10–11.

땀베르마족 민간신앙의 특징

땀베르마족의 전통 신앙

땀베르마족이 거주하던 본래의 땅 부르키나파소에는 종교적으로는 이슬람교가 매우 강하고, 정치적으로는 부르키가 모시 왕국의 왕으로서 국민들에게 칭송을 받지 못했다. 당시 땀베르마족과 모시족들에 의하면 부르키 왕은 폭정의 왕이자 악명 높은 독재자였다. 땀베르마족과 모시족은 부르키 왕의 폭정을 이기지 못해 고향을 떠난 종족 가운데 하나가 되었다.

지금의 부르키나파소는 부르키의 이름을 따서 만든 국가이다. 현지어로 부르키는 '나빠서'라는 뜻이다. 나쁘다는 말의 뜻으로 부르키나파소가 되었다고 하지만,[23] 프랑스로부터 독립할 때의 이름은 '정직한 사람들의 나라'라는 의미를 담고 있다. 그러나 부르키나파소(프랑스어: Burkina Faso 뷔르키나 파소, 문화어: 부르끼나파쏘)는 토고와 베냉 공화국 북쪽에 위치해 있으며 수도는 '와가두구(Ouagadougou)'이다. 프랑스로부터 독립할 당시의 이름은 오트볼타 공화국이었지만(프랑스어: République de Haute-Volta 레퓌블리크 드 오트볼타), 1984년부터 부르키나파소라는 국명으로 바뀌었다. 부르키나파소는 '정직한 사람들의 나라'라는 의미를 담고 있다.

부르키나파소는 사하라 사막 이남에 위치해 있어 국가적으로 다양한 특징을 지니고 있다. 첫째, 볼타강 상류 유역의 고원과 산지가 있는 곳이다. 둘째, 부르키나파소 북부지역은 스텝성, 남부는 열대 사바나성 기후가 있는 지역이다. 셋째, 모시 제국이 19세기 말에 프랑스 보호령이 되었다가 1960년 8월 오트볼타 공화국으로 독립하였지만, 1987년 독립 후 여섯 번째의 쿠데타를 성공한 콩파오레가 국가 원수에 취임하고 신내각을 구성하기도 했다. 부르키나파소의 주민은 모시족이 반을 차지하고 나머지가 보보 · 로비 · 만데 등의 여러 부족이 함께 거주하고 있다. 국가의 공용어는 프랑스어와 각 부족별 언어도 있다. 종교는 이슬람교 7%, 기독

---

23 2016년 1월 땀베르마족 가이드와 나눈 대화 내용임.

교 4% 외에 부족 종교로서 애니미즘을 믿고 있다. 부르키나파소는 아프리카에서도 생활수준이 가장 낮은 나라 가운데 하나이다. 국민들 대부분은 농업과 축산업에 종사하고 있으며, 면화와 땅콩 등을 수출하고 있는 반면 수입품은 기계류·자동차·석유제품 등이다. 지하자원으로는 약간의 금이 산출되고 있고, 품질 높은 망간광(鑛)의 개발이 계획되고 있다.[24]

땀베르마족은 토고 북쪽에 위치한 부르키나파소가 고향인 사람들이다. 소수의 땀베르마족은 촌장 중심의 마을 공동체와 가족 중심의 사회적 연대감을 갖고 지낸다. 마을의 관습이나 전통, 의결에 대한 결정권도 촌장에 의해서 이루어진다. 촌장은 마을의 대표일 뿐 아니라 농업과 가축 사육, 각 가정의 애경사를 비롯한 모든 일에 관여한다. 땀베르마족이 부르키나파소 모호라바 고향을 떠나 이곳에 오기까지는 촌장의 리더십도 깊은 연관성이 있다.

땀베르마족의 집단 이주에는 전통신앙 계승과 순혈주의가 크게 작용한 것으로 보인다. 이들의 이주와 정착은 경제적, 정치적인 것보다는 종교사회적인 공동체를 형성하고 계승하려는 정신에서 비롯되었다. 자신들이 믿는 종교만이 유일하고 참된 초월적 신이라고 믿는 절대적 신념과 함께 해나 별과 같은 천상의 힘과 상징을 숭배하기 위함이었다. 그들의 일탈된 종교적 숭배행위는 집 앞에 놓여 있는 부티쉬 신이라는 상징물에 대한 숭배와 동물, 나무와 식물, 돌, 그리고 자연의 다양한 구성요소를 이루고 있는 것들에 대해 신격화하기 위함이었다. 또한 땀베르마족 집단 공동체에는 합리주의와 보편주의가 내재되어 있었다. 합리주의는 자신들이 믿는 전통신앙만이 가장 독특하다고 자랑하는 것과 자신들이 믿고 있는 것 외에는 배타적으로 인식하고 있었다. 땀베르마족의 집 앞에 있는 '부티쉬 신'만이 성스러우며 것과 자신들의 신이 지니고 있는 절대적 힘에 대한 자존감을 드러내고 있었다. 그리고 이들에게 보편주의라고 하는 것은 모든 종교가 스피릿 곧 영적 실재를 포함하고 있다고 믿는 것이다. 그러나 그들이 믿는 종교만이 신적인 존재를 갖고 있듯이 다른 종교도 동일한 개념을 갖고 있다는 것에 대하여 인정하고 있다.

---

24 부르키나파소는 다음 위키백과에서 인용했다. https://ko.wikipedia.org/wiki/%EB%B6%80%EB%A5%B4%ED%82%A4%EB%82%98%ED%8C%8C%EC%86%8C 2016년3월21일 접속 재인용.

그러나 자신들이 믿는 전통신앙만이 올바른 것이라는 주장은 변함이 없었다.

땀베르마족의 부티쉬를 중심으로 한 민간신앙

토고 공화국 땀베르마족의 춤 리더

땀베르마족은 꼬따마꾸 지역의 국립공원 안에 있다. 이들의 가옥 형태와 민간신앙과 춤이 유네스코[25]에 등재될 정도로 전통·문화적 가치가 있기 때문이다. 땀베르마족의 문화와 전통은 박물관에 박제(剝製)된 유물이 아니라 항상 현재적 맥락에서 문화접변을 통해 새로운 모습으로 거듭나는 진행형[26]이기 때문에 그 가치가 있다.

그리고 땀베르마족의 민족신앙 '부티쉬 신'을 한마디로 정의하기는 어렵다. 더군다나 이들의 전통적 삶 속에서 종교를 정의하는 것은 더더욱 어려운 일이며, 동시에 부족 공동체를 통해 전승되어 온 존재론적 현상이라고 말하는 것 외에는 다른 정의를 시도할 수가 없다. 존재론적 현상으로서 땀베르마족의 신앙은 실존 또는 존재의 문제를 포함할 뿐 아니라 태어나면서부터 죽은 뒤에 이르기까지 종교적 삶 속에 몰입되어 지낸다. 따라서 이들 공동체의 특징은 개인 또는 개인이 속한 사회에서 살아간다는 것은 종교적 드라마에 참여하고 있으며, 자신의 행위를 종교적 의미와 종교적 맥락을 통해 경험하고 이해하고 있다. 이들의 종교적 상황을 이해하지도 인식하지도 못한 선교사와 인류학자, 외국의 작가들은 아프리카의 민

---

25 2004년도에 유네스코에 등재된 마을이다.
26 John Mbiti, *African Religions and Philosophy*, 13.

간신앙에 대한 오해를 하게 되었다.

땀베르마족은 자신들만의 종교적 존재론을 갖고 있다. 그들의 존재론은 씨족 공동체와 혈연관계를 돈독히하는 원동력이 되고 있을 뿐 아니라 외부 세력에 대하여 저항할 수 있는 힘을 갖고 있다. 그들이 섬기는 부티쉬 신의 존재는 모든 것이 인간과 관련되어 있다. 이러한 현상에 대하여 존 음비티는 민간신앙을 극단적으로 표현하면서 인간 중심 존재론으로 다섯 가지의 범주를 갖고 있다고 설명한다.[27]

첫째, 신(God): 인간과 모든 사물의 기원과 유지에 대한 궁극적 설명이다.

둘째, 스피릿(spirits): 비인간적인 존재와 오래전 죽은 사람의 영으로 구성된다.

셋째, 인간(man): 살아 있거나 앞으로 태어날 사람을 포함한다.

넷째, 동물과 식물 또는 유기체로서 삶을 가지고 있는 것들.

다섯째, 유기체로서의 삶을 갖고 있지 못한 현상과 물체들.

존 음비티의 주장과 같이 땀베르마족의 중심을 표현하는 부티쉬 신은 인간의 시조(창시자)인 동시에 인간의 삶을 유지해 주는 존재이다. 스피릿은 인간의 운명을 설명해 주고 있다.[28] 인간의 운명은 신에 의해 이끌림을 받는다고 믿는 신앙과 종말론적 신앙의식이 자리 잡고 있는 것을 말한다. 이들과 함께하는 동물과 식물은 땀베르마족의 존재의 수단을 제공하는 것으로 인식하고 있을 뿐 아니라 필요하다면 인간은 이들과 신비한 관계를 맺게 된다. 특히 땀베르마족의 주술사(무당)가 바오밥 나무를 인간에게 성스러운 존재로 보고 신성한 것으로 여기는 것과 같다. 땀베르마족에게 있어 바오밥 나무는 신성한 것일 뿐만 아니라 삶의 방향을 결정짓는 것으로 여기고 있을 정도로 인간과 신비한 관계를 맺고 있다.

땀베르마족에게 있어 인간 중심적 존재론은 완전하며, 유기적이고 그 어떤 것도 이 존재론을 파괴하거나 깨트릴 수 없다. 존재의 일부를 파괴하거나 제거하는

---

27 John Mbiti, *African Religions and Philosophy*, 22에서 재인용.

28 John Mbiti, *African Religions and Philosophy*, 23.

것은 부티쉬 신의 파괴를 포함해 존재를 구성하는 전체를 파괴하는 것으로 보고 있다. 그만큼 자신들이 믿고 있는 신에 대한 절대의존성과 주술사에 대한 신뢰가 크며, 그 신뢰는 마을 공동체를 이끄는 원동력이 된다. 거기다가 마을 촌장 집 앞에 우뚝 서 있는 부티쉬 형상은 심리적·종교적 위로가 되고 있다. 따라서 존 음비티가 제안한 다섯 개의 범주 외에도 전 우주에 스며들어 있는 힘과 에너지가 있다고 믿는다. 땀베르마족이 절대적으로 믿고 있는 신(부티쉬)은 힘의 궁극적인 원천이면서 인간의 통제자일 뿐 아니라 악신이 장난을 부리지 못하도록 하는 방어적인 신이다. 그러나 땀베르마족의 민간 신앙적 내면에 흐르고 있는 스피릿[29]도 힘의 원천에 접근할 수 있는 일부 권한이 있다. 점술가와 악마, 사제와 우사(雨師) 등은 이 힘을 사용하고 조작하고 이용할 수 있는 능력과 지식을 갖추고 있다. 이들 중에는 마을 공동체 사회에 이로운 존재도 있지만 일부는 해로운 존재가 되기도 한다.[30]

땀베르마족은 유일신을 믿는 자들이 아니다. 그들의 기본적인 신앙의 출발점은 정령숭배, 즉 전통적 민족신앙에 뿌리를 두고 있다. 이들이 믿는 부티쉬 곧 정령숭배는 상당히 주술적이다. 촌장을 중심한 주술적 신앙은 마을 공동체에 속한 구성원들의 잠재적 시간과 실제적 시간을 지배하는 존재이다.

땀베르마족에게 부티쉬(민간신앙)는 삶 그 자체이기 때문에 외부에서 들어오는 종교에 대한 방어력과 경계선을 강화하고 방어하는 보수적인 태도를 취한다. 또한 집 앞에 놓여 있는 부티쉬를 숭배하는 이들에게 하나의 세계, 하나의 장소로서 개인주의의 영성은 사사화되고(privatized) 자기스타일화된다. 이러한 개인주의는 널리 퍼져 있지만 눈에 띄지 않는다.

---

29 아프리카인들에게 스피릿이란 "사람이 육체적으로 죽고 나서 남은 무엇이라고 생각하는" 존재 혹은 인간의 운명을 일컫기도 한다(연구자 주). 이는 인간이 최종적으로 도달할 수 있는 단계를 말한다.
30 땀베르마족이 자신들의 신으로 믿는 부티쉬는 인류학자들의 견지에서 보면 마나(mana)라고 부르는 것과 정확하게 일치한다. 영적인 힘을 표현하기도 하며 이 힘은 독립적으로 존재하기도 한다.

땀베르마족의 영적 세계

서방세계의 매체에서 아프리카는 요한계시록에 나오는 말 탄 네 사나이의 놀이터인 것처럼 그려진다. 네 사나이는 각각 돌림병, 전쟁, 기근, 죽음이 가득한 곳이란 의미다. 그러나 아프리카 대륙의 인구는 연간 2.5% 비율로 늘어나고 있으며, 2050년에는 전 세계 인류의 4분의 1에 해당하는 18억 명에 이를 것이라고 한다. 20세기가 시작될 때만 해도 가장 인구밀도가 낮고 도시화의 진행이 뒤처진 지역이던 아프리카가 폭발적인 인구증가와 전례 없는 속도와 규모로 도시혁명을 겪으면서 글로벌 평균에 접근하고 있다.[31] 아시아 공산품 생산업자들은 세계 시장에서 아프리카가 차지하는 잠재력이 서구보다 더 빠른 면을 이용하여 진출하고 있는 상황임에도 땀베르마족은 토착신앙 혹은 전통신앙에서 벗어나지 못하고 있다. 이들이 거주하는 곳에서 영적세계가 생활에 어떤 영향과 역할을 하고 있는가를 살펴볼 것이다.

탑 돌 안에 살고 있는 신

땀베르마족의 주택은 매우 독특한 모양으로 건축되어 있다. 하나의 건물이지만 여러 개가 있는 것처럼 보인다. 일반적인 주택의 높이지만 출입구부터 다른 면이 있다. 둥근 원형 주택의 출입문은 하나로 되어 있고, 출입문으로 들어가면 오른쪽에는 가축을 키우는 곳이 있다. 출입문에서 또 하나의 문지방은 산모가 아기를 출산하는 문지방이다. 문지방에서 부티쉬 신[32]을 향해 누워서 아기를 출산한다고 한다.

두 번째 출입문에서 왼쪽으로 약간 비탈진 곳에 부엌이 있다. 부엌에는 작은 창

---

31 Chris hann & Keith Hart, *Economic Anthropology*『경제인류학 특강』홍기빈 역(서울: 삼천리, 2016), 178 재인용.

32 땀베르마족이라 해도 부티쉬 신의 모양은 가정마다 약간의 차이가 있다. 돌을 깎아 만든 원통형 탑 돌, 항아리 모양의 탑 돌, 도토리 모양의 탑 돌 등이 매우 다양하다고 한다. 이는 주술사의 지시에 의해 모양이 다를 수 있다는 것이 현지인의 설명이었다. 그리고 부티쉬는 부르키나파소에서 가져온 신이라고 한다 (2016년 1월 19일).

문이 하나 있어 빛이 들어오도록 설계되어 있다. 부엌을 통해 계단을 타고 올라가면 옥상이 나오는데 이곳이 침실이 있는 곳이다. 침실로 들어갈 때는 몸을 뒤로 해야 한다. 집 밖에서 적이 침입해 오는가를 살펴보면서 들어가기 위함이다. 침실은 5평 정도가 되어 많은 사람이 잠을 잘 수 있다. 옥상에는 곡식 창고가 있다. 그러나 땀베르마족 주택을 많은 신들이 거하는 곳이고, 신의 보호 아래 산다고 믿는 영적 세계가 있다.

첫째, 땀베르마족이 사는 집은 다목적용이지만 출입문 앞에는 도토리 모양의 탑돌이 8개 정도 서 있다. 가족 가운데 아픈 사람이 있으면 아버지 혹은 가장이 원통형 모양의 탑돌 맨 위에 물을 뿌리는 의식을 먼저 행한다. 그러고 나면 주술사가 찾아와 부티쉬 신에게 닭의 피를 뿌리는 의식을 행한 다음 죽은 닭고기로 신에게 공양(供養)을 한다. 부티쉬 신에게 공양한 닭고기를 환자가 먹으면 낫는다고 믿는다. 집 안에 환자가 발생했을 때 닭의 피를 바치는 것은 일반적이지만 큰 병에 걸리게 되면 소, 양, 염소의 피를 신에게 제물로 바치기도 한다. 단, 부티쉬 신에게는 원통형 맨 윗부분에 피를 뿌릴 뿐 고기는 바치지 않는다. 고기는 가족들이 음식을 만들어 먹는다. 소, 양, 염소, 닭의 머리는 집 안의 벽에 걸어 놓으면 악귀가 물러간다고 믿는다.

둘째, 탑돌은 주택으로 출입하는 문 앞에 세워 놓는다. 집 문 앞에 있는 탑돌이 제일 크고 그다음부터 작게 만들어 일직선으로 세워 놓는다. 원통형 탑돌의 맨 위 조금 아래 부분에는 두 개의 구멍을 만들어 놓는다. 두 개의 구멍은 부티쉬 신의 눈을 상징한다. 출입문을 통해 밖을 내다보았을 때 바로 보이는 두 개의 눈은 집에 들어가는 사람을 지킨다고 믿는다. 원통형 바깥쪽 부분에 있는 두 개의 구멍은 동물을 지켜 주는 눈을 상징하고 있다.

원통형 탑돌 안에 신이 산다고 믿는 땀베르마족의 의식에는 철저한 영적 세계가 있다. 그것은 부티쉬 신의 영역을 믿는 것으로 신의 은총을 받으며 산다는 것이며, 부티쉬 신의 위계질서는 집단적 신에 대한 믿음이다. 땀베르마족의 영적 세계는 상대적으로 사람에 비해 신의 존재와 능력이 위대하다고 믿는다.

땀베르마족의 성인식

땀베르마족은 어릴 때 질병에 걸리나 고통을 겪을 때 성인식을 하는 것으로 알려져 있다. 성인식을 치르고 나면 얼굴 양쪽 볼에 상처를 내게 되는데 이것이 종족의 표시이다. 성인식의 경우는 통상적으로 만 18세가 되어야 하지만 이는 일반적인 것이고, 대부분은 나이에 상관없이 진행한다. 다만 부족 가운데 몸이 아프게 되면 무조건 성인식을 거행하는 경우가 많다고 한다. 이들에게 성인식은 주술사를 통해 부티쉬 신과 만나는 의식일 뿐 아니라 영적인 세계에 진입하는 단계로 보아야 한다.

땀베르마족의 성인식은 집 앞에 세워진 부티쉬가 살고 있는 탑돌 앞에서 행하게 된다. 부티쉬 신은 인간보다 큰 힘을 지닌다고 믿을 뿐 아니라 마치 사자가 인간에 비해 물리적으로 힘이 센 것과 같다. 이런 현상은 아프리카 사회에서 신적 존재에 포함되는 형체만 인정되는 경우가 많다. 이들은 종종 자연현상이나 자연물과 결부된다.

집 앞의 검은 나무(black Tree)

땀베르마족의 영적생활은 다양한 면이 있다. 그것은 원통형 탑돌 앞에는 검은 나무로 만든 신을 세워놓고 지낸다. 이 신은 사람이 파충류나 동물의 공격을 받아 상처가 났을 때 치료하는 신이다.

집 앞에 1m 크기의 검은색 나무로 된 신[33]은 땀베르마족들에게는 치유의 신으로 알려져 있다. 나무 모형을 그대로 지상 1m 크기로 만든 다음에 세워 놓은 신이다. 나무의 맨 위에 둥그런 모형으로 웅덩이를 파고 그 안에 각종 칼을 놓아두기도 한다. 여기에 놓인 칼은 독사에게 물린 자가 사용한 후 넣어두면 신령한 능력이 나타나게 된다고 믿는다.

검은 나무의 신은 다양한 효험이 있는 것으로 알려져 있다. 검은 나무의 맨 위에 놓아 둔 납작한 돌은 몸에 상처가 나거나 산과 들에서 파충류에게 물린 사람이

---

[33] 검은 나무로 된 신은 일반적인 나무를 불에 태워서 검게 만든 것이다.

앉는 것으로 사용한다. 파충류에 물린 사람은 상처 난 부위를 칼로 베어낸 다음 피를 뽑은 후 버리고, 약초 잎을 물에 넣고 절구통에 넣고 찧게 되면 약초 물이 나오게 되는데 이것을 마시면 독이 중화되어 치료가 된다. 환자가 사용한 칼은 다시 검은 나무 통 속에 넣어 둔다. 이렇게 하는 것은 치료의 신이 환자를 지켜 준다고 믿기 때문이다.

부티쉬의 신비한 힘

땀베르마족에게 부티쉬 신은 신비한 힘을 갖고 있을 뿐 아니라 마술(Magic)과 주술(Witchcraft)을 믿는 자들이다. 서부 아프리카에서는 다양한 마술과 주술적 신앙에 있음에도 불구하고 과장된 편견과 경멸적인 태도를 지닌 채 신비한 힘에 대한 전반적인 개념을 폄하하고 축소하는 부분도 많은 편이다. 아프리카인의 신비한 힘에 대한 학자들의 논쟁도 1930년부터 논의가 되어 1960년대까지 이어지기도 했으며, 현재는 다양한 인류학과 사회학 저서들은 신비한 힘과 마술 및 주술과 관련된 내용을 담고 있다.[34]

결론적으로 땀베르마족의 영적세계는 집 앞에 세워져 있는 원통형 탑돌과 불에 태운 검은 나무 안에 부티쉬 신이 거주하는 것으로 믿고 있다. 이들은 부티쉬 신의 능력과 신적인 권위를 존중할 뿐 아니라 100% 치유의 능력이 있다고 믿는다. 땀베르마족은 가족 중 어느 한 사람이 아파도 절대로 병원에 가지 않는다. 병원보다 더 치료가 잘 되는 신이 집 앞에 있기 때문이다. 작은 질병으로 고통을 겪어도 부티쉬 신을 의지하지만 더 큰 병으로 고통을 겪을 이유가 없다고 믿는다. 부티쉬 신은 자신들의 절대적 가치이며 영적 존재로 믿고 있을 뿐 아니라 신과 인간 사이에 있는 존재론적인 것으로 채워 준다고 믿는다. 땀베르마족이 부티쉬 신에 대한 존경과 관심을 갖는 것은 자신들을 지켜 준다는 믿음이 있기 때문이다. 이 신은 눈에 보이지도 않고 어느 곳에나 있으며 주술사에게는 신내림을 통해 관계를 맺기도 한다.

---

34 E. E. Evans—Pritchard, *Witchcraft, Oracles and Magic among the Azande*(Oxford, 1937); E. G. Parrinder, *Witchcraft* (Penguin, 1958), H. Debrunner, *Witchcraft in Ghana*(Kumasi, 1959). G. Bloomhill, *Witchcraft in Africa*(Cape Town, 1962)을 참조하라.

부티쉬는 신내림을 받은 사람을 통해 말을 하고, 신내림을 받은 사람은 영매(靈媒)로서의 역할을 하게 된다. 영매가 이름을 부른 사람들은 영매의 메시지를 큰 기대감을 갖고 받아들인다.[35]

땀베르마족의 영적세계에서 발생하는 현상들은 다양하게 나타나지만 그 관계는 공통적으로 현실적이고 실제적이며, 강력하다. 특히 신은 언제나 살아 있는 자라고 믿고 있는 땀베르마족과 부티쉬 신의 관계는 더욱 강력하다.

땀베르마족의 민간신앙과 문화 변혁을 위한 선교

신비한 힘을 대하는 땀베르마족 고유의 시각과 공포심 이해

아프리카인의 의식에는 신비한 힘에 의해 지배를 받는 사고가 지배적이다. 신비한 힘에 대한 부분의 왜곡된 생각은 서구 사람들과 선교사와 식민 행정관에 의하여 만들어졌다는 것이 땀베르마족의 생각이다. 이들은 부르키나파소에서 베넹으로, 베넹에서 토고로 이주하는 기간에도 신비한 힘에 의해 이끌림을 받았다고 믿는 자들로서 의심의 여지없이 신비한 힘에 대해 깊은 믿음이 있다. 신비한 힘은 부티쉬 신으로부터 나오는 영적인 세계와 마술과 점술, 주술, 이 밖에 다른 신비한 힘의 현상을 통해 스스로를 나타내 보이기도 한다. 이런 신비한 현상은 인과관계를 중시하는 경향이 매우 높다.

땀베르마족은 부티쉬 신으로부터 신비한 힘을 직접 보고, 만나고, 경험하는 자들이다. 이들의 집 앞에 세워진 원통형 돌탑에 부티쉬 신이 살고 있다는 믿음이 강하기 때문이다. 돌탑에 살고 있는 혼령이 가족과 동물을 지킨다는 믿음 때문이다. 이러한 일들은 가나와 베넹 등 여러 나라에서는 흔히 있는 일이다.[36]

이들에 대한 선교적 접근을 위해서는 땀베르마족 고유의 시각과 부티쉬 신에

35   John Mbiti, *African Religions and Philosophy*, 74.
36   J. H. Neal, *Ju-Ju in My Life*(London, 1966), 19~24.

대한 공포심을 먼저 알아야 한다. 이들이 절대적 신앙으로 믿고 있는 부티쉬 신에 대한 믿음을 알기 위해서는 종교적 신념과 공동체의 획일성에 대한 이해가 선행되어야 한다. 다시 말해, 그들에게 전승되어 온 부티쉬 신앙에 대한 표현들 곧 자연주의적 표현, 신비주의적 표현, 도덕주의적 표현 등을 이해하고 접근방법을 모색해야만 한다.[37] 그리고 땀베르마족의 문화는 토고 내의 전통신앙과 부티쉬 신에 대한 복합적인 문명과 사회구조로 이해되어야 한다. 핸드릭 크래머(Hendrik Kraemer)는 "사회구조는 의외로 끈질기고, 그러한 종교들의 쇠퇴 혹은 생존은 바로 그 종교들의 문명이며 사회구조라는 이유 때문에 종교적 요소들에 의해 좌우되기보다는 다른 요소들에 의해 더 좌우된다"고 지적했다.[38] 이런 요인들을 볼 때 전통적 신앙으로 단합된 땀베르마족에게 '복음의 기쁜 소식'을 전하는 것은 쉽지 않아 보이지만 사회구조적 틈을 이용하거나 선교활동의 영역 밖에 있는 정치적, 사회적, 문화적 요소들을 활용하여 선교적 영향을 줄 필요가 있다. 또 하나는 땀베르마족 구성원들을 위한 내부자적 분석(emic analysis), 즉 부족들이 안고 있는 다양한 유형의 사회와 문화를 현상학적이고 기술적인 관점을 사용하여 분석하고 접근하는 방식이다. 선교사가 복음을 전하기 위해서는 해당사회의 구성원들이 살아가고 있는 방식 그대로를 이해하고, 그 방식을 정확하게 기록하여 그들의 행동의 기초로 삼는 것이 무엇인지를 이해한다면 주민들이 복음에 반응하는 방식의 기초가 될 수 있다. 이러한 방식을 현지에 적용하기 위해서는 주민들의 믿음에 대해 판단하는 것을 피하고, 외부자적 분석(etic analysis)을 통해 부티쉬 신을 믿는 것에 대한 인류학적 범주와 방법을 사용하여 땀베르마족의 믿음을 분석해야 한다.[39] 그들의 믿음을 분석할 때 편견과 선입관을 가져서도 안 된다.[40] 그들의 영혼이 주께 돌아오도록 하되 그들이 하는 일이 잘못되었다고 지적하는 일은 피하는 것이 좋다.

---

37 H. Kraemer, *The Christian Message in A Non-Christian World* 『기독교 선교와 타종교』 최정만 역(서울: 기독교문서선교회, 1993), 310 재인용.

38 H. Kraemer, *The Christian Message in A Non-Christian World*, 311-312.

39 Paul G. Hiebert & Eloise Hiebert Meneses, Incarnational Ministry 『성육신적 선교사역』 안영권·이대헌 역 (서울: 기독교문서선교회, 1998), 13-15.

40 이 부분에서 선교사는 부족 교회들의 신학적인 문제들에 직면하게 된다. 옛 신앙과 관습을 어떻게 다룰 것인가를 고민하는 가운데 비상황화, 무비판적상황화, 비판적상황화 적용에 대한 고민을 하게 된다.

아프리카인의 종교적 현상과 혼합주의 극복

오늘날 서부 아프리카내의 소수부족사회는 복음에 대해 긍정적인 반응을 보이고 있다. 토고를 비롯한 인근 국가 내의 많은 교회들이 부족 사람들의 회심으로 시작되었다. 모든 교회들이 경험한 바와 마찬가지로 부족 교회도 탐욕, 이기심, 분쟁, 권력에 대한 욕심, 자기중심적인 삶 등 인간의 죄에 뿌리박고 있는 문제들에 직면하고 있다.[41] 특히 땀베르마족의 경우는 전통신앙인 부티쉬 신의 존재 의식에 대한 믿음과 관습을 다루기가 쉽지 않다.

땀베르마족의 전통신앙은 부티쉬 신을 믿는 단일신앙인 것 같지만 실제로는 자연의 신령하다고 여기는 것들에 대한 숭배, 자연에 대한 희생 제사를 지낸다. 자신들에게 전승되어 온 부족신과 토고 공화국 꼬따마꾸 지역의 토착적(the Nativistic) 신앙을 혼합하기 때문에 옛 방식을 깨닫는 데서 출발하게 된다.[42] 땀베르마족의 종교현상과 혼합주의를 극복하기 위해 선교사들에게 필요한 몇 가지 준비사항이 있다. 첫째, 지역문화를 현상학적으로 연구하는 것이다. 이를 위해 선교사와 인류학자는 해당 부족사회의 전통신앙과 관습들, 종교현상들을 수집하고 분석한다. 예를 들면, 아이가 출생했을 때 행하는 통과의례의 방법, 죽은 자들을 어떻게 매장해야 되는가라는 질문에 봉착했을 때 그들의 전통, 즉, 생로병사에 대한 통과의례 의식을 연구해야 한다. 부족사회에서 아기가 출생했을 때와 장례식에서 부르는 노래, 춤, 의식들에 대해 설명하고 이러한 통과의례가 지닌 상징과 의미를 논의해야 한다. 둘째, 목사나 선교사 혹은 선교학자들은 땀베르마족 가운데 한 사람의 질문과 관련된 성경을 공부하도록 인도하면서 구체적인 설명을 해 주어야 한다. 선교사들은 현지인들에게 기독교에서 말하는 죽음과 부활에 대한 신앙, 자신들이 바라보는 죽음과의 차이를 설명할 수 있어야 한다. 셋째, 선교사는 땀베르마족의 종교현상과 혼합주의에 대한 비판적 사고보다는 타문화에 대한 대화라는 문제에 더 민감하고, 기독교가 자신들이 믿는 전통신앙과 차이가 있음을 민감하게

---

41 Paul G. Hiebert & Eloise Hiebert Meneses, Incarnational Ministry, 191 재인용.

42 Paul G. Hiebert & Eloise Hiebert Meneses, Incarnational Ministry, 192–194.

반응해 주어야 한다. 넷째, 부족사회에 오랫동안 전승되어 온 옛 관습을 비판적으로 평가할 때까지 기다리면서 기회를 보아 복음을 제시한다. 복음은 변화로의 부르심이기 때문이다. 자신들의 문화, 종교현상과 혼합주의에 대해 비판적으로 응답하도록 하면서 간과하기 쉬운 관습들에 대해 의문을 갖도록 해야 한다. 만약 땀베르마족 가운데 한 사람이 기독교 진리에 반응한다 할지라도 그들이 갖고 있는 옛 관습들 속에 숨겨져 있는 의미와 상징들과 그와 연관되어 있는 것을 잘 알기 때문에, 타 문화권에서 온 선교사가 전하는 기독교 교리를 이해할 수 없는 경우도 발생하게 된다. 이때 그리스도인들은 생활을 통해 토착적 형태를 띤 기독교적 의미와 상징과 의식을 만들어 내야 한다. 토착적인 기독교 음악과 예술, 문화를 만들어 내야 한다. 현지인들의 종교현상과 혼합주의 체계 안에 있는 현상을 극복하기 위하여 그리스도인들은 보편교회의 지체로서 소유해야 하는 새로운 정체성을 나타내는 의례들을 만들어 가야 한다. 왜냐하면 그리스도인이 되면서 사람들은 새로운 역사와 영적 유산을 요구하기 때문이다.[43]

　땀베르마족의 종교현상과 혼합주의를 극복하기 위해서는 상황화(常況化)된 새로운 관습들을 만들어 낼 필요가 있다. 그들은 더 이상 부티쉬 신을 숭배하거나 토고 공화국의 민간신앙에 빠져 있는 이교도가 아니기 때문이다. 이들을 향한 비판적 상황화의 과정을 통해 성경을 신앙과 삶의 규례로서 신중하게 받아들이고 모든 사람이 하나님께 나아가게 하는 성령의 사역을 인식하게 해야 한다. 이것은 선교사가 교회로 하여금 해석학적 공동체성을 향해 나타내시는 하나님의 메시지를 이해할 수 있도록 한다.[44] 그러나 토고 공화국 꼬따마꾸 지역의 복음화를 위해서는 선교현장에 대한 지속적인 연구와 응답을 통하여 우리가 영적으로 성숙하도록 노력해야 하며, 그리스도인의 참된 모습과 하나님의 사람(삼상 9:6)임을 보여 주어야 한다. 종교적 현상과 혼합주의 사회에서 사역할 때는 해당사회의 구성원들이 신앙하는 고등종교와 부티쉬 종교의 신앙과 관습 이 양자 모두에 대해 대응해야 한다. 그리고 그들의 궁극적인 필요와 즉, 각적인 필요 모두를 다루는 총체적인

43　Paul G. Hiebert & Eloise Hiebert Meneses, Incarnational Ministry, 196.

44　Paul G. Hiebert & Eloise Hiebert Meneses, Incarnational Ministry.

복음을 제시해야만 한다.[45] 구원의 메시지에 대해 계속 선포해야 하지만, 또한 전체적으로 재부상하고 있는 주술, 마법, 교령술, 조상숭배, 마술 같은 문제들에 대해서도 다루어야 한다.[46] 땀베르마족에게 복음을 선포할 때는 그들의 말로 이해할 수 있고 응답할 수 있는 방법으로 복음을 듣기 전에 해야 할 일들이 많이 있다.

문맹률 퇴치와 전략적 선교

서부 아프리카 지역은 프랑스가 오랜 기간 동안 식민통치를 한 곳이지만 세계에서 문맹률이 가장 높은 곳이다. 그러나 지금은 도시와 농촌에 거주하는 국민들은 '글을 배워야 산다'는 의식이 높아 매년 취학아동의 수가 증가하고 있다. 그러나 학업에 대한 관심에 따른 학령인구의 증가에도 불가하고 프랑스어를 사용할 수 있는 전체 인구는 20%에 불과할 정도이다. 이는 언어에 대한 능력과 배움이 약한 것도 있겠지만 식민 지배로 인한 자유가 없었기 때문이다. 수도인 로메에서 북쪽으로 갈수록 공용언어보다는 부족언어를 사용하는 사람의 수가 많다. 땀베르마족 또한 프랑스어를 사용하는 사람은 일부분이고 대부분은 종족언어를 사용한다. 이들은 마을에서의 의사소통 대부분을 종족언어로 사용한다. 그래서 선교사는 땀베르마족과의 의사소통과 복음전도의 틈을 얻기 위해서 반드시 종족언어를 배워야 한다.

서부 아프리카 토고 꼬따마꾸 지역 사람들 역시 공용어인 프랑스어보다는 종족어를 더 편리하게 사용할 뿐 아니라 그들의 언어로 된 성경도 없다. 그들에게 가장 시급한 것은 종족어로 된 성경 제작과 문맹퇴치이다. 땀베르마족의 언어로 된 성경과 찬송가가 보급되지 않는다면 선교는 더 어려워진다. 땀베르마족의 복음화를 위해서는 몇 가지 전략적 선교사역이 필요하다. 첫째, 40대 이상의 주민들을 위한 '문맹퇴치학교'를 개설하여 문맹률을 낮추는 일이다. 인간이 문자를 알면 전통적 가치체계에서 벗어나 새로운 가치로의 전환을 할 수 있기 때문이다. 둘째, 땀베르

---

45 김요섭, "개혁의 확립을 위한 신학적 기초," 「성경과 신학」 제76권(2015), 223.

46 Paul G. Hiebert & Eloise Hiebert Meneses, Incarnational Ministry, 288-289.

마족의 전승과 종교, 지역 연구가 선행되어야 한다. 지역 연구를 바탕으로 하여 그에 필요한 선교사를 파송하는 일을 위함이다. 셋째, 타종교의 도전에 거부반응을 보이는 땀베르마족을 위한 제자사역과 전도, 은사를 가진 선교사의 파송이다. 이상과 같은 제안들은 기초에 불과할 수 있다.

그러나 문맹률이 높은 이들을 향한 복음전도 방법은 말과 문자를 동시에 이용하는 방법을 사용해야 한다. 땀베르마족 사회는 언어공동체(oral communication)와 문자공동체(literate communities) 양자[47] 곧 두 부류의 청중들에게 복음을 전하기 위해서는 말을 이용하는 방법과 문서를 이용하는 방법 모두를 사용해야 한다.

땀베르마족은 청소년을 제외하고는 대부분 문맹이다. 이들에게 의사전달을 하기 위해서는 말(言)을 이용하는 방법이 가장 효과적이다. 문자 해독력이 없는 이들에게 말로 전하는 것인데 그들의 전통적인 방식으로 녹음하여 보급하는 방법과, 공연과 거리극, 전통양식이 담긴 춤을 이용하는 방법, 그들의 모습을 닮은 그림과 만화책을 사용하거나 영화와 비디오를 사용하는 방법도 중요한 방법 중 하나이다. 이와 같은 방식은 땀베르마족과의 관계와 의사전달의 방법을 활용하는 것이라 할 수 있다.

땀베르마족에게 복음전도를 하고자 하는 사역자는 문서를 사용하는 것도 좋은 방법이다. 예를 들어, 매년 발행되는 달력에 성경구절을 추가하거나 잡지, 신문광고, 통신과정을 이용할 수 있다. 그 결과로 복음의 내용과 청중 그리고 제시 방식에 따라 다양한 방법론이 등장했다. 특수한 사회적 배경을 갖고 있는 땀베르마족들을 위해 문자해독을 도와 성경을 읽도록 도와주는 방법은 가장 좋은 선교 전략이다.

창조주의 통치와 온전한 사랑 구현

---

47   Paul G. Hiebert & Eloise Hiebert Meneses, Incarnational Ministry, 273.

땀베르마족은 미전도 종족으로 남아 있는 부족이다. 이들 부족이 안고 있는 학문적 문제들, 인류학적인 접근을 어떻게 할 것인가를 보다 구체적으로 영들, 능력, 주술사의 힘에 대한 처리로서 영들과 능력에 대한 부분에서 성경적 견해를 제시해야 한다. 그리고 조상들과 태어나지 않은 자손들에 대한 문제를 다루는 것은 매우 힘든 일이다. 이들은 전승되어 온 부티쉬 신에 대한 두려움, 부족사회의 도덕적 기초들이었던 대가족과 친족체계들을 무너뜨리는 경우가 발생할 경우 결손가정의 증가도 발생할 우려가 있다. 이에 대해 폴 히버트는 선교사가 어떤 전략을 갖고 부족들에게 접근해야 될 것인가를 이렇게 말해 주고 있다.[48]

> "조상에 대한 의례가 있는 사회이기 때문에 선교사와 교회가 조상들에 대한 신학을 제정할 필요가 있다. 이러한 신학의 제정을 통해 사후 삶의 속성, 조상들과 하나님과의 관계, 산 자와 죽은 자들과의 관계 그리고 부모와 자녀 간의 연계와 같은 문제들에 대한 기독교 신앙과 전통적인 믿음 사이의 유사점과 차이점을 분명하게 해 주어야 한다."

폴 히버트의 제안은 선교사와 교회가 복음신앙을 증거할 수 있는 기독교 의례들을 만들어 줌으로 그리스도인들이 그들의 조상에 대해 큰 존경심을 나타내면서도 그들을 숭배하지 않는다는 것을 현상적으로 보여 주라는 것이다. 기독교 방식으로 치러지는 장례식은 죽은 자에 대한 애도를 표하면서도, 동시에 창조주 하나님의 통치와 부활과 영생에 대해 증거할 수 있어야 함을 가르쳐 주어야 한다. 만약 땀베르마족 가운데 개종한 자가 힘들어할 때 빌립보서 2장 13절의 "내게 힘주시는 자 안에서 내가 무엇이든지 할 수 있느니라"는 말씀대로 적극적이면서도 회복된 자존감을 가질 수 있도록 도와주는 것이 중요하다.[49]

이들 지역에서의 선교사역은 에베소서 4장 11-12절에 언급된 바와 같이 역동적인 은사를 활용하여 개종자들을 결합하여 온전한 사역을 감당해 나가야 한다.

---

48 Paul G. Hiebert & Eloise Hiebert Meneses, Incarnational Ministry, 201 재인용.
49 Roland Muller, The Messenger, the Message, the Community: Three Critical for the Level (MI: Monarch, 1989),

그리고 공동체 형성의 출발점은 부족공동체에 속박된 자아의식을 해방시키는 데 있다. 지역이 의미를 갖고 부족공동체와 주민들의 행동을 규율할 수 있게 하기 위해서는 지역정체성 혹은 우리라는 의식 지역차원에서 형성되어야 하지만, 인간은 하나님의 형상에 의해 창조되었다는 믿음을 갖도록 해 주어야 한다.

땀베르마족 공동체에는 현재까지 로마 가톨릭교회와 개신교회, 이슬람교의 전도를 받았지만 한 번도 외부 종교에 자신들을 노출시킨 적이 없는 민족이다. 이러한 민족을 복음을 수용하고 창조주 하나님을 믿도록 하기 위해 몇 가지 중요한 전략이 필요하다. 첫째, '상대방의 감응 코드'를 때릴 수 있어야 한다.[50] 인간에게는 공감하고 소통하는 능력이 있다. 인간을 감동시키기 위해서는 매력이 있어야 하겠지만, 그것보다 더 중요한 것은 교감하고 소통하는 능력과 마음에서 흘러나오는 사랑, 상대방의 입장에 설 수 있는 넓은 마음이다. 둘째, 온전한 관심과 사랑을 갖고 지켜보는 일이다. 땀베르마족의 복음화를 위해서는 창조주의 통치를 알도록 하는 일이 선행되어야 하고, 이들을 향해 끝까지 관심을 가지고 지켜보면서 접근하는 일이다. 셋째, 많은 종족들로부터 낙인ㆍ편견ㆍ차별받아 왔던 이들을 향해 사랑으로 보듬어 주는 일이다. 땀베르마족의 독특한 문화와 민간신앙은 외부인들과 격리되기 쉬운 환경에 있다. 이들은 부르키나파소와 베넹을 거쳐 토고에 거주하는 동안 많은 고통과 편견과 차별을 경험했던 민족이다. 땀베르마족을 향한 보다 분명한 것은 변함없는 봉사 곧 맨발 봉사와 사역자의 청빈ㆍ순결ㆍ순명을 상징하는 삶과 오늘 나에게 주어진 성실한 삶을 보여 주어 상대방을 감동시켜 복음의 접촉점을 만들어 가는 일이다. 넷째, 땀베르마족 사회에 팽배한 지역주의[51]에 대한 부분도 명확하게 통찰하고 분석하여 접근하는 일도 고려해 볼 만하다. 다섯째, 땀베르마족은 질병[52]에 대하여 현세적 치유에 얽매어 있기 때문에 종말론

108.

50 최영종, 『동아시아의 전략적 지역주의-중-일 경쟁과 중견국가의 역할』(서울:아연출판부 고려대학교아세아문제연구소, 2016), 2-3.

51 Edward D. Mansfield & Helen Milner, "The New Wave of Regionalism," *International Organization* 53:3 (1999), 598.

52 임희모, 『아프리카 독립 교회와 토착화 선교』(서울: 한국학술정보(주), 2007), 177. 아프리카인의 질병에

적 구원관을 더욱 명확하게 가르치고 전해 주어야 할 필요가 있다. 땀베르마족의 복음화를 위해서는 통전적 접근을 통하여 치유하면서 세계관의 변혁을 가져올 수 있는 방법을 찾아야 한다.[53] 이들에게는 먼 과거(Zamani)와 현재(Sasa)라는 두 가지 개념 밖에 없기 때문에 하나님의 창조세계와 관련된 구원[54]에 대해서도 명확하게 가르칠 필요가 있다.

이상과 같은 방법들은 땀베르마족에게 접근하는 일부분에 불과하지만 보다 현상학적인 접근을 위해서는 더 많은 작업으로 인류학·사회학·선교신학적 연구가 있어야 할 것이다. 하나님께서 땀베르마족들에게 열린 말씀(The Open Word)을 포함하는 특별한 은혜의 행위로 자신을 계시하심으로 그들이 믿는 전통신앙을 변형시켜야 한다. 그리고 창조주의 통치와 사랑을 [55]보충시켜 줌으로써 죄 많은 인간의 필요에 적합한 종교로 만들어 줄 필요가 있다.[56]

결론적으로 서부 아프리카인들의 종교세계를 논의한다는 것은 대단히 어려운 일이다. 그들의 윤리와 도덕과 정의에 대한 개념은 충분히 연구된 분야가 아니기 때문이다. 아프리카의 종교와 관련된 많은 문헌이나 연구된 부분이 있는 것도 아니며, 그마저도 이 부분을 무시하거나 지나가는 방식으로 언급하고 있을 뿐이다. 아프리카인의 종교에 대하여 책을 쓴 사람은 존 음비티(John Mbiti)와 이도우(Idowu)가 철학과 종교, 신과 도덕적 가치의 문제에 대하여 언급한 것 뿐이다. 그 외에 서구학자들에 의하여 아프리카인들에 대한 논의가 있었지만 대부분의 사람들은 아프리카 자체를 무시하는 경향이 높을 뿐 학문적 관심은 없다. 땀베르마족들은 자

는 바이러스(에볼라), 박테리아 등 생물학적 이유로 생긴 것도 있지만, 사회적 이유로 인해 발생한 질병도 많은 편이다. 악령, 조상숭배에 대한 불경, 불임, 정신불안, 스트레스 등으로 발생한 질병은 사회적 접근을 통한 치유가 가능한 부분이다. 그러나 이러한 질병에 대하여 영적인 통찰력으로 치유하는 것도 이들에게는 필요한 부분이다.

53 Kenneth Pomeranz, *The Great Divergence* 『대분기』 김규태, 이남희, 심은경 역 (서울:에코리브르, 2016), 88. 문화적 변혁은 사람들의 기대수명을 연장하는 효과를 가져다준다. 새로운 공중위생조치, 개인위생의 생활화, 대중의 태도변화 등이다.

54 John Mbiti, *Bible and Theology in African Christianity* (London: Oxford University Press, 1986), 145-152.

55 문병구, "사랑의 찬가: 고린도전서 해석의 열쇠로서 13장 해석," 『성경과 신학』 제76권(2015), 136-141.

56 Roger E. Hedlund, *Biblical Theology of Mission* 『성경적 선교신학』 송용조 역(서울: 서울성경학교 출판부, 1990), 59.

신들이 섬기는 부티쉬 신을 '순수한 왕,' '완벽한 치유자,' '영혼의 구원자'로 여기고 있다. 부티쉬는 기독교가 믿는 하나님, 이슬람교의 알라신보다 위대한 신이며 사람의 삶을 만족하게 하고 의존하도록 하는 품성이 있는 신으로 믿고 있다. 인생이란 여정에서 부티쉬 신은 어려움을 겪지 않도록 지켜 주는 인생일 뿐 아니라 인간에 대한 관대함과 친절함, 이기심에 대해 반대하며 진실성과 정직함과 근본적인 가치가 있는 분으로여기고 있다.

땀베르마족의 문화는 부티쉬 신을 중심으로 하여 나이 든 사람에 대한 존경과 경의를 표하는 것, 위선적인 행동을 하지 않는 것도 근본적인 가치로 여기고 있다. 이들은 삶의 여정에서 해야 할 것과 하지 말아야 할 것에 대한 목록을 정해 놓거나, 자신의 삶을 항상 신에 의해 통치받는 것처럼 여기고 있다. 땀베르마족의 현대성이 없는 삶은 문화적 정신분열증 환자 같은 느낌이 든다. 그러나 다른 많은 사람들에게 현대성은 가족, 마을, 옛 생활방식의 파괴를 초래했습니다. 모든 사람들에게 있어 현대성은 엄청난 정도의 정체성의 위기를 초래했다.[57] 이들이 보기에 현대적이라고 여기는 가톨릭교회와 개신교 그리고 이슬람교를 받아들이지 않는 것은 전통신앙과 가치들의 핵심을 무너뜨린다고 보기 때문이다. 그래서 자신들의 전통신앙 외에 다른 종교를 수용하지 않는다. 그런데 불행하게도 과거의 기독교선교사들 혹은 현재의 선교사들은 이러한 상황을 누그러뜨리기 위해 한 일이 거의 없다. 왜냐하면 그들은 현대 문명을 복음의 일부분으로 보기 때문이다.[58] 선교사들은 자신들의 종교와 문화가 좋다고 소개할 뿐 그들의 입장에서 어떻게 복음을 효과적으로 전할 수 있을지 고민하지 않았다.[59] 그러나 선교사들은 땀베르마족의 변화의 진행과정으로 하나님의 역할을 긍정하는 것과 인간의 역할을 긍정하도록 하는 것을 비롯하여 관계에 초점을 맞추고 마음의 목표를 유지토록 하며, 만연되는 악을 인식하도록 하면서 진리와 정의와 의로움을 추구[60]하도록 도울 필요가

---

57 Paul G. Hiebert & Eloise Hiebert Meneses, Incarnational Ministry, 208.

58 Paul G. Hiebert & Eloise Hiebert Meneses, Incarnational Ministry, 209 재인용.

59 Jon Bonk, All things to all persons: The missionary as a racistimperialist, *Missiology*(8) 1980, 299.

60 Bryant L. Myers, *Walking with the Poor -Principles and Practices of Transformational Development*『가난한 자와 함께하는 선교』장훈태 역(서울: 기독교문서선교회, 2000), 200-204.

있다.

　마지막으로 땀베르마족의 복음화를 위한 계획을 가진 사역자들은 물질적 지속 가능성을 향해 노력하고 소위 개발도상국의 역사에서 교훈을 얻어야 한다. 그들은 건강, 농업, 수자원, 경제적 측면에서 지속가능한 수단을 개발해 왔다.[61] 그러나 그러한 발전은 환경적 지속 가능성을 희생시켜 이루어진 경우가 많았음을 인지해야 한다. 하나님이 우리에게 주신 단 하나뿐인 이 세상에는 지역적으로나 세계적으로 많은 제약이 있다. 그리스도인들이 변화를 위해 사역할 때 반드시 배워야 할 것은 사역 과정에서 실로 다양한 제약들이 존재한다는 것과 그것들을 선한 청지기의 마음으로 존중해야 한다는 점이다. 그리고 땀베르마족이 갖고 있는 토착지식을 존중하고 구하는 일은 지역공동체와 관련을 맺는 다른 방식을 요구한다. 우리가 땀베르마족 사람들을 사역의 동역자[62]로서 그들이 자신들의 관점에서 실제에 대해 사역자들을 가르치도록 도와주는 역할을 감당할 때 비로소 선교가 가능하다.

61　Bryant L. Myers, *Walking with the Poor -Principles and Practices of Transformational Development*, 214 재인용.

62　Olivia Muchena, "Sociological and Anthropological Reflections." In *Serving the Poor in Africa*, ed. Tetsunao Yamamori et al. Monrovia(Calif.:MARC, 1996), 178.

10
낭가부 지역의 까비예족 문화의 가치체계와
선교 가능성 탐색

사하라 사막 이남에는 다양한 인종들이 아프리카라는 공동체를 이루면서 살고 있다.[1] 아프리카에 사는 종족들은 서로 원초적이면서도 친숙한 관계를 유지하기도 하고, 때로는 종족 간의 치열한 전쟁으로 갈등을 겪기도 한다. 종족 간의 갈등과 전쟁으로 인해 빈곤을 겪고 있으며, 이로 인해 전 세계의 관심을 받고 있다. 그렇지만 기근과 빈곤의 원인은 모두 종족 간의 갈등과 전쟁으로 인한 것이 아니라, 기후적인 영향에 의해서도 발생한다. 아프리카는 농사를 지을 수 있는 지역보다 그렇지 않은 곳이 더 많다. 이들은 빈곤과 부유라는 불평등으로부터 벗어나려는 희망을 가지고 살아가지만 현실은 그렇지 않다.

그러나 최근 들어 개발도상국인 아프리카에 대한 관심이 점점 높아지고 있다. 경제성장 측면에서 IMF가 2015년까지 연평균 5.8%로 고성장할 것이라고 전망하기도 했으며,[2] 이미 미국과 중국을 비롯한 세계 선진국 및 신흥국들이 아프리카의 중요성을 인식하고 대사를 파견하거나 외교관계를 수립하고 있다. 현재 아프리카는 인구 증가율이 가장 높은 대륙으로 2030년에는 세계인구의 40% 이상을 차지할 것으로 전망되는데, 이와 더불어 2020년까지 4조 달러 시장으로 성장이 전망되는

---

1 필자가 2016년 1월 9일부터 22일까지 토고 공화국 수도 로메에서 북쪽으로 510km 거리에 위치한 까라시와 낭가부 지역의 마을에서 조사 한 것이다.
2 서상현, "미 · 중 新정부 출범 이후 아프리카 진출 전략과 한국의 대응방안," 『전략지역심층연구13-31 논문집Ⅳ: 중남미 · 중동 · 아프리카 · 터키』 제31권(서울: 대외경제정책연구원, 2013): 395.

등 기존의 자원 시장으로서의 가치와 소비, 관광 등의 글로벌 시장으로서 주목을 받고 있다.[3]

또한 아프리카는 전 세계에서 민간신앙, 즉 토착종교가 가장 활발하게 정착된 곳이다. 아프리카인의 사고는 민간신앙과 음악, 춤이라는 종교적 가치를 지니고 있다. 특히 마술[4]은 이들의 삶 가운데 가장 강력하게 영향을 주는 종교적 삶으로서 생존, 영생 그리고 권력과도 깊은 연관성이 있다. 그래서 "아프리카인의 종교는 무엇일까요?"라는 질문을 하게 된다. 이 질문은 선교학자인 크리스토퍼 화이트(Christopher J. H. Wright)가 말한 것과 같을지도 모른다. "세상은 신들의 역설의 장소인가 아니면 종족 간의 갈등의 장소인가라는 사고(思考)를 할 때가 많다. 그 무엇인가(something)인가, 아무것도 아닌가(nothing)라고 질문도 해 본다. 그리고 조상(彫像)은 진짜라고 믿는 사람들이 많다. 보통 사람들이 신(神)이 보이지 않아 생각하거나 녹여 만든 형상은 현실 세계에서 삼차원적으로 존재한다고 믿는다. 그러나 신(god) 또는 신들(gods)은 무엇을 나타내려 하는 것인가."라는 질문이다.[5]

아프리카인의 종교에 대한 질문과 함께 문화적 가치체계와 외부로부터 영향을 받은 혼성문화가 이들의 삶의 현장에서 어느 정도 영향을 주는가에 대한 심층적인 연구가 더 요원한 시기가 되었다. 특히 서부 아프리카 토고 공화국(République Togolaise) 내의 여러 종족 가운데 까비예(Les Kabyé)[6] 종족만을 조사 연구하는 것이 무의미하다고 여겨질지 모르지만, 그 종족이 갖고 있는 영향력을 고려한다면 충분한 가치가 있을 것이다.

본 장에서는 토고 공화국 낭가부 지역의 까비예족의 문화적 전승과 가치체계를

---

3 서상현, "미·중 新정부 출범 이후 아프리카 진출 전략과 한국의 대응방안," 재인용.

4 Kusano Takumi, Black Magic『흑마술』곽형준 역 (서울: AK TRVIA BOOKS, 2015), 8-15.

5 Christopher J. H. Wright, God of Mission『하나님의 선교』정옥배·한화룡 역(서울: IVP, 2013), 169-70.

6 토고 공화국에는 다양한 종족이 함께 국가공동체를 이루며 산다. 이들은 북부, 중부, 남부로 나뉘어 각 지역에 흩어져 생활한다. 토고의 종족은 다음과 같다. 토고 주요 종족으로 첫째, 남부(Au Sud):- Les Xwla-Xwéda, - Les Adja-Tado, - Les Ifé, - Les Ewé, - Les Guin-Mina. 둘째, 중부(Au Centre): - Les Kabyé, - Les Anoufom, - Les Losso, - Les Tchokossi, - Tem. 셋째, 북부(Au Nord): - Les Kabyé, - Les Temberma, - Les Peuhls가 있다. 토고 공화국은 250km에 걸쳐 기독교와 이슬람교가 섞여 서 살아가는 민족들이다. 아직까지 종교적인 갈등은 없지만 서부 아프리카 나이지리아의 보코하람과 사하라 이남에서 활동하는 이슬람교 테러리스트들의 출현으로 긴장하고 있는 곳이다.

통한 선교적 가능성을 탐색하고자 한다. 특히 까비예족의 문화적 전승, 곧 신화가 이들에게 주는 종교적 삶을 고찰함으로써 구속사[7]적 선교의 가능성을 고찰하고자 한다.

낭가부 지역의 까비예족의 이해

낭가부와 까비예족의 기원

까비예(Kabyés)[8]족의 기원을 찾기는 어렵지만 그들은 토고, 베넹, 가나에 주로 거주하는 민족들이다. 까비예족은 까비예 산(일련의 타코마)을 기원으로 하여 형성된 종족들로,[9] 까비예족의 거주지역은 대부분 계단식 단으로 된 곳이며 동시에 농업을 중심으로 생활하는 것으로 알려져 있다.

까비예족은 토고 공화국 북쪽지역에 위치한 까라시와 낭가부 지역 등에 주로 거주하고 있다. '낭가부' 혹은 '뚜뚜'란 지명은 여러 의미와 상징을 담고 있다. '낭'은 '고기'라는 뜻이고 '가부'는 '고기를 많이 먹어서 턱이 아프다'는 뜻을 지니고 있다. 까비예족에는 또 하나의 속설(俗說)이 전승되어 내려오고 있는데 '낭아글랑 꿈'이다. 이는 이란어에서 발생한 것이라 한다. '아글랑'이란 '턱'을 의미하며, '꿈'이란 '피곤하다'는 뜻이다. 까비예족은 뚜뚜 구역의 '안양가'라는 말에서 기원을 찾을 수 있다. 또한 '뺏시'라는 마을에서 2명이 낭가부 곧 안양가라는 곳에 2명이 찾아오고 또 다른 부족이 방문하여 함께 거주한 관계로 혼성언어(混聲言語)가 되어 있다고 말

7   김종희, "아우구스티누스의 *De Civitate Dei*(하나님의 도성에 나타난 보편사와 구속사," 「성경과 신학」 76(2015): 193-198.

8   Kabyés라는 의미는 계단식 벽을 만들었던 많은 돌들을 추출하기 위해 그들이 경작했던 곳, 즉 '농민의 돌'을 의미한다.

9   Mr. Tofa Sam Amouzon(surintandent-mission korea소속)의 "까비예 종족의 특성"이라는 자료를 윤혜경이 일부 번역한 것이다(2016년 5월 23일 조사 레포트).

한다.[10] 낭가부에서 뺏시(맵시라고도 함)와의 거리는 12km정도이며 1950년경 현재
의 지역으로 이동해 왔다. 그 이전에는 북쪽 까라시에 근처가 까비예족의 기원이
되는 곳이었다. 까비예족에게는 '뚜뚜'라는 말이 전해져 내려오기도 한다. 이 말은
안양가에서 파생되어 나온 언어이다. 뚜뚜 지역에는 큰 강이 있는데 '악어'라는 의
미를 지니고 있다. 뚜뚜 지역에 있는 강(江)에는 악어를 비롯한 다양한 물고기들이
살고 있었으나 사람들이 악어 사냥을 많이 해서 지금은 없다고 한다.[11]

까비예족이 낭가부로 왔을 때 남자 2명과 여자 1명이 함께 마을에 살았다고 전
해진다. 여자는 이미 이 마을에 정착하여 살고 있었고, 남자 2명은 이주자였다. 이
들이 낭가부에 정착하자 여러 부족이 함께 거주하게 되면서 혼성문화(混成文化)가
형성되었고, 상호문화를 존중하면서 지내게 되었다. 이들이 처음으로 이주하여
생활할 때 낭가부는 사람보다 동물이 훨씬 많았다고 전해지고 있다. 까비예족들
은 낭가부에서 농사일보다는 들짐승을 잡아먹고 지내는 일이 더 많아졌다. '동물
을 많이 잡아먹으면 입이 아프다'는 데서 유래한 말이 바로 '낭가부'이다.

까비예족의 특성과 디아스포라

까비예족은 가나, 토고, 베냉 등에 흩어져 사는 민족이다. 토고의 대표적인 부
족은 모두 13개 부족으로, 남부 지역에 5개 부족, 중부에 5개 부족, 북부 지역에 3
개 부족이 살고 있다. 까비예 부족은 중부와 북부 지역에 걸쳐 거주한다. 까비예
족이 토고의 중·북부 지역에 위치하고 있는 것은 그들 사이에 전승되고 있는 '신
화'에 기인한다. 이들이 북쪽에서 중부 쪽으로 이동한 것은 생존을 위한 것과 공동
체의 권력지향적인 것 때문이다. 까비예족은 권력을 중요시하면서 동시에 오래전
부터 전래되어 온 에발라(Ebala)[12]를 중요하게 여긴다. 그러나 이웃의 부족들이 까

---

10 장훈태, "서부 아프리카 코트디부아르 한인 디아스포라의 역할과 선교, 『성경과 신학』 76(2015): 339-
    340.
11 토고 공화국 북쪽에 위치한 까라대학교 뻬루 마자말루와의 인터뷰 내용이다. 그는 까비예족으로서 독실
    한 기독교인이다(2016년 1월 15일 인터뷰한 내용).
12 에발라(Ebala)는 까비예족의 전통적인 축제이다. 까비예족과 이웃에 사는 에버족들은 권력을 추구하기

비예족을 향해 공격해 오면 주먹을 쥐고 싸우기도 하지만 무기(武器)를 들고 싸우기도 한다. 까비예족들은 자신들을 향해 "우리와 함께 하면 피곤해요."라고 말한다. 그렇지만 정치적인 행위가 있을 경우는 절대로 물러서지 않는다. 현재 토고 공화국의 대통령도 북부 지역의 까비예족 출신인데, 까비예족은 1963년부터 현재까지 대통령을 배출한 민족이기 때문에 자존감이 매우 강하다. 까비예족이 많이 거주하는 북부 지역에는 군사학교(軍士學校)도 있다.

토고는 1946년 서쪽 일부를 가나에 빼앗긴 상황에서 유엔의 신탁통치를 받았다. 1956년에 자치정부를 수립한 뒤, 프랑스령은 1958년 유엔 감시하의 총선에서 완전독립을 요구하는 토고 통일위원회가 승리하여 1960년 4월에 토고 공화국으로 독립했다. 그 후 초대 대통령에 실바뉘 올랭피오[13]가 취임했지만 1963년에 에야데마 냐싱베의 갑작스런 쿠테타로 암살당했다. 에야데마는 1967년부터 군부 독재를 시작해 2005년 사망하기 전까지 38년간(1937년 12월 26일–2005년 02월 05일) 집권하였다. 그가 사망하자 현재의 파우레 냐싱베(Faure Gnassingbe: 1966년 6월 6일)가 2005년 제8대 대통령이 되었고, 여러 번 재선하여 현재에 이르고 있다. 까비예족은 북쪽에 주로 살지만 현재의 대통령을 배출한 종족으로서 자부심이 대단하다. 이런 관계로 남부 곧 수도인 로메에 사는 사람은 아무 소리하지 말고 지내라고 말한다. 그래서 토고는 북쪽과 남쪽에 사는 사람들 간의 보이지 않는 내면적 갈등이 있다.

현재 까비예족은 까라시를 비롯하여 전국에 흩어져 살고 있을 뿐 아니라 권력과 재력을 모두 소유한 종족으로 알려져 있다.[14] 이들은 원래 산에 사는 산족(山族)이었으나 사회가 현대화[15]되면서 도시로 내려와 살고 있다.

보다는 지성적이어서 모든 일을 언어로 해결하려는 경향이 높다.

13 실바뉘 에피파니오 올랭피오(1902년 9월 6일~1963년 1월 3일)는 토고의 초대 대통령이자 민족주의 정치가로 1960년대 숱한 아프리카의 쿠데타 중 첫 번째로 희생된 대통령이다. 그는 에바족이었다. https://ko.wikipedia.org/wiki/%EC%8B%A4%EB%B0%94%EB%89%98_%EC%98%AC%EB%9E%AD%ED%94%BC%EC%98%A4 2016년5월23일 접속.

14 장훈태, "서부 아프리카 코트디부아르 한인 디아스포라의 역할과 선교," 344–355.

15 Klaus Schwab, *The Fourth Industrial Revolution*『클라우스 슈밥의 제4차 산업혁명』송경진 역(서울: 새로운 현재, 2016), 36–44.

까비예족 전설(Mythologie)

까비예족의 역사는 전승된 내용에 더 무게를 둔다. 전설에 따르면 첫 번째 까비 예족 사람은 하늘에서 떨어졌다고 한다. 그가 하늘에서 까비야라는 산으로 떨어 지면서 발자국을 남겼는데, 지금도 산에 가면 그 발자국을 확인할 수 있다. 첫 번 째 사람은 '아데께데우'라는 남자였는데, 아데께데우가 여자를 어떻게 만나서 후 손을 낳고 번식했는지에 대한 것은 아무도 모른다. 초기의 사람이었던 아데께데 우는 지상에서 농부로 살았으며, 각종 작물을 재배하며 지냈다. 그가 주로 재배한 작물은 밀과 소로고 등이었고 그 외에 다른 작물들을 재배하면서 생활한 것으로 알려져 있다.

아데께데우는 사람이지만 신성한 능력이 있어 하늘의 비를 사람이 사는 지상에 내리게 했다. 사람들이 나쁜 일을 하면 농사하는 곳에만 비가 내리지 않게 하는 선 별적 능력도 갖고 있었다. 까비예족의 첫 조상은 하늘에서 내려온 자일 뿐 아니라 인간의 필요를 채우기도 하고 거두기도 하는 신령한 능력자로 알려져 있다.

그러나 까비예족과 관련된 설화는 학술적으로 정리된 부분도 있지만, 정리되 지 않은 일반인들의 견해가 매우 다양한 편이다. 여기서 중요한 것은 까비예족은 보우(Bohou)에서 시작된 것으로 보는 것이 더 정확하다. 그리고 네 개의 시조(始祖) 설화(說話)를 갖고 있다.[16]

첫째, Kabiyè(까비예족) 시조 설화: 시조 Andakpadéou Kidiba(안다끄빠데우 끼디 바)가 하늘에서 Layilayidaa(라이이다이다)의 한 바위에 내려온다. 그리고 결혼하여 Samyè(싸미예), Kagninga(까그니가), Tchouyou(츄유)라는 세 아들과 Tchitchaou(치차 우)에서 태어난 Wali(왈리)라는 종이 있었다.

둘째, Kabiyè(까비예 족)시조 설화: 시조 Andakpadéou Kidiba(안다끄빠데우 끼

16 이 자료는 토고 공화국의 mission korea 감리사 토프 쌈 아무죠(surintandent, Tofa Sam Amouzoun)가 현 지에서 조사한 내용을 보내 준 것이다. 프랑스어 번역은 토고 선교사로 활동했던 신인호 목사가 수고했 다. 2016년 5월 19일 이메일로 접수했음을 밝힌다.

디바)는 Tchoutchoudaa(쭈쭈다)의 한 바위에 하늘에서 내려왔다. Abiyah(아비야), Tchouyou(츄유), Koli(꼴리)라는 세 아들과 Tchitchaou(치차우)에서 태어난 Wali(왈리)라는 종이 있었다.

셋째, Kabiyè(까비예족) 시조 설화: 시조 Andakpadéou Kidiba(안다끄빠데우 끼디바)는 Lonédaa(로네다)의 바위에 내려왔으며 Koudjouka(꾸주까)라는 부인이 있었고 Kolou Yèèou(꼴루 이예우)라는 아들이 있었다. 얼마 후 Andakpadéou Kidiba(안다끄빠데우 끼디바)는 Lonédaa(로네다)를 떠나 Komadèè(꼬마데에)에 정착하였다. 그리고 다시 Komadèè(꼬마데에)를 떠나 Laouyoo(라우유)에 정착하며 Tchohougbambi(쵸후그밤비)와 Tchéyéssi(체예씨)라는 두 아들과 Ping(핑)이라는 딸을 낳는다.

넷째, Kabiyè(까비예족) 시조 설화: 시조 Kidiba Mamanémandi(끼디바 마마네만디)도 역시 하늘에서 Layilayidaa(라이이다이다)의 한 바위에 내려와 두 여자와 결혼을 하는데 첫째 부인에게서 Piyah(삐야)와 Tchouyou(츄유)라는 두 아들을 얻고, 두 번째 부인에게서 Koli(꼴리)라는 아들을 얻는다. 그리고 Wali(왈리)라는 종이 있었다.

까비예족 전설(Mythologie)에 의하면, 신(神)이 어느 날 큰 박으로 되어 있는 두 개의 큰 단지를 만들었다. 첫 번째 단지를 땅(the earth)이라 하였고, 두 번째 단지를 하늘(the heaven)이라 불렀다. 신은 두 번째 단지에 빛을 두셨다.[17] 그리고 첫 번째 단지에 가끔 내려와서 지금과 같은 환경을 만들어 놓았으며, 사람과 동물들을 만드셨다고 믿는다. 신은 자기 곁에 태양을 만들어서 두 단지 안쪽을 비추게 하였는데, 태양이 안쪽을 비칠 때 낮이라 하였고 밤을 비칠 때를 밤이라 칭하였다. 밤에는 신이 살아서 숨 쉬는 것들을 보호하기 위해서 땅에 내려오면 모두 잠을 잤다. 그리고 다음 날 아침에 모든 사람들에게 이슬이 내렸는데 이 이슬에 신의 뜨거운 기운이 있었다는 전승이 있다.[18]

---

[17] 까비예족이 믿는 신은 하나님(God)이라고 주장한다. 그러나 여기서는 신(god)이라고 표현하고자 한다. 왜냐하면 전설에 나오는 이야기이기 때문이다.

[18] M. Kao Witao Blanzoua, *Histoire Générale des Kabiye(Orogine et Peuplement)*(Edition Afric-Imprim Lomé Togo. Avril 1999), 13-22.

이상과 같이 까비예족은 그들 스스로의 창조신화와 기원을 갖고 있다. 페르시아 문명, 인더스 문명, 그리스 문명들과 같이 자타가 공인하는 서부 아프리카 토고 공화국의 문명을 가지고 있다. 까비예족의 문명을 이해한다는 것은 서부 아프리카 문명을 이해하는 출발점이며, 그 문명의 여러 요소 중에서 특별히 신화는 눈여겨 볼만한 것이다. 그 문명의 여러 요소 중에서도 가장 핵심적인 부분은 "하늘에서 한 남자가 까비예 산에 강림했다"는 부분이다. 지금도 까비예족들은 까비예 산이 갖는 의미와 상징을 부여하면서 전통적 문화[19]를 구축하고 있다. 그런 측면에서 까비예족의 기원은 자신들만이 갖는 문명과 함께 역사의 주인공이라 믿고 있다. 다시 말하면, 까비예 산과 카라시[20]는 그들의 문명의 용광로라 부른다. 까비예족이 갖고 있는 문화는 전통적이면서 다양성을 갖고 있어 사하라 사막 이남의 독특한 문명을 형성하고 있다.

까비예족의 전통문화

까비예족의 신념체계 문화

까비예족의 신념체계(belief systems)는 전통적 신화에 의해 고차원적인 인식체계 안에 포함되어 있다. 신념체계는 조사되어야 할 실재의 영역을 선택하고, 탐구되어야 할 비판적인 문제를 결정하고, 탐구방법을 제공하면서 하나 혹은 다양한 부분으로 통합시킨다.[21] 그들은 신념체계로 인한 타문화와 타민족과 신념체계 간의 충돌을 조장하지 않으면서 혼성문화적 상황에서도 잘 적응하는 특성을 가지고 있다. 이들은 까비예족의 창조설과 관련된 체계에 대한 인식적 차원을 공유하고 있

---

19 장훈태, 『선교적 관점에서 본 다문화 사회』(서울: 도서출판 대서, 2011), 85-94.
20 토고 공화국 북쪽에 위치한 곳으로 제2의 수도와 같은 곳이다. 까라 시는 까비예족이 가장 많은 곳이며, 그들의 기원과 문화 그리고 신화가 전승되어 내려오는 도시이다.
21 Paul G. Hiebert, Anthropological Reflections on Missiological Issues(Grand Rapids Michigan: Baker Books, 1997), 42-45.

을 뿐 아니라 감정적, 도덕적인 부분을 강조하는 경향이 있다. 예를 들면, 까비예 족은 자신들만이 지니고 있는 신념체계 곧 세계관의 기본적 가정을 명확하게 지니고 있을 뿐 아니라, 경험적 자극을 매개(媒介)함으로써 세계관의 변화보다는 전통적 사고를 고무(鼓舞)한다.

그리고 까비예족들은 조상들로부터 전승되어 왔던 문화와 세계관, 인식적 이론부분에 질문의 타당성을 일반화하면서, 개념적 문제를 일반화하려는 경향이 있다. 자신의 후손들로 하여금 까비예 산과 조상들의 기원에 대하여 발견하도록 하여 정당화하는 역할을 가정에서부터 수행함으로써 까비예 문화 곧 신념체계를 정당화하고 있다. 까비예족 공동체 혹은 각 가정에서는 자신들의 신념체계를 이론화하기 위한 범주를 정하고 그 정체성을 학습하거나 전승하기도 한다. 때로는 자신들의 조상에 대한 실재를 확인하기 위하여 까비예 산을 방문하기도 한다. 결과적으로 까비예족의 신념체계는 그들만이 갖는 전통문화일 뿐 아니라 문화의 기초가 되기도 하며 존재론적, 감정적, 규범적 가정을 제공하기도 한다. 신념체계를 단일한 문화로 통합하기도 한다.[22] 까비예족의 이러한 문화적 형태, 곧 세계관은 신념체계와 더불어 외부 세계와의 경험자료 혹은 외부 세계와의 접촉을 하는데 자신감을 갖도록 한다.

그러나 토고 공화국의 여러 부족 가운데 까비예족은 자존감과 정체성, 신념체계와 가치가 매우 뛰어난 종족이다. 이들은 그들의 전통문화와 세계관 혹은 신념체계 안에 있는 내적인 불일치가 발견되지 않도록 공동체 강화와 문화의 전승을 증명하기 위한 것들을 경험하는 것에도 깊은 관심을 기울이고 있다.[23] 우리가 까비예족의 전통문화를 이해하기 위해서는 인식체계 사이의 관계가 무엇인가를 탐색해야만 한다. 곧 이론, 신념체계, 세계관이다. 반대로 이들의 인식체계에 대한 세 가지 견해를 이해하지 못할 경우 공포를 경험하게 된다. 클리포드 기어츠 (Clifford Geertz) 역시 "인간은 목적과 의미에 대한 생각을 포기할 때 가장 큰 공포를

---

22   Paul G. Hiebert, Anthropological Reflections on Missiological Issues, 45.

23   Barry Barnes, *T. S. Kubin and Scial Science*(New York: Columbia University Press, 1982), 10−11.

느낀다"고 지적했다.[24] 이들은 종교적 삶을 살면서도 삶과 죽음을 의미있게 만들어 주는 전승(傳承)을 신념 처럼 여기며 공동체의 철학으로 알고 지키려 한다.

까비예족 문화의 다양성

까비예족의 축제

에발라(Evala) 축제

까비예족의 전통문화 가운데 가장 특징적인 것은 에발라 축제이다. 에발라 축제는 까비예인들의 힘겨루기 곧 전통적 싸움을 일컫는 것으로, 누가 힘이 센가를 겨루기 위한 다양한 의식이다. 이 행사는 매년마다 개최되면서 까비예족의 종족 공동체 결집과 종족의식을 재발견하거나 정체성을 발견하는 기회가 되는 축제이다. 이 축제는 까비예족의 자존감과 결합, 응집력을 비롯한 정체성과 신화전승이라는 의미와 상징이 담겨 있다.[25] 또한 에발라 축제는 종족의 특성으로 자부심을 드러낼 뿐 아니라 남성으로서 인정받는 의식인 동시에 여성으로부터 존경받는 자가 될 수 있는 기회가 된다.

2008년 7월 12일에 개최되었던 에발라 축제는 최대의 축제였다고 한다. 마라톤과 걷기 행사로 시작한 에발라 축제 첫날은 토고의 모든 지역 현지인들의 넋을 잃게 할 정도였다. 당시 에발라 축제를 위해 사람들이 국가 지도자의 집에 모이기도 했다. 12개의 읍(邑)에 있는 지역민들과 에발라 축제에서 가장 화려한 춤인 코자(Kozah)를 보기 위해 몰려들었다. 에발라 축제를 보기 위해 많은 서양인 여행객들 뿐 아니라 그 밖의 토고의 여러 종족들이 찾아오기도 했다. 이 축제가 개최되는 동안 많은 양의 비(雨)가 내렸는데, 그들은 이 비를 풍성함의 상징으로 느꼈다고 한다. 에발라 축제기간 동안 내린 비를 까비예족은 축복의 비로 여겼고, 농사하는

---

24 Clifford Geertz, "Religion as a Cultural System," in Willam A. Lessa and Evon Z., Vogt, eds. *Reader in Comparative Religion: an Anthropological Approach,* 3d ed.(New York: harper and Row, 1972), 2–20.

25 Mr. Tofa Sam Amouzon, "The Kabyés are a people"(Nothern Togo: newspaper 2008.07.12.), 1–2.

땅과 가축에게도 복된 것으로 여겼다.

에발라 축제에서 가장 핵심적인 행사는 같은 종족과의 격렬한 몸싸움[26]이다. 까비예족 간의 몸싸움은 리그전으로 펼쳐지는 가운데 힘과 용감함, 싸움 기술의 표현, 몸의 유연성, 싸움의 전문가로 인정받는 기회가 된다. 에발라 축제와 싸움판에 참여한 자들은 구경꾼들의 마음을 사로잡을 뿐 아니라 청중들에게 강한 인상을 주기도 한다. 이들은 청중과 까비예족에게 육체미 곧 강한 근육을 보여 주면서 춤을 추기도 한다. 이것은 그 춤 자체가 분투하는 근본적인 부분이라는 것을 의미하기도 한다.

이들의 격렬한 몸싸움은 잔디가 있는 공립학교 운동장에서 열리는데 축제 참가자들의 격렬한 몸싸움으로 부상자가 발생하기도 한다. 그러나 까비예족 가운데 격투기에 참가한 선수는 열정적인 격투를 통하여 자신의 존재감을 드러내며, 까비예족만이 갖는 종족 특성을 다른 종족들에게 과시하기도 한다. 특히 에발라 축제는 까비예족의 신화와 깊은 연관이 있다.

재회의 축제(Reunions and festivities)

토고 공화국 까비예족의 전통적 에발라 축제는 투쟁적이지만 반대로 다른 지역으로 이주했던 자들이 함께 모여 추억을 되새기며 기쁨을 나누는 재회의 축제이다. 이 축제는 고향을 떠나 다른 지역으로 이주했던 자들을 위한 연례행사 가운데 최고의 축제이다. 까비예족을 창시한 자를 축하하면서 그들만이 지니고 있는 종족의 사회조직과 선천적인 끼를 발산할 수 있는 기회의 축제이다.

까비예족들이 연례행사로 거행하는 재회의 축제는 선천적 춤의 감각을 갖고 공연장을 비롯한 그 밖의 장소에서 질서정연하게 축제의 기쁨을 누린다. 이 축제에는 그들의 전통 악기인 캐스터네츠(Castanets), 징과 모든 종류의 악기들을 동원하여 음악을 연주하고 남자와 여자는 춤을 추는 인상 깊은 시간을 보낸다. 특히 까비예

---

26 Péru mazamallu와는 2016년 1월 15일 토고 까라시에서 오후 6시 50분부터 9시까지 인터뷰한 내용이다. 에발라 축제의 몸싸움은 레슬링과 같은 경기이다. 이 경기에서 누가 이기는가에 따라 승리자로서 존경을 받는다.

족들이 전통적인 노래로 전승되어 온 '그리오(griots)'를 합창으로 부른다. '그리오'[27]라는 전통적인 노래는 상대편 그룹을 조롱하는 노래이지만 상징적 의미가 있다. '그리오'라는 자연환경 곧 계절의 시작을 알릴 뿐 아니라 자연은 인생의 일부라는 것을 노래로 표현하고 있다. 까비예족들이 재회의 기쁨으로 부르는 이 노래는 토고의 북부 지역 사람들만이 부르는 것일 뿐 아니라 조상들로부터 전승되어 온 것으로 그들의 정체성을 드러내 준다.

까비예족들의 재회의 축제 기간에는 전통적인 음료를 만들어 마시면서 춤을 추기도 하고 이 전통음료를 마실 수 있는 유일한 기회라고 한다. 북부 지역에서만 생산되는 지역음료(local drink)인 밀레트(mellet)는 수수를 물에 넣어 삭힌 것을 말한다. 이들은 매년 개최되는 재회의 축제를 위해 수수가격이 높아도 전통음료를 만들어 마시는 전통을 지키고 있다. 재회의 축제는 까비예족들의 애환(哀歡)을 달래 줄 뿐 아니라 만남, 기쁨, 관계적 중심집합을 말해 주기도 한다. 즉, 관계적 불확정 집합(extrinsic fuzzy sets)을 관계적 집합으로 만들어 주는 역할을 한다.

재회의 축제를 통한 집합형성은 타문화의 혼돈을 억제하려는 의도가 담겨 있다. 왜냐하면 까비예족들이 연례행사로 진행되는 집합들을 이해함으로 우리는 경계집합적 사고를 지닌 사람들이 불확정 혹은 관계 집합적 사고를 지닌 사람과 만날 때, 상이한 문화적 사고 속에서 일어나는 혼란을 이해할 수 있다.[28] 이 축제를 통하여 까비예족만이 갖는 질서, 구비설화 전승, 지역음료인 밀레트 음용을 통한 일체감이 세계관을 구축하는 역할을 한다. 또한 재회의 축제를 통해 구조적 질서에 대한 개념 정리와 계층질서에 대한 까비예족만의 신념과 가치체계를 세움으로 그들의 존재감을 드러내기도 한다. 전통문화를 통해 사회적 관계를 구축하면서 부모와 자녀가 그들의 공동유익을 위해 각 가정에서 함께 일하게 됨은 사회적 조화를 유지하는 중요한 가치이다. 까비예족 사회에서 평화를 깨는 것은 중요한 죄가 된다.

---

27 '그리오'는 서부 아프리카에서만 전승되는 노래이다. 이는 자기 민족의 구비설화(口碑說話)를 이야기나 노래로 들려주던 사람의 이름이다.

28 Paul G. Hiebert, Anthropological Reflections on Missiological Issues, 134 재인용.

꼰도나 축제

까비예족의 축제 중 5년마다 개최되는 꼰도나(Gomttona) 축제가 있다.[29] 이 축제는 성인남녀가 결혼하기 전에 개최되는 축제로서 일종의 성인식의 마지막 축제라할 수 있다. 꼰도나 축제는 까비예족 각 개인의 경제적 부담감이 크기 때문에 자주개최되지 않는다. 다만 5년마다 개최되지 않더라도 경제적인 여유가 발생하면 언제든지 축제를 개최할 수 있는 융통성도 가지고 있다. 이 축제는 일명 꼼도 축제 (Gomtto festivities)라고 부르기도 한다. 이 축제의 핵심은 20세 이상의 여성들에게 해당되는 의식인 '아베마'(Abema)라는 의식이다.

아베마는 여자들의 축제라는 뜻으로, 20세 이상의 성인 여성들이 처녀라는 것을 증명하는 축제라고 한다. 꼰도나 축제가 개최되면 결혼하지 않은 여성들은 자신이 처녀라는 것을 증명해야 한다는 것이다. 여기서 여성들의 처녀성을 무엇으로 증명할 수 있는가하는 문제가 생기는데, 산에 올라가서 치러지는 '아베마' 의식이 답이 될 것이다. 한밤중에 여성이 산에 올라가게 되면 처녀가 아닌 자에게는 '반딧불이'가 공격을 한다고 한다. 반딧불의 공격을 받은 여성은 처녀가 아니며, 반딧불이의 공격을 받느냐 받지 않느냐에 따라 처녀성을 분별할 수 있다고 한다. 만약 20세 이상의 여자를 데리고 있는 부모는 온 동네에 다니면서 우리집 아이가 '아베마'를 할 나이가 되었다면서 공개해야만 한다.

아베마 의식(儀式)방법은 다음과 같다. 첫째, 여자의 부모는 딸의 아베마 의식을 치르기 위해 동네 사람들이 사는 각 가정에 다니면서 밥을 나누어 주어야 한다. 밥은 그릇에 담아 식구 수 대로 나누어 주면 된다. 둘째, 까비예족의 많은 그룹 가운데 아베마 축제를 할 여자의 집에서 일정(一定)을 잡는다. 셋째, 의식에 참가하는 집에서는 아베마 축제를 위한 캠프파이어를 준비해야 한다. 여자의 집에서는 캠프파이어를 위한 장작을 충분히 모아 두어야 하고, 20세가 넘은 성인 여성은 시장에 가서 새 옷을 사 입을 수 있다. 다만 여성에게 새 옷은 별 의미가 없다. 넷째, 아베마의 일정이 결정되면 여성의 외삼촌은 동물을 가지고 와서 그들이 믿는 신에

29　꼰도나 축제는 2018년에 개최되게 된다.

게 바쳐야 한다(供養). 그리고 신께 바친 동물의 가죽 일부를 떼어 여자의 오른쪽 다리에 붙여야 한다.[30] 다섯째, 동물을 신에게 바친 후 가죽을 벗긴 다음 요리를 하게 된다. 이때 고기는 불에 살짝 그슬린 것을 먹는 것이 아니라, 불에 그슬린 부분을 벗겨내고 먹어야 한다. 여섯째, 동물의 고기를 먹고 난 후에는 까비예족 조상의 산에 올라가서 처녀성을 확인해야 한다. 꼰도나 축제 중 아베마는 성인 여성의 처녀성을 확인하는 데 목적이 있다.

하비야 축제

까비예족의 하비야 축제는 5년마다 개최되는 중요한 축제로서 12월초에 개최되어 다음 해 1월초까지 진행된다. 하비야 축제는 까비예족에게 있어 가장 두렵고 무서운 축제이다. 왜냐하면 이 축제는 마술(Magic)을 이용하는 것으로 육체를 자해(自害)하기 때문이다. 예를 들면, 한 사람의 눈동자를 칼로 찍어내기도 하며, 반대로 다시 눈동자를 칼로 원위치로 되돌려 놓기도 한다. 사람의 혀를 칼로 자른 후 다시 붙여 넣기도 하는 모습을 보여 주기 때문에 혐오감을 느낄 수 있는 축제이다. 그래서 까비예족 가운데 기독교인들은 하비야 축제를 중요하게 여기지 않지만, 대다수는 전통적인 축제를 구경하기 위해 참가하기도 한다.

하비야 축제 기간은 각 그룹마다 1일씩 개최한다. 까비예족 그룹은 10여 개의 크고 작은 것이 있지만 이를 지키는데 무려 1개월이 걸리기도 한다. 까비예족의 하비야 축제는 전통적인 것이지만 집단의 조직적인 행동이라기보다는 그 집단의 구성원 합의에 이르기를 원하는 측면이 더 강하다고 보아야 한다. 까비예족들에게 가장 중요한 가치는 공동체의 축제에 함께 참여했다는 데 있기 때문이다. 결국 까비예족의 축제 참여는 관계와 전통적 세계관의 결합이라고 보면 된다.[31] 즉, 축제를 통한 관계의 가치가 전통사회의 모습을 그대로 드러냈다고 보아야 한다. 그리고 까비예족 사회의 일원은 성취에서가 아니라 사회적 관계에서 삶의 의미를 발견하고 있다.

---

30 오른쪽 다리 복숭아뼈 근처에 동물의 가죽을 붙일 때 아베마는 시작된다.
31 Paul G. Hiebert, Anthropological Reflections on Missiological Issues, 142.

까비예족의 축제는 매우 다양한 형태를 띠고 있지만 하비야 축제는 매우 험악하고 그리스도인들의 세계관과의 충돌을 가져올 가능성이 매우 높다. 까비예족 가운데 신실한 그리스도인들은 이런 축제(마술을 통한 축제)에 참여하는 것 자체를 하나님의 신관에 두고 두려워한다. 그들은, 하나님은 질투하시는 하나님이시기 때문에 하비야 축제에 참석하지 않는다고 말한다. 그러나 하비야 축제에 참석하는 그리스도인의 경우는 50%가 애니미즘적인 신앙을 소유하기 때문이라고 한다.[32]

토고 까비예족들의 축제는 에발라가 중심적 역할을 한다. 에발라 축제의 마지막 날을 멋지게 보낸 후 1년의 휴식기간을 거친 다음 꼰도나 축제가 열린다는 것은 그들의 정신문화에 큰 영향을 준다는 것을 의미한다.

한편 까비예족이 즐거워하는 에발라 축제는 인근의 삐아족과도 연계성이 있다. 까비예족 가운데 삐아족에 속해 있는 자들과 함께 에발라 축제를 치루어야 하는 때가 있다. 이때 까비예족과 삐아족 간의 이중문화의 가교(架橋, Bridge)의 역할을 하는 것이 바로 에발라 축제다. 까비예족과 삐아족 간의 커뮤니케이션의 주된 수단으로 에발라가 사용되면서 양 종족 간의 상호인격적 관계를 형성하기도 한다. 한 문화(축제) 속의 사람들과 다른 문화 속의 사람들 간의 관계가 이중문화의 가교(bicultural bridge)이다.

삐아족 가운데 한 리더가 촌장을 방문하여 "우리 아이(18세 미만)가 에발라에 참가할 때가 되었다"[33]고 말하면 그때 촌장은 돈을 주면서 에발라를 위하여 옷과 음식을 준비하라고 말한다. 사실, 에발라 축제에 참여하도록 격려하는 돈은 마을 사람들이 모아서 준다. 이때 삐아족의 아버지는 아이가 에발라 축제에 참석하도록 동물을 구입하거나 자녀를 위해 기도한다. 사실 에발라 축제는 공포와 두려움을 주는 부분이 있어 어린아이들은 두려움의 축제이기 때문에 곧바로 꼰도나 축제로 넘어가는 경우가 대부분이다.

---

32 토고 공화국 까라시에서 연구자와 빼루 마자말루와의 2016년 1월 15일 인터뷰 내용을 전제한 것이다.

33 토고 북쪽에 위치한 까라시 혹은 근교에 사는 까비예족은 만 20세가 되어야 에발라 축제에 참가할 수 있다. 촌장은 에발라에 참여하고자 하는 모든 자에게 적절한 돈을 계산하여 배분하기도 한다.

토고의 까비예족이 가장 영예스럽게 생각하는 에발라 축제 혹은 꼰도나 축제의 형식은 약간 차이가 나기도 한다. 에발라 축제는 남자의 능력을 검증하는 것으로 남성의 영적, 육체적, 내면적인 부분까지 점검하는 기회가 된다. 반면, 꼰도나 축제는 축제를 통해 지혜를 소유하는 것이 가장 중요하다. 이들이 원하는 지혜는 꼰도나를 통해 촌장과 같은 명예와 존경을 받는 자리에 이르는 것을 말한다. 에발라와 꼰도나 축제에 참석한다는 것은 남성의 권위를 제공해 주는 가교 역할을 한다고 보아야 한다. 여기서 에발라는 1년차를 거친 자가 2년차로 올라가고, 2년차에서 3년차로 올라가게 된다. 이때 연차가 높은 자가 낮은 자를 향해 명령을 내릴 수 있는 특권도 주어진다. 그러나 꼰도나 축제에 참가하여 그 통과의례를 거친 자만이 에발라 축제 3년차에게 명령을 내릴 수 있다. 이는 토고 까비예족의 전통적인 문화로서 삐아족에게 허용되는 문화이다. 이러한 문화적 행위를 통하여 정체성을 재확인하면서 자신들의 사회에 깊숙이 들어가게 된다는 것을 확증하기도 한다.

까비예족의 축제문화와 가치체계

문화적 정체성

까비예족의 축제는 문화적 정체성과 관련이 있다. 개인적 정체성은 한 사회나 문화와의 동일화에 연결되어 있다. 까비예족의 문화는 고향을 떠나 도시 혹은 타 지역의 문화와 전통적 문화, 곧 이중문화에 속한다. 대부분의 사람들은 이중문화의 세계에 속하게 된다. 그러나 까비예족은 축제라는 한 문화를 통해 그들의 정체성을 묶고 있다.

까비예족들의 축제문화의 가치는 여러 가지 의미를 담고 있다. 첫째, 축제를 통한 까비예족의 통과의례와 청년 남자의 성인식을 치른다. 청년 남자는 축제의 핵심자로서 혹독한 의식과정을 거쳐 성인수업을 치르기 위한 정신적·신체적 의식을 준비한다. 까비예족의 정신적 가치 곧 남성의 세계관과 가치, 상호이해를 통한 문화적 세계관을 세워 간다. 만약, 젊은이들 가운데 전통적 가치로 여기는 축제의식에 참여하지 않는 사람이 있다면, 그는 원로와 부모들로부터 징계를 받게 되며, 까비예족만이 갖고 있는 가치와 정체성 훼손에 대한 비판에 직면하게 된다. 둘째, 까비예족은 축제의식을 통해 가족이 아닌 종족 공동체 캠프에서 인생의 가치와 문화적 동일화를 배우게 된다. 축제라는 특이한 의식을 통해 까비예족이 갖고 있는 상징적 문화를 유지하게 된다. 셋째, 이들은 문화적 동일화를 위한 일종의 제의적 식사(ritual meal)를 하게 된다. 제의적 식사에는 주로 개(dogs)고기를 먹는다. 개고기를 먹는 것은 광견병 예방과 뾰족한 송곳니를 얻기 위한 것이다. 이 같은 제의적 식사 의식은 축제가 열리는 7월 중에 치러진다. 식사를 통한 제의적 동일화는 이중문화 사람들의 삶보다는 까비예족의 정체성을 재확증해 주는 것이라 할 수 있다. 넷째, 축제는 까비예족의 신념체계이다. 이를 증명하기 위해 성인남자가 참여하여 축제의식과 원로들에 의해 전승되고 있는 가르침을 검증하는 공동체를 형성하게 된다.[34] 그들이 가진 신념체계를 후속세대의 삶에 적용한다. 다섯째, 축제는 가장 높은 차원에서 종족 세계관의 전통 구축과 상당한 양(量)의 상식을 전승하는 기회가 된다. 이들이 갖는 세계관은 한 문화 안에 사는 사람들이 공유하는 실재에 대한 가장 근본적이고 포괄적인 관점이라 할 수 있다. 세계관은 축제의 본성, 즉, 젊은이에게 주어진 것에 대한 가정을 결합시킨다.[35] 까비예족들만 갖고 있는 축제 의식은 그들의 삶과 죽음을 의미있게 만들어 주는 신념을 체계화시켜 줌으로 기꺼이 참여하게 할 뿐 아니라 죽기까지 한다.

인식체계 사이의 관계

까비예족의 전통적 의식은 어른과 젊은이들 사이에서 발생하는 인식체계를 상호 연관시켜 주는 역할을 한다. 이러한 인식체계는 까비예족 문화적 이론과 신념체계 그리고 세계관을 명심해야 한다. 한 차원, 즉 축제가 다른 축제요소와 어떤 관계가 있는가를 살펴야 한다. 까비예족만이 갖고 있는 전통적 축제 이론이 신념체계와 세계관에 어떻게 관계되는가를 연구하는 것은 매우 중요하다. 이들이 갖

---

34 Paul G. Hiebert, Anthropological Reflections on Missiological Issues, 38.

35 Paul G. Hiebert, Anthropological Reflections on Missiological Issues,

고 있는 하나의 전통적 의식이 다른 것과 어떻게 연관되는가를 살펴보는 것 자체
가 동일한 차원에 있는 인식체계인지 아니면 다른 차원의 인식론적 차원인가를
분석하고 평가할 때 그 실체를 파악할 수 있게 된다. 다시 말하면, 축제의식에 참
여하는 자들로 하여금 에발라, 꼰도나, 아베마 등의 실재(實在) 혹은 현상을 거울
로 보는 것과 같게 된다. 제리 질(Jerry H. Gill)은 "순수실재론자들은 실재의 사진 혹
은 거울로 본다"고 말한다.[36] 이는 축제의식을 통한 포괄적인 인식체계, 즉 통합된
거대한 이론을 추구하거나 받아들이는 의식을 통해 공동체의 단일화를 이루게 된
다. 해마다 한 장소에서 시작된 축제의식은 똑같이 진행되어야만 인식체계가 동
일화될 수 있다.

또 하나는 까비예족들이 갖고 있는 축제의식을 통한 인식체계에 대한 문화이해
는 특별히 경험론(empiricism)에서 발견되는 환원주의(reductionism)[37]이다. 까비예족
은 축제의식이라는 경험을 통해 가치판단, 감정의 표현, 문화와 사회라는 맥(脈)에
대한 반영을 보고 있다.[38] 그러나 중요한 것은 까비예족이 갖고 있는 전통문화와
인식체계는 한 개인의 지적 수준과 생활양식에 따라 특성이 다를 수 있다. 곧 관념
론, 순수실재론, 비판적 실재 혹은 도구주의이든 간에 인식체계 입장에는 차이가
발생할 수 있다.

결론적으로 까비예족 문화적 전승인 축제의 참여자인 청년들은 종족 공동체에
결합되었다는 인식적 가치와 상호보완적 신념체계에 통합된다고 볼 수 있다. 축
제의 형태가 여러 가지라 해도 실재(實在)에 관한 서로 다른 견해는 중복되는 곳에
서 서로 모순되지 않는 한 상호보완적인 것으로 받아들여짐으로 보다 진취적인
공동체의 발전을 도모하게 된다.[39] 그러므로 까비예족 사회의 축제문화는 비판적
실재론자에게는 다양한 학문을 상호보완적으로 보도록 하면서 세계관에도 영향

---

36 Jerry H. Gill, *On Knowing God: New Directions for the Future of Theology*(Philadelphia: Westminster, 1981),
    34–36.
37 인류학에서 환원주의는 과학을 통합하는데 사용하는 것으로 보고 있다. 즉, 인간사회와 문화를 포함하는
    모든 인간적 현실을 심리적 이론에 기초하고 있다. 까비예족의 축제를 통해 집단역학을 다루면서 종족의
    변화를 공식을 통해 접근하려는 것이다.
38 Jerry H. Gill, *On Knowing God: New Directions for the Future of Theology*, 29.
39 Paul G. Hiebert, Anthropological Reflections on Missiological Issues, 41.

을 미친다고 보이게 된다. 반면 도구주의자에게 인식체계는 문제를 해결하는 장치가 되지만 한 개념 안에 통합하거나 상호보완적일 필요가 없게 된다. 그러므로 이 두 개의 견해는 선교사들에게는 받아들여질 수 없다. 왜냐하면 그들은 진리를 알 수 있다는 어떤 가능성도 부정하기 때문이다.[40]

문화전승과 민족주의

아프리카인의 문화의 특징은 가족 중심이라는 것이며, 특히 까비예족의 문화는 가족과 공동체 문화전승 결집이 두드러지게 나타난다. 또한 자신들의 역사적, 문화적, 개인적 상황에 의해 영향받지 않는 문화전승적 민족주의가 매우 강하다. 그들의 공동체가 갖고 있는 문화전승은 토고 공화국 내에서 가장 우월하다는 것이 전제되어 있다. 이것은 다른 종족과의 차별성을 의미하기도 한다.

매년 혹은 격년이나 5년마다 실시되는 축제는 까비예족의 문화적 다양성을 통한 통일된 가치로서 종족과 문화는 하나라는 것을 보여 준다. 루이스 헨리 모간(Lewis Henry Morgan)은 "인류의 역사는 기원이 하나이고, 경험이 하나이고, 발전 과정에 있어서 하나이다"라고 말했다.[41] 헨리 모간의 주장처럼 까비예족은 역사와 경험, 문화전승의 발전과정 모두가 "문화들"이 아닌 "하나의 문화"를 통하여 민족주의가 내재되어 있다. 그러나 까비예족의 문화전승은 원시적이면서도 논리적(prelogical), 이고 문명화라는 선상에서 배열하여 문화적 전승을 설명하고 있다.[42] 그러나 까비예족의 문화전승은 시간이 흐르면서 현대화되는 느낌이 들지만 문화의 통일성과 다양성 모두가 하나의 거대한 통합을 이루고 있다.

까비예 공동체가 갖고 있는 축제의 다양성이 가족중심의 문화전승과 구전(口傳)으로 전승되어 온 것은 이를 계승하려는 노력의 산물이다. 또한 까비예 후손들의 문화전승에 대한 인식론의 전이(轉移), 전승된 문화에 대한 지식체계를 보는 시각

---

40 Paul G. Hiebert, Anthropological Reflections on Missiological Issues, 42.

41 Lewis Henry Morgan, Ancient Society(New York: Henry Holt, 1877), vi.: Paul G. Hiebert, Anthropological Reflections on Missiological Issues, 58.

42 Paul G. Hiebert, Anthropological Reflections on Missiological Issues, 58.

을 통해 토대가 구축되고 있다고 보아야 한다. 이러한 문화전승이 뿌리 깊은 종족들에게는 강력한 민족주의가 내재되어 있어 패러다임의 변화가 어렵기 때문에 타 종족과의 진정한 대화가 본질적으로 불가능하게 된다. 그런데도 까비예족은 진화되어 가는 문화전승을 통해 다른 부족과 함께 일하게 되거나 친밀한 관계를 맺으려는 토대를 마련한다고 생각한다. 하지만 그들의 문화는 상대방에 대한 즐거움을 주기보다는 민족주의가 강한 모습의 형태와 의미가 실제의 삶에 연결되어 있다.

까비예족의 축제문화의 가치는 자민족중심주의 곧 우월주의가 내재되어 있다. 그리고 더 깊게 타문화들을 이해할 수 있도록 하는 것보다는, 문화전승을 통해 자신들의 정신적인 가치체계가 무엇인가를 좀 더 깊이 있게 이해한다는 점이다. 그리고 이들에게 축제문화는 실재(객체), 형식 그리고 의미(해석)라는 형태를 띠고 있다. 이들에게 축제 문화는 실재역사와 함께 실재세계에서 시작하면서 정신적인 지도의 연결체로 보고 있다.

그러므로 까비예족이 갖고 있는 축제문화적 전승은 객관적인 범주와 주관적인 범위 모두를 가지고 있을 뿐 아니라 문화전승을 통한 민족적 우월성이 인식 안에 홀로 놓여 있는 것이 아니라 그들의 정신적인 지도와 모델들과 실제들 사이에 상응하고 있다. 이것은 선교를 위한 리서치를 하거나 사역자들이 눈여겨보아야 할 '내부적 관점'이라 할 수 있다. 또 하나는 까비예족의 축제는 초문화주의(Metaculturalism)[43]라 할 수 있다. 까비예족의 문화는 얼마든지 평가할 수 있는 틀이 있다. 폴 히버트는 "인류학에서 비판적인 실재주의는 또한 인류의 통일성과 다양성의 관점에 영향을 미친다"고 말한 바 있다.[44] 이와 마찬가지로 까비예족의 원시적 문화에서 현재까지 '까비예족의 통일성과 공통된 인간성'을 강조하고 있다. 이들은 축제문화의 전승을 통해 공통의 정신적인 과정들을 공유하며 출생, 성장, 결

---

43 까비예족이 갖고 있는 초문화주의 틀의 발전은 선교사 혹은 탐사자들과 다른 이중문화를 가진 사람들의 검증서이다. 타문화들 속에 깊이 관여하고 감정이입적인 내부자와 비교하는 외부자 모두가 되려고 할 때 다양한 축제문화들과 관련될 수 있도록 정신적인 시각들을 발전시키는 역할을 한다. 이러한 발전적인 모델들은 선교인류학적으로 평가할 수 있는 틀을 제공해 준다.

44 Paul G. Hiebert, Anthropological Reflections on Missiological Issues, 69.

혼, 죽음으로서의 공동체의 경험들을 공유한다. 그러나 문화전승이 이해되고 표현되는 방식은 세대마다 조금씩 변형되고 있다.

결국 까비예족의 문화적 가치체계는 세계관을 부여하고 있으며, 그들이 갖고 있는 보편적이고 객관적인 구조를 통해 선교인류학적인 복음의 접촉가능성을 발견해야만 한다. 선교학에서는 이러한 문화전승에 대한 비판적 실재론을 갖고 접근할 때는 의사소통이 되지 않을 수 있기 때문에 현실 세계 안에서 응답을 기다리기 위해서는 그들이 갖고 있는 문화적 틀을 깊이 이해할 수밖에 없다.

까비예족의 문화적 상황과 선교

까비예족의 복음신앙 구축을 위한 훈련

까비예족의 문화와 종교에는 다른 종족에 비하여 가치와 철학이 담겨 있다. 까비예족 문화 안에 내재되어 있는 영적 속성을 지닌 신화적 존재들은 대개 인간이 '시간이 부재'하는 무엇인가를 역사화하려는 시도가 담겨 있다. 그리고 이것은 까비예족이 다른 맥락에서 신적 존재를 경험한 것을 전통적으로 계승시키고 있다는 점이다. 까비예족들만이 갖는 독특한 신화적 문화와 전승된 에발라 축제, 그들 안에 내재되어 있는 관점 상태에서 통찰력이 상실된 관습도 가지고 있다. 이는 그들만이 갖고 있는 의미와 상징을 파악하는 것이 어렵거나 전승된 문화의 실제 속에 깊이 감추어져 있는 어떤 현상을 현실 세계로 불러오려는 의식적 시도를 지니고 있다.

특히 까비예족만이 갖고 있는 무수히 많은 영적인 것이 존재한다. 이들이 갖고 있는 영적인 측면은 지역과 타민족과의 혼성된 곳일수록 이루 말할 수 없을 정도로 다양하게 드러난다. 이는 마치 과학실험실의 무수히 많은 시험관을 일일이 설명할 수 없는 것과 같다. 그들에게 구전(口傳)에 의해 전승되어 온 것도 혼란스러울 뿐이다. 왜냐하면 까비예족은 자신들의 전승된 신화가 영적인 어떤 존재를 지니고 있다고 믿기 때문에 기독교가 말하는 복음신앙을 소유하는데 오랜 시간이 걸린다. 그러나 이들이 갖고 있는 전통적 가치와 신화는 기독교가 믿는 창조와 비슷한 점이 있다는 동질성(同質性)을 갖고 있다. 전통적 신화와 기독교신앙이 일치할 수 없지만 비슷한 영적 가치를 지녔다는 자부심으로 다른 종족에 비해 상대적으로 높은 기독교신앙을 갖고 있다. 그러나 이들은 기독교신앙보다는 전승된 신화와 문화를 높은 가치에 두고 있기 때문에 기독교의 근본진리와 복음신앙 구축을 위한 과정이 요구된다.

까비예족의 복음신앙 구축을 위해서는 먼저, 그들 안에 내재되어 있는 창조신화를 깊이 인식해야 한다. 까비예족 대부분은 하늘에서 내려온 인간 곧 신적인 부분을 소유했다는 것을 전제로 하고 있기 때문에 영적인 변화와 발전을 가져오기 위해서는 정확한 복음신앙을 구축하도록 돕는 것이 필요하다. 둘째, 까비예족의 영적인 부분은 곧 인간의 운명이라고 믿는다. 영적인 부분이라는 것은 이들 너머에 있는 신(神)뿐이라는 의식이 매우 팽배하기 때문이다. 신적 존재를 인정하는 사회는 신적 존재를 영적 사이에 있는 존재론적 위계질서의 또 다른 집단이라고 생각하기 때문이다.[45]

이런 영적 가치체계에 함의된 까비예족에게 복음신앙으로 구원받는 도(道; 고전 15:1-4)의 배후에는 하나의 대전제가 있다. 그것은 하늘로부터의 하나님의 진노가 있기 때문에 이 교리에 대한 해명에 앞서 설명(롬 1:18-3:20)부터 시작해야 할 것이다. 하나님의 존엄성과 인간의 죄악성, 이 두 가지 전제가 없이는 복음도 아무런 의미를 가지지 못한다. 따라서 하나님께 용납함을 받는 일의 가치가 전제되지 않고 복음에 관한 논의가 무슨 의미가 있는가를 인식하는 과정이 필요하다. 물론 복음이 가지는 각종 가치는 도덕적, 심리적, 문화적, 예술적, 사회적, 철학적 가치 등 허다한 것들이 많다.[46] 그러나 하나님께 용납되어 구원과 영원한 복락을 누리

---

45 John Mbiti, *African Religions and Philosophy*(African Writers Series, Heinemann, 1999), 60–67.

46 한철하, "복음주의 신학의 과제," 「한철하박사논문자료집」 (경기양평: 아세아연합신학대학교대학원 2016): 14–15.

기 위해서는 그들이 갖고 있는 전통적 가치와 혼성문화를 배제하고 하나님의 문화를 수용하고, 복음신앙의 중심성을 세워야 한다.

상황화 선교

오늘날 우리가 지역선교를 할 때 아프리카의 거대한 문화의 다양성에 직면하게 된다. 아프리카는 다양한 종족이 어울려 살고 있어 각기 다른 문화와 세계관을 갖고 있다. 이들을 위한 복음선교[47]를 위해 이들에게 접근하려면 문화와 역사적 배경이 있는 교회가 성경을 그 자신의 상황에서 해석하고 적용시키기 위한 권리와 책임을 가져야 할 것이다. 상황화는 까비예족을 비롯한 다른 문화적 배경 속에 있는 부족들과 교회들에게 적용시키기 위한 것이다.

이 부족에게 복음을 상황화[48]하기 위해서는 옛 문화전승과 관습들이 다루어져야 한다. 기독교인들이나 일반인 모두가 그들의 문화를 간직하고 있다. 문화는 인간이 만들어 낸 것이다. 그 이유는 인간이 하나님의 형상에 따라 창조되었기 때문이다. 인간은 선하고 아름다운 것을 창조해 낼 수 있다. 그러나 인간의 죄성은 모든 문화에서 발견된다. 그래서 인간의 문화는 하나님의 진노 아래 놓여 있다. 그렇다 할지라고 인간의 문화에서 복음을 상황화하여 변화가 오도록 하는 것은 사역자의 몫이다.[49]

또 하나는 교회가 까비예족의 사회적 질서가 되어야 한다는 것이다. 이는 까비예족의 문화전승과 관습 속으로 복음이 들어가 사회변혁의 모토가 되어야 한다는 것이다. 이러한 질서의 성취를 위해 선교사와 복음전도자의 출생문화가 반영되어서는 안 된다. 오히려 까비예족의 사회적·문화적 상황 속에서 하나님 나라를 점차적으로 드러내는 역할을 해야 한다.

그리고 까비예족의 역사와 문화적 상황 속에 있는 교회는 성경의 진리를 그들

---

47 장훈태, "세계난민문제와 선교," 「성경과 신학」 77(2016): 190-191.
48 정흥호, 『복음주의 입장에서 본 상황화 신학』 (서울: 한국로고스연구원, 1996), 95-168을 참조하라.
49 Paul G. Hiebert, Anthropological Reflections on Missiological Issues, 102 재인용.

이 당면하고 있는 매일의 문제에 적용함으로써 신학을 발전시켜야 한다.[50] 까비예족의 문화전승과 민족주의, 인종우월주의, 혼전성관계 문제 등을 다뤄야 한다. 까비예족 사회의 민속신앙과 세속화, 가난으로 고통받는 세계에서 누리는 풍요의 문제 등을 성경을 통하여 재해석하여야 한다.

까비예족과 친밀한 친구 관계를 통한 복음선교

서부 아프리카의 토고 공화국을 비롯한 인근 국가에서 복음선교를 성공적으로 사역한다는 것은 매우 어려운 것이 사실이다. 복음의 본질을 이해하고 실천하기 위한 노력이 지속되어야 가능하게 된다. 사실, 토고에서 오랜 기간 사역한 선교사는 복음의 상황화[51]를 위해 이렇게 말했다.[52]

"저는 토고에서 19년을 사역하는 동안 현지인들과 가까워지기 위해 무척 노력했습니다. 현지인과 가깝게 지내기 위하여 NGO 사역을 하면서 복음의 문을 열었습니다. NGO 사역으로 학교설립, 농업개발과 발전사역, 의료 등이었습니다. 그리고 학교를 통한 교육과 병원사역을 통한 친구 관계 형성으로 사역했는데 효과가 좋았습니다. 무엇보다 동네 사람들과 가까이에서 친하게 지내면서 복음의 문을 여는 것이 제 사역의 핵심이기도 했습니다."

이상의 내용에서 선교사역은 현지인들과 가깝게 지내기, 사회발전과 변화를 모색함으로 지역사회 개발과 친구 만들기가 핵심이다. 이는 현지인과 친하게 지내면서 현지 환경에 익숙해져야 한다는 의미이다. 또 하나는 현지인과의 신뢰도

---

50 Paul G. Hiebert, Anthropological Reflections on Missiological Issues, 102 재인용.

51 정홍호 · 소윤정, "로잔운동과 이슬람 상황화—위클리프(Wycliffe) 성경번역 관련 이슈를 중심으로," 「복음과 선교」 31(2015): 171–187.

52 신인호 목사와 인터뷰, "복음의 상황화를 위한 방법에 대하여," 2016년 6월 3일(금) 오후 6시 30분부터 인터뷰함. 신인호 목사는 감리교회에서 파송한 선교사였다. 그가 토고공화국로메에서 NGO사역과 한 인교회를 설립하면서 사역한 내용이다.

가 높으면 높을수록 사역은 역동적이라고 해석할 수 있다. 물론 현지인과 선교사와는 언어와 문화가 다르기 때문에 이질적(異質的)일 수 있지만 인종차별주의와 선입견 등을 버릴 때 복음을 전하기 위한 접촉점 발생이 가능하게 된다. 따라서 복음선교의 극대화를 위해서는 현지인의 문화와 자긍심을 건드리지 않는 것도 친밀한 관계[53]를 유지하는 방법이다.

아프리카와 이슬람[54] 문화에서는 여성의 공간이 있는데 이러한 공간문화에 대한 이해가 부족할 경우 현지인과의 접촉점을 만들기가 어렵기 때문이다. 마찬가지로 까비예족의 축제문화에 대한 객관적 평가와 사회적 이슈를 드러내려는 것에 대한 수용적 태도를 통해 접근하는 것도 한 방법이다. 까비예족들은 나름대로 문화와 전통을 잘 보존시켜 가는 특성을 지니고 있는데, 이들에 대한 언어-문화-토착언어와 같은 전통요소가 서로 이질감 없이 공존하기 때문이다. 이것이 까비예족이 지니고 있는 문화혼성(文化混成)의 장(場)이기에 어느 한 잣대로 타 문화를 보려고 해서는 안 되며, 이에 대해 조심스럽게 접근할 필요가 있다.

사소한 문화와 정신, 관찰을 통한 접근

토고의 까비예족은 자신들이 오랜 전통으로 여기는 축제문화에 깊은 관심을 갖고 있다. 이들은 돈을 버는 것보다는 자신의 종교적 생활과 전통을 지키는 것을 더 중요하게 여길 수 있다. 선교사역자는 까비예족과의 접촉 혹은 복음선교를 구체화시키기를 원한다면 일상생활을 관찰하거나, 방문언어를 익히는 것도 한 방법이다. 가장 쉬운 방법은 그들이 즐겨 이용하는 버스 혹은 택시의 외관에 다양하게 장식된 그림들의 상징과 의미를 보는 것이다. 아프리카인들은 장거리 혹은 가까운

---

53   Paul G. Hiebert & Eloise Hiebert Meneses, Incarnational Ministry-Planting Church in Band, Tribal, Peasant, and Urban Societies, 『성육신적 선교사역』안영권 · 이대희 역(서울:기독교문선교회, 1998), 33-38. 인간관계는 다섯 가지의 영역으로 구성되어 있다. 사회적 · 경제적 · 정치적 · 법적 · 업무적 영역이다. 이 모든 것은 사람 또는 그룹과 관계가 있다.

54   장훈태, "코트디부아르 기독교와 이슬람 정착요인," 「복음과 선교」 31(2015): 64-82.; 김승호, "순진한 무슬림에 대한 무슬림들의 폭력적 저항에 대한 고찰," 「성경과 신학」 66(2013): 335-338.

거리를 다닐 때 안전을 기원하는 마음을 갖고 있다. 평화를 기원하는 마음으로 어린아이의 모습, 조상의 은혜를 바라는 의미에서 선조의 이름을 부르기도 한다. 이런 일상들은 사소하게 여기는 부분이지만 아프리카인들에게 문화적으로 전승되어 온 것들이다.

까비예족의 사소한 문화와 정신을 보면 축제, 조상, 가족, 신(神) 등이다.[55] 또한 까비예족들이 갖고 있는 비인격적인 세계와 생명력 있는 세력들이 무엇인가를 살펴보는 것도 유익할 것이다. 그것은 까비예족들이 섬기는 신들 그리고 고등신, 영혼들, 조상들과 후손들, 토템신앙, 의미와 두려움 등이다. 부족사회가 소유하는 문화적 지식의 배경에는 사람들이 세상을 바라보는 방식을 규정하는 실체의 본질에 대한 근본적인 추측들이 존재하는 것을 보면서 접근할 필요가 있다.[56] 이러한 사소한 요인들 속에는 세계관이 있는데 이를 통전적, 유기적 관계, 인간중심이 무엇인가를 보다 구체적으로 관찰할 필요가 있다. 이러한 조사와 분석을 통해 눈높이에 맞춘 복음선교[57]가 가능하기 때문이다.

결과적으로 볼 때 선교는 이방인(선교사 혹은 사역자)의 눈에 비친 풍경들을 관찰하고 분석함으로써 복음선교의 접촉점을 찾는 것이다.[58] 이를 위해 선교사는 선교현장의 지역이 갖고 있는 의미와 뜻, 종족파일과 경제 · 사회 · 문화적 현상 등을 보다 구체적이고 확실하게 알고 있어야 한다.[59] 그리고 지역 내의 건물 명칭을 비롯하여 종족들의 다양한 언어, 종교와 문화, 관습이 공존한다는 것을 인지하고 선교현장을 인식 할 때 복음선교가 가능하게 된다.

결론적으로 축제문화는 인간이 만들어 낸 것이다. 마찬가지로 선교는 선택사항이 아니라 교회의 본질이다. 그래서 교회는 보편적이다. 그러나 교회가 보편적

---

55 박윤만, "예수, 총체적 종말론적 구원자: 마가복음의 예수의 치유와 축귀 그리고 죽음을 중심으로." 「성경과 신학」 77(2016): 266-278.

56 Paul G. Hiebert & Eloise Hiebert Meneses, Incarnational Ministry, 『성육신적 선교사역-교회사역을 위한 선교현장의 문화이해』, 123-139

57 Wilbert R. Shenk, *Changing Frontiers of Mission*, 『선교의 새로운 영역』 장훈태 역(서울: 기독교문서선교회, 1999), 169-175.

58 장훈태, 『한국 교회와 선교의 미래』(서울: 도서출판 대서, 2012), 100-114. .

59 Dean Gilliland, Pauline Theology and Mission Practice(Grand Rapids: Baker, 1983), 208-09.

이라 해도 본질을 잊어서는 안 된다. 교회는 오랫동안 성경에 기초한 학문연구와 선교에 집중해 왔다. 이것은 하나님의 백성 가운데 계시는 예수 그리스도를 믿는 믿음을 실천하기 위함이다.

그리고 오늘날 교회는 하나님께서 전 세계를 향하여 말씀하시는 바를 귀담아 들어야 한다. 벤 엥겐(Charles E. Van Engen) 또한 보편적 교회를 강조했다.[60] 그가 폭넓은 식견(識見)을 갖고 교회와 선교현장을 바라본 것은 놀라운 일이다. 그러나 우리가 하고 있는 토고 공화국 낭가부 지역의 까비예족들의 축제문화와 가치체계를 통한 선교 가능성 탐색은 바울이 고린도교회를 말한 것과 같다. 바울은 우리의 지식을 논하면서 "거울로 보는 것 같이 희미하나 지금은 부분적으로 아는"(고전 13:12-13)것이라고 하였다.

복음적 선교에 헌신하기로 한 사역자는 가난한 자, 억압받는 자, 사회 변두리에 있는 자들에 대해 관심을 갖고 이러한 현실을 복음적으로 조명하기 위해 관심을 가져야 한다. 또 하나는 현지인들이 갖고 있는 문화, 즉 축제를 비롯한 다양한 컨텐츠를 유의 깊게 관찰한 현장경험이 풍부해야 한다. 그리고 현지인들에게 복음 선교를 위하여 상황화(contextualization)를 인정하지만 교묘한 조작(Manipulation)을 인정해서는 안 된다. 하나님 중심, 성경 중심의 신학을 철저하게 펼치면서 현지인들의 소리에 귀를 기울여야 한다.

선교 사역자는 현지 문화에 대한 적절한 접촉을 위해 자문화 중심의 사고에서 탈피해야 하며, 지역사회와 지역교회에 초점을 맞춰야 한다. 그리고 기독교는 문화 속에 있음을 인지하고[61] 선교사 주변 문화의 관계를 깨우쳐 주면서 진리를 향한 이정표를 제시해야 한다. 그러면서 그리스도인은 까비예족의 사회조직에 대한 반응을 해야 한다. 교회와 까비예족의 공동체[62]와의 경계선(boundaries)이 있음을 알고 이를 어떻게 볼 것인가에 대한 문제도 고민해야 한다. 이들이 갖고 있는 축제문

---

60 Charles E. Van Engen, *God's Missionary People-Rethinking the Purpose of the Local Church*, 『하나님의 선교적 교회』임윤택 역(서울: CLC, 2014), 10.

61 Charles H. Kraft, *Christianity in Culture: A Study in Dynamic Biblical Theologizing in Cross-Cultural Perspective* (Maryknoll, N. Y. : Orbis, 1979), 318-326.

62 오현철, "예수생명이 약동하는 공동체, 소그룹," 『성경과 신학』65(2013): 188-190.

화와 교회라는 경계선을 비롯하여 그들이 주위 환경을 어떻게 보느냐 하는 것과 교회 밖에서 그들을 어떻게 보느냐 하는 것을 면밀하게 살펴 진리의 길로 안내할 필요가 있다.

만약 까비예족이 경계선을 허물고 교회로 이동하여 변화의 삶을 살게 되면 역동적인 선교가 될 수 있다.[63] 왜냐하면 교회는 교회가 속한 문화 상황과 역동적인 관계를 가져야하기 때문이다. 까비예족의 문화적 가치체계는 그들의 문화권 내에 있는 교회 조직에 영향을 미치며 또한 영향을 받고 있다.[64]

또한 선교사는 까비예족을 위한 복음전도에 초점을 두고 불신자의 개종, 교회 개척, 하나님의 은혜를 증거하는 일 등의 세 가지 목표를 두어야 한다.[65] 그리고 토고 공화국 복음화를 위하여 버카일(Johannes Verkuyl)이[66] 주장한 개개인의 영혼 구원을 위한 경건한 목표와 교회개척, 교회의 수적인 성장, 복음과 사회적 책임, 사회 하부구조 개선(improving macrostructures), 하나님 나라 건설에 매진해야 할 것이다. 따라서 토고 공화국 까비예족을 위한 선교 가능성 탐색을 위하여 교회의 문화적 특성과 주변 환경에 적절하고 교회와 환경 사이에 있는 상호작용의 변화에 적절하게 대처하면서 참된 삶의 이정표를 제안해야 한다.

63 Arthur Adams, *Effective Leadership for Today's Church*(Philadelphia: Westminster, 1979), 76-82.

64 Charles H. Kraft, *Christianity in Culture: A Study in Dynamic Biblical Theologizing in Cross-Cultural Perspective*, 315.

65 J. H. Bavinck, *An Introduction to the Science of Missions*(Philadelphia: Presbyterian and Reformed, 1960), 155-7.

66 Johannes Verkuyl, *Contemporary Missiology*(Grand Rapids: Eerdmans, 1978), 176-97.

Part 06

베넹 공화국
(Republic of Benin)

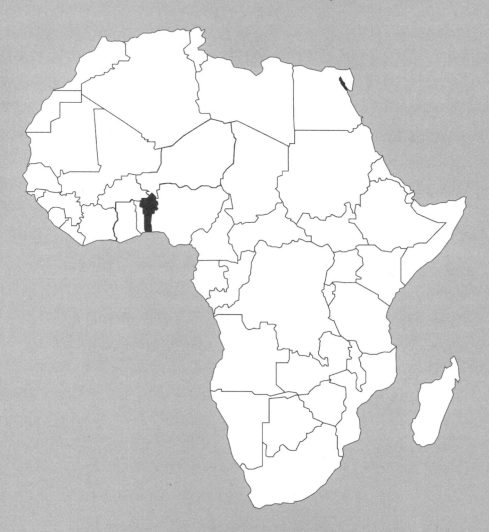

11

베넹 공화국 복음선교 전략
(셀레스트 기독교의 역사와 교리)

    세상에서 발생하고 있는 사건들은 일반적으로 사람들에게 침울하고 어두운 영향을 주는 경향이 많다.* 우리는 한 시대가 끝나고 또한 시대가 시작되는 중간기를 향해 살고 있다. 그러면서 인간은 늘 '변화 속의 세계'(A World in Transition)에 있다. 변화 속의 세계에는 많은 혼란과 엄청난 악과 고통, 불안이 수반된다. 이를 극복하기 위한 다각적인 노력도 쉬지 않고 진행된다. 기독교를 비롯한 정치와 경제, 사회와 문화영역에서는 끝없는 노력을 기울인다. 해마다 개최되는 세계경제포럼(world Economic Forum)은 매년 '각 나라에서 젊은 글로벌 리더'(Young Global Leaders, YGL)를 선정한다. 일명 '다보스 포럼'(Davos Forum)[1]이라고도 불리는 이 모임은 글로벌 이슈에 더 많은 관심을 갖고 더 나은 세상을 만들기 위해 전문영역에서 고민하고 애쓰고 노력하는 젊은이들을 격려한다. 그들이 서로 연대해 전 지구적 변화에 긍정적으로 기여하기를 기대하기 위해 만든 제도가 바로 다보스 포럼이다.[2] 정

---

1 * 이 연구를 위해 2016년 1월 10-30일까지 토고와 베넹 남부 지역을 방문하여 현지조사를 하기도 했다. 다보스 포럼(세계경제 포럼)은 1971년 처음으로 시작되었으며, 성격은 국제 민간회의이면서 정치 · 법제 · 외교 분야를 중점적으로 논의한다. 다보스 포럼의 중심인물은 클라우스 슈밥(Klaus Schwab)이다. 관련 장소는 스위스의 다보스와 제네바이다. 이를 다시 설명하면, "세계의 저명한 기업인 · 경제학자 · 저널리스트 · 정치인 등이 모여 범세계적 경제문제에 대해 토론하고 국제적 실천과제를 모색하는 국제민간회의"라 할 수 있다. http://100.daum.net/encyclopedia/view/14XXE0066537. 2016년 12월 18일 접속.

2 Klaus Schwab 외 26인, *The Fourth Industrial Revolution*, 『4차 산업혁명의 충격』 김진희,손용수, 최시영 역(서울:흐름출판, 2016), 5인용.

재승은 "4차 산업 혁명시대, 우리는 무엇을 준비할 것인가"라는 질문을 던지면서 "전 지구적 변화에 내 대뇌의 촉수를 뻗게 만든 계기가 됐다"[3]면서 미래사회의 구조변혁을 예고하고 있다. 지금, 전 세계적인 구조변화와 흐름이 정신없는 상황에서 종교(宗敎)는 시대에 역행하는 듯한 느낌이다. 종교는 관례와 전통, 문화권을 중심으로 녹아 있는 민족지(民族誌)와 신화 등을 비롯해 민간신앙의[4] 구조와 행위, 사고관(思考觀)에 깊숙이 빠져 헤어나지 못하고 있다.

종교가 전통과 교리에 얽매여 있는 동안 세계는 스마트한 시대로 달려가고 있을 뿐 아니라 빅데이터, 인공지능, 사물인터넷(IoT) 같은 정보기술(IT)이 더 많은 영역에서 활동하고 있다. 이러한 시대에 종교는 자기 공동체의 틀(tool)에 묶여 세계를 향해 바라볼 수 없는 것은 서부 아프리카 민간종교에서 두드러지게 나타난다. 존 음비티(John Mbiti)의 지적과 같이 '아프리카 종교 또는 민간신앙, 보편성과 특수성 논쟁'에[5] 빠져 있어서 그런지 모른다. 아프리카인은 자기가 믿는 종교[6]에 대한 믿음이 좋아서 그런지 모르지만 기독교의 유입으로 인해 아프리카 고유의 신앙형태가 저평가 또는 왜곡되는 것을 경계한다. 그래서 아프리카인은 그들만을 위한 또 다른 종교를 만들었는지 모른다.

특별히 서부 아프리카의 베넹 공화국[7]에는 다양한 형태를 지닌 종교가 많은 편이다. 로마 가톨릭교회와 개신교회를 비롯하여 셀레스트 기독교,[8] 부두교 그 밖의 민간종교가 산재해 있다. 그 가운데 셀레스트 기독교[9]는 기독교의 형태를 지녔으

---

3 Klaus Schwab 외 26인, *The Fourth Industrial Revolution*, 6.

4 장훈태, "서부 아프리카 토고 공화국 꼬따마꾸 지역 땀뻬르마족의 문화적 다양성과 선교," 「복음과 선교」 제34권(2016. No. 2), 2112-215을 참조하라.; 한국외국외대학교외국학종합연구센터, 「세계의 민간신앙」 (서울: 한국외국어대학교 출판부, 2006), 15-17.; 아프리카 민간신앙의 역동성은 다양한 계층의 혼령들이 상호교류하며 새로운 혼령을 창조해 낸다는 사실을 엿볼 수 있다.

5 John Mbiti, *African Religions and Philosophy*, 「아프리카 종교와 철학」 장용규 역(서울: 지식을 만드는 지식, 2012), 10.

6 장훈태, "코트디부아르 기독교와 이슬람 정착요인," 「복음과 선교」 제31집(2015. No. 3), 81.

7 Martin Meredith, *The Fate of AFRICA A History of the Continent Since Independence* 「아프리카의 운명」 이순희 역(서울: Humanist, 2014), 532-535.; 베넹의 격동기 과정을 기술하고 있다.

8 여기서는 '셀레스트 교회'의 명칭을 그들이 주장하는 '셀레스트 기독교'라고 할 것이다.

9 B. A. Adeogun, *Lumiere Sur Le Christianisme Celeste*(Been: Celestial Church of Christ, 2009)를 중심으로 논의를 전개하면서 복음주의 입장에서 비판할 것이다. 이 책은 베넹 셀레스트 교회에서 구입하였고, 프랑스

나 교리를 근간으로 하는 신앙적 행위는 전통적인 기독교의 생활(교리)과 윤리와 차이가 난다. 그런 측면에서 서부 아프리카의 기독교는 현상에 대해 근본적인 재적응(fundamental re-orientation)을 큰 소리로 요구한다. 기독교는 현대사의 소용돌이 속에서 초대 교회의 상태로 되돌아가도록 하고 있다.[10] 우리는 단순하지만 신앙이 지니고 있는 혁명적인 의미를 다시 탐구하면서 기독교회에 제기되는 사건들에 대한 답변을 제시해야 할 책임을 자각하게 되었다. 이에 이 장에서는 셀레스트 기독교의 역사와 창시자 및 그들이 주장하는 교리를 소개한 후 이를 비판하면서 복음주의 관점에서 서부 아프리카 선교의 전략을 찾는 것을 목적으로 한다.

서부 아프리카 베냉의 셀레스트 기독교의 역사

셀레스트 기독교회 창시자의 근거

셀레스트(Céleste) 기독교[11]의 창시자를 비롯한 신자들은 자신들을 이미 이단(異端)[12]이라고 부를 것임을 알고 있다. 그럼에도 셀레스트 기독교의 창시자를 비롯한 관계자들은 교회의 존재 이유를 이렇게 말한다.[13]

어 번역은 프랑스 파리에 거주하는 David Kim의 도움을 받았다. 연구자는 2016년 1월 10–30일까지 토고와 베냉 공화국을 방문하여 민간종교와 셀레스트 기독교, 부두교를 리서치한 바 있다.

10 H. Kraemer, *The Christian Message in A Non-Christian World*, 『기독교 선교와 타종교』 최정만역(서울: 기독교문서선교회, 1993), 13.

11 베냉에서 셀레스트 기독교는 '교회'라는 명칭을 부여한다. 여기서는 '셀레스트 기독교'라는 명칭으로 통일한다(필자 주).

12 이단에 대하여 라이프 성경은 이렇게 설명한다. 정통 학파나 종파에서 벗어나 다른 학설을 주장하는 일이나 교파. 헬라어 원어 '하이레시스'의 기본 의미는 '선택'(choice), '의견'(opinion)으로서 단순히 '분파', '파' 등을 일컫는 경우(행 22:22)와 '교회 내에서의 파당'(고전 11:19)을 뜻하는 경우, 그리고 '다른 교리를 주장하는 이단'(벧후 2:1) 등 세 가지 의미를 갖는다. 그리고 그릇된 교훈을 가르치는 '이단'을 뜻하는 또 다른 원어 '하이레티코스'는 '하이레오'(선택하다)와 '에테로스'(다른)의 합성어로서, '다른 것을 선택하다'라는 뜻이며, 이는 복음 이외의 다른 가르침을 좇는 행위를 일컫는다(딛 3:10).
[네이버 지식백과] 이단 [異端, heresy] 『라이프성경사전』(2006. 8. 15., 생명의말씀사).

13 B. A. Adeogun, *Lumiere Sur Le Christianisme Celeste*, 19.

"그리스도를 구하는 종교들이 이미 넘쳐나 있지 않는가? 종교 세계에 또 하나의 혼란입니다. 사무엘 오쵸파(S. B. J. Oschoffa(Prophète-Pasteur, 1909-1985)[14]는 창시자로서 종교세계에 오차가 아닐까? 그의 이념들은 어디서 오는가? 아프리카에서는 선지자의 존재를 절대로 말할 수 없는 것일까? 다호메(이:현 베넹)내에서는 절대로 좋은 것들을 찾을 수 없는 것인가? 이와 같은 발언들은, 더구나 종교의 통일을 원하는 자들과 새로운 이단 종교들과 반역하는 자들에게 정당하다."

셀레스트 기독교 창시자 사무엘 오쵸파는 '교회 창설'과 관련된 변(變)에서 당위성을 주장한다. 그느 교회 창설의 정당성에 대해 기존 가톨릭교회와 개신교에 대한 반응을 차단하기 위해서라고 말하면서 아프리카에서 선지자로서 불가피하고 불가역전한 사실로서 셀레스트 기독교를 창설할 수밖에 없었다고 주장한다.[15]

"사실, 셀레스트 기독교는 어떠한 원시 종교나 이단 종교로부터 생겨나지 않았다. 아프리카에 도입된 수많은 종교들에(이단이든 아니든)앞서 하나님이 보시기에 좋았고 아프리카에 초대 교회를 허락하시고 순교자의 피의 색으로 칠해져 있으며, 이 교회는 어떠한 얼룩이나 주름이 없고, 예수 그리스도의 신부: '아침의 별,' 하나님의 양, 구원의 반석, 위대한[16]의사, 하나님의 독생자, 죄에서 구원해 주실 수 있는 유일한 분이다."

위의 내용은 셀레스트 기독교 창설의 목적과 그 이유를 설명한다. 이에 대하여 어느 누구도 부정해서는 안 되며, 긍정해야 한다고 것을 주장한다. 자신들의 종교는 진실하지만 세상은 진실을 경멸하며 허약한 자들의 노력을 옛 삼손의 손에 들린 당나귀 턱과 골리앗 앞에 서 있는 다윗의 반항처럼 비웃는다고 주장한다. 이는 서부 아프리카 정통교회의 비난을 벗어나기 위한 변명에 불과하다. 셀레스트 기

---

14 사무엘 오쵸파(S. B. J. Oschoffa)는 자신을 "스스로 선포하는 자" 곧 선지자이며 동시에 목사라고 주장한다.

15 B. A. Adeogun, *Lumiere Sur Le Christianisme Celeste*, 19.

16 '위대한'이란 뜻은 원본에서는 Grand: '큰'으로 되어 있음(번역자 주).

독교의 아데오곤(B.A. Adeogun) 목사는 이렇게 말한다.[17]

"우리는 현재와 미래, 하나의 과실을 서른 개 혹은 육십 개, 백 개의 밀 이삭을 만드실 수 있는 손의 위치에 있다. ……기독교 예배 가운데 정직하고 겸손한 것을 찾는 자들을 초대하며 이미 확신의 뿌리에 박아 놓은 자들과 '절대로 변하지 않을 자들'은 셀레스트 기독교의 충성의 교리와 예배와 성경 (의빛)에 대한 구조와 하나님의 말씀을 선입견과 편견 없이 객관적 비평적인 검토를 해 보길 추구한다. 셀레스트 기독교는 기독교의 초대 교회이며, 그리스도의 교회이다. 이의 모든 신도들은 '그리스도인'이라 불린다."

셀레스트 기독교는 초대 교회이며 동시에 그리스도의 교회라고 주장한다. 그러나 이들은 전통적인 기독교 형태를 지녔지만 실제적으로는 기독교 교회와는 차이가 있다. 곧 교회의 예배와 설교, 교리에서 스스로 초대 교회라고 주장한다. 예수 그리스도께서 승천하신 후의 교회라는 것이다.

셀레스트 기독교의 명칭

셀레스트 기독교가 탄생한 것은 "하나님을 숭배한다"는 뜻을 가졌기 때문이라고 한다. 곧 "예수님이 우리의 견자(見者)들에게 예비하신 것처럼 우리 회중들이 (Our Assembly), 하늘의 천사들이 하나님을 숭배하듯이 우리도 하나님을 숭배한다는 뜻에서 온 것이다".[18]라고 하면서 정부단체에서 인가 받은 것으로 정당성을 주장한다.[19]

"셀레스트 기독교는 국가가 인정한 크리스천적인 종교이며, 1956년 11월 1일 이래 J.O.D.에 등록되었고, 1956년 10월 5일 2252/A.P.A번호의 결정에 의해 합법적으로

---

17 B. A. Adeogun, *Lumiere Sur Le Christianisme Celeste*, 19.
18 B. A. Adeogun, *Lumiere Sur Le Christianisme Celeste*, 19.
19 B. A. Adeogun, *Lumiere Sur Le Christianisme Celeste*,, 20.

허가를 받았다. 교회의 본부는 Porto-Novo(Dahomey), 1세 Toffa고등학교 근처에 위치한 kanévié구역 B.P 180[20]에 있다."

셀레스트 기독교는 베넹에 본부를 두면서 정부로부터 기독교 단체로 인가된 곳이기 때문에 이단이 아니라고 주장한다. 대부분의 교회들이 그렇듯이 정부기관에서 인가(認可)를 받은 것을 빙자하여 정통성을 주장하는 것이 대체적이다.

셀레스트 교회의 로고 무지개

그러면서 셀레스트 기독교는 신자들 가운데 성령의 현현(顯現)을 통해 하나님의 계시를 받았기 때문에[21] 정통적이라는 것이다. 셀레스트 기독교를 뒷받침하는 것은 성경이며, 이에 대한 가르침의 바탕은 성경이면서 성경은 유일한 진실과 진보와 인간을 구원하는 책[22]이라고 말한다.

그들은 셀레스트 기독교가 성립한 목적을 말하면서 사회적 책임과 윤리성을 강조한다. 그리고 어떠한 이단성이 있지 않을 뿐 아니라 예수 그리스도를 믿는 모든 교회들과 평화와 호의, 박애로 협력하면서 존중한다고 주장한다.[23] 그러나 연구자가 경험한 바로는 셀레스트 기독교의 성직자들과 신자들은 타 종교의 사람들이 본부나 교회를 방문하게 되면 경계를 하고, 의문의 표현을 하기도 한다.[24]

셀레스트 기독교라는 명칭을 부여한 것에 대해 "성령의 현현을 통해 하나님의 계시를 받았고, 이에 대한 교리의 책이 성경"이라 한다. 다시 말해, 셀레스트 기독

---

20 서부 아프리카 베넹에 본부 주소를 두고 있다.
21 B. A. Adeogun, *Lumiere Sur Le Christianisme Celeste*, 20.
22 B. A. Adeogun, *Lumiere Sur Le Christianisme Celeste*.
23 B. A. Adeogun, *Lumiere Sur Le Christianisme Celeste*.
24 연구자는 2016년 1월 18~21일 동안 셀레스트 기독교와 부두교를 리서치하기 위해 방문한 바 있다.

교로 명칭을 부여한 것은 유일신관(觀)에 의한 것이며, 그들의 경전은 성경이라는 주장이다.

셀레스트 기독교의 창시자

셀레스트 기독교의 창시자는 『셀레스트 기독교회의 교리와 역사』(Lumiere Sur Le Christianisme Celeste)에 잘 나타나 있다.[25]

"셀레스트 기독교의 창시자는 사무엘 빌레우 요셉 오쵸파(Samuel Biléou Joseph OSCHOFFA)이다. 그는 1909년 Porto-Novo에서 출생했다. 그의 아버지는 요셉 오쵸파(Joseph OSCHOFFA)로 개신교인이었고 직업은 세공사였다. 어머니 포훈(Fohoun)은 시장에서 천을 파는 판매원이었다. 아버지는 어린 나이에 많은 자식들을 잃어버렸고, 그중에 딸 엘리자벳(Elizabeth)이 유일하게 남아 있었다. 요셉 오쵸파는 자녀들을 잃었음에도 믿음을 잃지 않으면서 아들을 허락해 주실 것을 놓고 간절히 기도했다. 그의 소원이 이루어졌을 때 아들의 이름을 '사무엘 요셉 오쵸파'라고 이름을 지어 주었다. 또 하나 빌레우(Biléou)라는 명칭도 주었다. 이는 "제발 이 땅에 남아줘. 반대로 말하면 주님께 다시 돌아가 나는 너의 탄생 전부터 성령님께 바쳤다"는 뜻이 담겨 있다고 한다. 사무엘 빌레우 요셉 오쵸파가 7세가 되던 1916년에 아버지는 약속을 지키려고 개신교회의 지도자인 그난소우오우(GNANSOUOU) 전도사와 불의 아버지라 불리는 나다니엘 그난소우오우(Nathaniel A. GNANSOUOU)에게 교육을 위탁했다. 그러나 그는 나이가 어리기 때문에 13세가 되기까지 양육해야 했다. 그리고 아버지는 1928년에 로꼬(David Hodonou Loko) 목사에게 성령의 일꾼으로 세우시겠다고 하나님께서 약속을 설명하면서 맡겼다."

사무엘 빌레우 요셉 오쵸파[26]의 아버지는 아들을 개신교회의 진실한 사역자로

---

25 B. A. Adeogun, *Lumiere Sur Le Christianisme Celeste*, 20−21.
26 이후는 사무엘 오쵸파로 표기할 것임.

양육하기 위해 많은 고심을 한 것으로 보인다. 그러나 사무엘 오쵸파는 그의 아버지의 기대에 부응하지 못했다. 사무엘 오쵸파는 개신교 학교[27]의 학생으로서 로꼬목사의 집에서 하숙했다. 그는 로꼬 목사의 집에서 하숙하는 동안 일탈행위로 한 동안 방황하기도 했다. 그러다가 사무엘 오쵸파가 개신교 신앙과 셀레스트 기독교에 충실한 성직자로부터 영향을 받았다.[28]

"나는 로꼬 목사님 댁에서 하숙을 했다. 많은 동기들이 함께 있었고, 그중에 복음주의에 뛰어나고 셀레스트 기독교회에서 유명한 나다니엘 그난소우오우도 함께했다. 6년간의 초등학교 수업들을 5학년까지 들었다.[29] 우리의 교육은 험상했다. 나에게는 학업을 계속하기에는 육체적인 힘이 부족하여 아버지를 다시 만나기 위해 탈출할 힘조차 없었다. 탈출을 위한 어떠한 시도도 모두가 실패로 끝이 났다. 내가 기진맥진하고 낙심하여 있을 때 아버지는 나를 작업실에 가두어 두었다. 그때 아버지의 직업은 세공사였다. 그리고 나는 나의 힘으로 아버지 작업실에서 탈출했다. 하지만 4년의 학습을 한 것으로 인해 자유를 얻었다. 그리고 나의 직업을 아버지와 같은 직업으로 삼았다. 그러다 1939년 6월 15일 이 되자 아버지는 세상을 떠났다. 아버지가 돌아가신 후 일 년이 지났을 때 세공사 일을 그만두었다. 또한 아버지가 살아 계셨을 때 트럼펫으로 섬겼던 팡파르에 특별한 관심도 있었다. 이후에 트럼펫으로 인생을 사는 것이 불안정하다고 판단되어 흑단산업(흑단나무)에 뛰어들기도 했다. 1946년 11월부터 Ouémé계곡의 마을들을 다니기 시작했다. 이 숨겨진 마을들은 큰 가시덤불로 뒤덮여 있으며 대도시에서 매우 멀었다. 그래서 흑단나무들을 많이 발견할 수 있었다. 나는 어디든 성경과 함께하는 것을 습관화 했고 정기적으로 기도도 했다."

이상은 사무엘 오쵸파의 생애에 대한 것이다. 그는 초등학교를 채 졸업하지 못하고 아버지의 세공업 일과 흑단나무를 구입해 목공(木手)을 하는 일에 종사했다.

---

27 Houèzoumè 지역에 속한 학교를 다녔다. 학교 명칭은 기록에 없고 다만 개신교 학교로만 표기되어 있다.
28 B. A. Adeogun, *Lumiere Sur Le Christianisme Celeste*, 21.
29 초등학교 5학년이 불어권 교육을 따르는 시스템에서는 마지막 학년이다(연구자 주).

셀레스트 교회 성직자의 의상

그를 양육했던 로꼬 목사의 곁을 떠나 방황했던 상황과 셀레스트 기독교의 지도자를 만난 것이 그의 신앙에 큰 영향을 준 것으로 보인다. 한 개인의 신앙은 어떤 지도자를 만나는가에 따라 영향을 받음에도 불구하고 참된 신앙에 따른 삶의 방향은 정리되지 않는 것 같다. 그가 성장하는 동안 참된 신앙을 지도할 수 있는 영적인 리더가 없었던 것이다.

셀레스트 기독교의 탄생

셀레스트 기독교의 탄생은 정통적 서부 아프리카 교회들에 대한 경고라 할 수 있다. 셀레스트 기독교의 출현은 예사롭지 않은 영적 체험을 통해 이루어졌다. 교회가 탄생하기 위한 전초적인 시기는 1947년 5월로 거슬러 올라간다.[30] 사무엘 오쵸파가 궤메(Ouémé) 강을 건너면서 신비한 영적 체험을 한 것이 출발점이 되었다. 그의 영적 체험은 평범한 것으로부터 시작해서 예수 그리스도의 십자가[31] 형상을 만들고 성령의 지시하심을 받은 때부터라고 주장한다. 셀레스트 기독교를 창설한 사무엘 오쵸파의 영적 체험은 다음과 같다.[32]

첫째, Ouémé 강을 건널 때 카누 조종자의 복통을 치료하자 그가 놀라서 도망을 갔다.

둘째, 1947년 5월 22일 저녁 기도회에서 일식(日蝕)이 일어났고, 기도 중에 루리루리

---

30 B. A. Adeogun, *Lumiere Sur Le Christianisme Celeste*, 21.

31 조병하, "마르틴 루터의 십자가 신학에 대한 재고,"「성경과 신학」제76권(2015.10), 253–269의 참된 기독교의 십자가 신학을 참조하라.

32 B. A. Adeogun, *Lumiere Sur Le Christianisme Celeste*, 21–27.

(Luli Luli)와 은혜(Grâce)라는 음성을 들었다. 사무엘 오쵸파는 신비스러운 음성을 들을 때 원숭이, 갈색뱀(방울뱀), 공각새 같은 유형의 세 가지의 형상을 보았다.

셋째, Ouémé 강을 건너다가 군청 소재인 ADJOHOU 안에 있는 AGONGUE 마을에서 아픈 사람을 위해 기도하자 그가 치료를 받았다.

넷째, 자신의 누나 GOUTON Elisabeth의 아들 Mawugnon Emmanuel이 죽도록 아파 희망이 사라졌을 때 사무엘 오쵸파가 간호하면서 기도하자 치료를 받았다.

다섯째, 1947년 9월 29일, 자신의 집에서 게루빔과 세라핀 교회의 성도들이 성 미구엘(Saint Michel) 축제를 발견하고 하나님께 기도했다.[33] 자신의 집에서 기도하는 동안에 차에서 나오는 불빛 처럼 내 앞에 큰 불빛을 보면서 두려움에 있게 되었고, 하나님의 음성이 들려 새로운 교회를 창설하도록 하는 꿈을 보았다고 한다.

여섯째, 그는 기도 중에 무서운 꿈을 보았는데, 십자가 모양에 큰 나무를, 그 십자가위에 가시 면류관을 쓴 자를 보았다. ……같은 동네(Dogri)에서 도미노(Adji;게임)를 하는 아이들이 있는 곳을 방문했다. 그리고 7명이 황홀경에 빠졌고, 5명이 그들의 경험을 말하기 위해 집으로 돌아가자 200명이 넘는 사람들이 몰려왔다. 영적인 원형을 경험하자 사람들이 마술사 혹은 주술사라고 부르기도 했다.

일곱째, 그가 영적 체험을 하는 14일째에 들은 음성, "두려워 말라. 상 하나를 준비하여 십자가를 준비하고 십자가에 못 박힌 예수의 이미지를 준비하라. 십자가 앞에 촛불 3개를 켜라. 너의 우편에는 예언자를 두고, 왼편에는 다른 예언자를 두라. 예언자는 자신의 집에서 황홀에 빠진 자 중에 선택되어야 했다. 그중에 내 곁을 떠나지 않을 사람을 선택하라는 계시를 받았다.

여덟째, 1947년 10월 첫 주일날. 이는 자신이 영적 체험을 경험하고 난 첫 주일에 성령의 음성을 들었다고 주장한다. 사람들과 기도하는 중에 "한 여인이 황홀경에 빠져 군(Goun)방언으로 찬양하기 시작했고 뜻은 대략적으로 다음과 같았다. '믿는 형제들이여 머리를 높이 들라. 기타 등등.' '성령님으로부터 자발적인 찬양과 예언자들이 찬양

---

33 사무엘 오쵸파에 의하면 하나님 앞에 기도할 때만 해도 자신은 개신교인이었다고 주장하고 있다. 하지만 불빛을 체험하고 난 후, 어떤 신비한 음성을 체험하고 난 후 새로운 교회 창설의 명령을 받았다고 주장한다.

하는 찬양만 하라"는 음성을 들었다고 한다. 그리고 1947년 10월 어느 수요일에도 동일한 현상을 경험했다면서 죽을 때까지 기적과 이적을 행할 것이라는 음성을 들었다. ……사무엘 오쵸파는 개신교인으로서 간단한 나무 십자가와 예수의 이미지를 놓겠다. ……안된다. 나는 진짜 화려한 십자가와 면류관을 쓰시고 옆구리가 뚫린 예수와 십자가에 히브리어로 쓰인 것으로 장식하라 ……이것은 상징이다. 이러한 영적체험을 하자 도시가 혼란에 빠졌다고 기록하고 있다.

이상은 사무엘 오쵸파가 경험한 영적 세계이다. 그가 강에서 조난을 경험한 이후 3개월 동안 겪은 것들은 모두가 신비적인 체험과 신비적 음성을 들었다는 것이다. 그는 치유와 황홀경, 신비스러운 신의 음성과 명령, 성령의 음성을 듣는 자를 예언자로 명하기도 했다. 그러면서 그는 주 예수 그리스도로부터 기적을 경험했다고 주장한다. 그 후 사무엘 오쵸파의 기적체험과 신비스러운 일은 계속해서 진행되었다. 이 모든 것은 예수로부터 계시를 받았다고 주장한다.[34] 사무엘 오쵸파가 앞에서 신비스러운 체험을 경험한 이후 또 다른 신비스러운 경험을 주장한다. 그는 신비적 체험에 대해 예수 그리스도의 기적 행하심이라고 주장한다. 자신들이 계시를 받은 이후로부터 우리를 통해 행하는 기적이 한 개 이상씩 된다고 주장한다. 첫째, 포트 노보에서 한 여인이 죽었는데 그를 살렸다.[35] 둘째, Josph ZENOUVOU의 딸 LEONTINE ZEVONOU가 집에서 죽었는데 그가 다시 부활하자 셀레스트 기독교로 개종했다. 그 외에 다섯 명이 죽었다가 부활하여 현재도 살고 있다고 한다.[36] 셀레스트 기독교에는 이런 기적 같은 사건들이 많이 일어나고 있고, 사무엘 오쵸파의 기도를 하나님께서 들으셔서 셀레스트 기독교가 탄생하게 되었다고 주장한다.

셀레스트 기독교(교회)가 탄생한 것은 영적체험 곧 신비스러운 음성과 죽은 자를 살리는 일, 병든 자를 치유하는 일을 통해 예수 그리스도를 증거 하라는 명령을

---

34 B. A. Adeogun, *Lumiere Sur Le Christianisme Celeste*, 27.
35 B. A. Adeogun, *Lumiere Sur Le Christianisme Celeste*, 27.
36 B. A. Adeogun, *Lumiere Sur Le Christianisme Celeste*, 28.

받아 실천하는 것뿐이라고 주장한다. 셀레스트 기독교는 인간 삶의 궁극적인 위험들이 되는 부분이 기도를 통해 해결된다는 전제하에 출범했다. 이들의 출발은 클리포드 기어츠(Clifford Geertz)가 주장하는 삶의 의미에서 궁극적인 위협들은 좌절(bafflement), 고통(suffering), 불공평(injustice)을 극복하려는 데 초점을 두고 있다. 셀레스트 기독교는 신비스런 영적 세계를 경험하는 아프리카적 토착교회 형태를 띤 대표적인 단체로 출발한 것으로 보인다.[37]

셀레스트 기독교의 행함들(교리)

셀레스트 기독교의 '행함들(작업들/일들)'은 개신교회의 교리와는 별 차이가 없어 보인다. 그러나 셀레스트 기독교가 갖고 있는 '행함과 일들, 작업들' 아홉 가지를 살펴보면 다음과 같다.

셀레스트 기독교는 성경에 중심을 둔다

베넹의 셀레스트 기독교 성도들은 성경을 중심으로한 행함에 있다고 주장한다. 성경을 모르는 자는 하나님을 모르는 자로 인식한다. 성경을 알지 못하면 하나님을 절대로 알 수 없을 뿐 아니라 나쁜 무관심과 용서할 수 없는 것이라고 말한다. 이들은 프랑스의 빅토르 위고(Victor Hugo)의 변을 들어 성경의 중요성을 설명한다. "가장 철학적이고 유명하고 영원한 책은 성서라는 것을 기억하라"는 것을 중심에 두어야만 한다.[38]

"성경을 모르는 자는 예수도 모른다. 성경을 모르면 구원의 길을 모른다. 성경은 우리

---

37 John Mbiti, *African Religions and Philosophy*, 21–22.

38 B. A. Adeogun, *Lumiere Sur Le Christianisme Celeste*, 29.; Victor Hugo는 프랑스의 작가인 동시에 『노트르담 파리』의 저자로 유명한 자이다.

의 머리와 마음을 뛰게 한다. 성경은 세계적이고 지치지 않는 책이며 생명의 책이다. 성경은 믿음의 기반이다. 성경은 희망의 기반이다. 성경은 알파와 오메가와 근원과 끝을 포함하여야 하며, 편견 없이 읽어야 한다."[39]

이상은 셀레스트 기독교의 성경관에 대한 인식이다. 이들의 성경관은 프랑스의 작가 빅토르 위고와 에라스무스(Erasmus)의 견해를 더 강하게 주장하기도 한다.

모든 사람이 성경을 읽고 이해할 수 있는가?

셀레스트 기독교가 주장하는 성경에 대한 인식은 다음과 같다. 이들은 이들이 주장하는 성경 곧 모든 사람이 읽고 이해할 수 있는가라는 의문을 던지고 있다. 그들은 왜 이 성경을 이해할 수 있는가라고 의문을 던지는가? 그 내용은 다음과 같다.[40]

"성경은 세상에서 가장 단순한 책이다. 이상적이면서 단순하게 탁월하고, 신학박사가 아니라도 된다. 하나님이 우리에게(셀레스트) 드러내신 성경은 단순하고 명확(明確)한 문학의 책이다. 하지만 '나타난 일은 영원히 우리와 우리 자손에게 속하였나니'(신 29:29)라는 말씀대로다. 성경은 각 절마다 두 가지의 뜻을 가지고 있는데, 근거는 출애굽기 3장 1-2절과 누가복음 12장 18-25절이다. 성경은 조절과 추측을 시도해야 한다."

셀레스트 기독교의 모든 성도들은 성경을 얼마든지 이해할 수 있고, 그것이 우리를 이해할 것이라고 믿는다.

---

39 B. A. Adeogun, *Lumiere Sur Le Christianisme Celeste*, 29-31.
40 B. A. Adeogun, *Lumiere Sur Le Christianisme Celeste*, 31-33.

셀레스트 기독교의 지도를 예수 그리스도로 하다

셀레스트 기독교는 예수 그리스도의 부활을 전한다. 인간은 미완성적이며 모든 인간은 완벽하지 않기 때문에 인간의 법칙으로 하나님을 경배하는 것은 무의미하다고 말한다(마 15:9).[41] 셀레스트 기독교가 주장하는 지도자는 이렇다.[42]

"우리는 예수를 완전하고 인간의 전통 없이 전하는 시간이 올 것이다. ―오 복음이여! 영원한 생명의 샘물이여, 언제 당신의 가장 정결함으로 우리를 다스리실 것인가요? 언제 예수님이 모두에게 완전히 계실 것인가요? ……그리스도로부터 통치되고 성령으로부터 이끄시는 그리스도의 교회는 완벽하고 튼튼한 토대/기반으로부터 건축되고, 그의 교회를 통치하는데 모든 것이 부족함이 없고(필요), 충분한 요소들을 제공해 주신다. 첫째는 사도요 둘째는 선지자요 셋째는 교사요 그다음은 능력을 행하는 자요, 병 고치는 자, 은사와 서로 돕는 자, 다스리는 것과 각종 방언을 말하는 자이다(고전 12:28)."

셀레스트 기독교는 예수 그리스도가 지도자라고 한다. 하나님께서 예수 그리스도를 교회의 지도자로 주신 것은 충분하다고 주장한다.

셀레스트 기독교는 또한 예언자의 길을 걷고 있는가?

셀레스트 기독교에서는 20세기에 아직도 예언과 환각에 대해 말하는 것을 놀라워하지 말라고 주장한다. 예언자가 되는 것은 성령의 뜻으로 나누어진 많은 은사 가운데 하나라고 말한다. 그들이 주장하는 예언자의 길은 이렇다.[43]

"이 은사는 몇몇 사람들이 예상한 것과 같이 오순절 상태에 머물렀는지 아니면 태생적

---

41 B. A. Adeogun, *Lumiere Sur Le Christianisme Celeste*, 33.
42 B. A. Adeogun, *Lumiere Sur Le Christianisme Celeste*, 33.
43 B. A. Adeogun, *Lumiere Sur Le Christianisme Celeste*, 33-35.

으로 그리스도를 진심으로 구하는 모든 교회가 존재하는지 빛의 서(書)를 보아야 한다. 그 근거는 고린도전서 12장 7-11절과 고린도전서 14장 1-4절, 에베소서 4장 10-15절, 이사야 55장 6-7절, 히브리서 4장 7절을 근간으로 하고 있다. 이러한 근간은 설명할 필요가 없다."

위의 내용과 같이 셀레스트 기독교는 예언자의 길을 걷고 있다고 한다. "오늘 너희가 그의 음성을 듣거든 너희 마음을 완고하게 하지 말라("히 4:7)는 말씀에 근거하기도 한다.

셀레스트 기독교는 회복의 은사를 갖고 있다

셀레스트 기독교는 사도들에게 주신 예수 그리스도의 명령이 명백하다고 말한다. 셀레스트 기독교가 지니고 있는 회복의 은사와 관련된 근거는 마태복음 10장 7-8절과 마가복음 16장 17-18절, 야고보서 5장 13-15절을 비롯하여 이사야 55장 1절과 12절을 근간으로 하면서 다음과 같은 주장한다.[44]

"회복의 은사는 사도들에게만 제한된 것이 아닌 주님의 복음을 믿는 모든 이들에게 해당되는 것이다. 또한 우리가 비전을 통해 받은 명령은 말씀을 선포하고 손을 얹어서 예수 그리스도의 이름으로 아픈 자들을 고치는 것이다. 물론 신의 치료들인 것을 자만하는 것은 아니다. 이 생각을 멀리 하지만 예수 그리스도의 이름으로 치료한다(Loin de cette idée, mais nous guérissons au nom de JESUS-CHRIST). 그리고 이 은사 또한 그리스도의 모든 장로들에게 허락된 것이다."

셀레스트 기독교가 주장하는 회복의 은사를 갖고 있다는 것에 대한 이론적 주장이다. 회복의 은사는 신(神, God)의 조건을 제시 하기도 한다(약 5:13-15).

---

44 B. A. Adeogun, *Lumiere Sur Le Christianisme Celeste*, 35-37.

셀레스트 기독교는 세례를 준다

셀레스트 기독교의 신앙생활의 법칙 가운데 하나는 세례(침례)를 받아야 한다. 그들의 주장을 보면 다음과 같다.[45]

"이 교회에 들어오기 전에 완벽한 법이 있다. 교회의 우두머리가 '믿고 세례를 받는 사람은 구원을 얻을 것이요 믿지 않는 사람은 정죄를 받으리라'(막 16:16)라는 것과, 예수 그리스도는 '예수께 나아와 말씀하여 이르시되 하늘과 땅의 모든 권세를 내게 주셨으니'라는 것 등이다. 예수 그리스도가 지시한 세례를 어떻게 진행할까? 성소산포로 혹은 물에 담궈서? 성경의 요구사항을 명백하게 하여 어떻게 실천하는지 보는 것이다."

이들은 세례의 진행방법은 성경에 있다고 말한다. 곧 사도행전 10장 47절, 요한복음 3장 23절, 마태복음 3장 16절, 사도행전 8장 39절, 롬 6장 3-6절 등이다.[46] 이들은 세례의 방법과 전승[47]에 대하여 보다 분명하게 주장한다. 첫째, 성수산포는 성경에서 언급하는 이미지의 세례로 허락되지 않기 때문에 수의를 입힘으로서 세례를 준다. 둘째, 성도들이 수의를 입음으로서 예수를 입게 되고, 그와 예수 그리스도를 죽음에서 다시 살리신 하나님의 능력을 믿음으로 예수와 함께 부활했다. 셋째, 구원받고 싶다면 회개하는 신자처럼 세례의 물 안에서 그리스도를 입어야 한다. 넷째, 세례 전 예수 그리스도를 받아들여야 한다(행 8:37). 물에서 솟아오르기 위해 전 삶의 허물을 벗자. 다섯째, 세례는 성결한 기독교를 가르치는 것이다. 여섯째, 셀레스트가 되기 위해서는 개종해야 된다. 이 여섯 가지 요구사항은 셀레스트 기독교도로서 꼭 지켜야 하는 항목이다.

---

45 B. A. Adeogun, *Lumiere Sur Le Christianisme Celeste*, 37-40.

46 B. A. Adeogun, *Lumiere Sur Le Christianisme Celeste*, 37-38.

47 B. A. Adeogun, *Lumiere Sur Le Christianisme Celeste*, 38.

셀레스트 기독교는 성찬식을 기념한다

셀레스트 기독교는 하나님 앞에 아름답게 보이기 위해 두 가지 의식을 행한다. 첫째는 하나님을 예배하는 것이고, 둘째는 하나님의 집에 들어가면서 심적인 가까움을 위해 기도의 옷(robe: 로브라고 하는 흰옷)을 입어야 한다. 셋째, 여자는 기도의 옷을 넘어서 같은 천의 머리쓰개를 쓴다(고전 11:3-5). 넷째, 하나님의 집에 들어가기 전에 신발을 벗는다(출 3:5). 다섯째, 경배의 문화는 기도와 시편을 읽고 영적인 찬송가를 부르는 것으로 이루어진다(엡 5:19-20). 그 후 하나님의 말씀을 선포한다(골 3:16-17). 그리고 빵을 찢는다(눅 22:19-20). 여섯째, 주님의 만찬의 특권과 나눔은 목사에게 그리고 시간이 지나 리더들(회; 會)과 담당자들에게 특권이 퍼져 간다. 일곱째, 자비량의 헌금을 해야 한다(고전 16:1-2; 고후 8:7-9).[48]

이상은 셀레스트 기독교의 세례와 생활 법칙에 대한 내용이다. 여기서 우리가 주목해야 할 부분은 세례를 위해 흰옷을 입고, 예배와 찬양을 위해 교회 앞에서 신발을 벗어야 한다. 성직자를 위한 일정의 구제헌금도 준비해야 한다는 점이다.

셀레스트 기독교는 결혼을 기념한다

셀레스트 기독교의 생활규칙 중 결혼은 사회적이면서 몸과 평화, 민족과 가족 간의 개화를 위한 종교적인 제도이다. 셀레스트 기독교에서 결혼은 일부일처주의와 일부다처주의를 받아들인다. 기혼자가 내연관계로 다른 여자들과 사는 것은 위선이다. 그리고 결혼을 위한 서약을 하지 않아도 되고 서약을 하기도 한다. 다만 셀레스트 기독교가 세운 종교적인 결혼은 서약을 지키고자 하는 마음이 있어야 한다(민 30:3). 결혼은 신성한 것이기 때문에 셀레스트 기독교가 정한 규칙을 위반할 경우 성직자 혹은 리더는 해임될 수 있다.[49]

---

48 B. A. Adeogun, *Lumiere Sur Le Christianisme Celeste*, 40-42.

49 B. A. Adeogun, *Lumiere Sur Le Christianisme Celeste*, 42-43.

셀레스트 기독교는 그들의 교인들의 장례를 치른다

셀레스트 기독교에서 장례의 규칙은 첫째, 신성적인 행위가 아닌 상호의 관계를 맺은 가족 내에서 멤버들 간의 연대이다. 둘째, 셀레스트 기독교의 장례를 비웃는 자들을 향해 정당하다고 주장을 해야 한다.[50] 셋째, 셀레스트 기독교가 실천하는 항목은 하나님으로부터 받은 것이며, 우리의 아프리카 형제들로부터 시작한다.[51]

셀레스트 기독교가 주장하는 아홉 가지 항목은 보편적인 교리적 실천서라 할 수 있다. 이들이 주장하는 교리가 무엇인가를 명확하게 주장하는 것은 없지만 실천적 항목에서 셀레스트 기독교도로 지켜야 할 것은 매우 엄격한 편이다. 이들이 주장하는 교리 외에 실천적 항목으로 일반 교회와는 다른 계급(내부 서열)이 있다. 셀레스트 기독교 창시자이며 예언자, 목사들과 복음주의자들, 리더 가운데 위리리더(Wolileader)들과 위리자(wolijah), 최연장자(Alagba & Agountô), 선인들(Laboura & Dèhoto), 견진을 받지 않은 충실한 성도들(도유식塗油式, 성유식聖油式), 서열에 대한 것을 본격적으로 입하(立荷)하기 전의 자들이 있다.[52]

셀레스트 기독교가 서부 아프리카 베넹, 토고, 코트디부아르, 나이지리아, 니제르, 시에라리온을 비롯한 대서양 해안지역을 중심으로 확산된 것은 민간신앙과 아프리카인의 세계관과 가치에 부합하기 때문으로 보인다. 아프리카인들이 인식하고 있는 영적 개념은 사사와 자마니라는 시간 개념을 통하지 않으면 이해가 어렵다. 그리고 아프리카 사회에 현존하는 다양한 형태의 전승된 신앙과 스피릿과도 연결되어 있다.

---

50   B. A. Adeogun, *Lumiere Sur Le Christianisme Celeste*, 43.
51   B. A. Adeogun, *Lumiere Sur Le Christianisme Celeste*, 43-44.
52   B. A. Adeogun, *Lumiere Sur Le Christianisme Celeste*, 45.

셀레스트 기독교의 행함들(교리)에 대한 비판

셀레스트 기독교는 서부 아프리카 지역에서 출발한 신생 기독교이다. 셀레스트 기독교는 아프리카인들만이 지니고 있는 신비한 힘[53]이 개인과 사회에 이로운 방향으로 사용된다고 믿고 있다. 이들이 주장한 선과 악, 신자와 비신자, 윤리관의 논리는 사실 연구자의 관점에서 볼 때 당혹스러울 정도이다. 그러나 이들에게 선과 악의 기준은 절대적이 아니다. 음비티가 지적한 것과 같이 "선과 악을 가르는 어떤 윤리적, 도덕적 절대기준이 있는 것이 아니라 어떤 행동이 처벌을 받을 경우 그것을 악한 행동"이라고 생각한다. 우리가 악한 행동이라고 생각하는 것이 아무런 영적 처벌 없이 지나간다면 그것은 악한 행동이 아니라는 것이다. 그들은 자신의 기준, 어느 누구에게 발견되지 않거나 영적 처벌을 받지 않으면 악한 행동이 아니다.[54] 선과 악의 기준이 모호한 상태에서 기독교적 삶을 사는 것도 쉽지 않다. 이러한 부분을 고려하여 탄생한 것이 아프리카 종교가 지니고 있는 특성이다. 셀레스트 기독교 역시 아프리카의 토착적 신앙과 생활 규범을 벗어나지 못하고 있다. 이들의 행함들(작업들, 일들)을 비판하고자 한다.

셀레스트 기독교의 특수성과 보편성의 한계

서부 아프리카 베넹의 셀레스트 기독교에 대해서 전통적 기독교와 다른 신앙과 사고체계를 종합적으로 이해하려면 많은 시간이 요구된다. 셀레스트 기독교의 창시자인 사무엘 오쇼파는 저명한 신학자나 목회자, 신앙심이 깊은 종교인이 아니었다. 그는 아프리카인들이 갖고 있는 문화에 대해 깊은 인상을 가진 것도 아니다. 다만, 그의 부친의 가업(家業)을 이어가기 위해 노력하다가 어느 날 신적인 체

---

53 John Mbiti, *African Religions and Philosophy*, 110-111.;사람이 상처를 받지 않고 불 위를 걷는 것, 가시에 찔렸을 때 고통을 느끼지 않는 것, 먼 거리에서 저주와 죽음 등의 해악을 보내는 힘, 사람을 동물로 변하게 하는 힘, 뱀에게 침을 뱉어 뱀의 몸을 쪼게 죽게 하는 것 등이 있다.

54 John Mbiti, *African Religions and Philosophy*, 10.

험을 하고 난 후 '자신의 신앙 형태와 행위가 체계적이며 아프리카적인 생활양식에 바탕을 두고 있는 문화적 현상'에 의한 셀레스트 기독교를 창설했을 뿐이다. 사무엘 오쵸파는 서부 아프리카 종족과 문화에 맞는 특수한 단체를 만들었다. 그가 창설한 교리는 특수한 것 같지만 실제로는 보편적 기독교의 내용을 인용한 것이 대부분이다. 또한 사무엘 오쵸파는 아프리카 민간신앙이 갖고 있는 역동성을 간과하면서 그동안의 기독교 역사를 보면서 자신이 경험한 신앙을 보편적 영역으로 끌어들이는 놀라운 생명력을 보여 주고 있다.

셀레스트 기독교의 특수성과 보편성은 창시자가 목회자나 신학자가 아님에도 불구하고 교리적 체계와 교회의 질서와 규례를 정리했다는 점이다.[55] 또 하나는 셀레스트 기독교만이 참된 종교이며 복음주의 신앙체계[56]라고 주장하고 있다. 그리고 아프리카 문화적인 '교리보수'운동이라는 특수함과 보편성을 갖고 지금까지 교단확장을 전개하고 있다. 복음주의 신앙은 부단히 불신앙과 싸워야 하고 신앙은 계속 확립되어야 하는 것인데, 이들은 자신들만이 복음주의자이며 자신들에게 개종하지 않는 것은 악에 속한 것이라고 한다.[57] 기독교의 교리들은 신앙 확립과정 속에서 신앙과 불신앙을 분별하는 표현으로서 설정되어야 한다. 예를 들어, 사도 바울이 "사람이 의롭다 하심을 얻는 것은 율법의 행위에 있지 않고 믿음으로 되는 줄 우리가 인정하노라"(롬 3:28)라고 선언했을 때, 그 배후에 무수히 많은 거짓교리를 배제하면서 하나님께서 구약 2천 년 동안 보여 주셨다고 말한다. 예수 그리스도의 실천적 사역과 구속의 대사업을 이룩하심으로 확증되었고, 그 후 사도들의 사역 가운데 "말과 행위로 표적과 기사의 능력으로 성령의 능력으로 역사하심으로"(롬 15:18,19) 확정하는 선언이다.[58] 복음주의신앙의 중심성은 "창조, 타락, 구원, 종말, 부활"등 다 각각의 대상이지만 그대로 믿는 것이고, 유일하신 참 하나님

---

55 B. A. Adeogun, *Lumiere Sur Le Christianisme Celeste*의 3장 이후부터는 교회의 질서, 규례 등에 대하여 상세하게 설명하고 있다.

56 B. A. Adeogun, *Lumiere Sur Le Christianisme Celeste*, 59-60.

57 B. A. Adeogun, *Lumiere Sur Le Christianisme Celeste*, 45을 보라.

58 한철하, "복음주의 신학의 과제," 「한철하 박사 논문 자료집」 (경기: 아세아연합신학대학교 대학원, 2016), 13-14.

한 분을 믿는 데 있다(요 14:1; 엡 4:5). 그리고 하나님이 행하시는 일들로서 그분의 존엄하신 영원한 작정(eternal sovererign decree)가운데 무한하신 은총을 나타냄과 그리스도 안에서 성령의 확증을 따라 이 은총에 의지하는 신앙만이 참된 복음주의 신앙이다. 칼빈(Calvin)은 복음주의 신앙에 대한 정의를 다음과 같이 내린다.[59]

> "믿음은 우리에 대한 하나님의 선하심을 굳게 또 확실하게 아는 지식이며, 이 지식은 그리스도 안에서 값없이 주신 약속의 진리를 근거로 삼은 것이며, 성령을 통해서 우리의 지성에 계시되며 우리의 마음에 인친 바가 된다."

칼빈의 지적대로 복음신앙은 '우리를 향한 하나님의 선하심에 대한 지식'(divinae erga nos benevolentiae cognitio)이다. 하나님의 값없이 주신 약속의 진리에 근거한다(gratuitae in Chritito promissionis veritate fundata). 하나님께서 값없이 주시는 약속의 신실성에 근거한다. 그러나 셀레스트 기독교는 예수 그리스도의 약속의 신실성 보다는 세례를 받아야 한다[60]는 것이다. 또한 셀레스트 기독교의 신앙적 배치들이란 항목에서는 "세례자들은 각 세례와 집전의(세례식, 도유식 혹은 견진 외 등) 날짜와 사제 명과 본 교회 명의가 기록되어 있는 셀레스트 기독교의 관인(官印)이 적혀 있는 기독교 책자를 소유"만 한다.[61] 이러한 특수성과 보편성의 한계로 인해 전통적 기독교와는 거리가 있는 공동체이다.

셀레스트 기독교의 아홉 가지 비판

셀레스트 기독교의 교리, 즉 행함과 일들, 작업들은 아홉 가지가 된다. 곧 "성경에 중심을 둔다. 모든 사람이 성경을 읽고 이해하는가? 기독교 지도자는 예수 그리스도, 예언자의 길을 걷고 있는가? 회복의 은사, 세례, 성찬식, 결혼, 장례" 등

---

59 John Calvin, *Institutes of the Christian Religion, English* Ⅲ.2.7(USA, 2008), 359-60.

60 B. A. Adeogun, *Lumiere Sur Le Christianisme Celeste,* 37.

61 B. A. Adeogun, *Lumiere Sur Le Christianisme Celeste,* 45.

을 핵심 교리로 삼고 있다. 셀레스트 기독교가 강조하는 것 가운데 첫 번째 항목은 "셀레스트 기독교는 성경에 중심을 둔다"라고 되어 있다. 이 부분에서 교리적 혹은 기독교의 정체성이라 할 수 있는 부분은 미미하게 보인다. 성경이 왜 중요한 것인가를 명료하게 언급하지 않고, 성경을 신앙의 중심에 두고 있다는 것으로 그들의 정통성을 주장하고 있다. 교회의 정통성은 "성경의 권위, 삼위일체 하나님, 인간의 전적 부패, 하나님의 아들의 성육신과 모든 사람을 위한 속죄, 오직 믿음으로 말미암는 칭의, 성령의 성화와 역사, 영혼의 불멸과 몸의 부활과 예수 그리스도의 최후심판, 그리고 교회의 사역에 대한 하나님의 제도"이다.[62] 이 신앙조항들은 근본적으로는 복음신앙을 핵심으로 삼고 있다. 그러나 셀레스트 기독교의 '행함과 일들'이란 용어는 교리적 성격을 띠고 있는 것 같지만 근본적인 복음신앙의 핵심사항은 매우 약한 편이다. 성경의 진리에 입각한 삼위일체되시는 하나님에 대한 신앙과 고백, 인간의 타락과 예수 그리스도의 대속사업, 그리고 이신득의(以信得義)를 기초로 하는 성령의 성화와 역사와 영생, 부활, 최후심판, 그리고 이 모든 일의 실제적 진행을 위한 교회의 사역 등은 명확한 복음신앙과 선교적 책임의식을 부여하는 신앙조항이다. 이 신앙조항은 하나님의 존엄과 인간의 책임의식에 입각한 신앙과 생활 운동이다. 그렇지만 셀레스트 기독교의 신앙 핵심은 '하나님의 존엄성, 성자 예수의 구속사역, 성령의 성화와 칭의'를 비롯한 영생과 부활, 최후심판 등에 대하여는 일절 언급이 없다.

결과적으로 볼 때 셀레스트 기독교는 "기독교라는 이름은 가졌으나 성경에서 언급하는 핵심적 사항, 곧 예수 그리스도의 성육신과 구속사역, 성화" 등의 중요한 '진리 표준'이 빠져 교회의 신앙을 표준 없이 만들어 버린 결과가 기존의 기독교로부터 비판과 외면을 받고 있다.

---

62 1846년 세계복음주의연맹은 9개의 신앙조항을 기초로 삼고 있다. 한철하, "복음주의 신학의 과제," 23 인용.

구원사역보다는 공동체의 질서와 규례에 집착

교회의 근간은 하나님을 경외하고 그를 영원토록 즐겁게 하는 데 있다(롬 11:36; 고전 10:31, 시 73:25~28).[63] 또는 예수께서 "마땅히 두려워할 자를 내가 너희에게 보이리니 곧 죽인 후에 또한 지옥에 던져 넣는 권세 있는 그를 두려워하라. 내가 참으로 너희에게 이르노니 그를 두려워하라"(눅 12:5)고 하신 말씀대로 무엇을 두려워해야 할 것인가를 모르는 공동체이다. 예수께서 공중의 새를 그가 기르신다고 말씀하신 것도 예수께 있어서는 그의 존재하심이 공중의 새의 실재함보다 못하지 않음은 명백한 일이다. 셀레스트 기독교가 강조하는 9개(행함들) 항목과 규례는 하나님께서 복음신앙으로 우리를 구원하시는 그 역사적 진리 내용에 부합되지 않는 부분이 많다. 9개 항목은 표면적으로는 성경의 존엄성을 인정하는 것 같지만 필요한 부분을 강조하는 듯한 것과 규례는 성직자로부터 평신도에 이르기까지 '계급'을 부여하고 있다. 이러한 규례와 교회내부 서열(계급)로 인해 '그리스도께서 우리의 죄를 대신 지시고 그의 의를 우리에게 전가하여 준 사실들을 보면 설(設, theory)[64]이라는 것이 약화되어 있다.

셀레스트 기독교가 강조하는 교회내부 서열 규정이 "하나님의 실재하심과 그의 구원과 심판을 예수께서 가르치신 대로 심각함과 두려움으로 대하는가?"라고 질문을 한다면 그렇지 않다고 본다. 왜냐하면 성경이 가르치는 복음신앙 견지운동의 그 깊은 의도에 경청하지 않기 때문이다. 또한 셀레스트 기독교의 출발은 "아프리카 종교와 철학에 기초하고 있으며, 셀레스트와 부두교가 혼합된 기독교"이다.[65] 실리아(Sylia) 목사는 셀레스트 기독교에 대하여 다음과 같이 비판한다.[66]

---

63 장종현, 『웨스트민스터 신앙고백서 강해』(도서출판: UCN, 2011), 409.

64 한철하, "복음주의 신학의 과제," 26.

65 2016년 1월 19일 오전 베냉 보이콤 시 지역에서 리서치하던 중 현지 교회 멜로파비에(Melropabée) 목회자로부터 전해 들은 설명내용이다.

66 연구자가 2016년 1월 20일 베냉 공화국 뽀르도노 시에서 대학생선교회 출신(CCC) Medie개척교단 (Mission Dêvnagelistion Et De Discipolat pour Christ) 목사인 실리아(Sylia) 목사와 인터뷰한 내용이다.

"교회이지만 복음주의적이지 않으며, 하나의 이단이다. 마치 부두교처럼 의식을 행한다. 교인들 모두가 흰옷을 입었지만 흰옷 속의 옷은 보편적인 옷이다. 이들의 교육 목표는 '희생'을 강요하며, 돼지고기를 먹지 않으며 검정색과 빨강색의 옷을 입지 않는다. 남자는 교회에서 여러 명의 부인을 둘 수 있으며, 사제(司祭)는 교인과 일반인들의 미래에 대해 '점'을 친다. 미래를 알고 발견하는 일에 중점을 두고 있다. 성경은 내일 일은 알 수 없다고 가르치는데 성경에 역행하고 있다. 매년 바다에서 바다의 능력을 얻기 위해 간다."

이상은 현지 교회의 목회자가 셀레스트 기독교에 대해 인식한 내용이다. 현지 교회의 목회자들이 보는 셀레스트 기독교는 복음신앙과는 차이가 있다. 이들은 우리가 하나님의 말씀으로 믿고 있는 신구약 성경을 믿지 않는다. 셀레스트 기독교는 성경 가운데 '구약'성경만을 말하면서 '희생'을 강조한다. 또한 모세가 호렙산에서 신발을 벗은 것과 같이 주일에는 집에서부터 신발을 벗고 교회에 와야 하고, 예배를 드려야 한다. 이러한 신앙행위를 보면 '제의적 교회'이다. 그리고 셀레스트 기독교에서는 사제 혹은 자신보다 계급(서열)이 높은 자에게 무릎을 꿇고 절을 하고 할렐루야를 일곱 번 외쳐야 한다.

셀레스트 기독교의 예배 역시 '행위'를 강조한다. 예배 시간에는 사제로부터 모든 성도가 흰옷을 입고 참석해야 한다. 예배의 순서는 찬양, 대중 속에서 하나님의 음성을 들으며 고백하는 시간을 가진 난 후 설교, 찬송을 한 후 마무리하면 된다. 예배 중 기도의 마무리는 예수 그리스도의 이름으로 하지만 예수 그리스도를 가르치지 않는다. 셀레스트 기독교는 "교회가 아니다. 하나의 공동체이면서 우상숭배 집단이다. 이들은 비둘기, 달걀, 뱀의 기름을 예배 중에 사용하며, 성도들의 몸에 바르기도 한다. 향수를 마시기도 하며, 바다로 가서 기도한다. 바다의 신을 섬기며 흰옷을 입는다. 가나 공화국에 있는 셀레스트 기독교는 성탄절이 가까이 오면 자주 바다로 나가서 기도한다. 민간 신앙적 요소가 많다"는 것이 이단적이다. 셀레스트 기독교의 종말사상은 매우 간략하다. 그들은 "모든 사람이 셀레스트

교회에 출석해야 한다. 그렇지 않으면 지옥에 간다. 종말론 이론에는 천국 가는 것만 있고, 기독교가 가르치는 진리는 없다"는 것이 현지 목회자들의 비판적 견해이다.

셀레스트 기독교는 "하나님은 거룩하신 분이고 전능하신 분으로 고백하지만 문제는 마법사와 주술사, 무당을 이길 수 있는 분"으로만 인식하고 있다. 그리고 셀레스트 기독교가 지니는 권세는 무당이나 부두교의 사제보다는 하나님이 강하다고 가르치면서 삼위일체 교리를 믿지만 예수 그리스도를 가르치지 않는 모순을 지니고 있다. 셀레스트 기독교는 교리보다는 규례와 서열을 중요하게 여기는 신흥 기독교 이단 공동체이다.

베냉 공화국에서 기독교 복음신앙을 세우기 위한 선교 전략

베냉 공화국은 평화롭고 아름다운 국가이다. 과거의 역사가 말해주듯이 서구 열강의 식민 지배로 인해 사회발전이 퇴보를 한 곳이다. 그리고 후기식 민주의 (Post−neocolonialism)는 탈냉전이후 아프리카의 정치변혁의 역동성이 강하게 일어나고 있음에도 신흥종교의 발원으로 침체된 곳이다. 특히 사하라 이남 49개 아프리카 국가들은 전 세계에서 광물 자원 30%를 보유한 자원의 보고이지만,[67] 세계에서 가장 가난한 국가가 35개국이나 되는 곳이다. 거기다가 기독교의 색채를 띤 종교가 많아 아프리카인의 삶, 즉 기능적 불균형과 소수 그룹의 독점에 의해 분리와 소통의 단절이 지속되는 곳이다. 이러한 곳에서 복음신앙을 근간으로 하는 기독교회가 발전 가능한 선교전략을 모색함으로 하나님의 소원을 이루어야만 할 것이다.

---

67 한양환 외3인, 『불어권 아프리카의 사회발전−경제회생 및 사회통합을 중심으로』(서울: 높이깊이, 2009), 61−62.; 사하라 이남의 프랑스어권 국가는 모두 23개이다. 지역별로는 서부 아프리카의 모리타니, 세네갈, 말리, 니제르, 기니−코나크리, 코트디부아르, 부르키나파소, 토고, 베냉이다. 중부 아프리카에서는 챠드, 카메룬, 중앙 아프리카공화국의 르완다. 부룬디, 가봉, (브라자빌)콩고, 콩고 민주공화국 등이다. 인도양 국가로 세이셸, 마다가스카르, 레위니옹, 마이요트, 모리셔스, 코모로가 있다.

아프리카인의 협동 사회 활용하기

아프리카인의 사회활동의 특성은 질서와 평화를 신성시하면서 협동관계를 강조한다. 이는 악의 기원과도 깊은 연관성이 있다. 협동적인 삶에 대한 이해가 깊을수록 사회의 결속력은 반드시 유지되는 것이 특징이다. 음비티는 "아프리카 사회에서 질서, 평화, 협동이 빠진 상태일 경우 사회적 균열만 있게 된다"고 지적한다.[68] 아프리카인의 사회적 질서는 친족 관계처럼 우선되어야 한다. 친족 관계는 많은 사람이 얽혀 있기 때문에 다양한 갈등의 상황을 동시 다발적으로 만들어 낸다.[69] 공동체의 질서와 평화, 협력사항에 피해가 발생할 경우 다른 사람과 얽히는 경우가 많다.

또한 아프리카 사회는 협동관계이지만 다양한 관습법과 전통, 행동 규범과 법칙, 터부 등 기존 사회와 관련된 도덕적, 윤리적 규범이 존재할 뿐 아니라 모든 것을 신성(神性)한 것으로 여긴다. 그리고 이들 사회에서 인간관계는 연령과 지위를 바탕으로 한 위계질서가 강조된다.[70] 특히 서부 아프리카의 토고, 베넹, 가나, 코트디부아르에서 부족민들은 철저한 위계질서가 있다. 이들은 어린아이로부터 신(神)으로 여기는 계층을 형성하면서 협동관계를 유지한다. 그 이유는 협동관계에 있는 곳에는 어떤 영적인 힘이 존재한다고 믿는다.

이와 마찬가지로 셀레스트 기독교 역시 아프리카인이 지니고 있는 질서와 평화, 협동관계가 형성되어 있다. 이들을 복음신앙으로 이끌기 위해서는 최고의 권위를 갖고 있는 공동체에 대한 인식과 씨족 단위의 권위, 통치자의 권위와 국가 혹은 공동체의 본부가 갖는 권위를 보다 분명히 알아야 한다. 한편, 셀레스트 기독교인들을 복음신앙으로 인도하기 위해서는 공동체의 협동적 속성을 이해하고 계층별 접촉이 중요하다.

68　John Mbiti, *African Religions and Philosophy*, 131-132.
69　John Mbiti, *African Religions and Philosophy*, 132.
70　John Mbiti, *African Religions and Philosophy*, 133.

교회를 소통의 장으로 만들기

서부 아프리카 지역에는 기독교와 비슷한 단체가 많다. 이들을 향한 복음 선교[71]를 위해 커뮤니케이션 혁명, 곧 인터넷 시대에 맞추어 소통[72]의 장(場)을 만들어야 한다. 최근 유럽 내에서 인터넷 환경이 열악한 것으로 알려진 독일 개신교회는 교회 안팎에 무료 무선인터넷(와이파이)망을 설치하기로 했다. 아프리카 교회 역시 젊은 층과 기존 층을 향한 선교방향성은 그들을 위한 네트워크 접속과 해당 건물과 교구, 신학 관련 콘텐츠 등을 알 수 있는 홈페이지가 필요하다. 이는 인터넷 이용자들에게 최대한 교회에 관한 정보를 노출하려는 의도이다.[73] 이 같은 조치는 물론 단순한 인터넷 서비스가 아닌 서부 아프리카에 확산되고 있는 탈 기독교 현상이 두드러지는 현실에서 어떻게든 사람들의 발길과 관심을 교회로 이끌기 위한 방법이다. 최근 수십 년 동안 아프리카 교회는 민속신앙과 이슬람교, 기독교의 명칭을 가진 공동체에 의해 젊은 층의 이탈현상이 뚜렷해졌다. 표면적으로는 아프리카 기독교인이 증가하는 것 같지만 기독교 이단 교회[74]를 찾는 인구가 증가하기 때문이다. 이를 위해 독일교회가 활용하고 있는 갓스폿(Godspots) 네트워크 구축을 통해 젊은이들이 소통하는 공간을 디지털 소셜네트워크와 커뮤니티로 바꾸는 것도 한 방법이다. 종교개혁 당시 칼빈과 루터가 당대의 새로운 커뮤니케이션 수단으로 인쇄를 이용한 것과 같이 오늘날 아프리카 선교사와 목사는 시대에 맞게 발전하고 적응하도록 인터넷을 활용함으로 동질성[75]을 가질 수 있다.

교회를 소통의 장(場)으로 만들기 위해서는 하나님의 현현(顯現), 선지자들, 제

---

71 장훈태, "세계난민 문제와 선교," 「성경과 신학」 제77권(2016.4), 190–191.

72 차배근, 「커뮤니케이션 개론(상)」 (서울: 세영사, 1978), 5.; 최창섭, 「교회와 커뮤니케이션 총론」 (서울: 성바오르 출판사, 1978), 8.; Marrill R. Abbey, *Communication in Pulpit and Parish*(Philadelphia the Westminster press, 1972), 28을 보라.

73 연합뉴스, "신앙 외면 시대의 종교개혁…" 「연합뉴스」 2016년 05월 29일. http://www.yonhapnews.co.kr/dev/9601000000.htm 2016년 12월 20일 접속.

74 Martin Bucer, *Von der waren Seelsorge und dem rechten Hirtendienst, 1538* 「참된 목회학」 최윤배역(서울: 킹덤북스, 2014), 31.

75 E. M. Rogers & F. F. Shoemaker, *Communication of Innovation*(New York: Free Press, 1971), 210.

사장들과 레위인들, 성자 예수의 커뮤니케이션, 성령의 커뮤니케이션[76] 등을 이해하고 적용하는 것이 바람직하다(시 73:28).

복음의 뿌리를 찾아 주기

서부 아프리카 교회의 약점은 복음과 복음신앙이 무엇인가를 잘 모른다는 것이다. 각 종족언어로 된 성경도 부족하지만 교회 지도자들의 성경적 지식 결핍과 성경적 세계관의 빈곤과 올바른 성례에 관한 신학적 지식이 매우 부족한 것이 현실이다. 그리고 성경이 가르치는 현실참여가 무엇인가를 적극적으로 교육함으로 복음신앙에 대한 선포와 선교의식을 갖도록 하는 일이다.

베넹을 비롯한 서부 아프리카 교회의 "참된 복음의 뿌리를 찾아 주는 작업"은 성경의 사람들은 어떻게 믿음 생활을 했는가. 거룩한 책들은 무엇인가? 성막과 성전, 이스라엘의 땅, 거룩한 언어, 성경이 말하는 복(福)들, 달력에 적혀 있는 모든 것들(유대인 역사의 연대기, 역사적으로 중요한 날 등등), 계명, 금지규정, 도량형,[77] 예수 그리스도의 사역, 사도들의 활동을 교육해야만 한다. 종교개혁 당시 마르틴 부처(Martin Bucer)는 『참된 목회학』에서 "그리스도인들을 하나님께로 인도하기 위한 다양한 방법"을 모색하여 교육하기도 했다.[78] 부처는 "그리스도인의 교제, 그리스도의 교회 안에서 그의 통치, 교회의 운영, 주 예수 그리스도께서 교회에서 세우시고 사용하시는 다양한 목회자들, 교회의 임직자, 영혼을 돌보는 목회자들이 해야 할 사역과 활동, 잃어버린 양 찾기, 잃어버린 양들을 돌아오게 하는 법, 상처 입은 양을 싸매주고 치유하는 방법, 약한 양을 강하게 하는 법, 건강하고 강한 양의 보호와 목회, 그리스도의 양들의 순종"[79]에 대하여 명료하게 가르치고 있다. 이는 복음의 뿌리를 찾도록 하는 기본적인 소양을 가르치면서 책임과 사명을 다하는 지

---

76 이종우, 『선교 · 문화 커뮤니케이션』(서울: CLC, 2011), 65–99.
77 Yaffa Ganz, *The Jewish Fact Finder* 『복음의 뿌리를 찾아서』 정현욱 역(천안: 도서출판탈무드에듀아카데미, 2016)을 참조하라.
78 최윤배, 『참된 신앙에 따른 삶의 개혁』(서울: 킹덤북스, 2015), 24–28.
79 Yaffa Ganz, *The Jewish Fact Finder*를 보라.

도자의 사역방법이다. 이와 동일하게 서부 아프리카 베냉의 교회와 사역자, 선교사들은 부처가 주장하는 참된 목회가 무엇인가를 알고 복음의 근원을 가르치고 전파하고 치유할 필요가 있다.

성경에 기초한 미디어 사용을 통한 접촉하기

베냉 공화국은 부두교와 셀레스트 기독교를 비롯하여 세계 각국의 기독교 이단의 접촉이 가장 많은 곳이다. 베냉의 기독교가 성장하기 위해서는 하나님 중심의 성경 말씀 교육과 성경이 말하는 모든 것의 진실성과 우리가 자신의 진실하지 못한 것에 대한 깊은 자각(自覺)이 필요하다(요일 1:8). 반면, 성경의 정신이 현실에 대한 가장 정확한 파악을 가능하게 함을 가르치면서 성경적 인간성 깊이와 가장 바른 이해를 열어놓는 것이 무엇인가를 인식하도록 하는 것이다. 지금도 베냉의 시골 지역에서는 예수 그리스도가 가르쳐 준 진리를 듣기 원하는 사람이 많다. 이들에게 가장 적합한 구원사역 방법은 다음과 같다.

첫째, 대학생선교회에서 활용한 "사영리"를 통해 예수 그리스도를 소개하는 방법이다.

둘째, 저녁에는 "예수 영화"를 마을 주민들에게 상영해 줌으로 예수 그리스도를 영접하게 한 후 마을에 교회를 개척하는 일이다.

셋째, 시골 마을에서 글을 모르는 사람에게는 "성경의 내용과 관련된 그림 책"을 통해 전도를 한다. '만화' 형식의 성경은 본문이 적고 그림이 많아 글을 모르거나 독서를 하지 않는 사람들의 관심을 끌 수 있다.

넷째, 예수 그리스도를 통해서 구원을 받는 것과 '당신 안에 예수 그리스도가 있음을 선포'하는 일이다(요 1:12, 3:16). 예수님을 영접하면 하나님의 자녀가 되고(요 1:12), 영접하지 않으면 창조물일 뿐이라는 것을 가르쳐 준다.

다섯째, 아프리카인의 신앙은 항상 현상적이기 때문에 '춤과 음악'을 통한 하나님의 은혜를 경험하도록 해야 한다. 한국의 태권도(무용)를 가르쳐 주면서 복음 접촉의 기회를 삼는 것도 좋은 방법이다.

여섯째, 선교사역자는 현지 교회의 지도자들과 깊은 관계와 협력을 하면서 사역해야 한다. 베냉 공화국의 복음화 목적은 하나님의 도우심으로 동일한 믿음을 가진 교회들과 협력하여 예수 그리스도 안에서 구원의 지식을 알게 하고 교회를 세워 가는데 도움을 주는 데 있다. 그리고 개인의 삶에 미치는 영향 곧 생명의 소중함, 건강, 인지 및 기타 능력의 경계도 재정의[80]해 줄 필요가 있다.

일곱째, 베냉 공화국 사역의 중심은 '사람'이어야 한다. 한 영혼을 구원하기 위해 관심을 가져야 한다(히 10:37-39). 현지인들과 깊은 교제를 나누면서 서로 조언하고 조언을 받으면서 하나님의 은혜 안에서 자라가도록 도와야 한다.[81] 현지인을 위한 지속적이고 집중된 기도를 하는 일[82]과 사랑[83]과 목양적 돌봄에 우선순위를 두어야 한다.

여덟째, 하나님의 나라를 확장하는 일에 동참할 수 있는 지도자 양육과 더불어 사회적 변화에 민감해야 한다(전 11:4). 이를 위해 현지 공용어로 된 양육교재와 부족어로 된 성경 관련 교재개발을 통해 사역을 넓혀야 한다.

이상은 베냉에서 기독교 선교전략을 제한적으로 소개했다. 셀레스트 기독교를 비롯한 베냉의 민족들에게 가장 필요한 복음전도 방법은 '인간은 하나님 앞에서 죄악 된 모습'(창 6:11-12; 사 1:4, 5:24)을 갖고 있다는 사실에서 선교의 출발점을 삼아야 한다. 그리고 선교사역자는 성경이 가르치는 것을 올바로 알려 주어야 한다. 첫째, 인간이 하나님을 배반하고 있는 현실, 회개하고 십자가를 지는 현실참여, 회개와 사랑의 봉사(빌 2:4), 신본주의 정신 교육(왕상 18:36-37)[84]으로 하나님의

---

80 Klaus Schwab 외 26인, *The Fourth Industrial Revolution*, 26-27.
81 Anne Ruck 외, *God Made it Grow* 『자라게 하신 하나님』 허영 자역(서울: OMF, 2016), 23.
82 장훈태, "서부 아프리카 코트디부아르 공화국 야오부 마을의 전통적 샤머니즘 문화상황에서의 선교전략," 「복음과 선교」 제35권(2016, No. 3), 255.
83 정기묵, "로잔운동의 관점에서 보는 젊은이 세대 전도," 「복음과 선교」 제35권(2016, No.3), 297.
84 엘리야는 하나님 앞에서 기도하면서 하나님의 하나님 되심을 나타냈다. 주께서 이스라엘 중에서 하나님이 되심, 내가 주의 종이 됨, 내가 주의 말씀대로 이 모든 일을 행하는 것을 오늘날 알게 해 달라는 것 등이다. 결과적으로 이스라엘 백성이 하나님이심을 알게 했다.

일군삼기(God's ministry), 복음을 통한 구원역사를 교육하고 실천[85]하도록 해야 한다. 둘째, 복음은 하나님의 능력(power of God unto salvation)임을 경험하도록 하는 일이다. 복음교육을 통하여 살아 계신 하나님의 산 역사를 받드는 훈련[86]을 심어 주므로 하나님의 나라가 확장되도록 도와주어야 한다. 셋째, 하나님의 은총이 무엇인가를 가르쳐 주어야 한다. 은총은 하나님께서 주시는 선물($\delta\omega\rho\epsilon^2$)이다. 이것은 모두 하나님의 은혜($x^2\rho\iota\zeta$)로 성령께서 직접 나누어 주시는 것임을 가르쳐야 한다 (고전 12:4; 롬 12장).[87] 이러한 교육을 통해 하나님을 섬기고 사랑하는 신본주의의 재인식이 오늘날 선교사역자가 감당해야 할 가장 긴급한 일이다.

결론적으로 오늘의 교회가 긴급하게 사역해야 할 것은 '성경의 기본 교리와 구원론적 이해'를 어떻게 가르치는 것인가를 재인식하는 일이다. 칼빈은 기독교 종교에 대한 가르침을 접할 때 그의 모든 가르침이 '하나님 중심'이라는 것을 주장했다. 하나님의 주권(Sovereignty of God)을 신학의 제1 원칙으로 내세우기도 한다. 사실, 선교사와 교회 사역자들이 강조해야 할 중요한 것은 '하나님'이다. 창조자 하나님에 대한 지식이 없는 상황에서 인간은 참된 복음전도자로 생활할 수 없다. 참된 복음 선교는 하나님께서 우리를 향하신 선하신 뜻에 대한 지식과 회개(우리의 삶을 하나님께로 전환)와 칭의(稱義; 하나님께서 그리스도 때문에 우리를 의로운 자로서 그의 은총으로 받아주는 용납)이다. 구원은 하나님을 떠나서는 전혀 생각할 수 없다. 즉, 선교 사역에서 가장 중요한 것은 '하나님 중심'을 떠나서는 아무것도 생각할 수 없다. 따라서 베넹 공화국 내의 셀레스트 기독교를 비롯한 민속신앙에 깊숙이 젖어 있는 자들을 구원하기 위해서는 첫째, 하나님 중심의 복음신앙을 올바로 가르치고, 전파하는 일이 우선되어야 한다.[88] 둘째, 셀레스트 기독교의 성경관, 구원관, 종말

---

85 여기서 신학교육은 곧 하나님을 섬기기 위한 일꾼을 기르는 일이다. 신학교육이 올바로 진행되기 위해서는 회개운동이 전개되어야 한다.

86 한철하, "신학교육과 신본주의" 「한철하 박사 논문 자료집」 (양평: 아세아연합신학대학교 대학원, 2016), 23.

87 고린도전서 12장 4절 이하에서는 지혜의 말씀, 지식의 말씀, 믿음, 병 고치는 은사, 능력 행함, 예언, 영분별력, 방언, 방언 통역 등을 들고 있다. 이것은 구체적으로 교회 안에서 직임(職任)을 나타내기도 한다.

88 장훈태, "서부 아프리카 토고 공화국 낭가부 지역 선교를 위한 까비예족 문화의 가치체계 연구," 「성경과 신학」 제79권(2016.10), 283-284.

론이 그릇되어 있음을 지적하고, 하나님 중심적 신앙과 신학을 올바로 세워주는 일과 예수 그리스도의 은혜를 받고(롬 11:17), 그리스도와의 교통을 모두가 다 똑같이 받아 모든 유익을 즐길 수 있도록 해야 한다(요 20:30-31). 셋째, 참된 기독교 신앙을 가르쳐 주는 성경이 '예수 그리스도 안에 있는 하나님의 죄 사함의 은혜를 믿음으로 말미암아 구원을 얻게 하는 책'임을 분명히 가르쳐 주어야 한다(딤후 3:13-17). 넷째, 구원의 수단으로서 복음사역은 오직 믿음으로만(Sola fide) 이루어짐을 교육한다. 믿음은 들음에서 나기 때문이다(fides ex auditu). 다섯째, 기독교는 처음부터 마지막까지 인류구원을 중심으로 신학임을 가르치는 일이다.

지금까지 배냉의 복음사역의 연결성을 언급하는 것은 근본적으로 '인간의 죄에 대한 하나님의 진노와 심판과 깊이 관련'되어 있기 때문이다. 칼빈은 구원자 하나님을 가르치기 전에 먼저 인간의 타락과 멸망에 처한 현실을 상기시켜 주면서 중보자되시는 예수 그리스도의 개입의 필요성을 절감해야 한다고 가르친다.[89] 그러므로 우리는 서부 아프리카 배냉 공화국의 복음화를 위하여 하나님의 구원의 참뜻을 바르게 이해하고 전하는 일이다. 또한 복음사역은 '멸망에 처한 인간을 장차임할 하나님의 진노와 심판에서 구원'하는 데 있다.

---

89 John Calvin, *Institutes of the Christian Religion, English*, Ⅱ. 6:1.

Part 07

부르키나파소 공화국
(Democatic Republic of Burkina Faso)

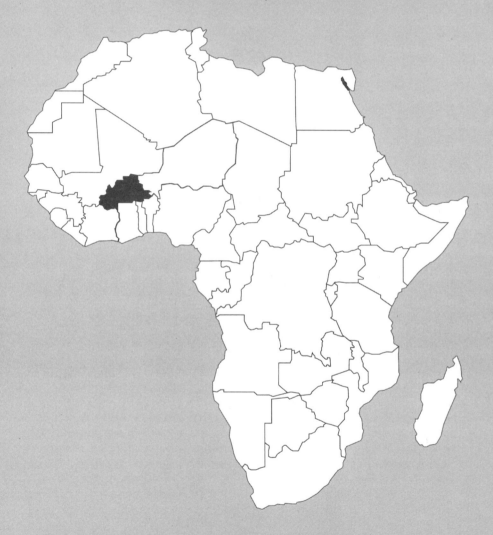

12

티에포족의 전통 노래에 나타난
신과의 소통 · 문화 정체성

모든 세계의 인간이 누리는 문화는 삶의 그 자체인 동시에 공동체의 미래이다. 문화는 오랜 시간 축적을 통해 그 공동체에 새겨지는 사회적 유전자이며 동시에 공동체의 호흡하는 공기이며 몸속에 흐르는 피와 같다.

인간이 갖고 있는 전통적 문화는 전쟁과 분단, 냉전의 심장이거나 가장 험한 도시로 이주하는 자들의 삶을 역동적으로 이끌어 주는 힘이 있다. 또한 문화는 성장하는 어린이와 청소년들에게는 희망을 만들어 가는 요소(要素)가 되며, 인간의 불안 · 갈등을 녹여 내는 꿈의 용광로와 같은 역할을 한다. 한 민족이 지켜 온 전통적 문화는 그 공동체의 내면적 결합과 소통을 이끄는 힘이 되는 문화생활이다.

특히 서부 아프리카 부르키나파소 공화국에 거주하는 티에포(Tiéfo)족[1]의 전통적 노래 문화[2]는 통과의례와 깊이 연관되어 있다. 티에포족이 부르는 노래는 크게

---

1 http://kcm.co.kr/mission/kwma2004/book/%EB%AF%B8%EC%A0%84%EB%8F%84%EC%A2%85%EC%A1%B1%20%EB%B6%84%ED%95%A0%20%EB%B0%8F%20%EC%A2%85%EC%A1%B1%EC%9E%85%EC%96%91/06%20%EA%B5%AD%EA%B0%80%EB%B3%84%20%EC%A7%80%EC%97%AD%20%EB%B0%8F%20%EB%AF%B8%EC%A0%84%EB%8F%84%EC%A2%85%EC%A1%B1%20%ED%98%84%ED%99%A9.pdf 2017년 10월 10일 접속: 부르키나파소 공화국의 수도는 와가두구(Ouagadougou)이며 대표적인 종족은 나네르게 세누포, 니안골로 세누포, 로비, 베두윈, 아랍, 서부 카라보로, 왈라, 타그바, 세누포, 투르카, 투씨안, 풀라족 등이 있다. 그 외에도 더 많은 종족들이 함께 공동체를 이루며 지낸다.
2 김광수, "콩고 연합(Bundu dia Kongo) 노래에 나타난 비콩고인 정체성" 「2017년도 한국아프리카학회 상반기 학술회의」 2017년 6월 3일(토), 75-105. 김광수 교수의 아프리카 콩고연합 노래에 나타난 정체성은 종

는 다섯 종류로 출산, 성인식, 결혼, 죽음과 '농사'(農事)와 관련된 것이다. 이 외에 일상적인 생활과 관련된 전통적 노래가 있기도 하지만, 티에포족이 부르는 전통적 통과의례와 관련된 문화적 가치체계와 세계관이 담겨 있다. 티에포족의 공동체 삶은 춤과 노래 그리고 소통[3]의 문화를 지니고 있다. 이들이 춤과 노래를 오랜 기간 동안 지켜올 수 있었던 것은 어릴 때부터 마을 공동체에서 배우며 성장하기 때문이다. 마을 공동체의 행사가 열리거나 한 가정의 축제가 있는 날에 어느 누군가 선창(先唱)으로 노래를 부르면 모두가 자연스럽게 춤을 추거나 박수를 치며 노래를 부른다. 이들은 어려서부터 노래와 춤을 생활화하며 지내기 때문에 개인과 가족 공동체와 그 사회적 공동체의 삶에 활기가 넘친다. 지금도 티에포족 마을에서는 춤과 노래로 어른과 아이들 모두가 소통하는 문화를 간직하고 있으며, 그 전통을 지키기 위한 노력을 끊임없이 하고 있다.

티에포족의 춤과 노래는 마을 공동체를 하나의 예술가로 만들어 간다. 전통적 노래의 장르는 신과의 소통을 전제로 하는 것이 대부분이다. 이들이 말하는 신은 알라(Allah)를 의미한다. 티에포족의 출산, 성인식, 결혼식, 죽음, 농사와 관련된 노래를 부를 때 신과의 관련성을 강조하는 것은 신의 은총이 아니면 인간 생애는 가치가 없다는 것을 의미한다. 티에포족의 전통적 노래는 신과의 소통문화, 인간과 인간의 내면의 세계로 이끄는 공동체의 삶과 관련된다. 이를 기반으로 본 연구는 티에포족의 통과의례 속의 전통 음악[4]에 나타난 신과의 소통을 분석하고, 이를 기반으로 문화 변혁을 위한 선교의 방향을 모색하려는 데 있다.

합적인 것이지만 전통적 노래를 선행 연구한 것으로서 본 연구의 기초가 되었다.

3 정흥호 · 소윤정, "로잔운동과 이슬람 상황화," 「복음과 선교」 제31권(2015.3), 195-196.; 장훈태, "서부 아프리카 토고 공화국 꼬따마꾸 지역 땀베르마족의 문화적 다양성과 선교," 「복음과 선교」 제34권 (2016.2), 228-229.

4 류종찬, "부르키나파소공화국 티에포족이 부르는 노래 모음 조사," 2017년 6월 16일(금).; 보보디올라소에 거주하는 류종찬 선교사는 티에포족의 추장과 행정가를 만나 출산, 성인식, 결혼, 죽음, 농사와 관련된 노래를 직접 듣고 번역하는 일을 도와주었다.

티에포족의 기원과 이해

부르키나파소의 종족과 종교

부르키나파소는 사하라 사막 주변지역의 내륙국가로서 가뭄과 기근이 잦아 인구 이동이 많은 인구는 1800만 명(2017년) 가량 되는 것으로 알려져 있으며, 국민들 가운데 일부는 코트디부아르 공화국과 가나, 니제르, 말리, 프랑스로 이주했다. 부르키나파소 국민들은 인해 세계에서 가장 가난한 나라로 알려져 있다. 인구 80%이상이 생계형 농업에 의존하고 있다. 서남쪽 지역에서는 사탕수수를 재배하고 있지만 이 지역 농장은 서구의 재산인 것으로 알려져 있다.

부르키나파소의 자원이 고갈되고, 매년 도시화로 인한 빈곤층의 증가, 서구화의 추진으로 발생한 국가 부채가 급증하고 있다.[5] 이러한 상황에서 국민들의 삶의 질을 높이기 위해 인근 국가로 이주하고 있다. 부르키나파소 국민들이 인근국가로 쉽게 이주가 가능한 것은 불어권 지역으로서 상호관계, 소통 가능성 때문이다.[6] 그러나 국민들의 높은 문맹률은 부르키나파소의 현실을 그대로 드러내고 있다. 최준수는 "문자를 해득하는 능력은 언어공동체의 각 구성원이 경제적 안정을 얻을 수 있는 조건이 되고 건강한 삶을 영위하는데 필요한 정보를 제공하는 수단으로서 삶의 질을 향상시킬 뿐 아니라 각 개인의 지적, 감성적 능력의 개발을 매개함으로서 사회에 필요한 양질의 노동력을 제공하는 밑거름이 된다"고 하였다.[7] 언어는 경제활동과 사회적 지위 향상과 삶의 질을 높이는데 능력이 될 뿐 아니라 공동체의 미래를 밝게 해 주는 도구가 된다고 할 수 있다.

정치적으로 부르키나파소는 1960년에 프랑스로부터 독립하였고, 1966년 이후

---

5 Patrick Johnstone & Jason Mandryk · Robyn Johnston, *Operation World*(WEC: Paternoster Puli. 2010). 177.

6 최준수, "지속 가능한 발전과 언어정책,"사하라 이남의 불어권 국가,『불어권 아프리카의 사회발전−경제회생 및 사회 통합을 중심으로』 (서울: 높이깊이, 2009), 62−63.: 불어권 아프리카의 언어실태는 3단계의 언어층위 곧 지방어(local language), 교통어(lingua franca 혹은 vehicle language), 공식어(official language) 등이다.

7 최준수, "지속 가능한 발전과 언어정책,"사하라 이남의 불어권 국가 75.

쿠데타가 6차례나 발생하기도 했다. 1987년에는 군에 의한 쿠데타[8]는 과거의 좌익정권을 종식시켰지만 쿠데타를 일으킨 당수가 두 차례에 걸쳐 당권에 선출되면서 어려움을 겪기도 했다. [9] 국내의 정치적 불안정은 국민들의 경제[10], 교육 분야에 많은 영향을 주어 인간개발지수가 낮은 국가로 전락하기도 했으며 국민 1인당 외채부담비율도 높아지고 있는 추세이다. 부르키나파소의 경제와 정치적 불안정에도 불구하고 국민들의 의식수준은 점점 증가하는 추세에 이르고 있다. 부르키나파소에는 4개의 주요 어족 가운데 78개의 뚜렷한 유사 동일어 종족이 살아가고 있다. [11] 부르키나파소에 거주하는 종족은 크게 구르-볼타익계와 만데, 서대서양, 기타 아프리카인, 비아프리카인으로 구분된다. 구르-볼타계의 종족은 크게 45개로 모시(Mossi), 구르마(Gurma), 볼리, 구렌데, 쿠사레 등이 있는데 그 가운데 모시족은 부르키나파소의 주요 종족으로서 인구의 50.4%나 된다. 만데(Mande)족의 경우는 비싸(Bissa), 싸모(Northwester Samo) 등이 있다. 플라니(Fulani)족[12]과 서대서양 종족들이 함께 어울려 지낸다. '티에포'족은 구르-볼타익 종족 가운데 기타 구르족에 해당된다. 종교는 전 국민의 52.2%가 무슬림이며, 정령신앙 숭배자가 26.44%,

---

8　김승민, "불어권 아프리카인의 정치민주화, 경제회생, 사회발전에 관한 연구."-사하라 이남 불어권 아프리카인 여론조사를 중심으로『불어권 아프리카의 사회발전-경제회생 및 사회 통합을 중심으로』(서울: 높이깊이, 2009), 36.; 김승민의 조사에 의하면 불어권 아프리카 지역에서는 1960-1990년까지 79번의 쿠데타가 발생되었고 82명의 정권수반이 무력으로 암살되거나 쫓겨났다고 한다. 민주화에 대한 만족도는 모리셔스가 가장 높아 Freedom House로부터 우수한 민주주의 등급(1.1)을 받았다.

9　Patrick Johnstone & Jason Mandryk · Robyn Johnston, *Operation World*.

10　김승민, "불어권 아프리카인의 정치민주화, 경제회생, 사회발전에 관한 연구."-사하라 이남 불어권 아프리카인 여론조사를 중심으로 54. 불어권아프리카국가들의 민주화, 경제개혁 성과는 대체적으로 3단계로 형태로 나타나는데 그 가운데 경제개혁이 보통으로 나타난 부르키나파소, 니제르는 부분적 민주주의가 진행되고 있는 대표적인 국가이다. 민주주의가 확립된 나라는 세네갈이며, 독재체제를 유지한 나라는 코트디부아르, 토고 공화국이다. 토고는 2017년 9월 말경에 정부의 독재체제에 대한 국민들의 시위가 끊이지 않고 있는 나라이다.

11　Patrick Johnstone & Jason Mandryk · Robyn Johnston, *Operation World*. 최준수, "지속 가능한 발전과 언어정책."-사하라 이남의 불어권 국가 68.; 학자들에 의하면 부르키나파소는 68개의 언어 중에서 인구의 53%가 모시족(mossi)어를 제 1언어로 사용하고 있으며 플라니어(7.8%)와 디울라어(8.8%)도 많이 분포되어 있는 것으로 알려져 있다.

12　장태상, "18-19세기 풀라니(Fulani)족의 성전과 풀라니 국가."『2017년도 한국아프리카학회 상반기 학술회의』2017년 6월 3일(토), 42-46. 부르키나파소의 풀라니족은 전 인구의 약 8.4%(1,639,000명)를 차지한다.

기독교가 20.69%, 무종교인 0.65%, 바하이교가 0.02%나 된다.[13]

티에포족의 기원과 이해

기타 구르(Gur)족에 해당되고, 부르키나파소 동남쪽 지역을 비롯한 여러 지역
에 흩어져 사는 티에포족은[14] 말리 공화국(Republic of Mali)[15]의 망뎅그(Mangdig) 지
역에서 부르키나파소 공화국 누므다라((Noumoudara)마을로 이주해 왔다. 망뎅그
는 과거에는 큰 제국이었지만 지금은 존재하지 않으며, 현재는 말리와 부르키나
파소공화국 등에 흩어져 살고 있다. 망뎅그는 역사적 제국으로 기억될 뿐 현재는
남아 있지 않다. 망뎅그 제국이 멸망하게 된 원인은 프랑스가 식민지 지배를 하면
서이다.

말리는 서부 아프리카의 사하라 사막에 있는 나라이다. 1899년 프랑스의 지배
이후 1920년 프랑스령 수단이 되었고 1958년 프랑스 공동체의 공화국이 되었다가
이듬해 세네갈과 말리 연방을 구성하였다. 그러나 1960년 연방을 해체한 후 공화
국으로 독립하였다.[16] 프랑스의 말리를 비롯한 서부 아프리카 지배의 특징은 동화
방식이었다. 프랑스 의회가 본국과 식민지를 포괄하는 최고의 권력기관으로 입법
권을 행사하기도 했다. 식민지 총독은 일반행정 뿐만 아니라 경찰, 군대 및 사법
까지도 통합하는 권한이 주어져 있었다. 그러나 실제로는 본국 정부의 각 기관의
지시와 감독을 받아 통치했다. 그러한 관계로 다양한 종족들로 이루어진 제국들
은 무너질 수밖에 없었다. 결국은 모든 종족이 하나로 연합하여 살 수 있는 동화정
책을 펴면서 공용어로 프랑스어를 사용하도록 했다.

사실, 프랑스는 서부 아프리카에 대해 큰 관심이 없었다. 단지 세네갈에 세인트

---

13 Patrick Johnstone & Jason Mandryk · Robyn Johnston, *Operation World.*
14 장훈ել "누므다라 마을의 티에포족 리서치," 2017년 2월 6일 보보디올라소에서 30km 떨어진 지역에 위치
    한 누므다라(Noumoudara) 마을에서 인터뷰한 내용을 기록한 것이다. 티에포족 행정가인 와따라 펠릭스
    마조리(Ouattara Felix Baójori), 통역에는 류종찬선교사였다.
15 말리 공화국이란, '살아 있는 왕', '어머니의 유산을 승계하는 자' 등의 의미가 있다.
16 [네이버 지식백과] 말리 [Mali] (두산백과) http://terms.naver.com/entry.nhn?docId=1091631&
    cid=40942&categoryId=34185 2017년 10월 27일 접속.

루이스라는 이름의 작은 항구를 이용하여 노예수출기지로 활용하는 것 정도가 전부였다. 그렇다고 프랑스가 노예무역을 주도적으로 한 것은 아니었다. 스페인과 포루투갈이 당시 노예무역을 주도하고 있었을 뿐 프랑스의 비중은 크지 않았다. 그러나 프랑스의 서부 아프리카 침략은 세네갈을 비롯하여 말리까지 이어지게 되었다. 영국보다는 조금 늦게 서부 아프리카 지역에 대한 탐험을 시작했다. 그때가 1827년 렌 카엘이 프랑스 탐험대를 이끌고 대륙으로 들어간 것이 출발점이다. 그는 1년 만에 전설의 도시로 알려진 말리 팀북투(Timbuktu)를 발견하는 쾌거를 올렸다. 그의 탐험성과는 프랑스가 서부 아프리카 내륙지역에 대한 식민지 기득권을 주장하는 중요한 근거가 된다. 1830년 프랑스는 아주 우연한 과정을 거쳐 아프리카에 식민지를 얻게 된다. 그때 망뎅그 제국도 함께 무너지게 되었다. 프랑스는 1830년 알제리를 비롯한 그 인근 지역을 식민지화했고, 독일은 1871년 프랑스가 점령한 지역을 무력으로 빼앗았다. 지금도 프랑스와 독일이 외교적으로 관계가 좋지 않은 것도 이런 맥락에서 이해를 하면 된다. 그 후 프랑스, 독일, 영국, 벨기에를 비롯한 유럽 열강들은 아프리카를 자기들 마음대로 국경선을 그은 다음 나

누어서 지배하기 시작했다. 그러나 프랑스의 아프리카에 대한 문화적 이해는 단순했다. 아프리카 문화는 열등함으로 교육과 계몽을 통해 자존감이 낮은 것을 없애야 한다는 정책을 펴면서 프랑스어를 보급하기 시작했다. 이는 아프리카인들을 프랑스인화하기 시작한 첫 번째 작업이라 할 수 있다. 이런 역사적 과정을 통해 오늘날 티에포족도 프랑스어를 사용하고 있다.

말리에서 망뎅그 제국의 멸망

말리의 망뎅그 제국의 멸망은 프랑스가 지배하면서부터라 할 수 있다. 프랑스가 서부 아프리카를 지배하고 난 후 망뎅그 제국은 서서히 힘을 잃어갔고, 1919년 망뎅그 제국이 완전히 사라지게 되었다. 그 과정에서 프랑스에서 들어온 가톨릭 선교사들도 식민지지배에 많은 영향을 끼친 것으로 알려져 있다. 프랑스 정부는 기독교 복음 전파가 아프리카인을 프랑스화하는데 중요한 수단이 된다고 본 것이다. 그 결과로 많은 아프리카인들은 프랑스어를 배우고, 기독교에 대한 교육을 받으면서도 실제 생활에서는 전통적인 민속신앙 부티쉬와 무속신앙과 정령숭배를 계속적으로 믿게 되었다. 전통적 가치로 여기는 부티쉬 신앙으로 인해 사하라 사막 지대에서 프랑스 선교사들은 아프리카인들을 표면적인 변화를 이끌어내는데 실패했다. 민간신앙적 기초가 든든한 원주민들은 이미 견고한 이슬람[17] 신앙에도 뿌리가 깊어 선교사들의 문화변혁을 위한 교육에 별 영향을 받지 않았다.

망뎅그 제국이 멸망하게 된 1919년 이래 그랑말리도 힘을 잃게 되었다. 그들은 까싼데로 이루(지금의 코트디부아르 국경지역)와 씨바벤토부, 즉 현 부르키나파소로 이동하게 되었다. 사실 티에포족은 1,600년경에 말리를 벗어나 다른 지역으로 이주하기 시작했다고 보면 된다. 구체적으로 1610년 부르키나파소의 '누므나까' 지역으로 이주해 왔다. 누므는 '대장장이'라는 뜻이고 나까는 '마을'이라는 뜻이다. 지금은 '누므다라'라고 사용한다.

---

17   장훈태, "코트디부아르 기독교와 이슬람 정착요인," 「복음과 선교」 제31권(2015.3), 79-83.

티에포족의 누므다라 마을 정착 동기

부르키나파소 공화국의 티에포족이 현재의 누므다라로 이주해 온 것은 아주 오래전 일이다. 티에포족 한 사람이 망뎅그에서 이곳까지 사냥하면서 정착한 것이 계기가 되었다. 한 사람이 누므다라에 정착하면서 추장 제도가 시작되었다. 1700년경에 처음으로 망뎅그 제국하의 작은 마을에서 추(족)장이 선출되었고, 지금까지 그 전통을 이어오고 있다. 티에포족의 추장(족장) 계보는 아래와 같다.

Tiéfo(티에포) 마을 족장 목록

이 름	년 도
Ouattara Boua	1700
Ouattara Sanaké	1710
Ouattara Mori	1750
Ouattara Kélétigui	1770
Ouattara Ladéni	1780
Ouattara Assorok	1790
Ouattara Batiémoko	1800
Ouattara Naké	1820
Ouattara Tiédougou Domba	1840
Ouattara Kologobo	1860
Ouattara Amoro	1890
Ouattara Dagassegui	1897
Ouattara Soma Daklo	1910
Ouattara Bakary	1914
Ouattara Siébi	1916
Ouattara Mahama	1927
Ouattara Domba	1930
Ouattara Makoumadi	1976
Ouattara Badiori	2006

위의 도표와 같이 현재의 대추장(대족장)**18**은 와따라 바디오리(Ouattara Badiori)이다. 그는 2006년부터 현재까지 아버지의 뒤를 이어 추장이 되어 현재까지 재임하고 있으며, 올해(2017년)로 97세의 나이지만 매우 건강한 편이다.

티에포족이 누므다라에 정착하게 된 것은 망뎅그 제국과 다른 제국과의 싸움이 원인이었다. 당시 망뎅그 제국 곧 티에포족은 세 번에 걸쳐 큰 싸움을 했고, 이러한 전쟁을 치루는 동안 종족사회는 매우 힘들었다. 1차와 2차 전쟁에서는 크게 승리했지만, 3차 전쟁에서는 보기 좋게 패망한 것이 원인이라고 할 수 있다. 이러한 사회문화적 환경 때문에 티에포족은 여러 지역으로 흩어졌고, 누므다라에 1919년경부터 정착하게 되었다.

티에포족의 전통 노래 분석과 문화의 특성

티에포족의 전통 노래

티에포족이 부르는 전통 노래는 매우 흥미가 있다. 이들은 하나의 곡을 여러 번 반복해서 부르는 것이 특징이다. 사실 아프리카인의 노래는 몇 개의 장문으로 되어 있지 않다. 그들이 부르는 노래는 단문이지만 선창자가 부르면 뒤따라서 부르는 형식을 취하고 있기 때문에 노래가 매우 긴 것으로 착각한다.

티에포족이 부르는 노래는 어떤 음악이론의 형식보다는 종족전통의 노래를 흥미롭게 부르기도 하지만 축제 혹은 통과의례에 따라 노래 음(音)은 달라지게 된다. 티에포족의 전통적 노래는 크게 다섯 가지 종류가 있다. 즉, 출산, 성인식, 죽음, 결혼, 농사이다. 이들의 노래는 인생 주기에 따른 과정과 의례(儀禮)적인 요소가 담겨 있다. 전통 노래는 크게 두 가지 형태를 지니게 된다. 첫째는 마을 공동체 사회의 인식에 초점이 맞추어져 있다. 둘째는 마을 공동체 사회의 인식론적 근거에서

---

18 이 자료는 2017년 2월 6일 부르키나파소공화국 누므다라 지역 행정가인 와따라 펠릭스 마조리로부터 받은 추장 족보이다. 추장이라고도 하지만 때에 따라서는 족장이라고 한다. 대추장(대족장)은 여러 지역에 흩어져 있는 추장의 대표를 의미하며, 대추장은 철저하게 세습을 통해 리더십이 계승된다.

일어나는 혼동을 막기 위한 소통을 전제로 하고 있다. 소통은 티에포족과 신과의 소통을 통한 인간의 행복과 미래를 축복하는 상징적 의미를 지니고 있다. 티에포족이 부르는 전통적인 노래의 예를 보면 다음과 같다.

	노래	해석
출산	**Pour la naissance d'un bébé** Que Dieu bénisse un enfant Donne la santé Il est parmi nous Allah ka dé balo ni hèrè yé Ka do an ta kabla la	알라여 이 아이를 축복하시고 건강주사 이 아이가 우리 가운데 있게 하소서
성인식	**Pour l'initiation** Que Dieu bénisse l'enfant en lui donnant la santé et qu'il soit parmi nous Que tu est petit et tu seras comme coton blanc é ka dogo ka filèrikè é na kè korone mougou	소년에게 알라의 축복이 있게 하시고 건강주사 이 소년이 우리 가운데 있게 하소서 이 작은 자가 **하얀 목화**와 같게 하소서 (하얀 목화는 힘이 없는 상태, 그리고 죽음을 나타낸다. 가족들이 이 소년을 보러 숲속에 들어가면 죽기 때문에 절대 보아서는 안 된다고 함)
죽음	**Pour la mort** Celui qui unifiait les gens est mort. Homme fil qui attachait le balai est coupé Lomogoya mougou baga taga filana jourou tigè La filana dé janjanna	사람들을 하나로 묶었던 자가 죽었다. 사람이 묶은 빗자루에 실이 잘라졌네 (빗자루를 만들기 위해 줄로 여러 가지를 묶는데 그 줄이 풀어지면 여러 가지들이 풀어지기 때문에 그것을 죽음이라는 의미로 받아들임)
결혼	**Pour le mariage** Le mariage unit les gens Que Dieu donne bonheur aux mariés, beaucoup d'enfant beaucoup d'argent Fourou le bê lamogoya tougou allah ka fourougnongon dèmè ni man	결혼식은 사람들을 하나가 되게 하네 신(알라)이 주시는 행복이 부부에게 있게 하시고 많은 자녀와 많은 부를 허락하소서

	원문	해석
농사	**Pour la culture** Après la pluie C'est la rosée On a mit la marmite au feu Mais ça n'a pas été préparé devant Moussa Sandiè beña à tokêta komiyé daga kouana Moussa gnana To man mon à gnana	비가 온 후에 땅은 촉촉해지네 사람들은 냄비를 불 위에 놓지만 **무사** 앞에서 준비를 하지 못하네 (여기서 무사는 티에포족이 아닌 디올라 종족이다. 그는 강하고 농사를 아주 잘한다. 그래서 티에포 종족이 늘 위기감을 가지고 있었고 나중에는 티에포 종족의 사람들이 뭉쳐서 쫓아낸다.)

위의 표와 같이 티에포족의 전통적 노래는 인간의 인식론적 변화 그리고 삶과 직결된 농사(農事)와 관련된 노래로 구성되어 있다. 노래의 내용은 티에포족만이 지니고 있는 인식의 체계 사이의 관계에 대해 언급되면서 신과의 추상적인 차원을 상세하게 언급하고 있음을 보게 된다.

티에포족의 전통 노래 분석

출산의 노래

	원문:	해석:
출산	**Pour la naissance d'un bébé** Que Dieu bénisse un enfant Donne la santé Il est parmi nous Allah ka dé balo ni hèrè yé Ka do an ta kabla la	알라여 이 아이를 축복하시고 건강주사 이 아이가 우리 가운데 있게 하소서

위 출산의 노래는 인간의 내면적 삶과 외형적 삶을 위한 종교적 염원이 담겨 있어 삶에 중요한 영향을 준다. 한 가정에 태어난 아이를 위한 노래는 경쾌하고 힘차게 불러야 할 뿐 아니라 진심으로 축복하는 마음으로 불러야 한다. 노랫 소리가 진정성이 깊으면 깊을수록 알라는 아이를 축복하고 아이는 건강하게 된다는 믿음을

갖고 있다. 티에포족의 신과의 수직적 관계 그리고 티에포족 공동체 사회의 연결, 결합, 단합이라는 차원을 강조한다.

출산의 노래를 보면, 알라여[19]라는 부름에는 종교적 염원으로 사람들은 신의 보호와 인도아래 있음을 표현하면서 동시에 태어난 아이를 축복하여 줄 것을 소망하는 노래이다. 신의 축복에는 건강하게 우리 공동체에 있게 해 달라는 의미가 있다. 이 노래는 산모와 아이를 위해 여러 번 반복해서 부르면서 자신들의 구세주가 되는 알라의 도움이 필요하다는 것을 고백한다. 알라만이 인간을 위한 축복과 건강, 동행, 공동체사회의 일원이 될 수 있도록 지켜줄 수 있다는 것이며, 신의 축복에 의해 공동체는 힘이 되고 신앙의 주제라는 것이다.

출산의 노래를 부르는 아프리카인의 세계는 영적 존재와 살아 있는 존재에 대한 현세적 축복이라는 것에 많은 관심과 더불어 영적세계와 물질세계가 한 단위를 이룬다는 것을 보여 준다. 영적세계와 물질세계는 서로가 교묘하게 연결되어 있어 이 둘을 분리하거나 구분하는 것은 쉽지 않다.[20] 이들에게는 영적세계와 현세적 세계가 동시적으로 공유되어야 평안과 함께 삶을 누릴 수 있다는 것이다.

성인식의 노래

	원문:	해석:
성인식	**Pour l'initiation** Que Dieu bénisse l'enfant en lui donnant la santé et qu'il soit parmi nous Que tu est petit et tu seras comme coton blanc é ka dogo ka filèrikè é na kè korone mougou	소년에게 알라의 축복이 있게 하시고 건강주사 이 소년이 우리 가운데 있게 하소서 이 작은 자가 **하얀 목화**와 같게 하소서 (하얀 목화는 힘이 없는 상태, 그리고 죽음을 나타낸다. 가족들이 이 소년을 보러 숲속에 들어가면 죽기 때문에 절대 보아서는 안 된다고 함)

---

19 티에포족은 대부분 이슬람교를 신봉하는 자들이지만 일부는 개신교인도 있다. 이들은 개신교회와 이슬람교의 신에는 별 차이가 없다는 개념도 가지고 있어 '알라여'라는 표현을 쓰는 듯하다(필자 주).

20 John Mbiti, *African Religions and Philosophy*, 장용규 역 『아프리카 종교와 철학』(서울: 지식을 만드는 지식, 2012), 57.

티에포족은 공동체 일원이 되기 위해 혹독한 성인식을 치러야 한다. 성인이 되기 위해 남자는 20세가 되면 3개월 동안 숲속에 들어가 생존을 위해 혹독한 환경에서 살아남기 위해 치열하게 자기와 싸워야 한다. 젊은 청년이 숲속으로 들어갈 때는 아무것도 가지고 들어가지 않는다. 숲속에서 생존해 나온 자에게 티에포족의 전통적인 이름을 지어주며, 종족 공동체의 정체성을 인정받고 결혼을 할 수 있게 된다.[21] 단, 숲속에 들어갈 때는 친구들과 함께 들어가게 되는데 이러한 전통적 관습은 인위적인 법(arbitrary Law)보다는 관습법(Common Law)의 영향력 속에 존재하는 것이라 할 수 있다.[22]

티에포족의 젊은 청년들은 숲속에서 3개월을 거주하는 동안 의식주는 스스로 해결해야 한다. 생존을 위해서는 자연에서 나는 것을 먹고 지내야 하는 것으로 티에포족만이 갖고 있는 습속(習俗)인 동시에 통과의례이다. 이들은 숲속에 머무는 동안 스스로 살아가는 방법인 생존법을 익히게 되고, 농사하는 방법을 터득하면서 자긍심을 기르게 된다. 3개월의 생존과정을 마치면 '티에포족의 위대한 전사'가 될 뿐 아니라 마을 공동체 사회의 회원으로 인증되어 활동을 하게 된다.

마을 청년들이 숲속에 거주하고 돌아오는 청년들을 향해 알라의 축복을 받도록 노래를 부르기도 하고, 숲속에서 있는 동안 건강을 주게 하고, 이 작은 자가 '하얀 목화'가 되도록 해 달라고 염원하기도 한다. 하얀 목화처럼 활짝 피어 죽음을 보는 자리에 가지 않고 모든 사람의 영혼과 마음을 따뜻하게 해 달라는 기도이다. 만약 티에포족에게 이러한 인위적인 법, 관습법을 비롯하여 통과의례와 관련된 축제가 없다면 이들의 운명은 파멸될 것이다.

티에포족의 성인식은 청년 개개인의 선택의 자유(Free to Choose)에 있는 것이 아닌 의무 사항으로서 이를 지키지 않으면 성인공동체의 일원이 되지 못할 뿐 아니라 결혼을 비롯한 사회적 활동에도 제한을 받는다. 그러므로 티에포족 청년이 숲

---

21 장훈태는 2017년 1월 10일 – 23일까지 부르키나파소 공화국 보보시의 외곽 지역에 위치한 티에포족 마을에서 실시한 통과의례 리서치를 위해 인터뷰한 내용이다.

22 Steve Forbes · Elizaeth Ames, *How Capitalism Will Save Us*, 김광수 역 『자본주의는 어떻게 우리를 구할 것인가』(서울: 아라크네, 2011), 219.

속에서 3개월의 기간을 성공적으로 마치고 돌아오기를 기대하고 부르는 이 노래는 공동체사회의 연대의식과 결합, 정체성을 강화시키면서 동시에 남자로서 할례의식에도 참여할 수 있는 자격이 주어진다.

결과적으로 티에포족의 성인식의 전통 노래는 젊은 청년들에게 주어지는 행복과 건강, 안전을 보호해 주기를 바라는 의미가 있다.

결혼의 노래

	원문:	해석:
결혼	**Pour le mariage** Le mariage unit les gens Que Dieu donne bonheur aux mariés, beaucoup d'enfant beaucoup d'argent Fourou le bê lamogoya tougou allah ka fourougnongon dèmè ni man	결혼식은 사람들을 하나가 되게 하네 신(알라)이 주시는 행복이 부부에게 있게 하시고 많은 자녀와 많은 부를 허락 하소서

결혼의 노래는 인간의 삶에 가장 중요한 변곡점이 되는 결혼과 관련된 노래이다. 젊은 남녀가 결혼하는 동안 티에포족 공동체가 하나가 되게 하는 구심점 역할을 하고, 신이 주시는 행복이 부부에게 임하여 자녀와 재물을 허락해 주기를 바라는 간절함이 담겨 있는 내용이다. 첫째, 티에포족의 결혼의 노래 목소리의 음조는 당사자와 공동체사회에 '행복과 부'라는 메시지를 전달함으로 상호 간의 즐거움을 나누는 의식이다. 둘째, 결혼의 노래는 단순한 신께 축복을 염원하는 것을 떠나 종족의식과 친족 관계를 천명하는 의식의 노래이다. 혈족(血族, consanguineal relatives)과 인척(姻戚, affinal relatives)은 모든 완성된 계보[23]를 결합하는 노래이다. 셋째, 사람들 사이의 유전학적 연결을 짓는 의식이며 동시에 핏줄 관계를 보다 견고하게 하는 의식적 노래이다. 넷째, 티에포족의 노래에서 세계관을 보게 된다. 곧 정신

---

23 Julia G. Crane & Michael V. Angrosino, *Field Projects in Anthropology: A STUDENT HANDBOOK*, 한경구 · 김성례 역 『문화인류학 현지조사방법론』 (서울: 일조각, 2006), 69.

적 · 영적인 지도 · 정신지체(mental retardation)라는 영역을 정의하는 모든 차원을 이해할 수 있다. 다섯째, 종족사회의 신뢰관계와 삶의 방식을 표현하며, 공동체사회의 상관관계를 드러내 준다. 여섯째, 전통 노래라는 언어적 표현을 통하여 상호작용의 하나의 형태를 드러내게 되는데, 몸의 자세, 얼굴 표정, 손짓, 사람들 간의 공간관계 등을 상징적으로 보여 준다.[24] 일곱째, 결혼식의 전통 노래는 문화체계로서의 이데올로기[25]이며 동시에 정치적 · 사회적으로 통합된 것으로서 공동체 사회의 가치이다.

티에포족의 결혼식 노래는 진리와는 거리가 있지만 현상학적으로 공동체의 단결과 종족사회의 친밀관계, 부의 현실화를 드러내고, 미래지향적으로 물질지향적 가치체계 문화를 지향하고 있다. 정치적 · 사회적 통합은 현상적 부를 통해 이데올로기로 전환됨을 보여 주고 있다.

또 이들의 노래는 문화패턴으로서 종교적, 심리적, 미학적, 과학적, 이데올로기적 패턴은 하나의 프로그램[26]이라 할 수 있다. 한편, 전통 노래의 특징은 종교적이면서 민족주의이면서 정치적 종족성를 드러내고 있다. 티에포족의 노래가 추상적이며 자의식적인 것 같으면서도 전통사회에서는 개인들의 정체성을 강화하면서 개개인의 이미지를 강하게 부각시키고 있음을 보게 된다. 결과적으로 결혼식의 노래는 산업국가에서 보기 드문 강력한 집합정체성[27]이라는 개념으로 명료할 뿐 아니라 공동운명체라는 의식에 기초하여 결혼생활이 사회적 현실로부터 만들어지고 있음을 상징적으로 보여 주고 있다.

---

24   Julia G. Crane & Michael V. Angrosino, *Field Projects in Anthropology: A STUDENT HANDBOOK*, 261.

25   Clifford Geertz, *The Interpretation of Cultures*, 문옥표 역 『문화의 해석』 (서울: 까치글방, 1999), 240. ;이데올로기의 사회적 결정요인은 두 가지 접근법으로서 이익이론과 긴장이론이다.

26   Clifford Geertz, *The Interpretation of Cultures*, 258.

27   Clifford Geertz, *The Interpretation of Cultures*, 282.

	원문:	해석:
죽음	**Pour la mort** Celui qui unifiait les gens est mort. Homme fil qui attachait le balai est coupé Lomogoya mougou baga taga filana jourou tigè La filana dé janjanna	사람들을 하나로 묶었던 자가 죽었다. 사람이 묶은 빗자루에 실이 잘라졌네 (빗자루를 만들기 위해 줄로 여러 가지를 묶는데 그 줄이 풀어지면 여러 가지들이 풀어지기 때문에 그것을 죽음이라는 의미로 받아들임)

죽음의 노래는 인간의 생애 주기를 '빗자루'를 비유하여 노래하고 있다. 출산과 성인식 · 결혼식이 종족사회를 하나로 묶어 주었는데 한 사람이 세상을 떠남으로 빗자루의 실이 잘라졌다고 표현하고 있다. 이는 종족사회와 공동체를 '빗자루'에 비유함으로 한 사람이 세상을 떠날 때 빗자루를 묶은 실이 끊어졌다는 것을 상징적으로 표현하고 있다. 하나의 실이 끊어지는 것 자체가 공동체의 무너짐이 된다는 의미가 깊다. 그리고 토착적 생활양식은 '하나의 종족,' '하나의 전통,' '하나의 문화'를 의미하는 것으로서 인간생활의 연속성을 유지시켜 주고 있다.

죽음의 노래에는 인간의 좌절된 본능[28]에 대한 전통과 문화도 제한된 범위에 있으며, 실타래 하나가 풀어짐으로 인해 죽음 곧 해체라는 사회적 변동을 의미하기도 한다. 또 하나는 한 인간의 죽음이란 것이 활력있는 민속전통의 상실을 가져왔을 뿐 아니라 공동체사회의 유대를 약화시키는 경향이 있지만 노래를 통하여 종족사회의 정체성을 결합시키는 힘을 발휘한다. 죽음의 노래는 인간으로 하여금 종교적 의식을 거행하도록 하면서 종족사회의 긴장의 중심이고 근원이 된다.

티에포족이 부르는 죽음의 노래는 '인간이 여전히 죽음과 대면하는 의미 있는 준거틀을 제공'한다. 대부분의 사람들에게 유일하게 의미 있는 준거 틀로서 망자(亡子)와 함께한다는 사회구조(인과-기능적) 차원의 통합 형태와 문화(논리-의미적)

---

28 Clifford Geertz, *The Interpretation of Cultures*, 198.

차원의 통합형태 사이의 불연속성[29]이 아닌 연결성을 짓는다는 점에서 전통적이라 할 수 있다.[30]

결과적으로 티에포족의 죽음의 노래는 신과의 소통, 인간으로서의 절망감을 의미하지만 상징적으로는 종교적 의미와 정치적 의미 모두를 지닌다. 티에포족에게 죽음은 성스러운 의미와 세속적 의미 모두를 포함하면서 문화적으로 가치 있는 신앙의 표현이다. 그리고 '빗자루의 실이 잘라졌네!'라는 문구는 인간의 죽음이 확인되었기에 슬픔이 찾아왔다는 것이다. 한 인간의 죽음은 종족사회의 친밀성이 사라졌기에 슬픔으로 표현한다. 곧 인간의 생애주기상의 모든 이행과정이 멈추었다는 종교적 상징체계[31]를 보여 주고 있다.

농사의 노래

	원문:	해석:
농사	**Pour la culture** Après la pluie C'est la rosée On a mit la marmite au feu Mais ça n'a pas été préparé devant Moussa Sandiè beña à tokêta komiyé daga kouana Moussa gnana To man mon à gnana	비가 온 후에 땅은 촉촉해지네 사람들은 냄비를 불 위에 놓지만 **무사** 앞에서 준비를 하지 못하네 (여기 무사는 티에포족이 아닌 디올라 종족이다. 그는 강하고 농사를 아주 잘한다. 그래서 티에포 종족이 늘 위기감을 가지고 있었고 나중에는 티에포 종족의 사람들이 뭉쳐서 쫓아낸다.)

---

29 Clifford Geertz, *The Interpretation of Cultures*, 200.

30 장훈태, "티에포족 전통문화 리서치," 2017년 2월 6일.; 티에포족은 죽음 이후의 장례식 노래도 있다. Lá mort há qúá Pardonner Céux qui un seul enlant(× 여러 번 반복하여 부름): 이 노래는 "자녀를 한 명만 가진 자는 죽음이 용서를 하지 않는다"(× 반복) 삶의 현장에서 자녀는 많아야 좋다는 이야기이다. 인생을 살면서 하나의 자녀를 두는 것보다 여러 명의 자녀를 두고 살아야 인생이 행복하다는 노래이다. 그리고 이 노래는 지혜를 의미하기도 한다. 지혜가 있는 것은 자녀가 많을 때 가능하다는 이야기가 된다. 그러니까 한 가정에 한 명의 자녀를 두고 있는 것은 불행하게 될 것이고 나이가 많아 죽는 것도 좋지 않다는 뜻이다. 티에포족에게 나이 많아 죽으면 후회하게 된다는 것이다. 그러므로 인생을 사는 동안 자녀가 많은 것이 좋다는 의미이다. 그리고 티에포족의 장례식에서는 7일째가 되는 날은 술(현지어－돌)을 준비하고, 염소 한 마리와 닭을 죽여서 망자가 가는 길을 함께하도록 한다. 망자(亡子)가 가는 곳은 조상이 머무는 곳으로 가기 때문에 그곳까지 심심하지 않게 가도록 하기 위함이라 한다.

31 Clifford Geertz, *The Interpretation of Cultures*, 204－205.

위의 농사의 노래는 티에포족의 생애주기를 영위하기 위한 자연의 섭리를 인정하면서도 타종족의 침략에 의한 두려움과 위기를 어떻게 극복해야 하는가 하는 위기 대처방안을 보여 준다. 이 노래에 타종족의 침투에 대한 방어는 생존의 법칙과 함께 과거와 현재의 정치적 의미가 내재되어 있다.

티에포족에게 있어 농사는 삶의 질 향상과 종족사회의 만족과 정치적이면서 동시에 자본주의 사고가 내재되어 있음을 보게 된다. 또한 농사를 지으려 해도 티에포족을 침략하는 디올라족으로 인한 종족전쟁으로 인한 고충을 말해 주고 있다. 디올라족은 수렵과 이동을 통해 삶을 영위하는 자들로서 다른 종족에게는 불편한 종족이다. 티에포족은 이들의 침략으로 티에포족의 평화스러움과 농사를 마음대로 지을 수 없는 환경을 노래로 표현하고 있다.

티에포족은 농사철에는 농작물이 성장하고 거둘 때까지 집을 비우고 산다. 추수를 마치면 집으로 돌아오게 되는데, 빈집에 무작정 침입해 생활하는 종족이 디올라족이다. 두 종족 간의 문화적 차이로 갈등은 끊임없이 진행되었고 이들로 인해 생계의 위협을 받는 티에포족이 하나가 되어 디올라족을 추방한다는 노래이다. 이는 현대사회의 대가라 불리는 베버(Weber)가 쓴 『경제와 사회』(*Wirtschaft und Gesellschaft*)라는 책에서 '원시적 농민사회가 오늘날 우리 사회와 거의 동일하다'는 말과 같다.[32] 당시 사회는 디올라족의 침입으로 인한 티에포족 모두에게 "완전한 공포, 완전한 고립"[33]을 비롯하여 종족사회 보존을 위한 강력한 억압을 받았음을 보여 준다. 그리고 이들의 노래음에는 친족집단들과 친족 충성심이 중요한 역할을 하고 있다는 것과 봉건주의적인 사고와 가치체계, 영토 수호에 대한 의욕이 강하게 드러나기도 한다.

농사의 전통 노래는 두려움과 불안을 해소하면서 종족의 생존을 위한 단합과 종족 간의 전쟁, 타종족의 침입에 대한 공포와 고립, 친족집단들과 친족충성심, 영토수호라는 명목하에 종족통합성과 통일성에 대한 강력한 의지 등을 엿볼 수

---

32 Clifford Geertz, *The Interpretation of Cultures*, 386.

33 K. Wittfogel, *Oriental Despotism*(New Haven, 1957).; Clifford Geertz, *The Interpretation of Cultures*, 387에서 재인용.

있다.

티에포족의 출생, 성인식, 결혼, 죽음, 농사와 관련된 전통 노래에는 '세계관의 유형,' '생활 속의 다양성과 생과 사(死)의 경계,' '관습,' '계층화된 사회의 동질성 강화'라는 가치를 통한 신과의 소통을 드러내고 있다. 그러면서 티에포족의 종교의식[34]이 내재된 태도가 반영되어 있고, 인간의 신의 축복을 기다린다는 의식이 담겨 있다. 여기서 티에포족은 의식을 중시하는 민족임을 볼 수 있으며, 이것이 그들을 다른 종족과 구별하게 하는 본질적인 차이는 아니지만 그 전통과 관습을 중요하게 여김을 보게 된다.

따라서 티에포족의 전통 노래를 통한 사회적 행동과 믿음의 조합과 각 노래마다 그 행위의 방향을 결정하고, 그 제도가 조장하고 있는 특정의 목표가 있다.[35] 한 사회의 문화적 목표를 통한 동질성과 더불어 균형 잡힌 패턴으로서 정치적 목적을 갖고 있음을 보게 된다.

티에포족의 전통 노래에 담긴 신념체계

티에포족의 전통적 노래에는 신과의 인간, 마을 공동체 사회내의 질서라는 신념체계(belief systems)[36]가 담겨 있다. 티에포족만의 독특한 문화로서 '인간다움의 실현'이라는 철학적 체계는 더 고차원의 인식체계 안에 포함되어 있다. 이들의 노래에는 종족의 신념과 행위에 적용하려는 내용을 비롯하여 종족의 결합과 구조적 조직을 통한 세계관을 표출하고 있음을 보게 된다. 그것은 마을의 행사 혹은 각 가정의 축제를 통하여 젊은 세대와 기성세대 간의 연결과 노래를 통한 종족의 연대성과 새로운 경험을 매개할 뿐 아니라 세계관을 변화시키기도 한다.

티에포족이 부르는 전통적인 노래는 '전통과 현대문화와의 갈등'관계를 해소하

---

34 여기서 종교의식이라 함은 통과의례의 과정을 통해 신과의 은밀한 교류와 내재된 삶의 형태를 드러내면서 신과의 소통, 신의 축복, 신의 가호를 추구함으로 공공의식을 드러낸다.

35 Ruth Benedict, *Patterns of Culture*, 김열규 역『문화의 패턴』(서울: 도서출판 까치, 1993), 245.

36 Paul G. Hiebert, Anthropological Reflections on Missiological Issues(Grand Rapids, Michigan: Baker Books, 1994), 37.

는 역할을 하면서도 노래를 통한 종족의 정체성의 가르침을 검증하고 하나의 공동체를 형성하는 데 기여함을 발견하게 된다. 폴 히버트는 "신념체계 안의 이론을 삶에 적용한다"고 지적하고 있다. 그는 이러한 노래들이 갖는 독특한 문화를 통하여 '세계관을 만든다'[37]고 말한다. 티에포족들은 전통적 노래를 통하여 상호간의 깊은 감정을 가질 뿐 아니라 공동체 삶에 활기를 불어넣기도 한다.

티에포족이 부르는 전통 노래는 춤을 동반하면서 장르별로 '전통적 예술을 배울 수 있는 기회'를 제공한다는 점에서 독특한 문화를 형성한다. 티에포족 전통 노래가 오랜기간 전승된 것은 '문화적인 소양을 갖춘 좋은 사람이 되기 위해 필요한 것들을 충족시켜 주는 것'이 되는 동시에 '어린이부터 노인까지 기초 문화를 접할 수 있는 기회'를 제공했기 때문이라 볼 수 있다. 특히 전통 노래를 부르는 가운데 노인들이 눈에 띄게 많은 것은, 오랜 기간 동안 전수(傳受)받은 영향도 크지만 마을의 통과의례가 거행될 때마다 참여한 결과이다.

티에포족의 노래는 '살아 있는 예술'이라 할 정도로 가치가 있다. 그들의 전통 노래는 젊은 세대에게 보내는 메시지가 담겨 있고, 신과의 융합을 통한 현세와 내세에 대한 부분들을 생각하게 만들기 때문이다.

결과적으로 티에포족이 부르는 노래에 담긴 의미는 첫째, 문화 관용성을 통한 종족의 정체성이 핵심이란 것이다. 둘째, 문화에 대한 관심과 욕망, 개방성은 티에포족의 사회를 결합시켜 주는 기제가 되기도 한다. 동시에 노래와 춤을 통한 문화는 풍부한 민중정서적 문화전통을 갖고 있으면서 그 요소들 사이의 공존(共存)이 그 기반이 되어 있음을 보게 된다. 셋째, 내부적으로는 문화정보통이 확산되어 있으면서 순수문화를 지키려는 의욕을 갖고 있다. 넷째, 어릴 때부터 부르는 노래와 춤은 현재의 삶에 큰 영향을 주고 있으며, 종족사회의 자유로운 인간이 존재 하고 그 자유는 문화를 통해 실현 가능하다는 것을 보여 준다. 다섯째, 티에포족만이 가질 수 있는 예술 곧 개인의 가능성을 키워간다는 점이다. 여섯째, 티에포족의 문화적 기질을 잘 살릴 수 있는 구조와 시스템이 전통 노래에 담겨 있다고 볼

---

37 Paul G. Hiebert, Anthropological Reflections on Missiological Issues.

수 있다.

이상과 같은 전통 노래의 사회구조적인 형태는 티에포족 사회공동체를 상호 연관시킬 뿐 아니라 실재(實在)를 포함한 포괄적인 인식체계를 만들어 주고 있다. 결과적으로 통합된 거대한 사회구조 시스템을 통해 하나의 공동체, 하나의 관점을 만들어 가면서 사회질서를 통한 사회적 관계를 형성한다.

전통 노래에 나타난 티에포족의 정체성 문화

부르키나파소는 다양한 종족이 함께 사는 다민족·다문화 국가로서 나름대로 활력이 넘치는 문화를 가지고 있다. 각 종족별 예술 영역이라 할 수 있는 조작, 대중음악, 전통 노래 등의 분야에서 매우 창의적인 성과를 나타내고 있다. 특히 구수도였던 보보(Bobo) 지역의 경우는 메기 신화를 하나의 문학적 관점에서 관찰할 수 있는 토대를 갖추고 있기 때문에 문화적으로 의미 있는 관찰 연구를 위해 접근할 수 있다. 사실, 부르키나파소는 1960년에 프랑스로부터 독립한 이후 경제적 불평등, 외국세력의 착취, 식민주의의 부정적 유산과 개인과 집단의 정체성의 혼란 등 많은 문제점들이 힘들게 하고 있다.[38] 그러나 부르키나파소에 거주하는 티에포족들은 자신들의 정체성이라 할 수 있는 전통적 노래를 부르면서 문화의 전승, 종족전통의 삶과 경험들, 역사와 문화를 계승하고 있다.

티에포족의 전통 노래는 수세기에 걸친 종속 식민지 역사를 끝내고 다민족 사회에서 정체성을 스스로 지켜 가려는 문화가 뿌리 깊게 내재되어 있다. 티에포족의 전통 노래에 나타난 중요성은 몇 가지로 설명할 수 있다.

첫째, 티에포족의 통과의례(출산, 성인식, 죽음, 결혼식)를 중심으로 부르는 전통 노래는 종족의 역사·문화적 정체성을 정립하는 기초가 된다.

둘째, 전통 노래는 영적 곧 신과의 소통을 통한 인간의 번영과 행복을 추구하고 있다.

---

38 김현숙, "세네갈의 사회현실과 문학,"–마리아마 바(Mariama Bâ)의 소설 아주 긴 편지를 중심으로, 『불어권 아프리카의 사회발전–경제회생 및 사회 통합을 중심으로』(서울: 높이깊이, 2009), 175.

셋째, 티에포족의 내부적 관점에서 긍정적 삶의 형태, 사회의 도덕성과 규범을 구체화시키는 삶의 지침이 담겨 있다.[39]

넷째, 전통 노래는 티에포 종족의 사고(思考)의 역사인 동시에 사람들의 정서를 담고 있다. 곧 말, 관습, 전통 등에서 드러나는 모든 인간의 경험을 통한 종족 공동체의 구조같은 제도, 가치체계, 규범뿐만 아니라 구전전통과 대중문화의 삶에 구체화된 사고와 감정의 양식이 담겨 있다.[40]

다섯째, 전통 노래는 종족사회의 행동에 대한 사고의 방향성과 지향점 그리고 '시대의 영혼'(spirit of the times)[41]을 인식하고 이해하는 토대를 제공한다.

여섯째, 전통 노래는 티에포족의 사고를 연구하는 중요한 자료가 되며, 동시에 예술적 유산이다. 김광수는 아프리카인이의 노래는 "사고유형을 노래할 수 있는 자료로 중요할 뿐 아니라 구전전통을 가진 사회에서 인간 정신의 내부 작업을 이해할 수 있는 중요한 자료"이며, 동시에 "일반 대중이나 평범한 사람들의 의견, 태도, 반응을 볼 수 있는 자료이며 동시에 종교적 세계에 대한 관점을 투영하고 있는 점에서 중요하다"고 강조한 바 있다.[42]

일곱째, 티에포족의 전통 노래에 담긴 주제는 신과 소통하는 자로서의 관계성, 가족, 사람과 사람 사이의 행복을 보여 주는 사례라 할 수 있다. 이들의 노래는 종족사회의 문화를 통한 정신을 제공하고 결합시켜 주는 내용을 담고 있다.

여덟째, 티에포 족이 부르는 노래는 의식적인 면에서 강력한 영적 힘을 갖고 있다고 믿으면서 집단적 종교적 행위를 습득함으로 일체감을 유지하는 데 기여하고 있다. 티에포 족의 노래는 신과의 소통을 통해 영적 힘을 이끌어 낸다. 동시에 종교적 의식을 통해 인간의 현재와 내세의 행복 추구와 분명한 정체성을 강조한다.

티에포족의 전통 노래에 담긴 다양한 영적인 세계와 공동체 사회의 정체성 문화는 신(神, 알라)과의 소통, 인간과 인간의 행복 추구를 위한 종교적 의식으로 신과

---

39 김광수, "콩고연합(Bundu dia Kongo) 노래에 나타난 바콩고인 정체성", 77.
40 김광수, "콩고연합(Bundu dia Kongo) 노래에 나타난 바콩고인 정체성", 77.
41 김광수, "콩고연합(Bundu dia Kongo) 노래에 나타난 바콩고인 정체성", 77.
42 김광수, "콩고연합(Bundu dia Kongo) 노래에 나타난 바콩고인 정체성", 79.

의 소통을 강조하고 있다.

티에포족 복음화를 위한 선교

전통적인 사고와 의문들에 답하기

티에포족은 부르키나파소에서 이주민으로 거주하는 동안 자신들만을 위한 전통적인 방법 곧 통과의례를 지켜온 종족이다. 이들은 종족집단사회로 타문화의 이입(移入)에 대한 오해를 하게 된다. 새로운 종교문화를 오해하는 근본적인 배경에는 '자유로운 문화가 자신들의 전통을 파괴할 것'이라는 데 있다. 한쪽이 다른 한쪽을 착취하거나 전통을 파괴한다는 악의적인 관념이 도사리고 있기 때문이다. 하지만 현실은 그 반대이다. 새로운 기독교문화는 파괴와 착취가 아니라 신뢰를 주는 행동방식이다.

티에포족의 공동체사회에서의 접촉은 상호 간의 최선의 이익을 얻기 위해 진행되는 방식이기도 하지만 여기서 영적인 영역에서의 이익은 쌍방을 위한 것이다. 이들이 기독교문화를 받아들이려고 한다면 선교사들로부터 무언가를 얻으리라고 예상하기 때문이다. 마찬가지로, 서로가 다음에도 만남을 반복하는 이유는 과거에 만난 결과가 예상과 들어맞았기 때문이다. 선교사와 현지인과의 만남은 상호이익과 밀접히 관련되어 있다. 상호 얻을 것이 없다고 예측하면 누구도 만남을 동의하지 않을 것이다.[43]

선교사는 선교 현장에서 흔히 발생하는 전통적 사고와 의문에 답하기 위해서나 혹은 상호이익을 위해서는 보이지 않는 영적인 힘이 작용해야 할 것이다. 사람들의 의식 속에 내재되어 있는 전통에 대한 집착을 벗어날 경우 두려움과 불안, 의문들에 대하여 선교사는 답을 주어야만 한다.

---

43 Steve Forbes · Elizaeth Ames, *How Capitalism Will Save Us*, 김광수 역 『자본주의는 어떻게 우리를 구할 것인가』, 17–18.

첫째, 사회적 현실과 미래를 조명함으로써 오늘날 티에포족이 서 있는 이 세상에 대한 이해의 폭을 넓혀 주려고 고민을 해야 한다.

둘째, 현실세계의 신앙생활에서 발생하는 다양한 사실들에 대해 탐구하고 설명해 줌으로 의문을 제거할 필요가 있다.

셋째, 티에포족이 새로운 기독교문화를 받아들였을 때 두려움, 불안, 공포의 세계에서 벗어날 수 있다는 사실을 검증해 주는 방식이다.

넷째, 전통적 문화가 파괴된다는 위기를 느낄 때 올바른 대응방법을 제시하는 것이 중요하다. 부르키나파소 공화국에 오랜 기간 거주하면서 다른 부족과 전쟁을 치르기도 했던 티에포족의 전통의식은 특별하기 때문에 이를 지키려는 의욕이 매우 강한 편이다. 위기가 닥쳤을 때, 사람들은 문제를 해결하기 위해 무언가를 하는 것이 올바른 대응이라는 착각에 빠지게 된다. 이런 착각이 티에포족들의 집단의식을 갖게 할 수 있기 때문에 상호간의 좋은 해법 곧 최선의 해법을 찾는 것이 중요하다. 선교사들에게 최선의 해법이란 법을 만들어 티에포종족 공동체사회의 구성원에게 무언가 행동하는 리더의 모습을 보여 주어야 한다. 선교사로서 무언가를 하거나 또는 문제를 해결하려는 노력을 보여 주어야 한다. 그럴 때 사람들은 이미 오래전에 이런 사실을 깨달은 것에 대한 이해를 하게 되고 협력하게 될 것이다.[44]

현지인들이 가장 두려워하는 부분을 벗어나도록 하기 위해서는 프로젝트 중심의 사역이 아닌 인간중심의 상담과 지도력 개발이 필요하다. 선교사는 지역사회의 지도력을 세워 주면서 새로운 기독교 문화에 대한 안정감과 신뢰도를 높이는 데 더 많은 시간을 투자해야만 한다.

선교사의 현지인에게 집착하기

선교사의 사역이 종족사회 구성원 모두에게 만족을 줄 수는 없다. 선교사는 종

44 Steve Forbes · Elizaeth Ames, *How Capitalism Will Save Us*, 332-333.

족사회에 대한 만족감도 누릴 수 없지만 '현지인 집착'을 가진다면 어느 정도 성과
는 드러나게 된다. 현지인 집착이란, 한 영혼에 대한 관심과 배려가 집중된다는
것을 의미한다. 선교사가 현지인에 대한 집착을 하게 되는 철학은 현지인을 끌어
모으는 비결이 될 수 있다.

'현지인 집착'을 위해서는 현지인의 고충이 무엇인가를 직접 청취해야 하고, 그
청취를 듣는 순간 원인 파악과 해결책을 준비한 후 실행에 옮기는 작업도 필요하
다. 현지인 집착 선교방식은 '티에포족 마을을 변화시키자'는 목표가 담겨 있다.
이 같은 복음화 운동에 기여하게 되면 하나님의 나라는 가까워오게 되어 있다. 선
교사의 사역 효율성을 위해서는 현지인 만족 수준을 넘어 '현지인 집착'을 할 때 한
영혼 구원과 공동체사회의 구원을 이룰 수 있다.

선교사가 현지인에 집착하게 되면 다른 사역을 할 수 없지만, 현지인 집착 선교
방법이 어떤 결과를 가져오는가를 경험해 보기도 하고 때로는 크게 실패를 경험
하게 될 때 보다 근본적인 방법을 실천하게 될 것이다.

첫째, '현지인 집착 선교방식'을 선택하게 된다면 '장기적인 비전'을 가져야 한
다. 선교사가 한 마을을 복음화시킬 수 있다는 마음만 먹으면 이루어질 수 있다는
장기적인 선교방법을 투자해야 한다. 선교사의 머릿속에 선교를 분기별로 집행하
려는 '분기'(分期)라는 것이 없어야 한다. 어떤 선교사가 이번 분기에 훌륭한 사역
실적을 낸다고 축하할 일이 아니라 향후 2–3년 혹은 5–7년을 보고 사역해야 한
다. 장기적 비전을 가지면 선교현장에서 무엇을 해야 하고 어디에 시간과 에너지
를 투입해야 할 것인가를 알게 된다. 선교사가 한 마을을 복음화시켰다면 그것은
현재의 상황을 인지하고 장기적인 비전을 갖고 사역한 결과라 할 수 있다.

둘째, 티에포족 공동체사회를 조사 · 분석 · 논의를 하면서 현지인 행동을 예측
하는 일이다. 선교사와 현지인 간의 관계를 통해 필요한 부분을 채워 가기 위한 방
식으로 '현지인 행동 예측'을 통해 복음의 접촉점 가능성을 예상하고 이에 필요한
도구를 사용해야 할 것이다. 현지인의 행동을 예측하면서 접촉점이 이루어지기
위해서는 현지인과 만남을 자주 갖는 일이다. 현지인들의 통과의례식(출생, 결혼, 성

인식, 죽음과 장례)에 참여하거나 현지인 위주의 생활방식으로 다가가는 것이다.

셋째, 현지인 집착이란 전략적 방법 수행을 위해 '티에포족의 사회적 가치'를 인정하는 일이다. 사회적 가치가 제공되기 위해 '복음의 가치 제공,' '사회적 가치 측정체계를 만들어 시스템화,' '사회적 가치를 섬김적 가치로 전환시키는 인센티브 시스템,' '교회를 중심한 사회적 핵심가치 구현'[45]을 교육하고 실천함으로 성경적 세계관과 가치관으로 변화시키는 데 있다.

넷째, 현지인 집착 전략으로 지역사회 개발사역을 통해 나타나는 결과를 보아야 한다. 현지인 집착 복음화 전략은 지역주민들의 기본 건강이 향상되고, 스스로의 문제를 해결하고자 하는 의식으로 삶의 질이 향상되고, 복음의 수용성 증가로 인한 교회 성장과 교회개척이 가능하게 되면서 종족사회의 공동체 유대감 증진과 지도력이 개발될 수 있다. 그리고 현지인들로부터 호의적이고 협조적인 방법을 이끌어 내는 것도 매우 중요한 선교 방법이다.

현지인 집착 선교방법은 하나님께서 선교사와 함께하신다(대하 20:16-17)는 말씀에 근거한다. 이러한 사역의 극대화를 위해 선교사는 '하나님을 신뢰하고,' '하나님 앞에 견고히 서고'(대하 20:20)라는 말씀을 믿고 사역에 임할 필요가 있다.

치열한 종교적 생존경쟁사회에서 연합전선 구축하기

티에포족이 전통과 민족주의, 종교적 체계를 유지하려 한다 해도 이들이 사는 주변은 이슬람교의 다와정책에 의해 무슬림이 되는 비율이 점점 높아져 가고 있다. 이슬람교는 부르키나파소 공화국 시골 지역 도로변에 사원을 건축하면서 다와(선교)에 열을 올리고 있다. 이슬람교는 거침없는 영역파괴 정책으로 시골 마을을 잠식해 가고 있다. 반대로 기독교는 습관적인 방법, 곧 전통적인 방식의 선교를 고집함으로 거침없는 영역파괴 정책을 펴는 이슬람교에 비해 성장이 둔화되고

---

45 사회적 가치를 위해서는 가난한 지역사회 변혁과 왜 그들이 가난한 사회적 구조를 가지고 있는가(경제, 사회, 교육적 제도)? 총체적 구조를 개선하기 위한 방안 모색(정서적 영역(자신), 사회적 영역(이웃), 육체적 영역(자연), 영적인 영역(하나님)구축도 필요하다.

있는 상황이다. 이슬람교는 부르키나파소의 다양한 종족들을 향해 '낮은 방법의 정책'을 펴면서 주민들로부터 많은 호응을 받고 있다. 이들의 다와정책이 주민들로부터 호응을 받는 것은 치열한 생존경쟁으로 힘들어하는 주민들의 눈높이(맞춤형)에 맞는 정책을 실행하기 때문이다.

현장에서 전통문화·이슬람교와의 경쟁하기 위해 글로벌 선교 공동체의 연합과 현지 교회와 교단과의 합종연횡(合從連橫)이 더 활발하게 이루어져야 한다. 이들을 위한 현지인들을 복음으로 인도하기 위해서는 다른 여러 교회(교단)들이 협력할 수밖에 없다. 선교사는 티에포족 한 명이 타종교로 개종하거나 입교하게 되면 '도서관 하나가 불타는 것과 같다'[46]는 의식을 갖고 한 영혼을 구원하는 일에 최선을 다하는 수밖에 없다. 또 하나는 마을 주민들과의 관계에서 온전한 의미를 가지면서 언제나 그들과 가까이 있다는 점을 인식시켜 줄 필요가 있다. 마을 주민 혹은 행정가나 추장과의 관계가 닫혀 버린다면 선교는 후퇴할 수밖에 없다. 현지인들과 조금 더 좋은 관계를 위해 '우리들'이라는 사회에 작동하는 전략과 친족 관계의 중심적 역할을 보여 주고, 다른 한편으로 같은 나라에서 공존(共存)하고 있다는 것을 보여야 한다. 선교사는 외국에서 온 사람이 아닌 티에포족과 함께 공존하는 문화적 복수성을 갖고 있는 자라는 인식과 신뢰[47]를 심을 수 있다.

마지막으로 선교사는 현지인과 함께 생존하는 자, 문화적 분야에서 상호작용하는 수많은 요인들을 가져야 한다. 이들이 갖고 있는 통과의례(제의적 체계)는 개인을 타자성으로 빚어진 혼합체라는 것으로 규정하면서 서로 대립되는 양태로서 형상과 개인은 문자 그대로 사유할 수 없는 형상[48]임을 알아야 한다. 그리고 선교 사역을 위해 인류학적 테마(가족, 사생활, 기억의 장소)에 특권이 부여될 수밖에 없다

---

46 Marc AUGÉ, *NON-LIEUX Introduction à une anthropologie de la surmodernité* 이상길·이윤정 역 『비장소: 초근대성의 인류학 입문』 (서울: 아카넷, 2017), 17. ;암파테 바(Hampaté Ba)가 한 말은 아프리카의 구어적 전통을 유지하려는데 언급한 단어이다.

47 장훈태, "서부 아프리카 코트디부아르 야오부 마을의 전통적 샤머니즘문화상황에서의 선교전략," 『복음과 선교』 제35권(2016.3), 263-265.

48 Marc AUGÉ, *NON-LIEUX Introduction à une anthropologie de la surmodernité*, 34.

는 것[49]과 '온갖 가시적인 기호 등의 세심한 축적을 통해 찾으려는 노력도 병행되어야 한다. 이들의 삶의 구조에 대한 전반적인 관찰은 생존경쟁이 치열한 종교적 현상화 경제사회적 상황에서 특수한 진리를 접하도록 하는 데 유용할 것이다.

한 영혼을 구원하려는 선교 지도(Map, 地圖) 구축하기

선교사 혹은 사역자가 서 있는 곳은 지도의 어느 한 지점일 수 있다. 지점(地點)이란 땅의 어느 한 곳을 의미하면서 동시에 어느 한곳을 향해 간다는 목적지일 수 있다. 목적지를 향해 가는 사람은 어느 지역을 가든 목적지에 도착하면 된다. 그런데 자신이 가려는 목적지만 알고 목적지를 향해 통과하는 중간 지점을 잘 모른다면 길치이다. 길치는 자신이 가는 목적지만 알 뿐 아니라 머릿속에 연결된 길이 아니라 흩어진 점 밖에 없는 길치는 대안을 찾기가 어렵다. 길치는 자신이 서 있는 위치를 설명하는 관점이 독특하지만 그 주변에 대한 통찰력이 떨어진다. 이런 사람은 새로운 길을 알지 못하고 그 자리에서 빙빙도는 사역자이다. 그렇다면 전통과 습속(習俗)의 지향점을 목표로 삼고 사는 사람들과 접촉점을 만들기 위해서는 '머릿속에 한 영혼을 구원하기 위한 지도'가 있어야 한다. 제4차 산업혁명과 인터넷 시대에 걸맞는 네비게이션과 선교지도 앱을 구축하고 이를 활용해야 한다. 휴대폰 속에 나침반과 GPS가 있는 것처럼 그 길을 따라가면 길치가 되지 않는 것처럼 내 속에 선교 지도가 그려져 있다면 다행이지만 그렇지 않고 선교 지도가 없는 사역자는 오작동을 일으키는 지도 앱을 보듯이 불안하고 믿음이 가지 않는다.

선교 지도란, 예수께서 제자들을 추수하도록 파송하신 것처럼(요 4:38) 그 일에 동참하고 진실한 믿음을 갖게 되는 사람들을 추수하는 것에 집중하는 일(요 4:42)이다. 그리고 예수님과 좋은 관계를 맺도록 하는 방법이 무엇인가를 고민하는 일(요 15:4-5)과 '큰 일'을 하도록 만드는 것이라 할 수 있다(요 20:22).[50] 티에포족 문화를

---

49 Marc AUGÉ, *NON-LIEUX Introduction à une anthropologie de la surmodernité*, 37.

50 Dean Flemming, *Why Mission?* 한화룡 역 『신약을 선교적으로 어떻게 읽을 것인가?』 (서울: 도서출판 대서, 2017), 146-148.

뛰어넘는 '환경'을 이끌어야 한다. 티에포족에게 가장 큰 도전은 "둘 혹은 그 이상의 문화전통에서 온 사람들 사이에 세계관의 충돌이 일어나는 가운데 신뢰의 공동체를 형성하는 지도"[51]를 만들어야 한다. 타문화 환경을 이끈다는 것에 대하여 링겐펠터(Sherwood G. Lingenfelter)는 "문화마다 공동체와의 관계, 일을 조직하는 구조와 과정이 다른 만큼 문화가 서로 다른 사람들이 모여서 공동의 목표를 이루려고 할 때 구조와 관계에 대한 서로 다른 생각들로 인해 갈등과 불화가 일어나기 쉽다"고 말한다. 이는 동일 종족 내에서의 갈등과 불화가 상존한다는 것이다. 하지만 이를 극복할 수 있는 유일한 방법은 위계적 질서가 있고, 자원과 힘, 권한의 조정을 어떻게 구조화하는가에 대한 차이가 항상 신뢰와 협력을 필요로 하는 일에 문제를 일으키지만 이를 방어할 수 있는 방법이 전통의 노래를 통한 통일성이라 할 수 있다.

하나님의 관점에서 사역의 성취감을 위한 도전정신

최근 타문화 환경에서 현지인에게 복음을 수용하도록 이끌거나 활성화하기 위해 많은 노력이 이루어지고 있다는 것은 바람직한 현상이다. 선교현장을 복음의 마을로 변혁시키기 위해서는 하나님의 관점에서 사역의 성취감을 맛보아야 하는데 이러한 일을 즐겁게 하기 위해서는 몇 가지 선행 조건이 따른다. 그것은 첫째, 현지인의 신뢰를 우선순위에 두어야 한다. 현지인 신뢰를 위해 기회가 닿는 대로 대화를 나누거나 현지의 영적인 필요와 마을의 필요를 나눌 수 있어야 한다. 선교사가 티에포족 마을에서 성공적으로 자리매김하기 위해서는 '현지인의 마음을 얻는 것'이 중요하다. 둘째, 현지인과의 긴밀한 네트워크를 통한 발전적 방향을 모색할 필요가 있다. 현지인 가운데 고등교육을 받은 자나 마을의 리더(행정가)들과 긴밀한 네트워크는 사역의 성취감과 다음 마을을 복음화는 도전정신을 갖게 할 것이다. 셋째, 차세대 인재 육성 사업을 위한 1명을 후원하는 일대일 후원 결연 전환

---

51 Sherwood G. Lingenfelter, *LEADING Cross-Culturally*, 김만태 역 『타문화사역과 리더십』 (서울: CLC, 2011), 31.

이 필요하다. 마을 복음화전략 운동이 단회성으로 끝나지 않고 장기적으로 이어지기를 바라는 마음으로 시작하면 된다. 넷째, 복음을 받은 1세대가 다음 세대로 그 유산을 이어줄 수 있는 문화공간을 만드는 일이다. 다섯째, 선교사가 현지인으로부터 존경받는 일이다(마 13:57). 여섯째, 선교사는 현지인이 예수를 알지 못할 때 불쌍히 여김과 치유도 할 수 있어야 한다(마 14:13-14). 일곱째, 티에포족의 '전통으로 인해 하나님의 계명'을 범하지 않게 해야 한다(마 15:3). 여덟째, 전통문화의 상실로 아픈 공동체사회를 관용과 성찰로 보듬어야 한다. 선교사는 티에포족 사회의 구조적 이해를 하면서 예수의 복음을 환대하면서 배려의 문화가 만개하는 사회로 만들기 위한 사역이 무엇인가에 대해 끊임없는 기도[52]와 계획을 이루어 가야 한다. 아홉째, 복음을 통해 사람과 사람, 문화와 문화영역의 가장 큰 연결고리를 이어주는 것이 무엇인가를 끊임없이 노력해야 한다. 이는 선교사의 미래관계를 모색하는 것일 뿐 아니라 미래에 선교를 디자인하는 중요한 매개가 되기 때문이다. 이러한 일을 성취하기 위해 선교 역량강화와 전환설계 방식을 모색할 필요가 있다. 열번째, 현지인의 마음을 움직이는 사역으로 성취감을 맛보아야 한다. 현지 문화를 악마라고 비판하거나 거부하는 태도를 보이지 말고 함께하려는 태도와 친화적인 요소가 무엇인가를 찾아 참여를 이끌어 내는 것이 중요하다. 예수는 복음 사역을 하는 동안 현지인들의 마음을 움직였고, 그들로 하여금 스스로 반응하도록 이끌었다(마 20:1-16). 열한 번째, 한 영혼을 구원하는데 실패한다 해도 그것이 자산(資産)임을 알고 도전정신으로 사역에 임해야 한다. 동시에 차별화된 전략으로 현지인이 기다리는 자가 되도록 힘쓰는 것도 고려해야 한다. 열두 번째, 선교사역의 성취감에 빠지기 위해서는 본능과 싸워 이겨야 하고, 팀을 잘 구성해야 한다.

이상과 같이 선교사역을 하나님의 관점에서 사역의 성취감을 도전정신으로 이루어 간다면 복음의 사회실현과 마을의 구조조정을 통해 말씀 주도의 협력체제 구축을 이루어 가게 될 것이다. 티에포족 미래발전을 위한 인프라 구축으로 변화

---

52 이종우, "자연재난의 신학적 관점과 선교실천," 「복음과 선교」 제35권 (2016. 3), 220.

가 가속화될 것이다. 티에포족을 위한 거시선교정책과 마을의 구조개혁, 복음을 통한 균형발전을 이루게 될 것으로 보인다. 다만 티에포족의 전통문화가 걸림돌이 될 수 있지만 복음을 통한 자율성과 마을 원로회의 개입으로 충돌이 일어나지 않도록 노력한다면 복음화의 가능성은 보다 현실화될 것이다.

선교 현장은 급격히 변화하는 사회구조를 통해 신속한 의사결정이 이뤄지고 사회적 변화에 능동적으로 대처할 수 있는 방안을 늘 모색하고 있기 때문에 선교사는 영역별, 마을 단위로 한층 정교해진 현지 맞춤형 선교전략과 현지인들에게 공감[53]할 수 있는 전략을 실행해야 한다. 선교는 현장에 답이 있기 때문이다.

결론적으로 부르키나파소 공화국의 티에포족은 종교적 · 정치적 · 문화적 정체성을 통섭(統攝)적으로 가진 조직이다. 이들은 1700년경 말리 공화국 망뎅그 제국으로 크게 왕성했던 종족이었지만 세 차례의 제국들과의 전쟁에서 패한 다음 서부 아프리카 각 지역에 흩어져 사는 종족이다.

현재는 티에포족의 언어[54]를 할 수 있는 자는 2–3명에 불과하지만 부르키나파소 누드다라에 거주하면서 지켜 온 전통 노래가 종족의 문화적 · 영적인 정체성을 드러내기도 한다. 오랜 기간 부르면서 지켜 온 문화이면서 준거의 개인화가 된다는 점을 부인하기 어렵다. 이들의 문화적 전통성은 영속적인 원재료이면서 현재적 진행형이라는 점에서 초근대성의 상황 속에서 쉽게 변화될 것 같지 않다. 그러나 티에포족의 출생, 성인, 결혼, 죽음, 농사의 전통 노래는 종족사회를 구속하는 원류(原流)일 뿐 아니라 질서를 세워 가는 토대가 되고 있다.

티에포족의 전통 노래는 어른으로부터 어린아이까지 제도적 체계 내에서 일치된 통일성을 드러내면서 종족사회의 믿음의 회복 등이 주를 이루고 있다. 전통 노래는 인간의 삶의 여정(旅程), 영적인 세계로 이주(移住)를 환영하는 것 같지만 공간적 이동이라는 점과 소통문화의 핵심이다.

---

53 Frans De Waal, *The Age of Empathy*, 최재천 역, 『공감의 시대』 (서울: 김영사, 2017). 인간의 공감 본능이 어떻게 작동하고 무엇을 위해 진화하는가를 엿볼 수 있으며, 공감의 시대에 어떻게 반응해야 되는가도 잘 설명되어 있다.

54 이현주, "선교현장 이해를 위한 민족지 고찰," 『복음과 선교』 제38권(2017. 2), 156.

380 | 서부 아프리카 통으로 읽기

소통은 상대방을 이해하고, 위로하는 원료이며 고통과 슬픔을 극복할 수 있는 힘이다. 전통 노래를 통해 이주민의 설움을 벗고 문화적 정체성을 고취하려는 의식 속에는 자유를 향한 열망이 담겨 있다. 또한 집단적 정체성의 기반을 이루는 전통 노래를 통해 한 장소(공간)에 모이게 하며, 이들을 하나로 묶는 장소의 동일성을 가지고 있다. 동시에 전통 노래를 통해 신과 소통하면서 외부적 · 내부적 위협에 맞서 방어하는 공간적 배치[55]라는 점도 명백하게 드러내고 있다. 이러한 문화적 전통에서 하나님의 선교는 매우 독창적이어야 하고 현지인에 의한 접촉점이란 느 방법을 인지해야만 답이 나오게 된다. 이를 위해 티에포족의 기원 이해, 그리고 전통 노래 분석과 문화의 특성, 신념체계, 정체성 문화를 고찰해 보고, 이들을 복음화하기 위한 선교방안을 모색해 보았다.

티에포족을 위한 복음선포는 전통적인 사고와 의문들에 답하기, 현지인 정착, 치열한 종교적 생존경쟁사회에서 연합전선의 필요성, 한 영혼을 구원하려는 선교지도 구축, 하나님의 관점에서 사역의 성취감을 위한 도전정신임을 논의했다. 그 외에도 현지인 문화에 맞는 맞춤형 대화나 복음을 소개하는 방법이 있을 것이다. 보다 더 근본적인 선교는 말씀과 기도로 거룩한 모습으로 삶의 복음전도가 가장 중요한 것이라 할 수 있을 것이다.

---

55 Marc AUGÉ, *NON-LIEUX Introduction à une anthropologie de la surmodernité*, 61. 오제는 사람들이 모일 수 있는 공간적 배치를 하나의 정체성 집단의 기원으로 보고 있다.

13
보보디울라 시의 전래 '메기 신화'에 나타난
공동체사회의 결정론적 정체성

　'아프리카는 넓은 땅에 인구가 부족하다'는 인식을 많은 이들이 가지고 있으며, 한편에서는 아프리카는 사회적 차별, 신에 대한 절대적 관념, 실용주의적 사고체계가 강한 곳으로 이해된다.[1] 이들에게 사회적 차별은 사람에 대한 통제, 귀금속의 소유, 그리고 특별히 중부와 남부지역처럼 환경조건이 좋은 지역에서는 가축의 유무에 따라서 나타난다. 이 지역은 취락(聚落)들이 광범위하게 분산되어 멀리 떨어져 있기 때문에 상호 간의 왕래가 어렵다. 이로 인해 농경민들은 많은 자유를 누릴 수 있는 반면에, 권력자들이 착취할 수 있는 잉여생산물은 제한되고, 교육받은 엘리트와 형식을 갖춘 제도의 출현은 가로막혀 지도자가 사람들을 통제하기 위해 만든 다양한 장치가 존재함에도 불구하고 그로 인해 국가 형성은 쉽지 않은 상황[2]이었다.[3]

　북부 아프리카는 이러한 제약으로부터는 벗어날 수 있었지만, 사하라 사막으로 인해 고립되어 있는 상태였다. 이와 같은 북아프리카의 고립상태는 경제와 이

1　본 연구는 2017년 1월 25일-2월 15일까지 부르키나파소 공화국 수도 와가두구와 보보디울라소 지역 주변을 리서치를 한 것이다.

2　장훈태, "서부 아프리카 코트디부아르 공화국 야오부 마을의 전통적 샤머니즘문화상황에서의 선교전략," 「복음과 선교」 제35집 3호(2016), 246-247.

3　John Ilife, Africans: *The History of a Continent*, 이한규 · 강인환 역『아프리카의 역사』(서울: 가지 않은 길, 2002), 16.

슬람교가 사하라 사막의 횡단을 통해 확산되어 서부 아프리카의 지하자원이 북아프리카로 유입되면서 사회적 변화를 야기하게 되었다. 대부분의 열대 아프리카 지역은 외부세계와의 접촉이 불가능

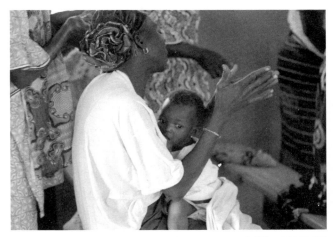

예배하는 티에포족 여인

하거나 어려웠지만 노예무역으로 인해 외부와의 접촉은 가능하게 되었다. 엘리트들이 일상에서 필요한 상품을 얻기 위해 그 대가로 사람을 수출한 것으로부터 노예무역이 비롯되었다는 것은 잔인한 사회문화적 제도라 할 수 있다. 이러한 노예무역은 2세기 동안 아프리카 인구성장의 억제를 가져왔으나,[4] 한편으로는 아프리카인들이 유럽의 질병에 저항을 가지게 되었으며 범상치 않은 생명력으로 유럽인의 지배에 저항하기도 했다. 사회문화적 고통과 억압, 정치적 압박에도 불구하고 서부 아프리카인들은 자신들만의 공동체 사회를 형성하였고, 인식론적 측면에서 결정론적 지식과 지식체계 간의 관계를 가짐으로 고통을 견디어 나가기도 했다.

역사학자들 안에서 '아프리카는 인구가 역사의 중심테마가 되어야 한다.'는 인식은 상당히 지배적이며, 사실 아프리카의 모든 농촌역사의 핵심에 인구사가 있다[5]고 보는 경향이 옳을 것이다. 그러나 서부 아프리카의 상황은 특이하며, 서구와는 예외적일 수 있다고 할 정도로 좋지 않다. 아프리카에서 인간사회의 형성이 그들과 공생했던 동물, 기생충, 번식력이 좋은 생물들과 함께해 왔다는 것을 부정하기는 어렵다. 거기다가 서부 아프리카인의 의식에는 신화(神化)를 중심으로 하는 가치체계와 공동체 사회에서 공통적으로 적용하기에 편리한 도구주의(실용주

---

4 John Ilife, Africans: *The History of a Continent*, 16-17.
5 John Ilife, Africans: *The History of a Continent*, 17.

의) 실재론이 지배하고 있다. 서부 아프리카에 위치한 부르키나파소를 비롯한 주변 국가들은 신화와 정령신앙을 기초로 하여 세계관과 사회적 가치체계가 형성되어 정체성을 유지하고 있다. 이들 사회는 외래 종교라 할 수 있는 이슬람교와 기독교(가톨릭과 개신교)의 유입으로 인한 영향을 받고 있으며, 한편에서는 전통적인 문화형태를 유지하고 있는 것이 대부분이다.

서부 아프리카의 지역에 흩어져 사는 다양한 종족들은 자신들만이 가지고 있는 독특한 신화와 오래전부터 전승되어 내려오는 정령신앙을 갖고 있으며, 이들 대부분은 구전, 민족지(ethnography),[6] 예술 같은 것들에 담겨 있다. 보보디울라소의 '메기 신화'에 관한 연구는 현지 조사연구와 더불어 신화로 전승되어 온 이야기의 해석과 분석을 통해 결정론적 공동체사회의 정체성을 유지하고 있는 현상을 고찰하는데 있다.

보보디울라소의 메기 신화

메기 신화 전래

부르키나파소 공화국 보보시의 특징은 두 가지이다. 하나는 메기(La mare aux silure)와 말(馬)에 관한 것이다. 메기와 말은 보보시의 상징물이다.[7] 그 가운데 메기는 보보의 상징적 의미와 함께 신화이면서 동시에 신(神)이다. 이들에게 메기 신화 곧 신에 대한 신뢰는 상당히 높고, 자신들의 세계관에도 명확하게 언급되어 있다. 메기에 관한 이야기는 보보의 전래집에 잘 나와 있다.[8]

---

6   이현주, "선교현장 이해를 위한 민족지 고찰," 「복음과 선교」 제38집 2호(2017), 134-135.
7   부르키나파소 보보시 Rond Point du cinquantenaire에 위치한 상징탑에는 메기와 말의 형상을 만들어 놓았다(2017년2월5일).
8   Site Kam & Gerges OUEDRAOGO, *Orientation et supervision générale*(EPA Bénin: Aiane TOFFOUN, 2010), 19.; *Au Musée SOGOSSIRA SANON Un parcorus pour jeunes*, Collection Musécole(Bénin: Poro-Novo, 2010)을 보라.

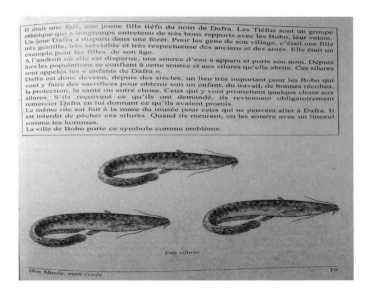

(그림1) 메기 신화와 관련된 글

옛날 옛적에, 다프라란 이름을 가진 젊은 티에포족 여자가 살았습니다. 티에포족은 오래전부터 가까이 사는 보보족과 좋은 관계를 유지해왔습니다. 그러던 어느 날 숲에 들어갔던 다프라는 그 후로 영영 돌아오지 않았습니다.

마을 사람들에게 다프라는 마을 어르신들을 잘 따르고 공경하며 예의가 바른, 다른 아이들에게 모범이 되는 아이였습니다. 다프라가 사라진 곳에 그녀를 기리는 의미로 그녀의 이름을 딴 수도원이 생겼고 그날 이후로, 사람들은 그곳에 사는 메기들에게 기도를 하며 마음의 짐을 덜어놓곤 했습니다. 그래서 메기들을 다프라의 아이들이라고 부르기도 합니다. 그러므로 몇 세기 전부터 다프라는 보보족에게는 엄청나게 중요한 장소가 되었습니다. 보보족은 아이를 얻기 위해, 일을 구하기 위해, 풍년을 위해, 건강 등을 위해 그곳에 가서 제사를 지냅니다. 소원을 이루기 위해서는 어떠한 약속을 해야 하고, 이후 그 소원이 이루어졌다면 다시 그곳으로 돌아가 다프라에게 고마워하며 약속한 것들을 메기들에게 줍니다. 상황이 여의치 못해 다프라에서 제사를 지내지 못하는 사람들은 박물관 옆의 연못에서 제사를 치르기도 합니다. 다프라에 사는 메기들은 절대 죽여서도 안 되고, 죽음 이후에는 사람들처럼 무덤을 만들어 줍니다. 이렇게 메기는

보보 사람들에게 매우 중요한 존재이기 때문에 보보의 상징은 메기입니다.[9]

위의 글은 어느 날 한 여인이 숲속에서 사라진 사건으로부터 시작된다. 메기는 보보의 상징인 동시에 신화이면서 신(神)이다. 메기 신화는 보보족의 정신을 지배하는 지식가치체계인 동시에 현신(顯神)이다. 보보인들에게 있어 메기 신화는 순수 관념론 · 순수 실재론으로 본질과 지식체계 간의 관계를 분명히 제시한다.

보보인들 사회에서 '메기 신화' 곧 외부세계는 실재적이며 정신은 세계를 편견 없이 정확하게 알고 있다. 그들에게 지식과 실재는 무비판적으로 동등하게 취급된다. 지식이 정확하고도 잠재적으로 철저하다고 생각됨으로 유일한 하나의 일치된 이론이 있을 수 있다는 것이 지식체계 간의 관계이다.[10] 이는 보보인들의 철학적, 심리학적, 사회문화적인 영역 안에 축소주의를 심어 주는 것으로 보인다. 논리적인 결정을 도출하자면 인식론을 통해 본 결정론은 '과학을 포함한 인간 지식을 비이성적이며 무의미'하게 만드는 경향이 있다.[11]

보보시의 메기 신화의 기원은 몇 세기 전에 시작되었다는 것이 전부이다. 하지만 보보시민들은 '메기신화'를 실재로 믿을 뿐 아니라 삶의 방향을 결정짓는 결정적 요인으로 보고 있다. 대부분의 시민들은 메기는 보보의 상징으로서 자신들의 이론이 이성적인 선택에 기초한다고 믿을 뿐 아니라 종종 그들의 관찰을 설명하기 위해 결정론적인 모델을 사용한다. 그들은 실재 세계에 대해 확언하면서 지식의 체계와 외부의 실재를 구분 짓는다.[12] 그리하여 그들이 믿는 메기는 실재적이며 과학으로 평가하는 기준에 대해서는 실용주의를 택하기도 한다. 디프라가 메기로 변형되었다는 것을 사실로 받아들이는 정신세계에서 우리는 문화적 상대주의와 더불어 살아야만 된다는 것을 발견하게 된다. 로날드 수케닉(Ronald Sukenick)

---

9   위의 글 번역은 토고선교사였던 신인호 목사의 도움이 컸다. 현지에서 메기 신화에 대한 녹취와 함께 현지인들의 의견을 듣기도 했다(2017년 2월).

10 Paul G. Hiebert, Anthropological Reflections on Missiological Issues(Grand Rapids: Baker Books, 1994), 23.

11 C. S. Lewis, *God in the Dock: Essays on Theology and Ethics,* ed. W. Hooper(Grand Rapids: Eerdmans, 1970), 129-146.

12 Paul G. Hiebert, Anthropological Reflections on Missiological Issues, 24-25.

은 "실재에 대한 모든 표현에는 구성이 따른다. 당신의 이야기와 나의 이야기가 있으며, 저널리스트의 이야기와 역사학자의 이야기가 있으며…우리가 사는 세계는 오로지 하나의 묘사일 뿐…그 실재는 상상에 따른다"[13]고 언급한다. 피터 버거 (Peter L. Berger)는 "상대주의가 어떤 진리의 개념도 거부함으로서 결국은 상대성 자체를 상대화시키며 그것을 무의미하게 할 것"이라고 한다.[14] 그러나 보보시민들의 정신에서 '메기'는 신적인 존재이며 정신적 실재를 묘사하는 것으로서 삶의 지표에 중요한 위치를 차지하고 있다. 즉, 보보시민들에게 메기 신화는 실용주의이며 결정론이다. 이는 시민들이 알고 있는 지식과 관련한 진리(혹은 의미)에 대해서는 어떠한 주장도 할 수 없기 때문이다. 물론 그들이 살고 있는 사회적 통합에 있어서도 어떠한 문제의 제기도 허용되지 않는다. 왜냐하면 모든 지식체계가 유아기적 경험이나 감정적인 심리적 유인, 그리고 사상의 검사 등과 같은 외부적이고 비이성적인 요소들에 의해 결정되기 때문이다.[15] 결과적으로 보보시민들은 메기 신화가 전래된 그대로 곧 이미 자신에게 프로그램화된 삶을 따라 바라보는 것만이 유용한 방법이라는 것을 알고 있을 뿐이다. 그들은 자신들이 믿고 있는 것이 삶의 질과 현실 문제를 극복하는 데 도움을 준다고 확신한다. 그들은 실재 세계에 대해 확언하면서도 지식의 체계와 외부의 실재를 구별 짓는다. 문제는 모든 정신적 모델이 실재를 묘사하는 것이 아님에도 불구하고 그들은 단지 한 모델을 실재로 묘사하려는 것에만 집중하고 있는 것이다.

메기 신화 전래 장소

부르키나파소 공화국 보보시내 보보 박물관(BoBo museum) 뒤쪽으로 100m에 위치한 작은 개울에는 메기 신화를 증명하는 현장이 있다. 이곳은 보보 박물관에 있

---

13 Ronald Sukenick, "Upward and Juanward: The Possible Dream," in Daniel Noel, ed., *Seeing Castaneda: Reactions to the "Don Juan" Writings of Carlos Castaneda*(New York: Putnam, 1976), 113–114.

14 Peter L. Berger, *The Sand Canopy: Elements of a Sociological Theory of Religion*(Garden City, N. Y.: Doubleday, 1969), 40–43.

15 Paul G. Hiebert, Anthropological Reflections on Missiological Issues, 23.

는 작은 시냇물이 흐르는 곳으로 메기 떼가 서식하는 장소이다. 이곳이 바로 보보
(BoBo)족들이 가장 신성하게 여기는 곳이자 자신들의 정체성의 근원지로 믿고 있
는 곳이기도 하다.[16]

보보시 박물관 홍보 책자 　　　　　　보보시 박물관 정원 뒤편의 개울가의 메기 서식지

　　보보족들이 믿는 메기 신화의 전래 장소는 '신성한 곳'으로 '종족사회의 관계형
성'의 장소이자 '종족 공동체를 묶어 주는' 그리고 '보보시를 지켜 주는 현신(顯神)'
이 거주하는 신성한 곳이다. 보보족 사회를 비롯하여 보보시민들이 메기를 숭배
하고 존대하는 것은 정령숭배자나 이슬람교인 그리고 개신교인 모두가 동일하다.
이와 같은 측면에서 볼 때 메기 신화는 '보보시내에 거주하는 보보디울라소[17]의 정
신이자 곧 그들의 정체성이다. 이러한 차원에서 보보 박물관 뒤편에 위치한 시냇
물에 사는 메기는 '시민들로부터 신적인 존재로 섬김'을 받는 기도의 대상이다.
　　메기를 신으로 섬기는 보보족들은 비판적 실재를 거부한다. 그러나 일단의 과

16　부르키나파소 공화국 보보디울라소 시의 박물관 홍보 책자 표지(류종찬 선교사 촬영, 일시: 2017년 11월
　　30일 이메일로 받음).
17　보보디울라소는 보보족과 디올라족이 혼합된 종족을 가리킨다.

학자들은 비판적 실재론으로 과학에 접근한다. 해롤드 실링(Harold K. Schilling)은 "…과학은 과학의 이념이 아닌 자연 그 자체를 실제적으로 연구한다. 과학은 자연에 대하여 대단히 신뢰할 만한 지식을 성취하였다. ……이 지식은 이론적인 모델 체계를 통하여 전달된다. 자연에 관한 과학적인 묘사는 ……'진리'로 수용될 것이다. 비록 그 묘사가 세부사항에 있어서 문자 그대로 진리로 받아들여지지 않는다 해도 말이다"[18]라고 하였으며, 이안 바버(Ian G. Barbour)는 "비판적 실재론자는 이론이 세계를 대표한다고 한다. 그는 타당한 이론은 진리일 뿐 아니라 유용하다"고 주장한다.[19]

도구주의와 마찬가지로 비판적 실재론은 실재와 그 실재에 관한 지식 사이에서 구별을 짓고 있으나, 순수 실재론에서와 같이 비판적 실재론에서도 지식은 '참'이 될 수 있다. 이것은 실재의 영상으로 간주되기보다는 지도나 설계도로 간주된다. 실재를 이해하기 위해서는 많은 이론이 있어야 한다.[20] 보보시민들은 실재를 현상학적으로 보면서 보다 현실을 진지하게 수용하는 실재를 가지고 있다.

메기 신화를 통한 보보족의 정신세계

메기 신화 분석

부르키나파소 보보족 사회의 메기 신화는 자연과 사람, 사람과 사람이 더불어 살아가는 가치를 드러낸다. 보보족 사회에 실재하는 전래 신화는 인간적인 가치를 생생하게 부각시키는 한편, 서로의 근원적 욕구에 대한 깊은 존중과 배려, 자연적 현상을 그대로 표출한다. 보보족들의 이러한 신화 곧 메기 신에 대한 책임 있는 태도는 결정론적 태도를 결정짓는 단초가 된다는 점에서 놀랍다. 보보족들이 전래 신화를 믿고 간직해 온 것은 종족의 전통성에 대한 신뢰를 반영하며 종족중

---

18 Harold K. Schilling, *The New Consciousness in Science and Religion*(London: SCM, 1973), 99–100.

19 Ian G. Barbour, *Myths, Models, and Paradigms: A Comparative Study in Science and Religion*(New York: Harper and Row, 1974), 34–37.

20 Paul G. Hiebert, Anthropological Reflections on Missiological Issues, 25.

심사회의 신념체계를 묘사한다.

보보족은 메기 신화 자체를 신적(神的)인 개념으로 믿는다. 메기는 한 여성의 현신(現身)인 동시에 보보시를 지켜 주는 신으로 믿음의 대상이다. 보보시내의 보보족들만이 메기를 숭배하고 존대하는 것이 아니며 정령숭배자와 무슬림, 기독교인들 등 종교와 상관없이 동일하게 숭배한다. 메기신화는 보보시민들의 신념이며 동시에 모든 삶의 정신적 모델이며, 인생을 사는데 중요한 신적 능력의 모형이다. 그래서 이들이 메기를 사냥하거나 그것을 먹는 것은 불가한 일이다.

보보족은 신화에 대한 신뢰와 신념을 궁극적 진리로 받아들이면서 현실의 안녕과 번영을 이루는 것으로 믿을 뿐 아니라 종족사회를 참된 진리와 번영의 길로 이끈다고 믿는다. 보보족은 그들만이 가지고 있는 인식론적인 근거에 의해 일어나는 결정적인 신화에 대한 신뢰로 인해 타 종족과의 커뮤니케이션에서 장애를 갖기도 한다. 보보시민들과 대화를 나눌 때, 동일한 전래 신화에 대해서는 그들과 이야기할 수 있지만 그럼에도 '무엇인가 틀리다'는 불쾌한 감정을 가질 수 있다는 측면에서 대화의 장애가 명백하게 드러난다.

메기 신화에 대한 실증적 현상

보보시민들은 보보박물관 뒤편의 개울가나 근처의 메기 서식지에 도착하면 일정 시간 동안 경의를 표한다. 개울가에서의 의식(儀式) 과정은 다음과 같다. 첫째, 메기 서식지에 도착하면 경건한 마음으로 자세를 정리한 다음 자리에 앉는다. 둘째, 앉은 자리에서 메기를 향해 자신의 문제와 소망을 이야기하고 예(禮)를 표한다. 셋째, 제물은 닭으로 한다. 닭은 메기 신을 향해 제물(닭)의 피를 낸다. 넷째, 닭의 피를 낸 후에는 털을 뽑아 피가 있는 곳에 붙여 놓는다. 이후 자리를 피하면 된다. 보보족들이 메기 신 앞에서 행하는 제의적 행위는 문화적 정체성과 관련이 있다. 폴 히버트는 이런 현상을 "개인적 정체성은 한 사회나 문화와의 동일화에 연결"된 것이라고 말한다.[21] 이러한 행위들은 문화적 정체성의 추구와 내부적 가

21　Paul G. Hiebert, Anthropological Reflections on Missiological Issues, 153-154.

치와 전제의 집합을 중요하게 여기도록 만든다.

보보족의 내부적 가치 혹은 긴장은 여러 방식으로 다루어지게 된다. 첫째, 그들은 문화를 보존하기 위해 거주지를 형성하여 함께 모여 산다. 사람과 사람 사이의 간격을 좁히고 공동체 의식을 강화하기도 한다. 지역문화로부터의 외부적인 영향을 받아들이지 않는 심리적 태도를 통해 훨씬 깊은 거부를 느끼게 한다. 그 결과 사람들로부터 훨씬 멀어진 그들만의 이중문화를 이루게 된다. 이는 타문화를 수용하거나 새로운 메시지를 전달하는데 비효과적이다.

둘째, 역반응으로 현지인 문화 안에서 현지인화하려는 시도가 강화될 수 있다. 그들은 자신들이 선택한 사람들과 완전히 동일화하려거나 자신들의 첫 번째 문화를 부인하려 한다. 비슷하게도 현지 지도자들은 자신들의 어린 시절의 문화를 거절하고 그들이 노출되어 있는 외국문화에 적응하려 하지만 거의 성공하지 못한다.[22]

셋째, 메기 신에 대해 존중과 신뢰도가 높다. 예를 들면,

임신하지 못한 여인이 메기 신이 있는 곳에 가서 소원을 빈다. 어떤 여자아이가 실종되자 그 아이를 찾으려 하였지만 찾지 못했다. 여자아이의 시체도 찾지 못했다. 그러자 여자아이가 메기로 환생한 것으로 믿고 그때부터 메기 고기를 먹지 않는다. 여자아이는 메기로 변형된 이후 그의 소원이 성취되지 못했다. 보보족이 이러한 신화를 믿기 시작한 때(11-12C)부터 상징화되면서 신의 존재로 변형되었다. 메기가 죽으면 흰 천으로 감싸거나 묶어 땅에 묻는다. 메기는 개울가 근처에서 자라는 나무 밑에 묻는다.[23]

보보족들의 결정론적 존경과 신뢰는 '한 여인이 메기로 환생했다'는 믿음에서 출발한다. 환생된 신을 믿는 신뢰도는 오늘날 보보디울라소 시의 '정체성'을 드러내기도 한다. 한 여인이 영적인 존재로 변형되는 순간 그녀는 인간세계와는 아주 다르게 되었다. 그들은 무엇보다 메기라는 현상적 실체는 볼 수 있지만 신적인 존

---

22 Paul G. Hiebert, *Anthropological Reflections on Missiological Issues*, 154-155.
23 위의 글은 연구자가 2017년 2월 5일 보보디울라족 현지인과 인터뷰(녹취)한 내용임을 밝힌다.

재라고 신뢰하는 순간 영적인 세계가 있다고 믿는다. 메기 신을 눈으로 직접 확인하고, 인간으로 볼 때 비인간화의 결과물이라 할지라도 메기는 존재론적으로 신과 같은 존재가 된다. 메기를 신이라고 믿는 것은 윤리적인 것이 아니라 단순히 인간과 신과의 의사소통[24]의 차원에서 그렇다는 것이다. 이런 현상에 대해 아프리카 종교와 철학을 연구한 존 음비티는 "인간은 신과 직접의사소통을 할 수 없기 때문에 신과의 의사소통을 위해 중개자를 필요로 한다"고 분석한다.[25] 이처럼 아프리카인의 의식에는 정령신앙이나 어떠한 종교적 신념체계 속에서는 영적인 존재와 직접적인 대화를 할 수 없기 때문에 어떤 형상(形像)이나 실체적인 물체를 보면서 소통하려는 경향이 매우 높은 편이라 볼 수 있다.

메기 신(神)의 신적 가치와 제의(祭儀)

보보족 사회의 메기 신화에서 가장 가치가 있는 사회적 구조는 의식(儀式, ritual)이다. 의식은 모든 종교에서 중요한 영역을 차지한다. 의식의 과정을 통해 사람들은 일상적인 생활의 세속적 안일로부터 벗어나 종교적 일들에 관심을 집중한다.[26] 보보족들이 지키는 메기 신에 대한 제의는 현대화되어 가는 사회 곧 세속주의에 대응하기 위한 방편이 되기도 한다. 보보시의 시민들이 현대의 점증하는 세속주의에 대응하기를 원한다면, 한꺼번에 다양한 의미를 전달하는 의식들의 중요성을 재발견하는 일이 필요하다.[27] 이는 '메기 신을 향한 거룩한 상징'들과 같은 제의들이 영적인 것들을 전달하는 언어이기 때문이다. 메기 신의 신적 가치를 높이는 것은 살아 있는 의식들을 창조하는 데 있으며, 이러한 살아 있는 의식들은 개인들 뿐만 아니라 공동체 사회의 제도를 강화하고 세속화 되어 가는 사고(思考)의 갱신을 가져오는 데 중요한 역할을 한다.

---

24 Azar Cat, *WAR IN HUMAN CIVILIZATION*, 오숙은 · 이재만 역『문명과 전쟁』(서울: 교유서가, 2017), 66.; 의사소통은 인간이 살아가기 위한 하나의 '수단'이다.

25 John Mbiti, *African Religions and Philosophy*, 장용규 역, 『아프리카 종교와 철학』(서울: 지식을 만드는지식, 2012), 71.

26 Paul G. Hiebert, Anthropological Reflections on Missiological Issues, 167.

27 Paul G. Hiebert, Anthropological Reflections on Missiological Issues.

보보족들은 메기를 '신성하게' 여긴다. 그들이 메기를 신격화하는 것은 그만한 이유가 있다. 첫째, 메기라는 신적인 존재를 보보족 공동체의 사회적·종교적 관계와 질서를 형성하는 주요한 힘으로 믿기 때문이다. 둘째, 메기 신을 통해 각 가정이 복을 받아 누리기 위함이다. 가정들은 복을 받기 위해 메기가 서식하는 곳에서 제의를 올리기도 한다. 제의를 통해 메기 신에게 청원하는 내용은 매우 다양하다. 결혼을 한 남녀는 건강한 아이를 임신하고 출생하기 위해서 청원하고, 그밖에 학교 입학과 졸업 후의 취업, 삶의 여정의 평안과 안전을 위해 제사와 기원을 한다. 셋째, 메기 신을 향한 제의는 영적 존재와 살아 있는 존재, 그리고 삶에 중요한 역할을 한다.[28] 넷째, 보보시민들은 메기에 대하여 '자연령'의 인격화, 생물을 신화적 존재의 신(神)적 존재화를 포함하는 개념으로 사용하고 있다.[29] 이는 인간의 미래를 주관하는 영적 존재의 차원에서 신의 현시를 믿기 때문이다.

결과적으로 보보족들은 메기 신화에 나타나는 핵심적 요소인 '신적 존재'와 '전지전능한 존재' 그리고 '인간 개개인의 미래 보장과 보호자'로서의 신과 깊은 관계를 맺기 위해 제의를 행한다. 존 음비티는 "아프리카 신화 대부분은 '영적 존재—스피릿과 살아 있는—죽은 존재'라고 하면서도 아프리카인은 신적 존재를 믿는다"[30]고 지적한다. 그는 "아프리카인들의 종교윤리와 철학적 지각 능력을 이해하기 위해서는 그들의 신에 대한 개념과 함께 영적 세계에 대한 고려가 필요하다"고 한다.[31] 그의 지적처럼 부르키나파소 보보족 역시 '메기'를 영적인 존재로 믿는다. 그들에게 메기는 인간보다 높은 단계에 위치한 영적 존재로서 큰 힘을 지닌다. 그래서 그들은 영적 존재인 메기를 두려워하고 무서워하기도 하지만 '인간의 이익'을 위해 이용하기도 한다.

28 John Mbiti, *African Religions and Philosophy*, 57.
29 John Mbiti, *African Religions and Philosophy*, 58.
30 John Mbiti, *African Religions and Philosophy*, 57-66.
31 John Mbiti, *African Religions and Philosophy*, 57.

메기 신화의 결정론적 인식과 공동체 사회

신적 존재로 믿는 결정론적 인식

메기와 관련된 신화의 출발은 '어느 한 여인에게로부터 출발'했지만 지금의 보보 사람들에게는 이러한 상징적 의미보다는 신과 같은 존재로서 믿음의 대상이다. 그들이 메기를 신적 존재, 영적인 존재로서 영원함에 머무른다고 믿기 시작한 것은 인간이 스피릿보다 낮지 않다는 인식에 근거한다.

보보 사람들은 메기 신의 스피릿은 어디에나 존재한다고 믿지만, 인간들이 머무는 장소는 자신들이 정할 수 있는 반면 메기가 서식하는 장소는 그렇지 못하다. 보보인들은 메기가 살고 있는 개울가와 웅덩이 주변에 영적인 스피릿이 존재한다는 생각을 갖고 있다. 즉, 인간이 메기를 신적 존재로 믿는 결정론적 인식은 제한된 공간 곧 메기의 서식지에만 영적 존재가 있다고 믿게 할 뿐 아니라, 사람이 감정을 느낄 때만이 메기 신의 영적 존재가 그곳에 거주하고 있다고 믿게 되는 것이다. 그래서 사람들은 삶의 균형과 소원을 이루거나 회복하기 위해 희생제를 열어 기도를 한다. 실제로 보보시민들은 메기 신의 형태를 자신들이 방문하는 장소로서 자연의 세계와는 전혀 다르다고 믿는다. 메기 서식지는 차별화된 장소로 영적인 존재자가 거(居)하는 장소라는 결정적 생각이 지배하는 곳이라고 볼 수 있다.

비록 '메기 신'이 영적 존재로서 비인간화된 결과물이라 할지라도 존재적으로 신에 '가까이' 있다고 그들은 믿는다.[32] 인간과 근접한 곳에 머무는 신은 의사소통의 차원에서 필요하며, 실재를 통해 소통할 수 있다고 인정된다.

메기 신화의 보보족 종교 · 사회적 결정방법

수세기를 걸쳐 전래되어 온 신화를 중심으로 사람들은 어떻게 결정을 내리고

---

32 John Mbiti, *African Religions and Philosophy*, 71.

행동하는가를 보는 것은 의미가 있다.

먼저 마을과 도시에서 어떠한 결정을 내릴 때에 단 한 가지의 형태로 축소시키는 것을 피하는 것이 중요하다. 각각의 삶에 다양한 모습들이 있는 것처럼, 외지인들을 당황하게 만드는 다양한 사고방식들은 마을과 도시에서 어렵지 않게 만날수 있다. 특별히 현대화된 도시로 이주하기 전에 살았던 작은 마을 공동체의 곳곳에서 개인적 연대는 매우 중요하다.[33] 왜냐하면 그들은 개인 소유의 상점들에서 물건을 살 때에도 이웃과 의논하여 선택하기 때문이다.

물론 보보족의 공동체 사회에 사는 사람들 또한 그들 나름대로의 결정 방식을 가지고 있다. 이러한 방식에 대하여 오스카 루이스(Oscar Lewis)는 "경제적 결정들은 종종 생존을 기초로 이루어지는 반면, 다른 결정들은 순간적인 동기에 근거해서 이루어진다"고 말한다.[34] 사실 관계가 깨어지기 쉽고 미래가 불확실할 때 지속적인 헌신을 하며 장기적인 계획을 세운다는 것은 불가능한 일이다. 오래된 전래 문화와 전통을 지키는 사람들은 다양한 방법으로 결정을 내려야 한다. 어떤 의식에 참여하거나 문제들에 대해서 사람들은 다양한 방면에 지식과 경험을 가진 친구들과 이웃들, 또는 마을의 원로들에게 조언을 구한다. 그러한 측면에서 종족사회의 결속과 전승을 위해 나타나는 제의 혹은 메기 숭배는 '문화공유'가 된다. 문화공유는 "그 자체로 소규모 인간 공동체 내의 친족 관련성을 말해주는 강력한 지표일 뿐아니라 인간의 사회적 협력에서 매우 중요한 도구"가 된다.[35] 왜냐하면 인간 공동체는 사회적 협력을 위해 종족 관계, 친족관계 외에도 부가적인 메커니즘을 만들었기 때문이다. 이러한 의례적 행위로 인간이 '협력'을 만들어 가는 것은 상호 간에 유리하다. 서로 협력하는 것은 두 사람 안에서 그리고 두 종족 안에서 더 강하고, 나아가 한 씨족은 두 배 더 강하며, 종족 간의 전쟁이 발생할 경우 그들은 더큰 힘을 발휘할 수 있다.[36] 문화 공유는 사회적 협력에 꼭 필요한 도구이기도 하

33 Paul G. Hiebert, Anthropological Reflections on Missiological Issue,. 179–180.

34 Oscar Lewis, *The Children of Sanchez*(New York: Random Hause, 1961)을 보라.

35 Azar Cat, *WAR IN HUMAN CIVILIZATION,* 81.

36 Peter Corning, *Nature's Magic: Synergy in evolution and the fate of bumankind*(New York: Cambridge University Press, 2003)을 참조하라.

며, 협력의 효과는 문화코드 언어가 공유될 때 극적으로 커지게 된다. 이렇듯 종족사회의 문화공유는 아자르 가트(Azar Cat)가 말한 것처럼 "집단 간의 약점을 서로 보강하고 겹치는 혈족관계, 사회적 협력, 문화적 차별성에 의해 긴밀하게 묶여져 있다"[37]고 볼 수 있다.

현재 도시화가 진행 중인 보보족 마을에서도 개인적으로 결정을 내리려는 경향이 조금씩 드러나고 있지만, 그들에게 전승되어 온 문화만큼은 공동체의 종교사회적 윤리로부터 벗어나지 않도록 노력한다. 그리하여 한 개인은 원로회의에 속한 어른들과 또래집단의 동료와 친구들과의 관계를 고려하여 '마을공동체의 평화와 관계'를 위한 결정을 내린다. 종족 사회에 오랜 기간 동안 전래되어 온 종교·문화적 틀을 파괴하지 않기 위해 서로가 노력을 기울인다. 따라서 보보족 사회의 핵심 가치라 할 수 있는 '전래 메기 신화'의 가치는 전승(傳承)된 그대로 계승되는 '결정적 전통'이라고 볼 수 있다. 이러한 결정적 전통에 의한 계승은 '보보족의 정체성(Identity)'을 나타낸다고 볼 수 있다.

반면, 보보족들이 전통적으로 갖고 있는 메기 신화에 대한 결정적 요인은 유기적이면서 초자연적 세계, 경험적 세계가 함께 어우러져 종교적 체계를 이루고 있다. 이들은 유기적 곧 살아 있는 존재들과 관련을 맺고 있는 살아 있는 존재의 개념에 기초한 생명, 인격, 관계, 기능, 건강, 질병, 선택 등을 강조하게 되는데 이들의 관계는 본질상 도덕적이다. 메기 신을 믿는 이들은 드러나지 않은 초자연적 세계를 마음깊이 믿거나 신뢰하고 메기 서식장소에 간다. 메기가 서식하는 장소에서 사람들은 즉각적인 감각, 어떤 경험을 넘어섬, 자연적 설명을 초월하여 추론이나 초자연적 경험에 기초한 지식을 기반으로 한 행동을 한다. 그리고 이 세상의 문제들을 의존적으로 결정하기 위해 표출하거나 이 세상에서 그리고 우주 안에서 발생하는 실체나 사건들을 보거나 해결받으려 한다. 한편, 조상들과 친구, 이웃들로부터 듣거나 경험한 사건, 현상적으로 드러난 경험적 세계를 신과의 합일을 통해 결정하려고도 한다. 이들은 조상과 동료, 마을 공동체의 구성원들이 '드러난 경

---

37   Azar Cat, *WAR IN HUMAN CIVILIZATION*, 83.

험의 세계' 곧 직접적으로 감각에 의해 관찰할 수 있는 실험과 관찰에 기초한 지식을 통해 '신의 영역'에 참여한다. 인간 경험의 감각적인 세상과 가장 멀리 동떨어져 있는 것의 차원을 넘어서 존재하는 초월적 세계는 아프리카 특유의 민속 또는 하등 종교라 할 수 있다. 아프리카 하등 종교는 지역신들, 조상(신)과 유령들, 영들, 귀신과 악령들, 죽은 성자들이다. 경험적 세계에 있는 보보족들은 인간 또는 동물, 식물, 생물들과 같이 살아 있는 존재들의 상호관계를 인정하고 믿기 때문에 민속사회과학이라 해도 무리는 아닌 것이다.

보보족들이 신뢰하는 메기 신화는 결정론적 구조에 의한 '드러난 차원과 드러나지 않은 차원'을 지니고 있다. 이들이 믿는 메기 신은 내재성과 초월성을 갖는다. 이 신은 현상학적으로 감각할 수 있는 경험적 세계로 이끌거나 모든 사람들(마을 공동체)이 이 세계를 알고 있으며, 이 세계를 설명하고 지배하기 위해서 민간 과학을 발달시키기도 한다. 그들이 하고 있는 의식과 제의가 경험세계의 탐구에 있어서 보다 체계적이라고 할 수도 있지만, 이것들은 나름대로의 민간 과학을 갖고 있다.[38] 이는 이 땅위에 존재하는 것으로 여겨지는 존재나 힘들, 즉, 초자연적 세력이 있다고 믿기 때문일 것이다.

보보족 사회문화에 뿌리 깊이 전승된 메기 신은 현상학적으로 드러난 차원과 드러나지 않은 차원의 스피릿이라 할 수 있다. 존 음비티는 "스피릿은 눈에 보이지 않고 어느 곳에나 있으며 그 성격을 예측할 수 없다"고 말한다.[39] 그러니 보보족들은 메기 신을 '자신들과 가장 가까운 곳에 있는 살아 있는 스피릿'으로 믿기 때문에 불안감과 두려움에서 벗어날 수 있다고 믿는다. 이들이 믿는 결정론적 신과의 관계는 공통적으로 현실적이고 실제적이며, 강력하다. 특히 살아있는 신과의 관계는 더욱 강력하고 이를 지키기 위해 사람들은 신을 위해 다양한 형태의 의례(儀禮)[40]를 치른다. 이 의례에는 음식을 제공하고 제사에 바치는 제물(祭物, 닭)을 바

---

38 Paul G. Hiebert, Anthropological Reflections on Missiological Issues, 193−194.

39 John Mbiti, African Religions and Philosophy, 73−74.

40 Stephen Perlman, 'Group size and mobility costs', in S. Green and S. Perlman (eds), The Archeology of Frontiers and Boundaries (Orando, FL: Academic Press, 1985), 33−50. 종족에 따라 차이는 있지만 대부분의 종족들은 축제를 위해 계절별로 모이거나 축제 때는 공동의례를 올렸기도 한다. Azar Cat, WAR IN

치는 행위가 포함된다. 결국 이러한 제의적 행위는 신과 인간 사이의 친교를 위한 가교의 역할[41]이면서 동시에 사람이 살아 있는 영적 세계와 맺고 있는 가장 친근하고 가까운 범주의 경험적 세계라 할 수 있다.

이 같은 사회적 결정론은 사회 · 문화적 차원과 제도(Institutions)의 개념으로 정의되며, 의미와 가치의 차원에서 인간경험의 감정적이고 평가적 차원도 포함한다. 여기에 정서적이며 평가적 차원까지 포함시킬 때 종교에 대한 정의로 상승되게 된다. 다시 말해, 인지적 측면에서 사람의 궁극적인 의미와 설명을 하는 체계, 감정적으로 인간의 정서 표현을 경험하게 하는 체계, 그리고 가치 평가적으로 인간이 가지는 가장 깊은 충성과 가치의 체계가 작용하여 결정에 이르게 된다.

따라서 보보족들이 메기 신에 대하여 갖는 감정들은 종교적 경험이 중심이 된다. 이러한 감정들은 두려움, 신비감, 경외감(awe, mystery, and holy fear)이며, 동시에 평화와 내적 기쁨(peace and inner joy), 황홀, 전율로 인해 영들과 영에 사로잡힘(spirit possession)을 강조하는 고등 종교의 운동에서 발견되는 감정까지 이르게 한다.[42] 이러한 감정들로 인하여 자신의 소원 성취, 질병의 치유와 같은 인상적인 의식 등과 결합되면서 성(性)과 속(俗)이 구별되기도 한다.[43] 결국, 미르체아 엘리아데(Mircea Eliade)의 지적과 같이 메기 신화는 "세속적인 사회에서 거룩한 시간으로 이동하는 것이며, 일상적인 시간의 지속으로부터 벗어나서 축제 그리고 그 자체에 의해 재연되는 신화적 시간에로 복귀하는 것을 포함한다"고 볼 수 있다.

종족과 가족 공동체의 결속력 강화를 위한 인간주의 뿌리

메기 신화 전래는 더욱 큰 집단을 만들어 가는 토대가 되는데, 이는 종족 사회

HUMAN CIVILIZATION, 25. 아자 가트는 의례란 '그저 행동을 끝까지 해낸다는 걸 암시하는 것'이라고 말한다.

41 John Mbiti, *African Religions and Philosophy*, 76.

42 Mircea Eliade, *Shamanism*, 이윤기 역 『샤머니즘』(서울: 까치, 1993), 405-410.

43 Mircea Eliade, *The Sacred and the Profane, The Nature of Religion*(New York: Harcourt, Brace & World, 1959), 16-101.

적 행위가 내재되어 있기 때문으로 상호 감시와 사회적 회계가 가능할 정도로 친밀한 집단을 형성함으로써 사회적 협력을 지속할 수 있는 장치가 되기도 한다.[44] 더불어 이것은 친족 간의 협력관계로 인해 보이지 않는 일반화된 이타주의 또는 간접적인 상호 이타주의로 확대되는 상당히 효과적인 사회 협력적 메커니즘이다. 그러면서 종족 집단은 든든한 유대관계를 통해 촘촘한 친족 네트워크[45]를 형성할 뿐 아니라 모든 종족 공동체 간에 서로 긴밀하게 알고 접촉하며 상호 간에 책임을 추궁하기도 한다.[46] 바로 이런 대목에서 인간주의 뿌리 문화가 중요해 진다.

인간주의 뿌리는 보보디울라소 사회 내의 친족관계, 사회적 협력, 문화의 상호 연관성을 이어주는 핵심이 된다.[47] 그리고 사회적 협력에서 의사소통 능력이 앞서면서 동일집단 협력의 이점도 유리하게 되고,[48] 유대를 유지하는 부분도 훨씬 높게 나타난다. 이런 현상에 대해 기능주의 이론가인 에밀 뒤르켐(Emlie Durkeim)은 인간이 종교를 갖거나 신을 경외하는 것은 '사회적 응집력을 강화하는 것'이라고 한 바 있다.[49] 보보족이 지닌 인간주의 뿌리의 관점은 메기 신에 대한 공동의례와 숭배 의식에 더 많은 공을 들였기 때문이며, 지역 집단에서 사회적 협력이 관습으로 더 굳어지고 정신적으로 더 강하게 정당화되었다고 볼 수 있다.[50]

따라서 메기 신화는 보보족 사회 공동체의 상징성을 드러낼 뿐 아니라,[51] 종교, 예술, 지역 집단화 등의 특징을 뚜렷하게 나타내고 있으며, 사회적 행위와 의례에 있어서는 결정적인 이점으로 작용하기도 한다. 신을 섬긴다는 행동을 가치 있게 만드는 신화적 보상은 무엇보다 인간행동의 협력을 이끌어 내는 동기, 욕구, 욕망

44　Mancur Olson, *The Logic of Collective Action: Public goods and the theory of groups*(Cambridge, MA: harvard University Press, 1965)을 보라.

45　Anatoly khazanov, *Nomads and the Outside World*, 2nd edn. Madison, WI: University of Wisconsin, 1994), 119-152.; Roger Cribb, *Nomads in Archaeology*(Cambridge: Cambridge University Press, 1991), 45-54.

46　Azar Cat, *WAR IN HUMAN CIVILIZATION*, 82.

47　Azar Cat, *WAR IN HUMAN CIVILIZATION*, 87-88.

48　Jared Diamond, *The Rise and Fall of the Third Chimpanzee*(London: Vintage, 1992), 44-48.

49　Edward O. Wilson, *On Human Aggression*(New York: Oxford University Press, 1978), 169-193.

50　Azar Cat, *WAR IN HUMAN CIVILIZATION*, 90.

51　장훈태, "가나공화국 아딘크라 상징주의에 나타난 신념체계 문화 이해와 선교 모색," 「복음과 선교」 제38집 2호 (2017), 233-240.

등 인간의 기본적인 동기체계의 속성을 그대로 드러내는 것이라 할 수 있다.

보보족 사회에서 메기 신을 믿는다는 것은 '인간적 욕망의 그물'이란 동기가 작용하기 때문이다. 인간적 욕망은 공동체 자원의 좋은 몫을 차지하면서 암묵적인 힘을 얻으려는 '인간주의 뿌리에서 출발'한다고 볼 수 있다. 또한 원시농경민 사회, 수렵채집인들 사이의 전쟁에서 발생하는 주술과 두려움, 그리고 비난으로부터 벗어나려는 것도 한 몫을 차지한다고 볼 수 있다.[52] 메기 신에 대한 초자연적인 믿음, 성스러운 숭배와 의례를 통한 실천, 마법 행위에 젖어 영적인 삶을 살아가려는 의존적 세계관[53]은 강력한 힘이 있다. 이에는 아프리카의 모든 종족 사회가 그렇듯 어떤 신을 믿으면서 사회적 불평등과 어려움을 정돈하고 조종하려는 인간의 보편적 욕구가 작용한 것이라 할 수 있다. 인간주의 뿌리는 종족 사회가 안고 가야 할 미지의 영역을 축소시켜 주는 것이며, 일종의 안정감을 심어 주고 두려움을 조절 또는 완화해 주거나 고통을 덜어 주는 것으로 인간이 갖고 있는 사색이나 신화화로 '틈새'[54]를 메워 준다.

결과적으로 메기 신화는 가족과 공동체의 결속력을 강화하고 자연 친화를 유지함으로써 자신들의 삶에 의미를 부여하려는 영향력이 매우 강하다고 할 수 있다.[55] 즉, 전래되어 온 신화를 현실화시키면서 인간주의의 자연스러운 요구에 뿌리를 두고 있다고 보아야 할 것이다.

메기 신화는 보보족 사회의 자기표출적 행위

앞서 메기 신화가 보보족 사회의 세계관, 신념체계, 인간주의 뿌리의 동기가 됨을 살펴보았지만 실제적으로는 '황홀경'을 통한 '자기 표출적인 행위'로 여겨진다.

---

52 Azar Cat, *WAR IN HUMAN CIVILIZATION,* 150.

53 박종원, "민간종교 세계관을 통한 세속화된 한국 교회 이해와 신학적 고찰," 「복음과 선교」 제35집3호 (2016), 116–117.

54 Terrence Deacon, *The Symbolic Species*(London: Penguin, 1997), 416, 433–438.; 종교에 대한 해석적 설명은 Edward B. Tylor, S. E. Guthrie 등에 의하여 논의되었고, 해석 외에도 조종 요소를 강조하는 학자는 Emile Durkheim, *The Elementary Forms of Religious, Life*(New York: Free Press, 1965) 등이 있다.

55 Helena Norberg- Hodge, *Ancient Futures*, 「오래된 미래」 양희승 역 (서울: 중앙books, 2017), 15.

실제로 보보족 공동체 사회에서는 그렇게 규정되고 있다. 보보족의 신화에 대한 믿음과 신뢰가 '자기표출적인' 행위라 하더라도 이것은 어디까지나 인간 행위의 패턴이며, 자신의 유익을 위한 전체적인 행동 계산의 범위 내에서 조절되고 적응되는 것이라고 할 수 있다.

초자연적인 욕구의 충족을 통해 인간은 인간행위의 황홀경에 빠지게 된다. 황홀경에 대하여 아자르 가트는 이렇게 말한다.[56]

> 아드레날린, 세로토닌, 도파민 같은 호르몬의 증가로 빚어지는 고양과 초월의 감정이다. 황홀경은 고통과 피로에 대한 신체 감응도를 떨어뜨리고 에너지를 높은 수준까지 끌어 올리며 평소의 억지력을 저하시킨다.

가트의 주장과 같이 인간은 메기 신에게 제의를 하고 기원을 비는 그 자체만으로도 '황홀경'을 경험하게 되고, 삶의 영역에 활력을 불어넣게 된다. 지금도 보보족은 자연 상태에 머물고 있는 '메기'를 신으로 믿음으로서 의례적이고 표출적인 행위를 통해 자신의 목적을 성취하려는 강한 욕구를 갖는다. 그리고 이러한 인간 삶의 실질적 욕구 만족과 영적인 충족을 채워 주는 역할은 부정하기 어렵다.

보보족 사회에서 자기표출적 행위는 '세속적인 시간 지속과 거룩한 시간'을 통합할 때 이루어진다. 거룩한 시간은 그 본질에 있어서 역전이 가능하기도 하지만 원초적인 신화의 시간이 나타나는 것이라 할 수 있다. 신화의 시간은 거룩한 사건의 재현으로 나타나게 되고 무한정으로 반복될 수도 있다. 따라서 보보족들이 섬기는 '메기 신'은 자신들에게 가장 가까운 곳에 있기 때문에 그에게 가까이 다가가 자신의 소망을 표출하는 것은 당연한 것이며, 이에 대한 흔적을 남기는 것은 '삶의 종교적 체험'이라고 할 수 있다.

오늘날 우리가 볼 때 보보족의 종교사회적 문화가 적극적으로 일탈을 감행한 것이 아니라 할지라도 어찌되었던 기묘한 것이라고 볼 수는 있다. 그것은 하나의

---

56 Azar Cat, *WAR IN HUMAN CIVILIZATION*, 164.

신화 앞에 자기표출을 함으로 종교적 인간(homo religiosus)의 실존적 상황을 드러내고 있다. 하지만 어떤 경우에도 그들을 모두 이해하기는 어렵다. 다만 외부자적 관점에서 그들의 정신세계를 이해하고자 한다면 그 내부에 혹은 그 중심에 스스로의 위치를 지키고 있는 사람들의 행위, 거기에서부터 출발하여 그것이 지닌 모든 가치를 향해 접근하는 길 밖에 없어 보인다.[57]

오늘날 보보족 사회에 전래된 메기 신화는 성(聖)과 속(俗)을 교차지점에서 자기표출을 통한 신과의 소통을 강화하고, 이를 통하여 종교적인 인간이 되어 스스로를 현현시키면서 세계를 성화하고 그것을 실재적인 것으로 만들어 가는 절대적 실재 또는 거룩한 것이 있다는 사실에 대한 믿음이다. 인간의 자기표출을 종교적 관점에서 시도한다 할지라도 메기 신화는 그들 자신의 무의식의 어둠 속에 은폐되어 있다고도 할 수 있다. 그것은 보보족들에게 있어서 삶의 종교적 비전을 회복할 가능성이 높은 곳에 감추어져 있다는 뜻이 되기도 한다.[58] 이들이 자신들의 사회의 자기표출적 행위를 종교적 삶이라고 인식하는 동안은 이러한 행위는 끊임없이 계속될 것이다.

공동체 사회의 결정론적 정체성의 변혁적 선교

사람에 대한 투자가 가장 큰 선교

하나님 나라 복음을 위해 힘을 쏟거나 노력하는 자라면 현지인과 얼굴을 맞대며 복음을 소개하는 것이 되어야 한다. 매일 매일 현장을 돌아보면서 지역의 주민을 만나다 보면 지역의 사정뿐 아니라 그들의 가정 형편과 자녀들 및 직업까지도 속속들이 알 수 있게 된다. 선교사들은 이러한 노력들을 통해 풀뿌리 사회적 공헌에 힘쓰고 인간의 정체성 변혁을 위한 기초를 마련하는 것이 중요하다.

---

57 Mircea Eliade, 이동하 역, 『성과 속─종교의 본질』(서울: 학민사, 2006), 144-145.

58 Mircea Eliade, 『성과 속─종교의 본질』, 189.

이에 대한 가장 대표적인 모델은 예수 그리스도이고, 그 뒤를 이은 제자들과 바울이다. 이들은 지역을 돌본다는 차원에서 다양한 환경 속에서 성장한 종족사회에 대한 교육과 여성들의 지위향상 및 교육 인프라 구축을 위해 변혁을 추구하였다. 선교사는 현지인들의 관점에서 바라보면 이방인이지만, 현지인들과 친밀히 교류하며 이방인으로서의 간격을 좁혀감으로써 서로를 이해하고 그들의 삶의 변화를 위해 지원하는 것 또한 의미 있는 선교 사역이다.

보보족 사회의 정체성은 메기 신화를 중심으로 형성된 공동체이며 이를 주축으로 사회문화적 토대가 구축되어 있기 때문에 새로운 문화를 수용하는 데 어려움이 있다. 하지만 그들 역시 변화하는 사회의 흐름을 인지하고 있으며 자녀들의 현대 교육을 위한 투자를 아끼지 않을 정도로 현대화가 진행 중이다. 종족사회의 새로운 패러다임 전환을 위해서는 사람에 대한 투자가 가장 큰 선교일 것이다. 사람에게 투자하고 성취감을 높이기 위해서는 첫째, 현지인들과 몸을 부딪히며 뛰어야 한다는 철학을 가져야 한다. 둘째, 예수님의 정신을 따라 무엇인가를 통해 사회에 기여하려고 노력해야 한다. 현지인들의 필요와 그들의 기대감에 대한 부분을 개선하면서 촘촘하게 다가가는 것도 하나의 방법일 것이다. 셋째, 현지인들로 하여금 외국인에 대한 불완전한 인식을 불식시켜야 한다. 넷째, 부르키나파소 보보시 혹은 도시 근교 시골마을에서 사회적 공헌을 할 수 있는 요인을 찾아 실행하는 일이다. 예를 들어, 우물 파기, 유아교육, 장애인 지원 등의 사회 공헌을 지원함으로써 현지인들의 인식을 전환시키는 것도 하나의 방법일 것이다. 다섯째, 마음을 담아 늘 변함없이 진심을 다하는 사역자로 다가가야 한다. 마음은 인간을 가장 강하게 하고 따뜻한 존재로 만들어 주는 힘이다. 선교사가 세상의 어떤 교육과 기술, 경제적인 것보다 한 영혼을 향해 따뜻한 마음을 주는 자가 된다면 현지인들은 자연스럽게 생명의 길을 찾아오게 될 것이다.

오랜 기간 전래되어 온 문화사회의 변혁을 위해서는 선교사 스스로 복음+나눔, 실천+인재 육성이라는 하나님의 손을 펼치는 작업을 진행해야 한다. 보보족 사회에서 소외된 이웃을 돕거나 다양한 사회공헌을 할 수 있는 방법을 찾아 현실화시키면서 사람에 대한 투자를 지속적으로 수행하는 것만이 그들의 정체성의 변혁을 가져오게 될 것이다.

전래 신화적 가치체계의 변화는 교육과 돌봄으로 가능

선교사 사회에서 가장 고민스러운 사역은 구비문화와 문학으로 신념체계가 굳어진 공동체 혹은 신화적 가치체계로 고착화된 세계관을 변혁하는 것이라 할 수 있다. 이러한 사회적 체계 변혁은 장기간의 거주를 통해 전력투구하지 않으면 불가능하며, 현지인들 스스로가 정착과 성장할 수 있도록 교육 및 돌봄 사역 또한 병행할 필요가 있다.

부르키나파소는 오랜 기간에 걸쳐 식민지 지배를 받아왔고, 그로 인한 국민들의 의식구조가 전통적 세계관에 머물러 있기 때문에 이들을 위한 올바른 경제활동을 할 수 있도록 경제·금융·재테크 교육을 진행할 필요가 있다. 이를 위해 현지인들이 교회 공동체에 참여함으로 재미있게 사회공헌과 경제 지식을 배우고 세계의 문화와 기독교적 인성을 일상생활에서 활용할 수 있는 내용으로 교재를 개발 제작하여 종족언어 혹은 국가언어로 번역해 사용할 수 있어야 한다.

구체적 방법으로 빈곤 가정의 자녀를 위한 플라워아트, 가죽공예, 나무공예 등을 교육하고 결혼 대상자를 위한 문화강좌 뿐만 아니라 다양한 문화교육프로그램도 지속적으로 발굴하여 교육함으로 정체된 사고의 변화와 기쁜 소식(복음)에 눈을 뜨도록 장(場)을 제공하는 일이 요청된다. 경제적 어려움으로 현대식 결혼식을 하지 못한 젊은이들을 위한 합동결혼식도 고려해 볼 만하며, 신혼여행을 다녀올 수 있도록 소액의 결혼비용을 지원하는 것도 참고할 필요가 있다.

새로운 선교현장 개척자

국내 주요 선교단체 및 교회는 새로운 선교현장 개척을 통해 선교 역량을 극대화시키려고 노력하고 있다. 새로운 선교현장 개척은 교회의 신성장 동력이 될 뿐 아니라 한국 교회와 청년들에게 긍정적인 영향을 미친다.

현재 한국 교회는 불어권 선교회를 비롯하여 몇몇 선교단체가 서부 아프리카 지역에 선교사를 파송한 후 상당한 선교 효과를 이룩했다. 특히 서부 아프리카 부르키나파소 공화국에 파송된 대한기독교성결교회 파송선교사와 대한예수교장로회 통합측과 기독교장로회, 예수전도단과 기아대책기구 소속 선교사들에 의해 선교사역의 극대화를 이루고 있다는 평가를 받고 있다. 특별히 이들은 글로벌 선교 프로젝트에서 좋은 성과를 거두고 있는데, 교회개척과 우물파기, 모링가 생산과 판매, 유치원 교육을 통한 사회적 공헌과 선교현장 개척에 앞장서고 있다. 이들의 실질적인 다양한 활동으로 현지인들의 인식 변화와 서로 간의 협력과 강점을 공유하면서 마을 공동체의 성장과 발전을 도모하는 전략적 협력이 진행 중이다.

실제로 한국 선교사들은 현지인들과 좋은 인간관계와 돌봄을 통해 글로벌 교육과 문화적 변화를 위한 프로젝트 개발을 지속적으로 모색해 가고 있다. 실제적으로 이들의 사역으로 인해 관습적으로 전승된 문화변혁과 새로운 패러다임을 수용하려는 자들이 증가하고 있는 추세이다. 현지 목회자들과 협력관계를 맺고 있는 글로벌 선교단체들은 '선교현장 개척과 성장엔진에 쉼표가 없다'는 사역철학을 실질적으로 실천 중이다.

선교현장 개척을 위해 현지 목회자들과 파트너링(partnering) 강화와 전략적 협력, 현지인들의 정체성 변혁을 위한 다변화 모색, 높은 잠재력을 가진 젊은 인재들에 대한 적시 투자 기회 확보, 선교사역 핵심역량 강화를 위한 역량을 집중하는 일 등의 다양한 실천들이 가능하다. 차세대 분야에서 젊은 리더십을 확보하기 위한 노력도 꾸준하게 펼칠 필요가 있다. 그리고 현지인들이 열악한 자연환경을 극복할 수 있도록 '전염병 확산 방지' 교육과 시스템 개발은 모두를 위한 힐링(healing)이 될 것이다.

정신 · 육체를 지배하는 삶의 태도를 바꾸기

한 지역을 정탐하거나 방문을 통해 현지인들의 정신과 육체를 지배하는 삶의 태도를 바꾼다는 것은 어려운 일이다. 보보족들의 삶의 경험은 경전이나 기록물이 없어도 구전에 의해 전래된 것들이 대부분이다. 과거 종족들의 구전만으로 믿는 신화의 이야기는 오랜 기간 동안 현지인들의 정신과 육체를 지배해 오고 있다. 사실 하나의 정령신앙이 인간의 정신세계를 지배하기 위해서는 경험으로 사용되는 문화적 자원이 상당해야만 한다. 그렇다고 신화적 제의를 한 것에 대한 경의가 계시경험으로 묘사되는 것은 현실적인 어려움에도 불구하고 보다 진취적으로 살거나 아니면 명예로운 삶의 길이라는 정신이 육체를 지배하기 때문일 것이다. 보보족들에게 메기 신화(신)는 삶의 이상과 삶의 본질에 대한 지식으로 정신의 특권이다. 육체적 경험은 실질적인 신 앞에서의 경험을 배우는데 필수적일 뿐 아니라그 이상은 아니라는 점이다. 따라서 정신이 늘 육체를 완전히 장악하고 있어 그 이상의 세계를 바라보기가 어려운 것이 보보족들의 삶의 태도이다. 결국 이들이 섬기는 메기 신화는 개인적인 성공을 위한 수단이며, 집단적 목표를 달성하는 수단일 뿐이라는 이야기가 될 수 있다.

이러한 차원에서 그들의 이러한 삶의 태도를 바꾸어 언약공동체[59]를 만드는 방법은 무엇일까 고민하게 된다. 세계는 변화하는데 옛 전통과 문화만을 고집하는 보보족들에게 필요한 것은 '변화 속도를 못 맞추면 한순간에 추락한다'는 것을 가르쳐 주어야 한다. 조상들은 메기 신화를 믿어 왔지만 이제는 변화하는 세계에 추락하지 않고 변화발전을 이루기 위해 '한 개인만의 가치모델을 결정하는 것'을 가르쳐 주어야 한다. 그리고 눈앞에 다가온 흐름과 나란히 가는 것(Line up with Urgent Wave) 또한 가르쳐 줄 필요가 있다.[60] 이는 현지인의 필요에 맞는 부분에 대한 솔루

---

59 Sherwood G. Lingenfelter, *Leading Cross-Culturally*, 김만태 역 『타문화사역과 리더십』 (서울: CLC, 2011), 99-108.

60 남태희, "4차 산업혁명 시대 클라우드 솔루션에 당장 투자하라," 「매일경제」 2017년 12월 1일(금). C1. C3.

션을 구입할 수 있는지의 문제와 연관된다. 모든 이들이 어떻게 선교사의 전도사역에 클라우드를 가장 먼저 적용할 수 있는지 고민해야 한다. 한 영혼에 대한 솔루션이 일시적이면 미래의 것이 될 수 없다. 그래서 현지인들의 가치 변화가 변화속도를 맞추어 갈 수 있도록 선교 시스템 구축에 집중해야 한다.

나가는 말

서부 아프리카를 비롯한 족장사회의 대부분이 정치체제로 가는 길은 진화의 길이다. 부가 축적되고 사회분화가 심해지고 족장 및 빅맨의 종사자들이 성장하면서, 족장의 권력과 명예는 사회 내부의 지배세력을 넘어 사회를 지배할 정도로까지 성장해 왔다. 족장들과 전쟁 지도자들은 세력을 확보하면서 단순 부족사회에서는 갖지 못하던 일종의 권위와 통제를 확립할 수 있게 되었다. 이러한 과정을 통해 이들은 또 한 번의 부를 축적하거나 서로가 밀접하게 얽혀 가게 되었다.[61] 한편 족장들의 부의 축적을 부정하거나 반대하는 세력을 잠재우기 위해 부족사회는 신화 혹은 정령 신을 믿는 대상을 만들게 되었다. 정령신앙은 초자연적인 존재와 힘을 믿는 것이라 할 수 있다. 이를 애니미즘으로 하여 '세상에 거주하는 영들'이나 영적인 존재에 대한 믿음 뿐 아니라 생명을 가지고 있는 모든 것에 대한 믿음과 동일시했다. 이러한 믿음은 제임스 조지 프레이저(James G. Frazer)가 "두려움이 영혼의 개념에 대한 기원과 일반적인 종교적 믿음에 대한 기원을 설명하는 데 중요한 것"[62]이라고 지적한 것과 같이 종교적 믿음의 합리적 본질을 강조하고 있다.

따라서 보보족들이 믿는 '메기 신화' 또는 '메기 신'은 많은 사람들을 하나의 족장 사회로 통합하는 데 중요한 몫을 하고 있으며, 인간주의 뿌리를 형성하는 근원이 되고 있다. 족장들은 부족사회에서 이미 가지고 있던 의례적 기능을 확장하고 더욱 강하게 정치력을 소유하면서 이데올로기적 정당성과 족장사회의 결속력을

---

61 Azar Cat, *WAR IN HUMAN CIVILIZATION*, 302–303.
62 James G. Frazer, *The Golden Bough*, 이용대 역 『황금가지』 (서울: 한겨레, 2016), 449–460.

다지기 위해 공동의 전례를 중앙 집중화하고 강화하려는 경향이 드러난다.[63] 이런 의례적 기능과 전례 권한이 족장사회의 탄생 과정에서 어느 정도 지배력을 갖고 있는가에 대해서는 논쟁의 여지가 있지만, 현상적으로 볼 때 보보족 사회에서는 당연한 사회적 구성으로 보고 있는 것이 특징이다. 그리고 메기 신을 믿는 종족사회의 현상은 종교의 기능주의와 사회 공동체 전체를 대표하기 위해서 사회에 의해 창조된 것이라는 점을 발견할 수 있다. 이같은 현상은 메기 신화가 개인적 필요들을 포함시키는 수준까지 확장되기 때문이다.

그러나 족장들의 공동의 전례를 중앙 집중화하거나 기능주의적 형태를 띠는 종교적 의례는 믿음을 부수 현상으로 만드는 결점, 즉, 사람들이 자신을 대표하기 위해 또는 사회를 하나로 통합하기 위해서 의도적으로 만들어 내는 믿음 체계로 이러한 의례들을 이해하고 있다는 것이다. 이들에 의하면 믿음 체계는 그 안에 참된 진리를 가지고 있으며, 종교는 단지 사회를 하나로 묶어 놓기 위한 가치들을 공급하는 기능을 하고 있다고 생각한다. 이와 관련해 종교학에서도 1930년에서 1970년까지 몇 개의 연구가 있었지만 현재는 진행이 멈춘 상태이다. 따라서 보보족 사회에서 '메기 신'에 대한 신뢰는 사회적 관계를 맺는 매개체일 뿐 아니라 정치적으로 힘의 사용과 분배, 그리고 정령신앙적으로는 궁극적 의미, 가치, 정서를 사용하고 제공하는 사회문화적 차원의 정의라 할 수 있다. 또한 이것은 의미와 가치의 차원에서 인간 경험의 감정적이고 평가적 차원을 포함하고 있으며, 인지적으로 사람의 궁극적 의미와 설명을 하는 체계로 발전하고 있다. 더불어 감정적으로 이것은 인간 정서의 표현을 경험하게 하는 체계이며 동시에 인간이 가지는 가장 깊은 충성과 가치의 체계를 갖도록 한다.

결과적으로 보보족 사회의 메기 신화 곧 신의 숭배는 인간의 감정들 곧 종교의 경험에서 중심이 되는 것들을 갖게 한다. 이것은 두려움, 신비감, 경외감을 갖게 하며 동시에 평화와 내적 기쁨(peace and inner joy), 황홀, 전율을 느낌으로써 영들과 영에 사로잡히도록 하는 감정을 갖도록 한다. 이런 가치평가적인 것은 보보족 사

---

63   Azar Cat, *WAR IN HUMAN CIVILIZATION*, 304–305.

회의 단결과 행위에 대한 결정론적 형태를 지니면서 정체성을 견고히 하는데 힘이 될 뿐 아니라 종족사회에 대한 충성심과 가치를 높여 주는 체계이다. 이들이 믿는 메기 신화에 대한 긍정적인 마음과 믿음, 조상들로부터 전래되어 온 신화에 대한 지식과 감정이 충성으로 그리고 삶의 변화로 나타나는 것을 보면 확실한 믿음을 가진 것으로 볼 수 있다.

Part 8

니제르 공화국
(Republic of Niger)

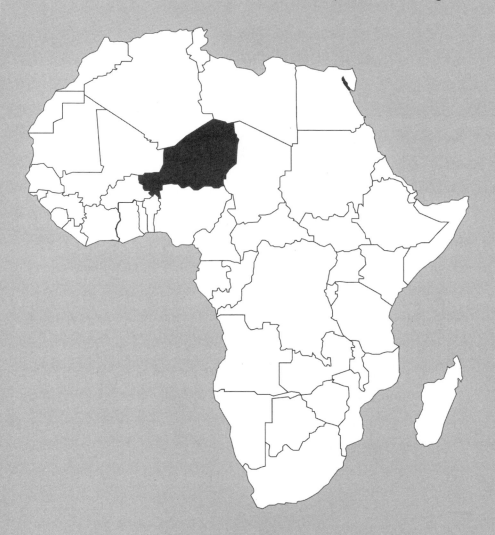

14
니제르 공화국의 흑마술에 대한
사회 · 문화적 정체성 변혁

 아프리카 사회 · 문화의 특징적이며 대중적인 현상 가운데 하나는 마술(Magic)
과 주술(Witchcraft)에 관한 현상이 매우 다양하고 또한 이런 주제와 관련된 문헌자
료가 풍부하다는 것이다. 아프리카 54개국 중 동부 아프리카와 서부 아프리카를
비롯해 중앙 아프리카는 마술과 주술이 민중들에게 보편화된 사회문화적 현상 중
하나이다. 그러나 이러한 마술과 주술 문화의 내용에 대한 정보가 무지와 편견,
오류로 채워져 있다는 것은 매우 충격적이며, 이보다 스스로의 무지(無知)와 그릇
된 사상, 과장된 편견과 경멸된 태도를 지녔거나 축소하는 사람들로 인해 발생한
오해들이 많다는 것이다.[1] 이에 대해 존 움비티는 "아프리카를 바라보는 외부자적
인 시각을 가진 사람들은 신비한 힘을 대하는 아프리카인의 고유의 시각과 공포
심을 이해하고, 이 힘을 사용하고 조작하는 아프리카인들에게 신중하게 접근하려
는 인류학자와 비교종교학자들도 있지만 신비한 힘에 대한 대부분의 왜곡된 생각
은 서구와 대중작작가, 선교사와 식민사관에 묻혀 있는 행정관들에 의해 만들어
진 것이라"고 지적한다.[2]
 특별히 서부 아프리카 니제르 공화국 내의 다양한 종족사회들 역시 마술에 의

1 John Mbiti, *African Religions and Philosophy*, 장용규 역, 『아프리카 종교와 철학』 (서울: 지식을 만드는 지식,
   2012), 101.
2 John Mbiti, *African Religions and Philosophy*, 101.

한 사회·문화적 통제를 당연하게 받아들이고 있다. 그들의 삶과 문화, 사회적 통념, 여성 사회 공동체 등이 전통적으로 마술을 믿거나 신뢰한다. 이 같은 그들의 문화적 현상에는 전통적으로 상대방에 대한 해악과 질투, 갈등, 그리고 폄하가 담겨 있다고 한다. 더불어 신비한 힘에 의해 왜곡된 그들의 생각은 생활환경의 지배를 많이 받게 되는데 이는 즉, 각적으로 인과관계를 중시하는 과학적 설명에 대한 도전처럼 보인다. 사실, 마을 주민들이 믿고 있는 마술은 세속과 신성의 두 얼굴 사이에서 갈등하는 인간의 단면일 수 있으며, 인간에게 공포를 경험하게 함으로 자신의 영역을 넓혀 가고 있는 것일 수도 있다. 이러한 차원에서 연구자는 니제르 공화국의 소수부족 공동체 내에서 흔히 발생하는 마술로 인한 두려움과 금기의 대상으로 여기는 것들이 무엇인지를 소개하면서 정령신앙으로 고착화된 사회에 어떻게 참된 진리를 가르칠 수 있는가를 고찰하고자 한다.

마술에 대한 이해

마술의 정의

위키백과(Wikipedia)는 흑마술(黑魔法)에 대해 다음과 같이 정의하고 있다. "흑마술은 전통적으로 악의적, 이기적 목적을 위한 초자연적인 힘의 이용을 일컫는다. 현대에는 흑마법을 부인하는 마술들을 정의하는 사람들에 의해 흑마법의 정의가 복잡해지기도 했다. 백마법(白魔法)과 구별하지만 마술을 흑백으로 명백히 구분해서는 안 된다는 의견도 있다. 흑백을 결정하는 것은 마술을 행하는 사람의 뜻에 따르는 것이며 용법에 따라 흑백으로 결정된다. 또, 흑백을 선악으로 구분하는 것은 인종차별적이라는 지적도 있다."[3] 한편, 서양에서도 검은색 혹은 흑마술과 관련된 연구들이 있어 왔다. 어떤 이는 마술 자체를 흑마술로 보거나 검은색의 색채를 띤

3 https://ko.wikipedia.org/wiki/%ED%9D%91%EB%A7%88%EB%B2%95. 2017년 7월 29일 접속인용.

것으로 보는 경향도 있다. 존 하비(John Harvey)는 The Story of Black이란 책[4]에서 "검정색은 인간의 역사가 투영된 가장 광활한 색"이라면서 검은색은 색이 아니라고 평가하기도 한다. 레오나르도 다빈치(Lenardo Da Vinci)의 검은색에 관한 정의는 더 명확하다. 그는 "검은색은 색이 아니다라고 말하면서도 검은색은 다른 색깔을 돋보이게 만드는 기능을 완벽하게 수행하고 있다"고 평가한다.[5] 프랑스의 화가 앙리 마티스(Henri Matisse)는 "검은색의 힘"이라고 표현했으며, 인상파 화가 오귀스트 르누아르(Auguste Renoir)는 "검은색을 색의 여왕"이라고 부르기도 했다. 또한 르네상스 시대 이탈리아의 화가 틴토레토(Tintoretto)는 "색깔 중에서 가장 아름다운 색은 검은색"이라고 할 정도였다.[6] 이처럼 검은색은 학자나 인상파 화가 등에 따라 그 정의가 다양하게 제시되며 그 반응 또한 다르다고 볼 수 있다.

반면, 일본의 쿠사노 타쿠미는 흑마술의 기본에서 "흑마술이란 고대 시대부터 마음에 들지 않는 인물이나 경쟁자를 제거하기 위하여 존재하였고, 아무리 금지하여도 사라지지 않았다"고 하면서 "흑마술을 사악한 마술을 가리키며 인간의 이기적인 바람을 이루거나, 악천후를 일으켜 수많은 사람을 곤궁에 빠뜨림, 남의 집의 재산을 훔치는 일, 증오하는 적의 몸에 가해를 행하는 것"들이라고 말한다.[7] 미르치아 엘리아데(Mircea Eliade)는 샤머니즘[8]과 주술에 대해 다음과 같이 지적한다.[9]

"주술과 요술이라는 용어에서 오해를 피하면서 샤먼과 샤머니즘이라는 단어를 사용할 때마다 그 용례를 한정시킬 필요가 있다. 샤먼은 물론 주술사이기도 하고 주의(ism)이기도 하고 주술사들처럼 고행자풍의 이적(異蹟)을 행하기도 하는 것으로 믿어진다. 그

---

4 John Harvey의 책 The Story of Black은 『이토록 황홀한 블랙: 세속과 신성의 두 얼굴, 검은색에 대하여』로 2017년에 위즈덤하우스에서 출판되었다.

5 J. F. Rigaud, A Treatise on Painting(London, 1802), 226, 235.

6 John Harvey, The Story of Black, 윤영삼 역, 『이토록 황홀한 블랙』(경기고양: 위즈덤하우스, 2017), 7.

7 쿠사노 타쿠미, 『흑마술』서울: AK Trivia Book No.31, 2015), 8.

8 장훈태, "서부 아프리카 코트디부아르 공화국 야오부 마을의 전통적 샤머니즘 문화상황에서의 선교사역", 「복음과 선교」 제35집(2016), 233-234.

9 Mircea Eliade, Shamanism-Archaic Techniques of Ecstasy, 이윤기 역, 『샤머니즘』(서울: 도서출판 까치, 1993), 23-24.

러나 샤먼은 여기에 머물지 않고 영혼의 안내자 노릇을 하는가 하면 사제노릇도 하고 신비가 노릇도 하는가 하면 시인 노릇도 한다며 고대 사회의 종교생활은 혼미주의적 덩어리로 보이나 엄밀하게 말하면 샤머니즘은 독자적인 의미구조를 보인다."

엘리아데는 샤머니즘을 시베리아와 중앙아시아의 두드러진 종교현상으로 보고 있다. 그러나 샤머니즘[10]의 영향은 고대로부터 현재까지 지구촌 전 지역에서 인간의 사고와 세계관에 영향을 미치고 있다. 엘리아데는 샤먼과 주의를 구분하지만, 니제르 사회에서는 고대로부터 현대까지 흑주술(마술)을 가장 사악한 마술로 표현하기도 한다. 이러한 마술은 고대로부터 현재까지 사라지지 않는 종교적 현상 중 하나로서 인간 공동체 사회의 갈등과 화합을 이루지 못하도록 함으로써 사회적인 문제가 되고 있다.

마술의 적용과 때(time)

사람은 타인과 함께 살면서 상호 간에 항상 즐겁거나 때로는 상성(常性)이 맞지 않는 상대를 만나게 된다. 때때로 나와 다른 상성은 자신에게 나쁘거나 해로운 상대를 괴롭히기 위하여 고대로부터 현재까지 마술을 사용하는 경우가 있어 왔다. 오늘날 사하라 사막 이남에 위치한 니제르(Niger) 국가에 거주하는 사람들도 이러한 마술을 자주 사용하는 것으로 드러나고 있다.[11] 이들은 사회생활의 여러 방면에서 마술을 필요로 하거나 활용함으로써 자신의 욕구를 채우거나 타인을 미워할 때 사용하기도 한다.

마술은 사회 혹은 직장 생활에서 상성이 나쁜 사람이 있을 때 적용하게 된다.[12] 대부분은 남녀 관계에서 질투와 미움 그리고 시기가 발생하거나, 미인을 자기 손

---

10 박용숙, 『샤먼문명』 (경기: 소동, 2015), 15-22을 보라.
11 니제르 거주 한인과의 전자 우편 인터뷰(2017년 8월 16일). 니제르 공화국에 거주하는 한국교민은 직원으로부터 흑마술에 관련된 적이 있다고 말한다. 그는 직원으로부터 마술을 걸었다며 협박을 받았으나 아무런 일이 발생하지 않았다고 한다.
12 장훈태, "서부 아프리카 민간신앙과 이슬람", 「복음과 선교」 제30집(2015), 190-192.

에 넣고 싶을 때, 동료 간의 질투나 여자들 간의 싸움 내지는 권력투쟁 등의 방식으로 타인을 미워할 때 사람들이 종종 마술에 호소하기도 한다.[13]

대부분의 사람들이 마술을 적용하는 때(time)는 권력투쟁과 자신의 욕망을 쟁취하려는 욕구가 강할 때 혹은 상대방을 무력으로 다룰 수 없을 때 주술사를 통해 저주를 사용하게 되는데 이러한 마술은 사회·문화적 문제를 야기한다. 사실, 마술을 사용하는 사회는 늘 불안전하며 상대방을 신뢰할 수 없는 단절의 사회이거나 대화가 이루어지지 않고 정직하지 않은 사회가 되는 경우가 많다. 따라서 니제르 공화국 내의 마을 공동체 혹은 가정에서 자주 발생하는 마술의 적용은 사회적 불안감과 상대방에 대한 신뢰도 약화로 인해 발생하는 것으로 일상적인 사회생활이 불편할 정도이다. 니제르 사회를 마술을 거는 공동체로 인식하는 순간 개인중심주의가 상대방에 대한 경시(輕視)를 불러일으킬 뿐 아니라, 인간 개개인마다 갖고 있는 개별 생명체 특성과 장점을 이해하기 어렵게 만들고 있다. 여기에는 상대방에 대한 불신과 편견이란 것이 내포되어 있다.

마술의 기본 법칙

니제르인들은 태고시대부터 마술의 기본적인 법칙을 준수하여 왔다기보다는 자신이 필요로 할 때마다 이를 적용한 것으로 보인다. 이들은 마술에 크게 유사의 법칙과 감염의 법칙을 통합한 '공감의 법칙'을 사용하였다. 쿠사노 타쿠미는 "흑마술이든 백마술이든 마술의 가장 기본적인 법칙은 태고부터 현대까지 전혀 변하지 않았다. 그 법칙은 유사(類似)의 법칙과 감염(感染)의 법칙"으로 구분한다.[14] 흔히 유감마술과 감염마술을 통합하여 공감마술이라고 부르는데, 유사한 것은 유사한 것을 낳는다는 법칙의 용어는 제임스 프레이저의 『황금가지』[15]에 기초한 것이다. 이에 따르면 상대와 닮은 인형을 만들어 가슴에 못을 박으면 상대의 가슴도 아

---

13 쿠사노 타쿠미, 『흑마술』.
14 쿠사노 타쿠미, 『흑마술』, 10-11.
15 James G. Frazer, *The Golden Bough*, 이용대 역, 『황금가지』 (서울: 한겨레 출판, 2003)를 보라.

프게 된다는 것이다. 한편 감염의 법칙은 예전에는 하나였던 것이 분리된 후에도 다른 한쪽에 영향을 미치는 것으로, 예를 들어 적의 모발을 손에 넣고 태우게 되면 상대방이 괴로워하게 된다는 법칙이다. 지금도 사헬 지역 이남에 위치한 니제르와 말리 등에서는 마술의 기본법칙을 사용하여 자신의 욕망을 충족하기도 한다. 이는 인간의 역사가 투영된 가장 광활한 방법일 뿐 아니라 그 종류 역시 매우 다양하다.

마술은 통상적으로 각 지역에서 차이를 갖고 있지만 크게는 마술의 기본, 유럽의 마술, 일본의 마술, 서부 아프리카의 마술, 중국과 그 외의 세계 마술이 있는 것으로 알려져 있다. 마술의 기본은 종교적 마술, 형상 마술, 사자 흑마술, 가해자 마술, 의복 마술, 발자국 마술, 영혼을 붙잡는 마술, 그림자와 영상 마술, 잔반 마술, 피와 침 마술, 이름 마술, 주문과 마술 등이 있다.[16]

태고로부터 현대까지 인간이 머무는 공동체 사회에서 마술의 법칙을 적용하는 것은 인간이 미숙한 상태에 있거나 그의 마음이 어둠 속에(dans le noir & in the black) 있다는 것을 의미한다. 마술을 사용하는 사회 혹은 개인은 검다(mavro)라고 표현하기도 한다. 이러한 현상을 일반적으로 지향적 용법(directional usage)이라고 하는데, 일반적인 색깔이 검은색에 가까운 색으로 옮겨갔다고 인식하는 것이다. 문자적으로 검은색이 잉크처럼 칠흑 같은 검은색을 의미할 수도 있고, 비유적으로 불운, 나쁜 일, 끔찍한 일을 의미할 수도 있다[17]는 것을 의미한다.

따라서 마술을 사용하는 사회는 밝음과 어둠이 공존하는 사회라 할 수 있다. 이 사회에서는 빛이나 색깔과 연관된 단어들이 모두 단일한 사고(思考)에 의해 이루어지며, 자신의 욕망을 마술에 호소하는 타자적 사고가 내재되어 있다고 볼 수 있다. 즉, 마술을 사용하는 사회 혹은 개인은 이성적이지 않다는 것을 뜻한다. 만약 대중이 이성적이라면 그들이 곧 엘리트이지 대중일 수 없다. 대중이란 엘리트를 따라갈 수밖에 없는 존재이다. 물론 엘리트는 대중을 떠나서는 아무런 의미도 없고 존재할 수도 없다고 전제할 수 있지만 궁극적으로 보면 개인과 대중에 대한 차

---

16 쿠사노 타쿠미, 『흑마술』, 7-38.

17 John Harvey, *The Story of Black*, 14.

별이 분명한 세계관이라 할 수 있다. 니제르 국민들에 대하여 좀 더 설명을 붙인다면, 이들은 상대방에 대한 신뢰와 존경을 할 수 없는 상황에서 불안정한 상태에 빠져 있는 자신의 가치, 본질적인 진리를 알지 못한다는 무지(無智)를 드러내고 있다.

니제르의 마술에 대한 사회 · 문화적 현상

마술은 성(聖)인가 속(俗)인가?

니제르 사회는 하우사(Hausa), 제르마(Zarma), 구르마체(Gurma), 투아레그(Tuareg), 플라니(Fula), 카누리(Kanuri Manga), 투부(Tubu) 종족 등이 어울려 사는 곳이다. 그 가운데 하우사족과 제르마족이 가장 많은 것으로 알려져 있다. 이들 종족들은 오래 전부터 민속신앙과 이슬람교를 믿지만 기독교 인구는 5%에 불과하다. 민속신앙과 이슬람교를 믿지만 통상적으로는 마술(주술)을 믿는 자가 더 많을 정도로 보편화되어 있다. 마술을 믿거나 원리를 이용하는 것은 직선의 관계가 아닌 삼각의 관계적 사회에 종속되어 있음을 말한다. 직선의 관계는 당사자와 반대편(적) 사람과의 관계 혹은 마술사와 저주 받는 직선의 관계를 이룬다. 종교적 시대의 마술에서는 이 사이에 신령이 개입하여 마술사와 저주 받는 상대가 삼각형의 관계를 이루게 된다. 이런 두 종류의 관계를 성과 속으로 구분할 수 있는가라고 질문한다면 이는 불가능한 일이라 판단할 수 있다. 그러나 검은색을 상징하고 있는 마술(주로 흑마술)은 그들 사회에서 성스러운 것으로 여겨지기도 한다. 그래서 검은색은 달콤하고 사치스럽고 관능적인 색으로 인식되기도 하지만, 신전에서는 사제가 아닌 죽음을 애도하는 사람들이 검은색 옷을 입었다.

과거 로마제국이 흡수한 나라의 사람들 가운데에서도 자생적으로 검은색을 숭배하는 전통을 지닌 이들이 있었다. 그리스의 지리학자 스트라본(Strabon/Strabo, B.C.64?—A.D.24?)은 루시타니아(Lusitania, 현 포르투갈) 사람들이 "남자들은 모두 검은옷을 입고 다닌다. 반면 여자들은 늘 긴 망토 또는 회색 가운을 입고 다닌다"고 말한 바 있다.[18] 이는 검은색이 어떤 신성한 것과 연관성이 있는 것처럼 보이기 때문일 수 있다. 니제르 사람들도 흑마술이 지닌 신성한 것을 믿고 있는데, 그 안에는 자연을 초월한 신들을 표현하는 색으로 이들이 검은색을 사용한 것으로 보인다. 그렇다면 이러한 차원에서 검은색과 연관된 흑마술(주술)은 인간에게 성스러운 것일 수도 있다. 검은색은 인간에게 멋을 위한 속된 것 같으면서도 종교적인 것으로 사용하게 되면 신성한 것이 되는 경우가 있다.

니제르의 투아레그족 남성

이슬람교도가 대다수인 니제르에서 마술을 성스럽게 여긴다는 것은 흥미로운 일이다. 이는 이슬람교가 '알라 외에는 다른 신이 없다'라고 주장하는 상황에서 니제르 국민들 다수가 마술(주술)을 믿거나 검은색의 옷을 터부시하거나 수용하는 이중적인 잣대를 지니고 있기 때문이다. 이슬람교[19]는 사회적인 색깔 취향의 변화를 제일 먼저 일으킨 종교이며 '빛과 어둠'의 대비를 강조한다. 또한 이슬람교에서 검은색은 죄악과 가장 성스러움을 모두 의미한다.[20] 니제르 사람들은 이슬람교에서 흰색과 검은색 옷감을 활용하여 무형의 신앙이 '물질'의 형태로 나타나기 시작했다는 영향을 받아서인지 대체적으로 마술에 대한 믿음이 높다. 이러한 차원에서 보면 니제르 사람들 의식 내에 마술은 성스러운 것도 되고 속된 것이 되기도 한다. 니제르 사회에서 공공연하게 마술을 성스러운 것으로 믿는 것은 신비한 힘이 현

---

18 H. L. Jones, *Geography*(London, 1924), Ⅲ. 3-7.
19 최하영, "유럽 이슬람화의 실상과 선교적 대응", 「복음과 선교」 제37집(2017): 217-219.
20 John Harvey, *The Story of Black*, 145.

상을 통해 스스로를 나타내 보이기 때문이다. 이런 신비한 현상은 즉, 각적으로 인과관계를 중시하는 과학적 설명에 대한 도전처럼 보인다.[21]

결과적으로 니제르인들이 마술을 성스러우면서도 속된 것으로 믿는 이유는 신비한 힘에 대한 의식 뿐 아니라 신비한 힘을 직접 보고, 만나고, 경험했기 때문이다. 그리고 그들이 이를 물리치기 위해서는 신비한 힘에 의존할 수밖에 없었다는 사실을 말하고 있다. 신비한 힘을 경험하는 니제르 사회에서는 이를 통상적인 의례(儀禮)로 여기는 경우가 많은 것 같다.

니제르 사회에서 현상적인 마술의 힘

니제르의 수도 니아메(Niamey)는 하우사족, 제르마족, 투아레그족, 플라니족, 베리베리 종족들이 함께 어울려 사는 도시이다. 니아메 시는 그랜드 모스크를 중심으로 크고 작은 이슬람 사원이 세워져 있으며, 건물에 십자가를 세우지 않은 교회들이 구역마다 있다. 그러나 니제르인들은 이슬람교와 민속신앙을 믿는 사람들이 많은 편이다.

한편 니제르 사회는 보이지 않는 내면적 갈등과 편견, 증오와 질투가 강한 반면 호전적이지 않아 패싸움을 하는 일은 거의 없다고 한다. 반면에 이들은 상대방에게 감정을 표현하지 않고 싸워야 할 일이 발생하면 현장을 피한 후, 흑마술(주술)을 많이 사용한다. 이는 신비스러운 힘 속에 또는 그 뒤에 무엇인가가 있으며 이와 관련된 굳건한 믿음이 이들 안에 존재하기 때문이다. 이들은 마술을 부리는 사람들의 공격 대상이 되면 스스로가 그 공격으로부터 보호받기 위해 또한 마술로 대응 조치를 취하기도 한다. 그렇다면 니제르 사람들의 사회에서 흔히 발생하는 마술의 특징은 어떤 종류가 있는지 몇 가지 사례를 소개하고자 한다.

첫째, 니제르 사람들이 자주 사용하는 흑마술(주술)은 과거 한국 사극에 나오는 궁중에서 흔히 사용하는 주술방식과 거의 맥을 같이 한다. 상대방이 자신보다 잘

---

21 John Mbiti, *African Religions and Philosophy*, 102.

되거나 출세하게 되면 주술을 걸어 죽게 하거나 병이 들게 하는 일도 있다.

둘째, 자신보다 상대방이 좋은 물건을 갖게 되면 마술을 걸어 일을 방해한다. 한국 속담에 '사촌이 땅을 사면 배가 아프다'는 말과 유사한 상황이 니제르에도 존재한다. 예를 들어, 니제르 사회에서 친구가 좋은 차를 사고 싶다고 친구에게 의논하게 되면 그는 절대로 자동차를 구입할 수 없게 된다. 왜냐하면 '내가 갖지 못한 차를 네가 가질 수 있는가'라는 생각으로 상대방이 차를 구입하지 못하도록 주술을 걸기도 한다. 상대방이 나보다 잘되는 것은 자신에게 용납할 수 없는 사건이 된다. 그래서 상대방에게 마술을 걸어 자동차를 살 수 없게 만든다. 결국 내가 갖지 못하는 자동차는 상대방도 가질 수 없다는 사고로 마술을 걸게 된다. 이처럼 니제르 사회 저변에는 타인이 잘되는 것을 절대로 용납할 수 없다는 사회적 구조가 자리하고 있다. 이는 상대방에게 마술을 걸어 파괴함으로 타인보다 자신을 우위에 두고자 함에서 비롯된 것이다. 이런 사고방식과 가치관이 니제르의 내면 깊은 곳에 자리하고 있다는 것이 문제라고 할 수 있다.

셋째, 니제르의 주술(Witchcraft in Niger)에서 주목할 만한 특징은 이웃집 남자와 이웃 여자 이야기가 있다는 점이다. 미혼인 두 사람은 서로에게 호감을 갖고 있었고, 남자가 여자에게 청혼하여 여자는 이를 받아들였다. 그런데 다른 여자 한 명이 주술사를 찾아가 청혼을 허락한 여자를 향해 주술을 통해 그 청혼이 파혼되도록 하였다. 결국 이 남자는 먼저 청혼한 여자가 아닌 다른 여자와 결혼하게 되었고, 이것은 다른 사람이 마술을 건 결과였다. 이로 인해 니제르에서는 한 남자 혹은 여러 명이 결혼을 위해 그룹 미팅을 하게 되면 결혼은 절대로 성사되지 않는다고 생각한다.

넷째, 니제르는 일부다처를 허용하는 나라이다. 한 가정에서 여러 명의 부인을 두고 사는 남편은 잘 모르겠지만 부인들 간의 질투와 시기심은 상당하다. 예를 들어, 첫 번째 부인은 둘째 부인이 자식을 출산하게 되면 주술(마술)을 걸어버린다. 자신의 자식보다 둘째 혹은 셋째 부인의 자녀들이 잘되는 것을 막기 위해 주술사를 찾아가 마술을 하는 것이다. 한 남자의 아내들이 여럿이 생활하면서 서로를 향해 마술을 걸어버리는 일이 종종 발생한다. 비록 서로가 서로를 향해 마술(주술)을 하지만 면전에서는 자유롭게 또는 평화로운 것처럼 이야기한다. 한 가정 내에서 부인들 사이의 관계가 매우 어렵고 힘들다는 것이 짐작 가능하다.

다섯째, 하우사족의 내부적 갈등은 겉으로 드러나지는 않지만 자기가 미워하거나 질투하는 자가 나타나면 여러 가지 마술을 사용하는 방식을 통해 정신질환자가 되게 하거나 동물을 활용하기도 한다. 상대방을 저주하는 방식은 죽음을 맞게 하거나 정신병자가 되도록 하는 방법이 대표적이다. 상대방이 좋은 직장을 갖게 되면 주술사의 마술을 통해 직장에서 퇴출당하도록 하거나 도둑의 누명을 쓰도록 주술을 걸기도 한다.

여섯째, 니제르인은 상대방에 대한 의심(疑心)이 발생할 때 마술을 거는 경우가 있다. 일부다처제의 집안에서는 부인들 간의 갈등에서 기인하여 자녀들 간의 학력과 언어, 사회적응과 현실적 발전을 상호 간의 기쁨으로 받아들이지 못하고, 다른 부인이 자신의 자녀를 향해 어떤 마술을 행하였을 것이라는 의심으로부터 그것이 행해지는 경우가 발생한다.[22]

지금까지 니제르 사회에서 흔히 발생하는 주술사에 의한 마술들을 소개했다. 대부분의 니제르 사회는 평상적인 활동을 할 때는 적대감이나 갈등이 크게 드러나지 않지만, 정치적이거나 상대방이 자신보다 나은 삶을 살게 되면 과격해지는 성향이 나타난다. 니제르인들의 전통사회에서 우리가 무엇을 배울 수 있을까라고 생각하면 이는 두려움뿐이다. 친구나 이웃의 출세나 잘되는 것에 두려움을 갖는 것은 편집증이라 할 수 있다. 편집증에 걸린 사람은 적절한 수준으로 조심하고 신중하게 행동하는 것이 아니다. 이러한 사람들은 심리학자나 정신과 의사를 찾아가 과장된 두려움을 극복하기 위한 실질적인 치료를 받아야 하지만, 주술사를 찾아가 상대방을 향한 공격을 통해 만족하는 성격을 지니고 있어 매우 위험하다는 생각이 든다.

니제르 사회는 신비한 힘 또는 이와 유사한 힘에 대한 믿음을 갖고 있다. 이 신

---

22 이 부분은 니제르에서 오랜 기간 동안 어린이 사역과 시골 마을을 방문한 외부자의 시각을 통해 발견된 사건이다(2017년 7월 31일 전화인터뷰).

비한 힘은 스스로를 보여 주기도 하고, 다양한 방법을 통해 간접적으로 경험하게 된다. 니제르 사람들은 자신들이 모인 장소에서 말하는 것도 신비한 힘이 들어 있다고 생각한다. 예를 들어, 나이 많은 사람, 사회적 지위 또는 공적인 지위에 따라 아랫사람에게 말을 할 때도 신비한 힘을 발휘할 수 있다고 믿는다. 부모 또한 어린 자녀에게 말을 할 때 그 말에는 신비한 힘이 들어 있으며, 이로 인해 부모는 자녀에게 행운, 저주, 성공, 평화, 슬픔과 기원을 가져다줄 수 있다.[23] 이것은 때로 위기의 상황에서 아주 효과를 발휘하기도 한다. 따라서 니제르 사람들 사회에서 공식적으로 내리는 축복과 저주는 절대적인 힘을 발휘한다고 볼 수 있다.

니제르인들 사회에서 신비한 힘(주술사 혹은 마술사)은 매우 다양하게 나타나게 된다. 존 음비티는 "사람들이 화상을 입지 않고 불 위를 걸을 수 있는 신비한 힘, 고통을 느끼지 않고 가시나 못 위에 누울 수 있는 힘, 먼 거리에서 저주와 죽음 등의 해악을 보내는 신비한 힘, 사람을 동물로 변하게 하는 신비한 힘, 뱀에게 침을 뱉어 뱀의 몸을 쪼개 죽게 하는 신비한 힘, 도둑을 꼼짝할 수 없게 만들어 현장에서 잡는 신비한 힘, 생명이 없는 물체에 생명을 불어넣는 신비한 힘, 미래를 꿰뚫어 볼 수 있는 신비한 힘"[24]을 갖고 있다고 한다. 아프리카, 특히 니제르 사람들은 삶 속에서 이런저런 형태의 신비한 힘을 활용하는 방법을 알고 있으며 이러한 방식을 통해 자기 방어를 위한 약을 처방받기도 한다. 니제르인들은 대다수가 이슬람교를 신봉하면서도 종교전문가 특히 점술가(마술사, 주술사)와 약제사를 찾아가 악마가 사용한 신비한 힘의 효과를 맞받아칠 약[25]을 처방받기도 한다. 이들은 사악한 영의 침입을 방어하기 위한 물체를 몸에 지니고 다니기도 하며 종교전문가에게 상상할 수 없는 대금을 지불하고 주문을 부탁하기도 한다.

니제르 사회에서 신비한 힘은 추상적인 것이 아닌 실제적인 것이다. 그리고 니제르인이라면 누구나 마음속에 신비한 힘에 대한 믿음과 생각을 가지고 있으며,

---

23 John Mbiti, *African Religions and Philosophy*, 110.
24 John Mbiti, *African Religions and Philosophy*, 110-111.
25 니제르 그랜드마켓이나 재래시장에서는 민간요법을 위한 약제상을 만날 수 있으며, 이들은 다양한 질병과 악마로부터 보호하는 약을 처방해 주기도 한다.

좋은 것이든 나쁜 것이든 니제르 인들은 직–간접적으로 신비한 힘과 관련된 행동과 믿음의 영향을 받고 있다.[26]

마술의 신비한 힘이 존중받는 이유

니제르인들에게 일반적으로 마술(Magic)은 선한 마술과 악한 마술로 구분된다. 니제르인이 평상시에 선한 마술을 사용하는 것은 사회적으로 용인될 뿐 아니라 존중받는 행위이다. 음비티는 "선한 마술을 사용하는 사람들 대부분 점술가, 약제사,[27] 의사 등 종교전문가들은 자신들의 지식과 신비한 힘을 공동체의 번영을 위해 사용한다"[28]고 지적한다. 선한 마술은 질병치료 뿐 아니라 악한 힘과 악마를 막거나 불행에 대항하기 위해 사용된다. 종교전문가들은 집과 가족, 토지와 가축을 보호하기 위한 방식으로 신비한 힘을 사용한다. 니제르인들이 신비한 힘을 의지하기 위해 사용하는 지붕 위에 항아리, 새, 손목에 이상한 고리를 메는 것, 땋은 머리카락 한줌을 남겨 놓고 삭발한 아이, 동물의 뼈, 뿔 등은 모두가 신비한 힘을 소유하고 있는 기호와 상징물이라 할 수 있다.[29]

한편, 악한 마술은 타인이나 타인의 재산에 해를 끼치는 데 신비한 힘을 사용하는 것을 말한다. 이는 니제르인들이 마술에 대한 믿음과 실제 이를 사용하는 행위를 가리키는 것으로 이와 관련된 행동이 일어나거나 벌어지는 것은 악한 마술의 영역에 해당한다. 악한 마술의 영역은 주술사가 마술을 거는 장소로서 집과 직장, 광야가 될 수 있다. 여기서 반드시 알아야 할 것은 니제르인들이 지닌 악한 마술에 대한 믿음은 절대적으로 공포와 의심, 질투와 무지 또는 잘못된 비난에 기초하고 있다는 사실이다. 이는 서부 아프리카와 그 외의 지역에서 흔히 발견되는 현상이다. 사람들은 자신이 싫어하는 사람의 머리카락과 손톱, 옷가지와 일상적으로 접

---

26 John Mbiti, *African Religions and Philosophy*, 112.
27 약제사는 민간요법을 위한 약제를 판매하는 자들을 일컫는다.
28 John Mbiti, *African Religions and Philosophy*.
29 John Mbiti, *African Religions and Philosophy*, 113–114.

하는 물건 등을 주변에 남겨 놓는 것을 터부(taboo)시하는 경향이 매우 강하다. 즉, 본질적 불확정 집합들의 특성에 대한 경계선이 분명하고, 그 이상의 집합들에 대해 거부하는 경향이 많다. 사람들은 떨어진 머리카락과 손톱을 스스로 태워버리거나 흔적을 제거해야만 한다. 만약 이것이 나쁜 쪽으로 사용된다면 손톱이나 머리카락의 주인은 고통을 받게 된다. 니제르인들은 주술사가 특정인의 발자국에 가시를 찔러 넣어 그 특정인에게 해를 끼칠 수 있다고 두려워한다. 이러한 믿음과 실제는 니제르 사회에 기본적으로 인지(仁智)되어 있다. 이를 제임스 프레이저(Sir James G. Frazer)는 감염주술(Contagious magic) 또는 모방주술(Homoeopathic magic)이라고 한다. 예를 들어, 경쟁상대가 특정인을 닮은 인형을 만들어 태우거나 날카로운 침으로 인형을 찌르는 행위로 그 특정인은 고통을 겪을 것이라는 믿음이다.[30] 감염주술과 모방주술은 좋은 주술과 나쁜 주술에도 사용된다. 사악한 마술이 나쁜 일에 사용될 때 신비한 힘을 발휘하게 되는데 이를 암흑의 마술, 사악한 마술 또는 사술(sorcery)[31]이라 한다.

니제르인들은 마술 또는 사술 모두가 신비한 힘을 가지고 있다는 실제적 믿음을 갖고 있다. 그래서 주술사 혹은 사술사는 아프리카에서 가장 미워하는 존재일 뿐 아니라 두려움의 대상이다. 하지만 니제르인 사회에서 주술사와 사술사는 자신의 욕망을 채우거나 특정인을 해하는 데 활용하기에 아주 적합한 자이기 때문에 또한 존경받는다. 니제르인들이 마술과 사술에 의존하고 존중하는 이유는 몇 가지가 있다.

첫째, 니제르인들 우주 안에 존재하는 신비한 힘을 지각(知覺)하고 있다는 것을 자랑스럽게 여긴다. 이들 대부분이 이슬람교를 믿는 자들이면서 전통신앙 곧 민속신앙을 믿는 혼합주의 신앙이기 때문일 수 있다.

둘째, 신비한 힘에 접근한다는 것은 계층적이다. 이는 신(神)만이 신비한 힘을

---

30 John Mbiti, *African Religions and Philosophy*, 115−117.
31 John Mbiti, *African Religions and Philosophy*, 117. 사술(sorcery)이란, 특정인에게 하는 행위로 독성이 있는 내용물을 사람이 먹을 음식이나 음료에 넣는 방법이 해당된다. 사술사는 죽은 자의 육신이나 뼈를 빼내 악한 마술을 부리는데 사용한다. 스피릿을 통해 사람들이 스피릿의 빙의(憑依)를 받게 한다.

통제할 수 있다고 믿는 것에 기인한다. 이 신비한 힘이 자신의 삶에 유익을 주는 경험을 하면 받아들인다. 결과적으로 보면 평범하게 살다가 신비한 힘에 의존할 수 있다는 것에 존중심을 표한다.

셋째, 니제르인들은 신비한 힘을 획득하거나 이용하기 위해 적지 않은 재산을 투자한다. 특정인을 향한 저주와 축복을 하고자 투자하는 돈을 아까워하지 않는다. 이러한 현상에 대해 존 음비티는 "아프리카인은 신비한 힘을 전문적으로 사용하는 사람은 외부인에게 비밀로 숨겨져 있는 힘과 지식, 기술을 얻기 위해 수년을 투자한다"고 지적한다.[32]

넷째, 니제르인이 사용하는 어떠한 힘, 마술, 사술과 주술 그리고 이와 관련된 모든 주제는 종교 외에도 다른 측면에서 유익하기 때문에 존중한다. 즉, 자신과 관련하여 사회적, 심리적, 경제적 측면에서 유익하다고 판단된다면 어떤 경우에도 사용 가능하다.

이상과 같은 측면에서 니제르인들이 상대방 혹은 특정인에 대한 마술을 행하는 이유는 개인적 편견, 의심을 해소하면서 타인에게 해(害)를 끼침으로 오는 쾌감을 경험하기 위함이다. 그리고 이들은 자신만의 과학을 갖고 신비한 힘과 관련된 환상적인 현상과 경험을 실제화할 정도이다.

결과적으로 인간이 상대방 혹은 특정인을 향해 마술을 행하는 것은 세상에 있는 악을 잘 인식하고 있거나 다양한 방법으로 자신을 방어하고 맞서기 위해 노력하기 때문이다. 많은 아프리카 사회에서는 신이 절대로 악을 창조하지 않았으며, 신이 니제르인에게 어떤 악한 행위도 하지 않았다고 말한다. 필자는 2016년 겨울 베냉의 남쪽을 여행하는 중에 니제르에서 이주한 나이 많은 남성과 대화를 나누었다. 그는 신과 사람에 대해 "신은 언제나 정의의 편이며 좋은 일만 한다. 하지만 신은 모든 사람의 마음속에 선과 악에 대한 지식을 만들었고 사람들이 둘 중 자신의 길을 선택하게 했다. 그래서 사람들은 자신의 길을 갈 수밖에 없다"고 말했다. 신은 선과 악 사이에서 사람의 의지를 강요하거나 금지하지 않는다. 이처럼 신과 인

---

32 John Mbiti, *African Religions and Philosophy*, 125.

간은 좋은 유대관계를 가지고 있었는데 사람이 악의 축에 서 있다는 것이 아프리카인의 보편적인 생각이며, 이로 인해 상대방에 대한 해(害)를 끼치는 것이 아닌가 싶다.

니제르 다수 종족사회의 정체성 변혁을 위한 선교

서부 아프리카 니제르인의 세계관과 가치, 인간사회의 관계적 확정 중심의 집합들을 통찰하기 위해서는 내인적 관계집합 혹은 외인적 관계집합과 중심집합(centered sets)과 불확정집합(fuzzy sets) 사이의 상이점에 대한 것들을 분석할 필요가 있다. 여기서는 니제르내의 하우사, 제르마, 플라니, 구르마체 등의 종족 사회에서 흔히 발생하는 마술(흑주술)적 행위를 믿는 자들의 인간중심 집합의 형태 곧 정체성[33]을 변혁하는 요인을 찾아보려 한다.

니제르인의 스피릿 세계의 구조인식들

니제르는 종족중심의 문화와 대가족 형태의 구조를 지니고 있으면서 제도적 요인이 국민의 빈부에 영향을 미치는 곳이다. 그리고 니제르인 사회는 종족중심이라는 본질적 집합과 관계적 집합들이 예리한 경계선이나 혹은 불확정한 경계선을 가질 수 있는 곳이다.[34] 니제르인에게 가족, 씨족, 부족과 같은 친족집단들은 관계적 범주들에 해당한다. 가족은 이를 구성하는 나와 아내로 구성되어 있고, 자녀와 손자들이 있다. 이들은 결혼이나 입양을 통하여 가족이 되었고, 그들 모두는 부부

---

33   F. Bartlett, *Remembering: A Study in Experimental and Social Psychology*(New York: Macmillan, 1932), 44; Daniel L. Shapiro, *Negotiating The Nonnegotiable: How to Resole Your Most Emotionally Charged Conflicts,* 이진원 역,「불가능한 협상은 없다」(서울: 까치글방, 2017), 39. 정체성이란 의미를 추구하기 위한 노력(effort after meaning)이라고 할 수 있다. 정체성의 다섯 가지 기둥은 믿음(belief), 의식(Ritual), 충성(Allegiance), 가치(Value), 감정적으로 의미 있는 경험(Emotionally meaningful experience) 등이다.

34   Paul G. Hiebert, Anthropological Reflections on Missiological Issues(Grand Rapids, Michigan: Baker Books, 1994), 119−121.

와 특별한 관계를 맺고 있다. 지리적 위치나 환경적 상황 역시 상호 관련되어 있다. 그러면서도 전통적인 가치와 습속(習俗)에 의한 중심에는 민간신앙적인 집합의 특성들로 경계선을 그음으로써 포장된 관계를 갖고 있다. 가족과 씨족이라는 중심집합은 중심 그리고 그 중심과의 관계를 정의함으로 형성되지만 그렇게 함으로 경계선은 자동적으로 나타나게 된다.

그런데 이 중심집합에는 고유한 변수가 작용하게 되는데, 그것의 첫 번째는 가족, 종족사회의 구성원이 되는 조건이다. 집합의 모든 구성원들은 완전한 멤버들이고 그 집합의 기능을 전적으로 공유해야 한다.[35] 그러나 집합의 기능에서 완전한 공유가 어렵다고 판단될 때는 전통적 방식의 스피릿 세계의 구조를 적용함으로써 사회·윤리적 문제를 일으키기도 한다.

결과적으로 보면 니제르인들은 전통적 주술사 세계의 수직구조를 가족, 씨족, 공동체에서 활용함으로써 자신의 욕구를 성취하는 특성을 지니고 있다. 마술 세계의 수직 구조는 '하늘—지상—지하'라는 구조를 통해 신들 중의 신, 스피릿의 세계에 멈추게 된다. 니제르인의 최고 신은 스피릿으로서 종교적 색채를 띠게 된다. 니제르인은 마술(흑마술, 주술)을 보편적인 문화로 규정하면서도 그 문화는 종교적 색채를 떠나서는 성립되지 않는 것을 볼 수 있다. 왜냐하면 니제르인의 외면적 세계는 민속신앙과 이슬람교를 믿지만, 내면의 종교적 세계는 마술이라는 스피릿이 '우주—신—인간'의 세계를 통해 설명되거나 현상적으로 나타나야만 한다.

니제르인의 민속신앙의 세계를 이해하기 위한 첫걸음은 신과 주술사, 우주의 구성 원칙을 살펴보는 데 있는 것 같다. 우주는 우리가 흔히 말하는 하늘인 천계와 지상인 중계, 그리고 지하인 세계인 하계로 이루어져 있는데 이를 정점으로 수직적인 위계질서[36]를 이루고 있어 보인다. 그러니까 흑마술을 활용하여 특정인에게 해를 끼치려는 의도는 어떤 스피릿에 의존하는 믿음과 수직적 관계, 가족과 씨족이라는 중심 집합의 해체를 가져오는 결과를 지니고 있다.

니제르인의 세계는 보이지 않는 스피릿과 종교적 색채 곧 혼합된 민간신앙의

---

35 Paul G. Hiebert, Anthropological Reflections on Missiological Issues, 131-132.
36 양민종, 『샤먼이야기』(서울: 정신세계사, 2003), 89.

구조를 가지고 있어서 접근이나 협상이 불가능해 보일 것이다. 사회가 얼마나 빠른 속도로 발전하는 것과 무관하게 갈등에 휘말린 사람들은 변화에 대해 거부하는 성향이 있다. 오히려 과거의 전통을 더 간직하거나 실천함으로 자신이 믿고 있는 것을 더욱 신성시하거나 존중할 뿐 변혁을 시도하지 않는다. 이러한 문화와 정체성에 깊숙이 빠져 있는 이들을 향해 정체성의 신화를 벗기고 복음을 전하길 원한다면 감정적인 고통을 해결하고, 그 감정을 흔드는 협상을 위해 관계 개선 방법을 활용해야 한다. 이는 곧 감정적인 고통을 해결하고, 교차편집적인 관계를 구축하면서 관계를 재편하는 일을 의미한다. 그러면서 상호 간의 격차를 해소하는 가운데 복음을 제시하거나 선포하는 기회를 찾는 것이 더욱 중요하다.

좋은 제도와 관계 형성

니제르의 현지인과 관계 속에서 기독교는 자신이 좋은 제도(good institution)라는 것을 인식시켜 줄 필요가 있다. 경제학자들의 관점에서 좋은 제도는 국민 개개인에게 무엇인가를 생산하고자 하는 의욕을 자극함으로써 국부의 증강을 유도하는 경제 · 사회 · 정치적 제도를 뜻한다.[37] 이와 마찬가지로 기독교가 좋은 제도라는 인식은 개인의 삶과 공동체, 모든 사람에게 유익을 주는 사회 · 윤리적 제도라는 것을 뜻하게 된다. 기독교인 스스로가 좋은 제도라는 것을 말과 행동으로 보여 줄 때 니제르 인들의 내면에 기독교가 좋은 제도라는 인식을 가지게 되면서 그들과 관계를 맺게 될 것이다.

좋은 제도와 관계라는 것의 분명한 증거는 부패가 없다는 것과 한 개인의 인격과 영혼에 대한 깊은 관심을 갖고 보호하며, 상호 간에 맺게 된 밀접한 관계를 통해 입증될 수 있다. 상호 간의 밀접한 관계라는 것은 시기와 질투, 의심과 편견, 갈등이 없는 낮은 사회를 가리킨다. 이는 서로 간에 신뢰하고 안전하게 살아갈 수 있다는 확신을 갖도록 하는 것이다. 더불어 교회라는 공동체가 인간 상호 간의 유익

---

37 Jared Diamond, *Comparing Human Societies*, 강주헌 옮김, 『나와 세계』 (서울: 김영사, 2016), 52.

을 위해 효율성이 높으며, 사회규범을 효과적으로 집행할 수 있는 곳이라는 인식을 갖게 될 때 밀접한 관계를 형성할 수 있게 될 것이다.

　복음전도자 혹은 사역자가 현지인들과 좋은 관계를 지속적으로 형성하기 위해서는 지역개발을 비롯해 그들의 필요를 공급하거나 인적개발에 대한 투자가 병행되어야 한다. 선교사가 어떤 지역에서 좋은 교육제도를 실행하고자 한다면 지역주민들 대다수가 적절한 교육을 받고 그에 걸맞은 좋은 일자리를 구할 수 있어야 한다. 한편 선교사는 교육받은 소수의 주민만을 위하는 것이 아니라 마을 주민 전체의 잠재력을 개발하는 선교정책을 시행할 수 있어야 할 것이다. 선교사가 마을과 주민을 위한 다각적인 정책을 펼치면서 각 개인과의 좋은 관계를 형성한다면 공동체 사회가 변혁을 가져오게 된다.

　선교사가 지역개발과 한 영혼을 위한 좋은 제도를 만들고 그들과 밀접한 관계를 형성한다면 전통적인 민간신앙 곧 흑마술에서 탈피할 수 있는 가능성을 열어주게 될 것이다. 이러한 일을 효과적으로 성취하기 위해서 선교사는 기본적인 원인을 파악하는 것에서 그치지 말고 궁극적인 원인을 찾아 사역할 필요가 있다. 현지인들과 밀접한 관계 형성을 위해서는 살인과 부패, 갈등과 증오, 의심, 가정 내의 재산권에 대한 경시, 법과 계약의 묵살 등 나쁜 제도가 니제르에서 만연된 궁극적인 이유를 알아내어 이를 치료하는 작업을 해야 한다.

　다시 말하면, 기독교 신앙을 가지게 될 경우 좋은 제도는 무엇이며, 왜 밀접한 관계를 가져야 하는가를 그들에게 물어야 한다. 좋은 제도와 관계는 하늘에서 무작위로 떨어지는 것이 아니라 인간사회의 복잡한 제도들의 역사적 기원에 의문을 품고 질문을 통해 형성되어야 한다는 것 또한 인지하게 해 주어야 한다. 그리고 곧바로 이 질문에 대한 답을 찾기 위해서 상호 간의 노력과 깊은 대화가 이루어질 때 올바른 방향을 찾게 된다는 것 역시 필요함을 제시해 주어야 한다. 따라서 선교사는 좋은 제도가 영원히 지속되지는 않지만 밀접한 관계는 계속될 수 있다는 것을 각인(覺人)시켜 줌으로써 그들이 지닌 익숙한 위험(흑마술)을 지나치게 두려워하지 않도록 할 필요가 있다.

복음전도자와 현지인이 현지에서 건강하게 삶의 질을 유지하며 오랫동안 사는 법은 밀접한 관계를 형성하는 것이라 할 수 있다. 그리고 현지인들이 직면한 중대한 문제가 무엇인가를 스스로 인식하도록 이끄는 것 또한 과거 지향적 가치에서 스스로 벗어나도록 하는 방법이 된다.

현지인 복음화를 위한 전략

현지인이 신성시하는 것에 대한 평가 금지

아프리카인들의 세계는 전통문화와 어떤 신을 향한 존경과 신성시하는 믿음이 강한 편이다. 그들은 외부인이 마을에 들어오거나 정착하게 되면 '당신들은 여기에 왜 왔는가?'라는 질문을 던진다. 이 질문은 자신들의 신성시하는 마을과 전통이 보이지 않는 신비한 힘을 의지하는 곳이라는 것을 강조하게 된다. 그러므로 선교사가 현지인들이 신성시하는 문제를 놓고 협상하게 될 때 생기게 되는 중대한 도전이 무엇인가를 관찰하지 않으면 그가 세운 목표는 이루어지지 않게 된다. 그래서 선교사는 현지인들이 갖고 있는 세계관과 가치관의 차이를 알아야 하고, 더 나아가 그들이 신성시하는 문제를 놓고 대화를 나눈다는 것이 쉽지 않다는 것을 찾아내어 개인별로 신성시하는 것이 다르다는 사실을 이용할 필요가 있다.[38]

현지인들이 신성시하는 것은 대부분 종교적인 것이지만 그렇지 않은 것도 있다. 인간이 숭배하는 대상이 신이나 주술사, 성스러운 문구가 될 수 있겠지만 사랑하는 장소, 소중한 행사도 될 수 있다.[39] 자신의 마을에서 사용하는 상징이나 자기 나라의 국기(國旗)를 훼손해서는 안 되는 신성한 물건으로 간주한다. 그리고 미망인은 떠나간 남편의 유골을 신성하게 간직한다.[40] 선교사는 현지인들이 신성하게 여기는 것에 대하여 성급하게 평가하는 일을 금지하고 서서히 접근하는 방식

---

38 장훈태, "서부 아프리카 코트디부아르 두에꾸에 지역 꿰에레족과 이주민의 문화적 집단갈등과 분쟁상황에서의 선교", 「성경과 신학」, 제82권 (2017): 118-119.

39 기독교인들은 바위, 나무, 자갈, 나뭇조각, 집, 신들이나 영령으로 불리는 개인적인 것들을 신성한 것으로 이해해서는 안 된다. 자연물을 신성하게 여기는 것은 성경에 위배된다.

40 J. Campbell & B. Moyers, *The Power of Myth*(New York: Doubleday, 1988), 258.

을 취하는 것이 중요하다.

선교사는 니제르인들이 흑마술(주술)을 신성하게 여기는 것에 대해 의미 있게 관찰해야 한다. 다니엘 샤피로(Daniel L. Shapiro)는 신성시하는 것에 대해 다음과 같이 말한다.[41]

첫째, 자신의 가치와 자존감이 실로 무한하다는 것 때문이다. 그들이 믿고 있는 가치가 무한하다는 생각이 지배적일 때 그 결과로 초래된 결정을 내리는 것이 어려울 수 있다. 둘째, 현지인들은 신비한 힘, 신성한 것은 본질적인 의미를 가지고 있다고 믿는다.[42] 그들이 믿는 마술(흑주술)은 신성한 것이 주는 의미를 우리가 숭배하는 대상이 가진 본질적인 특성으로 인식하는 경향이 깊다. 셋째, 현지인들 사회에서 불가침하다는 것. 넷째, 사람들마다 신성시하는 것에 대한 확신이 다르다는 것 등이다.

샤피로의 주장과 같이 선교사 역시 현지인들이 신성시하는 것을 잘 모르기 때문에 협상이 제대로 이루어지지 않는다고 말한다. 대부분의 복음전도자들은 현지인들이 신성시하는 것에 대한 공격은 쉽게 하지만 이러한 문제를 해결하기 위한 최고의 전략은 갖추지 못한 경우가 많다. 그러므로 현지인들이 왜 마술을 신성시하고, 무엇 때문에 신비한 힘에 의해 인생의 문제를 해결하려 하는가를 통섭적 차원 혹은 선교적 관점에서 관찰할 필요가 있다. 또한 선교사들은 그들이 가지고 있는 문제에 대해서 타협하기를 거부하기 때문에 그들과의 대화 자체가 이루어지지 않고 있다는 것을 알아야 한다. 만약 선교사가 흑마술과 신비한 힘을 의존하는 현지인들을 예수 그리스도께로 인도하기를 원한다면 다음의 몇 가지를 숙고할 필요가 있다.

첫째, 현지인들이 신성하게 여기는 것에 대해 민감하게 반응하고, 둘째, 신성한 믿음(필수적인 문화적·종교적·사회적 확신)과 의식, 신성한 충성, 가치, 신성한 경

---

41   Daniel L. Shapiro, *Negotiating The Nonnegotiable: How to Resole Your Most Emotionally Charged Conflicts*, 146–148.

42   Daniel L. Shapiro, *Negotiating The Nonnegotiable: How to Resole Your Most Emotionally Charged Conflicts*, 147.

험 등이 무엇인가를 영적인 측면에서 관찰해야 한다. 셋째, 현지인의 정체성 영역 내에서 문제를 해결하고 여기에 맞는 메시지를 전달하는 일이다. 넷째, 기독교 진리와 신비한 힘에 의존하는 것의 차이와 이어갈 방안을 만들어야 한다. 다섯째, 각 개인의 문제해결과 정체성 확인에 집중하는 일이다. 인간이 하나님의 형상으로 창조되었다는 것(창 1:27-28)을 확인시켜 준다.

선교사가 마술에 깊이 빠져 있는 현지인들을 예수 그리스도에게 인도함에 있어 직면한 큰 도전(분노, 두려움, 모욕, 강력한 감정표현)은 희생을 필요로 한다. 누군가를 위해 희생한 자를 향한 충성심은 매우 강하다. 선교사는 현지인들이 전통적 신앙에서 기독교 신앙으로 바꾸려 할 때 도움을 줌으로써 그를 향한 충성심과 결속을 높일 수 있을 것이다.

세계 기독교의 흐름을 은연중에 알게 하는 것

니제르인의 가치체계 중심은 이슬람교와 정령신앙이 자리를 잡고 있다. 니제르에서 기독교가 중심이 된다는 것은 더욱 어렵다. 오랜 기간 동안 정령신앙과 이슬람교가 니제르인의 정체성을 형성하고 있기 때문이다. 하지만 이와 동시에 기독교 중심이 서구로부터 서부 아프리카에 이동하고 있음에 주목해야 한다.

물론 21세기에 들어와 니제르에서 기독교가 누룩처럼 번영하고 있지만 힘겨운 과제를 안고 있다는 것도 사실이다. 니제르 내 이슬람교 지도자들은 정부를 향하여 "이슬람교 국교"화를 끊임없이 건의하고 있는 상황이며, 이슬람교와 정령신앙을 동시에 믿으면서 각자의 전통과 문화를 누리고자 하는 의식이 니제르의 국민들에게 매우 강하게 작용하고 있다. 이러한 현실에서 니제르인의 사고의 전환과 변혁을 위한 방법은 기독교의 흐름을 은연중에 느끼게 하고 이를 수용하도록 하는 것이 긴급한 과제이다. 따라서 니제르인의 문화변혁과 사고의 전환을 위해서 복음전도자, 선교사, 지역교회 목회자들이 필연적으로 알아야 할 사항이 있다.

첫째, 니제르 이슬람교[43] 지도자와 엘리트들이 기독교의 확산을 향해 적대적인

---

43 정승현, "우드베리의 이슬람선교이론 연구", 「복음과 선교」 제31집(2015): 137-140.

방향으로 가고 있음을 인지해야만 한다. 니제르 내의 무슬림들은 이슬람교의 축소 혹은 타종교[44]의 확산에 두려움을 가지고 있다. 사하라 사막 이남에서의 테러와의 전쟁이 기독교에 대한 반감을 자극하고 있기도 하다. 한편 교회의 지도자들은 세속화와 다원주의가 앞으로 기독교 선교에 가장 어려운 장애가 될 것이라고 전망하기도 한다.[45] 더불어 목회자들의 보이지 않는 물질에 대한 욕심과 상대방에 대한 차이도 이 어려움을 더하고 있다.

둘째, 니제르 기독교인들이 정체성을 견고히 하도록 양육할 필요가 있다. 무슬림 사회에서 기독교인으로 개종한 자들과 조상으로부터 신앙을 전수받은 자들 모두에게 "나는 그리스도인입니다"라고 말하도록 자신감을 갖도록 도와야 한다. 기독교인으로서의 복음 선포와 사회적 책임을 다하도록 격려하는 일은 매우 중요하다.

셋째, 기독교에 대한 그리스도인들의 태도가 보다 분명해야 한다. 기독교인으로서 가치, 존재감을 보다 명료하게 행동으로 보여 주어야 할 필요가 있다. 무슬림들이 기독교인에 대해 자주 비판하는 모세율법 위배와 산상수훈대로 지키지 않는 것을 지적할 때마다 그들이 느끼고 알 수 있도록 실천해야 한다. 그리고 기독교인 스스로 선교의 순수성과 왜곡된 성경 비판에 대한 것을 자제하고 그리스도인으로서의 태도를 분명하게 가져야 한다. 기독교가 기독교다운 모습을 갖고 있다는 것을 현지인들이 인식하도록 한다면 정령신앙에서 탈피할 수 있을 것이다.

넷째, 기독교 진리의 선포와 지리적 확장이 긴급함을 감지하도록 하는 일이다. 니제르 복음화를 위한 현지 교단과 협력을 도모하고 지구촌 교회들의 협력 관계를 구축하면서 미전도 종족 선교를 향해 분발하는 모습이 느껴지게 할 필요가 있다. 사실 미전도 종족 선교가 기독교의 끝은 아니지만 현 기독교인의 시대 이후를 전망하고 준비하는 일은 실로 중요하다.[46] 그리고 선교사와 목회자들은 니제르인의 현실세계에 대한 문제의식을 갖고 접근함으로써 그들의 영혼이 복음으로 갱신

44 소윤정, "로잔신학에 나타난 타종교와의 대화", 「복음과 선교」 제27집(2014), 64-69.
45 최원진, "세계선교 현황과 한국 교회의 선교를 위한 전략적 제안", 「복음과 선교」 제30집(2015), 233-234.
46 Andrew F. Walls, *The Future of Christanity*, 이문장 역, 『기독교의 미래』(서울: 청림출판, 2009), 5-7.

되고 회복되도록 해야 할 것이다.

선교지의 정치적 배경을 지도로 그리는 지혜 필요

우리는 다양한 선교현장의 사건들을 통해 정치적 희생양이 되어 추방되거나 이용당하는 경우가 참으로 많다. 선교사는 다양한 정치 형태의 희생자로 전락될 수 있다는 사실에 항상 주의를 기울여야 한다. 복음전도자 혹은 목회자들은 선교현장의 정치적인 배경을 잘 모르기 때문에 보다 쉽게 이용당할 수 있다. 선교사역자는 자신도 모르는 사이 '나와 너' 사이에 분열감을 조장하는 역할을 할 수도 있다. 즉, 그로 인해 인종 분열의 갈등이 조장될 수 있고, 종교적 차이에 의한 분열과 성장우선주의와 공로주의가 번갈아 나타나면서 분열할 우려도 있다. 그리고 선교사는 상대방과 적대적인 관계에 있거나 우려되는 자로 정의될 수 있으며, 상대방이 이루고자 하는 목적이 무엇이든지 거부해야 하는 부정적인 정체성(negative identity)에 사로잡힐지도 모른다. 현지인과 의사결정 과정에서 배제되었다고 느낄 때, 이로 인해서 상대방과의 거리는 더욱 더 멀어질 우려도 있다. 선교사는 자신을 공동체와 현지사역 사이에 부당한 정치 제도 속에 갇힌 노리개처럼 느껴질지도 모른다. 이러한 선교현장의 상황에서 선교사는 정치적 배경을 지도로 그려 보면서 정치적 영향력을 찾아보는 것과 긍정적인 정체성을 재구축하는 일을 필요로 하게 된다.

선교사는 현장사역을 진행하면서 두 단계의 계층구조 곧 '사다리'에 비공식적인 구조인 '네트워크' 사이에 움직이는 것을 알 필요가 있다.[47] 대부분의 마을과 가정 공동체에는 누가 누구보다 더 많은 권한을 가지고 있는지 조직되어 있다. 조직의 최상단에는 상사가 자리하고, 다양한 권력을 가진 자들이 그 아래에 있다. 그 조직의 권력에 의해 움직이는 것이 마을과 가정 공동체의 특징이다. 이러한 때 최고 책임자의 결정은 중요하다. 선교사는 이런 조직구조를 잘 이해하면서 누가 나의 협력자인가를 가능한 빨리 파악해야 한다. 정치적인 관계들은 또한 선교사가

---

47   F. de Waal, *Chimpanzee Politics: Power and Sex Among Apes* (London: Cape, 1982), 207.

교류하고 의존하고 있는 동역자들과 협력자와 지인들로 이루어진 소셜네트워크 망으로부터 영향력(clout)을 받는다.[48] 이러한 연결은 결혼이나 가족, 사회조직의 회원에 의해 만들어진 연결들처럼 제도화될 수 있고 혹은 선교단체 내 협력자들이나 친구 집단 사이의 연결처럼 가벼운 성격을 띨 수도 있다.

여기에서 자신을 현명하게 포지셔닝(positioning)하면 복음전도자가 정치적인 명분을 추진하는데 도움을 받을 수 있다. 선교사가 조직 내의 사람들과 친해지거나, 가족 중 누군가 학교에 진학할 확률을 높이기 위해서 장학금을 기부하거나, 일자리를 창출해 주기 위해 기술을 가르쳐 주면서 인맥을 가진 가족들과 친밀해질 수도 있다. 아마도 모든 언어마다 영향력과 유사한 의미를 가진 단어들이 있을지도 모른다. 그러면서 상호 간의 인식의 연속단계가 진행되는 동안 정치적인 배경이 있는가를 적극적으로 주시하고, 상대방이 선교사의 정체성에 영향을 주려고 노력하는 모습이 보일 때 좀 더 주의할 필요가 있다. 이는 선교사 자신을 동역과 도움의 상대로 보기 보다는 전통문화와 전통적 신앙의 가치체계를 무너뜨린다고 볼 수 있기 때문이다. 상대방이 나를 향해 정치적인 모습으로 보고자 한다면 내 사역의 방해꾼이 될 수 있기 때문에 경계를 하면서 끈질긴 선교사의 모습을 보여 주어야 한다. 그리고 긍정적인 말로 정체성을 정의해야 한다. 마을과 가족 공동체의 사람들에게 나는 어떤 사람인가를 보다 명확히 드러내는 것이 긍정적인 정치학이다. 가족, 결혼, 공동체 조직 혹은 만나는 인종에게 중요한 가치는 무엇인가? 그것은 긍정적인 정체성이다. 이는 공통의 목적과 가치 체계에 사람들을 묶어 주는 힘이 있다.[49]

선교사는 마을과 가족 공동체의 정치적 배경을 읽을 줄 알아야 하며, 긍정적 정체성을 보여 주므로 보다 현명한 사역을 이끌어 가야 한다. 선교사는 정령신앙이나 나와 다른 종교적 차이가 있는 자를 만났을 때도 포괄적 의사결정 과정을 설계하면서, 정치적으로 이용당하지 않도록 자신을 보호하면서 사역을 진행하는 지혜

---

48   Daniel L. Shapiro, *Negotiating The Nonnegotiable: How to Resole Your Most Emotionally Charged Conflicts,* 178.

49   Daniel L. Shapiro, *Negotiating The Nonnegotiable: How to Resole Your Most Emotionally Charged Conflicts,* 185–187.

가 필요하다. 사역의 결실을 맺기 위해서는 현지인과 네트워크를 가지면서 구조적인 힘을 키워야 하고(영적인 힘과 인간관계), 좋은 정치적인 관계를 구축해야 한다. 좋은 관계는 진실되며 우호적이고 긴장에 탄력적이다.[50] 그런 관계는 이견들을 안전하게 논의할 수 있으며 위기에 대응할 수도 있다. 선교사는 복음을 위하여 진정 끈질겨야 하고, 끈질기게 사역해야 한다.

그리고 선교사는 마술의 문화에 깊이 빠져 있는 자들에게 예수 그리스도와 그의 십자가의 죽으심을 높이 강조하고, 죄를 깨끗이 회개하면 성령의 은사들이 나타나 상대방에 대한 질투와 편견, 갈등이 제거된다는 것을 인식시켜 주어야 한다. 마술과 전통적 종교에 있는 현지인들에게 그리스도인들과 교제하고 빛 가운데 거하면 이기는 힘과 자유함을 누릴 수 있음을 알려 줄 필요가 있다. 예수 그리스도는 모든 능력과 이름위에 뛰어나신 분임을 각인시켜 주면 될 것이다(엡 1:21).

결론적으로 서부 아프리카 니제르 공화국은 사하라 사막을 끼고 있는 곳에 위치해 있다. 이 지역은 오랜 기간 서구의 식민지 지배를 받아왔기 때문에 이곳의 사람들 대다수는 서구적 삶의 방식과 태도를 갖고 있다. 하지만 니제르 사람들은 서구사회의 문화적 영향을 받고 지내왔기 때문에 그 문화적 영향력에서 벗어나지 못하고 있다. 그것은 서구적 식생활과 교육방식, 인사와 대인관계 등 다양한 분야에서 나타난다. 특히 니제르 사람들의 종교적 삶에는 정령 신앙적 토대 위에 기독교와 이슬람교가 함께 있어 다양성과 혼합주의 형태를 띠고 있다.

니제르인들의 종교적 형태가 정령신앙적인 것은 중세시대의 마녀사냥, 곧 신권을 강화했던 데서 그 영향을 받은 것이 아닌가 하는 생각이 든다. 니제르는 신권과 아무런 관계가 없음에도 불구하고 인간의 삶과 깊숙이 연관되어 있기 때문이라 한다. 아프리카인들에게 인간의 생명은 소중하기도 하지만 의학이 발달하기 전이기도 하고, 교육이 미흡한 것도 원인일 수 있을 것이다. 이러한 상황에서 주술을 의지할 수밖에 없는 것도 식민지 지배와 마녀사냥식의 신권강화가 영향을 준 것이 아닌가 생각된다. 따라서 현재도 사회적으로 은밀하게 삶의 영역에서 적

---

50 Daniel L. Shapiro, *Negotiating The Nonnegotiable: How to Resole Your Most Emotionally Charged Conflicts*, 196–197.

용하고 있는 흑마술은 인간의 가치관 내면에 깊숙이 침투해 지배하는 것은 오랜 기간 식민지배와 현대의학의 도움을 받지 못한 것도 원인이 된다. 그리고 자신의 평안과 안녕을 위하여 주술(마술)을 의지할 수밖에 없는 환경 때문일 것이다. 이러한 그들에게 하나님의 아들 예수 그리스도를 통하여 회복할 수밖에 없음을 보다 분명하게 강조해야 한다.

따라서 선교현장에서 흔히 발생하는 흑마술(주술)과 정령신앙적 행위의 원인과 때(time)를 인식하고 그들의 삶을 관찰하고 분석 · 평가함으로 하나님의 복음 선포 전략을 세워야 한다. 그리고 현지인의 정체성 변혁을 위한 발전은 철저하게 스피릿 세계의 구조인식들, 좋은 제도와 관계형성, 현지인들이 신성시하는 것에 대한 평가를 금지하면서 조심스럽게 기독교의 흐름을 은연중에 알도록 하는 일, 선교현장의 정치적 배경을 지도로 그리는 지혜를 통해 복음의 기쁜 소식을 전해 준다면 그들의 삶의 가치관은 변혁될 것으로 보인다.

15

구르마체족의 통과의례 노래에 나타난
관계적 특성과 공동체사회

서부 아프리카에 위치한 니제르 공화국은 투아레그족(Tuareg People)과 하우사족(Hausa People)을 비롯한 다수의 종족들로 구성된 국가이다.[1] 현재는 20여 개 이상의 종족들 중에는 말리나 나이지리아 등에서 이주해 온 자들도 있으며, 니제르 공화국의 대표적인 종족인 투아레그족이나 하우사족들은 서부 아프리카 전 지역에 흩어져 사는 종족으로 알려져 있다.

니제르 내의 다수의 종족사회를 형성하는 방식은 전통적 사회 구조와 문화, 관계적(extrinsic) 특성을 통한 공동체사회의 질서라 할 수 있다. 공동체사회의 특성은 내재적으로 갖는 성질에 기초하지 않고 그것들이 다른 것들과 어떻게 관련되어져 있는가에 기초하여 종족사회의 특징을 가지고 있다.

대부분의 친족개념은 외인적 집합들이기도 하지만, 하나의 문화적 전통을 통해 형성되고 서로 관계된 사람들로 구성되어 있다. 한 부족 사회 속에서 자신들의 조상이 만들어 놓은 문화가 전승되면서 그 문화를 유지하는 자들로 구성되어 있다. 니제르의 종족사회는 관계적 집합들 또는 중심집합들(centered sets)과 불확정 집합들(fuzzy sets) 사이의 차이점에 좋은 예를 보여 주기도 한다. 이들은 다언어·다문화 사회이지만 종족사회가 가지고 있는 경계집합을 가지고 있으며, 경계집합은

1 이 논문은 2018학년도 백석대학교 교내 연구비의 지원에 의해 수행되었음.

전통적 문화를 통해 형성되는 경우도 있는데, 이는 그 집합의 모든 일원들이 함께 공유하고 있는 특성들 위에 기초하고 있다. 그래서 그 집합의 본질과, 그 집합의 포함되지 않는 내용에 대한 예리한 경계선이 있음을 바라보고 탐색해야만 한다.[2] 특히 니제르의 구르마체족(Gourmaché People)은 소수종족이지만 다른 종족과는 차별화된 문화적 전통과 음악적 재능을 가지고 있으며, 다른 종족들이 종족 내에서도 아주 다양한 외모를 지닌 가운데 구르마체족은 그들만의 독특한 외모(신장, 몸무게, 체격, 얼굴[코] 형태)를 지니고 있어 타 종족과의 차별성을 갖는다.

구르마체족이 갖고 있는 본질적 집합들을 모두 연구하는 것은 어렵다. 그 이유는 이들이 서로 맺고 있는 관계적 집합들이 문화적 동질성 곧 전통적으로 전승된 통과의례에 의한 것이 많기 때문에 본질적 집합들을 연구하기 위해서는 이들의 전통을 먼저 연구해야 하기 때문이다. 특히 이들의 전통적 문화는 상호 간의 예리한 경계선이나 불확실한 경계선을 찾아보기가 어려울 정도로 공통적인 부분이 많은 편이다. 이러한 점을 고려하여 구르마체족의 전통적 가치와 문화 등을 모두 논의하기보다는 그들이 지니고 있는 전통 노래를 통한 통과의례가 주는 의미를 재발견하고자 한다.

구르마체족의 전통 통과의례 노래

니제르 구르마체족의 이해

지구상의 수많은 종족을 모두 안다는 것은 어려운 일이다. 한 종족의 생존과정을 알고 그들을 파악하기 위해서는 그들의 삶의 현장과 현재를 이해하고 미래를 가늠하려면 될 수 있는 대로 천천히 현장을 다녀보아야만 하기 때문이다. 현장을 다녀보지 않고 종족과 문화를 이야기한다는 것은 허구에 불과할 뿐이다.

---

2 Paul G. Hiebert, Anthropological Reflections on Missiological Issues(Grand Rapids, Michigan: Baker Books, 1994), 122–123.

니제르(Niger)[3]의 구르마체족이 거주하는 곳은 사하라 사막이 차지하고 있는 나이저 강(Niger River) 강변의 좁은 지대와 초원이다. 전 인구의 1.2%에도 미치지 못하는 적은 수의 구르마체족은 모시족(Mossi People)에 비해 조금 많은 편이다. 모시족은 이웃나라인 부르키나파소(Burkina Faso)의 주 종족에 속한다. 구르마체족은 니제르의 수도 니아메와 수도에서 1시간 30분 거리의 작은 마을에 종족 공동체를 형성하고 지낸다.

사하라 이남 아프리카인은 하우사족 계열의 아다라와족, 마우리족, 카와르족이 있으며, 송가이족(Songhai)에는 5개의 집단으로 자르마(제르마, Zarma)족과 코랴보르족이 있다. 또한 풀베(플라니)족 계열의 정착민에 가까운 소코트족과 유목생활을 하며 지내는 우다베족/보로로족, 서구 플라지족이 있다. 카누리-사하라족(Kunuri)에는 8개 종족이 있으며, 망가족과 예르와족, 구르족(Gur)과 모시(Moore)족[4]을 비롯하여 기타 아프리카인으로 나이지리아인과 토고인이 상호문화를 인정하면서 삶을 누리고 있다.

니제르에는 다민족 · 다문화 사회로서 아랍권에서 이주해 온 아랍인, 아랍계 베르베르족, 무어족, 레바논인, 유목민으로 슈아족이 있으며, 투아레그족/타마체크족으로 6개 종족 집단을 이루면 산다. 그리고 타우하 타마체크족과 아랍계 타마체크족, 아이르 타마체크족이 있으며 니제르 식민지 시대에서부터 현재까지 거주하는 프랑스인을 비롯하여 소수의 한국인이 거주하고 있다.[5]

니제르의 수도는 니아메로 도시화의 비율은 16.7%고, 15세 이하의 인구는 50%나 된다. 니제르인의 평균수명은 50.8세로 낮은 편이다.[6] 그 가운데 구르마체족은 전체 인구가 5만 명에 불과하지만 종족 정체성과 문화적 전통, 종족 세계관이 분

---

3 한양환 · 김승민 · 최준수 · 김현숙 공저, 『불어권 아프리카의 사회발전』(서울: 높이깊이, 2009), 68.; 니제르에는 다양한 종족들이 거주하는데 21개 언어 가운데 하우사족이 가장 많은 편이다. 하우사어(hausa)는 나이지리아, 베냉, 부르키나파소, 카메룬, 가나, 수단, 토고 등 여러 국가에서 사용되는 국제어이면서 니제르에서 가장 많이 사용되는 언어 가운데 하나다.

4 한양환 · 김승민 · 최준수 · 김현숙 공저, 『불어권 아프리카의 사회발전』, 68.; 모시족은 부르키나파소 공화국에서 인종언어학적 종족집단 78개 가운데 두 번째로 큰 종족(50.4%)이다.

5 Jason Mandryk, *Operation World-Seneth Edition*, 637–638.

6 Jason Mandryk, *Operation World-Seneth Edition*(WEC International 2010), 637.

명한 민족이다. 이들은 1945년경 부르키나파소에서 니제르가 독립하기 전부터 이주하여 생활하고 있다.[7] 구르마체족[8]은 부르키나파소 플라니(Fula People, Fulani)족 계열의 구르마체족이 5.8%, 젤구지족 1.9%인 것으로 알려져 있다.[9]

구르마체족은 구르마족 계열의 종족인 것 같다는 생각이 들기도 하지만 그들이 자신들을 구르마체족이라고 주장하는 것을 보면 구르마족과는 구별되는 것으로 보인다. 이들은 나이저 강변과 도시에 흩어져 거주하면서 그들만의 세계관을 형성하면서 그 전통을 이어오고 있다.

삶의 질을 위한 기회의 이동

서부 아프리카에서 구르마체족의 이동은 자연생태계의 변화와는 다르게 삶의 질을 위한 기회가 주어지는 곳으로 이동하는 습관을 갖고 있다. 이들은 현재의 삶의 현상에서 자연을 따라 이동하면서, 부와 성공보다는 가정의 전통과 민족적 존재를 지키고 새로운 삶의 기회를 자신의 것으로 만들어 가기 위해 기회가 있는 땅으로 이동한다. 구르마체족은 고향을 벗어나는 것 자체가 삶의 불확실성이 높아지는 일이라는 사실을 인식하면서도, 미래사회의 급변과 생태계의 변화를 따라 종족과 가족의 미래를 어떻게 대비해야 하는가 하는 문제를 해결하기 위해 새로운 세계로 이주할 뿐이다.

현재 아프리카의 경제 현실은 종족사회들이 모여 해결해야 하지만, 이러한 상황을 습득하고 자연환경의 현실에 맞도록 적용하는 것은 구르마체족의 몫이다. 타 종족과의 소통[10]과 만남을 이루기 위해서는 언어 습득이 매우 중요한데, 그 이유는 언어를 통하여 긍정적인 관계 형성과 발전적 모델 탐색이 가능하기 때문이다. 그러나 구르마체족은 이동생활로 인해 높은 문맹률을 극복하지 못하고 있다.

---

7 서진원, "굿네이버스 니제르 니아메 지부," 2018년 1월 25일 현지인과 인터뷰한 내용을 전송한 내용임.

8 부르키나파소 공화국에 거주하는 구르마체족은 구르만체족(Gurmanche)이라고 부르기도 한다.

9 Jason Mandryk, *Operation World-Seneth Edition*, 177.

10 이종우, 『선교 · 문화 커뮤니케이션』 (서울: CLC, 2011), 34-37.

높은 문맹률을 극복하기 위해서는 많은 시간이 필요한데 구르마체족은 이동생활로 인해 학업 중도 탈락률이 높은 편이며, 니제르 사회에서 초등학교를 졸업하여 사회인으로 활동할 수 있는 비율 또한 낮은 편이다. 이로 인해 구르마체족은 변화하는 상황에 발 빠르게 대처하지 못하고 있다.

또한 시간이 흐를수록 사회와 경제 및 국제적 헤게모니에 새로운 변화가 일어나면서 경제도 크게 흔들리고 있다. 이에 따라 구르마체족이 옳다고 생각하던 삶과 사고방식, 성공전략이나 세계관에 균열이 발생하고 있다.[11] 구르마체족의 지역 이동은 빈곤과 불평등에 대한 극복, 지역 분쟁의 탈피, 문명과 문화충돌에서 오는 갈등을 극복하기 위한 방편이었지만, 이들의 새로운 이주 지역에서 적응하는 것은 결코 쉽지 않다. 구르마체족의 삶의 질 향상을 위한 이동은 위기와 기회가 동반되는 것이고 끊임없이 계속되는 불확실성 사회에서의 기회를 찾기 위한 것이다. 그러나 구르마체족이 공동체의 삶을 위한 공중보건과 의료정보의 전파와 함께 경제적·기술적 혜택을 누리려고 한다면, 정착생활에 대해 고려할 필요가 있다고 생각된다.

노래·춤의 연결과 융합 그리고 시너지

아프리카인의 삶은 노래와 춤이다. 노래와 춤은 삶의 의미이고 기회이며, 미래를 창조하는 에너지이다. 이들은 때와 장소를 구분하지 않고 노래를 부르고 춤을 추며 산다. 이들에게 노래와 춤은 출생과 함께 시작되고, 변화와 위기를 맞이할 때도 노래와 춤을 통해 서로에게 상황을 알리면서, 공동체의 정체성과 동질성을 찾는데 중요한 요인이 된다. 노래와 춤이 어떻게 인이들의 삶과 연결되어 시너지 효과를 일으키며 종족의 가치를 부여하는가를 구체적으로 알아보도록 하자. 첫째, 구르마체족의 전통적 통과의례에는 상호 간에 연계성을 통한 하나의 목적으로 융합된다. 둘째, 노래에는 웅대한 포부, 영웅적 기질로 방대한 공동체의 힘

---

11 최윤식·김건주, 『2030 기회의 대이동』 (서울: 김영사, 2014), 16–17.

과 교향악단을 이끄는 리더십이 내재되어 있다. 셋째, 노래에는 구르마체족 공동
체로서 갖추어야 할 지조와 슬기, 그리고 고유한 정서와 멋이 담겨 있다. 넷째, 노
래와 춤을 통하여 상호 연관된 유기체와 보이지 않았던 부분을 노출시켜 단결을
모으는 힘이 있다. 이러한 기회를 통해 종족의 정체성을 견고히 하는 기회로 삼는
다. 다섯째, 토속적인 정서와 정주사회에서의 영향력을 구체화하는 기회가 되기
도 한다. 마지막으로 구르마체족의 노래는 구르마체족을 투철한 민족정신의 화신
이자, 춤과 노래에 있어서 양보 없는 소신주의자 같이 돋보이게 한다. 구르마체족
이 서부 아프리카의 여러 지역으로 이동하며 살아도 종족 공동체의 권익과 긍지
에는 추호도 양보가 없다는 소신을 춤과 노래를 통해 발휘한다고 볼 수 있다.

　결과적으로 구르마체족의 통과의례에 나타난 노래는 순수음악과 춤이며, 동시
에 일상생활에 도입되어 체질화할 정도로 종족에 대한 깊은 인식과 이해력을 가
지고 있도록 하는 시너지 역할을 한다. 이들이 부르는 노래는 오케스트라 연주의
음악적 예술성이나 본질에 가까운 것은 아니지만 종족 공동체의 노래로서 순수음
악이며, 일상생활에서 공동체가 함께[12] 기쁨을 얻을 수 있는 것들이다. 이는 종족

12　김형주, 『김형주 음악평론전집 Ⅸ』(서울: 현대음악출판사, 2016), 174-175.

사회가 관계들의 네트워크 속에서 살아간다는 것을 의미하며, 나아가 종족 구성원들이 스스로를 살아 있고 사고하는 사람들이라는 사실을 인정하게 된다. 통과의례 노래를 통한 이들의 관계는 인적 네트워크에 진입한 것과 같이 서로를 알아보고 관계를 맺음으로서 '자신'이라는 특성을 공유하게 된다.

종족 공동체의 형제애를 독려하는 매개체

구르마체족의 통과의례 노래는 아주 특별한 의미를 지닌다. 부르키나파소에서 니제르로 이동하는 가운데 종족을 구별하는 결정체의 역할이 곧 통과의례와 관련된 노래와 춤이다. 노래와 춤은 종족공동체의 자유와 평등을 기대하는 의미도 담고 있지만 이주민으로서 정주사회의 주민들과 함께 적응하며 생활해야 하는 어려움과 고향을 떠난 상실감을 위로하기 위한 하나의 방편이라 할 수 있다. 종족사회의 이주와 정착과정의 고난의 여정을 극복하기 위한 노래와 춤은 '종족사회의 형제애'를 격발하고 미래지향적 단일체제를 구축하는 마중물이다.

구르마체족의 통과의례 노래는 아프리카 민속음악의 형태를 띠면서도 종족사회만이 구축할 수 있는 장엄하고도 숭고한 감동과 정서적 일체성을 드러낸다.

그러나 이들이 부르는 노래는 시간이 경과됨에 따라 전통적 가치가 어느 정도 소중하게 보존될 것인가는 미지수다. 그럼에도 이들의 노래는 '민족적 정체성'과 '형제애'로 이끌어간다는 측면에서 현실의 고통과 절망을 벗어나서 자신들의 무대로 영원히 안내하고 있다. 마치 히틀러와 나치 정권 때의 노래 '모든 사람들은 형제가 되리라'는 가사에 사람들이 오랜 기간 자신의 마음을 투영한 것과 같다.[13] 구르마체족에게 통과의례 노래는 형제가 하나 되는 세상을 위한 것이다. 인생의 변곡점을 노래하는 이들에게는 평화와 형제를 사랑하는 간절한 마음이 다음 세대를 위한 보다 진취적인 정체성을 형성하는 출발점이 되기도 한다.

또한 구르마체족의 노래는 대중을 비롯한 타 종족들에게도 즐거움을 주고, 환

13　민은기, "베토벤의 올림픽 송가" 「중앙일보」 2018년 2월 3일.

영을 받는 중간고리 역할을 하고 있다고 보아야 한다. 이 중간고리 역할의 노래와 춤은 환상적이면서 정서적 감정이 깊은 감흥을 주어 무한한 위안과 안식을 갖게 한다. 이들의 노래는 잔치다운 모습으로 충실하며 동시에 축제 자체이다.

니제르 사회에서 구르마체족은 소수에 불과하지만 자신들의 전통적인 노래를 통해 관계집합과 종족사회의 정주된 문화와 전통에 대한 설득력, 참여자들에게 즐거움과 균형적인 안정성을 부여함으로 종족사회의 일체성을 강조한다는 점이다. 이들의 통과의례 노래가 힘을 얻는 것은 청중과 연주자 사이의 진실과 허상을 드러내면서도 동질성을 구현하기 때문이다. 이 같은 차원에서 통과의례의 노래는 '형제애', 곧 '관계를 견고하게 하는 소통의 매개체 문화'를 말해 주고 있다. 또한 노래 범주가 드러내는 '기호[14] 이상의 집착력'을 표출할 뿐 아니라 동일한 문화에 동화되는 역할을 하고 있어 효율성이 높다.

결과적으로 니제르에 거주하는 구르마체족은 통과의례 노래를 통해 형제애와 관계집합, 동질성 구축을 통한 의식을 고취시키는 역할을 하고 있다. 또한 전통문화의 계승과 더불어 이주민으로서 살아남기 위한 방법을 구축하는 것이라 볼 수 있다. 그리고 니제르라는 거대한 지역에 흩어져 거주하면서도 축제를 통해 '모두 함께'[15]하는 무대에 모여 화합하고 종족 간 교류한다는 의미에서 매우 가치가 있다. 이들이 부르는 노래는 리듬감도 좋을 뿐 아니라 전통의상을 입고 행하는 노래와 춤의 표현 강한 이미지를 선사한다. 이들의 노래는 음색이 맑고 기교가 뛰어나 음악적 재능이 좋은 종족임을 알 수 있다. 특히 전통적인 노래로서 팀워크가 뛰어나고 정감을 주면서도 우아한 고전미가 담겨 있는 것이 특징이다. 구르마체족이 부르는 노래는 종족사회의 특유한 맑은 음색과 정감이 전통성을 살리는 노래라 할 수 있다.

노래 내용 가운데 남자와 여자, 인간과 인간, 부모와 자녀라는 관계적 선이 분

---

14 아프리카인들의 세계는 기호를 통해서 생활해 간다. 자신들만의 세계의 일부를 표상해 주는 '지팡이'로서 기호를 사용한다. 기호는 종족사회를 존재하게 한다. 기호는 정보를 제공해 주며, 우리에게 무언가를 말해 준다. 그것은 우리에게 차이를 전달하기도 한다.; Eduardo Kohn, *How Forests Think: Toward an Anthropology beyond the Human*, 차은정 역 『숲은 생각한다』 (경기: 사월의 책, 2018), 96–97.

15 김형주, 『김형주 음악평론전집 IX』, 175.

명하고, 노래에서 드러나는 삶의 감정에 탄력이 있어 생동감을 선사하고 있다. 구르마체족의 통과의례 노래는 웅대한 기풍이나 위압적인 열정 같은 것과 강인한 기질을 앞세운 폭발적인 연소력은 바랄 수 없지만, 종족 공동체의 결속을 위한 본질과 선율미 자체를 추구하면서 그들의 정서를 솔직하게 펼치고 있다. 따라서 구르마체족의 통과의례 노래는 아프리카 특유의 우아한 품위와 숭고한 전통성, 가슴을 적시는 깊은 서정성에 있다. 종족 공동체의 향토색 짙은 체질이 풍겨 나오는 노래는 모두에게 공감을 주면서 애수(哀愁)적 정서를 가미한 민족적인 소박한 노래이다.

구르마체족의 전통 통과의례 노래 분석과 평가

구르마체족 통과의례 속의 노래

구르마체족의 전통적 노래는 뛰어난 예술적 진보를 이끌어 내는 음율(音律)보다는 모두가 쉽게 동의할 수 있는 예술적 통섭을 갖고 있다. 종족의 마음을 사로잡기 위한 노래와 춤은 급속한 현대화의 물결 속에서 그들의 정체성을 견고히할 수 있는 원초적 힘을 발휘하기도 한다.

이들의 노래를 듣다 보면 이 노래가 모두를 위한 '환희의 송가'인 동시에 종족사회의 형제애를 독려하는 합창임을 알 수 있다. 이들의 노래는 장엄하고 숭고한 감동을 주고, 항상 같은 장소에서 같은 노래와 춤을 선사함으로써 현실의 고통과 절망을 벗어나 희망의 세계로 안내한다. 그들에게 삶은 '모두가 하나의 형제애로 소망을 갖고 현실사회를 극복하라'는 메시지이다. 그들에게 종족사회 공동체가 하나되는 그 세상은 '구르마체족을 위한 것'이다. 이들의 모든 노래의 구절에는 그들의 마음을 어디에 두고 있는가를 표현하고 있다. '님을 기다리는 노래'이든, '이 세상을 떠나는 영혼을 위한 노래'이든 종족사회를 사랑하는 마음으로 부른다면 이들에게 그 이상의 즐거움은 없다.

구르마체족의 통과의례 속의 노래는 크게 네 종류가 있다. 이 네 종류의 노래에
는 종족사회의 관계, 상호존중, 결속력 등이 담겨 있다.[16]

종류	구르마체족 프랑스어	한국어
사랑하는 사람을 찾는 노래 (경우에 따라 결혼식에서 부르기도 함)	**Une chanson dédiée à la recherche d'un bien-aimé** Ne me mens pas, je suis à la recherche de mon âme sœur. (Sadness) (Refrain) Je ne l'ai pas encore rencontré Jour pour jour cela fait (3) trois mois que je le cherchai. (Refrain) Je ne l'ai pas encore rencontré Jour pour jour cela fait (4) quatres mois que je mangeai des melons cru. (Refrain) Je ne l'ai pas encore rencontré Jour pour jour cela fait (5) cinq mois que je rêvai de lui. (Refrain) Jusque là je ne l'ai pas encore rencontré Jour pour jour cela fait (5) cinq mois que je mangeai le reste des plats dans les rues. (Refrain) Mais Jusque là je ne l'ai pas encore rencontré	거짓말하지 말아요, 난 내 영혼의 동반자를 찾고 있어요. (슬픔) (코러스) 난 아직 그를 만나지 못했어요. 매일 매일 난 그를 세 달 동안 찾았어요. (코러스) 난 아직 그를 만나지 못했어요. 매일 매일 난 넉 달 동안 익지 않은 멜론을 먹었어요. (코러스) 난 아직 그를 만나지 못했어요. 날마다 난 다섯 달 동안 그를 꿈 꿨어요. (코러스) 난 아직까지 그를 만나지 못했어요. 날마다 난 거리에서 다섯 달 동안 남은 음식을 먹었어요. (코러스) 하지만 그때까지 난 아직 그를 만나지 못했어요.

---

16 이 노래는 서부 아프리카 니제르 공화국에 거주하는 구르마체족이 전통적으로 부르는 노래이다. 이 노래
는 굿네이버스의 직원으로 일하는 구르마체족이 프랑스어로 번역해 준 것이고, 토고에서 19년 동안 선교
사로 사역한 신인호 목사가 번역의 일부를 도와주었다. 이 노래를 수집하는데 도움을 준 자는 굿네이버스
의 니제르에서 근무하는 서진원 대리이다. 2017년 6월 25일-7월 14일까지 니제르공화국에서 리서치(녹
취) 할 때 조사한 것이다.

		Welcome song to a boy friend in his in-law's Family (In Gourmantche's Tradition)	
결혼 전에 자신의 가족들에게 자신의 남자친구를 소개할 때 부르는 노래		J'ai dance–dance jusqu'à penser à mon bien aime!! Mes pieds enflés – Mon ventre criait Tchou–Tcha !! (Refrain)Voici ce qui fit fait à la cours de dance public. Possibo Tchombiano c'est ainsi la danse au lieu public. (Refrain) Voici ce qui fit fait à la cours de dance public. Adjima Tchombiano c'est ainsi la danse au lieu public. (Refrain) Voici ce qui est arrivé 10ans après, c'est ainsi la danse au lieu public. (Refrain)Quand tu as un étranger – accueil le !! (Refrain)Soyez le bienvenue–que mon chez soit ton chez !! (Refrain)Quand tu as un étranger – accueil le !! (Refrain)Soyez le bienvenue– que mon chez soit ton chez !! J'ai dance–dance jusqu'à penser à mon bien aime!! Mes pieds enflés – Mon ventre criait Tchou–Tcha !! (Refrain)Voici ce qui fit fait à la cours de dance public. Possibo Tchombiano c'est ainsi la danse au lieu public. (Refrain) Voici ce qui fit fait à la cours de dance public. Adjima Tchombiano c'est ainsi la danse au lieu public. (Refrain) Voici ce qui est arrivé 10ans après, c'est ainsi la danse au lieu public. (Refrain)Quand tu as un étranger – accueil le !! (Refrain)Soyez le bienvenue–que mon chez soit ton chez !! (Refrain)Quand tu as un étranger – accueil le !! (Refrain)Soyez le bienvenue–que mon chez soit ton chez !!	내 사랑하는 이가 떠오를 때까지 춤을 출어요! 내 발은 부어오르고 – 내 배는 Tchou–Tcha(츄–차)거려요! (코러스) 이것은 광장에서 추도록 만든 춤이에요. Possibo Tchombiano(뽀씨보 촘비아노)는 광장에서 추는 춤이에요. (코러스) 대중 댄스 수업에 대한 내용이에요. Adjima Tchombiano(아지마 촘비아노)는 광장에서 추는 춤이에요. (코러스) 10년 후에 무슨 일이 있었는지, 그래서 이것은 광장에서 추는 춤이에요. (코러스) 낯선 사람이 찾아오면– 환영하세요 !! (코러스) 내 사랑 어서 오세요. 당신의 집입니다. !! (코러스) 낯선 사람이 찾아오면– 환영하세요 !! (코러스) 내 사랑 어서 오세요. 당신의 집입니다. !!

장송곡	**Les chansons des funerailles** Ô Dieu ou est ce qu'on le verra encore!(saddly) (Refrain) Ô Dieu la mort a pris notre père ! Ô Dieu ou est ce qu'on le verra encore!(saddly) Ô Dieu toi enfant du défunt ou est ce qu'on verra ton père !(saddly) Ô Dieu c'est plus fort que nous, c'est vraiment triste, ou est ce qu'on verra ton père ! (saddly) Je ne mange pas ma viande et puis pleurer ! (saddly) (Refrain) Ô Dieu la mort a pris notre père ! Je ne mange pas ma viande et puis pleurer ! Le voila c'est déposé il faut prendre ! L'épervier s'est envolé avec la chose souris ! Ô Dieu ou est ce qu'on le verra encore!(saddly) Les petits de la chose souris disent écartez vous afin de voir si c'est ma mère si ce n'est pas elle, on a qu'a cuir et manger !!!	**장송곡** 오 하느님, 어디에서 그를 다시 볼 수 있나요? (슬프게) (코러스) 오 하느님, 죽음이 우리 아버지를 데려갔어요! 오 하느님, 어디에서 그를 다시 볼 수 있나요? (슬프게) 오 하느님, 당신은 고인의 자식인가요, 아니면 그가 당신의 아버지가 될 것인가요? (슬프게) 오 하느님, 그는 우리보다 강한가요, 정말 슬퍼요, 어디에서 당신의 아버지를 볼까요! (슬프게) 난 고기를 먹지 않고 울고 있어요. (슬프게) (코러스) 오 하느님, 죽음이 우리 아버지를 데려갔어요! 난 고기를 먹지 않고 울어요. 꼭 데려가야 하나요. 매가 쥐를 물고 날아갔어요! 오 하느님, 어디에서 그를 다시 볼 수 있나요? (슬프게)
전통 정결 예식: 성인이 되는 것을 기념하는 세레모니에서 부르는 노래(여자 할례는 법적으로 금지되었으나 세레모니는 진행함).	**Circumsition in Gourmantche's tradition** Au nom de cette cérémonie, je te salut et te lance des éloges ! Ô toi chef hommes des circoncis !!! Au nom de cette cérémonie, je te salut et te lance des éloges ! Ô toi chef femmes des circoncis !!! Au nom de cette cérémonie, je te salut et te lance des éloges ! Ô toi jeune fille des circoncis !!! Ô toi chef ! Que le soleil soit ta compagnie !!! Que le chef des chefs de ce circoncis soit ta compagnie !!! S'il manque des jeunes pour le circoncis qu'on prend parmis les anciens circoncis !!!!	**Gourmantche(구르망쉐)의 전통 정결예식** 이 예식의 이름으로, 여러분에게 인사를 드리며 찬사를 보냅니다! 오 정결한 사람들이여! 이 예식의 이름으로, 여러분에게 인사를 드리며 찬사를 보냅니다! 오 정결한 여자들이여! 이 예식의 이름으로, 여러분에게 인사를 드리며 찬사를 보냅니다! 오 너 정결한 소녀야!!! 오 주인님! 태양이 당신과 동행하기를 바랍니다!!! 이 예식의 주인들의 주인이 당신과 동행하기를 원합니다!!! 만약 정결한 젊은이들이 부족하면, 우리는 정결한 늙은이들 가운데 선택할 거예요.

구르마체족이 부르는 노래는 품위 있는 태도와 무대 예절을 지키는 것보다는 모두가 함께 느끼고 경험할 수 있는 '공감적' 문화이다.

전통의례 속의 노래 분석

구르마체족의 노래는 탁월한 발성법을 통한 성악이 아닌, 내용을 중심으로 하는 정서의 추구와 섬세한 표현에 비중을 둔다. 남녀 간의 사랑, 친구, 장송곡, 정결예식을 위한 노래들은 원숙한 음악적 소양에 의한 기능으로 유창하고 다채로운 창법을 구사하는 것이 특징이다. 듣는 이로 하여금 그들의 노래에 빠져들게 하고, 정감 어린 마음의 노래에 가슴을 울리는 감동, 모두를 하나로 집합시키는 역할을 하고 있다.

네 종류의 노래를 부를 때는 아프리카 특유의 소리로 느껴지는 겸손하고 소박한 인간미를 엿볼 수 있다. 그들의 노래에는 따뜻한 체온이 흐르고 허식 없는 인간적 깊이가 그대로 청중에게 전달되고 가까이할 수 있도록 이끄는 다정함을 경험하게 한다. 한편, 통과의례 속 노래는 대중성보다는 개인에게 주는 강력한 메시지가 담겨 있다. 구르마체족의 통과의례 속 노래에 담긴 의미 분석을 통한 관계집합, 표현기능과 다이내믹한 감정표출, 강력한 호소력을 엿보게 된다.

사랑하는 사람을 찾는 노래

구르마체족 젊은이들은 사랑하는 사람을 찾기 위해 노래를 부른다. 노래의 첫 소절에는 사랑하는 사람은 거짓말하지 않는 자만이 자신의 동반자가 된다는 내용으로 시작한다.

거짓말 하지 말아요. 난 내 영혼의 동반자를 찾고 있어요. (코러스)난 아직 그를 만나지 못했어요. 매일 매일 난 그를 세 달 동안 찾았어요. (코러스)난 아직 그를 만나지 못했어요. 매일 매일 난 넉 달 동안 익지 않은 멜론을 먹었어요. (코러스)난 아직 그를 만나지 못했어요. 날마다 다섯 달 동안 그를 꿈꿨어요. (코러스)난 아직 그를 만나지 못했어요.

날마다 난 거리에서 다섯 달 동안 남은 음식을 먹었어요. (코러스)하지만 그때까지, 난 아직 그를 만나지 못했어요.

위의 노래는 몇 가지 핵심을 전달해 준다. 즉, 나는 사랑할 수 있는 사람을 만날 수 있는데 아직 만나지 못하고 있어 안타까워하는 노래이다. 이 노래는 영혼의 동반자를 찾기 위해 5개월 동안 찾아다니는 사모곡이다. 처음부터 나는 동반자를 사랑했는데 그는 나의 마음을 알아 주지 않는 것 같아 비애감이 가슴을 친다는 느낌으로 부르는 노래이다. 남몰래 흐르는 눈물, 사모하는 마음, 안타까운 마음으로 부르는 노래의 정감이 듣는 이로 하여금 감명을 주고 있다. 첫 번째로 '나는 간절한 마음으로 동반자를 찾는데 내가 좋아하는 그대는 왜 나의 마음을 이해하지 못하고 거짓을 말하느냐'면서 비애감을 드러내는 첫 소절은 배우자를 찾는 마음(결혼)을 명확하게 떠오르게 한다.

이 노래는 배우자를 찾고 싶어하는 사람들의 노래지만 경우에 따라 결혼식에서도 부르는 노래인데, 이때 동반자를 향한 견고하고 변함없는 마음을 전하는 음상(音相)이 놀랍게 한다. 이 노래에서 한 사람이 상대방을 위한 5개월 간의 기다림은 넓은 포용력과 사고의 여백, 설득력을 드러내기도 한다. 한편, 이 노래는 사랑하는 사람을 찾는 인간의 마음, 곧 서정적 정감이 빚어낸 가창으로 구르마체족 공동체 사회에 공감을 주고 있다.

결혼 전에 자신의 가족들에게 자신의 남자친구를 소개할 때 부르는 노래

구르마체족은 동반자를 만나고 나면 자신의 가족들에게 남자친구를 소개할 때 노래를 부르기도 한다. 젊고 싱싱한 감각이나 선율을 곱게 꾸미는 미화의식보다는 진정성이 넘치는 환영의 노래이다.

내 사랑하는 이가 떠오를 때까지 춤을 출래요! 내 발은 부어오르고 – 내 배는 Tchou-Tcha(쥬-차)거려요! (코러스)이것은 광장에서 추도록 만든 춤이에요. Possibo Tchombiano(뽀씨보 촘비아노)는 광장에서 추는 춤이에요. (코러스)대중 댄스 수업에 대한 내용이에요. Adjima Tchombiano(아지마 츔비아노)는 광장에서 추는 춤이에요. (코러스)10년 후에 무슨 일이 있었는지, 그래서 이것은 광장에서 추는 춤이에요. (코러스) 낯선 사람이 찾아오면— 환영하세요!! (코러스)내 사랑 어서 오세요. 당신의 집입니다!! (코러스)낯선 사람이 찾아오면— 환영하세요!! (코러스)내 사랑 어서 오세요. 당신의 집입니다!!

위의 노래는 여성이 남성을 친구와 가정에 소개하는 것으로 자신감이 넘치고 있다. 곡은 끈기 있는 정감과 풍만한 양감이 있고, 종결부에서 '내 사랑 어서 오세요. 당신의 집입니다'라는 부분은 유창한 맛과 서정미, 사랑의 마음과 영접할 마음이 담겨 있음을 표현한다. 노래의 끝에 나오는 선율의 정교성, 그 음력(音力)과 음량, 속도, 박자, 표정과 분위기까지 매끄럽게 마무리하는 기량이 담긴 구르마체족의 독특한 전통적 노래라 할 수 있다.

한 여성이 남자를 가족에게 소개하는 장면은 피동적인 자세가 아니라 자신만만한 표현력과 박력있는 대담한 주법, 강한 호소력이 가미되어 있다. 또한 이 노래는 환영과 사랑이라는 다양한 음상의 변화, 낭만적 정감과 선율의 아름다움, 그리고 풍부한 자연환경을 적용하는 지혜와 조화미에 특징이 있다. 노래에 드러나는, 사랑하는 사람을 가족에게 소개할 때 여성의 심리적 반응은 정교하고 섬세한 조형감각이 뛰어나다고 볼 수 있다. 또한 남자를 받아들이는 여성의 끈끈하고 낭만적인 감정의 표출을 통하여 생동감을 주고 있다. 이러한 감정의 표출은 가족과의 관계집합을 형성하는 핵심이 된다.

이들은 노래를 통하여 자신과 관련된 타인과 연결된 문화를 만들어간다. 한 남성을 사랑으로 만나게 된 것을 가족들에게 자신감 있게 소개하는 양식은 일종의 가치체계이며 동시에 그들의 문화라 할 수 있다. 서로를 연결하기 위해서 상대방에게 자신감을 주면서 상호이해와 상호만족을 추구하는 문화로 이끌어 가면서 사랑의 기능수행을 담고 있다.[17] 이것이 구르마체족의 문화의 가교라 할 수 있다.

---

17 Paul G. Hiebert, Anthropological Reflections on Missiological Issues, 147–149.

여기에서 이 노래의 화자는 남자를 자기 가족의 일원으로 소개하는 과정에서, 이들의 관계가 '관계성' 위에 있음을 밝힌다. 왜냐하면 한 사람이 새로운 문화 안으로 수용되는 것은 관계성의 문제이기 때문이다. 남자가 여자의 집에 가서 이들과 가족으로 관계를 가질 것인지 아닌가를 망설이고 있을 때 "내 사랑 어서 오세요. 여기가 당신의 집입니다"라는 소절로 확신을 주는 것은 토착적이면서도 남자와 여자 사이 그리고 남자와 여자의 가족과의 관계의 질(質)을 그대로 보여 준다.

장송곡

구르마체족이 부르는 장송곡은 죽은 이의 삶과 관계가 산 사람들로부터 단절되는 상황에서 나타나는 슬픈 감정을 드러낸다. 그러나 장송곡은 슬픔을 표현할 뿐 아니라, 종족공동체의 정체성을 추구하는 동시에 관계집합의 결정체를 보여 준다. 장송곡을 부르는 종족사회는 덜 문명화된 것 같지만, 그들만의 상호이해와 일반적인 세계관이 이들을 축제와 같이 노래하게 한다.

장송곡은 문화적 정체감이고, 종족 간의 관계 안에서 사상과 관습에 적응하는 모체가 된다.[18] 이들은 전통의상을 입고 함께 소리 높여 노래를 부르고 춤을 추는 것을 통해 삶의 관계에 질서를 부여하기도 한다. 마을 사람들이 모여 부르는 '이 세상'을 떠나 '저 세상'으로 떠난 자를 위한 노래는 위로와 함께 서로를 동일화하려는 것뿐이다.[19] 구르마체족이 부르는 장송곡은 아래와 같다.[20]

오 하느님, 어디에서 그를 다시 볼 수 있나요? (슬프게)

(코러스) 오 하느님, 죽음이 우리 아버지를 데려갔어요!

오 하느님, 어디에서 그를 다시 볼 수 있나요? (슬프게)

오, 하느님, 당신은 고인의 자식인가요, 아니면 그가 당신의 아버지가 될 것인가요?(슬

---

18 Ruth Benedict, *Patterns of Culture*, 김열규 역『문화의 패턴』(서울: 도서출판 까치, 2000), 15–34.

19 Paul G. Hiebert, Anthropological Reflections on Missiological Issues, 153–155.

20 장송곡 가운데 오 하느님이라고 표현한 부분을 살펴보면, 구르마체족은 신을 God으로 표기하고 있다. 이는 이슬람 문화권에서 신의 명칭을 God(Allāh)으로 표현하는 것에서 비롯된 것으로, 우리와는 다른 하나님이기에, 번역본에서는 하느님으로 표기했다.

프게)

오, 하느님, 그는 우리보다 강한가요, 정말 슬퍼요, 어디에서 당신의 아버지를 볼 까
요!(슬프게)

난 고기를 먹지 않고 울고 있어요.(슬프게)

(코러스) 오 하느님, 죽음이 우리 아버지를 데려갔어요!

난 고기를 먹지 않고 울어요. 꼭 데려가야 하나요. 매가 쥐를 물고 날아갔어요!

오 하느님, 어디에서 그를 다시 볼 수 있나요?(슬프게)

　　장송곡의 가사를 보면 '이 세상'에서 '저 세상'으로 간 망자(亡者)를 다시 볼 수 없
다는 가족들의 슬픈 모습이 그대로 드러난다. 아버지를 보낸 가족들은 '어디에서
다시 그를 볼 수 있는가'라며 슬프게 노래를 부른다. 하느님을 향해 울부짖는 가족
들의 애절함은 '하느님이 죽은 이의 아버지가 될 것인가'라며 슬픔을 표현한다. 구
르마체족이 부르는 장송곡에는 '이 세상'과 '저 세상'의 문화 사이에 존재하는 긴장
감이 담겨 있다. 망자와 망자의 자녀들, 그리고 하느님과의 관계는 '제의적' 공동
체를 통해 관계집합으로 결합된다.

　　장송곡은 구르마체족을 하나의 집합체로 결집시킨다. 그것은 구르마체족이 사
회적 형태들을 취할 수 있도록 할 뿐 아니라 관계성과 사회적 구조를 이끌어가는
구심력이 된다. 이 노래 가운데 "죽음이 우리 아버지를 데려갔어요!", "난 고기를
먹지 않고 울어요. 매가 쥐를 물고 날아갔어요"라는 부분은, 죽음이 아버지를 데
려갔기 때문에 어디에서 아버지를 볼 수 있느냐는 질문이다. 그러나 이 노래의 핵
심은 떠난 아버지와 남은 가족 사이의 연대적 정체성을 그대로 드러낸다는 사실
이다. 구르마체족이 이 세상을 떠난 망자(아버지)와 남아 있는 가족 간의 세계 속에
서 서로를 관계 속에 있는 존재로 이해하면서 슬프게 노래를 부르는 것은, 이들이
가족중심·자기중심성을 벗어나지 않았다고 할 수 있다.

　　구르마체족이 부르는 '장송곡'은 인간의 종말에 대한 뉘앙스를 강하게 풍기면
서 동시에 '애수의 정서와 촉촉한 시성(詩性)'을 통해 애절함을 나타내 준다. 그리

고 이 노래는 망자를 보내는 애절함과 신에 대한 원망이라는 인상을 강하게 나타내며, 동시에 비애에 젖은 가슴으로 가족들에게 호소하는 성정이 듣는 이의 마음을 젖게 한다. '내 아버지를 다시 만날 수 없다'는 애절함은 종족 공동체 사회에게 '위로해 달라'는 호소를 함으로써 공감력을 이끌어 낸다. 그리고 장송곡은 친척과 마을 공동체 사회의 '의사소통', '정보교환', '지식 전수'를 통해 문화의 근원 역할을 한다.[21] 또한 장송곡을 통해 마을 젊은이들은 어른들의 지혜를 통한 배움의 능력을 키우고 지적 능력을 향상시키며 장송곡을 통한 경험적 학습을 시도함으로 시행착오를 방지하고 복잡한 사회행동을 할 수 있도록 한다. 더 나아가 장송곡을 통해 부족민 서로에 대해 배우는 기회를 얻게 된다.

장송곡은 구르마체족의 '종족사회의 사회적 학습의 장'이 되며 동시에 소통전략(행사를 통한 대물림, 시행착오를 통한 개별적 학습)을 학습하게 된다. 구르마체족 집단을 통한 학습의 장점은 '새로운 생각과 창의력이 빠르게 퍼져 나간다'는 점이다. 그러나 현대화되는 젊은 세대 간의 격차(隔差)가 발생할 우려도 있다는 단점을 가지고 있다. 구르마체족 사회가 장송곡을 부르면서 망자를 보낸 가족들에게 위로의 말을 전할 뿐만 아니라, 환경이 급속도로 변하면 '이전 세대에게서 배워봐야 소용이 없다'는 생각을 방지하는 역할도 할 수 있다. 인간은 사회적 학습에 아주 능숙하기 때문이다.

따라서 장송곡을 함께 부르는 종족사회는 '누적학습'을 하게 된다. 누적학습은 한 사람이 혼자서 새로 고안하는 것이 불가능한 기술들을 대물림할 수 있도록 하는 것이다. 누적학습은 종족사회 집단에서 전파되는 것에 그치는 것이 아니라 기술을 개선하거나 변형하여 더욱 향상된 기술을 물려주게 된다. 루스 디프리(Ruthh Defries)는 누적학습에 대해 "이미 고정된 자연선택, 혹은 세대마다 새로 시작해야 하는 시행착오를 통한 학습, 혹은 동료집단 내에서만 전파가 되는 사회적 학습보다는 더욱 빠르게 혁신적인 방법을 선택할 수 있다"고 극찬한다.[22] 변화하는 문화

---

21 Ruthh Defries, *The Big Ratchet –How humanity Thrives in the face of national Crisis*, 정서진 역 『문명과 식량』 (서울: 눌와, 2018), 66.

22 Ruthh Defries, *The Big Ratchet –How humanity Thrives in the face of national Crisis*, 73.

에서 종족사회의 사회적 학습은 변화하는 문화체계에 적응해 나가면서도 자신들
만의 고유한 종족정체성과 관계집합을 지켜가게 된다.

전통 정결예식

　구르마체족의 장송곡은 종족사회의 누적학습 효과가 매우 크게 영향을 준
다. 이와 동일하게 '전통 정결예식'도 종족사회의 문화를 생성하는 동시에 인간
이 만들어 놓은 제도를 통하여 누적학습 효과를 나타낸다. 이는 리처슨과 보이드
(Richerson & Boyd)가 문화를 "교육, 모방, 여타 형태의 사회적 전파 방식을 통해 얻
게 된, 그들 중에 속한 이들의 개별적 행동에 영향을 미칠 수 있는 정보"[23]라고 정
의한 것과 같다. 이러한 정의는 인간행동의 변이가 계속 축적되며 진화한다는 누
적학습에 기반을 두고 있다. 누적학습은 구르마체족과 그 사회, 그리고 주변 종족
사회에 영향을 줌으로써 정주(定住)사회로의 생존을 가능하게 한다. 종족사회는
체계적으로 전승한 문화를 다음 세대에 전수(傳受)함으로써 후손들의 생존가능성
을 높여 준다. 누적학습은 인간문화의 바탕이 되며, 인간은 계속적인 학습을 통한
축적된 경험을 갖고 종족사회가 갖고 있는 정보를 바탕으로 문화를 계승하기도
한다. 구르마체족 공동체 사회가 '다음 세대를 향한 누적학습'이라고 일컫는 '전통
정결예식'의 내용은 아래와 같다.

　이 예식의 이름으로, 여러분에게 인사를 드리며 찬사를 보냅니다!

　오 정결한 사람들이여!

　이 예식의 이름으로, 여러분에게 인사를 드리며 찬사를 보냅니다!

　오 정결한 여자들이여!

　이 예식의 이름으로, 여러분에게 인사를 드리며 찬사를 보냅니다!

　오 너 정결한 소녀야!!!

　오 주인님! 태양이 당신과 동행하기를 바랍니다!!!

23　P. Richerson, & R. Boyd, *Not by Genes Alone: How Culture Transformed Human Evolution*(Chicago: University of Chicago, 2005)을 보라.

이 예식의 주인들의 주인이 당신과 동행하기를 원합니다!!!

만약 정결한 젊은이들이 부족하면, 우리는 정결한 늙은이들 가운데 선택할 거예요.

구르마체족의 노래는 어떤 도구를 사용하는 것보다는 '종족언어'를 사용하여 다음 세대에 누적학습을 지속적으로 실천함으로 문화를 계승한다. 정결예식을 위한 노래는 다양한 문화적 계승과 더불어 종족의 세계관과 가치를 형성하는 토대가 된다. 구르마체족의 정결예식 노래는 다음과 같은 특징을 지니고 있다.

첫째, 구르마체족 공동체사회의 지식과 문화를 점진적으로 축적해 나가는 능력을 함양시킨다. 둘째, 전통적인 여성 할례(circumcision)[24]를 통해 자연과 인간, 전통과 문화, 문화와 종족사회를 묶어 주는 힘을 구체화시키고 있다. 셋째, 정결예식을 통한 자연신과 인간의 소통 수단을 확장하는 역할을 하면서, 이러한 상징들은 더욱 정교한 사회체계를 건설하고 구축하는 토대가 되었다. 넷째, 전통 정결예식은 종족사회의 순환시스템이 되어 정신적 양분을 채워 주는 역할을 하면서 동시에 종족사회가 생장(生長)하는 에너지 역할을 한다. 다섯째, '정결한 사람들, 여자들, 소녀야!'라는 외침과 함께 '주인님, 태양이 당신과 함께 동행하기를 원한다'는 핵심단어에는 이들이 자연신과 공동체사회의 관계체계를 정교하게 구축하고 있음을 보여 준다. 여섯째, 종족사회의 "풍습이 모든 것의 으뜸이다"라는 의식과 함께 마을 어른들과 젊은이 사이의 불가분의 관계를 드러내기도 한다. 그리고 종족사회의 관계집합 역시 인간이 능히 지켜야 할 예식을 통하여 형성된다는 것을 강하게 일깨워 준다.

구르마체족의 전통적 정결예식은 개인적 특성을 지니면서 종족공동체의 종교적 감정을 격화시키는 원인이 되기도 한다. 동시에 종족사회와 가족 간의 결속감을 높이고 전보다 더 완고하고 이데올로기적인 성격을 띤다고 볼 수 있다. 또한 이

---

24 유종현, 『문명의 저편, 검은 대륙 사람들 아프리카의 부족과 문화』 (서울: 도서출판 금광, 2000), 279–281. 할례의식은 창세기 17장 9–17절에서 아브라함은 '하나님과의 계약'의 표시로 자신의 나이 99세 때 할례를 받았다고 기록되어 있다. 아프리카 전통문화에서 여성 할례는 일반적으로 음핵의 제거 수술이지만 일부 부족에서는 피를 뽑는 관행과 일부 종족에서는 음부를 봉쇄해 버리는 수술 등 매우 다양하다.

주한 종족으로서 다른 환경에 정착하며 적응하기 위한 수단으로 전통적인 통과의례를 계승하였고, 이를 통하여 후손들에게는 통섭의 방법과 통찰력을 얻는 기회를 제공한 것이다.

통과의례 속 노래의 평가

서부 아프리카 니제르 공화국을 비롯하여 부르키나파소 등에 흩어져 생활하는 구르마체족의 통과의례 노래는 크게 네 종류가 있다. 이들이 전통적 예식을 실행할 때마다 부르는 노래는 아프리카 전통 노래와 흡사하며, 종족사회의 결속감과 상호관계집합이 강하게 드러난다. 이들은 정주사회에서 이주사회로 이동하는 과정에서 절망과 굶주림을 겪을 때마다 이를 극복하기 위한 방법이 전통적 통과의례 의식이었다. 그렇기 때문에 이들을 이해하기 위해서는 구르마체족의 전통적 통과의례 노래, 곧 "사랑하는 사람을 찾는 노래," "결혼 전에 자신의 가족들에게 남자 친구를 소개하는 노래," "장송곡," "구르마체의 전통 정결예식 노래"는 다양한 측면에서 평가할 필요가 있다.

계층 간의 결속감과 관계집합

구르마체족의 노래는 철저하게 남녀관계, 가족관계, 공동체사회, 여성사회의 현상을 통하여 상호 결속감을 부여하는 원동력을 제공한다. 이들의 노래는 문화변혁과 인구증가에 따른 환경변화에서 종족사회의 전통성을 계승하면서 안정적인 종족사회의 관계집합을 구축하고, 노래를 통한 세계관 구축과 계승을 통한 전통문화 시스템 토대를 마련하여 삶의 향연을 뒷받침하는 기반을 제공하기도 한다. 이들은 먼저 삶의 요건을 충족할 수 있는 가능성을 노래를 통하여 견고하게 하면서, 불안과 두려움을 벗어나는 획기적인 기회로 삼기도 한다. 그리고 이러한 노래들은 구르마체족의 자존감을 세워 주는 역할을 통하여 다양한 문화변혁 시스템에서도 '종족사회 발전'개념을 명료화하기도 한다. 또 한편으로는 문화변혁과 환경 시스템의 충돌이 빈번한 사회구조에서, 공동체의 갈등을 축소하는 역할도 한다.

한편, 이들의 노래는 종족사회와 관련된 인식의 체계를 구체화하면서 추상적 차원을 벗어나 신념체계(belief systems)를 결정해 준다. 즉, 구르마체족의 정신구조의 여러 차원을 하나로 묶어 주는 역할과 미래사회의 모델을 제시함으로써 다른 신념체계와의 외적인 충돌을 방지하는 역할도 한다. 그리고 삶의 표준을 설정하고 증명해 가면서 종족공동체를 결속하기도 한다. 또한 이 같은 공동체는 종족의 정체성 훈련과 입회를 조정한다.[25] 그리고 종족 간의 자유로움과 질서를 우선시한다. 그 이유는 '질서가 수립되어야 자유도 중요해질 수 있다'[26]는 논리이며, 이를 바탕으로 관계형성이 지속되기 때문이다.

결국 종족사회의 전통은 자유와 질서, 관계를 통해 종족사회에 힘이 된다. 그리고 우리는 이들의 장구한 종족사회 역사가 민족문화로 대표되는 사회에 초점을 맞추어야 한다. 이를 통해 구르마체족의 감정과 질서체계와 윤리, 가치관 및 인간관의 특징을 이해하게 된다. 그들의 일상생활 속에 실천되고 있는 사랑과 남녀 간의 관계를 통한 가족 형성, 인간의 이별과 그리움, 정결의식을 통한 존중성 등은 문명의 공유와 문화적 공통성과 차이의 간격을 좁히는 역할을 하고 있다.

자율성을 보장하는 사회규정

구르마체족의 노래 가운데 "사랑하는 사람을 찾는 노래", "결혼 전에 자신의 가족들에게 남자 친구를 소개하는 노래", "구르마체의 전통 정결예식 노래"는 젊은 남녀의 결정에 대한 존중을 나타낸다. 구르마체족에게 있어 사랑하는 사람을 찾거나 딸이 남자친구를 가족에게 소개하는 일 모두, 삶의 문제에 대한 답은 자신에게 있음을 인정한다. 이들은 부모가 자식의 자존감과 마음을 상하지 않게 하는 것을 의무라고 생각한다. 즉, 부모들이 '문제도 당사자에게 있고 해법도 당사자로부터 나온다'고 믿고 자녀들 간에 자율적 해결을 강조하는 사회라 할 수 있다.

---

25 Barry Barnes, *T. S. Kuhn and Social Science*(New York: Columbia University Press, 1982), 10–11.

26 Robert D. Kaplan, *The Revenge of Geography*, 이순호 역 『지리의 복수』 (서울: 미지북스, 2017), 64.

첫째, 구르마체족 부모들은 자녀들 스스로 인생의 삶을 결정하며 모든 상황에 대하여 현명하게 생각하고 판단할 줄 알아야 보다 분명한 삶의 철학을 갖고 살게 된다고 가르친다. 이들의 노래를 보면 과도한 간섭보다는 스스로의 결정을 내리고 스스로 판단하고 움직이는 방법을 찾도록 하고 있다. 결과적으로 젊은이들 스스로 자율성과 문화적 상황에 따른 삶의 원리를 우선으로 삼게 함으로 자기결정력을 높이고 있다.

둘째, 구르마체족의 통과의례 노래는 관계집합과 자기 결정력을 스스로 갖도록 하는 자율성을 주고 있다. 이들이 갖는 관습적 노래는 어떤 규제보다는 대책과 변화를 수용하도록 한다. 삶의 노래는 종족사회의 관계에 깊은 영향을 준다. 통과의례를 위한 노래는 남녀 간의 관계연결, 가족 간의 관계연결, 종족사회 간의 관계연결을 통한 기능적 관계연결의 통합을 이루고 있다. 이 관계들은 개별적으로 또는 총체적으로 구르마체족을 하나의 집합으로 이끌어 주고 있다. 남녀 간의 관계연결은 인생 최대의 분기점을 보다 활성화시키는 역할을 하고, 가족 간의 관계연결은 위험요소에 직면하게 되는 상황에서 극복할 수 있는, 즉 현재의 상황보다 미래의 혜택을 바라보도록 하는 역할을 한다. 종족사회 간의 관계연결, 곧 정결의식 노래는 내가 누군가와 다르다는 것이 자연스러울 뿐 아니라 바람직하다는 사실을 드러낸다. 또한 구르마체족 사회의 전통적 정결예식만이 가장 올바른 방법이며 이것만이 유일한 관계집합을 이루는 믿음이라는 것이다.

셋째, 구르마체족이 부르는 전통 노래는 종족사회에 끼어드는 무질서, 세속화, 종족해체라는 무서운 함정과 변화를 위협, 대치, 붕괴라는 단어 앞에서 관계집합을 이루어 긍정적으로 포용하도록 만든다. 사람들은 시대의 변화에 따라 전통을 거부하고, 전통을 받아들이기를 주저하거나 변화에 대해 어쩔 수 없는 일이라고 포기해버리거나 변화를 반대하는 목소리에 동조한다. 그러나 이들의 노래에 나타난 것처럼 젊은 남녀와 노인들의 마지막 가는 길(장송곡)의 노래는 한결같이 상호 간의 '경청'을 강조한다. 통과의례 속의 노래는 자신의 가치를 잘 드러내면서 전달하기 위해 '모든 종족 구성원을 충족시키는 것'과 '집중한 대상을 좁히는 것', '상대방의 노래 소리에 동의하는 것'이 분명하다.[27] 한편, 구르마체족의 노래는 각 상황마다 연결 또는 관계를 어떻게 이해하는가에 따라, 종족사회가 보다 더 나은 결과를 도출해 낼 수 있음을 보게 된다.

결과적으로 구르마체족의 노래는 종족사회와 맺는 관계는 기본적이며 노래에 대해 획득한 관습적 관계의 결과로 종족사회의 연합을 나타낸다. 노래를 통해 이들이 보이지 않는 상징으로 연합하고, 체계적 관계와 대상들을 연결하는 집합적 관계 사이에서 더욱 포괄적으로 닮아가는 것을 볼 수 있도록 한다. 그리고 종족사회의 조직적 역동성은 물리적 과정으로부터 창발하고, 종족 안에 연속적으로 내포되어 있는 것은 논리적 의미와 존재론적 의미 모두에서 일방향적이다. 이들의 통과의례 노래에는 이들이 공동체의 상징적 연합과 사회적 삶의 기초가 되는 활동적 · 자기조직적 과정들에 궁극적으로 의존하고 있음이 담겨 있다.

전통 통과의례에 대한 기독교 선교적 함의

사회적 변화 관찰

니제르 공화국에 거주하는 구르마체족의 통과의례 속 전통 노래는 독창적인 특징을 갖고 있다. 그들은 모든 것을 자연환경과 국가에 매달리지 않고 자신의 문화전승과 힘으로 해결하려는 성향이 강하다. 개인의 권리와 생각을 보장하는 사회적 구조를 바라보는 자세와 태도가 사회적 변화를 관찰하는 첫 관문이다.

그러나 외부의 관점에서 구르마체족의 다양한 소질의 표현방식을 노래로 드러낸다는 것은 내면적 욕구를 해소시켜 줌으로써 보다 미래지향적 사회를 향해 나아가는 힘이 된다. 이들은 각자의 삶에 대한 존중과 현실에 관대하며, 윤리와 도

---

27 Bharat Anand, *The Content Trap*, 김인수 역『콘텐츠의 미래』(서울: 리더스북, 2017), 72;우리는 종족사회의 관계집합에서 알아야 할 기본 지침은 의사소통, 공유, 소셜미디어와 같은 요소를 알아야 효과를 볼 수 있음을 인지해야 한다. 상호 간의 네트워크 소통은 더 많은 가치와 연결을 창출한다.

덕을 가지고 다양성과 이질적인 다종족 사회에서 조화롭게 사는 지혜와 전략과 자원을 가진 융통성을 가진 종족사회라 할 수 있다.

구르마체족과 눈길을 맞추기

우리가 가지고 있는 아프리카의 소수민족에 대한 관심은 크지 않다. 장구한 문명의 역사 속에서 이루어진 문화와 철학적 자산을 갖고 있는 아프리카에 대해, 우리는 동양적 가치와 세계관의 욕구에 가로막혀 제대로 인지하지 못하는 것이 현실이다.

최근 서부 아프리카에서 진행되고 있는 경제적 열기는 정치와 정치현실, 경제적 발전과 함께 개인의 삶의 질 향상을 위한 관심에서 출발한다. 현재의 서부 아프리카에 대한 연구에서 종족사회의 정치체제와 이데올로기 그리고 경제제도와 구조에 초점을 맞추어 이해하는 것이 바람직할 수 있고, 세계 각국 방송국에서 제공하는 다큐멘터리와 여행가의 카메라가 제공하는 영상물, 각 국가에서 제공되는 오래된 통계수치와 유엔을 비롯한 NGO 단체에서 제공하는 자료가 기본이 된다. 이를 바탕으로 연구자들은 아프리카 사회의 각 종족에게 눈길을 맞출 것인가를 고민하게 된다. 이 지역에 대한 연구 역시 현지인들을 만나, 인간의 삶, 인간 내면에 흐르는 희로애락을 노래의 소재로 삼아 술과 차와 축제를 연 이들의 사회로 들어가 '종족적 특색'을 찾아야 한다. 구르마체족이 풍요롭든지, 가난하고 낙후된 사회조직을 가지고 있든지, 무질서한 모습 등은 오직 종족사회의 일부분일 뿐이다. 실제적으로 구르마체족은 니제르 공화국 내에서 경제적 위치가 어느 정도 높으며, 부모와 가족에 대한 연대의식이 매우 강한 종족으로 알려져 있다.

이들을 명확하게 인지할 수 있는 방법은 문화적, 정치적, 종교적인 특징들을 비롯하여 종족사회가 안고 있는 사상(事象)들을 이들을 인지하는 단서로 삼아야 한다. 그리고 구르마체족 사회에서 일어나고 있는 현실, 그들과 엮어져 있는 다른 세계의 사람들이 상호 유기적 관계에 있는 상황 또한 살펴볼 필요가 있다.

구르마체족 사회는 닫힌 공간의 사회가 아닌 모든 종족들과 연결된 '이웃 공간' 으로 보아야 한다. 구르마체족 사회에서 일어나는 모든 현실은 곧 우리의 현실과 미래의 일부인 동시에, 상호 연관 속에서 종족 공동체 사회의 변화와 발전, 갈등 과 문제들을 직시하여야 한다. 또 하나는 이주 사회에서 정주(定住)사회로 정착하 는 과정에서 종족 간의 신념과 신뢰의 상실이 주는 불안과 공포증이 어느 정도 남 아 있는가를 볼 필요도 있다. 다시 말하면, 주류사회(정주민)의 정치적·경제적 영 향력을 비롯하여 그들 사회의 경계선을 뛰어넘을 수 있는 요인(要因)을 바라보아야 한다. 그리고 구르마체족의 젊은이들이 개방된 문화와 시장경제의 도입과 관심에 집중되어 있으며, 어른들의 구태의연한 사고(思考)방식보다는 보다 개방적인 태도 로 탈집체화가 되어 가고 있다는 사실을 인식해야 한다. 그리고 종족공동체 사회 와 전통적 삶의 체계보다는 각자가 독립된 존재로 살아가려는 욕구를 적절한 방 식으로 개발[28]하여 접촉하는 것이 필요하다.

미래를 위한 시간

미래의 종족사회는 분명 현재와는 다르게 변화할 것이다. 전통적 통과의례 속 노래가 종족사회의 관계결합을 강화한다 해도, 젊은이들은 새로운 기회를 찾아 삶의 질을 향상시키기 위해 이동할 것이다. 이것을 두고 구르마체족 사회의 미래 가 암울하다고 단정하기는 어렵지만 그동안 그 사회 안에 존재하지 않았던 낯선 것들이 도입됨으로써 위기를 경험할 수 있다. 이는 시대적 변화에 따라 불확실성 이 높아졌다는 의미이기도 한데, 이를 극복하기 위해서는 미래를 위한 지식과 시 간을 선점할 필요가 있다.[29] 왜냐하면 사람은 영적인 존재로서, 인간의 영성은 지 식의 수납창구인 사고에 영향을 주는 방식으로 개인적 부의 이동과 창출에 관여

---

28 Don Tapscott & Ale7x Tapscott, *Blockchain Revolution*, 박지훈·박성준 역 『블록체인혁명』(서울: 을유문화 사, 2017), 325–339. 종족사회가 새로운 문화를 받아들이는 것은 '번영을 위한 로드맵'의 길을 가는 것이 다. 번영의 로드맵은 민주적이면서 동시에 집중적이어야 한다. 내 친구와 젊은 세대, 아날로그 방식에서 디지털화되는 세계에 대한 개념으로의 변화를 추구해 주는 것도 한 방법일 것이다.
29 최윤식·김건주, 『2030 기회의 대이동』, 22.

하기 때문이다.[30] 종족사회에서 주술적 영성의 차이는 관계집합의 지속가능성에 영향을 미치고, 지속가능성에는 영성이라는 가치적 가면을 쓰고 관여한다.[31] 물론 이들의 종족사회에서 불리는 노래 속의 영성은 종교적 영역만을 의미하지 않는다. 이들의 영성은 종족사회의 관계연결이라는 네트워크와 핵심가치를 통해 자신들의 역사를 만들어 갈 뿐 아니라 자리매김을 하는 토대구축의 요소를 형성한다.[32]

종족사회의 관계집합은 겉으로 보기에는 허술한 것 같은 면이 있지만 그 안에는 지식, 시간, 공간, 영성(靈聖)이 담겨 있다. 곧 전통사회의 노래는 현재와 미래를 초월하여 가치와 종족 영성사회로 발전하고 있음을 증명한다. 전통사회의 노래는 종족사회의 가치를 창출할 뿐 아니라 그 진정한 청원에서 의미와 영성이 나온다. 전통적으로 영성은 종교적 범주에 들기 때문이다.[33] 이때 선교사는 종족사회 내면에 담겨 있는 인간의 영성, 감성과 사고 등을 관찰하고 이를 활용할 수 있는 기회를 찾아야 한다.

따라서 구르마체족의 사회를 변혁하거나 복음을 소개하고자 한다면 보다 젊은 세대의 사회적 수용성과 변화를 통찰하고, 인공지능시대를 향한 환상사회(Fantastic Society)를 어떻게 바라보고 있는가, 기본욕구들을 어떻게 채우려고 하는가를 면밀하게 분석하고 평가해야 한다.

인간은 누구나 영성을 갖고 있으며, 정신적 · 영적으로 안정적이지 못한 상황에서 노래와 춤, 의식을 통해 스트레스를 해소하려 한다. 최윤식 · 김건주는 "새로운 환경, 새로운 친구, 새로운 가족, 새로운 요구가 빈번해짐으로 사람들은 새로운 구심점을 찾으려는 욕구를 강하게 느끼게 된다. 결국 통과의례 속 노래를 통해 영적 · 존재적 욕구기반 사회를 필연적으로 요구한다. 영적인 면에서 질적화를 목표로 새로운 패러다임이 등장하게 되는데 이것이 종족의 미래사회이다"라고 말한다.[34]

---

30 최윤식 · 김건주, 『2030 기회의 대이동』, 25.
31 최윤식 · 김건주, 『2030 기회의 대이동』.
32 채은수, 『선교학 총론』(서울: 기독지혜사, 1991), 467.
33 최윤식 · 김건주, 『2030 기회의 대이동』, 26.
34 최윤식 · 김건주, 『2030 기회의 대이동』, 35-36.

구르마체족의 미래 사회 역시 영성사회(Spiritual Society)를 맞이하기 위해서는 영적 불안감과 인간 존재에 대한 근본적인 성찰촉구, 그리고 다양한 의식에서 오는 혼존(混存)에 따른 갈등 해소와 계층 간의 의식 갈등요인 분석 및 통제된 사회에서의 불만족 증폭 해소 방안을 살피는 것 등이 중요하다. 왜냐하면 구르마체족 사회의 통과의례 노래는 영적·정신적 문제를 치유하려는 욕구가 높아 영적 존재의 가치를 디자인하는 능력이나 치료가 중요한 역할을 할 것이기 때문이다. 결과적으로 구르마체족의 통과의례 노래는 철저한 공동체 의식과 결합된 것인 동시에 종족사회의 네트워크와 결정적 관계집합이라는 것을 알 수 있다.

결론적으로 전 세계에는 수만의 민족들이 다양한 문화적 전통을 계승하며 산다. 그 가운데 종족공동체의 관계집합을 잘 드러내는 것은 노래와 춤이다. 노래와 춤은 계층 간의 관계를 견고하게 할 뿐 아니라 종족 사회의 정체성을 드러나게 한다. 종족의 관계결합은 노래를 통해 융합과 결집이 목적이다.

서부 아프리카 니제르의 구르마체족의 전통 통과의례 노래는 많은 종족사회보다는 사회적 융합과 전통적 특징을 지니고 있다. 니제르의 구르마체족들은 주로 사하라 사막을 흐르는 나이저 강변을 중심으로 모여 산다. 이들은 말리, 부르키나파소, 니제르 등에 흩어져 살면서도 종족의 전통과 관습, 문화를 계승하고 유지하는 방법으로 통과의례 속의 전통 노래를 부른다. 종족 사회의 축제 혹은 가족행사를 통해 마을의 응집력과 삶의 질을 위한 재충전의 기회로 삼기도 한다. 구르마체족들이 부르는 노래와 춤은 융합 그리고 시너지, 종족공동체 사회의 형제애를 독려하는 매개체가 되기도 한다.

구르마체족의 전통적 통과의례 노래는 크게 네 가지가 있다. 첫째, 한 인간으로서 사랑하는 사람을 찾는 노래로 때로는 결혼식에 부르기도 한다. 둘째, 결혼 전에 자신의 가족들에게 자신의 남자 친구를 소개할 때 부르는 노래이다. 셋째, 장송곡이다. 넷째, 전통적인 정결예식을 할 때 부르는 노래로서 성인이 되는 것을 기념하는 노래이다. 이상의 노래 속에 담긴 의미는 거짓말하지 않는 자가 인생의 동반자가 되며, 삶의 미화된 모습보다는 진정성이 넘치는 환영을 표현하며, 이 세상에서 저 세상으로 떠난 자를 노래하면서 인간의 삶에 대한 동일화를 꾀하기도 한다. 마지막으로는 전통 정결예식을 통하여 누적학습을 함으로 종족의 계승과 세계관을 결정짓기도 한다.

구르마체족의 통과의례에 나타난 관계집합 노래는 철저하게 계층 간의 결속감과 관계집합, 자율성을 보장하는 사회규정이라는 사회적 책무를 부여하고 있으므로 이것을 종교적 관점으로 어떻게 접근해야 할 것인가는 중요한 도전이다. 먼저 구르마체족 사회에 접촉 또는 정착하기 위해서는 이들의 종족사회의 변화를 관찰하면서 눈길을 맞추는 일이 필요하리라 본다. 더불어 그들의 미래를 위한 시간과 영성, 공동체 사회의 경계집합의 경계이동을 긴밀하게 살펴보는 것이 중요하다.

Bibliography
참고문헌

김형주. 『김형주 음악평론전집 Ⅸ』. 서울: 현대음악출판사, 2016.

민은기. "베토벤의 올림픽 송가" 「중앙일보」 2018년 2월 3일.

유종현. 『문명의 저편, 검은 대륙 사람들 아프리카의 부족과 문화』. 서울: 도서출판 금광, 2000.

이종우. 『선교 · 문화 커뮤니케이션』. 서울: CLC, 2011.

채은수. 『선교학 총론』. 서울: 기독지혜사, 1991.

최윤식 · 김건주. 『2030 기회의 대이동』. 서울: 김영사, 2014.

한양환 · 김승민 · 최준수 · 김현숙 공저. 『불어권 아프리카의 사회발전』. 서울: 높이깊이, 2009.

Anand, Bharat. *The Content Trap*. 김인수 역. 『콘텐츠의 미래』. 서울: 리더스북, 2017.

Benedict, Ruth. *Patterns of Culture*. 김열규 역. 『문화의 패턴』. 서울: 도서출판 까치, 2000.

Defries, Ruthh. *The Big Ratchet –How humanity Thrives in the face of national Crisis*. 정서진 역. 『문명과 식량』. 서울: 눌와, 2018.

Kaplan, Robert D. *The Revenge of Geography*. 이순호 역. 『지리의 복수』. 서울: 미지북스, 2017.

Kohn, Eduardo. *How Forests Think: Toward an Anthropology beyond the Human*. 차

은정 역.『숲은 생각한다』. 경기: 사월의 책, 2018.

Stott, John. *The Contemporary Christian*. 한화룡 · 정옥배 역.『현대를 사는 그리스
　　도인』. 서울: IVP. 1993.

Tapscott, Don. & Tapscott, Alex. *Blockchain Revolution*. 박지훈 · 박성준 역.『블록
　　체인혁명』. 서울: 을유문화사, 2017.

Barnes, Barry. T. S. *Kubn and Social Science*. New York: Columbia University
　　Press, 1982.

Calvin, John. *Institutes of the Christian Religion*. Hendrickson Publishers, 2008.

Dabney, R. L. *Systematic Theology*. St. Louis: Presbyterian Publishing Company of
　　St. Louis, 1878.

Hiebert, Paul G. *Anthropological Reflections on Missiological Issues*. Grand Rapids,
　　Michigan: Baker Books, 1994.

Hoeksema, Herman. *Reformed Dogmatic*. Grand Rapids: Reformed Free Publishing
　　Association, 1966.

Mandryk, Jason. *Operation World-Seneth Edition*. WEC International 2010.

Niesel, Wilhelm. *The Theology of Calvin*. Tr. Harold Knight: Grand Rapids Baker
　　Book House, 1980.

Richerson, P. & R. Boyd, *Not by Genes Alone: How Culture Transformed Human
　　Evolution*. Chicago: University of Chicago, 2005.

Temple, William. *Reading in St John's Gospel*. Macmillan, 1955.

The Manila Manifesto: An Elaboration of the Lausanne Covenant 15 Years Later.
　　Lausanne Committee for World Evangelization, 1989. para. B. 8.